LIBRAIRIE DE E. DENTU, ÉDITEUR

Palais-Royal, Galerie Vitrée, 13, à Paris.

L'ALGÉRIE FRANÇAISE

HISTOIRE — MŒURS
COUTUMES — AGRICULTURE — INDUSTRIE — BOTANIQUE

PAR ARSÈNE BERTEUIL

ANCIEN PHARMACIEN EN CHEF DES HÔPITAUX MILITAIRES DE L'ARMÉE D'AFRIQUE

DEUX BEAUX VOLUMES IN-8° ORNÉS DE DESSINS DE GEORGES FATH — PRIX : 15 FRANCS

L'auteur, qui a habité longtemps l'Algérie, a été associé aux mouvements de nos armées, et a pu étudier et vérifier par lui-même les merveilles de ce sol célèbre. Aussi a-t-il divisé son ouvrage en plusieurs parties : dans l'une, il relate les phases diverses de la conquête qu'il a pu suivre d'un œil attentif et investigateur ; dans l'autre, il retrace les péripéties des dominations qui ont pesé tour à tour sur la vieille Afrique, depuis Carthage jusqu'à l'invasion arabe. M. A. Berteuil arrive enfin à l'empire et au despotisme turc, que la France a détruit en faisant la belle conquête de ce pays et en détruisant la piraterie à tout jamais. Ici encore il étudie en érudit spécial, en amateur curieux de la nature, la fécondité merveilleuse de l'Algérie et les trésors de la botanique multiple ; plus loin, ce sont les mœurs si variées, si bizarres, et au fond si logiques, si appropriées au climat de toutes ces peuplades ardentes, qui campent sous la tente nomade et ne savent pas encore se fixer au sol.

M. A. Berteuil a fourni lui-même les données des admirables dessins de M. Georges Fath. Ce dernier, un de nos artistes les plus distingués, a rendu avec une précision et une finesse de crayon des plus rares ces vues chaudes, ces costumes bibliques, ces végétations luxuriantes, qui font de ce pays une fête perpétuelle pour les yeux.

L'ALGÉRIE
FRANÇAISE

PARIS. — TYP. SIMON RAÇON ET COMP., RUE D'ERFURTH, 1.

L'ALGÉRIE FRANÇAISE

LES FRANÇAIS DÉBARQUENT EN AFRIQUE. (Sidi-Ferruch.)

L'ALGÉRIE
FRANÇAISE

HISTOIRE — MŒURS — COUTUMES — INDUSTRIE — AGRICULTURE

PAR

ARSÈNE BERTEUIL

ANCIEN PHARMACIEN EN CHEF DES HÔPITAUX MILITAIRES
DE L'ARMÉE D'AFRIQUE

TOME PREMIER

PARIS
DENTU, LIBRAIRE-ÉDITEUR
PALAIS-ROYAL, 13, GALERIE VITRÉE

1856

PRÉFACE

L'existence de la plus effroyable piraterie exercée sur le monde entier pendant plusieurs siècles constatait l'impuissance des nations européennes à réduire la Régence d'Alger au respect du droit de la nature et des gens.

Des tentatives infructueuses contre ce repaire n'avaient servi qu'à exalter l'orgueil et l'inhumanité des forbans africains ; mais la France, toujours héroïque et fière, voulut venger l'outrage fait à son représentant par un dey arrogant, et une flotte formidable, chargée d'une armée, déposa sur ce rivage inhospitalier les soldats qui devaient lui conquérir d'immenses domaines et créer une œuvre de civilisation.

Bientôt, en effet, à la place du croissant apparut l'étendard du vainqueur anéantissant la puissance barbaresque ; c'était rendre un service à l'humanité, assurer et protéger le commerce dans la Méditerranée pour tous les bâtiments, de quelque nation qu'ils fussent ; c'était réprimer la piraterie des corsaires algériens, qui mettaient des entraves au commerce des deux mondes, et ce commerce seul pouvait guérir les plaies que de longues guerres avaient faites à l'État.

La France ajouta donc un fleuron de plus à sa gloire, puisque la prise d'Alger est un des plus beaux faits d'armes dont elle a à se glorifier, et les autres puissances devront naturellement lui avoir une reconnaissance éternelle d'avoir mis ainsi un terme aux malheurs communs de toutes les nations.

Cette expédition fut parfaitement conduite, dirigée par les talents et la bravoure de nos généraux, l'intrépidité de nos soldats et par l'habileté et la sage prévoyance de l'amiral Duperré, qui conduisit et amena l'armée navale à point nommé et saisit le moment favorable pour opérer le débarquement sur la plage africaine.

Aussi cette glorieuse expédition réussit d'autant mieux au gré de nos souhaits, que rien n'avait été négligé pour en assurer le succès, et que tout avait été combiné d'avance; munitions, vivres, tout avait été amassé avec profusion. En entreprenant d'écrire la relation de la guerre en Algérie, j'ai dû recueillir tous les documents officiels et les renseignements qui m'étaient nécessaires pour suivre l'enchaînement naturel des événements en les classant par ordre de dates, pour arriver au but que je me suis proposé, en retraçant sous les yeux du lecteur, avec le plus d'exactitude possible, les détails des divers combats que nos troupes ont eu à soutenir contre les Arabes jusqu'à la prise d'Alger, ainsi que les expéditions et combats qui ont eu lieu postérieurement à la conquête d'Alger.

Ce travail m'a été d'autant plus pénible, qu'il m'a fallu réunir les matériaux les plus nombreux et les plus divers pour rendre complet, autant que possible, cet ouvrage.

J'ai donc dû le diviser ainsi qu'il suit : détails de la campagne d'Afrique, à partir des préparatifs, des armements à Toulon, des revues, de l'embarquement des troupes, de la composition et du matériel de l'armée, du départ de l'escadre et des ordres du jour qui ont eu lieu avant et après le départ de l'armée expéditionnaire.

L'ouvrage est divisé en trois parties, formant deux volumes; le premier volume ira de 1830 à 1834; le second volume relatera de 1835 à 1843 inclus.

Dans cet ouvrage, je raconterai les principaux combats ou événements qui ont eu lieu dans les diverses parties de la Régence, sous les généraux qui ont été élevés alternativement au commandement d'Alger pendant quatorze années consécutives de notre occupation.

J'avais commencé cet ouvrage dans les premiers jours de mars 1836; j'ai ajourné longtemps de le terminer, parce que la première expédition de Constantine se préparait alors ; la retraite et l'insuccès de cette première campagne avaient manqué par le choix d'une saison peu convenable pour l'entreprise. Une seconde expédition se préparant avec un appareil formidable et devant m'offrir quelque intérêt nouveau, je m'arrêtai encore dans la rédaction et la continuation de cette tâche que je m'étais imposée sur cette belle contrée de l'Algérie. Ce ne fut qu'à ma rentrée en France que je me déterminai à achever cet ouvrage.

On me saura gré, sans doute, de donner au public un travail qui offrira beaucoup d'intérêt et donnera une idée fixe sur tout le pays de la Régence d'Alger, sur nos opérations militaires pendant notre occupation en Algérie ; les descriptions locales que j'en donne mettront à même de faire connaître aussi toutes les ressources qu'on pourrait tirer de ce pays, qui est riche en culture. A la fin de cet ouvrage, je m'étendrai sur la connaissance du pays, sur ses productions, ses diverses cultures, les essais de culture que nos colons y ont faits. Je donnerai un aperçu sur les mœurs, les coutumes, la manière de se vêtir, de se nourrir, des habitants de l'Algérie, sur les maladies régnantes dans le pays, sur l'hygiène, l'industrie et le commerce des naturels.

Je ferai aussi connaître quelques sources d'eaux minérales qui ont été découvertes, et j'enrichirai cet ouvrage de quelques faits et anecdotes curieuses ayant rapport à notre occupation par des notes intéressantes qui seront renvoyées à la fin de chaque volume.

C'est après douze années de séjour en Afrique que je me suis déterminé à entreprendre cette étude, spectateur, pour ainsi dire, des faits historiques que je raconte sur cette terre d'Afrique. J'ai dû néanmoins recourir aux meilleurs auteurs qui ont écrit sur l'Algérie pour m'entourer de documents qui pouvaient m'être nécessaires et compléter ainsi l'œuvre que j'avais commencée. J'ai aussi puisé à la source les notions des géographes anciens et modernes, des savants et des voyageurs qui ont exploré l'intérieur de l'Afrique. Telles sont, avec les bulletins de l'armée, les origines riches et précieuses où j'ai puisé mes documents les meilleurs pour remplir la tâche délicate et difficile que je m'étais imposée. Si je me suis attaché à retracer les combats et les faits de guerre depuis la prise d'Alger, quoique ces descriptions ne rentrassent pas dans mon domaine, ni les opérations stratégiques, cependant je ne pouvais pas écrire sur l'Algérie sans entrer dans les détails des causes qui ont déterminé la France à faire un armement aussi considérable contre le dey d'Alger; il fallait bien, pour entrer en matière, donner connaissance des principaux faits et expéditions qui ont eu lieu depuis la conquête de la ville d'Alger, la Cité-Guerrière (ainsi qu'ils la nomment), pour arriver graduellement à des descriptions locales, aux mœurs des Maures, des Arabes, aux races aborigènes de ces peuplades qui garnissent le sol de l'ancienne Mauritanie jusque sur ses montagnes les plus inaccessibles, où vivent les intrépides Kabaïles; décrire leurs coutumes, leur manière guerrière et leur vie toute nomade, leur industrie; enfin parler de la culture du pays sur ce sol, de la température, des variations de l'atmosphère.

Enfin, je consacrerai quelques pages à la botanique, principalement sur les végétaux qui auront une plus grande importance et qui seront d'une utilité incontestable pour l'avenir du pays.

Dans un livre où domine l'histoire d'événements contemporains, j'ai cru devoir me mettre en garde contre l'esprit de parti et ne rien sacrifier à des préventions de personnes ou d'opinions.

L'impartialité a été mon principal guide, et si parfois j'ai déversé le blâme sur les actes du gouvernement ou sur ceux de ses agents, j'ai toujours obéi à des convictions puisées dans l'étude approfondie des hommes, des circonstances et des faits, bien convaincu qu'un historien doit être véridique, sans haine ni passion. Tel a été mon but principal et également celui de léguer à l'armée d'Afrique de glorieux souvenirs sur cette belle campagne de la conquête de l'Algérie, et surtout à ceux qui ont parcouru le pays comme moi; je me croirais donc trop heureux si cet ouvrage peut un jour obtenir le succès et l'approbation de mes concitoyens.

L'ALGÉRIE
FRANÇAISE

PREMIÈRE PARTIE

CHAPITRE PREMIER

Aspect général de l'Afrique. — Le mont Atlas et ses ramifications. — Constitution du sol algérien. — Fleuves. — Cours d'eau, lacs, sources, les saisons, la température, la végétation, les plantes, les forêts, les animaux.

AFRIQUE (*géogr.*) — De toutes les parties de l'ancien continent, l'Afrique est celle dont les limites sont les plus naturelles et les plus marquées. Presque entièrement entourée d'eau, cette vaste presqu'île ne tient à l'Asie que par une étroite langue de terre située au nord-est, et qui porte le nom d'isthme de Suez.

Napoléon Ier, dont toutes les pensées avaient pour but l'anéantissement de la puissance britannique, voulait couper cet isthme, joindre la mer Rouge à la mer Méditerranée, et ouvrir ainsi à nos vaisseaux un passage vers l'océan Indien. Par ce moyen, et en supposant que les forces maritimes de la France défendissent l'entrée de la Méditerranée au détroit de Gibraltar, le commerce des Anglais dans l'Inde et par conséquent toute leur puissance se trouvaient détruites, obligés qu'ils étaient alors de doubler le cap de Bonne-Espérance pour revenir de leurs colonies d'Orient. Les funestes événements qui bientôt abaissèrent l'immense fortune de cet homme de génie vinrent mettre obstacle à l'accomplissement de ce projet gigantesque.

Nous avons dit que l'Afrique était presque entièrement entourée d'eau; et parmi toutes ces mers qui viennent baigner ses côtes, aucune ne lui appartient en propre : la Méditerranée, qui baigne ses côtes septentrionales, vient aussi frapper de ses eaux les rivages de l'Europe et de l'Asie, et la mer Rouge touche à la fois l'Égypte, la Nubie, l'Abyssinie en Afrique, et l'Arabie en Asie. A l'ouest l'océan Atlantique, à l'est l'océan Indien s'avancent, le premier jusqu'aux rivages du Sénégal, de la Guinée et du pays des Hottentots; le second, jusque sur les côtes de Zanguebar et du royaume d'Adel.

L'Afrique est assurément la moins explorée et la moins connue de toutes les contrées du globe. Les anciens en avaient une idée si imparfaite, qu'ils pensaient qu'elle ne s'étendait pas au delà de la ligne équinoxiale, et qu'à cette hauteur elle se réunissait à l'Asie. Ce ne fut qu'en 1486 que Barthélemy Diaz doubla le cap de Bonne-Espérance, qui forme l'extrémité méridionale de cette contrée; peu de temps après cette découverte, en 1497, Vasco de Gama en détermina toute l'importance, en ouvrant aux Européens la navigation de l'océan Indien.

Nous n'avons aucune notion sur l'intérieur de l'Afrique [1]. Quelques voyageurs ont eu le courage de se hasarder au milieu de cette vaste contrée; mais, obligés de prendre sans cesse quelques nouveaux déguisements pour échapper à la barbarie et à la défiance soupçonneuse des naturels, ils n'ont pu rapporter que des connaissances très-imparfaites sur la nature et la constitution géographique de ce pays. Cependant nous croyons pouvoir partager l'Afrique en quatre grandes divisions hydrographiques. Dans la première se trouvent rangés les fleuves qui viennent décharger leurs eaux dans la Méditerranée; à leur tête se place le Nil, ce fleuve dont le nom rappelle tant de souvenirs historiques.

Nous formons la seconde division de tous les fleuves qui ont leur embouchure dans l'océan Atlantique. C'est donc dans ce bassin que se placent le Sénégal, la Gambie, qui arrosent la Nigritie occidentale; le Niger, qui traverse le Soudan et la Guinée; et le Congo, qui parcourt la Nigritie méridionale.

La troisième division se compose du bassin de l'océan Indien, qui,

---

[1] Cependant, depuis notre occupation en Afrique, nos généraux, dans plusieurs expéditions, ont pénétré jusque dans le Sahara algérien, contrée digne d'être explorée par sa situation et sa position pittoresque.

sur les côtes de Zanguebar et de Mozambique, reçoit les eaux du Zambèze, du Loffih, du Mother, de l'Outando et du Zebi, fleuves dont les cours sont entièrement inconnus.

Enfin, dans la quatrième division se trouvent placés tous les fleuves qui vont se perdre dans un énorme lac, qu'on peut bien considérer comme une mer intérieure ; je veux parler du lac Tchad, situé dans le Soudan ou Nigritie centrale. Cette énorme masse d'eau offre à sa surface des îles assez nombreuses, demeure accoutumée des féroces Bidoumahs, dont la vie se passe en pirateries continuelles.

Nous ne citerons, parmi les lacs de cette vaste contrée, que ceux qui présentent quelque intérêt ; en première ligne, nous nommerons le Calounga-Kouffoua (lac Mort), qui reproduit en Afrique les phénomènes qui se passent sur les rivages de la mer Morte. Rien ne peut rendre la morne tristesse des bords de ce lac : aucune plante ne croît dans ses environs ; les montagnes qui l'entourent n'offrent aux yeux qu'une affreuse stérilité ; de leur sein découlent des ruisseaux de bitume ; elles exhalent une odeur fétide qui les a fait surnommer les *montagnes des mauvaises odeurs* ; aucun poisson ne peut vivre au milieu de ces eaux huileuses, dont les vapeurs dessèchent la poitrine et excitent une toux fatigante. Tous les animaux fuient ces bords, comme s'ils prévoyaient qu'un court séjour sur cette terre de désolation serait pour eux la mort.

Nous nommerons encore le Dembea, dans l'Abyssinie ; le Birket-el-Keroun, dans l'Égypte, autrefois le fameux lac Mœris, que l'on crut longtemps avoir été creusé par la main des hommes, erreur détruite de nos jours par un savant académicien ; enfin le lac Muriout (ancien Naréotis), dont les eaux douces baignaient autrefois de beaux jardins et de riches vignobles, et qu'une irruption de la mer, en 1801, a transformées en eaux salées.

La direction des fleuves d'Afrique, la largeur et la profondeur de quelques-uns, ont fait soupçonner, dans cette contrée, l'existence de nombreuses montagnes.

Un habile géographe a observé que les chaînes sont plus remarquables par leur largeur que par leur hauteur, et que généralement elles n'arrivent à un niveau considérable qu'en s'élevant lentement de terrasse en terrasse.

Cette observation l'a conduit à dire que toutes les montagnes de l'Afrique pourraient être regardées comme formant deux immenses plateaux, l'un boréal, l'autre austral ; et que ce dernier, dont l'étendue est moindre, offre une plus grande élévation.

Quelques volcans sont jetés sur la surface de cette grande presqu'île; l'un d'entre eux, situé dans le Congo, est appelé le mont des Ames par les indigènes : ils croient que son cratère est la porte par laquelle les morts passent de ce monde dans l'autre. Nous indiquerons aussi le pic de Ténériffe, dans l'île de ce nom, montagne qui pendant longtemps a été estimée la plus élevée de toutes les montagnes du globe.

Nous avons indiqué plus haut le triste aspect qu'offraient les environs du lac Mort; mais cette petite contrée peut-elle entrer en comparaison avec cette vaste mer de sable brûlant qui s'étend de l'ouest à l'est, comme une ceinture de feu, en partageant l'ancien continent des côtes de l'océan Atlantique, à l'extrémité orientale de Gobi? Rien n'arrête le désert dans sa marche; il traverse toute l'Afrique septentrionale dans sa plus grande largeur; la mer Rouge n'est pas une barrière pour lui : on le retrouve en Arabie, dans la Perse, au royaume des Mongols; l'océan Atlantique à l'ouest, l'océan Oriental à l'est, sont les seuls obstacles qui puissent mettre un terme à sa course. Le sol du désert est susceptible, par sa nature, de s'échauffer jusqu'à cinquante ou soixante degrés; les vents viennent soulever le sable fin qui le compose, et le seymoun (vent du désert), dans sa fureur, ensevelit des caravanes entières.

Les dangers incalculables que présente un voyage dans de semblables contrées sont en partie la cause du petit nombre d'explorations qui en ont été faites. Il faut joindre à cette raison une autre non moins puissante et dont nous avons déjà parlé, le caractère féroce et soupçonneux de ses habitants. La population se compose d'hommes blancs et noirs : le teint des premiers est tellement bronzé par la chaleur excessive du climat, que souvent on aurait grand'peine à distinguer les deux races, si les cheveux crépus du nègre ne servaient pas à le faire connaître : les Maures, qui composent en général la race blanche, regardent les nègres comme d'une espèce inférieure; aussi, dans toutes les régions habitées par les Maures, les nègres sont soumis à un dur et pénible esclavage. La race blanche est indigène dans le nord et l'est; la race noire, dans tout le reste de l'Afrique.

Les Maures, qui sont musulmans, portent une haine bien prononcée à tout ce qui est chrétien, et voient dans chaque voyageur un espion venu des contrées d'Europe pour explorer le pays et donner à ses concitoyens les moyens d'en faire la conquête; ils sont avides de butin, féroces, et se laissant prendre aux louanges les plus fades, aux éloges les plus outrés.

Chaque peuplade est partagée en deux classes; les guerriers, qui portent le nom de *hassanes*, sont ignorants, vains, orgueilleux, comme l'étaient nos barons du moyen âge. Les marabouts ont des mœurs plus douces, possèdent quelques faibles connaissances, et sont regardés comme les sages de la contrée. Le fétichisme est la religion des nègres; ces peuples grossiers et fanatiques admettent, en général, un bon et un mauvais principe, et prennent pour objet de leur adoration tout ce qu'ils rencontrent autour d'eux : le serpent, la hyène, le coq, le chacal, un fleuve, une montagne, sont pour eux l'emblème de la Divinité; ils sont en général soumis à un gouvernement qui peut passer pour une monarchie héréditaire; ils forment diverses familles que la couleur de leur teint et la configuration de leurs traits aident à reconnaître. Telles sont les familles des Cafres et des Hottentots.

De nombreux animaux de toute espèce peuplent l'Afrique; ils ont en général une physionomie particulière qui les distingue de tous les animaux des autres parties du globe.

Au nombre des animaux carnassiers, nous devons citer le lion, la panthère tachetée (*felis pardus*), que les Arabes appellent nemr; le guépard (*felis jubata*), qu'ils nomment fadh; enfin le loup et le chacal, plusieurs espèces de tigres, l'once, le lynx, le caracal, l'antilope, l'ours (*ursus Numidicus*), l'autruche, la gazelle, dont les beaux yeux sont pour l'Arabe amoureux les seuls auxquels il puisse comparer les yeux de sa maîtresse. L'autruche, la gazelle et le bubale habitent le nord et le centre; au delà du grand désert du Sahara, ils dirigent leur course rapide à travers les sables.

Le chacal erre par troupes au milieu de la campagne, fait entendre la nuit son cri aigre et glapissant au voisinage des montagnes.

Les fleuves qui arrosent la Sénégambie demandaient d'autres espèces d'animaux supportant facilement l'influence humide de ces grands courants d'eau.

C'est dans ces contrées qu'apparaissent ces énormes pachydermes, l'éléphant africain, le rhinocéros, l'hippopotame, dont la structure n'offre à la vue qu'une masse grossière et informe; on y trouve encore le zèbre, la girafe et divers singes; parmi ces derniers, ceux que l'on rencontre le plus souvent appartiennent aux genres guenon et magot.

Parmi les pachydermes, nous citerons encore le sanglier, qui est très-commun dans le petit Atlas; dans les ruminants, le bubale, espèce du genre antilope, dont nous avons déjà parlé, ainsi que de la fine et élégante gazelle. Le hérisson et le porc-épic sont aussi très-communs dans l'Atlas.

Les oiseaux présentent de nombreuses variétés : leur plumage, orné des couleurs les plus vives, les fait rechercher dans nos pays d'Europe : c'est du Sénégal que provient la perruche à collier ; le Congo fournit le jacko gris, qui imite la voix de l'homme avec tant de perfection ; on y trouve aussi de nombreux palmipèdes qui ne vivent que dans ces contrées : nous nous bornerons à citer les cormorans, les pélicans, les pétrels, les albatros. La pintade, originaire de Numidie, s'y rencontre en abondance, surtout aux environs de Constantine ; l'outarde affecte les lieux arides et inhabités ; l'autruche ne se montre que dans le désert.

Sur les bords des ruisseaux, en Algérie, et dans les haies, on trouve des caméléons, plusieurs espèces de lézards, et des tortues de terre ou d'eau douce. Enfin, parmi les animaux domestiques, nous citerons la chèvre, le mouton, dont la laine est longue et fine ; le bœuf, qui est plus petit que celui de France ; l'âne, qui est, au contraire, beaucoup plus grand ; le chameau, dont quelques variétés sont célèbres par leur vitesse à la course et qui rend de si grands services pour les caravanes qui ont à traverser le désert, et le cheval, dont la race arabe est le type de la beauté chez les animaux de cette espèce, puisque de tout temps on sait l'antique renommée du cheval numide (quoique la race soit un peu dégénérée) : aussi les Romains en faisaient beaucoup de cas.

Parmi les insectes, l'abeille offre à l'homme ses précieux produits, comme pour le dédommager de toutes les espèces malfaisantes qu'engendrent la chaleur et l'humidité. Un ennemi plus dangereux que les moustiques, les scorpions et les araignées, la sauterelle voyageuse s'abat quelquefois par nuées dévastatrices sur le sol algérien ; mais ces funestes irruptions, plus redoutées des peuples du Midi que la grêle et les ouragans dans nos contrées, sont peu fréquentes dans les régions de l'Atlas.

Les poissons de mer et d'eau douce de l'Afrique sont de la même espèce que ceux des côtes et des rivières de Provence. Les coraux et les éponges que l'on trouve en abondance près de Bone, de la Calle et d'Oran sont les seuls zoophytes qui distinguent les parages de l'Algérie.

La géographie topographique de l'Afrique est fort peu avancée, ce qui est facile à concevoir en se rappelant ce que nous avons dit de la difficulté de pénétrer dans l'intérieur des terres.

Les côtes, explorées plus facilement, ont été partagées et forment des divisions que nous connaissons : nous nous contenterons de les mentionner ici, et nous renverrons, pour les détails, aux articles particuliers que nécessitera chacune de ces provinces.

Elles forment plusieurs régions : la région du Nil, où se trouvent :

1° L'Égypte, qui, après avoir été le pays le plus civilisé, est tombée de sa gloire et de sa puissance, et promet en ce moment de se relever sous la main ferme et régénératrice de son souverain actuel;

2° La Nubie, où l'on voit les ruines de la fameuse Méroé;

3° L'Abyssinie, ce royaume dont la longue et puissante prospérité nous est constatée par ses relations avec l'Europe du quinzième siècle.

Je ne peux omettre d'indiquer ici un des faits les plus curieux de l'ethnographie.

Je veux parler d'une colonie de Juifs, dont l'existence en ce pays remonte à plus de trois mille ans.

Il paraît qu'à l'époque de la conquête de la Judée et des provinces voisines par Nabuchodonosor, un grand nombre d'habitants se réfugièrent en Égypte ou en Arabie, d'où ils passèrent en Abyssinie. Du temps d'Alexandre le Grand, ces Juifs portaient encore le nom de *falaszan* ou exilés.

Ils avaient formé un établissement sur les côtes de la mer Rouge, où leur activité commerciale avait bientôt été mise en jeu.

Jusqu'à nos jours, ils ont su conserver leur indépendance, leur langue, leur religion et leurs institutions nationales. Pendant longtemps leur domination s'étendit sur une assez grande partie de l'Abyssinie, et, quoique resserrés successivement dans des limites plus étroites, ces Juifs pouvaient encore, au temps de Bruce, mettre sur pied et entretenir une armée de cinquante mille hommes. Mais, en 1800, la race royale s'étant éteinte, cette espèce de principauté est retombée sous la domination du roi chrétien qui gouverne à Tigré.

Les Juifs n'étaient donc pas entièrement anéantis comme nation, et, quoique dispersés sur toute la surface de la terre, quoique répandus au milieu de tous les peuples, sans pourtant se confondre avec aucun d'eux, ces parias du moyen âge avaient dans un coin de l'Afrique des compatriotes réunis en corps de nation, ayant des lois et un gouvernement particulier, et conservant, avec leurs mœurs et leurs coutumes, le type original de leur caractère.

La région du Maghreb, où se trouvent:

1° L'État de Tripoli, enrichi des ruines de Ptolémaïs et de Cyrène;

2° L'État de Tunis, où fut Carthage, l'éternelle ennemie de Rome;

3° L'État d'Alger, qui vient d'être l'objet d'une conquête, et qui promet aux Français une riche colonie;

4° L'empire de Maroc.

La région des nègres, qui renferme la Nigritie centrale, occidentale, méridionale et maritime, contrées fort peu connues.

La région de l'Afrique australe, où se trouvent le pays des Hottentots et la Cafrerie.

Enfin la région de l'Afrique orientale, dont la partie insulaire, qui renferme Madagascar, est la seule sur laquelle nous pouvons donner quelques détails.

ATLAS (*géogr. phys.*). — Les anciens avaient fait de l'Atlas un colosse qui portait l'Olympe sur ses épaules. Les vers remplis d'images dans lesquels Virgile le représente ont été traduits avec son élégance habituelle par notre poëte Delille.

>..... Et déjà se découvre à ses yeux
> L'Atlas, l'énorme Atlas, antique appui des cieux.
> Sous d'éternels frimas ses épaules blanchissent;
> De bleuâtres glaçons ses cheveux se hérissent;
> Son front, couvert de pins, de nuages chargé,
> Par l'orage et les vents est sans cesse assiégé,
> Et cent torrents vomis de sa bouche profonde
> Font retentir ses flancs du fracas de leur onde.

Mais ce n'est plus aujourd'hui le géant qui supporte le ciel; ce n'est qu'une chaîne, ou plutôt un groupe de chaînes de montagnes qui tiennent à peine un rang parmi les plus hautes du globe, et dont on n'a pas encore de description satisfaisante.

Les modernes divisent l'Atlas comme Ptolémée, en grand et en petit Atlas; le premier, voisin du désert, l'autre, rapproché de l'Océan et de la Méditerranée. Le grand Atlas s'étend parallèlement aux côtes de l'Océan; il occupe tout l'empire de Maroc : c'est la chaîne la plus haute de tout le groupe. Il change souvent de dénomination, à mesure qu'on s'avance vers l'Orient. Ainsi, ce sont les monts Ammer (Djebel-Ammer) sur le territoire d'Alger, les monts Mégala et le Djebel-Fissato dans les États de Tunis; puis les monts Gharians et les monts Ouadans, en entrant dans le territoire de Tripoli.

Du nœud où commencent les monts Ammer part une petite chaîne qui est la plus méridionale et qui se dirige aussi vers l'est ; l'un de ses noms est celui d'Andamer. Une chaîne transversale naît de celle-ci, et, sous le nom de Nefisa, se dirige vers les monts Mégala. Un de ses rameaux, appelé Djebel-Zeah, la réunit au Djebel-Fissato.

De l'extrémité des monts Nefisa part une chaîne qui, sous le nom de Djebel-Agrouh, va se terminer dans le désert du Sahara. Elle envoie vers le sud-est deux rameaux parallèles, dont le septentrional se nomme Montagnes Noires (Haroudjé-el-Açouad), et le méridional, Montagnes Blanches (Haroudjé-el-Abiad) ; c'est à ce dernier qu'appartiennent le mont Tibesty et le Djebel-Tudent, qui se prolongent au sud dans le désert.

Le petit Atlas est la chaîne la plus rapprochée de la Méditerranée. Il est parallèle au grand Atlas ou s'en détache obliquement, et se joint à celui-ci par plusieurs chaînons transversaux, dont le plus élevé est le Jurjura ou le Gourayah, qui a environ huit lieues de longueur. Le petit Atlas commence au cap Spatel, et forme le cap Bon à son extrémité orientale.

Toutes les chaînes de l'Atlas sont faciles à franchir, à l'aide de nombreux défilés dont elles sont percées, que les Turcs appelaient Demir-Capy (Portes de Fer), et que les Arabes appellent également du même nom. Ce sont, en effet, de formidables portes, toutes taillées pour les besoins de la guerre, et dont quelques hommes peuvent facilement défendre l'accès. Le plus occidental de ces cols, dans le grand Atlas, est celui qui a reçu le nom de Bab-el-Soudan (Porte du Sultan). Les plus remarquables de l'Algérie sont les Bibans et le Teniah de Mousaïah, tous les deux franchis glorieusement par l'armée française sous les ordres du duc d'Orléans.

En parlant des Portes de Fer (ou Biban), nous dirons que, pour aller d'Alger à Constantine, on traverse le Jurjura par un défilé remarquable, appelé, comme nous venons de le dire, Biban, que plusieurs voyageurs nomment également Portes de Fer. C'est une vallée étroite dominée par des montagnes élevées, et dont les flancs sont impraticables; dans le fond coule un ruisseau d'eau salée, qui fait tant de circuits, qu'on est obligé de le traverser au moins quarante fois pendant les sept heures que l'on met à passer ce défilé.

A l'est de Maroc, des neiges perpétuelles couvrent les sommets de l'Atlas. Dans l'État d'Alger, on voit bien rarement de la neige.

Le climat qui règne dans la région occidentale du haut Atlas, c'est-à-dire dans l'empire de Maroc, est un des plus salubres et des plus beaux de la terre, à l'exception de trois mois de l'été.

Le versant occidental est abrité par les montagnes contre le vent brûlant du désert, qui souffle pendant quinze jours ou trois semaines dans la saison pluvieuse; les brises de mer y rafraîchissent l'atmosphère; mais les pays situés sur le versant oriental ne jouissent pas de ces avantages : les vents y apportent le hâle du désert, et souvent la peste de l'Égypte.

En général, dans cette région, les saisons sont marquées par la sécheresse et les pluies; celles-ci commencent en septembre, mais elles ne durent pas sans interruption.

Les orages sont plus fréquents dans le petit Atlas que dans le grand Atlas; ils sont ordinairement partiels et s'étendent rarement hors la région montagneuse. Souvent la foudre, accompagnée de torrents de pluie, tombe dans les montagnes, tandis que, dans la plaine et à Alger, il fait le plus beau temps possible. C'est dans le mois de décembre que le thermomètre descend le plus bas à Alger; mais jamais, ou très-rarement, il s'abaisse jusqu'à zéro. C'est en juin, juillet, août et en septembre que la chaleur est le plus forte; en août surtout, le thermomètre centigrade monte jusqu'à trente-trois ou trente-quatre degrés (environ vingt-sept degrés de Réaumur). En novembre commencent le mauvais temps et le froid; vers la fin de décembre, les arbres perdent leurs feuilles, mais, avant le 20 janvier, on en voit de nouvelles pousser, et les arbustes se couvrent de fleurs. Vers le 15 février, la végétation est en pleine activité, ainsi que dans les premiers jours de mars, malgré quelques jours de froid. Depuis mars jusqu'à la fin de mai, le temps est délicieux sur toute la côte; mais, en juin, les chaleurs recommencent, les sources tarissent et la végétation périclite.

La température est on ne peut plus agréable à Alger pendant une grande partie de l'année, dit le capitaine Roset. Quand vient l'été, la chaleur est très-active sans doute, mais n'est point accablante, et l'étranger s'accoutume facilement à la supporter.

Plus à l'est, par exemple dans le royaume de Tunis, il gèle rarement. Vers la fin d'octobre, les vents du nord, venant de l'Europe et traversant la Méditerranée, transportent des vapeurs humides et déterminent les pluies qui commencent à cette époque et qui continuent par intervalles jusqu'en mai, tandis que les vents du sud et de l'est, qui en juin viennent des déserts africains, amènent les beaux jours et la chaleur. Celle-ci devient insupportable en juillet et en août, lorsque le vent du sud apporte l'air enflammé de l'intérieur de l'Afrique. Le thermomètre se soutient alors à l'ombre et vers le milieu du jour entre vingt-six et trente-deux degrés du thermomètre de Réaumur. Cette température continue ordinairement jusqu'à la fin d'octobre. On a estimé que, sur le versant oriental des monts Mégala et Gharians, il tombe annuellement trente à trente-six pouces d'eau.

Les montagnes de l'Atlas ne donnent naissance à aucun cours d'eau qui soit digne de prendre un rang parmi les grands fleuves.

Le versant occidental du grand Atlas, dont toutes les eaux vont se jeter dans l'océan Atlantique, nous offre d'abord, en allant du midi au nord, le Tenfil, qui a quatre-vingts lieues de longueur; la rapide et profonde Morbea, appelée aussi Omm'er-Bè'bie'h, qui n'a que soixante à soixante-cinq lieues de cours; le Sebon ou Mahmore, qui est un peu moins long, et le Luccos, qui ne parcourt qu'une étendue de quarante lieues.

Les autres rivières du même versant sont moins considérables encore. Sur le versant septentrional qui s'incline vers la Méditerranée, nous trouvons à l'est la Moullouïa ou Moulouvia, ou encore Moulvia, qui a plus de cent lieues de cours, mais qui est presque à sec pendant l'été, ce qui lui a valu le surnom de Fleuve sans eau (Bahr-Delamah).

Toutes ces rivières sont dans l'empire de Maroc.

Sur le territoire de l'ancienne régence d'Alger, aujourd'hui l'Algérie, le Chélif a quatre-vingts ou cent lieues de cours; plus à l'est, l'Isser et la Seybouse en ont quarante; le Rummel ou Rivière de sable, appelé aussi Oued-el-Kébir (Grande Rivière), n'en a que trente. Les autres cours d'eau sont plutôt des ruisseaux que des rivières. Cependant l'Afroun a été représenté comme un fleuve par quelques géographes, parce que son lit, très-profond, a, dans plusieurs endroits et dans certaines saisons, plus de cent mètres de largeur.

Sur le versant du grand Atlas qui descend vers le Sahara, nous ne citerons que deux cours d'eau : le Ziz, qui, après avoir parcouru une étendue de plus de cent lieues, se jette dans un lac sans écoulement, et le Ouady-Draha ou Ouady-Darab, qui, parcourant une distance au moins aussi considérable, va se perdre dans les sables du désert.

Les principales rivières dans la province d'Oran sont : l'Oued-Maylah, nommé aussi Rio-Salado; l'Habra, l'Oued-Hammam, la Tafna et le Chélif. La plupart de ces cours d'eau descendent des gorges de l'Atlas.

La Tafna, qui a donné son nom au traité conclu entre le général Bugeaud et Abd-el-Kader, est une des grandes rivières de la province d'Oran. Après un cours d'environ trente lieues, pendant lequel elle est grossie par la Sickach et plusieurs affluents, elle se jette dans la mer, à l'extrémité orientale du golfe de Harchgoun.

De tous les cours d'eau du territoire d'Alger proprement dit, un seul, l'Oued-el-Kerma, a son origine dans le massif qui entoure cette ville. L'Harrach, la Chiffa, l'Oued-Boufarick, l'Oued-Jer et l'Hamise prennent leur source dans les montagnes du petit Atlas. L'Harrach, malgré le peu de largeur de son lit, est un des cours les plus importants de cette portion de l'Algérie; il coule en serpentant dans la belle plaine de la Mitidja, et ne devient profond qu'au moment des grandes pluies. Pendant les autres époques de l'année, on le traverse à gué presque partout. La Chiffa sillonne aussi la plaine de Mitidja. Cette rivière reçoit successivement l'Oued-el-Kébir et l'Oued-Jer; elle prend alors le nom de Mazafran et se dirige vers le nord-ouest, où elle se réunit encore à l'Oued-Boufarick; puis elle contourne le massif d'Alger, perce les collines du Sahel et se jette dans la mer, à deux lieues de Sidi-Ferruch. Le cours du Mazafran est assez rapide; mais quoique, en certains endroits, son lit présente quatre cents mètres de large, et ses berges quarante mètres de hauteur, ses eaux sont peu profondes.

Il existe sur le territoire algérien plusieurs lacs ou marais dont la constitution n'est pas sans intérêt : la plupart sont salés ou saumâtres; ils s'emplissent durant la saison des pluies et se dessèchent en été. Au sud de Constantine, on trouve le Chott, vaste marais fangeux, où croupissent des eaux saumâtres pendant les saisons pluvieuses.

La Sebka d'Oran est une énorme masse d'eau qui a deux mille mètres de large, et qu'on voit s'étendre, du côté de l'ouest, à perte de vue, comme un bras de mer. Cependant l'évaporation est si active pendant les chaleurs de l'été, qu'au mois de juillet les chevaux et les chameaux des Arabes passent d'une rive à l'autre presque à pied sec. Dans la plaine de la Mitidja, aux environs d'Alger, à Bone, à Arzeou, il existe plusieurs lacs de cette espèce, moins importants, il est vrai, mais soumis aux mêmes lois. La qualité saline de ces lacs se reproduit dans un nombre très-considérable de sources, au point que, suivant la remarque de Desfontaine, les eaux salées seraient beaucoup plus abondantes en Algérie que les eaux douces; aussi le nom Oued-Maleh (ruisseau de sel) se reproduit-il fréquemment dans la nomenclature topographique des Arabes.

Les sources thermales n'y sont pas moins multipliées; à la vérité, plusieurs ne sont que tièdes, mais quelques-unes s'élèvent à une haute température : par exemple, celles de Hammam-Meskoutyn et de Hammam-Merigâh donnent soixante-seize degrés Réaumur [1].

Jetons maintenant un coup d'œil sur la constitution géologique de l'Atlas.

Ce que les voyageurs les plus récents nous ont appris sur le grand

---

[1] On voit encore, à Hammam-Merigâh, l'*Aquæ calidæ colonia* des anciens, les restes de l'architecture et de la civilisation romaines. A quinze lieues de Bone, sur la route de Constantine, il y a une source incrustante nommée Hamman-Barda, probablement l'*Aquæ tibilitanæ* des Romains, qui fournit de l'eau à quatre-vingts degrés Réaumur, et auprès de laquelle est construite une grande et belle piscine. On cite encore, à quinze kilomètres de Sétif, les eaux thermales de Hammam-Slaïssa. (L'*Algérie ancienne et moderne*, chap. 1, pages 78 et 91.)

Atlas, c'est qu'il est formé d'une roche de quartz et de mica appelé gneiss, sur laquelle repose un calcaire de sédiment inférieur ou de transition qui a subi un soulèvement tel, que ses couches, d'horizontales qu'elles étaient primitivement, sont devenues presque perpendiculaires.

La conquête d'Alger par les Français a donné lieu au capitaine Roset de faire des observations sur la généalogie du petit Atlas. Il paraît composé, en suivant la série des formations depuis les plus anciennes jusqu'aux plus modernes, de schiste et de gneiss qui appartiennent aux terrains de sédiment les plus inférieurs ou de transition sur lesquels se trouve le lias ou calcaire bleu, de dépôts de sédiment supérieur, de porphyres trachytiques et de terrain diluvien ou de transport.

C'est dans la formation schisteuse que se trouvent les calcaires qui ont fourni aux anciens les beaux marbres de Numidie. La roche dominante est un schiste talqueux luisant, dont les couleurs habituelles sont blanchâtres, le vert et le bleu. Il ne se présente pas en couches régulières, mais en feuillets contournés et coupés par une infinité de fissures qui les traversent dans tous les sens et qui sont remplis de quartz blanc et de fer oxydé.

Le calcaire subordonné ou enclavé dans le schiste est d'une texture saccharoïde, c'est-à-dire imitant le sucre dans sa cassure, et d'une texture sublamellaire : sa couleur est tantôt un beau blanc, ou bien le gris et le bleu turquin. Il forme souvent des masses considérables parfaitement stratifiées dans la montagne de Boudjaréah, à l'ouest d'Alger ; sa puissance est au moins de cent cinquante mètres ; celle du groupe schisteux en a plus de quatre cents.

Le schiste contient du grenat et de l'anthracite. Il passe par des nuances presque insensibles au micaschite, puis au gneiss. Sous cette forme, il ne paraît pas avoir plus de cent mètres d'épaisseur. Parmi les substances minérales qu'il renferme, les tourmalines noires sont en quantité considérable.

La formation du lias paraît constituer la masse principale du petit Atlas. Elle atteint une hauteur de seize cent cinquante mètres et une puissance de douze cents, et se compose de calcaire compacte et de couches marneuses ; cependant il serait à désirer, pour pouvoir assimiler au calcaire ce lias, qu'on y eût trouvé la coquille fossile appelée *griphea arcuata*, qui est caractéristique ; car les huîtres, les peignes, et même les bélemnites pourraient bien ne pas empêcher que ce calcaire n'appartînt à une formation moins ancienne.

Le terrain de sédiment supérieur du petit Atlas est formé de grès et de calcaire grossier ferrugineux. Il constitue toutes les collines qui s'étendent entre les deux Atlas, et paraît être, à en juger par les corps organisés qu'il renferme, tout à fait de la même époque que les dépôts qui se trouvent au bas des deux versants des Apennins. Composé de deux étages, sa puissance moyenne est d'environ quatre cents mètres. Il paraît s'étendre jusque dans le grand désert, dont les sables ne sont probablement que la partie supérieure de ce terrain.

Et entre les deux Atlas, il paraît également occuper une longueur de plus de cent lieues.

Les porphyres trachytiques, roches d'origine volcanique, que l'on remarque sur la côte le long de la falaise qui s'étend du fort Matifoux, où ils forment des écueils, sont intercalés au milieu du terrain tertiaire, où ils n'ont pu arriver que de bas en haut. Ce qu'il y a de remarquable, c'est que, jusqu'à l'endroit où les porphyres commencent à paraître, les couches tertiaires sont parfaitement horizontales, et qu'elles s'inclinent tout à coup de quinze à vingt degrés vers le nord-est, jusqu'à leur point de contact avec les schistes. A l'époque où le soulèvement qui a produit ces inclinaisons a eu lieu, les schistes avaient déjà été soulevés, puisqu'ils sont inclinés en sens inverse du terrain de sédiment supérieur.

Enfin, le terrain de transport, composé de marne argileuse grise et de cailloux roulés, occupe la plupart des plaines qui s'étendent entre les ramifications de l'Atlas.

Les environs d'Oran présentent en général les mêmes formations que ceux d'Alger, mais avec quelques différences dans les détails ; c'est ainsi que les dolomies ou calcaires magnésiens se montrent en beaucoup d'endroits sur les schistes. (Le calcaire tertiaire d'Oran a été employé de tout temps aux constructions de la ville. Trois gros bancs en pleine exploitation, dans la carrière de Saint-André, donnent de très-belles pierres de taille. Si les peuples qui habitent les diverses régions de l'Atlas étaient plus avancés en civilisation et en industrie, ils tireraient probablement un grand parti des richesses métalliques renfermées dans ses flancs.)

Le fer abonde dans toute l'Algérie. « Depuis Cabarque jusqu'au delà de Bone, dit l'abbé Poiret, le fer se présente sous toutes sortes de formes ; il est mêlé à la terre glaise, qu'il colore fortement en rouge ; à l'argile, qu'il teint en jaune très-brun ; au sable, qu'il noircit. Dans les ravins, il dépose un ocre pulvérulent d'un rouge de sang : les fissures des grès sont remplies d'une substance ferrugineuse, et les pierres en sont incrustées. »

Dans les montagnes des environs de Bougie, les Kabaïles exploitent depuis longtemps des mines de fer, dont les produits leur servent à fabriquer des canons de fusil, des instruments aratoires et d'autres ustensiles.

Ils tirent aussi de ce sol montueux du minerai de plomb pour les usages de la guerre et de la chasse. A cinq ou six lieues de Mascara, dans les montagnes de la Tescha, il existe une mine de cuivre presque à fleur de terre. La direction du filon va de l'est à l'ouest, et, en plusieurs endroits, elle se rapproche tellement de la surface du sol, qu'elle lui communique une teinte verdâtre.

Les assertions de Pline sur l'existence de l'or et des diamants dans le nord de l'Afrique, longtemps considérées comme erronées, ont été vérifiées depuis la conquête française. On a recueilli des diamants à Constantine parmi les sables aurifères de l'Oued-Rummel, ou Rivière de sable, et le nom de l'Oued-el-Dzchel (Rivière de l'or), qui, par sa jonction avec l'Oued-Rummel, forme le Sou-e-Gemar ou Rivière de Constantine, dit assez que les eaux de ce fleuve roulent des parcelles d'or. Des indices analogues attestent sur d'autres points la présence des mines d'argent.

Les pierres précieuses que l'on rencontre le plus fréquemment dans l'Atlas sont les grenats, les calcédoines et les cristaux de quartz. (*De l'Algérie ancienne et moderne*, par Léon Galibert, chap. Ier, p. 7 et 8.)

En 1837, on a présenté à Abd-el-Kader un morceau de minerai d'or qui avait été recueilli dans les montagnes, aux environs de Frenda.

Nous avons dit déjà que les plaines de l'Algérie sont imprégnées de chlorure de sodium ou de sel gemme, de nitre ou de nitrate de potasse et de carbonate de soude, que les Arabes appellent *trona*.

Les sources minérales sont aussi très-abondantes dans les différentes parties de l'Atlas.

Les rameaux de l'Atlas sont séparés par des plaines que l'on peut regarder comme les plus riches du monde en céréales, et qui pourraient produire abondamment, à l'aide d'une bonne culture, du coton et de l'indigo, et même toutes les denrées coloniales.

Parmi le grand nombre de végétaux qui croissent naturellement en Algérie, nous citerons d'abord : les lentisques, les palmiers chamérops, le thuya, les arbousiers, les pistachiers, les genêts épineux, les agaves, les myrtes, les cerisiers, les noyers, les bananiers, les guigniers, les lauriers-roses.

Tous les arbres fruitiers de l'Afrique, de l'Europe, et même ceux de

Paris, y croissent avec vigueur et avec une spontanéité étonnante ; sous l'influence du soleil d'Afrique, presque tous les végétaux acquièrent d'énormes proportions : le ricin, faible arbrisseau en Europe, devient presque un arbre en Algérie ; le fenouil, les carottes, et quelques ombellifères, prennent un développement gigantesque ; les tiges de mauves ressemblent à des arbrisseaux.

Les plantes fourragères atteignent, sans culture, une hauteur telle, que les cavaliers disparaissent inaperçus dans leurs fourrés.

Dans le grand Atlas les vallées sont remplies d'orangers, de citronniers, de pêchers, d'abricotiers, d'amandiers, de grenadiers et de jujubiers.

L'Algérie n'est pas aussi déboisée qu'on se l'était d'abord imaginé ; car, au-dessus de ces belles vallées dont nous venons de parler commence la région des forêts, à laquelle succèdent celle des graminées, enfin celle des neiges.

Les forêts se composent principalement de sept espèces d'arbres :

L'olivier sauvage, le genévrier de Phénicie, le térébinthe, occupent la région inférieure ; le chêne-liége, le chêne à glands doux que les Arabes mangent comme des châtaignes, le peuplier blanc et le pin de Jérusalem se trouvent au-dessus.

Les flancs du petit Atlas sont couverts de forêts, et les cimes garnies de plantes herbacées : on y trouve l'absinthe. Les monts Ammer sont garnis d'arbres jusqu'à leur sommet. Les agaves, les cactus et les orangers croissent en général jusqu'à six cents mètres de hauteur sur le versant septentrional : mais on n'en voit presque plus sur le versant méridional. De ce côté, les figuiers paraissent croître jusqu'à quatre cents mètres d'élévation. Les dattiers sont dispersés çà et là sur les collines. Les plaines sablonneuses ne voient croître que des arbousiers et des lentisques. Celles qui sont cultivées produisent des ceps de vigne, dont les raisins sont monstrueux ; le mûrier paraît devoir donner de brillants résultats ; le tabac y vient presque sans culture. Les haies sont garnies de vignes sauvages qui produisent des raisins d'un goût agréable, des touffes d'agaves, de raquettes (*cactus opuntia*) et de myrtes à larges feuilles. Les bords des rivières sont ombragés de lauriers, d'oliviers, de cyprès et de lentisques.

Les vallées des monts Gharians sont les seules qui produisent un safran estimé, qui se répand de là dans tout l'Orient.

Pendant l'hiver, au lieu d'une nappe de neige à la teinte uniforme, on voit s'étendre sur les coteaux de riches tapis de tulipes, de renoncules, d'anémones, etc. Le printemps amène les ornithégales, les asphodèles, les iris et le lupin jaune ; avec l'automne paraissent la grande scille et une multitude de petites fleurs de la même famille [1].

CHAPITRE II

HISTOIRE ANCIENNE DE LA RÉGENCE D'ALGER

Limites. — Étendue du royaume d'Alger. — Aspect général du pays. — Montagnes — Productions naturelles. — Rivières et côtes. — Rades, ports et villes. — Population, division des provinces d'Alger. — Ce qu'était Alger avant que nous en fissions la conquête.

La partie de la Barbarie que les géographes et les historiens désignent sous le nom de royaume d'Alger, ou régence du nom de sa capitale, est bornée à l'ouest par l'empire du Maroc, au nord par la Méditerranée, à l'est par le territoire de Tunis, et au sud par le Sahara ou grand Désert.

La situation de cette place est à quarante lieues environ de la grande rivière de Moulouiah ou Malva, et à seize d'un degré ouest du méridien de Greenwich, qui est adopté dans les États barbaresques comme le meilleur régulateur pour la longitude. La distance est d'environ cinq cent milles de ce point à Tabarcâh ; sa limite est située à l'embouchure de la petite rivière appelée Zaine, sous les neuvième, seizième degrés de longitude est. Sa largeur est plus incertaine, parce qu'on n'a jamais vérifié certains points au nord du grand Désert.

On croit que sa largeur n'excède pas quarante milles à Tlemcen, et soixante à Alger, et qu'ainsi, pour la largeur, on peut prendre soixante milles comme moyenne de la Méditerranée au désert du Sahara.

Les Arabes désignent par le nom de Tell, ou terre labourable, la portion du pays qui n'est pas coupée par le désert. Mais il ne faut pas croire que les limites du désert soient bien déterminées parce qu'elles sont coupées d'une infinité de montagnes, de marais et de plaines fertiles qui, sur les cartes d'Afrique, reçoivent le nom de Beled-el-Djerid ; il faut les regarder comme un territoire peu connu, jusqu'à ce qu'on ait fait des observations plus exactes, jusqu'à plus amples

---

[1] *De l'Algérie ancienne et moderne*, par L. Galibert, chap. I, page 14.

informations. On pourra, d'après le témoignage du savant docteur Shaw, considérer le territoire d'Alger comme s'étendant sur une surface d'environ trente mille milles carrés.

Le pays est montagneux, parcouru par des chaînes parallèles de l'Atlas, qui vont de l'ouest à l'est, d'où résulte une variété infinie de montagnes et de vallées. Les naturels assurent qu'aucune de ces montagnes n'est entièrement nue, et que leurs sommités sont habitées par les Kabyles ou Kabaïles, dont l'étymologie, en langue arabe, signifie tribu. Cette peuplade, d'un naturel féroce et guerrier, s'est toujours montrée indomptable; c'est une des races aborigènes de l'Afrique septentrionale. Elle prête assez volontiers le secours de ses armes au pouvoir, mais elle se révolte aussitôt que l'on essaye de pénétrer dans ses montagnes.

La partie habitable de ce beau pays, situé entre le trente-quatrième et le trente-septième degré de latitude nord, jouit d'une température saine et agréable, sans chaleurs accablantes en été, ni froids insupportables en hiver. Cependant, comme exception à cette remarque, on doit dire que les vents qui viennent du Sahara, et qui soufflent quelquefois pendant quatre ou cinq jours dans l'été, font monter le mercure à cent huit degrés dans le thermomètre de Fahrenheit. D'avril à septembre, le vent est ordinairement très-humide, mais sans pluie. De novembre à avril, règne la saison des pluies, mais non continues. Quelquefois il y a des pluies excessives en novembre et décembre. Janvier et février sont ordinairement de beaux mois. Année commune, la quantité de pluie qui y tombe s'élève de vingt-quatre à vingt-huit pouces.

Le sol de cette partie de l'Afrique n'a rien perdu de sa fécondité autrefois si renommée. Sa couleur varie : elle est noire dans certaines parties, rouge dans d'autres; mais c'est partout la même fertilité, parce qu'elle est fortement imprégnée de nitre et de sel.

La culture presque unique du pays, c'est l'orge et le blé.

Sur un acre de terre, on sème ordinairement cinq picotins, et elle produit de huit à douze pour un, malgré le peu de développement de l'agriculture. Le blé d'Alger est d'une espèce commune, la farine qu'on en tire ressemble assez à du sable et se pétrit difficilement; mais le pain en est excellent. Dans les marchés d'Italie, il obtient généralement la préférence, parce qu'on en fait le meilleur macaroni et les meilleures pâtes.

D'anciens écrivains nous représentent cette partie de l'Afrique dégarnie de forêts; c'est une erreur que nous avons vérifiée depuis notre occupation, puisque les flancs du petit Atlas sont garnis de forêts jusqu'à leur plus haute cime, comme nous l'avons déjà indiqué. Rien n'y est changé aujourd'hui. Ce que l'on trouve le plus difficilement dans les plaines, c'est un arbre de haute futaie. L'olivier y est dans son climat naturel ; il réussit parfaitement partout où on lui permet de venir. On y rencontre aussi le noyer et le noisetier ; les fruits en sont bons, mais ne valent pas ceux d'Espagne et d'Italie.

Le pays abonde en palmiers, et les dattes ou bénates du désert sont excellentes. En général, il produit tous les fruits qui appartiennent aux climats tempérés, mais la figue est toujours d'une qualité inférieure à celle de France ; la grenade y est fort bonne, et le raisin, comme je l'ai déjà dit, y est fort beau, d'une grosseur démesurée. Cependant, quand on examine le caractère physique de ce pays, partagé en une foule de vallées dont la hauteur n'est pas la même, on juge que ces productions devraient être supérieures à celles d'autres contrées, s'il avait pour le cultiver des hommes civilisés et industrieux.

Nous avons dit que l'on trouve dans cette partie de l'Afrique divers métaux dont la France pourrait tirer un immense parti : on y rencontre le fer, le plomb, l'étain, le cuivre, l'argent et même l'or.

Nous savons que les Kabyles ont dans leurs montagnes des mines de fer, en exploitent un grande quantité, qu'ils travaillent eux-mêmes pour leur usage.

Sur le sol algérien on trouve différentes espèces de terres argileuses employées par les naturels à la fabrication de vases assez grossiers. Les montagnes renferment donc des mines inépuisables et le plus beau sel gemme qu'on puisse rencontrer.

Le royaume d'Alger est un pays bien arrosé, abondant en sources d'eau vive et en petits ruisseaux ; mais il n'a pas de fortes rivières. Nous avons dit que la plus considérable est le Chélif, qui prend sa source dans le Sahara, au sud de la province de Titery, à cinquante milles environ d'Alger ; lorsque, grossie des eaux de plusieurs autres ruisseaux, elle est devenue une rivière assez considérable, elle tourne à l'ouest, et, suivant une ligne presque parallèle à la côte l'espace d'environ cent milles, se décharge dans la Méditerranée à un degré vingt centièmes de longitude, et à trente milles environ du cap Tennis ou Tenès, à l'ouest.

Dans la saison des pluies, les eaux du Chélif sortent de leur lit, inondent une grande partie des campagnes voisines, et forment une barrière redoutable entre Oran et Alger : c'est la seule rivière un peu remarquable dans ce royaume, où un foule de petits ruisseaux aboutissent à la mer.

Le pays algérien est donc d'une grande fertilité, susceptible d'une grande variété de produits et d'un immense développement agricole : il est bien arrosé, mais il n'a point de rivière navigable. Cette absence de moyens de navigation intérieure sera toujours un obstacle à ce que le pays jouisse pleinement de tous les avantages dont la nature lui a donné le germe; il se trouve, en cela, dans la même position à peu près que l'Espagne, à laquelle il est bien supérieur par la beauté et la fertilité de son sol.

Nous avons dit aussi qu'on y rencontre des sources d'eaux salées minérales et thermales.

La côte est partout escarpée et n'offre pas, à une grande distance, de dangers qu'on ne puisse prévoir. Bouzaïab ou Bougie et le golfe de Stora offrent deux bons ports d'une belle étendue et dans lesquels les navires peuvent, en toute saison, trouver un abri sûr et commode.

Bone, Alger et Oran étaient les seules places que visitassent des vaisseaux étrangers, parce qu'ils y trouvaient un ancrage sûr dans toutes les saisons ordinaires; mais ils n'y sont pas en sûreté contre les vents du nord, qui, dans l'hiver, y soufflent avec une violence extraordinaire.

Nous avons également dit que dans la mer d'Alger se trouvent en abondance tous les poissons de la Méditerranée, et sur la côte orientale le plus beau corail connu.

Comme les habitants de l'intérieur sont un peuple pasteur dont les troupeaux sont la principale richesse, et que le caractère physique du pays, où abondent les pâturages, donne les moyens de nourrir des bestiaux, on y trouve en grand nombre toute espèce d'animaux domestiques que nous avons déjà désignés; seulement nous devons faire la remarque que les bœufs sont petits, et les vaches donnent très-peu de lait.

La laine d'Alger est de très-bonne qualité, et sans être lavée ni assortie, elle vaut, dans les marchés de France et d'Italie, cinquante francs le quintal anglais, cent douze livres de France.

On trouve dans cette partie de l'Afrique du gibier en abondance, des sangliers, des lièvres, des perdrix, et dans la saison, des cailles, des coqs de bruyère, des bécasses, des sarcelles et des canards sauvages; dans l'intérieur et sur la limite du désert sont des daims, des chevreuils et des gazelles.

On y trouve également tous les animaux féroces qui sont propres à l'Afrique, que nous avons déjà décrits ; seulement nous ferons la remarque que le lion de Numidie n'a rien perdu de son caractère antique. Il est encore de nos jours le plus formidable, et, s'il faut encore en croire le récit des naturels, le plus magnanime de son espèce.

La division politique du royaume d'Alger formait, avant la conquête de 1830, trois provinces : Oran, à l'ouest ; Titery, au sud ; Constantine, à l'est. La province de Titery a pour bornes, à l'ouest, la rivière de Mazafran (30° 12' longitude est), qui la sépare de celle d'Oran ; à l'est, le Bouberak, qui la sépare de Constantine (4° 15' de longitude). On croit que ces trois provinces s'étendent, du sud de la Méditerranée au désert ou Sahara. La capitale de ce royaume est située sur la côte de Titery (36° 48' longitude nord, et 3° 30' longitude est).

Les villes de ce royaume, à l'exception de la capitale, dont nous donnerons plus tard la description, sont peu importantes.

Trémecen ou Tlemcen, située à l'ouest, près de la frontière, et à égale distance à peu près de la Méditerranée et du Sahara, était autrefois la capitale du royaume de ce nom et une ville très-considérable. Depuis l'établissement de la domination turque dans ce pays, Tlemcen, malgré les avantages de sa position, était tombée dans un état complet de décadence. Oran est située à cinquante-quatre milles nord-est de Tlemcen. Elle a un très-bon port dans les saisons ordinaires, et s'étend sur un isthme dans une étendue de cinq milles au sud-ouest de la belle rade d'Arzeu (35° 48 latitude, et 6° 40' longitude est). Sa situation dans un pays très-beau et très-fertile, ses deux belles rades, et le voisinage de Gibraltar et de l'Espagne, en font certainement la seconde place du royaume.

A quelques milles est d'Oran est située Mustiganem ou Mostaganem, ville maure très-importante lorsque les Espagnols étaient maîtres d'Oran ; mais elle perdit tous ses avantages en revenant à la régence.

Les Espagnols avaient élevé autour d'Oran des fortifications régulières, et, après l'avoir occupée environ cent ans, en vertu de leur dernier traité de paix avec Alger, ils la rendirent, dans l'espérance d'avantages qui ne se réalisèrent jamais.

Belidah ou Blidah est située au sud de la capitale, sur la limite de la plaine de la Métidja, à la distance de vingt-quatre milles. Plus loin, à une journée de marche et toujours dans la même direction, on trouve Médéah, capitale de Tittery ; elle a à peu près l'étendue et l'importance de Blidah. Le voisinage de la capitale et leur situation dans les districts les plus fertiles de la Numidie ont procuré à ces deux villes une grande prospérité agriculturale.

Constantine, capitale de la province orientale, est l'ancienne Cirtha. Elle est située sur la rivière appelée el-Rummel, à quarante milles de la mer (36° 20' de latitude nord, et 6° 30' de longitude est); sa position est certainement une des plus heureuses que l'on puisse imaginer.

Bona ou Bone, l'ancienne Hippo-Regius, est une ville d'environ trois ou quatre mille habitants, ayant un port commode (36° 43' de latitude nord, et 8 de longitude est.)

Avant la Révolution française, Bone, comme ville commerciale, était au-dessus d'Alger. C'était le rendez-vous de tout le commerce que faisait la Compagnie française d'Afrique, qui avait obtenu le monopole de la pêche du corail et d'autres priviléges commerciaux qui reparurent avec la Restauration, mais sans produire une amélioration évidente pour le commerce de Bone.

Boujaiah ou Bougie (située à 36° 45' de latitude nord et à 9° 24' de longitude est), possède le meilleur port de la côte et était autrefois le principal dépôt naval de la régence.

Le pays avoisinant est montagneux et d'une fertilité rare en olives. Bougie peut devenir une ville commerciale d'une très-grande importance. Nous passerons sous silence, pour le moment, un grand nombre d'autres villes situées sur la côte, mais ne jouissant, à l'époque où nous en parlons, d'aucune influence politique et commerciale. Nous croyons pourtant devoir dire quelque chose de Cherchel, à laquelle notre conquête promet un grand avenir. Cherchel est l'ancienne Cæsarea; elle est la ville maritime la plus importante de l'ancienne Mauritanie. Sa position est à l'ouest d'Alger 2° 29' de longitude est. C'était une ville assez considérable, qui depuis est devenue une ville tout à fait insignifiante, et n'est connue aujourd'hui que comme un lieu où se fabrique une poterie grossière que l'on vient vendre à Alger en se servant de sandales (espèce de bateaux légers semblables à nos tartanes) comme moyen de transport.

Il y a différentes opinions sur la population de ce royaume. Il ne s'agit pas ici d'un dénombrement exact, on ne peut tout au plus qu'en juger approximativement et par comparaison avec d'autres pays dont les statistiques sont bien connues.

La population de ce royaume, pour une surface d'environ trente milles carrés, est plutôt au-dessous qu'au-dessus d'un million.

Pour donner une idée exacte de la marche du gouvernement établi dans ce pays, il est nécessaire de citer quelques-uns des faits principaux de la conquête d'Alger par les Turcs.

Les Turcs s'établirent à Alger dans le seizième siècle; voici à quelle occasion : Lorsque le vaste empire des califes commença à se désorganiser, l'Espagne et l'Afrique s'en séparèrent successivement. Dans cette dernière contrée, la domination arabe se fractionnant encore, deux nouveaux empires se formèrent, l'un à Fez et l'autre en Égypte, laissant entre eux un vaste espace où surgirent de petits États indépendants. C'est ainsi que, dans un vieux édifice, une poutre rongée par le temps venant à se briser, les deux extrémités restent scellées dans le mur, et le milieu tombe en éclats. Alger forma un de ces petits États, où il paraît que quelques princes sages firent fleurir l'industrie et l'agriculture, en ouvrant un asile aux musulmans que les conquêtes des chrétiens chassaient d'Espagne. Mais, après l'entière destruction de la puissance arabe en Espagne, les Espagnols poursuivirent jusqu'en Afrique les restes de leurs anciens conquérants. Ils s'emparèrent d'Oran, de Bougie et d'autres places, et vinrent s'établir sur un rocher situé en mer en face d'Alger. L'émir de cette ville, nommé Eutémie, fatigué de cet importun voisinage, eut l'imprudence d'implorer le secours des deux frères Haroudj et Khaïr-Edden contre les Espagnols, qui étaient alors maîtres d'Oran et qui avaient mis des garnisons dans Bougie et dans la petite île qui est en face d'Alger, comme nous venons déjà de le relater. Ces deux frères étaient de Mytilène, surnommés Barberousse. Une valeur entreprenante et beaucoup de succès leur avaient valu un grand pouvoir, une réputation brillante et un nom illustre dans toute la chrétienté. L'offre fut acceptée avec avidité par ces deux hardis capitaines, qui cherchaient depuis longtemps à se procurer un port pour donner plus de stabilité à leur puissance.

Le fameux renégat Haroudj Barberousse, à la tête de cinq mille hommes, entra en ami dans Alger. Mais un allié trop puissant est souvent pire qu'un ennemi déclaré : l'émir mourut empoisonné, et Barberousse s'empara du pouvoir. Après sa mort, son frère Khaïr-Edden fut nommé pacha d'Alger par la Porte Ottomane, et ce pays fit dès lors partie du vaste empire des Turcs. Mais Khaïr-Edden, quoique satrape du sultan de Constantinople, fut de fait le fondateur d'un État qui ne tarda pas à devenir indépendant. Cet État était une république militaire dont le chef était électif et dont les membres devaient être Turcs. Les indigènes étaient sujets ou alliés, selon le plus ou le moins d'action que les Turcs avaient sur eux; mais ils ne pouvaient exercer aucune fonction politique en dehors de la race à laquelle ils appartenaient.

CHAPITRE III

DOMINATION TURQUE

Gouvernement civil et militaire d'Alger et de ses provinces avant l'occupation par les Français en 1830.

Nous avons vu que Khaïr-Edden, plus connu sous le nom de Barberousse, dès qu'il fut élevé au pouvoir, plaça son royaume sous la protection du Grand-Seigneur, et reçut dans la ville une garnison assez forte pour ôter à ses sujets maures toute idée de reconquérir leur liberté. Plus tard, il obtint le poste important de capitan-pacha, et Alger ne fut plus qu'un pachalik de la Porte.

Le lecteur sait encore que, vers le milieu du dix-septième siècle, le gouvernement ottoman céda à la garnison turque d'Alger le droit de se nommer ses chefs; le Grand-Seigneur se réserva seulement celui de confirmation, par l'envoi ou le refus du kaftan et du sabre d'office.

Peu à peu, et autant qu'il leur fut possible de le faire. ces hommes simples réglèrent leur gouvernement sur l'unique modèle qui leur fût connu, celui de l'empire ottoman. Prenant le droit de conquête pour principe de leurs institutions, ils mirent à la disposition des janissaires toutes les places auxquelles étaient attachés la considération, la confiance et l'argent. C'était par le fait une république militaire, gouvernée par un chef électif nommé à vie, et ressemblant assez, sur une petite échelle, à l'empire romain après la mort de Commode.

Ce gouvernement se composait ostensiblement d'un chef souverain appelé dey, et d'un divan ou grand conseil. Le nombre des membres du divan n'était pas limité; ils étaient pris parmi les anciens militaires qui avaient eu ou avaient encore un commandement. Le divan élisait le dey et délibérait sur toutes les affaires que celui-ci voulait bien lui soumettre.

Le dey nommait lui-même ses ministres; c'étaient :

Le kasnadj, qui avait dans ses attributions les finances et l'intérieur;

L'agha, ou bach-agha, qui commandait en chef l'armée, et qu'on pourrait appeler ministre de la guerre, puisqu'il en avait les attributions;

Le khodja-el-kril ou le khodja de Cavallas, qu'on pourrait désigner sous le nom d'adjudant général et de surintendant des domaines nationaux;

L'oukil-el-hardj, ou ministre de la marine et des affaires étrangères;

Le makatadj, ou chef des secrétaires;

Le cheikh-el-islam, ou muphty-el-hanephy, ministre du culte et de la justice.

Le beit-el-mal, ou juge des successions, était chargé de l'ouverture des testaments et de tous les litiges que pouvait entraîner l'exécution. Il était le représentant de tous les héritiers absents. Il devait faire entrer au domaine, après les prélèvements faits pour les pauvres et pour quelques autres dépenses spéciales, les successions vacantes et la partie des biens qui revenaient à l'État dans toutes celles où il n'y avait pas d'héritier mâle direct, partie qui était quelquefois fort considérable. Il était aussi chargé de la police des inhumations. Il avait sous lui un cadi et plusieurs agents;

Ce dernier poste était devenu très-important, à cause des revenus qui y étaient attachés.

C'était au moyen de ces divers fonctionnaires que le dey dirigeait les rouages de son gouvernement. Ses ministres formaient le conseil privé du souverain, et étaient avec lui le gouvernement de fait, où n'avait rien à voir le prétendu divan, qui n'était souvent qu'imaginaire; ce conseil lui-même n'existait plus que de nom lorsque nous nous emparâmes d'Alger. Hussein-Pacha, qui ne l'a pas appelé une seule fois dans toute la durée de son règne, ne lui avait laissé que des attributions tout à fait insignifiantes; de sorte que les principes fondamentaux de ce gouvernement étaient en pleine dissolution lorsque la domination turque s'écroula sous les coups des Français. L'élection des deys d'Alger devait être confirmée par le Grand-Seigneur, qu'ils reconnaissaient pour leur seigneur suzerain; mais cette confirmation n'était jamais refusée, et toujours elle était accompagnée du titre de pacha à trois queues, sorte de dénomination que le souverain prenait dans ses actes publics; car le nom de dey est à peine connu à Alger. Les étrangers seuls s'en servaient.

Aussitôt après leur élection, les deys d'Alger jouissaient de toutes les prérogatives attachées à l'autorité souveraine; mais leur installation solennelle n'avait lieu que lorsqu'ils avaient reçu le firman du Grand-Seigneur, qui approuvait leur élection, et, avec le firman, l'envoi du kaftan et du sabre d'office, qui leur étaient apportés par un capidji-bachi ou messager d'État.

Tous les trois ans, dans ses jours de prospérité, Alger envoyait au

Grand-Seigneur un présent qui était transporté à Constantinople, sur un vaisseau de guerre étranger, avec l'ambassadeur qui devait l'offrir.

Ce présent était toujours magnifique, et s'élevait quelquefois à la valeur de 500,000 dollars. Du reste, il paraît qu'Alger ne reconnaissait pas autrement la suprématie du gouvernement ottoman, et, même dans l'ivresse de son pouvoir imaginaire, il lui est arrivé de ne pas toujours respecter son pavillon. Comme compensation, la Porte lui envoyait ordinairement un vaisseau avec des munitions de guerre et de mer, lui accordant en outre la permission de lever des troupes dans le pays soumis à sa domination.

L'administration de la justice criminelle n'appartenait qu'au dey, qui l'exerçait ou par lui-même ou par ses ministres ; les peines étaient la mort, la mutilation, les travaux publics, la bastonnade et l'amende.

La justice civile était administrée dans chaque grand centre d'administration par deux cadis, l'un, dit el-hanephy, pour les Turcs, et l'autre, dit el-maleki, pour les indigènes.

Les hanephys et les malekis forment deux sectes musulmanes qui diffèrent sur quelques pratiques insignifiantes du culte et sur quelques points de jurisprudence. Du reste, elles vivent en bonne intelligence, et sont loin de s'anathématiser l'une l'autre, comme le font les catholiques et les protestants. Les Turcs sont de la secte des hanephys ; les naturels de l'Afrique sont au contraire malekis. Au-dessus des cadis existaient deux muphtys, l'un hanephy et l'autre maleki. Le premier, qui, comme nous l'avons dit, portait le titre de cheikh-el-islam (chef de l'islamisme), était un fort grand personnage : il recevait les appels des jugements rendus par les cadis, dans une cour appelée le Midjélès, qu'il présidait, et qui se composait des deux muphtys et des deux cadis. Une affaire civile pouvait être portée par les parties, soit à Tunis, soit à Fez, où se trouvent les plus célèbres légistes de l'Afrique.

Quoique l'élection du dey, par le principe des institutions de la régence, appartînt au divan, elle était pour l'ordinaire le résultat des intrigues d'une faction dominante parmi les janissaires et presque toujours une sanglante tragédie.

Un dey était égorgé pour faire place à un nouvel aventurier plus heureux que lui. Ses amis et ses partisans étaient tués, pillés ou bannis, et tout cela interrompait tout au plus pendant vingt-quatre heures le calme ordinaire des affaires publiques. Ces révolutions se succédaient avec une telle rapidité, qu'on a peine à y croire quand on ne connaît pas les mœurs et le caractère atroce des Turcs.

Un dey d'Alger était, de son vivant, le monarque le plus absolu et le mieux obéi du monde; mais son règne était toujours précaire et, pour lui, une mort naturelle était un accident. Celui qui était élu ne pouvait ni refuser ni résigner l'honneur de gouverner Alger : pour lui, il n'était que deux places, le trône ou le tombeau.

Nous avons dit que l'arrondissement d'Alger était directement administré par le dey et ses ministres; mais comme le dey ne pouvait étendre directement son action sur les points éloignés, il avait établi dans les provinces des gouverneurs avec le titre de ses lieutenants, que l'on nommait beys y exerçait la souveraineté en son nom; ils étaient par le fait investis de toute son autorité despotique.

Les gouverneurs étaient obligés de venir tous les trois ans à Alger rendre compte de leur administration. Les beylicks ou provinces étaient au nombre de trois : Constantine à l'est, Oran à l'ouest, et Tittery au midi. Nous en parlerons à mesure que notre narration nous y conduira.

Chaque province était imposée pour une somme déterminée, selon la capacité qu'on lui supposait pour la payer.

Le fisc percevait cette somme par dividende de six mois.

Tous les trois ans lunaires, les beys étaient donc obligés de venir en personne rendre compte au siége du gouvernement de leur gestion ; leur entrée était publique, très-magnifique, mais la continuation de leur pouvoir et leur vie même dépendaient du talent qu'ils avaient eu de rassasier l'avarice des membres de la régence. Chaque visite des beys à Oran et à Constantine ne leur coûtait pas moins de trois cents dollars ; il leur fallait, dans ces occasions, acheter la faveur des officiers de la régence, dont le prix était plus ou moins élevé, selon que leur crédit était plus ou moins grand.

Les officiers de la régence d'Alger ne recevaient pour leur salaire que leur paye et leurs rations comme janissaires. Le pacha lui-même se soumettait à cette loi avec une apparence de simplicité primitive ; mais, dans leurs rapports avec la société, ces mêmes officiers se reposaient sur les priviléges de leurs places et la licence qu'elles leur donnaient pour toutes sortes d'exactions.

L'administration de la justice criminelle n'appartenait, avons-nous dit, qu'au pacha et à ses ministres.

Le meurtre, le vol simple, le vol par effraction, l'incendie, la trahison, l'adultère étaient punis de mort.

Quand il s'agissait d'un crime politique, un Turc était étranglé, mais en secret; un naturel était pendu, décapité, mutilé ou précipité d'un mur élevé garni de grosses pointes en fer, qui l'arrêtaient dans sa chute et le faisaient périr dans de longs tourments. Mais, dans ces occasions, le tchaouch, ou bourreau, avait quelquefois l'humanité, si on le payait bien, d'étrangler sa victime avant de la précipiter. Si c'était un juif, on le pendait ou on le brûlait vivant. Les fautes légères ou les petits larcins étaient punis par de fortes amendes, par la bastonnade ou par la peine des travaux forcés.

La maxime d'Alger, contraire à celle des autres pays, établissait en principe qu'il vaut mieux punir un innocent que de laisser échapper un coupable.

Aussi était-ce une situation affreuse que celle des accusés comparaissant devant leurs juges, s'ils ne pouvaient pas prouver leur innocence de la manière la plus évidente, ou si leur bonne fortune ne leur donnait de puissants protecteurs.

A Alger, la place de bourreau était un poste honorable.

Tout officier public en avait un attaché à sa personne, et, comme tout autre citoyen, le bourreau parvenait aux premières charges de l'État.

Ici, comme dans tous les autres pays musulmans, le code civil se compose du Koran, de ses commentaires et de quelques coutumes auxquelles l'expérience a donné force de loi ; car, chez le Turcs, c'est un axiome dont on ne s'écarte jamais : que ce qui s'est fait une fois a force de loi.

Quant à l'administration de la justice, elle était, dans chaque gouvernement de la régence, entre les mains de deux cadis : l'un Maure, l'autre Turc. Ces magistrats tenaient leurs séances tous les jours, les vendredis exceptés. Ils prononçaient définitivement sur toutes les affaires qui étaient du ressort de leur tribunal. Il n'y avait point d'avocat.

Chaque partie plaidait sa cause ; et le jugement suivait immédiatement.

Il y avait aussi, comme je l'ai dit, deux muphtys : l'un Turc et l'autre Maure. Ils tenaient leurs séances deux fois la semaine.

La juridiction de ces deux cours était la même ; seulement, dans les affaires mixtes, un Turc avait le droit d'être jugé par son cadi et d'en appeler par devant le muphty. Quand il se trouvait dans les cours des cadis un nombre suffisant de kodjas, on s'adressait à eux pour faire faire des contrats. Dans les affaires maritimes ou commerciales où intervenaient des circonstances embarrassantes, on formait un divan des consuls étrangers dont on prenait les avis.

Autrefois, il était nécessaire, pour être cadi ou muphty, d'avoir pris des grades dans les écoles de Constantinople ou du Grand-Caire. Mais les Turcs, accoutumés à occuper les plus hautes charges, sans même avoir jamais appris à lire, arrivèrent naturellement à croire qu'un homme avec du sens commun, s'il savait lire le Koran, pouvait prétendre à ces emplois judiciaires.

Le muphty, dans le gouvernement algérien, était un simple officier subordonné, sans la moindre influence. Le poste le plus important, comme je l'ai dit, était celui du beit-el-mal, ou juge des successions. Il était obligé de payer au trésor une somme qui dépassait de deux tiers celle que payaient les beys. A ce titre, il joignait celui de ministre du cabinet.

Il était héritier d'office de tous ceux qui mouraient sans testament, ou qui ne laissaient pas d'héritiers légitimes.

Les Turcs pouvaient seuls prétendre aux premières dignités de l'État et aux charges lucratives et honorifiques. Cependant les naturels, quoique exclus de tout emploi civil, pouvaient dans la marine s'élever, par leur mérite, aux premiers grades militaires. Le corps des janissaires recevait continuellement des recrues du Levant, qui étaient, pour la plupart, des malheureux sortis des prisons et le rebut de la société de ces pays barbares. Le gouvernement entretenait à Constantinople et à Smyrne des agents qui engageaient les recrues et les envoyaient à Alger sur des vaisseaux de louage. A leur arrivée, ils étaient soldats de fait, sous la dénomination de janissaires. On les incorporait dans les différentes baraques de la ville auxquelles ils appartenaient le reste de leur vie, quel que fût par la suite le changement de leur fortune. C'est dans les quartiers qu'ils s'élevaient par rang d'ancienneté au plus haut degré de paye, et devenaient membres du prétendu divan, à moins que quelque heureux hasard ne les jetât dans l'administration. Un janissaire, dans son costume complet de bataille, porte une ou deux paires de pistolets dans sa ceinture, un cimeterre ou yatagan ; sur la poitrine, un poignard, et sur l'épaule un long mousquet.

Toutes ses armes sont revêtues des plus beaux ornements, quand la fortune lui permet de le faire. On pourrait assez justement comparer un janissaire armé de toutes pièces au valet de carreau dans le jeu des cartes.

Quoique les Turcs soient essentiellement soldats, cependant il y en avait qui formaient une division ou classe civile qu'on nommait la classe de khodjas ou écrivains. Elle comprenait tous ceux qui savaient lire et écrire ou qui étaient en état de l'apprendre.

Ce corps jouissait de grands priviléges, et c'est de lui qu'on tirait les écrivains pour les charges publiques.

Les querelles entre Turcs étaient punies par les peines les plus sévères.

Le dernier des Ottomans rejette avec mépris toute espèce de comparaison entre lui et un naturel.

Les jeunes Turcs étaient, avant notre conquête, casernés dans des baraques, d'où ils ne sortaient que les jeudis, sous la surveillance d'un gardien qui répondait de leur conduite.

Les Turcs n'ont droit à porter le turban et à s'aventurer dans le monde, sous leur propre garantie, que lorsqu'ils ont une assez belle barbe. Partout un Turc avait la préséance sur un naturel, et dans les rues, ce dernier lui laissait toujours le passage libre.

Les Turcs sont remarquables par la force de leur corps et la beauté de leurs formes. Les priviléges de leur caste et les espérances d'une haute fortune leur donnaient les moyens de faire dans le pays d'excellents mariages. Ces alliances ont produit pour la race une amélioration physique et morale. On croit que les Coul-oghli ou Koulouglis, ou descendants des Turcs, s'élèvent, dans ce royaume, à plus de vingt mille. Ils n'avaient pas plus de droits que les autres Algériens aux premières dignités de l'État, seulement ils pouvaient parvenir dans la marine et obtenir des places de bey et de kaïd. Ils avaient encore la permission de porter des broderies d'or et jouissaient de quelques autres priviléges aussi insignifiants; mais nul lien ne les rattachait aux Turcs.

Le service militaire se faisait entre les Turcs à tour de rôle, ce qui leur donnait la facilité d'embrasser la carrière civile pour laquelle ils se sentaient quelque vocation, sans qu'ils perdissent pour cela aucun de leurs droits; seulement ils devaient être prêts pour le service public toutes les fois qu'on avait besoin d'eux.

Quant aux impôts, nous ajouterons à ce que nous avons déjà dit, que ceux qui regardaient l'intérieur n'étaient fixés que d'après les préceptes du Koran; mais aucune bonne foi ne présidait à leur perception, et ce qui eût été un fardeau léger devenait, à force d'exactions, une masse accablante pour les populations. Les beys et les gouverneurs des provinces étaient responsables des impôts, et rien de ce qui pouvait être enlevé n'échappait aux mains des agents militaires qui le savaient. Une oppression aussi insupportable dépeuplait le pays en forçant les habitants à quitter des plaines fertiles pour se retirer au sein des montagnes, dans des positions moins accessibles et sur les limites du désert.

La régence prélevait, en outre, une taxe annuelle de deux cent cinquante mille mesures de blé sur différents cheiks arabes et six mille mesures d'orge sur chacun des beys d'Oran et Constantine. On les employait à la subsistance des marins, des soldats et des ouvriers appliqués aux travaux publics.

En 1825, la force militaire de ce gouvernement était d'environ quinze mille hommes, tout compris, Turcs, Koulouglis et Arabes.

Les Turcs et les Koulonglis formaient l'infanterie, les Arabes la cavalerie. Ils étaient distribués dans les garnisons et des camps volants, soit à Alger ou dans le royaume. Chaque année, on changeait la garnison turque.

Les troupes veillaient à la perception des impôts de l'État et au maintien de l'ordre public.

Ces troupes, dit M. Schaller dans l'ouvrage qu'il a publié en 1826, sous le titre d'*Esquisses sur l'Etat d'Alger*, ouvrage traduit de l'anglais par M. Bianchi; ces troupes sont en grande partie composées de Turcs et de Koulouglis, qui sont simplement enrôlés, n'étant soldats de fait que lorsque le temps ramène l'époque de leur service, et ne donnant pas la moindre idée de ce que nous appelons organisation et discipline.

C'est, au contraire, le corps militaire le plus insignifiant qui fut jamais. Les janissaires appartiennent à des baraques, où ils sont incorporés à leur arrivée, et où, par le rang d'ancienneté, ils parviennent à être chefs de détachement et de corps; c'est sous ce seul rapport qu'ils peuvent être regardés comme une troupe soumise à une organisation systématique.

La marine algérienne se composait autrefois d'un grand nombre de bâtiments à rames et de chebecs. Dans les derniers temps, ces peuples ont appliqué à la construction des vaisseaux et au système de guerre maritime les améliorations de l'Europe, grâce à la politique attentive des gouvernements européens qui ont eu soin de leur donner des constructeurs de vaisseaux et des ingénieurs habiles.

Cet État entretenait toujours un corps d'environ trois mille marins, qu'en cas de besoin il pouvait aisément porter à six mille.

Une simplicité noble et imposante se montrait dans les formes extérieures de ce gouvernement, et proclamait d'une manière claire la nature de ses prétentions.

Le pacha, assis sur son trône, donnait indistinctement audience à tous ses officiers. Au point du jour, après les prières du matin, ils lui faisaient leurs rapports et recevaient ses ordres. Au moment où il se levait pour se retirer, tous inclinaient la tête vers la terre, et d'une voix forte, faisaient entendre ces mots : « Dieu sauve notre souverain ! »

Le pacha, passant pour sortir devant les différents corps qui étaient rassemblés devant lui en ordre, se tournait lentement, et, la main appuyée sur le cœur, il leur rendait leur salut. Ceux-ci s'inclinaient une seconde fois et répétaient encore le cri : « Dieu sauve notre souverain ! »

C'étaient là les occasions qu'on choisissait pour déposer les deys d'Alger. Au moment où le pacha quittait son trône, les conspirateurs se jetaient sur lui, le saisissaient par la ceinture, et l'égorgeaient sur place ou le conduisaient hors de là pour l'étrangler *secundum artem*.

Aussitôt son successeur était placé sur le trône d'où celui-ci venait d'être renversé.

CHAPITRE IV

Des différentes nations ou tribus qui peuplent le royaume d'Alger. — Leur origine. — Leurs mœurs. — Leur religion. — Leur langue. — Leur costume. — Leur nourriture.

L'ancien nom de Maures, *Mauri*, est probablement un terme générique pour désigner les habitants de Maroc et de la Barbarie.

Les Maures, qui forment la grande majorité de la population des villes, sont un mélange d'anciens Africains, d'Arabes et d'émigrés espagnols, qui, se modifiant continuellement par des alliances avec les familles maures, ont fini par perdre insensiblement leur caractère primitif.

Leur langue est un dialecte de l'arabe, qu'on pourrait appeler dialecte maure. Ils obéissent à la loi de Mahomet, et, malgré la diversité de leurs races, ils ont conservé une tournure d'esprit, un caractère distinct, une espèce de nationalité à part. Doués d'une finesse d'intelligence remarquable, d'une grande souplesse de caractère, ils sont susceptibles de s'élever à un haut degré de civilisation.

Les Arabes habitent les plaines du royaume, ils vivent sous des tentes et changent continuellement le lieu de leur résidence, selon la saison et l'abondance des pâturages. Ils ont les mœurs des peuples pasteurs, et probablement aussi les vices et les vertus de leurs an-

DES DIFFÉRENTES TRIBUS QUI PEUPLENT L'ALGÉRIE.

cêtres primitifs. On ne peut qu'établir des conjectures sur la nature des rapports qui se sont formés entre les Arabes et les anciens habitants des plaines de la Mauritanie, dont ils sont devenus les conquérants et les possesseurs. Ils parlent l'arabe, professent le mahométisme, et leur caractère moral et physique, leurs mœurs, leurs coutumes, rappellent exactement les Arabes de l'Asie.

Les Arabes, avant notre conquête, étaient tributaires du gouvernement algérien. Sous d'autres rapports, c'était un peuple indépendant régi par ses propres lois, sous des cheiks tirés de son sein. Avaient-ils à se plaindre du despotisme des beys, ils échappaient par la fuite à leur domination en gagnant d'autres provinces ou même en repassant dans le désert. Vers les derniers temps, les plaines fertiles de Bone, dans la province de Constantine, étaient presque devenues désertes par l'éloignement des Arabes.

C'est le royaume de Tunis qu'ils choisissaient le plus ordinairement pour le lieu de leur retraite. Les Arabes composaient la cavalerie auxiliaire qui faisait avec les Turcs le service des provinces.

En parlant des Maures et des Arabes, nous devons dire que ces peuples appartiennent à des races diverses d'origine et de langage. La plus répandue est la race arabe, qui, dans le septième siècle de notre ère, fit la conquête de ce beau pays sur les faibles empereurs d'Orient. Elle occupe les plaines ; et plus les lieux qu'elle habite sont éloignés de la mer, plus elle conserve avec pureté son type original. Les Arabes que l'on rencontre entre la mer et la première chaîne de l'Atlas ont des demeures fixes, ou pour le moins un territoire déterminé. Ceux des plaines qu'enlacent les ramifications de l'Atlas sont plus enclins à la vie nomade, qui est l'existence ordinaire des Arabes du Sahara. Ces derniers, libres, fiers et indépendants, n'ont jamais courbé la tête sous un joug étranger; ils ont pu être les alliés, mais non les sujets des Turcs. Les autres, au contraire, étaient soumis au gouvernement du dey d'Alger, et reconnaissaient l'autorité des kaïds turcs qui leur étaient imposés. Mais il ne faut pas croire cependant que le despotisme oriental pesât sur eux de tout son poids. Les Turcs avaient de grands ménagements pour ces peuples. Il est vrai que, de temps à autre, lorsque le gouvernement avait trop à se plaindre d'une tribu, une expédition de guerre était dirigée contre elle et que le châtiment était alors prompt et terrible; mais, dans les rapports ordinaires et journaliers, le joug se faisait peu sentir. Cependant les peuplades les plus rapprochées des villes, qui étaient naturellement les centres d'action des Turcs, avaient bien quelques avanies à supporter.

Après les Arabes viennent les Kabaïles, que l'on regarde généralement comme les descendants des anciens Numides. D'après l'opinion de M. Pellissier, on ne doit pas leur donner cette seule origine ; il est disposé à les considérer comme le résidu et le mélange de toutes les races qui ont successivement résisté aux invasions punique, romaine, vandale, grecque et arabe. Leur organisation physique se prête à cette supposition, car ils n'ont pas de type bien déterminé. Les traits caractéristiques des races du Midi s'y trouvent à côté de ceux des races du Nord ; il existe même une tribu kabaïle qui, par tradition, a conservé le souvenir d'une origine européenne.

Le nom de Berbers, que dans plusieurs ouvrages on donne aux Kabaïles, n'est point connu dans la régence d'Alger ; il n'est employé que dans la partie de la Barbarie qui touche à l'Égypte.

Les Kabaïles habitent les montagnes, où ils jouissent de la plus grande somme de liberté qu'il soit donné à l'homme de posséder. Ils sont laborieux et adroits, braves et indomptables, mais point envahissants.

Ce que nous disons ici des Kabaïles s'applique plus particulièrement à ceux des montagnes de Bougie, où les chaînes de l'Atlas, plus rapprochées et plus épaisses, ont offert un asile plus sûr aux restes des anciennes populations. C'est là qu'ils forment véritablement une nation que ni les Arabes ni les Turcs n'ont pu entamer. Ailleurs, ils ne présentent que des agglomérations d'individus, tantôt soumis, tantôt rebelles à la race dominante.

On donne en général la dénomination de Maures aux habitants des villes. Les Maures ont été les premiers habitants connus de la partie occidentale de la Barbarie. Quelques auteurs croient que leur origine, qui se perd du reste dans la nuit des temps, remonte aux Arabes. On sait que, dans les siècles les plus reculés, ceux-ci envahirent l'Égypte et l'occupèrent en maîtres fort longtemps. Il est possible que, de là, de nombreux émigrants de cette nation soient venus s'établir dans cette contrée que les Romains ont appelée Mauritanie.

Lorsque les Arabes de la génération du grand Mohammed vinrent, deux ou trois mille ans après, conquérir ce même pays, ils s'établirent peu dans les villes, d'où leurs mœurs les éloignaient. Les Maures, au contraire, s'y concentrèrent, par cela même qu'ils ne devaient pas y trouver les Arabes ; et de là sans doute l'habitude de donner le nom de Maures à tous les habitants des villes, quoique, à la longue, bien des familles arabes se soient mêlées à eux. Malgré ces fusions partielles, les purs Arabes regardent encore avec dédain les Maures habitants des villes, et les mettent dans leur estime très-peu au-dessus des Juifs.

Ces derniers sont très-répandus dans la régence, mais dans les villes seulement. Leur existence est là ce qu'elle est partout.

Les Tuariks sont des hommes sauvages, voleurs et cruels; ils habitent le désert et parlent la langue des Mozabites.

Les Kabaïles sont donc les peuples de cette partie de l'Afrique qui méritent le plus d'être étudiés. Ils ont toujours maintenu leur indépendance contre le gouvernement algérien, et descendent probablement, comme nous l'avons dit, de ces anciens Numido-Mauritaniens que n'ont jamais soumis les armes d'aucun des conquérants de l'Afrique, depuis les Carthaginois jusqu'à nos jours. Leur nom de Kabaïle, qui vient, comme nous l'avons déjà dit, du mot kabilet, signifiant tribu, fait assez connaître leur situation politique, car ils n'ont pas d'autre séjour que les montagnes occupant toutes les branches de l'Atlas qui vont à l'est, et tirent leurs dénominations particulières des noms différents de ces montagnes, tels par exemple : Beni-Chouw, Beni-Zeroual, Beni-Zouaouah, Beni-Abbes, etc.; ce qui veut dire, dans cette langue, enfants ou habitants de ces montagnes. Chaque montagne a son État ou république indépendante.

Les Kabaïles sont blancs, de taille moyenne, nerveux, robustes, actifs, comme sont d'ordinaire les montagnards, et toujours maigres. Ils ont l'esprit vif, l'instinct guerrier et d'heureuses dispositions. Beaucoup d'entre eux, qui ont le teint clair, des cheveux blonds, rappellent plutôt des paysans du nord de l'Europe que des habitants de l'Afrique. Le docteur Shaw parle d'une tribu de Kabaïles qui habitent les monts Aurès (*mons Aurasius*), *mons Audus*, au sud de la province de Constantine (où était située l'ancienne Lambesa), dont tous les habitants ont le teint clair. Depuis, Bruce a visité ces montagnes, et il confirme le récit du docteur Shaw.

Ces faits et les qualités morales des Kabaïles, qui n'appartiennent pas du tout aux peuplades d'Afrique, nous conduisent à penser que c'étaient des descendants des Numides, qui, après la destruction de leur empire, se réfugièrent dans les montagnes, où leur race s'est perpétuée jusqu'à ce jour.

Les Kabaïles habitent toujours les montagnes jusqu'à leurs cimes les plus élevées; ils y ont des villages (qu'ils nomment dakerah) formés de huttes en terre et en osier. S'ils descendent dans la plaine, c'est comme ennemis ou aventuriers. Leur gouvernement se compose d'une aristocratie et d'une démocratie, trop peu puissantes pour imposer leurs lois à une population turbulente et guerrière. De temps immémorial leurs chefs sont choisis parmi les notables, mais leur autorité est très-limitée.

La puissance des familles et le nombre des alliances font principalement la sûreté des personnes et des propriétés.

Cependant les Kabaïles sont un peuple actif et intelligent; ils tirent de l'agriculture et de leurs troupeaux tout ce qu'il faut à leur subsistance ; ils fabriquent beaucoup de tissus en laine pour leur usage particulier, et l'on doit à leur travail presque toute l'huile qui se consomme dans le pays. Ils exploitent les mines de fer qui se trouvent dans leurs montagnes, convertissent en fonte les minéraux qu'ils ont extraits, et en fabriquent une foule d'ustensiles assez grossiers et des outils aratoires pour les Maures. Ils connaissent aussi la fabrication de l'acier, qui leur sert à la confection de toutes sortes d'armes et d'une grande quantité de petits objets de coutellerie. Ils connaissent encore la manière de faire la poudre à canon. Comme ils ne consomment presque aucun des produits des manufactures étrangères, il a dû se rassembler dans leurs montagnes de grandes richesses en numéraire.

Les Kabaïles forment la classe la plus nombreuse de la population algérienne. Ils portent dans le cœur un sentiment d'indépendance qu'on ne saurait vaincre, et l'histoire de la domination algérienne ne présente pas une seule tribu kabaïle que les armes aient tout à fait domptée. Ils résistent jusqu'à l'extrémité, et, quand la résistance est devenue désormais impossible, leurs débris vont se perdre dans une autre tribu. Les Turcs connaissaient si bien leur esprit d'indépendance, qu'en cas de guerre ils se contentaient de ravager leur territoire; les Kabaïles, qui opposaient à leur attaque une tactique moins habile, étaient forcés par ces ravages à renouveler la paix.

Les tribus les plus puissantes habitent les montagnes de la province de Constantine.

Les Beni-Abbes, qui occupent les passages des montagnes entre Alger et Constantine, auraient pu seuls défier toutes les forces de la régence, s'ils avaient eu assez d'art pour profiter des moyens qui étaient à leur disposition. Dans les parties maritimes de cette province, les Kabaïles et les Turcs étaient toujours dans un état permanent de guerre. Ils étaient les maîtres du pays qui s'étend tout autour du golfe de Stora.

Les Kabaïles sont loin d'être rigoureux observateurs de la loi de Mahomet. Les Algériens, qui n'entendent pas raillerie en matière de religion, les soumettaient bien aux pratiques religieuses tant qu'ils les avaient sous la main; mais, une fois rentrés dans leurs montagnes, les Kabaïles faisaient bon marché de la loi de Mahomet. Ils parlent une langue qui est probablement une langue primitive, dont cependant on ne connaît point encore la source. Quoique montrant une grande intelligence, on ne trouve pas chez eux l'aptitude naturelle aux Maures et aux Arabes.

Les Biscarres ou Biskeris habitent le midi de ce royaume, sur les confins du désert, au sud du grand lac d'eau salée qui s'appelle Chott. Ils ont le teint brun, le caractère sérieux; leurs manières, leurs mœurs, leur caractère, diffèrent essentiellement de ceux des Arabes et des autres tribus africaines. Cependant, par leur langue, qui est un dialecte corrompu de l'arabe, il paraîtrait qu'ils sont des restes de ce peuple célèbre, et que leurs mœurs se sont altérées par une vie sédentaire et par leurs alliances avec les Africains.

Cette conjecture acquiert une nouvelle force quand on pense qu'ils habitent une portion de territoire nécessairement traversée par ce torrent d'Asiatiques qui envahirent et conquirent l'Afrique dans le septième siècle. Les Biskeris étaient soumis à la régence.

Le gouvernement maintenait sur leur territoire une garnison turque, quoiqu'ils fussent à Alger soumis à une juridiction d'un amine biscarre, qui résidait dans la ville et dont le gouvernement reconnaissait l'autorité. Le naturel des Biskeris est la complaisance et la fidélité. On les prenait, dans les principales maisons, pour domestiques de confiance : ils avaient le monopole des boulangeries, étaient les seuls commissionnaires d'Alger, et seuls encore employés par le gouvernement aux travaux publics.

Ils étaient en outre les agents du commerce entre Alger et Gadames.

La cécité est une maladie très-commune dans cette petite nation, et probablement elle est due à leur séjour dans le désert.

On trouvait à Alger beaucoup de Biskeris aveugles chargés de la surveillance des rues et des portes intérieures pendant la nuit; ils n'ont d'autre religion que le mahométisme.

Les Beni-Mozaab ou Mozabites habitent un district du désert, au sud d'Alger, à vingt jours de marche environ pour une caravane, dont cinq jours au moins, passé les frontières de la régence, sans trouver d'eau. Ce petit peuple se partage en cinq districts, savoir : Gordila, Berignan, Ouarguela, Engoussa et Nedcom. Chacune de ces tribus était gouvernée par un conseil de douze notables choisis par le peuple.

Rarement en guerre contre les peuples voisins, ces tribus fomentaient les unes contre les autres des guerres de famille aussi cruelles que continues.

Les dattes sont le produit le plus important du pays, qui recèle des sources d'eau vive assez abondantes. Autour de cette contrée s'élèvent de hautes montagnes escarpées, où l'on trouve des mines d'or. Les habitants n'avaient de rapports avec l'intérieur de l'Afrique que par Gadames et Tafilé.

Les Mozabites sont d'un caractère tranquille, actif et commerçant. Leur probité en affaires était presque proverbiale à Alger, dont, au reste, ils étaient tout à fait indépendants. Leurs priviléges et leur commerce étaient protégés par des contrats écrits consentis par la régence, et dans les affaires civiles ils ne connaissaient que la juridiction de leur amine, lequel résidait à Alger. Les avantages que leur faisait le gouvernement étaient assez grands. Agents privilégiés du commerce d'Alger avec l'intérieur de l'Afrique, ils avaient le monopole des bains publics, des boucheries et des moulins de la ville (ils ont continué, depuis notre occupation, à conserver les mêmes priviléges).

Les Mozabites sont blancs, mais leurs traits et leur air sont ceux des Arabes. Ils suivent la loi de Mahomet, mais s'en écartent dans quelques points qu'il nous est impossible d'expliquer. Ils refusent de faire les cérémonies de leur culte dans les mosquées publiques, et en ont une hors de la ville dans un moulin, où ils ont le droit de s'assembler.

Le costume des Algériens se compose de plusieurs vestes avec manches ou sans manches. Elles s'ouvrent par devant et sont ornées de boutons, de dentelles et de broderies; viennent ensuite des culottes à larges plis, qui descendent jusqu'au gras de la jambe. Souvent ils portent une ceinture à laquelle sont suspendus le yatagan et les pistolets. Dans les plis, leur montre, leur bourse, etc.

Le turban et les pantoufles complètent le costume. Il n'y a guère que les gens âgés qui portent des bas, et cela dans les temps froids. Ce costume change selon le rang, la richesse des individus, la saison de l'année. Celui des Turcs et des Koulouglis est ordinairement orné de riches broderies et de franges d'or, d'argent ou de soie, selon que le veut la vanité ou le caprice. C'est à la forme, aux plis, à la couleur et à l'étoffe du turban qu'on juge de la qualité de la personne. Par-dessus le vêtement est placé le bournous, que l'on porte simplement sur l'épaule ou dont on s'enveloppe le corps.

Le bournous est une espèce de grand manteau ayant la forme d'un cercle, au milieu duquel est un capuchon, qu'on peut mettre par-dessus le turban et qui est une défense contre le mauvais temps. Le bournous n'a pas de couture, et dans sa forme il est à la fois simple et élégant. On emploie à sa fabrication de très-belle laine blanche où se trouve souvent un mélange de soie; les garnitures et les franges sont de la même matière. Les bournous pour l'hiver et les voyages ont la même forme; mais ils sont faits d'une étoffe plus forte, qui est impénétrable à l'eau et dont la couleur est noire.

Selon l'opinion du docteur Shaw, le bournous, sans le capuchon, est le pallium des anciens Romains, et avec le capuchon, le bardocucullus des Gaulois. Les Algériens portent du linge quand ils sont assez riches pour en acheter; mais les habitants des campagnes sont généralement étrangers à ce genre de luxe.

La chemise algérienne est courte; elle a des manches très-larges, qui s'attachent sur le poignet. Le costume ordinaire des peuples de l'intérieur est un haïk, une paire de petits caleçons, et selon les circonstances, le turban; à défaut de turban, c'est une calotte de laine rouge. Tunis est renommé pour la fabrication de ces bonnets; mais on les imite en Europe, et déjà, avant 1830, on venait en vendre une grande quantité à Alger.

Le haïk fut de temps immémorial le costume de la Lybie; il est en laine, a six aunes de long et deux de large; c'est peut-être la toge des anciens Romains.

Les Arabes portent le haïk, comme les Indiens le blanket ordinaire; d'ailleurs il sert aux mêmes usages : c'est un manteau pour le jour et une couverture pour la nuit. Il faut avouer pourtant que le haïk est un vêtement très-incommode, parce qu'on doit toujours le tenir ouvert, et comme il est beaucoup plus grand que le blanket des Indiens, il est aussi moins avantageux. On porte rarement le haïk à Alger, on préfère l'autre vêtement, parce qu'il est beaucoup plus commode. Il y a des haïks de tous les prix; on en fait de très-beaux, soit en laine blanche, soit en laine rouge, comme couverture de lit; c'est ce qu'on peut trouver de plus chaud et de plus léger.

L'habillement des femmes maures se compose d'une petite chemise, qui, chez les femmes de qualité, est des plus belles étoffes, de jolies manches larges en mousseline brodée entrelacées d'or ou d'argent; d'une paire de pantalons qui s'attachent au-dessus de la cheville, d'une tunique de brocart ou d'une étoffe richement brodée et garnie de dentelles par derrière; viennent ensuite les pantoufles, mais jamais de bas. Elles soignent beaucoup leur chevelure, et c'est une grande beauté que d'en avoir une qui descende jusqu'à terre. Peu contentes de la beauté naturelle de leurs sourcils, elles les peignent en noir et passent un mélange de vermillon, qui n'est autre que la feuille du henné combinée avec l'huile pour se teindre l'extrémité de leurs doigts, à la paume de leurs mains et à la plante de leurs pieds ; ainsi elles se peignent en rouge toutes ces parties du corps, ainsi que les ongles des pieds et des mains. Leurs oreilles, leurs poignets, le dessus de leurs chevilles, sont chargés de bijoux en or ; leurs doigts en sont couverts. Selon les conditions, l'argent, souvent même le cuivre, entre dans la composition de ces bijoux.

Leur coiffure nationale est une sorte de cône tronqué (dans la langue du pays, on l'appelle sarmah), dont nous donnerons plus tard la description ; par-dessus cette coiffure est rejeté un voile transparent orné de broderies plus ou moins riches, suivant la condition. Cette coiffure, qui va se terminer en pointe, ressemble absolument à un bonnet de magicien, dans la véritable acception du mot, ou se rapproche un peu de la coiffure élégante de nos Cauchoises. (Costume des femmes juives, voir la note 2.)

Au lieu de cette coiffure, une jeune fille porte une calotte ordinaire en velours rouge ou vert, garnie de sequins ; ses cheveux pendent, forment une queue à la Janot entourée d'un ruban rouge ou vert : quand elle sort, on reconnaît sa qualité à son pantalon de plusieurs couleurs, espèce de costume qui paraît être de la plus haute antiquité.

Ce vêtement est recouvert du bournous ou du haïk en gaze claire, selon que les occasions l'exigent. Sortent-elles, un voile blanc descend de leur tête jusqu'à terre, et vous les prendriez pour des fantômes qui fuient dans les ténèbres des rues.

Les femmes de condition ne sortent que rarement, ou pour mieux dire ne sortent jamais. Cependant les plaintes de leurs maris sur l'extravagante recherche de leurs vêtements feraient croire qu'elles n'exercent pas une faible influence sur la société, et que peut-être dans le silence elles préparent lentement l'esprit humain à la restauration de ces droits que leur ont arrachés l'ignorance et la barbarie.

Peu de mahométans se prévalent, dans ce pays, de la loi qui leur permet d'avoir plusieurs femmes ; généralement ils se contentent d'une seule, à laquelle cependant sont attachées plusieurs esclaves nègres, suivant la richesse et la dignité de la famille.

Les mariages, à Alger, se font à peu près comme dans les autres pays mahométans ; mais la nature du gouvernement et la condition des classes élevées qui en est une suite ont lentement produit une ré-

L'ALGÉRIE FRANÇAISE

FEMME MAURESQUE (Costume de ville).

volution en faveur des femmes. Serait-il raisonnable de penser qu'une riche héritière, comme il y en a un grand nombre dans cette ville, fût livrée comme une esclave au caprice d'un barbare qui veut bien l'épouser? Le contrat de mariage établit donc des conditions qui la mettent sur un certain pied d'égalité avec son mari, ou du moins la protégent contre les mauvais traitements d'un barbare. Ce serait faire injure au bon sens naturel des femmes que supposer qu'elles ont négligé d'augmenter ces avantages.

Peu à peu les effets se sont multipliés, et il en est résulté que les femmes maures sont bien moins les esclaves de leurs maris que celles de l'usage et d'idées antiques de décorum et de convenance.

C'est par l'intermédiaire des mères et des parentes que se font les mariages à Alger. Les femmes algériennes peuvent se visiter entre elles, soit dans leurs maisons, soit aux bains publics, où elles se rencontrent très-souvent, et qui, dans l'après-midi, sont consacrés à leur usage. Dans ces occasions, les parentes et les amies se réunissent et se livrent à la joie pendant plusieurs jours, au grand dépit des hommes, que l'on chasse de la maison ou que l'on relègue dans quelque coin, d'où ils ne peuvent voir cette troupe joyeuse, ni en être vus.

Le mouton, le pain, la volaille, le poisson, le lait, le beurre, le fromage, l'huile, les olives et le couscoussou, espèce de pâte en grain, et faite de blé à la manière du macaroni, forment la principale nourriture des peuples de Barbarie : on peut regarder le dernier mets comme leur plat national : c'est comme le macaroni pour les Italiens et le riz pour les Indiens. Généralement on fait cuire le couscoussou dans une passoire en bois, au-dessus de la vapeur de bouillon, et c'est un mets savoureux et nourrissant quand il est bien préparé avec des œufs durs, des légumes et des herbes douces.

Les pauvres, qui n'ont pas toujours de quoi acheter de la viande, préparent leur couscoussou avec de l'huile ou du beurre.

Les simples ouvriers se contentent de pain et y ajoutent un peu d'huile quand ils peuvent. Les Algériens mangent peu de bœuf; ils tuent rarement des vaches et jamais de veaux.

Dans la saison des bons pâturages, quand les bestiaux sont dans un état prospère, on tue dans les familles, quand leurs facultés le leur permettent, un taureau ou deux. La chair en est battue et séchée, ensuite on la fait bouillir dans l'huile, et on la dépose dans des terrines recouvertes d'huile ou de beurre fondu, pour la manger plus tard.

Le café est la grande dépense de ces peuples si tempérants, et l'eau est leur unique boisson.

On conçoit combien doivent être limités les amusements d'un peuple privé d'art et de littérature. Les cafés, les boutiques des barbiers et l'exercice d'une branche quelconque de commerce, ou la culture de leurs jardins, espèce de distraction qu'ils essayent tous de se procurer dans quelque asile champêtre, interrompent ou allègent pour les hommes la triste monotonie de leur existence; mais l'unique délassement que trouvent les femmes à leurs travaux domestiques sont les réunions aux bains publics et dans leurs maisons respectives, à l'époque des mariages, des naissances, des circoncisions, etc.

Une retraite à la campagne est pour elles sans avantage, et ne leur offre tout au plus que la jouissance d'un air plus pur; car, aux champs comme à la ville, la coutume les tient renfermées dans l'enceinte de leurs appartements.

Les Juifs, au rapport de M. Schaller, étaient, en 1826, d'environ cinq mille. Ils jouissaient du libre exercice de leur religion.

Dans les affaires civiles, ils étaient gouvernés par leurs propres lois et soumis à un chef de leur nation nommé par le pacha. Comme sujets algériens, ils étaient libres d'aller et de s'établir là où ils voulaient et d'exercer toute espèce d'emploi légal dans l'État.

On ne pouvait pas les réduire à l'esclavage. Ils payaient une taxe par tête et un double impôt sur toutes les marchandises qu'ils importaient. Comme dans tous les autres pays, ils se livraient à toute sorte de commerce, et étaient les seuls banquiers d'Alger.

On trouvait parmi eux beaucoup d'ouvriers pour les bijoux d'or et d'argent, et seuls ils étaient employés par le gouvernement à la fabrication des monnaies. Outre les qualités légales dont ils étaient privés à Alger, les Juifs avaient encore à y souffrir d'une affreuse oppression : il leur était défendu d'opposer de la résistance quand ils étaient maltraités par un musulman, n'importe la nature de la violence. Ils étaient forcés de porter des vêtements noirs ou blancs; ils n'avaient le droit ni de monter à cheval, ni de porter une arme quelconque, pas même de canne.

Les mercredis et les samedis seulement, ils pouvaient sortir de la ville, sans en demander la permission. Mais s'il y avait des travaux pénibles et inattendus à exécuter, c'est sur les Juifs qu'ils retombaient.

Dans l'été de 1845, le pays fut couvert de troupes immenses de sauterelles qui détruisaient la verdure sur leur passage.

C'est alors que plusieurs centaines de Juifs reçurent ordre de protéger contre elles les jardins du pacha, et nuit et jour il leur fallut veiller et souffrir aussi longtemps que le pays eut à nourrir ces insectes.

Plusieurs fois, quand les janissaires se sont révoltés, les Juifs ont été pillés indistinctement, et ils étaient toujours tourmentés par la crainte de voir se renouveler de pareilles scènes.

Les enfants mêmes les poursuivaient dans les rues, et le cours de leur vie n'était qu'un mélange affreux de bassesse, d'oppression et d'outrages. Les descendants de Jacob ne répondaient à ces insultes que par une patience inconcevable. Dès leur enfance, ils s'instruisaient à cette patience et passaient leur vie à la pratiquer, sans même oser murmurer contre la rigueur de leur destinée.

Malgré le malheur d'une condition aussi décourageante, les Juifs, qui, par leurs rapports avec les pays étrangers, étaient les seuls Algériens qui eussent une connaissance exacte des affaires du dehors, se mêlaient à toutes sortes d'intrigues qui compromettaient leur existence et, plus d'une fois, causaient leur mort. La place de chef de Juifs s'obtenait par l'argent et l'intrigue, et se conservait de même.

D'une source aussi impure découlaient naturellement l'oppression et la tyrannie. Dans les beaux jours de la régence, quelques maisons juives étaient parvenues, par le commerce, à une grande opulence; mais, dans ces derniers temps, une oppression toujours active et toujours continue avait détruit entièrement la fortune de plusieurs d'entre eux. Quelques-uns trouvèrent le moyen de passer dans d'autres pays, tandis que les Maures, qui ont une grande aptitude pour le commerce, supplantaient chaque jour ceux qui ne s'étaient pas exilés. « Le nombre et la richesse des Juifs vont toujours s'affaiblissant, dit M. Schaller, et je crois qu'aujourd'hui (c'était en 1826 qu'il s'exprimait ainsi) les Juifs d'Alger sont peut-être les plus malheureux d'Israël. » Leurs mœurs, leurs coutumes, leur manière de vivre diffèrent si peu de celle des Algériens, qu'il ne vaut pas la peine d'en parler.

Seulement, on doit se rappeler ce que nous avons dit à l'instant même, les Juifs d'Alger sont une belle race d'hommes : ils sont forts; mais l'état d'abjection où ils naissent, et qui les suit dans toute leur vie, a marqué leurs traits de son empreinte.

Ils vous offriront bien rarement quelque chose de distingué.

Il existe chez ce peuple une pratique vraiment attendrissante, et dont il est difficile d'être témoin sans se sentir touché de respect et peut-être même de tendresse pour cette race miraculeuse.

Plusieurs Juifs, vieux et infirmes, sentant approcher le terme qui doit les rendre étrangers à toutes les choses de ce monde, meurent, pour ainsi dire, d'une mort civile, livrant à leurs héritiers tous leurs biens terrestres, et se réservant à peine les moyens de soutenir à Jérusalem les derniers instants de leur faible existence.

« En 1826, je vis, dit le même auteur, un assez grand nombre de ces anciens Hébreux partir pour ce dernier pèlerinage terrestre, à bord d'un vaisseau qu'ils avaient loué et qui devait les transporter sur les côtes de Syrie. »

On suppose que le nombre de Juifs s'élève dans le royaume d'Alger à trente mille.

L'opinion accorde aux Maures un génie naturel pour la musique. C'est une matière où je ne veux pas être juge; je remarquerai seulement qu'ils ne cultivent pas la musique comme un art, quoiqu'ils jouent de plusieurs instruments, dont ils sont probablement les inventeurs. Dans tous les cas, je ne leur ferai pas compliment de leur musique, qui est dénuée de goût et d'harmonie et qui ne charme pas beaucoup les oreilles des étrangers, ainsi que leur chant, qui est assez monotone.

La population d'Alger se compose, en grande partie, d'étrangers qui appartiennent aux différentes tribus africaines, indépendants du gouvernement algérien, ou du moins peu soumis à ses caprices; ils ont, pour les protéger, des contrats réels ou tacites.

Les Mozabites, les Biskeris et les Arabes sont dans cette catégorie. Les deux premiers, comme nous avons déjà dit, avaient à Alger des agents qui y faisaient leur séjour.

Ces agents, appelés *amines*, étaient des espèces de consuls, dont le gouvernement reconnaissait l'autorité, et qui exerçaient sur leurs compatriotes une juridiction semblable à celle qui était accordée au chef des Juifs sur ce peuple.

Les Nègres ne font qu'une très-faible partie de la population : ce sont, pour la plupart, des esclaves achetés dans l'intérieur de l'Afrique ou à Tripoli, et auxquels on accordait facilement la liberté quand ils voulaient embrasser l'islamisme : ce qu'ils n'oubliaient jamais de faire. L'esclavage domestique a toujours été très-doux dans ces pays. C'était moins un état de servitude qu'un échange de services et de protection. Par le petit nombre de Mulâtres qu'on trouve à Alger, on serait tenté de croire qu'ici, comme aux États-Unis, il existe un préjugé contre la couleur, préjugé qui est probablement le principe de l'esclavage.

Les arts nécessaires sont divisés en corporations, comme dans plusieurs des anciens États de l'Europe.

Chacune de ces corporations est soumise à la juridiction d'un amine, dont l'autorité était très-étendue et très-arbitraire.

Les Algériens ont beaucoup d'aptitude pour les travaux en maçonnerie et en brique, et peuvent prétendre à un certain mérite d'exécution. Leurs broderies sont délicates et pleines de goût, et on en fait beaucoup d'envois à l'étranger ; mais, comme charpentiers, serruriers, cordonniers, ils en sont encore aux éléments. Les bijoutiers et les horlogers d'Alger sont des étrangers. Cette ville a des manufactures pour les objets en soie, en laine et en cuir.

On fabrique des velours, des châles, des mouchoirs, des ceintures et des étoffes pour turbans ; ces étoffes sont ornées de franges et de broderies en or. Il en est encore quelques autres articles qui tous se consomment dans ce pays. Il n'est pas si petite tente du royaume où les femmes ne fabriquent des étoffes, dont elles font, comme dans les temps anciens, des vêtements pour les membres de la famille[1].

Dans les villes et dans les principaux villages il y a des métiers avec lesquels on en fabrique pour la vente.

Une grande quantité de laine est employée à la fabrication de bournous, de haïks, de châles et de tapis qui ne sortent pas du pays. On y fait des nattes de toutes sortes ; quelques-unes sont très-belles et servent mêmes de tapis pour les appartements. L'art de préparer les peaux est très-bien connu à Alger. Les peaux de maroquin sont certainement ce qu'il y a de plus parfait dans ce genre.

Les rues d'Alger ne sont que de simples allées ; il en est même plusieurs où deux personnes à cheval ne pourraient passer sans se heurter ; mais elles sont pavées et généralement bien tenues : il y en a une cependant, qu'on pourrait appeler la Grande-Rue, où avec beaucoup de précaution deux charrettes passeraient de front sans se rencontrer. Cette rue a un demi-mille de longueur ; elle est tortueuse et s'étend depuis Bab-el-Oued, ou Porte-Nord, jusqu'à Bab-Azoun, ou Porte du Sud[2].

---

[1] A Oran, où j'ai eu occasion de visiter les tribus arabes nos alliées, campées sous les murs de cette ville, j'ai vu sous une tente des femmes arabes qui fabriquaient des haïks, avec un simple métier à la main, d'un procédé tout à fait facile.

[2] Mais cette rue, et celle de la marine qui conduit au port, ont été élargies depuis notre occupation et embellies par de belles constructions à la française, et ne sont plus reconnaissables comparativement à ce qu'elles étaient auparavant.

C'est dans cette rue que l'on trouve les principaux cafés et les principales boutiques de barbiers, gens qui se mêlent, ici comme ailleurs, de prononcer en oracles sur les nouvelles politiques.

Là, l'indolent Algérien vient passer ses heures d'ennui, déguster son café, discuter des nouvelles et faire sa partie d'échecs et de dames; là aussi se trouvent les seuls magasins un peu importants qui soient à Alger; mais on pourrait bien mieux les appeler des étals où sont exposés les objets les plus communs. C'est là que l'on voit un cordonnier assis gravement les jambes croisées auprès des chaussures qu'il a fabriquées, et que sa main peut atteindre sans qu'il ait besoin de se lever.

La ville d'Alger est divisée en quartiers séparés, dont les portes se fermaient après les prières du soir, et près desquelles veillaient des Biskeris aveugles qui les ouvraient aux personnes que la nécessité forçait d'y passer pendant la nuit, et qui se conformaient à l'ordonnance de police. Cette ordonnance porte qu'un musulman ou un chrétien qui va dans les rues quand il est nuit doit avoir une lanterne allumée; mais un Juif doit porter une lumière sans lanterne; car, dans toutes les occasions, les Juifs étaient frappés de distinctions humiliantes. Toute personne qui ne se conformait pas à l'ordonnance était arrêtée et punie.

Les portes extérieures de la ville étaient fermées au coucher du soleil et ouvertes à son lever. Les Algériens sont un peuple superstitieux, croyant aux sortilèges. Par-là s'est formée chez eux la croyance que leur ville sera prise un vendredi par des chrétiens portant des uniformes rouges; et voilà pourquoi, ce jour-là, les portes de la ville étaient fermées de onze heures du matin à une heure de l'après-midi.

Les édifices publics d'Alger consistent en neuf grandes mosquées [1], sans compter plusieurs autres temples également consacrés au culte; quatre caseries ou baraques pour les soldats turcs; trois colléges; cinq bagnes, qui servaient autrefois pour les esclaves chrétiens; plusieurs bazars ou marchés, et l'ancien palais des deys d'Alger.

La kasbah, ou citadelle, résidence du dernier dey d'Alger, est une enceinte immense entourée de fortifications et placée dans la partie supérieure de la ville, sur un terrain qui est environ un dixième de l'enceinte commune. Il s'y trouve une grande mosquée, plusieurs palais et des logements pour une nombreuse garnison.

---

[1] Nous avons démoli une de ces mosquées pour l'agrandissement de la place du Gouvernement, comme nous le verrons plus tard; d'autres ont été désignées pour utilité publique.

Les colléges sont des fondations pieuses où s'élèvent les docteurs de la vraie foi, c'est-à-dire où on leur enseigne à lire, écrire, et à expliquer le Koran : l'un d'eux est réservé aux Kabaïles.

Je ne dois pas passer sous silence les bains publics; mais ils ne diffèrent en rien de ceux de Constantinople, du Grand-Caire et des autres villes du Levant, si bien décrits par lady Montagne, Savary et d'autres voyageurs. Une description détaillée ne pourrait qu'être fastidieuse; seulement je ferai remarquer qu'ils sont en grand nombre, bien tenus et très-fréquentés (3). (Esquisses de voyages.)

Nous compléterons cette esquisse rapide d'Alger par des détails que nous réservons pour la seconde partie de notre ouvrage. Nous ne pourrions nous étendre beaucoup sans empiéter sur notre sujet, et sans transposer à tort ce qui doit se trouver naturellement dans la description que nous aurons à faire des différentes parties de notre conquête, pendant les trois cents ans de piraterie exercée par les habitants d'Alger. D'immenses richesses, des trésors de toute nature, s'étaient entassés dans la ville et y entretenaient chez quelques habitants un grand luxe et toutes les commodités d'une vie de loisirs. Cette longue prospérité avait encore produit un autre effet : c'était l'embellissement de ses environs. Ces lieux, naturellement romantiques et beaux, ont été ornés de maisons de campagne qui sont assez nombreuses.

Quelques-unes de ces retraites sont de fort jolies maisons de campagne dans le style mauresque; seulement il en est qui sont abandonnées et tombent en ruines, parce qu'on a prétendu qu'elles étaient habitées par des esprits; et, pour des hommes aussi superstitieux que les Algériens, il n'en faut pas davantage pour leur faire quitter une maison, quel que soit l'excès de leur avarice.

Ils montrent peu de goût dans l'arrangement de leurs jardins; l'extérieur en est souvent magnifique, mais généralement le charme cesse quand on voit l'intérieur. La magnificence de ces heureux pirates avait au moins un avantage : c'était de procurer aux agents étrangers qui résidaient à Alger de beaux logements, à la ville et à la campagne, à des prix très-modérés, et tous les fruits et les légumes qu'ils pouvaient désirer.

Les environs de la ville, dans une étendue d'un demi-mille environ, sont occupés par des cimetières, qui étalent le lugubre spectacle de tombes rongées par le temps et de monuments tombant en ruines. Ces lieux saints n'ont point de murs qui gardent leur enceinte; ils sont ouverts à tout venant, et l'on y rencontre même des troupeaux paissant à loisir l'herbe longue et touffue qui croît sur les tombes; souvent même il arrive que le chacal y cherche une proie et qu'il se nourrit des corps que l'on vient d'enterrer. Je n'ai pas vu que ces peuples eussent une répugnance à laisser visiter ces dernières demeures de l'homme par des étrangers.

Les Maures aiment à élever à grands frais des monuments funéraires à la mémoire de leurs parents; mais ensuite on les abandonne au caprice des événements, et bientôt ce ne sont plus que des ruines, la proie du premier venu. En général, dans les cimetières des Maures et des Juifs, chaque tombe est recouverte d'une pièce de marbre blanc ou de pierre brute, selon la richesse et les moyens du défunt. Ces tombes sont toujours ornées d'inscriptions en arabe ou en hébreu, selon que l'individu appartient à l'une ou l'autre religion.

Nous terminerons ce chapitre par la description de deux cérémonies qui pourront faire connaître quel était le caractère gouvernemental d'Alger dans ses rapports avec les étrangers et ses anciens dominateurs.

Le lecteur s'étonnera, avec raison, qu'au gouvernement algérien, qu'à une puissance aussi insignifiante, aussi méprisable, ait été si longtemps abandonné le privilége de gêner le commerce du monde et d'imposer des rançons qu'on ne pouvait discuter; il s'étonnera que les grandes puissances maritimes de l'Europe soient allées, au prix de sacrifices immenses d'hommes et d'argent, établir des colonies aux dernières limites du monde, tandis qu'une poignée de misérables pirates conservait sous leurs yeux la jouissance paisible de la plus belle portion du globe, et les soumettait à des conditions qui ressemblaient beaucoup à l'hommage d'un vassal.

Les Algériens, dont le système politique avait pour principe la piraterie, s'arrogeaient insolemment le droit de faire la guerre à tous les États chrétiens qui n'achetaient pas leur bienveillance par des traités.

Les empires de Russie et d'Autriche regardaient Alger comme une province de l'empire ottoman, et obligeaient la Porte à empêcher tout acte d'hostilité contre leurs pavillons. La Suède, le Danemark, le Portugal et Naples lui payaient un tribut annuel. Le grand duc de Toscane avait acheté leur paix pour une somme une fois donnée. Alger tirait un grand avantage de ses rapports avec la Toscane; souvent elle y envoyait radouber ses vaisseaux, et c'est la raison pour laquelle le grand duc avait obtenu la paix à des conditions si peu onéreuses. Les puissances qui avaient des traités avec Alger y entretenaient des agents diplomatiques qui avaient le titre de consuls généraux et jouissaient des droits, priviléges et exemptions accordés par la Porte Ottomane aux ministres étrangers qui résident à Constantinople.

Les agents étrangers qui étaient établis à Alger n'avaient de rapports avec les Turcs ou les naturels qu'en leur qualité d'agents; leur société n'était qu'entre eux; mais les représentants des puissances étrangères étaient pour l'ordinaire des hommes de talent et d'honneur, initiés à tous les secrets de leurs gouvernements, et de la réunion de leurs familles il se formait une des sociétés les plus aimables et les plus bienveillantes, et les Européens qui venaient à Alger y trouvaient un aimable accueil, secours et protection entière.

Les fêtes qui terminent le Ramadan (4), ou le jeûne des mahométans, et celle du Baïram, quarante jours plus tard, sont annoncées aux fidèles au bruit du canon et d'autres démonstrations de la joie générale; et, dans ces occasions, il y avait dans le palais des jeux publics; des tables y étaient dressées, et tout portait le caractère de la joie et des plaisirs.

On invitait les consuls étrangers à assister à ces fêtes, mais ils étaient moins les représentants d'États indépendants que des vassaux mandés pour rendre hommage au souverain et témoigner de sa puissance, car ils étaient confondus dans la foule des spectateurs, n'ayant point de place réservée; et, quand ils venaient offrir leurs respects au pacha, ils n'avaient le pas que sur le chef des Juifs. Comme une marque plus précise encore de vassalité, on exigeait que les consuls baisassent la main du pacha chaque fois qu'ils avaient à se présenter devant lui. La Grande-Bretagne, la France, l'Espagne et les États-Unis se sont successivement affranchis de cette démonstration humiliante de soumission, et, depuis, cette coutume fut abolie pour tous les consuls en général.

Avant 1830, ils touchaient sa main en s'inclinant devant lui. On avait commencé même, sous différents prétextes, à se dispenser d'assister à ces réjouissances publiques.

Il est une autre cérémonie qui se faisait au printemps et qui montre bien les insolentes prétentions des Turcs comme conquérants.

Le khaznadji, en sa qualité de lieutenant du pacha, établit son camp hors des murs, à la porte est de la ville.

Des trois queues de cheval qui sont les insignes de sa puissance, deux sont déployées devant sa tente. L'agha, qui dans ce moment représente un cheik du pays, paraît en suppliant devant le khaznadji pour lui rendre hommage. Aussitôt on lui ordonne, d'une voix et d'un air menaçants, de fournir, pour la subsistance de l'armée, cent ou deux cents moutons, et d'en tuer lui-même à l'instant un, qui sera servi à la table de Son Excellence. Ces réquisitions sont envoyées de suite. Des provisions de volaille, d'œufs, de couscoussou, etc., sont ensuite demandées, et l'humble cheik s'empresse d'obéir, sans faire entendre le moindre murmure. Enfin on lui ordonne de payer une certaine somme d'argent pour la solde des troupes. A cette demande, l'Arabe cherche des excuses, parle de sa pauvreté et d'une foule de malheurs qui le mettent hors d'état de payer à Son Excellence la somme qu'elle demande, malgré la meilleure volonté du monde qui le porterait à lui complaire. Le khaznadji fait paraître alors les symptômes de la plus grande colère; il menace de lui trancher la tête sur le lieu même, et finit par ordonner qu'on l'enchaîne et qu'on lui donne la bastonnade jusqu'à ce qu'il ait fourni la somme exigée.

L'ordre est donné, et on se prépare à l'exécuter. L'Arabe alors essaye de capituler pour une somme moins considérable; mais, comme toutes ses sollicitations ne peuvent pas le tirer d'embarras, les anciens de sa tribu viennent à son secours et complètent entre eux cette somme, qui est déposée aux pieds de Son Excellence. Le khaznadji prend alors l'air le plus affable, donne au cheik sa main à baiser, l'appelle son ami, le place près de lui, et lui fait servir un régal de café. Ainsi finit cette farce, portrait fidèle des relations du gouvernement algérien avec les naturels. Ces détails sont extraits des *Esquisses de l'État d'Alger*, par William Schaller. 1826.

CHAPITRE V

PRÉCIS HISTORIQUE D'ALGER. — GUERRE EN ALGÉRIE.

Expédition d'Alger par l'empereur Charles-Quint, en 1541. — Bombardement d'Alger sous Louis XIV, en 1682, 1683, 1684 à 1690. — Expédition des Espagnols contre Alger, en 1775, par O'Reilly. — Négociation, en 1802, entre Bonaparte, premier consul, et le dey d'Alger. — Expédition de lord Exmouth contre Alger, en 1816.

Alger, dans le quinzième siècle, servit de retraite aux Maures expulsés de l'Espagne. C'était depuis longtemps le refuge des hardis pirates musulmans qui infestaient la Méditerranée.

En 1510, les Espagnols s'en emparèrent et y bâtirent, sur un rocher isolé au milieu des flots, le môle et les fortifications qui en protégent le fort. Nous avons vu qu'en 1516 Alger recouvra son indépendance

L'ALGERIE FRANÇAISE

EXPÉDITION DE CHARLES-QUINT CONTRE ALGER.

sous les deux frères corsaires fameux les Barberousse, qui en firent le chef-lieu de la principauté qu'ils se créèrent sur la côte septentrionale de l'Afrique.

Cette ville avait toujours depuis continué à acquérir de l'importance. Elle était sortie libre et souvent victorieuse de toutes les expéditions que le désir de défendre ou de venger la chrétienté fit entreprendre contre elle. Nous allons voir maintenant les différentes expéditions qui furent tentées contre la régence pour chercher à détruire ce repaire de pirates.

EXPÉDITION DE L'EMPEREUR CHARLES-QUINT CONTRE ALGER, EN 1541.

Les alarmes continuelles que les corsaires algériens jetèrent sur les côtes d'Espagne, les réclamations universelles de l'Europe, déterminèrent l'empereur Charles-Quint, en 1541, à tenter une expédition pour détruire cette aire de vautours.

Quoique l'empereur voulût hâter les préparatifs de cette expédition, l'armée ne fut en état de partir qu'au mois d'octobre; la saison était on ne peut plus mal choisie, les vents d'équinoxe désolant toujours à cette époque les parages de l'Algérie. L'amiral André Doria objecta à l'empereur que l'état de la saison était trop avancé pour la réussite de l'entreprise, mais rien ne put l'en détourner; l'empereur l'avait décidé, ainsi il fallait obéir.

La flotte était composée de soixante-cinq galères et quatre cent cinquante et un navires de transport montés par douze mille trois cent trente matelots; vingt-deux mille hommes de débarquement, dont six mille Allemands, cinq mille Italiens, six mille Espagnols ou Siciliens, trois mille volontaires, quinze cents cavaliers, deux cents gardes de la maison de l'empereur, cent cinquante officiers nobles et cent cinquante chevaliers de Malte : tel était ce formidable armement.

Fernand Cortez, le conquérant du Mexique, accompagné de ses deux fils, le duc d'Albe, les princes Colonna, Virginius Urbin d'Anguillara, qui avait accompagné l'empereur dans l'expédition de Tunis; Ferdinand de Cordoue, Ferdinand Gonzague, vice-roi de Sicile : Bernardin de Mendoza, capitaine général des galères espagnoles, et l'amiral André Doria, qui commandait l'armée navale, brillaient parmi les principaux chefs.

Le 21 octobre, la flotte impériale, complétement ralliée, se trouvait dans la baie d'Alger; l'agitation de la mer et la violence du vent ne lui permirent pas d'opérer immédiatement son débarquement; mais enfin, saisissant une occasion favorable, ce ne fut que le 23 que l'empereur fit débarquer ses troupes non loin d'Ager. Il choisit, à cet effet, la partie de la plage qui avoisine la rive gauche d'El-Harach, située au pied des hauteurs qui dominent la plaine de Mustapha. Après que les troupes eurent pris terre, Charles-Quint, qui avait toujours présente à l'esprit sa conquête de Tunis, envoya un parlementaire à Hassan-Aga pour le sommer de se rendre.

« Dis à ton maître, répondit celui-ci, qu'Alger s'est déjà illustrée par les défaites successives de Francisco de Véro et de Hugues de Moncade, et qu'elle espère acquérir une gloire nouvelle par celle de l'empereur lui-même. »

Cette sommation étant restée sans effet, il fallut employer la force.

Hassan-Aga, qui n'avait pu supposer que toutes ces dispositions fussent prises contre lui dans un moment aussi inopportun pour la navigation en Afrique, fut pris au dépourvu; il n'avait à sa disposition que huit cents Turcs de l'odjack. Il se hâta de former un corps de cinq mille hommes, composé d'Algériens, mais surtout de Maures d'Andalousie, très-adroits dans le tir de l'escopette et dans le maniement d'arcs en fer, d'une grande énergie. Dans la plaine, il comptait sur les Arabes et les Kabyles. On le voit, ses moyens de défense étaient bien inférieurs à ceux que les chrétiens allaient employer contre lui; avec ces seules forces, il résolut de tenter de sauver Alger. Il s'attacha à encourager les esprits, leur répétant sans cesse la prédiction d'une devineresse qui annonçait que trois expéditions consécutives, dont une commandée par un grand prince, viendraient échouer contre les remparts d'Alger. « Or, disait-il, il ne faut pas douter, les deux premières ont été celles de Francisco de Véro et de Hugues de Moncade, la troisième est celle-ci. Le grand prince, c'est Charles-Quint. Ayons courage, il sera défait comme l'ont été avant lui ses généraux. Allah lui-même nous l'a révélé! »

Les Algériens, en voyant paraître à l'horizon l'escadre formidable de Charles-Quint, étaient remplis de confiance, bien persuadés qu'ils triompheraient et remporteraient la victoire sur les Espagnols; car la même prédiction ajoutait qu'après trois défaites successives de l'armée ennemie Alger ne serait prise que par des soldats habillés en rouge [1].

---

[1] La dernière partie de cette étrange prédiction ne devait s'accomplir que trois siècles plus tard : les pantalons garance et les retroussis rouges des habits de nos sol-

Le 24 octobre, l'armée envahissante, divisée en trois corps, se porta sur Alger. La première division, ou l'avant-garde, se composait des Espagnols, sous les ordres de Ferdinand de Gonzague ; les Allemands formaient le corps de bataille et étaient commandés par l'empereur en personne, ayant pour lieutenant le duc d'Albe ; l'arrière-garde, où l'on avait réuni la division italienne, les chevaliers de Malte et les volontaires, obéissait à Camille Colonna. L'avant-garde suivait le bord de la mer, le corps de bataille occupait le centre.

Dès que l'armée impériale se mit en mouvement, les Arabes ne cessèrent de la harceler, si bien qu'après six heures de marche elle n'avait pas avancé d'un mille. Le soir, elle s'arrêta à El-Hamma, où des escarmouches renouvelées pendant toute la nuit l'empêchèrent de prendre un seul instant de repos.

Le 25, après une marche continuellement entravée par des attaques partielles, elle parvint pourtant à gagner les hauteurs qui dominent Alger. L'avant-garde se porta jusqu'auprès du ravin Bab-el-Oued, et Charles-Quint s'établit sur la même colline où, en l'année 1518, Hugues de Moncade avait établi son camp, et où fut construit dans la suite le fort l'Empereur [1].

La position était admirablement choisie et très-avantageuse, car cette manœuvre avait isolé les Arabes de la ville, et des ravins profonds les tenaient trop au loin pour qu'ils pussent venir troubler les travaux de siége.

Charles-Quint ordonna qu'on débarquât sa grosse artillerie, et que la flotte vînt s'embosser le plus près possible de la côte, afin de pouvoir canonner simultanément la place par terre et par mer. Ni l'empereur ni ses généraux ne comptaient sur une longue résistance : les murs d'enceinte étaient très-faibles, l'artillerie peu nombreuse et mal servie.

Dès le jour même où les troupes prirent position, le second jour de leur débarquement, le ciel se couvrit subitement de nuages noirs, et, sur le soir, une pluie abondante, accompagnée d'un vent violent, vint fondre sur l'armée espagnole. Les soldats manquaient de tentes, le camp était inondé, et ils étaient obligés de se tenir debout, parce qu'ils avaient de l'eau à la ceinture, et dans la nuit, la rafale éclata avec une violence inouïe : chefs, officiers, soldats, tout le monde

dats justifièrent, en 1830, aux yeux de cette population fanatique, le pronostic de la devineresse.

[1] L'arrière-garde formait l'aile droite, et occupait tout l'espace compris depuis le pied des montagnes jusqu'au bord de la mer, au cap Tafoura, là où existe aujourd'hui le fort Bab-Azoun.

était épouvanté; on attendait le matin avec anxiété; quand le jour arriva, la pluie n'avait pas cessé; le brouillard était tel, qu'il était impossible de rien distinguer à une faible distance. Dans ce moment de cruelle inquiétude pour le sort de la flotte, tout à coup des cris tumultueux se font entendre vers le bas de la montagne, non loin des murs de la ville assiégée : c'étaient les Turcs et les Maures qui, trouvant le moment favorable, venaient attaquer jusque dans ses retranchements l'arrière-garde de l'armée impériale.

Ces troupes coururent aux armes; mais le vent et la pluie leur battaient au visage. Les munitions étaient mouillées, les armes à feu ne rendaient aucun service; tandis que les Maures, au contraire, se servaient d'arcs en fer et de flèches acérées qui portaient avec elles la confusion et la mort. Pour faire cesser cette lutte inégale, les chevaliers de Malte et les Italiens s'organisent les premiers, et forcent à se replier sur Alger cette multitude effrénée qu'ils poursuivent avec vigueur jusqu'aux portes de la ville, s'engageant avec elle dans les rues étroites du faubourg Bab-Azoun; un moment, ils espèrent entrer sur ses pas dans Alger. Hassan-Aga voit le péril et fait fermer les portes sur une partie de ses soldats qu'il sacrifie. C'est alors qu'un chevalier de Malte français, au moment où l'ordre d'Hassan-Aga s'exécutait, Ponce de Balagner, qui tenait déployé au vent l'étendard de l'ordre, s'y élança pour s'y opposer; mais la lourde porte était ébranlée, il ne put l'empêcher de se fermer. Furieux, irrité, malgré les traits qui pleuvent de toutes parts contre lui, il saisit son poignard, se jette contre elle, et d'une main vigoureuse enfonce son arme dans le bois en signe de protestation et de défi. Cependant, à la vue du danger que court cette noble partie de son armée, l'empereur était accouru suivi de ses fidèles Allemands. Encouragés par ce puissant renfort, les chevaliers reprennent vigoureusement l'offensive et chargent les Turcs jusqu'au moment où ils se réfugient en ville et se défendent sur leurs remparts.

Cependant les Espagnols regagnaient leurs retranchements; toujours avides des postes les plus périlleux, les chevaliers de Malte formaient l'arrière-garde. Tout à coup, ils sont attaqués par Hassan-Aga qui venait d'opérer une sortie. Quoique accablés de fatigue, les chevaliers de Malte étaient trop fiers pour fuir devant ce nouveau danger : ils se formèrent en bataille dans les gorges étroites qui avoisinent le pont des Fours; mais leur courage ne servit qu'à illustrer ce lieu, qui, depuis, a retenu le nom de Tombeau des Chevaliers!

Ce fut au retour de ce déplorable engagement que, la brume venant à s'éclaircir, les yeux de Charles-Quint et de son armée découvrirent tous les désastres de la nuit : cent cinquante navires de diverses grandeurs étaient brisés sur la plage ou coulés à quelque distance, ne laissant apercevoir que l'extrémité de leurs mâts. Presque tout ce qu'ils contenaient avait été submergé, et les équipages avaient péri, soit dans les flots, soit sous le yatagan des Arabes.

La grosse artillerie, tout le matériel de siége, étaient perdus ; car, avant que les ordres donnés pour les conduire à terre pussent s'exécuter, les bateaux de transport avaient été engloutis. Les soldats, qui n'avaient ni vivres ni tentes, contemplaient ce désastre avec effroi ; mais leur douleur s'accrut encore lorsqu'ils virent les bâtiments qui avaient échappé à la tempête mettre à la voile et gagner le large, ayant en tête le vaisseau amiral et s'éloignant à toutes voiles.

Mieux que personne, Charles-Quint sentait les difficultés de sa position et, pas plus que les autres, il ne comprenait la manœuvre d'André Doria, qui semblait les abandonner, lorsqu'il reçut un message de ce dernier, que nous allons rapporter textuellement, autant pour donner une juste idée de la position de l'armée que pour faire connaître le genre de rapports qui existaient entre l'empereur et le marin de Venise. « Mon cher empereur et fils, lui disait-il, l'amour que je vous porte m'oblige à vous annoncer que si vous ne profitez, pour vous retirer, de l'instant de calme que le ciel vous accorde, l'armée navale et celle de terre, exposées à la faim, à la soif et à la fureur des ennemis, sont perdues sans ressources. Je vous donne cet avis parce que je le crois de la dernière importance. Vous êtes mon maître, continuez à me donner des ordres, et je perdrai avec joie, en vous obéissant, les restes d'une vie consacrée au service de vos ancêtres et de votre personne. » Le porteur de cette lettre prévenait en outre Charles-Quint que la flotte allait l'attendre au cap Matifoux, seul endroit où pût s'effectuer avec quelque sûreté un embarquement.

Cette lettre décida l'empereur à lever, quoique à regret, le siége commencé avec tant de confiance. La retraite était difficile, surtout pour regagner le cap Matifoux, et c'est peut-être une des plus belles pages de l'histoire de ce prince que celle qui raconte la sollicitude qu'il montra pour le dernier de ses soldats, les précautions de toutes sortes, l'habileté des mouvements, le courage et la présence d'esprit qu'il déploya dans cette circonstance. Enfin, lorsqu'il remit le pied sur le sol européen, la moitié seulement de son armée était avec lui ; l'autre moitié était ensevelie entre Alger et le cap Matifoux.

Si la défaite du marquis de Moncade avait exalté les espérances et l'audace des Turcs, les résultats de celle-ci, qui est sans contredit un des plus grands faits de l'histoire de l'Algérie, allèrent plus loin encore : non seulement les Turcs se crurent les protégés d'Allah, mais encore la chrétienté, saisie de terreur à la vue de cette défaite inouïe, se croisa les bras et n'osa plus rien tenter contre eux. C'est sans doute à cela même qu'il faut attribuer la résignation avec laquelle l'Europe supporta l'insolence des Barbaresques, jusqu'au jour où la France, prenant en main la cause de la civilisation, vint chasser les pirates de leur repaire et venger le grand empereur. (*De l'Algérie ancienne et moderne*, par Léon Galibert, page 184.)

BOMBARDEMENT D'ALGER SOUS LOUIS XIV.

Louis XIV, voulant réprimer la piraterie des corsaires algériens qui mettait des entraves au commerce français, chargea l'amiral Duquesne du soin de les réprimer. Il s'en acquitta avec gloire et succès : deux fois Alger fut bombardée par ce dernier. Louis XIV ne pouvait donc ajourner davantage le châtiment qu'avaient encouru les Algériens. L'expédition dont le brave Duquesne fut chargé se composait de onze vaisseaux de guerre, de quinze galères, de cinq galiotes à bombes, de deux brûlots et de quelques tartanes.

C'était la première fois que sur mer on allait se servir de mortiers à bombes, inventés par un jeune Navarrais nommé Renaud d'Éliçagarray.

« On n'avait pas d'idée, dit Voltaire, que des mortiers pussent n'être pas posés sur un terrain solide : sa proposition révolta. Renaud essuya les contradictions et les railleries que tout inventeur doit attendre ; mais sa fermeté et son éloquence déterminèrent le roi à permettre l'essai de cette nouveauté. »

Les galiotes proposées par Renaud étaient des bâtiments de la force des vaisseaux de cinquante canons, mais ils avaient un fond plat et étaient très-garnis de bois pour résister à la réaction de la bombe. Chacune de ces galiotes était armée de deux mortiers placés en avant du grand mât, et de huit pièces de canon placées à l'arrière du bâtiment, quatre de chaque bord. Dans le combat, elles présentaient la pointe à l'ennemi, de manière à offrir une moindre surface à ses coups. Les mortiers de douze ou quinze pouces étaient établis sur une plate-forme de bois supportée par des couches de madriers et de câbles.

L'ALGERIE FRANÇAISE

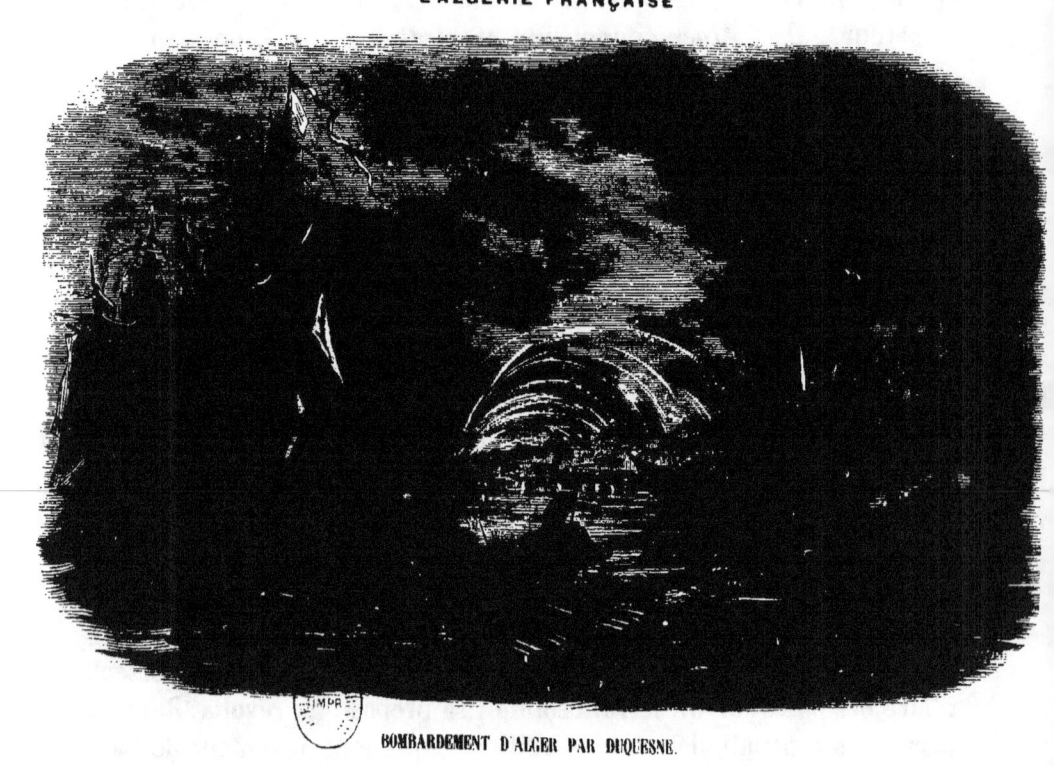

BOMBARDEMENT D'ALGER PAR DUQUESNE.

La flotte parut devant Alger vers la fin d'août 1682 ; mais la grosse mer empêcha l'attaque pendant quelques jours : il fallut attendre le calme pour que les vaisseaux pussent prendre leur poste de combat.

Le feu s'ouvrit alors ; mal dirigé d'abord, il fit peu de mal à l'ennemi : un mortier, chargé d'une bombe, laissa même tomber son projectile enflammé dans l'intérieur du navire d'où il devait être lancé.

Duquesne ordonna aux galiotes de se rapprocher de la ville, et le tir recommença avec plus de justesse et de vivacité que la première fois.

Cette attaque dura pendant toute la nuit et causa des dégâts considérables dans la ville et dans le port. Le jour suivant, le mauvais temps força l'amiral à rompre ses lignes ; mais le 3 septembre, il y eut un nouveau bombardement plus terrible que les précédents. Le lendemain, on vit le père Levacher, vicaire apostolique qui remplissait à Alger les fonctions de consul de France, s'approcher du vaisseau amiral pour faire des propositions de paix. Duquesne ne voulut pas le recevoir : « Si les Algériens, dit-il, désirent la paix, ils n'ont qu'à venir eux-mêmes à bord pour la demander. » Et le bombardement fut repris avec une nouvelle vigueur. Le 5, des envoyés du dey se présentèrent : l'amiral exigea qu'au préalable tous les esclaves français fussent rendus, condition qui ne fut pas acceptée. Mais, le mauvais temps s'étant déclaré et la saison étant fort avancée, Duquesne fit voile, le 12 septembre, pour rentrer dans le port de Toulon.

Cette expédition, dont le succès était loin d'être complet, eut néanmoins un grand retentissement en Europe, tant à cause de l'innovation des mortiers employés à bord des galiotes qu'à cause des désastres essuyés par les Algériens ; car leur ville était pour ainsi dire détruite. Cependant leur audace ne les abandonnait point encore : ils se vantaient d'être assez riches pour en rebâtir une nouvelle. Louis XIV résolut donc de renouveler l'attaque au printemps de l'année suivante. L'hiver fut employé à radouber les vaisseaux, à perfectionner les galiotes.

La nouvelle expédition prit la mer vers la fin de juin 1683.

A son arrivée devant Alger, elle rallia cinq vaisseaux français commandés par le marquis d'Amfreville. Le 28 juin, les galiotes, s'étant embossées devant Alger, commencèrent le bombardement et jetèrent un grand nombre de projectiles dans la ville.

La consternation des Algériens fut si grande, que le divan envoya aussitôt le père Levacher pour solliciter la paix.

Celui-ci, que l'amiral avait refusé de recevoir à son bord l'année précédente, était cette fois accompagné d'un Turc et d'un interprète. Duquesne demanda, avant d'entamer aucune négociation, que tous les esclaves français et étrangers, pris à bord des bâtiments français, lui fussent livrés, menaçant de recommencer le bombardement si cette condition préliminaire n'était pas acceptée. Le divan, auquel l'envoyé turc transmit la demande de l'amiral, s'empressa d'y faire droit, et, dans la matinée du jour suivant, une partie des esclaves français qui étaient à Alger furent rendus.

Duquesne demanda ensuite que Mezzomorte, amiral de la flotte algérienne, et Ali, raïs de la marine, lui fussent remis comme otages. Sa demande fut également accordée, avec d'autant plus d'empressement, que le dey était jaloux de l'influence de Mezzomorte.

La condition la plus rigoureuse pour les Algériens était le payement de l'indemnité d'un million cinq cent mille francs que Duquesne réclamait, indemnité des prises faites sur ses compatriotes. Baba-Hassan déclara à l'amiral français qu'il lui serait impossible de remplir cette dernière condition; mais Mezzomorte, qui voulait à tout prix sortir de la position où il se trouvait, l'engagea à le laisser aller à terre, en lui disant : « Dans une heure j'en ferai plus que Baba-Hassan en quinze jours. » Duquesne, ne comprenant pas le double sens de ces paroles, lui accorda la faveur qu'il demandait. Au moment où il quittait le vaisseau français, il toucha la main de l'amiral, lui promettant bientôt de ses nouvelles. En effet, dès qu'il fut à terre, Mezzomorte se rendit auprès du dey et le fit poignarder par quatre de ses affidés; il endossa son kaftan, fit annoncer son élection au peuple, ordonna d'arborer des drapeaux rouges sur tous les forts et de faire feu de toutes les batteries sur la flotte ennemie. Puis il envoya un officier français, M. Hayet, à l'amiral, avec recommandation de lui dire que, s'il lançait encore des bombes, il ferait mettre les chrétiens à la bouche des canons.

Les négociations étant rompues, le bombardement recommença. Mais les nouveaux ravages que faisaient les galiotes exaspérèrent à tel point la milice et le peuple, qu'un Anglais, homme influent, en profita pour provoquer les sanglantes exécutions dont Mezzomorte avait menacé l'amiral. Les domestiques du père Levacher ayant mis du linge à sécher sur la terrasse de la maison consulaire, l'Anglais fit accroire au peuple que c'étaient des signaux qu'on faisait à la flotte.

Les portes du consulat furent aussitôt enfoncées; on pilla tout ce qui s'y trouvait. Le consul était perclus de ses membres depuis qu'il avait eu la peste à Tunis; les forcenés le portèrent sur sa chaise, et, dit un ouvrage du temps, « ils conduisirent cette innocente victime à la mort qu'ils voulaient lui faire souffrir sans aucune formalité; car, l'ayant mené sur le môle, le dos tourné à la mer, ils chargèrent un canon de poudre, et, après avoir mis le serviteur de Dieu à la bouche, toujours assis dans sa chaise, ils lui firent mille indignités, et, ayant fait mettre le feu au canon, ils sacrifièrent ce saint homme à leur rage et à leur désespoir. Le canon creva, mais il avait eu tout l'effet que ces misérables en avaient attendu, car il consuma la plus grande partie de cette victime. Les restes de son corps et de ses habits furent ramassés par des chrétiens, qui les conservèrent comme de précieuses reliques; il y eut même des Turcs qui en voulurent avoir, pour se ressouvenir d'un homme dont les vertus et la rare prudence les avaient charmés pendant sa vie. »

Ce meurtre fut suivi de celui de vingt autres chrétiens, qui périrent de la même manière.

Il y avait, parmi les prisonniers français que l'on conduisait au lieu du supplice, un jeune homme appelé Choiseul, plein de calme et de résignation. Dans des temps plus heureux, il avait fait prisonnier un raïs algérien et l'avait traité avec beaucoup d'égards. Celui-ci, redevenu libre, conserva le souvenir de ces bons traitements, et, au moment où Choiseul fut mis à la bouche du canon, il le reconnut. Aussitôt il s'élança pour embrasser le malheureux Français, déclarant qu'il mourrait avec lui si on ne lui faisait pas grâce. Cet acte de fraternel dévouement aurait dû les sauver tous deux; mais la férocité des Algériens était tellement excitée par le carnage, qu'ils n'écoutèrent pas même les prières de leur compatriote, et, au lieu d'une victime, le même coup de canon en fit deux.

Tel était l'état des choses, lorsque les bombes vinrent à manquer. Une soixantaine de maisons et quelques mosquées avaient été renversées : les rues étaient pleines de décombres; quatre cents personnes avaient péri, et trois gros corsaires avaient été coulés dans le port. Mais les Algériens résistaient encore et ne faisaient pas de propositions. M. de Seignelay envoya M. Dussault auprès du dey pour sonder ses dispositions; celui-ci déclara que, l'amiral Duquesne n'ayant pas traité après la remise des esclaves, il s'ensevelirait sous les ruines d'Alger plutôt que d'entamer de nouvelles négociations avec lui. Après une telle réponse, l'escadre française, se trouvant hors d'état d'agir, partit, et rentra à Toulon le 25 octobre, ramenant un grand nombre de captifs.

L'année suivante, M. Dussault fut envoyé à Alger pour prendre des arrangements avec Mezzomorte; celui-ci était alors en butte à diverses conspirations et avait été grièvement blessé à la figure dans une émeute provoquée par les agents du bey de Tunis.

Il était tellement disposé à faire la paix, qu'il déclara à M. Dussault que, si le roi la voulait une fois, lui la voulait dix; mais le divan entravait toujours les négociations. Enfin, le 1er avril, M. de Tourville arriva devant Alger avec une nombreuse escadre pour presser la conclusion du traité. Après vingt-trois jours de négociations, on s'entendit sur les conditions, et la paix fut signée le 25 avril 1684, au grand dépit des Anglais et des Hollandais, qui avaient mis en jeu toute sorte d'intrigues pour entraver la négociation. Les esclaves furent rendus de part et d'autre, et le dey envoya un ambassadeur à Paris, pour faire ratifier le traité par Louis XIV lui-même.

Ce traité portait en substance que le commerce international des deux pays serait fait librement et sans obstacle; que tous les esclaves français retenus en Algérie seraient rendus; que tous les bâtiments naviguant sous pavillon français seraient respectés par les navires algériens, qui, de leur côté, seraient respectés par les vaisseaux du roi de France; que les navires français venant chercher un refuge contre l'ennemi dans le port d'Alger seraient défendus par les Algériens eux-mêmes; que tous les Français pris par les ennemis de la France et conduits à Alger seraient remis en liberté; que si quelque navire se perdait sur les côtes, il serait secouru par les Algériens comme leurs propres navires; que le consul français établi à Alger aurait dans sa maison le libre exercice du culte chrétien, tant pour lui que pour ses coreligionnaires; que les différends survenus entre un Français et un Turc ne seraient pas portés devant les juges ordinaires, mais devant le divan; enfin, qu'un navire de guerre français venant mouiller à Alger, le dey, sur l'avis du consul français, ferait faire les saluts d'usage, etc., etc.

Mais les corsaires algériens ne purent rester longtemps dans l'inaction; quelques mois après la signature de ce traité, ils couraient déjà sur les navires anglais, et, dès 1686, ils capturèrent sans le moindre scrupule les bâtiments français. Vers la fin de cette année, leurs expéditions devinrent si nombreuses et les pertes de notre commerce si considérables, que le ministre de la marine fut obligé d'ordonner une chasse à outrance contre tout corsaire algérien qui serait rencontré dans la Méditerranée, et une prime considérable fut accordée pour chaque capture. Le pacha qui gouvernait alors l'odjack en l'absence du dey, fit piller, à titre de représailles, la maison consulaire de France, et M. Piolle, consul, fut jeté dans les bagnes.

Le pacha se préparait sérieusement à la guerre; il fit commencer la construction d'un fort au cap Matifoux. Mais, afin de gagner du temps, il écrivait à M. de Vauvré, intendant de la marine à Toulon, pour faire des ouvertures de paix. La France ne fut pas dupe du stratagème. Lorsque ses lettres arrivèrent, une escadre allait mettre à la voile sous le commandement du maréchal d'Estrées, et rien ne suspendit le départ.

L'escadre mouilla devant Alger à la fin de juin 1688.

Le maréchal adressa aussitôt au pacha la déclaration suivante :

« Le maréchal d'Estrées, vice-amiral de France, vice-roi d'Amérique, commandant l'armée navale de l'empereur de France, déclare aux puissances et aux milices du royaume d'Alger que si, dans le cours de cette guerre, on exerce les mêmes cruautés qui ont été ci-devant pratiquées contre les sujets de l'empereur son maître, il en usera de même avec ceux d'Alger, à commencer par les plus considérables, qu'il a entre les mains, et qu'il a eu ordre d'amener pour cet effet avec lui. Ce 29 juin 1688. »

Il paraît que l'emploi des bombes avait singulièrement frappé les Algériens, car Mezzomorte répondit sur le revers de cet écrit : « Vous dites que si nous mettons les chrétiens à la bouche du canon vous mettrez les nôtres à la bombe : Eh bien, si vous tirez des bombes, nous mettrons le roi des vôtres au canon. Et, si vous me dites : — Qui est le roi? — C'est le consul. Ce n'est pas parce que nous avons la guerre, c'est parce que vous tirez des bombes. Si vous êtes assez forts, venez à terre, ou tirez le canon avec les vaisseaux. » Pendant quinze jours, le feu des galiotes ne discontinua pas et fit des ravages affreux dans Alger. Dix mille bombes furent lancées; elles avaient renversé un grand nombre de maisons, tué beaucoup d'habitants, coulé cinq gros corsaires, démantelé la plupart des batteries, et rasé la tour du Fanal.

Mezzomorte fut lui-même atteint d'un éclat de bombe à la tête.

Ces ravages, au lieu de faire fléchir les Algériens, amenèrent de nouveaux actes de cruauté. Le père Montmasson, vicaire apostolique, ancien curé de Versailles, fut leur première victime; puis on immola successivement à la bouche des canons le consul Piolle, un religieux, sept capitaines et trente matelots.

En apprenant ces scènes de carnage, le maréchal d'Estrées ne put contenir son indignation; il fit égorger dix-sept des principaux Turcs qu'il avait à son bord, et placer leurs cadavres sur un radeau qu'on poussa vers le port; puis il rentra à Toulon avec son escadre.

Cependant ces actes de cruauté étaient loin d'amener la paix et la sécurité que réclamait si vivement notre commerce maritime. Le gouvernement français le sentait bien; aussi, l'année suivante, se prévalant des lettres écrites à l'intendant de la marine à Toulon, fit-il de nouvelles tentatives qui eurent un plein succès. Un traité de paix fut conclu, et Mohamed-el-Emin-Cogea se rendit à Paris en qualité d'ambassadeur du dey, avec la mission de demander au roi la ratification de ce traité. Il fut présenté à Louis XIV le 26 juillet 1690, qui y apposa lui-même sa signature. (*L'Algérie ancienne et moderne*, par Léon Galibert, page 232.)

EXPÉDITION DES ESPAGNOLS PAR O'REILLY, EN 1775.

Malgré ces traités, les navires de commerce des différents États européens étaient constamment exposés aux attaques des Algériens; car ceux-ci s'étudiaient à élever sans cesse de nouvelles contestations pour justifier leurs hostilités. La marine espagnole en souffrait plus que les autres. L'Espagne, voulant mettre un terme à l'insolence de ces corsaires, tenta pour les détruire une expédition qui, si elle avait été confiée à des mains plus habiles, eût anéanti ce repaire de pirates.

Charles III, prince éclairé et habile administrateur, gouvernait alors. Indigné de ces nouvelles avanies, et surtout d'une tentative audacieuse que les Algériens avaient dirigée contre le Penon de Velez, l'un des présides d'Espagne sur la côte d'Afrique, il résolut d'en tirer vengeance, et fit préparer contre eux une expédition considérable. Un officier de fortune irlandais, O'Reilly, qui avait servi avec distinction dans les armées de France et d'Autriche, avait reçu le commandement des troupes de terre, et le commandement de la flotte avait été confié au contre-amiral Castejon. Elle se composait de plus de trois cents vaisseaux de toute grandeur et était montée par quatre mille marins; elle portait vingt-deux mille hommes de débarquement et un matériel de siége considérable.

La flotte espagnole parut devant Alger le 1er juillet 1775; mais, au lieu de s'attacher à effectuer son débarquement, elle perdit huit jours en vaines promenades devant cette ville, sans doute pour chercher à intimider l'ennemi. Les beys de Constantine, de Médéah, de Titery, de Mascara, mirent à profit ce temps perdu en inutiles démonstrations, pour accourir avec leurs contingents au secours d'Alger.

Quoique les Algériens ne s'attendissent pas à cette attaque, ils n'en furent nullement effrayés et se disposèrent à la recevoir de leur mieux; mais ils étaient loin de penser que les ennemis allassent tenter un débarquement.

Enfin, le huitième jour (8 juillet) après leur arrivée, les généraux espagnols prirent la résolution de mettre les troupes à terre : ils effectuèrent ce mouvement à la pointe du jour, de sorte que les Algériens furent fort surpris, lorsque le jour fut venu, de voir sur le rivage une armée ennemie.

Les Algériens n'opposent d'abord aucune résistance; ils semblent fuir devant les Espagnols, les laissent s'engager au milieu des chemins couverts qui sillonnent la campagne, pour les assaillir lorsque toute l'armée se trouverait disséminée. Cependant les Espagnols, au lieu de chercher à se retrancher et à se fortifier dans leur position, négligèrent toutes ces précautions dont doit s'occuper une armée qui envahit un pays étranger.

Ils furent attaqués vers les cinq heures du matin, et l'action dura jusqu'à dix heures. Dans ce combat, le général espagnol se conduisit comme un homme qui n'aurait jamais fait la guerre. L'artillerie des vaisseaux balayait la plage, seul endroit où l'armée ennemie pût passer pour arriver aux Espagnols. Au lieu de profiter de cet avantage, il fit avancer ses troupes à la rencontre des Maures et masqua ainsi les batteries de la flotte. Ses soldats eurent beaucoup à souffrir de leur feu, qui leur fit perdre plus d'hommes que celui des ennemis.

Sur les dix heures, les Maures se retirèrent en désordre, laissant beaucoup de leurs morts sur le champ de bataille et quatre ou cinq cents chameaux. Ils eussent perdu beaucoup plus de monde sans la faute des Espagnols; ceux-ci rentrèrent aussi dans leur camp.

Le général O'Reilly, par une négligence inconcevable, n'avait pas fait occuper par ses soldats une batterie qui commandait son camp.

Vers deux heures après-midi, les Algériens s'avisèrent d'y placer deux pièces de canon, qui firent un ravage terrible parmi les Espagnols. O'Reilly ne pensa pas même à envoyer des soldats pour s'en emparer; aussi les Algériens y entretinrent-ils un feu soutenu pendant le reste du jour et une partie de la nuit, jusqu'à ce qu'enfin ils s'aperçurent qu'ils n'avaient plus d'ennemis devant eux.

Une seule journée suffit pour dégoûter les Espagnols de leur entreprise : O'Reilly et son conseil décidèrent que l'armée se rembarquerait le lendemain. On abandonna à l'ennemi le matériel, ainsi que les malades et les blessés qui ne purent regagner les vaisseaux.

Les Algériens, qui avaient à déplorer de grandes pertes, n'osaient croire à cette retraite subite de la part d'un ennemi qui venait de se montrer si terrible. Ils s'imaginèrent que c'était une ruse et qu'il allait reparaître encore plus formidable sur un autre point; mais leur joie fut extrême lorsqu'ils virent la flotte gagner le large. Ils s'enhardirent alors à pénétrer dans le camp espagnol, coupèrent les têtes des morts et des malheureux blessés qui vivaient encore, et les portèrent au dey, qui donnait pour chacune cinq séquins algériens. Ils laissèrent les cadavres sur le sable, où ils devinrent la proie des bêtes féroces.

Si les Espagnols s'étaient fortifiés dans un camp retranché, après s'être emparés des positions qui auraient pu le dominer, les Maures, que la première attaque avait rebutés, et qui, ne recevant ni solde ni vivres du gouvernement, ne demandaient pas mieux que de retourner dans leurs familles, auraient abandonné la cause des Turcs, qui leur est étrangère, et le général espagnol aurait pu bombarder Alger, faire le siége en règle, s'emparer de cette ville, et, au lieu d'une retraite honteuse, il aurait eu la gloire de détruire ce repaire de forbans, la honte des puissances maritimes qui, depuis trois siècles, les laissaient jouir impunément de tous leurs brigandages.

Le gouvernement espagnol voulut réparer cet échec, et de nouvelles tentatives de bombardement succédèrent à l'expédition de 1775. Mais ces tentatives n'eurent aucun succès, et l'Espagne fut obligée de conclure avec Alger une paix qui ne la mit pas toujours à l'abri de ses insultes (1785). (*De l'Algérie ancienne et moderne*, par Léon Galibert, p. 241.)

NÉGOCIATION, EN 1802, ENTRE BONAPARTE, PREMIER CONSUL, ET LE DEY D'ALGER.

La paix entre la France et l'Algérie, après avoir duré plus d'un siècle, avait été rompue en l'an VII par les ordres de la Porte, puis rétablie en l'an IX, par un traité qui assurait à la France les avantages stipulés par les traités anciens et qui, par des stipulations nouvelles, garantissait d'une manière plus claire et plus étendue la liberté du commerce et de la navigation française à Alger.

La paix générale était conclue, et le commerce commençait à reprendre ses routes accoutumées. Mais bientôt les corsaires reparurent sur les côtes de l'Algérie et dans la Méditerranée; le traité récemment conclu fut audacieusement violé. Un grand nombre de bateaux français, se rendant sur la côte d'Afrique pour la pêche du corail, furent repoussés par les ordres du gouverneur de Bone. Une gondole corse, munie de passe-ports, allant à la Calle pour le même objet, fut abordée par une felouque de Bone armée en course; le commandant et les matelots furent frappés ou blessés. Deux bricks, sortant de Toulon pour Saint-Domingue, furent capturés par les corsaires; un bâtiment napolitain fut enlevé dans les eaux françaises. Enfin, un vaisseau ayant échoué sur les côtes d'Alger, cent cinquante hommes de l'équipage furent tués ou gardés prisonniers. M. Thainville, chargé d'affaires de la France, demanda une éclatante réparation : elle fut refusée, ou plutôt on y mit un prix. Le dey s'engageait à donner toute satisfaction et à réprimer ses corsaires moyennant trois cent mille piastres.

Voici comment le premier consul accueillit la proposition. Après avoir envoyé une première lettre que nous ne citerons pas, parce qu'elle a été déjà publiée dans le *Moniteur*, il écrivit les dépêches suivantes :

AU MINISTRE DES RELATIONS EXTÉRIEURES.

« 29 messidor an X (18 juillet 1802).

« Un courrier vous portera, citoyen ministre, la lettre que j'écris au dey par l'occasion de l'adjudant du palais Hullin; vous ferez partir sur-le-champ ce courrier pour Toulon. Le citoyen Hullin partira avec trois vaisseaux de guerre qui sont prêts à faire voile pour Toulon, ou bien il s'embarquera sur une frégate, en choisissant le moyen le plus expéditif. Je désire que d'autres escadres se rendent dans la Méditerranée, et, pour peu que le dey ne se conduise pas d'une manière convenable, je saurai le mettre à la raison. Vous devez faire part de ces différentes choses à Thainville, pour qu'il se conduise en conséquence. Faites connaître au citoyen Hullin qu'il doit remettre directement ma lettre au dey dans une audience extraordinaire. Vous pouvez lui donner connaissance du contenu. Il doit lui dire « que je désire bien vivre avec le dey; mais que je n'ai jamais capitulé avec l'honneur, et que, s'il ne donne pas ses ordres pour qu'on respecte mon pavillon, je suis capable d'aller moi-même à Alger. J'ai détruit les Mamelucks parce qu'ils n'avaient pas rendu satisfaction aux Français. Malheur à qui de gaieté de cœur sera ennemi de la France ! » Si jamais le dey se conduisait avec violence, car on doit tout attendre d'un barbare, le citoyen Thainville, en s'en allant, en instruirait l'amiral, qui a ordre de bloquer Alger.

« BONAPARTE. »

AU CITOYEN DURAND, CHEF DE LA PREMIÈRE DIVISION POLITIQUE AU MINISTÈRE DES RELATIONS EXTÉRIEURES.

« 8 thermidor an X (27 juillet 1802).

« Je vous prie, citoyen, d'envoyer un de vos drogmans chez l'ambassadeur de la Porte, pour lui faire connaître les griefs que j'ai contre le dey d'Alger.

« PREMIER GRIEF. — Les différentes voies de fait que vous connaissez contre nos bâtiments;

« DEUXIÈME GRIEF. — La pêche du corail qu'il a défendue;

« TROISIÈME GRIEF. — L'impertinence qu'il a de vouloir exiger trois cent mille piastres, comme si j'étais une de ces petites puissances dans le cas de marchander son amitié;

« Que je viens de lui envoyer un adjudant du palais avec une lettre, mais que je crois devoir aux nouvelles relations que j'ai renouées avec la Sublime Porte, de le prévenir avant de faire marcher trente mille hommes;

« Que je crois utile qu'il expédie un homme de sa maison, que je ferai défrayer et embarquer sur un vaisseau à Toulon, avec une lettre, pour faire connaître au dey d'Alger les malheurs auxquels il s'expose; et que, s'il ne donne pas raison sur tout, je ne laisserai pas pierre sur pierre dans Alger, et que je m'emparerai de toute la côte d'Afrique.

« Vous lui ferez également remettre soixante mille francs; une lettre de change est inutile. Vous direz seulement d'écrire à la Porte que, lorsqu'elle le jugera à propos, elle les fera remettre au citoyen Ruffin.

« Il faut que tout cela soit fait avant le soleil couché et que demain l'agent ottoman parte. Je le ferai accompagner d'un officier sans qu'il ait à penser à rien.

« Je vous salue.

« BONAPARTE. »

LETTRE DU PREMIER CONSUL AU DEY D'ALGER.

« 8 thermidor an X (27 juillet 1802).

« Bonaparte, premier consul, au très-haut et très-magnifique dey d'Alger ; que Dieu le conserve en principe, en prospérité et en gloire ! — Je vous écris cette lettre directement, parce que je sais qu'il y a de vos ministres qui vous trompent, qui vous portent à vous conduire d'une manière qui pourrait vous attirer de grands malheurs. Cette lettre vous sera remise en mains propres par un adjudant de mon palais. Elle a pour but de vous demander réparation prompte, et telle que j'ai droit de l'attendre des sentiments que vous avez toujours montrés pour moi. Un officier français a été battu dans la rade de Tunis par un de vos raïs ; l'agent de la République a demandé satisfaction et n'a pu l'obtenir. Deux bricks ont été pris par vos corsaires, qui les ont menés à Alger et les ont retardés dans leur voyage.

« Un bâtiment napolitain a été pris par vos corsaires dans la rade d'Hyères, et par là ils ont violé le territoire français. Enfin, du vaisseau qui a échoué cet hiver sur vos côtes, il me manque encore plus de cent cinquante hommes qui sont entre les mains des barbares. Je vous demande réparation pour tous ces griefs, et ne doutant pas que vous ne preniez toutes les mesures que je prendrais en pareille circonstance. J'envoie un bâtiment pour reconduire en France les cent cinquante hommes qui me manquent. Je vous prie aussi de vous méfier de ceux de vos ministres qui sont ennemis de la France, vous ne pouvez en avoir de plus grands ; et si je désire vivre en paix avec vous, il ne vous est pas moins nécessaire de conserver cette bonne intelligence qui vient d'être rétablie et qui peut seule vous maintenir dans le rang et la position où vous êtes ; car Dieu a décidé que tous ceux qui seraient injustes envers moi seraient punis.

« Que si vous voulez vivre en bonne amitié avec moi, il ne faut pas que vous me traitiez comme une puissance faible, il faut que vous fassiez respecter le pavillon français, celui de la République italienne, qui m'a nommé son chef, et que vous me donniez réparation de tous les outrages qui m'ont été faits.

« BONAPARTE, premier consul. »

Un mois après, le premier consul, qui s'appliquait, à cette époque, à charmer et à entraîner le jeune empereur de Russie par des marques répétées de confiance intime et en l'associant à la plupart des actes de sa politique, écrivit à l'empereur Alexandre une lettre où l'on remarque le passage suivant :

« 10 fructidor an X (28 août 1802).

« Le dey d'Alger, après avoir exigé de l'Espagne une forte somme d'argent pour la continuation de la paix, a été assez osé pour me dire que si, dans quarante jours, je ne lui envoyais pas deux millions, il déclarerait la guerre à la France. Cette conduite est d'autant plus inouïe, que ces pirates, sentant combien la France est proche d'eux, l'avaient toujours ménagée davantage.

« J'ai envoyé trois vaisseaux de guerre à Alger, et j'espère que le dey accédera à toutes les réparations que j'ai le droit de demander.

« L'existence de ces pirates est une honte pour toutes les grandes puissances de l'Europe, et il serait à désirer que l'on pût s'entendre pour les faire vivre en honnêtes gens ; car, puisque la croix ne fait plus la guerre au croissant, pourquoi souffrir que la réciprocité n'ait pas lieu ? Les côtes de Barbarie sont fertiles, leurs habitants pourraient vivre tranquilles et cultiver leurs terres sans commettre de pirateries.

« Je prie Votre Majesté de croire à l'estime toute particulière que j'ai pour elle.

« BONAPARTE. »

Peu de temps après, le *Moniteur* publia la réparation accordée par le dey. Nous pensons qu'on lira avec plaisir ce curieux document, qui est le dénoûment de cette négociation.

Voici la réponse pleine de déférence que reçut le premier consul. L'obséquiosité de cette dépêche est d'autant plus remarquable, qu'elle contraste avec le ton d'insolence que la régence affecta depuis 1815 dans ses rapports diplomatiques avec la France. Mais, sous le consulat, la campagne d'Égypte avait grandi le nom français dans l'esprit des musulmans, et ils s'inclinaient humbles et soumis devant l'homme du destin, devant le vainqueur d'Aboukir et des Pyramides.

A NOTRE AMI BONAPARTE, PREMIER CONSUL, PRÉSIDENT DE LA RÉPUBLIQUE ITALIENNE.

« Je vous salue, la paix de Dieu soit avec vous. Ci-après, notre ami, je vous avertis que j'ai reçu votre lettre datée du 20 messidor ;

je l'ai lue et j'y réponds article par article. — Vous vous plaignez du raïs Ali-Tatar. Quoiqu'il soit un de mes joldaches, je l'ai fait arrêter pour le faire mourir; au moment de l'exécution, votre consul m'a demandé sa grâce en votre nom, et, pour vous, je la lui ai accordée. Vous me demandez la polacre napolitaine prise, dites-vous, sous le canon de France : les détails qui vous ont été fournis à cet égard ne sont pas exacts; mais, sur votre désir, j'ai délivré dix-huit chrétiens composant son équipage. Vous demandez un bâtiment napolitain qu'on dit être sorti de Corfou avec des expéditions françaises : on n'a trouvé aucun papier français; mais, selon vos désirs, j'ai donné la liberté à l'équipage. Vous me demandez la punition du raïs qui a conduit ici deux bâtiments de la République française; selon votre désir, je l'ai destitué; mais je vous avertis que mes raïs ne savent pas lire les caractères européens, ils ne connaissent que le passe-port d'usage, et pour ce motif, il convient que les bâtiments de la République française fassent quelque signal pour être reconnus par mes corsaires. Vous me demandez cent cinquante hommes que vous dites être dans mes États : il n'en existe pas un; Dieu a voulu que ces gens se soient perdus, et cela me peine. Vous me dites qu'il y a des hommes qui me donnent des conseils pour nous brouiller : notre amitié est solide et ancienne, et ceux qui chercheraient à nous brouiller n'y réussiront pas. Vous me demandez que je sois ami de la République italienne et de respecter son pavillon comme le vôtre : si un autre m'eût fait pareille proposition, je ne l'aurais pas acceptée pour un million de piastres. Vous ne m'avez pas voulu donner les deux cent mille piastres que je vous avais demandées pour me dédommager des pertes que j'ai essuyées pour vous : que vous me les donniez ou que vous ne me les donniez pas, nous serons toujours bons amis.

« J'ai terminé avec mon ami Dubois Thainville, votre consul, toutes les affaires de la Calle, et l'on pourra venir faire la pêche du corail : la compagnie d'Afrique jouira des mêmes prérogatives dont elle jouissait anciennement. J'ai ordonné au bey de Constantine de leur accorder tout genre de protection. Si, à l'avenir, il survient quelque discussion entre nous, écrivez-moi directement et tout s'arrangera à l'amiable.

« MOUSTAPHA, pacha d'Alger. »

Cette influence presque souveraine de la France sur Alger devait cependant avoir bientôt un terme. Le désastre de Trafalgar porta le dernier coup à notre marine et à notre commerce; le pavillon français ne paraissait plus qu'à de longs intervalles dans la Méditerranée, et l'Angleterre était maîtresse de Malte. A l'instigation de cette puissance, le bey de Constantine admit, en 1806, la concurrence des Maltais, des Juifs, des Espagnols, sur les marchés où nous avions seuls le droit d'acheter. De cette flagrante infraction à l'abolition du traité il n'y avait qu'un pas; le dey le fit, et moyennant une redevance annuelle de deux cent soixante-sept mille francs, il investit, en 1807, l'Angleterre de nos concessions. C'est alors que Napoléon chargea le capitaine Boutin d'explorer surtout le littoral de l'Algérie, et que de son doigt prophétique il indiqua le lieu où, vingt-trois ans plus tard, la France devait trouver un abordage facile et triompher des barbaresques [1]. C'est aussi vers cette époque qu'un des savants les plus illustres dont s'honore la France entrait comme captif à Alger [2].

BOMBARDEMENT D'ALGER PAR LORD EXMOUTH, EN 1816.

Pour entrer dans les détails succincts de l'historique d'Alger, il faudrait parcourir toutes les phases et suivre les Turcs dans leurs meurtres, leurs assassinats et leurs sourdes conspirations, et citer tour à tour tous les deys qu'ils massacrent ou déposent successivement, ce qui serait trop long; Moustapha, que nous avons vu se dire si orgueilleusement l'ami de Bonaparte, succombe sous leurs coups; Ahmed, qui lui succède, occupe assez tranquillement le pouvoir pendant trois ans; mais, le 23 juillet 1808, une révolte éclate et il est déposé. Heureusement pour lui, le nouveau dey fut décapité le jour même de son élection, en sorte que le lendemain on recourut à Ahmed pour qu'il prît de nouveau les rênes de l'État. Honneur bien éphémère! le 7 novembre suivant il était, lui aussi, contraint d'offrir son cou au fatal lacet. Ali-Kodja, qui vient après, meurt à la suite d'une guerre contre les Tunisiens. Hadji-Ali, promu en 1809, ne se maintint quatre ans qu'en déployant la plus horrible cruauté; il parvint à intimider les janissaires, mais non à s'en faire aimer. Aussi, ne pouvant l'atteindre par la force, eurent-ils recours à la perfidie; ils séduisirent le cuisinier du palais, et Hadji-Ali mourut empoisonné (22 mars 1815).

Les vœux de la milice se portèrent alors sur Omar, agha des janis-

---

[1] Sans contredit, ce fut l'Empire qui prépara notre conquête de 1830. Toutes les indications du lieutenant de Napoléon ont été exactement suivies pour le lieu de débarquement, pour la marche sur Alger, pour le chiffre même de l'armée.

[2] C'est de M. Arago l'astronome, dont nous voulons parler, qui était allé aux îles Baléares, et qui fut fait prisonnier des Algériens au moment où il s'y attendait le moins, lorsqu'il était venu chez eux pour y réclamer l'hospitalité.

saires; mais celui-ci connaissait trop bien les allures de ses soldats, et pensa qu'un seul assassinat ne suffirait pas pour assouvir leur soif de sang : il se récusa. Un vieux chiaoux, Mohamed, fut élu dey : quatorze jours après il mourut assassiné. Omar, renégat grec, lui succéda et fit preuve d'habileté et de courage pendant les trois années qu'il conserva le pouvoir.

A cette époque, le congrès de Vienne était réuni; les plénipotentiaires qui le composaient portèrent leur attention sur l'Algérie, et témoignèrent le désir de s'unir pour opposer une digue aux déprédations des corsaires. L'Angleterre seule, qui craignait que cette répression ne rendît à la France l'influence qu'elle avait précédemment exercée sur les Barbaresques, s'y opposa. Dans ce moment même, une escadre américaine, composée de trois frégates, un sloop, un brick, trois schooners, et commandée par le capitaine Decatu, se dirigeait vers Alger; elle venait relever l'Union d'un honteux tribut que lui avait imposé le dey, bien décidée à obtenir une prompte et complète satisfaction. Avant même de se montrer devant la ville, les Américains capturèrent trois navires algériens. Une attitude si énergique déconcerta le divan, qui souscrivit presque sans réclamations à tout ce qu'exigeaient des ennemis si déterminés à faire triompher leur bon droit.

Le succès de cette expédition ramena l'attention des puissances européennes sur Alger, et, dès ce moment, elles résolurent d'abolir l'esclavage des chrétiens dans les États barbaresques. En avril 1816, lord Exmouth fut chargé par le gouvernement anglais de négocier avec les différentes régences pour arriver à ce résultat; il devait en même temps obtenir que les îles Ioniennes fussent traitées à l'égal des autres possessions britanniques.

Vingt-six vaisseaux armés en guerre accompagnaient le plénipotentiaire, dont la mission réussit assez bien à Tunis et à Tripoli; mais Alger se montra intraitable. Omar déclara qu'il ne consentirait jamais à se dessaisir des droits qu'il avait de charger de fer tout ennemi de l'odjack, offrant d'ailleurs de s'en rapporter à la décision du Grand Seigneur.

L'amiral consentit, avant d'accomplir aucun acte d'hostilité, qu'un envoyé du divan allât à Constantinople pour se consulter avec la Sublime Porte; mais l'envoyé algérien ne rapporta aucune réponse favorable. D'ailleurs, pendant cet armistice, le consul s'était vu ignominieusement outragé dans les rues d'Alger. A Oran et à Bone, les équipages de plusieurs navires de sa nation avaient été massacrés.

A cette nouvelle, lord Exmouth fit voile de Portsmouth le 24 juillet 1816, ayant sous ses ordres la *Reine-Charlotte*, vaisseau de 110 canons, et une partie de son escadre. Obligé de relâcher à Plymouth, par suite d'une tempête, il y fut joint par le contre-amiral Milne, qui commandait deux vaisseaux de ligne et quelques corvettes. A Gibraltar, il joignit encore à son escadre cinq chaloupes canonnières et un brûlot, et accepta la proposition du vice-amiral hollandais Van der Capellen, qui lui offrit sa coopération avec six frégates. Le 26 août, à une heure après midi, l'escadre combinée se présenta en vue d'Alger au nombre de trente-deux voiles. L'amiral, en abordant Alger, avait l'intention bien arrêtée d'en finir. En conséquence, le lendemain, lord Exmouth envoya un parlementaire chargé d'une dépêche par laquelle il proposait au dey les conditions suivantes :

1° La délivrance sans rançon de tous les esclaves chrétiens;

2° La restitution des sommes payées par les États sarde et napolitain pour le rachat de leurs esclaves;

3° Une déclaration solennelle qu'à l'avenir il respecterait les droits de l'humanité, et traiterait tous les prisonniers de guerre d'après les usages reçus parmi les nations européennes;

4° La paix avec les Pays-Bas aux mêmes conditions que l'Angleterre.

Sur le refus du divan d'accéder à ces conditions, le dey ne répondit à cette proposition qu'en faisant tirer sur la flotte anglaise.

Le bombardement commença. Une manœuvre hardie, au moyen de laquelle les Anglais parvinrent à tourner le môle pour prendre à revers toutes leurs batteries, eut lieu. L'amiral Exmouth fit embosser ses vaisseaux à demi-portée de canon, sous le feu des batteries du port et de la rade. Lui-même se plaça à l'entrée du port, tellement près des quais, que son beaupré touchait les maisons et que ses batteries, prenant à revers toutes celles de l'intérieur du port, foudroyaient les canonnières d'Alger, qui restaient à découvert. Cette manœuvre, aussi habile qu'audacieuse, eut le plus effrayant succès.

Les Algériens, pleins de confiance dans leurs batteries, ainsi que dans la valeur des équipages de leurs navires, dont les commandants avaient ordre d'aborder les vaisseaux anglais, se croyaient tellement à l'abri d'une attaque de ce genre, qu'une populace innombrable couvrait la partie du port appelée la Marine, dans l'intention d'être spectatrice de la défaite des chrétiens.

L'amiral anglais, éprouvant quelque répugnance à porter la mort au milieu de cette multitude imprudente, lui fit, de dessus le pont, signe de se retirer; mais, soit que son intention humaine n'eût pas été comprise, soit que ces Maures s'obstinassent dans leur aveuglement, ils restèrent à la place qu'ils occupaient, et ce ne fut qu'après avoir vu l'épouvantable ravage produit par les premières bordées qu'ils se dispersèrent avec des cris affreux. Néanmoins les troupes turques, et surtout les canonniers, ne partagèrent point cette épouvante, et, quoique écrasés par l'artillerie des vaisseaux, ils ne cessèrent de diriger contre elle les pièces qu'ils avaient en batterie, et dont plusieurs étaient de soixante livres de balles.

Le feu se soutenait depuis six heures et ne faisait qu'accroître la rage des Africains, quand deux officiers anglais demandèrent la permission d'aller, dans une embarcation, attacher une chemise soufrée à la première frégate algérienne qui barrait l'entrée du port. Cette détermination eut un plein succès. Un vent d'ouest assez frais mit bientôt le feu à toute l'escadre barbaresque : cinq frégates, quatre corvettes et trente chaloupes canonnières furent la proie des flammes. Le vaisseau amiral servit de deux bordées sans interruption pendant cinq heures et demie, de tribord sur la tête du môle, et de bâbord sur la flotte algérienne. Ce vaisseau était jonché de morts, lorsque, vers neuf heures et demie du soir, il faillit être incendié par le contact d'une frégate ennemie; mais on parvint à éviter ce danger. Une demi-heure après, lord Exmouth, ayant achevé la destruction du môle, se retira dans la rade; il écrivit alors au dey qu'il continuerait le bombardement, si l'on ne se hâtait d'adhérer aux conditions déjà proposées.

Omar, qui, pendant le combat, avait déployé le plus grand courage, refusa d'abord de se soumettre; mais les officiers de la milice, voyant que la résistance devenait impossible, le déterminèrent à entrer en arrangement. Les quatre articles signifiés furent acceptés, et devinrent la base d'un traité définitif entre la régence et l'Angleterre, et, le lendemain 28, lord Exmouth entra en vainqueur dans le port d'Alger.

La perte de l'escadre combinée montait à environ neuf cents hommes, tant tués que blessés; celle des Algériens était immense : des rapports ultérieurs l'évaluèrent à près de six mille hommes. Le 30 août, le traité fut conclu aux conditions suivantes (L'*Algérie ancienne et moderne*, page 247) :

1° L'abolition perpétuelle de l'esclavage des chrétiens;

2° La remise de tous les esclaves dans les États du dey, à quelque nation qu'ils appartinssent, le lendemain à midi;

3° La remise de toutes les sommes d'argent reçues par le dey, depuis le commencement de cette année, pour le rachat des esclaves;

4° Des indemnités au consul britannique, pour toutes les pertes qu'il avait subies à la suite de son arrestation;

5° Des excuses publiques faites par le dey, en présence de ses ministres et officiers, et au consul en particulier, dans les termes dictés par le capitaine de la *Reine-Charlotte*.

Nous venons de voir le succès qu'avait obtenu lord Exmouth dans ce dernier bombardement d'Alger; après cette brillante expédition et avoir ainsi châtié cette régence, on devait espérer que les Algériens s'abstiendraient pour longtemps de capturer les bâtiments des puissances européennes; il n'en fut rien, et ils recommencèrent bientôt leur piraterie habituelle dans la Méditerranée.

O'Reilly en 1775, lord Exmouth en 1816, avaient menacé, humilié, mais non réduit Alger. L'audace du gouvernement de la régence s'accrut des succès incomplets obtenus contre lui, au point que, en 1830, il ne craignit pas de lutter avec la France.

CHAPITRE VI

DU PROPHÈTE MAHOMET, FONDATEUR DE L'ISLAMISME SOUS LA DOMINATION ARABE.

Comme la période de la domination arabe est une des plus importantes de l'histoire d'Afrique, il est nécessaire de remonter à la naissance du mahométisme, de dire l'origine de ces peuples qui vont désormais jouer un si grand rôle sur la scène du monde, d'indiquer les lieux qu'ils habitent, d'expliquer leur caractère, leurs opinions religieuses, leurs coutumes et leurs mœurs.

L'Arabie forme une grande presqu'île, bornée à l'est par le golfe Persique, au sud par la mer des Indes, à l'ouest par la mer Rouge. C'est une vaste contrée absolument dépourvue d'eau, car le petit nombre de rivières qui l'arrosent sont peu profondes, et se perdent dans le sable non loin de leur source. Les anciens divisaient l'Arabie en trois parties principales : l'Arabie Pétrée, l'Arabie Déserte et l'Arabie Heureuse[1].

[1] L'Arabie Pétrée, située au midi de la Palestine et dans la partie occidentale du golfe Arabique, était habitée par les Madianites, qui furent successivement attaqués

Les géographes modernes, d'après Aboul-Féda, l'ont partagée en six régions : le Berriah ou le désert, au nord ; le Barkheim et l'Omam, districts maritimes situés en face de la Perse ; l'Hedjaz et l'Yémen, à l'occident, en regard de l'Afrique ; et le Nedjid, vaste plateau qui s'élève au centre, semblable à une île entourée de sables et de plaines basses. Les mêmes géographes classent la race arabe en trois grandes familles : les Arabes primitifs, ou ceux qui habitèrent les premiers l'Arabie après le déluge et dont les descendants s'allièrent avec les peuples qui vinrent plus tard s'établir dans le pays ; les Arabes purs, c'est-à-dire ceux qui, après la confusion des langues, se fixèrent dans l'Yémen et repoussèrent toute alliance étrangère ; enfin les Mosarabes, ou Arabes naturalisés.

Élien, qui vivait sous le règne d'Adrien, nous a laissé une esquisse des mœurs arabes à son époque : elles offrent la plus grande analogie avec celles d'aujourd'hui. « Ce peuple, dit-il, est voisin des Nabathéens ; ce sont des guerriers à demi nus, vivant tous de la même manière, et ne portant que de petites saies de couleur qui s'arrêtent au haut des cuisses. Montés sur de rapides coursiers et secondés par des chameaux agiles, ils sont toujours errants çà et là, soit en paix, soit en guerre. Aucun d'eux ne touche à la charrue, ne soigne un seul arbre, ne demande à la terre cultivée sa subsistance ; toujours en mouvement, ils sont sans foyer, sans demeure fixe et sans loi. Pour eux, voyager, c'est vivre. »

Le gouvernement de ces peuples était purement patriarcal : dans

plutôt que soumis par les Juifs, sous David, ensuite par les Perses et les Romains. Madiana (Megar-el-Chouaib) en était la capitale. Le nom moderne de cette ville signifie Grotte de Jethro, parce que c'est là, suivant la tradition, que demeurait Jethro, beau-père de Moïse. Les Iduméens, peuple pasteur, descendants d'Ésaü, frère de Jacob, occupaient la région septentrionale de cette partie de l'Arabie ; à l'est de l'Idumée vivaient les Nabathéens, nation nombreuse, issue de Nabajoth, fils aîné d'Ismaël. — L'Arabie Heureuse (*Arabia Felix*) est située entre le golfe Arabique et le golfe Persique : c'est l'Yémen des Arabes, et le pays où croît l'encens ; elle doit son nom à sa fertilité, et sans doute aussi au commerce de parfums que faisaient et que font encore ses habitants. Dans cette contrée s'élève la Mekke (la *Macaroba* des anciens), dont on attribue la fondation à Abraham. On distingue encore Hawr, sur la mer Rouge, où les Romains avaient établi une douane ; Médine, ou la ville du Prophète, et l'ancienne Saba (*Sabbæa*), la Scheba des Hébreux, qui était la capitale de toute l'Arabie Heureuse. — L'Arabie Déserte, qui comprend une région immense et aride entre l'Arabie Pétrée et l'Arabie Heureuse, s'étend, au nord-est, jusque vers la Mésopotamie. Elle était habitée, comme aujourd'hui, par différentes races d'Arabes : c'étaient les Bédouins, ou Arabes scénites ; les Ituriens, autres peuplades adonnées au vol et au brigandage, vivant sur les limites du désert ; les Rubénites, de la tribu de Ruben ; les Ismélites, descendants d'Agar, race qui, à une époque postérieure, a été plus particulièrement connue sous le nom de Sarrasins.

chaque tribu, le plus ancien de certaines familles privilégiées était investi de pouvoirs étendus pour la direction ou la défense des intérêts communs, et ses décisions étaient toujours fidèlement exécutées.

Quant aux rapports de tribu à tribu, les contestations qui s'élevaient entre elles, soit pour la possession des pâturages, soit par suite d'enlèvement de bestiaux, étaient soumises au conseil des cheiks ou anciens, qui prononçaient souverainement : cela n'empêchait pas les parties d'en venir aux mains, lorsqu'elles croyaient avoir à se plaindre du jugement prononcé. Parmi les sujets de discorde, le plus fréquent et le plus grave était l'extrême divergence des opinions religieuses : quelques-unes de ces nombreuses tribus adoraient le soleil et les étoiles ; plusieurs admettaient la transmigration des âmes ; d'autres leur supposaient le sentiment après la mort ; celles-ci immolaient à leurs idoles des moutons et des chameaux ; celles-là ensanglantaient leurs autels par des sacrifices humains.

Chaque chef de famille, tout homme influent, se croyait le droit de modifier le culte ou d'en imposer un nouveau. De cette confusion inextricable naissaient des luttes et des haines sans nombre. Ainsi ce peuple énergique, endurci aux plus dures fatigues et si admirablement constitué pour exécuter de grandes choses, se trouvait sans cesse entravé par des querelles intestines. Pour le rendre conquérant, il fallait qu'un homme supérieur parvînt à lui faire accepter une foi commune, afin d'entraîner dans une direction unique ces volontés si diverses.

Cette tâche difficile, Mahomet eut la gloire de l'accomplir [1].

Sa famille appartenait à la tribu de Koraïsch, laquelle prétendait descendre en ligne directe d'Ismaël, fils d'Abraham.

Après la mort de son père et de son aïeul, le jeune orphelin fut recueilli par un de ses oncles, qui exerçait la première autorité à la Mecque, en qualité de chef des Koraïschites. Abou-Thaleb éleva son neveu avec la plus touchante sollicitude, l'initiant à tous les détails de son négoce, l'emmenant même avec lui en Syrie, lorsque ses affaires commerciales l'y appelaient.

Pendant un de leurs voyages, ils s'arrêtèrent à Bostra, dans un monastère où un moine nestorien les reçut avec cordialité.

Ce moine, que les Arabes nomment Bohaïra et les Grecs Sergius,

---

[1] D'après les documents les plus certains, Mahomet est né le 10 novembre 570 de Jésus-Christ.

présagea, dit-on, la grandeur future de cet enfant, qui n'avait alors que treize ans, mais que la sagesse de ses discours, la régularité de sa conduite, avaient déjà fait surnommer Al-Amim (le Fidèle).

A vingt ans, Mahomet fit ses premières armes sous les ordres d'Abou-Thaleb, qui, comme tous les chefs arabes, était à la fois guerrier, commerçant et pontife.

Dans ces diverses expéditions, il se distingua par son courage, et, bientôt, on le cita comme le plus brave de la tribu ; peut-être eût-il été appelé à un commandement, si son extrême jeunesse ne s'y était opposée.

Il n'avait pas encore atteint sa vingt-cinquième année, lorsqu'une jeune et riche veuve, nommée Khadidja, dont il administrait les biens, lui offrit sa fortune et sa main, qu'il accepta.

A trente-cinq ans, il fut appelé à résoudre une grave difficulté qui s'était élevée entre les Koraïschites, à l'occasion de la pierre noire[1] du temple de la Caabah. Ainsi la richesse et la considération souriaient à cet homme déjà si remarquable ; mais des circonstances plus favorables encore vinrent lui ouvrir une carrière digne de son génie.

L'anarchie religieuse ne régnait pas en Arabie seulement ; les chrétiens d'Orient, divisés en une infinité de sectes, se persécutaient avec fureur, tandis que la cour de Constantinople, tout occupée de querelles théologiques, abandonnait l'empire aux ravages des Persans, qui eux-mêmes se trouvaient épuisés par de longues guerres civiles et par les expéditions lointaines de leur souverain. Ce fut au milieu de ces conflits divers que Mahomet crut pouvoir se donner comme inspiré de Dieu. Il avait toutes les qualités nécessaires pour remplir ce rôle surnaturel : une imagination ardente, une éloquence persuasive, une rare présence d'esprit, une fermeté et un courage inébranlable, et possédait à un haut degré l'art de dissimuler, ressort indispensable aux ambitieux qui veulent faire tourner à leur profit les passions et la crédulité des hommes ; enfin, les livres du christianisme ne lui étaient pas moins familiers que ceux de Moïse.

Jusqu'à l'âge de quarante ans, le futur prophète n'avait rien négligé de ce qui peut frapper les yeux de la multitude : affectant une

---

[1] On pense que cette pierre est un aérolithe. Les musulmans la regardent comme le gage de l'alliance que Dieu fit avec les hommes, et ils croient, qu'Adam l'ayant emportée en sortant du paradis terrestre, elle fut remise par l'ange Gabriel à Abraham, lorsqu'il bâtit la Caabah. Cette pierre est placée, à hauteur d'homme, à l'un des angles du temple.

grande austérité de mœurs, il passait des mois entiers dans les vastes solitudes du mont Haro, moins sans doute pour prier qu'afin de mûrir ses projets dans la retraite et par la méditation.

Enfin, résolu de faire dans sa propre famille le premier essai de son influence religieuse, il dit un jour à sa femme que l'ange Gabriel lui était apparu la nuit, l'appelant apôtre de Dieu, et lui intimant, au nom de l'Éternel, l'ordre d'annoncer aux hommes les vérités qui devaient lui être révélées. Transportée de joie à l'idée d'être la femme d'un prophète, Khadidja s'inclina devant son époux, le saluant comme un envoyé de Dieu. Le second disciple de Mahomet fut Ali, son cousin germain, âgé de dix à douze ans, fils de cet Abou-Thaleb qui avait pris soin de son enfance.

Après Ali, l'esclave Zaïd confessa hautement la mission divine de son maître, et en récompense reçut de lui la liberté.

Mahomet gagna ensuite un homme fort considéré parmi les Arabes et dont la grande influence devait servir admirablement ses projets; c'était son beau-père Abou-Bekr, magistrat civil et criminel de la Mecque. Il ne s'agissait plus que de donner un nom à la religion nouvelle : on l'appela Islam, mot arabe qui exprime l'action de s'abandonner à Dieu.

Nous ne parlerons point de toutes les difficultés dont fut assailli Mahomet lorsqu'il voulut annoncer publiquement sa mission. Se roidissant contre les obstacles, il continua de prêcher sa doctrine et parvint à s'attacher deux puissants prosélytes : Hammzah, l'un de ses oncles, et le fameux Omar, qui, de son plus ardent adversaire, devint un de ses sectateurs les plus dévoués. Cependant l'heure du triomphe n'était pas encore venue : le nouveau prophète était sans cesse en butte aux sarcasmes de la multitude : on l'insultait, on le persécutait de mille manières. Les habitants de Taïef l'assaillirent même un jour à coups de pierres et faillirent le massacrer.

Mais toujours les persécutions religieuses produisent un effet contraire à celui qu'on s'était proposé : il en fut ainsi pour Mahomet. Chaque jour le nombre de ses prosélytes allait croissant; tandis qu'une partie de la population le maudissait, l'autre, plus ardente, recueillait avec ferveur ses paroles comme une émanation divine. Parmi ses partisans les plus fanatisés, six habitants du Jahtreb, de la tribu juive de Kharadj, se firent particulièrement remarquer : ils jurèrent de le soutenir de tout leur pouvoir. Leur promesse fut scrupuleusement remplie. De retour dans leurs foyers, ces néophytes proclamèrent hautement l'excellence de l'islamisme, et déterminèrent deux autres tribus à s'attacher au prophète. On nomma ces nouveaux convertis anséniens, c'est-à-dire auxiliaires.

Mais pendant que Mahomet s'occupait sans relâche de propager sa nouvelle croyance, les Koraïschites, ses concitoyens, formaient secrètement le projet de se défaire de lui. L'exécution de cette criminelle entreprise avait été confiée à des hommes choisis parmi toutes les tribus, afin que ce meurtre, une fois accompli, ne pût, à l'avenir, faire entre eux le sujet d'aucune récrimination. La vigilance de Mahomet déjoua le complot; toutefois il crut prudent de quitter la Mecque et se retira au Jahtreb, où il comptait des amis sûrs. Accompagné de ses principaux disciples, Ali ne tarda pas à l'y joindre. Cette époque est restée célèbre chez les musulmans : ils en ont fait le commencement de leur ère, qu'ils désignent sous le nom de Hedjrah (vulgairement hégire), mot arabe qui signifie fuite [1]. La ville de Jahtreb, capitale du district, reçut le nom de Médinah-Al-Naby (ville du prophète), ou simplement Médine, et n'a cessé d'être pour ses sectateurs l'objet de la plus grande vénération.

A partir de ce moment, la vie de Mahomet ne présente qu'une longue suite de batailles et de luttes de tout genre, qu'il serait inutile de rapporter ici; nous nous bornerons à dire qu'en dix années il termina, soit par lui-même, soit par ses lieutenants, un grand nombre d'entreprises guerrières qui contribuèrent à fonder sa puissance, en imposant sa religion à presque toute l'Arabie.

Chacune de ses victoires, comme on le pense bien, était signalée par des prodiges, indices certains de l'intervention divine. Aussi la plus grande exaltation religieuse régnait-elle dans son armée. « Mes frères, s'écriait-il fréquemment au milieu des dangers, je suis le fils et le protégé d'Allah, je suis l'apôtre de la vérité; hommes, soyez constants dans la foi : Dieu va vous envoyer des secours. » Et aussitôt les fuyards, faisant volte face, fondaient sur l'ennemi avec une impétuosité à laquelle rien n'était capable de résister. Après la victoire, Mahomet se montrait inexorable envers les vaincus, qui se refusaient à embrasser l'islamisme; ainsi, lors de la prise de Taïf, les habitants de cette ville lui ayant demandé une trêve de trois ans et le libre exercice de leur culte (ils adoraient les idoles) : « Non, lui répondit Mahomet, je ne vous accorderai pas un mois, pas un jour. — Dispensez-nous de la

---

[1] Cette ère commence le 1ᵉʳ de moharrem, premier mois de l'année musulmane, jour qui correspond au vendredi, 16 juillet 622 de Jésus-Christ. Mahomet avait alors cinquante-quatre ans : c'était la quatorzième année de sa mission.

prière. » Les uns furent convertis, les autres massacrés [1]. Non content de convertir par la force des armes, Mahomet envoyait des missionnaires dans tous les pays limitrophes de l'Arabie. La Perse, la Syrie, Constantinople même, reçurent ces missionnaires, qui lançaient insolemment l'anathème contre tous ceux qui se montraient sourds à leur voix ; quelques-uns les chassèrent comme fauteurs de troubles et de discordes; d'autres les virent avec indifférence; le plus grand nombre les combla de présents. Ce fut au milieu de ce mouvement énergique de propagande que la mort vint frapper Mahomet, l'an II de l'hégire, le lundi 12 rabieh (632 de J. C.).

Les derniers jours de sa vie ne firent qu'augmenter encore l'enthousiasme de ses sectateurs : « S'il y a un homme, avait-il dit peu de temps avant de mourir, que j'aie traité avec injustice, qu'il le dise, et qu'il exerce contre moi des représailles, j'y consens. Si j'ai flétri la réputation d'un musulman, qu'il s'avance et déclare la faute dont je suis coupable. Si j'ai dépouillé un fidèle de ses biens, je lui dois le capital et l'intérêt de sa dette; le peu que je possède est à sa disposition. » Un des assistants s'avança et réclama trois drachmes d'argent. Mahomet les lui fit compter, en le remerciant de l'avoir accusé dans ce monde et non dans l'autre. « Il montra, dit Gibbon, une fermeté tranquille à l'approche de la mort, il affranchit ses esclaves (dix-sept hommes et onze femmes), régla l'ordre de ses funérailles et donna sa bénédiction à tous ceux qui l'entouraient, gardant jusqu'au dernier moment de sa vie toute la dignité d'un apôtre et toute la confiance d'un prédestiné. Il avait dit un jour, dans un entretien familier, que par une prérogative spéciale, l'ange de la mort ne viendrait s'emparer de son âme qu'après lui en avoir demandé la permission : quelques instants avant de mourir, il déclara qu'il venait de l'accorder ; puis, la tête penchée sur les genoux d'Aïcha, la plus chérie de ses femmes [2], il articula d'une voix défaillante ces paroles entrecoupées : « Dieu... pardonnez mes péchés... Oui... Je vais retrouver mes concitoyens qui sont au ciel... » Et il rendit le dernier soupir, étendu sur un tapis qui couvrait le plancher de sa chambre.

[1] A la suite d'une de ces expéditions, quelques soldats ivres ayant failli le tuer par mégarde, Mahomet interdit à ses sectateurs l'usage du vin, des liqueurs fortes et des jeux de hasard. Cet ordre, rigoureusement exécuté, devint, dans la suite, un des préceptes fondamentaux de l'islamisme.

[2] Dans le courant de la vie de Mahomet que nous venons de tracer, nous avons cité qu'il avait épousé premièrement Khadidja, et, au moment de sa mort, nous voyons qu'il rend le dernier soupir près d'Aïcha, la plus chérie de ses femmes; cela suppose qu'il ne s'en était pas tenu à sa première femme. Le lecteur n'en sera pas étonné quand il saura que la loi de Mahomet autorise la polygamie.

Ceux de sa famille qui se trouvaient lui tenir de plus près par les liens du sang l'enlevèrent à l'endroit même où il expira.

Sa mort et sa sépulture ont consacré Médine, et les innombrables pèlerins qui tous les ans se rendent à la Mecque se détournent souvent pour aller faire leurs dévotions sur le tombeau du prophète. Et ceux mêmes des points les plus éloignés veulent accomplir ce saint pèlerinage, visiter le tombeau de Mahomet et la chambre de Dieu.

En mourant, Mahomet laissait pour ainsi dire achevée l'œuvre qu'il avait tant à cœur d'accomplir. L'Arabie n'était plus déchirée par les factions ; les différentes tribus se trouvaient animées d'un même esprit et formaient un grand corps soumis aux mêmes lois religieuses et politiques. A la bravoure, à l'esprit aventureux de leurs devanciers, les sectateurs du Coran avaient ajouté une force nouvelle, l'union ; ils n'avaient tous qu'un même but, la propagation de l'islamisme. Pour soutenir et propager ce mouvement, il fallait un homme digne de succéder au prophète. Trois concurrents se présentaient aux suffrages des Arabes : Ali, le premier des vrais croyants ; Omar, le plus brave des lieutenants de Mahomet, et le vénérable Abou-Bekr ; ce dernier fut élu d'une voix unanime. Dès ses premiers actes, il exalta au plus haut degré l'enthousiasme de ses coreligionnaires. A sa voix, les habitants des vallées de l'Yémen et les pasteurs des montagnes d'Omam, toutes les tribus qu'éclaire le soleil depuis la pointe septentrionale de Belis, sur l'Euphrate, jusqu'au détroit de Bal-el-Mandeb, et depuis Bassora, sur le golfe Persique, jusqu'à Suez et aux confins de la mer Rouge, vinrent en foule se ranger sous ses drapeaux, aux cris mille fois répétés de :

La Allah ill' Allah, Mohammed rassoul Allah ! (Il n'y a de Dieu que Dieu, et Mohamed est son prophète.)

Nous ne continuerons pas à énumérer tous les chefs qui succédèrent à Mahomet, et qui allèrent après lui propager la nouvelle religion fondée par cet homme astucieux, et qui n'était encore qu'à son berceau au moment où mourut Mahomet. Enfin, après la complète réduction de l'Égypte, l'attention des Arabes se porta sur l'Afrique septentrionale. Tripoli, Tunis, le Maroc et Alger embrassèrent bientôt la religion mahométane, qui continua à faire des progrès ; ainsi s'établit cette secte fameuse qui compte aujourd'hui plusieurs millions de croyants. (*De l'Algérie ancienne et moderne*, pag. 125 et 131.)

Nous voyons donc, par ce que nous venons de dire, que Mahomet avait été appelé à remplir une grande mission ; qui de nous ne serait disposé à se croire un esprit transcendant, un génie supérieur, une divinité, si on voulait nous laisser faire et nous encenser? Combien d'hommes n'avons-nous pas vus, qui, avec moins de mérite que n'en avait Mahomet pour le penser, se croyaient appelés à changer la face du monde, à régénérer les nations? Mahomet prêchait un Dieu, la puissance de sa pensée ne lui permettait pas d'en douter. Il recommandait la prière : et quoi de plus utile, de plus nécessaire aux hommes que de prier? Ils se consolent alors, ils espèrent et s'humilient, cherchent à devenir meilleurs, ne songent point à se nuire et à se déchirer. Mahomet prescrivait d'abondantes aumônes; et que fait le riche de sa fortune, s'il n'en soulage point les infortunés, si elle ne lui sert qu'à favoriser de pernicieux penchants? Nous ne sommes ici-bas que pour nous entr'aider par le mutuel échange des biens qui nous sont échus en partage. Le riche apporte le secours de son or à la pauvreté, le robuste celui de ses bras à la faiblesse; l'un répand les trésors de la science, l'autre trompe la douleur, chasse l'ennui par les charmes de son esprit. Dieu, la prière, l'aumône, ces préceptes émanent de la vérité sainte; Mahomet était trop éclairé pour ne pas en comprendre la divine essence; il aurait été fervent chrétien, si son orgueil et ses mauvaises passions ne s'y étaient opposés. Il autorisait la polygamie, parce qu'il aurait fallu qu'il donnât l'exemple en la défendant; il interdisait le vin à des hommes amollis, susceptibles d'en faire un usage immodéré; avide lui-même de matérielles jouissances, il promettait un paradis matériel à ses prédestinés. Il ne recula point devant la nécessité d'employer la fourberie pour faire triompher sa doctrine. La crédulité de ses compatriotes, leurs dispositions à l'enthousiasme, secondèrent merveilleusement ses intentions; il fut considéré comme prophète, persécuté, proscrit; il défit, avec cent treize hommes, un nombreux bataillon envoyé contre lui. Dès lors ses disciples se persuadèrent que le ciel protégeait ses armes; car, la défaite et la victoire fixant d'ordinaire les irrésolutions, le vaincu voit déserter ses rangs, et ne conserve que la stérile compassion du petit nombre des âmes ardentes, généreuses, tandis que le vainqueur rallie sous ses drapeaux toute cette masse inerte d'êtres timides, crédules, lâches, intéressés.

Mahomet se vit bientôt à la tête de quarante mille hommes. Dès qu'il fut assez puissant pour étendre ses conquêtes, il parvint aisément à vaincre les obstacles qui s'opposaient à ses desseins. La vénération pour le pouvoir occulte favorisait le guerrier, tandis que les armes du conquérant faisaient respecter la loi du législateur. A mesure qu'il prenait des villes, il forçait les habitants à recevoir sa doctrinc ou à lui payer un tribut, de sorte que chaque nouvelle victoire lui procurait des sectateurs et de l'argent, tandis que l'argent lui facilitait de nouvelles victoires et lui amenait de nouveaux partisans. Aussi Mahomet est considéré comme un grand homme, bien qu'on ne puisse voir en lui qu'un imposteur. Cependant les musulmans le portent bien haut dans leur estime, non-seulement comme fondateur de leur religion, mais encore comme prophète. (M. de Nellan.)

Il était donc nécessaire de retracer sa vie avant d'entrer dans les détails de notre conquête de l'Algérie, pour donner une idée de ses opinions religieuses, et de remonter à la fondation de celui qui a établi l'islamisme, qui, chez les musulmans, joue un grand rôle dans leurs préjugés politiques et moraux.

NOUVELLE DÉNOMINATION DE L'ANCIENNE RÉGENCE. — DIVISION ACTUELLE DE L'ALGÉRIE.

Dans les premiers temps qui suivirent notre conquête, le territoire conserva son ancien nom de régence d'Alger. Plus tard, cette appellation fut remplacée par celle de possessions françaises du nord de l'Afrique, titre consacré par ordonnance royale du 22 juillet 1834, qui, en plaçant le pays sous le régime des ordonnances, en a réglé le commandement général et la haute administration. Enfin, dans le discours d'ouverture des Chambres, le 18 décembre 1337, l'ancienne régence d'Alger reçut pour la première fois la dénomination officielle d'Algérie. Ce nom, qu'elle a gardé depuis, lui avait été donné, dès 1834, dans un écrit publié à Paris par le comte de Beaumont-Brivasac sous ce titre : *De l'Algérie et de sa colonisation.*

Le génie civil, qui établit les divisions d'un pays d'après les convenances les plus durables, c'est-à-dire conformément à la facilité et à l'utilité des relations des habitants entre eux, est jusqu'à ce jour resté beaucoup trop étranger à tout ce qui s'est fait dans l'Algérie. La suprématie exclusive de l'autorité militaire, qui n'est jamais intelligente que dans le sens de la plus ample et de la plus constante application des forces dont elle dispose, est la seule qui se soit manifestée dans cette contrée, où organiser et administrer habilement étaient au moins autant que conquérir. La colonisation française aurait certainement pris un accroissement beaucoup plus rapide, s'il eût pu se faire que, contre un usage qui nous a partout été fatal, le bras n'eût pas usurpé le rôle de la tête.

La division actuelle de l'Algérie n'est donc que le résultat d'une combinaison toute militaire. Par décision du ministre de la guerre, en date des 14 novembre 1842 et 4 février 1843, les provinces d'Alger, d'Oran et de Constantine forment aujourd'hui trois divisions militaires, dont les circonscriptions ont été réparties de la manière suivante :

Division d'Alger, formée de deux subdivisions. — *Subdivision d'Alger* : Alger, chef-lieu de la division; les forts attenants; le Sahel, et tout le pays compris à l'est, depuis l'Oued-Kaddara jusqu'au Biban (Portes de Fer); le cercle de Cherchel; Bougie. — *Subdivision de Titery* : Blidah, chef-lieu de la subdivision et centre du cercle comprenant Boufarik et Koléah; Médéah, centre du cercle comprenant le Makhzen (proprement : magasin, réserve; tribus auxiliaires nommées, sous les Turcs, tribus de commandement, exemptes d'impôts et chargées d'assurer l'obéissance des autres tribus, dites tribus de soumission), les goums (proprement : levées, cavalerie mobile des tribus), et les tribus; Milianah, centre du cercle comprenant également le Makhzen, les goums et les tribus.

Division d'Oran, formée de quatre subdivisions. — *Subdivision d'Oran* : Oran, chef-lieu de la division et de la subdivision; Arzew; Mers-el-Kébir; Misserguin, camp du Figuier. — *Subdivision de Maskara* : Maskara, chef-lieu. — *Subdivision de Mostaganem* : Mostaganem, chef-lieu; Mazagran. — *Subdivision de Tlemcen* : Tlemcen, chef-lieu.

Division de Constantine, formée de trois subdivisions. — *Subdivision de Constantine* : Constantine, chef-lieu de la division et de la subdivision; Philippeville, centre du cercle comprenant les camps de Smendou, des Toumiettes et de El-Arouch; Didjeli. — *Subdivision de Bone* : Bone, chef-lieu; Guelma, centre du cercle comprenant le Makhzen, les goums, les tribus; la Calle, centre du cercle comprenant les tribus qui relèvent de la Calle. — *Subdivision de Sétif* : Sétif, chef-lieu.

Par une autre décision du ministre de la guerre, les places de l'Algérie ont été classées ainsi :

Première classe. — Alger, Oran, Constantine.

Deuxième classe. — Blidah, Médéah, Milianah, Cherchel, Mostaganem, Maskara, Tlemcen, Bone, Bougie, Sétif, Didjeli, Philippeville.

Troisième classe. — Fort l'Empereur, Douéra, Boufarik (camp d'Erlon), Mustapha-Pacha, Koléah, Arzew, Mers-el-Kébir

Postes militaires. — Kasbah d'Alger, Kasbah de Bone, la Calle, Guelma, Misserguin, Mazagran.

Enfin des ordonnances royales ont successivement organisé comme il suit les commandements indigènes dans les territoires soumis a notre domination :

Province d'Alger. — Khalifat des Beni-Soliman, Beni-Djad, Arib et Kabaïles; aghalik de Kachna; aghalik des Beni-Menasser. — *Subdivision de Titery*: Aghalik du Kéblah, du Cherk, du Tell (terres cultivées) et des Ouled-Naïl. — *Subdivision de Milianah*: Khalifat des Hadjouths, de Djendel et de Braz; aghalik des Beni-Zoug-Zoug, des Ouled-Aïad, des Beni-Menasser, Cherchel et Thaza.

Province d'Oran. — Khalifat du Gharb (ouest), comprenant trois aghaliks : ceux du Daharah (nord, c'est-à-dire le pays qu'on a derrière soi lorsqu'on est tourné vers la Mecque), du Ouasth (centre) et du Kéblah (sud, c'est-à-dire le pays qu'on a devant soi lorsqu'on regarde dans la direction de la Mecque); khalifat du Ouasth, comprenant quatre aghaliks, ceux des Beni-Chougran, des Sdama, des Hachem-Gharaba, des Hachem-Cheraga; aghalik des Beni-Amer, commandé par un bachagha (chef agha), ayant sous ses ordres deux aghas, l'un de Beni-Amer-Cheraga, l'autre, de beni-Amer-Gharaba.

Province de Constantine. — Khalifat des Haractah, Abd-el-Nour, Telaghma, Zmoul, Segnia, etc.; khalifat de la Medjanah; cheikat des Arabes (commandement du Sahara).

Nous donnerons succinctement une idée de chacune des provinces et de leurs villes ou positions les plus importantes, à mesure que nous avancerons, ne voulant pas empiéter sur la description que nous aurons à faire de notre conquête de l'Algérie.

CHAPITRE VII

DOMINATION FRANÇAISE

Causes de l'expédition de 1830. — Blocus d'Alger. — Départ de la flotte et de l'armée. — Relâche à Palma. — Sidi-Ferruch. — Débarquement (10). — Batailles de Staouéli (11) et de Sidi-Kalef. — Marche sur Alger. — Investissement de la place. — Siége du fort l'Empereur. — Capitulation d'Alger.

Nous voici enfin parvenus à l'époque la plus intéressante de notre histoire; la France, à son tour, après tant de peuples célèbres, vient imposer ses lois à l'Afrique septentrionale; c'est à elle qu'est dévolue la mission difficile et périlleuse de faire revivre sur cette terre et d'y agrandir encore la civilisation que Rome y avait autrefois déposée.

Le dernier gouvernement, l'odjack eût été impuissant pour accomplir une telle œuvre. Nous avons vu que l'expédition de lord Exmouth, en 1816, avait humilié, mais non réduit la régence d'Alger.

Il faut donc remonter aux causes primitives qui déterminèrent la

France à faire un armement aussi considérable et à improviser l'expédition d'Alger, pour tirer vengeance de l'insulte en dernier lieu provoquée par le dey d'Alger contre la personne de notre consul, qui devenait pour nous une affaire toute nationale.

Causes. — Ce ne fut point un fait isolé qui amena la rupture entre la France et la régence d'Alger. Les griefs du gouvernement français remontaient à l'accession au pouvoir du dernier dey Hussein-Pacha, en 1818, mais c'est surtout depuis 1824 qu'ils acquirent plus de gravité. A cette époque, contre la teneur des traités, des perquisitions furent exercées dans la maison consulaire de France à Bone. Des autorisations illicites de séjourner et de commercer dans cette ville, et sur les côtes de la province de Constantine, furent accordées à des négociants anglais et mahométans; un droit arbitraire de dix pour cent fut établi sur les marchandises introduites dans ces contrées pour le compte de l'agent des concessions françaises.

En 1826, des navires appartenant à des sujets du saint-siége, mais couverts du pavillon français et de la protection de la France, furent injustement capturés, et la restitution en fut refusée; des propriétés françaises, saisies à bord d'un navire espagnol, furent confisquées. Ainsi furent violés les deux principes qui avaient constamment servi de base à nos transactions avec les régences d'Afrique : que le pavillon français couvre la marchandise, quelle qu'elle soit, et que la marchandise française était inviolable, sous quelque pavillon qu'elle fût.

Des visites arbitraires et des déprédations furent commises à bord des navires français. La souveraineté de la France sur la portion de territoire qui se trouve comprise entre la rivière la Seybouse et le cap Bon (5), et dont elle est en possession depuis le milieu du quinzième siècle, fut méconnue.

Le traité qui, en 1817, nous remit en jouissance de nos possessions de la Calle et du monopole de la pêche du corail, stipulait une redevance de 60,000 fr.; trois ans après, elle fut arbitrairement portée à 200,000 fr., et, pour prévenir la perte totale de nos établissements, nous fûmes obligés d'en passer par ce que voulut le gouvernement d'Alger.

En 1818, un brick français fut pillé par les habitants de Bone, et nous ne pûmes obtenir aucune espèce de réparation.

En 1823, la maison de l'agent consulaire de France à Bone fut violée par les autorités algériennes, sous prétexte de contrebande; et, quoique le résultat de la visite eût prouvé la fausseté de l'accusation, le dey ne donna aucune satisfaction de cette offense.

Enfin, le 30 avril 1827, lorsque le consul de France, que des raisons financières avaient déjà brouillé avec le dey, se rendit auprès de lui pour le complimenter, suivant l'usage, la veille des fêtes musulmanes, une insulte grossière répondit seule à cet hommage officiel.

Le gouvernement français, informé de cette insulte, envoya au consul l'ordre de quitter Alger, et, celui-ci étant parti le 15 juin, le dey fit aussitôt détruire les établissements français en Afrique et notamment le fort la Calle, qui fut pillé complétement et ruiné de fond en comble. Alors commença le blocus d'Alger; ce blocus était commandé par le capitaine Collet.

Cependant le blocus ne produisit aucun résultat et coûtait sept millions à la France. Au mois de juillet 1829, le gouvernement français, reconnaissant l'inefficacité de ce système de répression, et pensant à prendre des mesures plus décisives pour terminer la guerre, crut cependant devoir, avant d'arrêter sa détermination, faire une dernière démarche vis-à-vis du dey.

M. de la Bretonnière fut envoyé à Alger; il porta à Hussein, jusque dans son palais, nos justes réclamations. Le dey refusa d'y faire droit. et, lorsque le parlementaire s'éloigna du port, les batteries, à un signal parti de la forteresse de la Kasbah, firent feu toutes à la fois sur le bâtiment qui le portait. Le feu continua jusqu'à ce que M. de la Bretonnière se trouvât hors de portée [1].

Cette éclatante violation du droit des gens ne pouvait rester impunie. La guerre fut donc résolue; une flotte et une armée se réunirent à Toulon (6).

Préparatifs des armements à Toulon. — Au commencement de 1830, les armements extraordinaires qui se firent dans les différents ports apprirent à la France qu'une entreprise maritime se préparait; des conjectures bien diverses furent faites dans le public sur la destination de cette expédition; tout cependant tendait à faire penser qu'elle était destinée contre Alger, cette probabilité se changea bientôt en certitude, et les opinions politiques envisagèrent cette guerre chacune suivant sa manière de voir. Les uns firent entendre que cette campagne était moins nécessaire pour venger une insulte,

[1] Pour s'excuser, Hussein prétendit que les canonniers du Môle avaient tiré sans ordre sur le vaisseau français; afin même de donner plus de poids à son assertion, il destitua le commandant du Môle, et fit donner la bastonnade aux canonniers qui avaient servi les pièces. Mauvaise défaite. La canonnade dura près d'une demi-heure: or, si le dey n'en avait pas été, sinon l'ordonnateur, du moins le complice, il eût été facile de l'arrêter plus tôt.

qu'utile pour enivrer la nation d'un peu de fumée militaire ; d'autres ne virent qu'une course périlleuse, faite dans l'intérêt d'un seul homme qui pense pouvoir laver une ineffaçable tache. L'esprit de l'armée était tout différent : les militaires seuls, ennuyés de leur inaction et de leur peu d'avancement, saisirent avec ardeur ce motif de mouvement : toute l'armée aurait voulu s'embarquer.

Le discours de la couronne, prononcé à l'ouverture de la session de 1830, fit cesser toute incertitude sur la destination de nos armements, qui, dès lors, acquirent une activité extraordinaire. Tous les préparatifs se firent largement : tout fut amassé avec profusion, rien de ce qui pouvait concourir au succès de l'entreprise ne fut omis ou négligé.

Dans les premiers jours d'avril, les régiments destinés à l'expédition arrivèrent successivement à Toulon et dans les environs ; le meilleur esprit militaire animait tous les corps.

Les bâtiments arrivaient aussi de tous côtés dans la rade : la marine montrait un zèle et une activité extraordinaires et faisait des efforts inouïs pour être prête à transporter l'armée dans le plus bref délai, tandis que les troupes s'exerçaient sur le Champ de Mars au maniement des armes et aux manœuvres de tirailleurs, et sur la plage à faire des simulacres de débarquement ; l'artillerie faisait tonner ses pièces sur des bateaux à vapeur, et lançait des nouvelles fusées à la Congrève. La compagnie de sapeurs du génie, sous le commandement du capitaine Chefnaux, faisait sur les glacis des exercices de lances dont le double rang parut propre à opposer un obstacle invincible à la cavalerie.

Des appareils d'aérostats et de gymnastique étaient préparés, et, dans la rade, on essayait de nouveaux télégraphes de jour et de nuit, destinés à établir des communications promptes et faciles entre les corps et entre l'armée de terre et la flotte ; ces fanaux à courant d'air et réflecteurs avaient été fabriqués dans les ateliers de M. Bordier-Marcet.

Si tous ces préparatifs occupaient l'esprit public, une question bien importante piquait sa curiosité : à qui le commandement de l'expédition serait confié ? L'ordonnance du roi du 20 avril vint y répondre en nommant M. le comte de Bourmont commandant en chef de l'armée expéditionnaire.

Le commandement de la flotte fut confié à M. l'amiral Duperré ; ce dernier jouissait d'une réputation brillante comme marin (7).

Une immense quantité de curieux et d'étrangers afflua à Toulon et dans les communes voisines : les maisons particulières, les granges, les hangars furent convertis en hôtels garnis. Ce surcroît de population, joint à l'achat des provisions pour l'armée expéditionnaire, produisit une hausse extraordinaire dans le prix de toutes denrées, et même de celles de première nécessité, et dans ce moment les logements furent d'une cherté excessive; la moindre petite chambre se payait trente à quarante francs.

Arrivée de M. le comte de Bourmont à Toulon. — Le 27 avril à six heures du soir, dix-neuf coups de canon annoncèrent l'entrée du commandant en chef de l'expédition à Toulon; le général Expert de Sibra, commandant le département, était allé à sa rencontre avec son état-major; les autorités civiles étaient placées hors la porte de France. Le 3ᵉ régiment occupait la place voisine de cette porte, et les 54ᵉ et 58ᵉ formaient la haie jusqu'à l'hôtel de ville. M. de Bourmont était accompagné de trois de ses fils, et l'accueil qu'il avait reçu depuis Lyon jusqu'à Toulon avait dû lui causer de l'étonnement.

Le 28 avril, à neuf heures du matin, les autorités civiles visitèrent le ministre de la guerre [1], qui reçut ensuite les généraux et autres officiers formant la garnison, et l'état-major de chaque régiment, ayant en tête son colonel; à onze heures, le corps de la marine, composé de près de mille officiers conduits par M. l'amiral Duperré, M. Mallet et le major général de la marine, fit à son tour sa visite d'étiquette.

Arrivée du Dauphin à Toulon. — Le surlendemain, le général Bourmont reprit la route de Marseille pour y recevoir monseigneur le Dauphin. C'est le 3 mai que S. A. R. accompagnée de tous les officiers supérieurs, fit son entrée à Toulon; une garde d'honneur, formée de vingt-neuf élèves de marine, fut placée près d'elle; le ministre de la marine était arrivé quelques heures auparavant.

Le prince visite l'arsenal. — Le 4, monseigneur le Dauphin visita l'arsenal et tous les établissements publics; il parcourut la rade, monta sur le vaisseau la *Provence*, qui aussitôt arbora le pavillon royal.

Tous les bâtiments étaient pavoisés, les équipages alignés, debout sur les vergues. Le ciel le plus pur permit aux nombreux spectateurs de jouir du coup d'œil magnifique que présentait la mer.

Le prince se rend au polygone, et des simulacres de débarquement sont faits en sa présence. — A deux heures, S. A. R., accompagnée de

---

[1] Pour l'intelligence du lecteur, il est bon de dire qu'au moment où l'on donna le commandement de l'armée à M. de Bourmont il occupait le portefeuille de la guerre, avec la promesse de le lui rendre au retour de l'expédition.

tous les officiers supérieurs de la marine et du nombreux état-major de l'armée, débarqua au polygone, où un nouveau spectacle excita l'admiration de la multitude qui s'était portée sur ce point; on simula un débarquement tel qu'on avait le projet de l'exécuter sur la côte d'Afrique.

Cinq bateaux plats s'approchèrent de la plage.

Le premier contenait deux pièces de campagne sur leurs affûts, avec leurs avant-trains et caissons garnis de leurs munitions; un obusier de montagne, des caisses de fusées de guerre, des fusils de rempart, enfin tout le personnel d'artillerie nécessaire au service et à l'usage de ces armes.

Le deuxième était chargé de quatre pièces d'artillerie de siége, accompagnées de leurs artilleurs. A la descente réelle, les bateaux de cette espèce en porteront un plus grand nombre, de six à dix, selon le calibre.

Les trois autres bateaux plats étaient montés par cent cinquante hommes de troupes, avec armes, bagages et chevaux de frise.

Chaque genre de bateaux plats a son installation appropriée à sa destination; cette installation étant retirée, le bateau peut ensuite continuer la descente du reste des troupes de la cavalerie et du matériel.

A l'arrivée du prince sur le tertre du polygone, à un signal donné, les cinq bateaux remorqués par des chaloupes se mirent en mouvement; parvenus près de la côte, la remorque du premier bateau démasqua, et celui-ci fit feu de son artillerie pour balayer la plage; plusieurs coups furent tirés, les matelots se précipitèrent à la mer, ayant de l'eau jusqu'à la ceinture; ils portèrent à terre les grappins destinés à faire toucher la terre à l'avant du bateau au moyen du halage; les sabords furent abattus, les tabliers et les rames de débarquement sortis et mis en place; munitions, armes, soldats, tout débarqua simultanément, les canons furent mis en batterie et continuèrent leur feu, les troupes se rangèrent en bataille en déployant leurs chevaux de frise.

Les fusils de rempart placés sur leurs piquets, les fusées prêtes à être lancées, soit en projectant, soit horizontalement pour ricocher le terrain, la guerre commença de l'abandon des remorques au débarquement du dernier soldat, et, comme aux exercices précédents, il s'écoula environ six minutes.

L'artillerie et l'infanterie s'avancèrent de position en position, en continuant le feu pendant une demi-heure; on devait, comme on l'avait déjà fait quelques-uns des jours précédents, tirer à boulet, lancer des fusées de guerre; mais une immense population couvrait les hauteurs du rivage et l'enceinte du polygone : il eût fallu faire reculer tout le monde. Le prince préféra le sacrifice de la réalité à la dure nécessité d'éloigner de sa personne tant de Français accourus de toutes parts pour jouir de sa présence; l'exercice eut lieu sans fusées et seulement à poudre.

La célérité de tant de préparatifs, de travaux et d'armement, la belle tenue des troupes de terre et de mer, la précision dans les manœuvres et les exercices, causèrent au prince la plus vive satisfaction.

Le Dauphin revint dans son canot et débarqua à l'arsenal ; de nouvelles acclamations l'accompagnèrent jusqu'à son hôtel, où il rentra à quatre heures.

Le prince passe en revue la première division. — Le lendemain, 5 mai, les troupes formant la première division furent passées en revue sur les glacis; chaque soldat présent à cette revue reçut une gratification de un franc cinquante centimes.

Le prince repart pour Paris. — Le Dauphin quitta la ville quelques heures après pour retourner à Marseille et reprendre la route de Paris.

Le 10 mai, toutes les dispositions étant prises pour l'embarquement des troupes, la première division s'ébranla, et le lendemain elle était réunie autour de Toulon avec plusieurs détachements d'artillerie et du génie; mais, avant d'assister à cette opération, faisons d'abord connaître les négociations diplomatiques qui furent entreprises pour sonder les diverses régences et connaître si elles nous seraient favorables.

Des négociations furent entamées avec Tunis et avec le Maroc. M. de Lesseps, notre consul à Tunis, fut chargé de sonder les dispositions du bey de Constantine, et de lui faire entendre que, loin de soutenir le dey d'Alger dans sa guerre contre la France, il devait profiter de la circonstance pour se rendre indépendant.

MM. Girardin et d'Aubignose, qui avaient déjà rempli des missions au Sénégal et dans le Levant, furent envoyés à Tunis vers la fin de mars; ils en revinrent le 2 mai, et firent connaître que le chef de cette régence était dans des dispositions favorables, mais qu'il désirait ne point choquer les préjugés religieux de ses sujets, en se déclarant trop ouvertement pour nous.

On apprit en même temps que le bey de Constantine devait partir pour Alger le 20 ou le 25 mai. On pensa que si l'on ne pouvait empêcher ce voyage, il fallait du moins tâcher de le prévenir, et cette circonstance fit hâter le départ, quoique tous les navires de l'expédition ne fussent pas encore réunis. On en attendait quelques-uns qui devaient venir des ports de l'Océan. On se décida à partir sans eux et même à laisser à Toulon les troupes qu'ils devaient porter; mais ils arrivèrent avant que l'embarquement fût terminé.

M. Girardin repartit pour Tunis le 11 mai; il était porteur d'une lettre qu'il devait faire tenir au bey de Constantine, dans le cas où celui-ci ne serait point encore en route pour Alger.

Un commis du munitionnaire général partit avec M. Girardin pour aller faire des achats de bestiaux à Tabarka.

A l'annonce que nous devions très-prochainement faire le siége d'Alger, le dey d'Alger avait écrit au bey de Tripoli pour lui demander quelques secours contre notre prochaine invasion; mais celui-ci lui fit une réponse fort insignifiante, qui présente une originalité que nous croyons à propos de reproduire dans la note (8).

Grand mouvement qui s'opère dans Toulon et dans l'arsenal pour l'embarquement du matériel de l'expédition. — Après le départ du prince, commença le grand mouvement de l'embarquement pour l'armée expéditionnaire; les rues de Toulon furent encombrées de chevaux, de voitures, de fourgons chargés de piques, lances, pioches et autres armes et outils, de boulets, d'obus, de ballots de médicaments, de tentes, caisses de fusils, et d'une foule d'objets de campement, d'équipement et de matériel.

Le même mouvement avait lieu dans l'arsenal; une bonne partie des ouvriers furent détournés de leurs travaux ordinaires pour aider à l'embarquement des objets qui s'entassaient sur les quais.

Comment devait se faire la correspondance de l'armée expéditionnaire. — Le service de la correspondance fut réglé au moyen de bateaux à vapeur destinés à partir chaque jour de la mer et de la côte d'Afrique. Les lettres ne devaient rien coûter à l'armée pour le trajet de mer.

Les ordres d'embarquement furent donnés aux troupes de terre et aux commandants des navires; le 10 mai, le commandant en chef de l'armée publia l'ordre du jour suivant :

« Soldats,

« L'insulte faite au pavillon français vous appelle au delà des mers; c'est pour la venger qu'au signal donné du haut du trône vous avez tous brûlé de courir aux armes, et que beaucoup d'entre vous ont quitté avec ardeur le foyer paternel.

« A plusieurs époques, les étendards français ont flotté sur la plage africaine. La chaleur du climat, la fatigue des marches, les privations du désert, rien n'a pu ébranler ceux qui vous ont devancés, leur courage tranquille a suffi pour repousser les attaques tumultueuses d'une cavalerie brave, mais indisciplinée ; vous suivrez leur glorieux exemple.

« Les nations civilisées des deux mondes ont les yeux fixés sur vous, leurs vœux vous accompagnent. La cause de la France est celle de l'humanité, montrez-vous dignes de votre noble mission. Qu'aucun excès ne ternisse l'éclat de vos exploits ; terribles dans le combat, soyez justes et humains après la victoire : votre intérêt le commande autant que le devoir.

« Trop longtemps opprimé par une milice avide et cruelle, l'Arabe verra en nous des libérateurs, il implorera notre alliance ; rassuré par votre bonne foi, il apportera dans nos camps les produits de son sol. C'est ainsi que, rendant la guerre moins longue et moins sanglante, vous remplirez les vœux d'un souverain aussi avare du sang de ses sujets que jaloux de l'honneur de la France.

« Soldats, un prince auguste vient de parcourir vos rangs ; il a voulu se convaincre lui-même que rien n'avait été négligé pour assurer vos succès et pourvoir à vos besoins. Sa constante sollicitude vous suivra dans les contrées inhospitalières où vous allez combattre ; vous vous en rendrez dignes en observant cette discipline sévère qui valut à l'armée qu'il conduisit à la gloire l'estime de l'Espagne et celle de l'Europe entière.

« Le lieutenant général, pair de France, commandant en chef l'armée d'expédition d'Afrique,

« Comte DE BOURMONT. »

On commence l'embarquement des troupes de l'expédition. — Le 11, l'embarquement des troupes commença à six heures du matin, sous la surveillance de M. Mallet, major général de la marine, qui avait sous ses ordres, pour les dispositions de détail, M. Villebranche, lieutenant de vaisseau, et M. Cercey, enseigne ; des bateaux lesteurs prenaient les troupes à terre et les portaient à bord des bâtiments en rade.

C'était un spectacle unique que ce mouvement des troupes vers les quais au milieu d'une population nombreuse : le temps était superbe, les croisées de toutes les maisons étaient garnies de femmes, la plus grande gaieté animait les soldats ; les partants faisaient leurs adieux à leurs camarades, et ceux-ci leur souhaitaient un bon voyage et leur donnaient rendez-vous en Afrique. Les embrassements, les toasts, les mots plaisants et quelques larmes animaient et donnaient le plus grand intérêt à cette première scène de la campagne.

Les bateaux désignés pour le transport des troupes jusqu'aux vaisseaux étaient amarrés au quai, où ils recevaient successivement les hommes qu'ils devaient prendre, puisque chacun d'eux donnait des remorques à une embarcation plus grande, qui était remorquée elle-même par deux ou trois canots; les remorqueurs tiraient du port les bateaux-bœufs, les élevaient au vent où ils larguaient leurs amarres; ces bateaux mettaient alors à la voile pour se rendre dans la rade, à bord des bâtiments.

On entendait le bruit du tambour et des clairons, les sons de la musique militaire et les chants joyeux des soldats.

Cependant, sur les deux heures de l'après-midi, le vent nord-ouest devint si violent qu'on fut obligé de suspendre l'embarquement.

Le lendemain, l'embarquement de la cavalerie eut lieu à Castineau, celui des troupes continua; mais le temps changea, la pluie tombait par torrents; le soldat arrivait sur le port dans un état pitoyable, et cet embarquement fut aussi triste que le premier avait été joyeux: plus de musique, plus de chants et beaucoup moins d'ordre dans les mouvements.

La troisième division s'embarqua par un temps nébuleux, mais sans pluie, et enfin, le 18, toute l'armée était à bord et la flotte prête à prendre la mer.

L'amiral Duperré publia, à bord du vaisseau la *Provence*, l'ordre du jour suivant :

« Officiers, sous-officiers et marins !

« Appelés avec vos frères d'armes de l'armée expéditionnaire à prendre part aux chances d'une entreprise que l'honneur et l'humanité commandent, vous devez aussi en partager la gloire : c'est de nos efforts communs et de notre parfaite union que le roi et la France attendent la réparation de l'insulte faite au pavillon français. Recueillons les souvenirs qu'en pareille circonstance nous ont légués nos pères ! Imitons-les, et le succès est assuré partout. Vive le roi !

« A bord du vaisseau amiral.

Signé Duperré. »

Toutes les forces destinées contre Alger se trouvaient alors réunies dans la rade de Toulon : l'armée navale, sous les ordres de M. le vice-amiral Duperré, présentait un total de quatre cent cinquante-sept bâtiments, parmi lesquels on en comptait cent appartenant à la marine royale; de plus, cent cinquante bateaux-bœufs lesteurs étaient destinés au débarquement.

L'armée de terre, placée sous le commandement du général comte de Bourmont, offrait un effectif de trente-sept mille six cent trente-neuf hommes; le nombre des chevaux et mulets s'élevait à trois mille quatre cent vingt-trois, non compris ceux des officiers. Nous renverrons aux notes à la fin de ce volume pour faire connaître la composition de l'armée de terre et de l'armée navale.

Le choix du commandement supérieur d'une si formidable expédition, l'une des plus considérables qui soient jamais sorties des ports de la France, était d'une haute importance. On pensait généralement que, dans une campagne lointaine, où l'autorité devait avoir beaucoup de force, il était nécessaire que le chef fût revêtu du grade militaire le plus élevé. Parmi les maréchaux, le duc de Raguse fut le seul qui avouât hautement ses prétentions. Avide de célébrité, facilement accessible à la séduction des idées chevaleresques, il aurait vivement désiré accomplir ce que Charles-Quint et Louis XIV avaient tenté sans succès; mais il fut aussitôt écarté : son nom n'inspirait pas assez de confiance. Les lieutenants généraux Gérard, Reille et Clausel se mettaient aussi sur les rangs. M. de Bourmont aurait peut-être sollicité la nomination du premier, s'il n'eût lui-même aspiré à commander l'armée. La Dauphine, qui, lors des événements de Bordeaux, en 1815, avait pu apprécier le caractère du général Clausel, ne dissimulait pas l'opinion avantageuse qu'elle avait de ses talents et de sa capacité. Charles X fit cesser toutes ces hésitations en se prononçant pour son ministre de la guerre : choix impopulaire, mais que justifiaient aux yeux de la cour les nombreuses preuves de dévouement que M. de Bourmont avait données à la cause des Bourbons.

Le choix du commandant en chef de l'armée navale n'était ni moins important ni moins difficile. La plupart des amiraux avaient déclaré le débarquement impossible : MM. Jacob, Verhuel, Roussin, avaient formellement combattu l'expédition sous le rapport maritime. Le commandement de la flotte ne pouvait donc leur être confié.

Quelques courtisans songèrent à M. de Rigny, sur qui la victoire récente de Navarin avait fixé l'attention publique; mais M. de Rigny se trouvait alors dans l'Archipel; et, d'ailleurs, n'avait-il pas décliné l'honneur d'être le collègue de M. de Polignac? Ce refus suffit pour le rendre impossible.

Au milieu de cet embarras, M. de Bourmont jeta les yeux sur le vice-amiral Duperré, alors préfet maritime à Brest : de beaux faits d'armes environnaient d'éclat ce nom déjà populaire dans la marine. Le vice-amiral Duperré s'était distingué dans plusieurs rencontres avec les Anglais sur nos côtes et leur avait fait essuyer dans l'Inde des pertes considérables. C'était lui qui, en 1812, avait mis l'Adriatique dans un état de défense formidable ; enfin, en 1823, il avait dirigé les préparatifs de l'attaque par mer projetée contre l'île de Léon, attaque que prévint la capitulation de Cadix. M. de Bourmont, qui commandait les troupes destinées au siége de cette place, avait passé plusieurs jours à bord de l'amiral Duperré, et le souvenir des bons rapports qu'il avait entretenus avec lui dans cette circonstance le décida à se l'adjoindre. L'amiral, lorsqu'on lui apporta les ordres du roi, ne présenta d'abord aucune objection ; plus tard, il témoigna moins d'assurance, soit que des influences dont il ne s'était pas bien rendu compte eussent victorieusement agi sur lui, soit qu'un examen plus attentif de l'entreprise lui en eût mieux révélé les obstacles et les dangers. Il accepta pourtant ; mais, comme son attitude et ses relations inspiraient à la cour quelque défiance, le général Bourmont emporta secrètement une ordonnance qui lui donnait pleins pouvoirs et sur l'armée de terre et sur l'armée de mer.

Revenons maintenant au départ de l'escadre ; on attendait avec impatience le temps favorable pour appareiller.

Le 25 mai, une légère pluie et le vent d'ouest annoncèrent dans la rade de Toulon un changement souhaité avec tant d'impatience dans la température. Aussitôt l'escadre fit ses préparatifs d'appareillage. Le même jour, à une heure après-midi, les bâtiments de guerre de la première division mirent à la voile à un signal du vaisseau amiral, et, à huit heures du soir, tous avaient dépassé le cap Sepet.

Le 26, à huit heures du matin, la deuxième division du grand convoi prit le large ; la troisième division fut retenue par un vent d'ouest et ne mit sous voile qu'à trois heures. Il ne restait plus dans la rade que quelques bâtiments, qui avaient de légères avaries dans les différents appareillages, qui attendirent quelques navires venant de Marseille, et partirent ensuite sous l'escorte du brick le *Dragon*.

La flotte fit d'abord route bien ralliée ; mais, dans la nuit du 27 au 28, elle fut assaillie par un fort vent d'est et d'est-sud-ouest à la hauteur des îles Baléares : l'amiral Duperré la conduisit sous le vent de ces îles, où elle trouva un abri.

Le temps était devenu beau : il rallia l'armée, et le convoi pourvut au départ de la baie de Palma de la flottille de débarquement qui y était en relâche, et se dirigea vers l'Afrique.

Le 29 au soir, on eut connaissance des côtes de Barbarie et de la province d'Alger. Le temps était beau, le vent à l'est un peu frais; la flotte manœuvra pendant la nuit de manière à se trouver le lendemain à la pointe du jour à une petite distance de terre : elle était effectivement, le 30 à quatre heures du matin, dans le nord du cap Caxine, à cinq ou six lieues au plus; mais la côte était couverte de nuages, l'horizon était chargé, la force du vent augmentait graduellement : tout annonçait du mauvais temps. La flotte sur le bord du nord s'éloigna de la côte avec des vents d'est et d'est-sud-est sans avoir été aperçue à cause de l'obscurité du temps.

L'obligation de tenir ralliée et en bonne route une masse de bâtiments de tant d'espèces et de qualités différentes et naviguant au plus près du vent devenant impossible, elle ne put se maintenir sur le méridien d'Alger.

La réserve, composée de gabarres et autres bâtiments de qualité inférieure, fut entraînée sous le vent; le convoi, que l'amiral avait eu la prévoyance de maintenir à plusieurs milles dans le vent, s'y soutint assez bien; mais trois jours de forts vents d'est-sud-est ne laissèrent plus d'espoir de remordre sur la côte d'Alger. Le seul parti à prendre était de rallier dans la baie de Palma la réserve et le convoi, et de maintenir l'armée sous le vent des îles en attendant le beau temps, le ralliement et la réorganisation des convois; celui parti de Toulon le 26, et qui devait rallier à la côte d'Afrique, avait été dispersé à son départ par un vent violent de nord-est. L'amiral en rallia plusieurs navires au convoi qui accompagnait l'armée; d'autres, par les soins de ses éclaireurs, furent dirigés sur la baie de Palma, et le ralliement général y eut lieu.

La flottille de débarquement se fit chercher pendant quelque temps : elle était composée de bons bateaux capables de tenir la mer et de résister au vent contraire; le temps, d'ailleurs, n'avait pas été assez mauvais pour donner des inquiétudes sérieuses sur sa position; mais il était indispensable de la rallier avant le débarquement : elle portait les dix premiers jours de vivres de l'armée.

« J'ai trouvé, dit l'amiral Duperré, les éléments contraires; je n'ai pu leur opposer que des efforts humains. J'ai puisé dans mon zèle et mon dévouement au service du roi ceux qui m'ont aidé à prévenir des malheurs, mais qui n'ont pu mettre à l'abri d'un retard dans l'exécution de l'opération. »

Comme je faisais partie de la seconde division, qui ne partit que le 26 mai de Toulon, je remonterai à l'époque de mon départ de cette rade, pour revenir ensuite à Palma, le lieu de ralliement général de toute l'escadre, pour continuer à donner les détails de la marche de l'armée navale, à laquelle, quelques jours après, je me trouvais réuni devant la ville et capitale de l'île Mayorque; toute l'escadre s'y trouvait, sauf les bâtiments de guerre, qui louvoyaient en dehors de la baie et devant les îles, en attendant le temps favorable pour cingler vers l'Afrique.

Le 26 mai, à Toulon, à onze heures précises, nous reçûmes l'ordre de nous embarquer pour appareiller à midi; comme, dis-je, je faisais partie de la seconde division navale, et que je devais monter à bord du *Salvatori*, bâtiment marchand génois commandé par le capitaine Kikisola, portant n° 162, brick de deux cent cinquante tonneaux, je me rendis de suite à bord. J'étais à peine à bord de ce bâtiment, que déjà une partie de nos deux divisions avait mis à la voile; cependant, notre bâtiment n'appareilla qu'à une heure. Mais au milieu d'un si grand nombre de bâtiments, dont la multitude de mâts formait comme une épaisse forêt, entassés les uns sur les autres, il aurait été beaucoup plus prudent de laisser partir d'abord les premiers bâtiments qui se trouvaient en avant de la rade, et de suivre ainsi graduellement les uns après les autres pour éviter la confusion, de peur que quelques vaisseaux ne donnassent l'un contre l'autre et n'éprouvassent d'avaries. Nous fûmes nous-mêmes sur le point d'en éprouver une, car alors le vent soufflait avec violence, et, malgré tous les efforts qu'avaient faits notre capitaine pour manœuvrer de façon à éviter les écueils, il était une heure et quart, nous étions à la voile, déjà prêts à passer la grosse tour, lorsque la brigantine de notre bâtiment vint s'accrocher au mât de beaupré d'un petit navire napolitain portant n° 200. Ce bâtiment était beaucoup plus petit que le nôtre; il avait tout à craindre de nous, surtout la mer étant devenue grosse; nous fîmes cependant nos efforts pour nous dégager de ce navire; mais le capitaine napolitain et ses matelots, furieux contre notre vaisseau, et craignant sans doute que nous ne brisassions leur beaupré, et même que nous ne leur causassions d'autres dommages, s'élancèrent avec rage comme des forcenés, des haches à la main, pour couper notre brigantine; déjà ils se mettaient en mesure de nous couper cette vergue, lorsque notre capitaine et ses matelots s'opposèrent à leur action. Notre capitaine fit venir tous les matelots sur le gaillard d'arrière; enfin, les uns poussèrent le bâtiment avec des vergues et les autres avec leurs pieds; il se fit dans ce moment-là heureusement un coup de vent qui favorisa notre manœuvre, et, enfin, en un clin d'œil nous fûmes dégagés de ce maudit bâtiment napolitain. Ce petit incident servit de leçon à notre capitaine, qui naturellement était prudent; il fit carguer les voiles, nous jetâmes l'ancre de nouveau, et notre capitaine jura bien par son grand Dieu qu'il ne partirait pas avant que tous les bâtiments qui étaient devant nous eussent mis à la voile; et en effet il tint sa parole, car nous ne remîmes à la voile qu'à six heures du soir. Nous laissâmes encore après nous, dans la rade de Toulon, la troisième et la quatrième division, chargées des bagages du campement et d'une partie du gros matériel de l'armée; elles ne devaient partir qu'un jour après nous.

Nous avons vu que l'armée navale, partie le 25 par une brise légère mais continue du nord-est, accéléra, dans la journée du 26, sa marche qui se dirigeait au sud-ouest. Les trois colonnes conservèrent parfaitement leur ligne de route et leurs distances. Les bateaux à vapeur, sillonnant la mer dans toutes les directions, exécutaient avec rapidité les ordres de l'amiral, et facilitaient les communications.

Le meilleur et le plus véloce de ces bateaux, le *Sphinx*, signala dans la soirée du même jour deux frégates venant du sud et se dirigeant sur la flotte. L'une était la frégate française la *Duchesse de Berry*, et l'autre une frégate turque sur laquelle se trouvait Tahir-Pacha; ce membre du divan ottoman avait été chargé par le Grand Seigneur de se rendre à Alger pour engager le dey à entrer en arrangement avec la France. Tahir devait servir, au nom de son maître, de médiateur entre les deux puissances. Mais la frégate turque fut arrêtée devant Alger par le commandant de la station française de blocus, Massieu de Clerval, qui avait pour instructions de ne laisser pénétrer aucun bâtiment, de quelque nation qu'il fût. Tahir-Pacha ayant demandé à aller à Toulon pour entrer en négociation directe avec le gouvernement français, la frégate française la *Duchesse de Berry* (capitaine Kerdain) fut chargée de l'accompagner.

Lorsque les deux frégates eurent rallié la flotte, Tahir se rendit à bord du vaisseau amiral. Le comte de Bourmont et l'amiral Duperré lui firent connaître que leurs ordres précis étaient de se rendre en Afrique et de s'emparer d'Alger. Ils ne purent que conseiller au négociateur turc de continuer sa route sur Toulon, où il communiquerait directement au ministère français les instructions de son gouvernement.

Toute réconciliation avec la régence d'Alger aurait été inutile et déshonorante. On connaissait depuis longtemps la mauvaise foi de ces Barbaresques; on avait des preuves récentes de leur haine et de leur mépris pour les nations chrétiennes. Les grandes dépenses de l'expédition qui devait les exterminer étaient faites; on ne pouvait plus reculer sans honte : leur ruine devait être accomplie.

Aussi la mission de Tahir-Pacha n'eut aucun résultat.

Revenons maintenant au départ de notre division, partie le 26 mai de la rade de Toulon. Nous eûmes grand vent toute la nuit; nous n'avions presque point de voiles dehors, et nous filions cinq à six nœuds à l'heure. Nous éprouvâmes dans la nuit du 27 un ouragan qui se calma un peu au point du jour. Le 28 au matin, nous avions perdu de vue entièrement tous les bâtiments de notre division, avec laquelle nous étions partis, car nous nous trouvions parfaitement isolés au milieu de la mer; l'ouragan que nous avions éprouvé la nuit nous avait entièrement séparés de notre division, et, le 28, un vent violent du nord-est soufflait encore. Le 29, le vent se calma un peu, mais nous filions encore cinq nœuds à l'heure, et nous nous trouvions toujours en bonne route; c'était le troisième jour de notre navigation depuis Toulon. Vers une heure après midi, nous découvrîmes l'île de Mahon (île Minorque), en changeant alors de route pour mettre le cap sur Palma, lieu du ralliement général pour tous les bâtiments de l'escadre. En continuant notre route, vers le soir nous commençâmes à découvrir les îles de Mayorque et une longue chaîne de montagnes que nous vîmes encore le lendemain; car, le temps ayant été très-calme dans la nuit, nous avions fait fort peu de chemin. Le 30, à huit heures du matin, nous aperçûmes l'île de Cabrera, île déserte et inhabitée, et d'une très-petite circonférence. Notre capitaine nous raconta que c'est dans cette île que, du temps de la guerre de Napoléon en Espagne, les Espagnols mettaient nos malheureux prisonniers, qu'ils laissaient dans cette forteresse manquer de tout, et pour ainsi dire mourir d'inanition en leur refusant, la plupart du temps, la ration nécessaire à leur subsistance.

Cabrera est à peu de distance de la ville de Palma; aussi, en apercevant cette île à bâbord, nous vîmes terre sur tribord, faisant toujours suite à la côte de Mayorque, que nous longions depuis la veille. Vu l'éloignement, l'entrée de la rade de Palma n'est pas encore visible, la ville se trouvant située dans un enfoncement, à trois lieues environ de distance.

Vers les dix heures, il s'éleva une brise assez fraîche, et lorsque nous eûmes doublé la pointe du cap de Palma, et que nous eûmes enfin dépassé l'île de Cabrera, le vent nous fut tout à fait favorable; nous filions cinq nœuds; aussi notre capitaine estima que nous pourrions entrer dans la rade de Palma vers midi, si le vent continuait à nous être favorable; et, en effet, sa prédiction se vérifia, car à midi et quart nous entrâmes dans la rade de Palma (capitale de l'île Mayorque), et notre bâtiment fut le troisième qui mouilla dans cette rade. En partant de Toulon, le commandant de notre convoi avait donné l'ordre de s'y réunir pour attendre que les deux divisions y fussent réunies pour y recevoir les ordres ultérieurs.

Le 30 mai, je débarquais pour aller voir la ville de Palma.

Palma est une ville très-antique, dont la bâtisse ressemble à une construction du temps des Maures, c'est-à-dire des rues très-étroites. En général, la ville de Palma, quoique bâtie assez irrégulièrement, offre cependant quelques rues assez larges, deux ou trois jolies et grandes places, quelques beaux édifices. La cathédrale est fort belle et très-riche. L'extérieur est majestueux et d'une construction gothique; mais elle ne laisse pas que de faire l'admiration des étrangers par sa richesse et son nombreux clergé; ses orgues sont excellentes, et la composition de leur musique est admirable et charme l'oreille des étrangers. La ville a une enceinte de fortifications et un fort qui protége leur petite baie.

La ville renferme de nombreux couvents appartenant à plusieurs ordres différents: des moines, des bénédictins, des bernardins et des capucins, etc.

L'île de Mayorque est assez fertile en oliviers, et plus particulièrement en orangers; aussi la grande quantité d'oranges qui nous arrivent à Toulon et à Marseille nous viennent de Palma, où elles sont fort bonnes et belles, et fournissent une branche de commerce très-lucratif aux Mayorquins, qui en font une grande exportation, tant en France qu'en Espagne.

On trouve à Palma des gens aisés, et même des fortunes, et dans les rues on rencontrait communément des équipages une partie de la journée (ces équipages sont attelés de mules, comme c'est l'usage en Espagne). On trouve aussi à Palma une maison de bains assez bien tenue, des cafés en quantité sur les places, et, dans une partie des rues, ces derniers établissements étaient garnis en ce moment de notre nombreux état-major, ce qui donnait à cette ville l'aspect d'un mouvement continuel et d'une population extraordinaire; la gaieté y régnait et animait toutes les figures. Outre qu'une partie de notre escadre occupait leur grande et belle rade, je crois que les habitants n'avaient jamais vu un plus beau tableau ni un si grand concours de monde dans leur ville. Le sexe à Palma est en général fort joli, et les femmes y sont aussi aimables que jolies.

Pendant tout le temps que notre escadre séjourna à Palma, parmi les habitants de Mayorque c'est à qui nous aurait : ils nous y fêtèrent et nous accueillirent on ne peut plus favorablement; il est vrai qu'ils voyaient en nous des libérateurs allant entreprendre une glorieuse expédition qu'on avait tentée tant de fois contre ce repaire de pirates.

Les Mayorquins étaient remplis de confiance en nous sur le succès de notre expédition, tout ayant été combiné d'avance pour atteindre sûrement notre but et nous venger de l'arrogance et des insultes du dey d'Alger; en allant soumettre la régence, ils voyaient que nous allions les affranchir de la piraterie de ces Barbaresques qui inquiétaient et capturaient souvent leurs bâtiments, ruinaient les armateurs et entravaient leur commerce, surtout les ayant aussi proches voisins malheureusement pour eux. Aussi, que de félicitations ne reçûmes-nous pas de ces bons habitants, qui nous disaient que nous étions heureux de pouvoir faire partie d'une aussi glorieuse expédition, et que l'Europe entière nous serait redevable de mettre ainsi un terme aux malheurs communs de toutes les nations, en détruisant la piraterie de la puissance barbaresque qui depuis longtemps désolait les mers et réduisait à la captivité la plus rigoureuse les malheureux prisonniers qui tombaient entre leurs mains! C'était, disaient les Mayorquins, rendre un service à l'humanité en exterminant ces barbares, et mettre enfin à la raison une milice effrontée et inhumaine qui depuis longtemps se jouait de toutes les nations, violant le droit des gens, ne respectant aucun bâtiment, sous quelque pavillon qu'il naviguât.

On profita des calmes et des brises extrêmement légères qui, fort heureusement, régnèrent, du 2 au 8 juin, dans la baie spacieuse, mais entièrement ouverte de Palma, pour perfectionner quelques dispositions administratives et pour compléter les provisions de fourrages à bord des bâtiments-écuries.

La santé des troupes était excellente.

Le comte de Bourmont et l'amiral Duperré avaient communiqué à Palma avec les autorités principales de l'île Mayorque. On leur parla beaucoup de l'effet moral qu'avait produit sur les soldats espagnols, dans la malheureuse expédition d'O'Reilly, l'apparition subite d'un grand nombre de chameaux.

Les troupes virent avec surprise, et non sans hilarité, un ordre du jour qui leur recommandait de ne pas se laisser émouvoir, après leur débarquement, par la vue de ces animaux inoffensifs.

Enfin, le 9 juin, les vents étant devenus favorables, le général en chef annonça à l'armée, par un ordre du jour, que, les vents ayant cessés d'être contraires, nous allions enfin nous diriger vers les côtes d'Afrique. Un quart seulement des bâtiments du convoi devait suivre l'escadre de guerre et les mouvements du vaisseau amiral en trois colonnes, comme les premiers jours de départ. Les autres bâtiments marchands, au nombre d'environ trois cents, durent attendre dans la baie de Palma les nouveaux ordres qui leur seraient transmis, puisqu'ils ne devaient partir qu'après que le débarquement aurait été effectué. Le but de l'amiral Duperré était de n'arriver devant Torre-Chica qu'avec les bâtiments du convoi, dont la présence était strictement nécessaire, et d'éviter, dans la baie peu spacieuse où devait se faire le débarquement, la confusion et l'encombrement qu'aurait produits la réunion de cinq cents navires, surtout pendant le combat qu'on s'attendait à soutenir contre la tour et les batteries armées de la côte.

Le 10 juin, le vent étant devenu favorable, l'armée navale remit à la voile : la brise, faible d'abord, devint assez forte pour que plusieurs bâtiments eussent des avaries : deux bateaux-bœufs périrent avec une partie de leurs équipages. Le 11 au soir, le vent était frais de l'est à l'ouest, la mer assez belle ; l'amiral modéra la vitesse de la flotte, — elle était environ à soixante-deux milles de terre, — de manière que le lendemain elle se trouvât à douze milles de la côte. En effet, le 12, à la pointe du jour, on découvrit la côte d'Afrique ; mais la force toujours croissante du vent et l'agitation de la mer firent regarder le débarquement comme impossible : la flotte reprit encore le large, en conservant son ralliement. Des bâtiments légers furent dirigés vers la presqu'île de Sidi-Ferruch et les plages adjacentes : la certitude qu'on avait de trouver un mouillage favorable, l'abri qu'offrent contre les vents régnants la direction et le relief de la côte, la nature du terrain, découvert jusqu'à quatre mille mètres de la mer, qui ne permet pas à l'ennemi de s'embusquer, avaient depuis longtemps appelé l'attention sur cette partie du littoral pour y effectuer notre débarquement. A neuf heures du soir, on était à quarante milles de la côte : le mouvement rétrograde cessa ; on fit voile au sud. Le 13, le vent était encore frais de la partie de l'est, mais la mer était peu houleuse, le vent diminuait sensiblement à mesure qu'on s'approchait de la côte, et le temps était beau.

La flotte se présenta, à huit heures du matin, devant la ville d'Alger.

A sa vue, les braves soldats, fatigués par la mer et ennuyés de leur long séjour à bord, firent éclater les transports de la plus vive allégresse ; l'armée navale changea de direction et fit voile parallèlement à la côte, défilant en vue des forts et des batteries, et conduite par le commandant de la station, le capitaine Massieu de Clerval, accompagné de la *Bellone* en tête, suivie de la réserve et du convoi.

L'amiral ordonna à l'armée la formation de la ligne de bataille et continua à petites voiles pour la faciliter.

La *Syrène*, suivie de la *Bellone*, en prit la tête ; la réserve, le convoi et la flottille se maintinrent au vent conformément aux instructions qu'il avait été donné pour n'arriver qu'à la suite de l'armée.

Le 13 juin, à dix heures du matin, les bâtiments, armés en guerre, se trouvaient à la hauteur de Sidi-Ferruch ; M. le contre-amiral de Rosamel, commandant en second, avait pris son poste sur le *Trident* dans sa ligne, et avait laissé le commandement et la conduite de la seconde escadre au capitaine de vaisseau Cuvillier ; le vaisseau le *Breslaw*, capitaine Maillard de Liscourt, prit poste en avant de la *Provence*, vaisseau amiral. M. Duperré fit le signal qu'il se dirigeait sur la baie de Sidi-Ferruch, dans l'ouest de Torre-Chica, et chaque capitaine devait, pour l'attaque, se conformer au plan délivré à chacun d'eux. Il chargea le brick l'*Alerte*, capitaine Andréa de Nerciat, d'aller sonder la baie à l'est, et les bricks le *Dragon*, capitaine Leblanc, et la *Badine*, capitaine Guindet, d'aller sonder la baie de l'ouest. Ces trois officiers remplirent cette mission en hommes du métier, avec habileté et courage.

L'armée passa à une encâblure de la pointe du petit-port, et se dirigea sur Torre-Chica. Elle arriva par son travers, et l'étonnement fut général de n'y pas trouver les moyens de défense qui avaient été annoncés. M. de Rosamel sur le *Trident* et M. le capitaine Rabaudy sur la *Guerrière*, qui avaient été chargés de l'attaque extérieure, reçurent l'ordre de suivre l'armée.

Après avoir doublé les roches saillantes de la presqu'île, la *Syrène* et la *Bellone* entrèrent, en défilant sous voiles, dans la baie à onze heures et demie ; le *Breslaw* prit son poste avec habileté et une exactitude rigoureuse : il s'embossa par quatre brasses et demie, à demi-portée de canon d'un fort en pierre percé de dix embrasures.

Le capitaine Villaret prit poste immédiatement derrière lui avec le vaisseau la *Provence*, qui fut suivi de la *Pallas*, capitaine Forsan ; les frégates la *Didon*, capitaine Villeneuve de Bergemont, et l'*Iphigénie*, capitaine Christy-Pallière, prirent poste embossés parallèlement à la presqu'île. Le fort était désarmé, la presqu'île abandonnée par l'ennemi, qui s'était porté, à plus d'un quart de lieue, sur les hauteurs qui dominent la plage, pour les défendre et s'opposer au débarquement : les dispositions d'attaques prises par l'amiral furent donc inutiles : il se borna à faire occuper la baie par la flotte, qui, depuis cinq heures, y avait pris son mouillage. L'ennemi, de ses nouvelles batteries, tira quelques coups de canon et lança quelques bombes sur les vaisseaux avancés : un de ses projectiles, en éclatant, blessa un matelot à bord du *Breslaw*. Sa position élevée et sa distance rendaient la riposte aux coups de canon sans effet : l'amiral préféra s'occuper des dispositions du débarquement, et il envoya néanmoins les bateaux à vapeur le *Nageur*, capitaine Louvrier, et le *Sphinx*, capitaine Sarlat, pour approcher la plage d'aussi près que possible et inquiéter l'ennemi par leur feu : ils réussirent ; car la batterie la plus rapprochée, dans laquelle était un mortier, fut bientôt évacuée. Un matelot, nommé Jacquin Étienne, de la 24ᵉ compagnie permanente, 2ᵉ division, fut grièvement blessé à la jambe par un éclat de bombe. On distinguait sur la montagne des groupes de cavaliers arabes.

Si les Algériens avaient établi sur la colline isolée et dominante de Sidi-Ferruch un grand ouvrage susceptible d'une bonne défense, l'opération du débarquement aurait été extrêmement difficile et dangereuse ; mais leur ignorance dans la construction des ouvrages de campagne, et la crainte d'être tournés par des troupes ennemies qui débarqueraient près de l'embouchure du Mazafran, les avaient fait renoncer à défendre la presqu'île et les deux baies de Sidi-Ferruch.

La journée était trop avancée pour opérer le débarquement : les dispositions furent prises pour l'exécuter le lendemain à la pointe du jour. La corvette la *Bayonnaise*, capitaine Ferrin, le brick l'*Actéon*, capitaine Hamelin, et le brick la *Badine*, capitaine Guindet, qui n'avaient point de troupes à débarquer, prirent poste dans la baie située à l'est de Torre-Chica, pour prendre en flanc les batteries de l'ennemi et les battre par-dessus la presqu'île.

Les bateaux à vapeur le *Nageur* et le *Sphinx*, capitaine Sarlat, reçurent l'ordre de couvrir de leur feu le débarquement de l'ouest.

La presqu'île de Sidi-Ferruch est située à cinq lieues à l'ouest d'Alger, et à une demi-lieue à l'est de l'embouchure de Mazafran, qui se jette dans la baie occidentale. Le cap est bordé de rochers calcaires et s'avance dans la mer, en présentant de chaque côté un enfoncement formant deux petites baies distinctes; les vaisseaux se retirent quelquefois dans la petite baie de l'ouest pour se mettre à l'abri des vents d'est.

Le fond de cette baie de sable pur est d'une pente douce. Ce mouillage était défendu par une tour carrée qui ne pouvait recevoir que deux pièces d'artillerie, et qui fut détruite par la marine française. Cette tour fut remplacée par plusieurs batteries. Le terrain est sablonneux, légèrement ondulé et couvert de fortes broussailles dans toutes ses parties. La petite tour de Torre-Chica se trouve sur le point le plus culminant qui forme une colline à la descente du rivage.

La petite baie de Sidi-Ferruch est susceptible d'être protégée d'une manière efficace; mais l'ennemi l'avait abandonnée, ainsi que la batterie en maçonnerie rasante, percée de dix embrasures.

Le 14 juin, à la pointe du jour, le débarquement commença par les troupes de la deuxième division, avec huit pièces de campagne, sous le feu des batteries de l'ennemi, qui eurent peu d'effet : un marin de la *Surveillante* perdit une jambe; M. Dupont, lieutenant de vaisseau, et le nommé Duguin reçurent une forte contusion par un boulet mort. L'ennemi s'était posté à une demi-lieue au sud de Torre-Chica.

L'artillerie des corvettes placées dans l'est de Torre-Chica fut bien servie, et son feu maîtrisa celui des batteries ennemies; les chalands, chargés de troupes, arrivèrent bientôt à terre; puis les marins, ayant de l'eau jusqu'à la ceinture, se mirent à haler les bateaux pour les faire échouer sur le sable; mais les soldats, impatients de gagner le rivage, se jettent dans l'eau dès qu'ils peuvent aborder sans mouiller leurs gibernes. Grâce à cette louable émulation, toute la plage fut en un instant hérissée de baïonnettes.

Deux braves marins sautent à terre les premiers, s'élancent ensemble vers la tour de Sidi-Ferruch, et y arborent le pavillon français. Ce sont les nommés Sion, chef de la grande hune de la frégate la *Thémis*, et Brunon (François), matelot de première classe de la *Surveillante*. A six heures et demie, le général en chef débarqua, et vint établir son quartier général avec son état-major dans les bâtiments dépendant du tombeau du santon de Sidi-Ferruch.

Le général Berthezène se porta en avant avec la première division et huit pièces de canon. Les batteries ennemies continuèrent leur feu, quoiqu'elles fussent battues directement par notre artillerie de campagne et prises en écharpe par les bâtiments de guerre.

La première division, une fois formée, se disposa à marcher immédiatement contre les dunes occupées par les Arabes, dont l'artillerie faisait un feu assez bien nourri.

L'ennemi avait pris, en dehors de la presqu'île, une position que défendaient trois batteries échelonnées; il montrait sept à huit mille hommes, presque tous Arabes; les Turcs servaient les bouches à feu. Différer l'attaque, c'eût été exposer l'armée à des pertes considérables : le général Berthezène donna donc l'ordre de s'avancer par bataillons en masse vers la gauche de la position que l'ennemi occupait, et de tourner ses batteries.

Dans ce moment, M. de Bourmont, s'étant porté en avant pour diriger le mouvement, manqua être tué : deux boulets vinrent tomber à ses pieds et le couvrirent de sable.

Le terrain n'était que faiblement accidenté, mais les fortes broussailles dont il était couvert rendaient la marche dificile. L'ardeur de nos soldats triompha de ces obstacles; ils s'élancent au pas accéléré, chassant devant eux une horde de cavaliers arabes qui cherchaient à s'opposer à leur passage, et se trouvent en un clin d'œil au pied des redoutes. Pour seconder ce mouvement, l'amiral Duperré faisait prendre en écharpe les batteries ennemies par l'artillerie des bateaux à vapeur le *Nageur* et le *Sphinx*, qui se trouvaient dans la baie de l'ouest, et par celle de la corvette la *Bayonnaise* et des bricks la *Badine* et l'*Actéon*, mouillés dans la baie orientale. Les feux combinés de ces cinq navires, partant des deux côtés de la presqu'île, firent de grands ravages dans les rangs ennemis et y jetèrent l'épouvante. Les redoutes, ainsi attaquées, furent tournées et enlevées en un instant. Deux jeunes officiers du 3ᵉ de ligne, MM. Charles de Bourmont et Bessières, y entrèrent les premiers, et tous les hommes qui les défendaient, horde confuse et indisciplinée, se retirèrent précipitamment et dans le plus grand désordre. Ce premier succès, d'un si favorable augure et qui inspira tant de confiance à nos troupes, ne nous coûta qu'une centaine d'hommes mis hors de combat. Onze pièces de canon et deux mortiers richement ciselés, qui avaient appartenu à l'armée de Charles-Quint, furent les trophées de cette journée.

Mais il est temps de dire quels étaient les moyens de défense qu'avait réunis le dey contre une attaque qui menaçait son existence politique. Il avait alors pour agha son gendre Ibrahim, qui commandait en chef toutes les troupes de la régence. C'était un homme d'un beau courage personnel, mais sans capacité militaire.

Il avait pu apprendre, comme le dey, par les consuls étrangers, que les journaux de France tenaient au courant de tous les préparatifs, notre projet de débarquer à Sidi-Ferruch ; mais, craignant d'être abusé par une ruse de guerre, il avait établi d'abord son quartier général à l'est d'Alger, à la Maison-Carrée, et pensé que la rade d'Alger serait notre point de débarquement, comme elle avait été celui de Charles-Quint. Hussein-Pacha, loin de supposer qu'un débarquement fût dangereux pour lui, comptait nous écraser en nous attirant dans les ravins du Sahel ; ces fausses mesures, cette imprévision, jointes à une ignorance absolue de la tactique européenne, ne diminuent en rien la gloire de nos jeunes soldats. Aucune disposition ne fut prise pour la défense de Sidi-Ferruch. Il paraît, au reste, que le projet du dey était, en quelque endroit que dût s'opérer le débarquement, de ne pas s'y opposer. Il pensait qu'il aurait meilleur marché de l'armée française dans l'intérieur des terres que sous le feu de notre marine.

Le 13 juin, l'agha n'avait encore réuni que peu de monde ; le contingent de Constantine, que nous croyions très-considérable, n'était que de cinq cents cavaliers et de quatre cents fantassins. Le bey de Titery, guerrier intrépide, mais chef sans habileté, ne conduisit que mille cavaliers, au lieu de vingt mille qu'il avait promis. Celui d'Oran n'envoya aussi que fort peu de monde, sous la conduite de son lieutenant. Le gros de l'armée de l'agha ne fut donc formé que des Arabes de la Métidja et de quelques hordes kabaïles de la province d'Alger.

Ibrahim n'ayant préparé ni vivres ni fourrages pour ses troupes, les tribus se voyaient dans la nécessité de retourner chez elles lorsqu'elles avaient consommé les leurs. Lorsque les uns arrivaient, les autres partaient, de sorte que cette cohue se renouvelait sans cesse sans devenir plus nombreuse.

L'espoir de faire du butin et la crainte qu'inspiraient les Turcs firent seuls prendre les armes aux Arabes ; car, du reste, ils s'embarrassaient fort peu de l'issue de la lutte à laquelle ils étaient appelés à prendre part. Ils étaient armés d'un long fusil sans baïonnette et d'un yatagan ou coutelas. Ils étaient presque tous à cheval, mais on ne peut pas dire cependant qu'ils formassent un véritable corps de cavalerie, car ils n'ont jamais tenté une charge, et ils ne se servaient de l'arme blanche que pour égorger les prisonniers qui tombaient entre leurs mains.

Les deux premières divisions conservèrent jusqu'au 19 les positions qu'elles avaient prises le 14. La première était en avant, ayant la brigade de gauche formée en carré. La seconde division avait ses deux premières brigades à droite, et un peu en arrière de la première division, bordant un ruisseau qui se jette dans la mer à une demi-lieue de Sidi-Ferruch ; la troisième brigade était en seconde ligne derrière la gauche de la division Berthezène. Un bataillon du 29e de ligne était sur la plage à l'extrême gauche. Pendant les quatre jours que les deux premières divisions occupèrent ces positions, elles eurent à soutenir des combats continuels de tirailleurs. Les ennemis, dont les armes avaient plus de portée que les nôtres, avaient par cela même l'avantage sur nous dans ce genre de combat ; mais ils craignaient beaucoup le feu de notre artillerie, nos obus surtout. On se servit aussi avec succès des fusils de rempart, qui, dans des mains exercées, leur firent beaucoup de mal. Les fusées à la congrève ne produisirent aucun effet.

Les combats de tirailleurs avaient principalement lieu sur les bords des ruisseaux, dont les deux partis avaient un égal intérêt à rester maîtres. De notre côté, tout homme qui allait isolément à l'eau trouvait une mort certaine : entouré d'une foule d'Arabes, il avait la tête tranchée avant qu'on eût eu le temps de venir à son secours. Dans la journée du 15, le débarquement du matériel continua : toutes les voitures de l'artillerie de campagne et quelques pièces de siége, deux cents chevaux, une quantité considérable d'outils et une partie de l'approvisionnement de vivres furent mis à terre. Pendant ce temps, les troupes de la première division soutenaient une vive fusillade contre les Arabes, et les soldats de tranchée travaillaient aux fortifications qui devaient mettre la presqu'île de Sidi-Ferruch à l'abri de toute attaque.

L'achèvement de ces travaux était indispensable pour que l'armée pût songer à se porter en avant. L'intention du général en chef était de ne marcher à l'ennemi que lorsque le camp retranché et le débarquement du matériel de siége seraient terminés.

Il fallait aussi construire une route : elle avait été déjà poussée jusqu'à la position occupée par les généraux Berthezène et Loverdo, et l'on devait la continuer à mesure que l'armée s'avancerait vers Alger. Le camp de Sidi-Ferruch prenait l'aspect d'une ville. Chaque corps, chaque service administratif avait son quartier distinct ; des tentes et des cabanes de feuillage étaient les édifices de cette cité improvisée, coupée en tous sens par de larges rues où l'on voyait circuler l'artillerie et les nombreuses voitures de l'administration. Des magasins immenses s'élevaient de tous côtés pour les besoins de l'armée, et les marchands qui l'avaient suivie lui offraient même le superflu : il y avait des marchands de comestibles de toutes sortes [1]. Des fours furent promptement établis ; l'armée commença à recevoir du pain frais trois jours après le débarquement. On avait craint de manquer d'eau, mais on fut bientôt rassuré à cet égard ; outre la ressource des ruisseaux et des puits, qui étaient en assez grand nombre, il suffisait presque partout de creuser quelques pieds en terre pour trouver une eau abondante et salubre. Nos soldats amenaient ainsi de l'eau là où il n'en existait pas.

L'état sanitaire de l'armée était satisfaisant, et la chaleur supportable. Les nuits étaient même trop froides : on y éprouvait le besoin de se chauffer. Le bois ne manquait pas pour les feux de bivac ; la terre, jusqu'à plusieurs lieues de Sidi-Ferruch, est couverte de broussailles et de taillis, comme nous l'avons déjà dit. Les petits pins, les lentisques et les arbousiers dont ils se composent s'enflamment avec beaucoup de facilité.

Cependant le débarquement du matériel se continuait avec activité, ainsi que celui des vivres et munitions ; mais, le 16, cette importante opération fut suspendue par le mauvais temps. A huit heures du matin, il devint orageux, le tonnerre gronda avec force, des grains violents se succédèrent ; tout présageait une violente tempête, qui, pendant quelques instants, inspira les plus vives craintes. La mer était affreuse ; plusieurs navires furent en danger d'être jetés à la côte, quelques embarcations périrent. En voyant les éléments se déchaîner ainsi, on se souvint avec terreur du désastre de Charles-Quint, et l'on put craindre que les Turcs ne profitassent de ce moment pour lancer leur cavalerie sur notre camp, dont les retranchements n'étaient pas encore entièrement achevés. En effet, si le mauvais temps eût continué, le succès de l'expédition pouvait être gravement compromis : heureusement qu'il ne fut pas de longue durée. Au bout de quelques heures, le ciel reprit sa sérénité, et les inquiétudes s'évanouirent [2].

---

[1] Un petit bâtiment même était entré dans la baie de Sidi-Ferruch, sur le pavillon duquel était écrit en grosses lettres : *Entrepôt de bière*. C'était un industriel de Marseille nommé Porcelaga.

[2] Voici comment un jeune officier, plein de verve et d'esprit, trace le tableau de cet affreux sinistre. Ce morceau se trouve dans les *Souvenirs de l'expédition d'Afrique*, publiés par M. Lenoër, dans la *Revue des Deux Mondes*. Nous céderons au plaisir de citer l'épisode qui suit immédiatement la scène de l'orage. La plume du jeune officier est un habile pinceau. « Ce furent, dit-il, des tourbillons de grêle et de pluie si épais, qu'on n'y voyait pas à dix pas ; un vent tellement impétueux, qu'il forçait nos chevaux

Pendant ces premières journées, entièrement consacrées à asseoir le camp et à concentrer toutes les ressources, il n'y eut que des combats d'escarmouche et des fusillades d'avant-postes. Mais, au milieu de ces engagements sans importance, s'accomplirent quelques scènes pleines d'intérêt, que nous croyons devoir rapporter, parce qu'elles ont une empreinte de couleur locale utile à recueillir dès nos premiers pas en Algérie.

Les longs fusils des Arabes portent plus loin que les nôtres, comme nous l'avons déjà dit; aussi dans les engagements de tirailleurs avions-nous rarement l'avantage, et l'ennemi en profitait pour couper les têtes de nos malheureux soldats restés sur la place morts ou blessés. Les Français, au contraire, ramenaient aux ambulances les Arabes que leurs compagnons n'avaient pu entraîner dans leur fuite. Cependant des bruits sinistres sur notre férocité avaient été répandus dans tous les douars; on nous représentait comme égorgeant sans pitié nos prisonniers et nous repaissant de leurs chairs palpitantes. Ce fut sous ces impressions qu'un cheik, un vieillard, se présenta dans la journée du 16 aux avant-postes de la brigade du général Berthier. Le malheureux, ayant appris que son fils avait été blessé et amené prisonnier dans le camp français, venait le réclamer ou du moins savoir ce qu'il était devenu. La douleur paternelle lui avait inspiré cette généreuse résolution, et lui donnait le courage d'affronter le feu de nos sentinelles et l'effroi que nous lui inspirions. Dès qu'il fut en présence du général en chef, il s'écria en se prosternant : « Par la face de ton fils, je te demande le mien; rends-le-moi! » M. de Bourmont ne comprenant pas, les interprètes lui expliquèrent le sens de ces paroles. Le fils de ce cheik était aux ambulances, très-grièvement blessé et sur le

---

à se coucher, brisait les arbres, balayait les broussailles comme de la poussière; le tonnerre à la fois en cinq ou six endroits du ciel, et la mer tantôt découvrant une large plage, tantôt venant s'y dérouler en lames furieuses, avec d'épouvantables mugissements. Presque au même instant, les vaisseaux étaient droits sur leur quille ou couchés par leur travers; un grand nombre d'entre eux chassaient sur leurs ancres; quelques-uns tiraient le canon d'alarme, menacés qu'ils étaient de faire côte ou de s'aller briser les uns contre les autres : le rivage ne cessait de se couvrir de débris.

« C'était un spectacle effrayant à contempler. Ce qui néanmoins l'était bien davantage encore, ce qui éveillait dans les esprits bien d'autres craintes que les longs éclats de la foudre, toujours retentissante, c'étaient les souvenirs de tant d'autres expéditions terminées par de semblables événements; c'étaient surtout, comme planant au milieu de la tempête, ceux de l'immense désastre de Charles-Quint, dont quelques-uns commençaient peut-être à s'entretenir à voix basse. Puis la tempête, après avoir duré plusieurs heures avec une violence toujours la même, sans relâche ou respirer, sans redoublement ou croire qu'elle allât s'épuiser, s'apaisa presque aussi soudainement qu'elle avait éclaté. »

point de subir l'amputation d'une jambe. On conduisit le vieillard près du jeune malade. L'entrevue de ces deux hommes fut touchante; le père promenait des regards inquiets sur son fils pour s'assurer qu'il ne se trompait pas, et le fils, ivre de joie, portait respectueusement la main de son père à ses lèvres et la baisait avec effusion. Lorsque le cheik eut reconnu la gravité de la blessure, on lui dit que les chirurgiens avaient jugé l'amputation indispensable : « Par Allah ! s'écria-t-il aussitôt, qu'il n'en soit pas ainsi ; je le défends ! Le corps que nous tenons de Dieu ne nous appartient pas plus que la vie qu'il nous a donnée ; nous ne pouvons disposer ni de l'un ni de l'autre. Couper une partie du corps, c'est un sacrilège dont notre vie ne saurait dépendre ; Dieu n'a donné aux hommes ni le droit de l'abréger ni le pouvoir de la prolonger. » La volonté du vieillard fut respectée, et son fils, à quelques jours de là, expiait dans d'horribles souffrances les déplorables erreurs du fatalisme.

Le lendemain, un autre Arabe, d'un âge aussi avancé que le premier, mais encore plein de force et de vigueur, se présenta aux avant-postes. Il était à jeun et paraissait épuisé de fatigue. « Dieu est grand, disait-il à chaque instant ; c'est Dieu qui l'a voulu : que la volonté de Dieu soit faite ! » On lui demanda ce qu'il désirait : « J'ai, répondit-il, une mission divine à remplir ; je veux parler à votre chef. » On lui présenta d'abord des oranges et quelques citrons ; il les saisit avec avidité et les mangea. Un officier supérieur ayant tiré sa bourse pour la lui donner, il la repoussa avec indignation, en faisant le geste d'un homme qui lui-même serait disposé à donner de l'argent, et non à en recevoir. Conduit enfin devant le général en chef, il s'exprima sans contrainte : « Quoique vêtu de ces habits en haillons, dit-il, je suis cheik d'une nombreuse tribu, et c'est de ma propre volonté que je viens vers toi. J'ai voulu voir de près les étrangers qui envahissent notre pays, et connaître leurs sentiments à l'égard des Turcs et des Arabes. » Le général lui fit répondre que son désir était de rétablir la paix entre les Français et les Arabes, et de délivrer ceux-ci du joug des Turcs qui les opprimaient. Le vieillard parut satisfait de cette réponse, et ajouta que, puisqu'il en était ainsi, il espérait déterminer bientôt sa tribu à traiter avec les Français. Puis il demanda à retourner parmi les siens : « Car je ne suis pas votre prisonnier, disait-il à tous ceux qui l'approchaient ; je suis venu de mon plein gré au milieu de vous. » On lui représenta que son retour allait l'exposer à de grands dangers ; mais ces paroles ne l'effrayèrent point. « Je suis déjà vieux, la conservation de ma vie est sans importance. J'ai reçu des Français une généreuse hospitalité ; je veux leur prouver mon dévouement et ma reconnaissance. » M. de Bourmont consentit à le laisser partir; mais on sut plus tard que, trahi par des Arabes à qui il s'était confié, il avait été conduit à Alger, et que le dey lui avait fait trancher la tête sous ses yeux.

L'armée ennemie occupait depuis le 14 le camp de Sidi-Ferruch; le 17 et le 18, elle avait montré en avant des positions françaises moins de monde que les jours précédents; cependant des renforts considérables lui étaient arrivés.

L'ennemi, ne pouvant s'expliquer les motifs de notre inaction apparente, l'attribua à la crainte qu'il croyait nous inspirer. Il avait reçu quelques renforts, surtout en infanterie, et l'on s'aperçut qu'il construisait des batteries au centre de sa position; une partie de la milice turque était arrivée d'Alger, conduite par l'agha, généralissime de l'armée musulmane, dont il était assez facile d'évaluer la force approximativement, à cause du désordre qui régnait dans cette masse ; les forces de ces différents corps s'élevaient à vingt mille hommes environ; leur confiance était d'autant plus grande, que depuis quelques jours l'armée française demeurait immobile dans ses positions.

Le général en chef attendait, pour donner l'ordre de marcher en avant, le débarquement des moyens de transport, des subsistances et du matériel de siège.

L'inaction de notre armée dans ses positions, dis-je, avait été interprétée d'une autre manière, et l'agha d'Alger qui marchait à la tête de la milice crut qu'une attaque lui offrait des chances de succès.

Le 18, dans la soirée, quelques Arabes se rendirent secrètement auprès du général Berthezène, et l'avertirent qu'il serait attaqué le lendemain ; l'un d'eux était Ahmed-ben-Chanaan, de la tribu des Beni-Dzead. Il dit que sa tribu était fort bien disposée pour les Français, il ajouta qu'il allait aviser au moyen de mettre ses femmes et ses enfants en sûreté, et qu'il passerait ensuite de notre côté avec tout son monde. Cette promesse fut sans effet, mais l'avis de l'attaque fut justifié par l'événement.

BATAILLE DE STAOUÉLI.

Le 19, à la pointe du jour, toute notre ligne fut attaquée par une nuée innombrable de tirailleurs arabes, qui s'étaient glissés, à la faveur des ténèbres, dans tous les plis du terrain, jusqu'à portée de nos avant-postes, et firent une première décharge; le premier choc fut mortel pour bien des braves.

Les efforts de l'ennemi se dirigèrent principalement sur la gauche, au point occupé par le 37ᵉ de ligne.

La brigade Clouet fut aussi abordée avec vigueur, là se trouvait la milice turque; son attaque se fit avec beaucoup de résolution et d'impétuosité; des janissaires pénétrèrent jusque dans nos retranchements, qui couvraient le front de nos bataillons, et y trouvèrent la mort.

La troisième brigade de la division Berthezène et les deux premières brigades de la division Loverdo furent attaquées par les contingents d'Oran et de Constantine; après avoir laissé l'ennemi s'avancer jusqu'au fond du ravin qui couvrait la position, le général le fit charger à la baïonnette, beaucoup de fantassins arabes restèrent sur place.

Après avoir repoussé l'ennemi, la brigade Clouet reprit l'offensive. L'ardeur des troupes était telle, qu'il eût été difficile de les contenir.

Les brigades Achard et Poret de Morvan s'avancèrent pour soutenir la brigade Clouet; le moment décisif était venu. M. de Bourmont, qui était à Torre-Chica, d'où il pouvait observer tous les mouvements de l'armée, sur l'avis des généraux des deux premières divisions, se transporta de suite, et arriva sur le champ de bataille dans ce moment critique, afin de juger lui-même de l'état des choses; quoique son intention ne fût pas de prendre l'offensive, avant que tout son matériel de siége fût arrivé, ainsi que les chevaux du train qui lui manquaient encore, et qu'il ne voulût pas poursuivre l'ennemi avant d'être en mesure de ne plus reculer; mais les circonstances impérieuses en ordonnaient autrement : ne point aborder l'ennemi dans ce moment, et ne pas repousser son attaque, c'eût été exposer l'armée à des pertes considérables, et semer en même temps le découragement parmi nos troupes; aussi le général en chef le comprit, et prit une résolution subite. Il avait donné l'ordre à deux brigades de la division d'Escars de sortir de la presqu'île et de s'établir, en seconde ligne, en arrière des divisions Berthezène et Loverdo.

En voyant par lui-même, d'un côté la bonne contenance et la noble attitude des soldats français exaltés par leur succès, et de l'autre l'hésitation et le peu de persévérance de l'ennemi, que tant d'attaques infructueuses commençaient à rebuter, le général en chef ordonne à l'instant aux deux divisions Berthezène et Loverdo de quitter leurs positions défensives et de marcher contre l'ennemi avec toute leur artillerie de campagne.

La brigade Clouet, soutenue par es brigades Achard et Poret de

Morvan, s'élança avec la plus grande valeur sur les divisions algériennes commandées par Ibrahim-Agha [1], dont le succès d'après ses plans était de nous refouler vers la mer.

Les brigades Denis, Damrémont et Monck d'Uzer, suivies par la brigade Colomb d'Arcine, se portèrent avec la même ardeur sur les troupes dirigées par le bey de Constantine; trois régiments de la division d'Escars s'avancèrent pour former la réserve. Pendant que nos troupes se portaient ainsi sur les batteries ennemies, deux bricks embossés sur le rivage les canonnaient à revers.

Les troupes reçurent avec le plus grand enthousiasme le signal d'attaquer le camp ennemi. La marche se fit avec une rapidité extraordinaire, malgré les difficultés du terrain. L'artillerie, toute de nouveau modèle, fut constamment en première ligne : son extrême mobilité dut contribuer puissamment à l'épouvante de l'ennemi.

Le feu des batteries qu'avait construites l'ennemi n'arrêta pas un moment nos troupes : il fut enfoncé en un clin d'œil et ses batteries tournées; cinq pièces de canon et les quatre mortiers qui les armaient furent enlevés. Les Turcs et les Arabes avaient pris la fuite de toutes parts. Le camp tomba au pouvoir de nos troupes; leur déroute fut complète : les Français les poursuivirent jusqu'à Sidi-Khalef, à plus d'une lieue du champ de bataille; puis les deux divisions victorieuses vinrent ensuite s'établir à Staouéli, dans le camp même d'où elles venaient de chasser l'ennemi, à une lieue de leur ancienne position.

L'ennemi n'avait pas eu le temps de rien enlever dans son camp qu'il avait abandonné précipitamment : deux cent soixante-dix tentes y étaient encore dressées. Les tentes des chefs étaient d'une magnificence remarquable, surtout celle de l'agha : elle avait plus de soixante pieds de long, et elle était divisée en plusieurs compartiments, dont l'intérieur était orné de belles tentures et de superbes tapis. On y trouva aussi une somme d'argent assez considérable dans la tente de l'officier chargé de payer la solde à la milice turque; on y trouva également une quantité considérable de projectiles et de poudre, des magasins de subsistance, plusieurs troupeaux de moutons; quatre-vingts chameaux environ furent capturés dans cette journée et augmentèrent les moyens de transport.

Les résultats de la bataille de Staouéli furent : trois à quatre mille Africains tués ou blessés, la perte de leur bagage et de toute leur artillerie. On fit très-peu de prisonniers, presque tous blessés. De notre

---

[1] L'agha Ibrahim avait pour second le bey de Titery.

côté, on n'eut que cinq ou six cents hommes mis hors de combat, tant tués que blessés.

Après cette affaire, les beys de Constantine, d'Oran et de Titery se retirèrent : la terreur était si grande que les fuyards se jetèrent pêle-mêle dans Alger, où, à coup sûr, nous serions entrés avec eux si nous avions été en mesure de les suivre : deux régiments de cavalerie auraient suffi. Les soldats couchèrent sous les tentes de l'ennemi. Dans ce combat, les 20e, 28e et 37e régiments de ligne sont ceux qui ont le plus souffert.

Après cette défaite inattendue des troupes algériennes, la panique fut si grande parmi eux, que les fuyards se jetèrent pêle-mêle et rentrèrent dans Alger précipitamment entièrement démoralisés et découragés. Les janissaires et les koulouglis, en entrant en ville, poussèrent des cris affreux, en criant à la trahison, en menaçant le dey de le déposer, demandant sa mort ou son supplice, voulant rendre responsable le chef de l'odjack du désastre de la journée, et en publiant, pour atténuer l'effet moral de leur défaite, que les Français qu'ils avaient eu à combattre étaient au nombre de plus de cent mille, assurant que nos soldats, n'ayant jamais rompu leurs rangs malgré ces efforts, devaient être ferrés les uns aux autres[1].

Le dey, qui pendant tous ces engagements n'avait pas quitté les batteries dominantes de la Kasbah, fit charger tous les canons qui étaient braqués contre la ville et menaça de la réduire en cendres au premier mouvement séditieux.

Nous voyons donc que les débris de l'armée de l'agha rentrés dans Alger la remplirent de consternation, et qu'il y existait une grande agitation tant parmi la milice turque que parmi la populace indigène. Des transfuges arabes qui nous arrivèrent le lendemain nous apportèrent ces nouvelles, et nous assurèrent que si nous nous étions mis aux trousses des fuyards, l'effroi était tel que nous serions entrés dans la ville sans éprouver de résistance. Il est possible que les choses se fussent passées ainsi ; mais, dans le doute, il était plus raisonnable de ne point s'écarter de la marche que l'on avait adoptée dans le principe, et de ne pas livrer aux chances d'un heureux hasard un succès qui paraissait assuré.

[1] En effet, l'aspect de nos lignes, toujours compactes, que ne pouvaient rompre ni le feu des tirailleurs ni les charges de la cavalerie, firent dire aux Arabes que le sultan de France avait enchaîné ses soldats pour les empêcher de prendre la fuite. Le dey lui-même partageait cette croyance. (*De l'Algérie ancienne et moderne*, par Léon Galibert, chap. xi, page 294.)

L'agha vint rendre compte de sa défaite au dey : il l'aborda avec la contenance troublée et inquiète d'un criminel qui comparait devant son juge. Du plus loin qu'il aperçut son gendre, Hussein-Dey lui cria d'une voix tremblante de colère : « Eh bien, quelles nouvelles apporte notre invincible agha? Les Français ont sans doute regagné leurs navires, à moins qu'il ne les ait précipités à la mer, ainsi qu'il nous l'a promis? La Kasbah sera-t-elle assez vaste pour contenir leurs dépouilles, et les bagnes assez grands pour enfermer tous les esclaves? »

Terrifié par cette sanglante ironie, l'agha chercha vainement des prétextes pour se justifier ; mais le dey, courroucé contre ce dernier, le chassa de sa présence ; son beau-père était d'autant plus irrité contre lui, qu'il lui avait écrit : « Ces infidèles, écrivait-il, veulent, je crois, nous attaquer par terre. S'ils débarquent, ils périront tous. » Car c'était Ibrahim-Agha qui avait conseillé au pacha de laisser débarquer les Français, afin que pas un seul d'entre eux ne retournât dans sa patrie.

Maintenant, la rougeur au visage, Ibrahim-Agha, honteux de sa défaite, était allé se cacher dans sa maison de campagne du Sahel, n'osant ni se montrer aux regards du dey, ni tenter une revanche avec des troupes découragées. Le général en chef mit à profit ces moments de trêve pour assurer ses derrières, en attendant que l'arrivée de tout son matériel lui permît d'attaquer à son tour.

Le 20, le général en chef parcourut toute la ligne en prenant les noms des militaires qui s'étaient distingués.

La conduite des troupes dans cette importante journée fut admirable, et surpassa ce qu'on pouvait attendre d'elles. La plupart des officiers d'état-major n'étant pas encore montés, firent leur service à pied avec une ardeur infatigable ; le général Berthezène conduisit sa division avec le talent et le sang-froid que lui donnait sa longue expérience.

L'artillerie, sous les ordres du général Lahitte, fut dirigée avec une bravoure et une justesse remarquables ; dès le commencement de l'affaire, ses batteries firent taire celles de l'ennemi.

Le lieutenant Delamarre, qui commandait deux pièces de huit sur le front de la brigade Clouet, fit éprouver aux Turcs une perte considérable. Quatre coups à mitraille décidèrent leur fuite.

Le capitaine Lelièvre commandait sur la droite une batterie d'obusiers de montagnes ; les mulets destinés au service de cette batterie n'étant pas encore arrivés, l'ardeur des canonniers y suppléa : ces pièces furent traînées à la bricole, et les munitions portées à bras.

Le lieutenant Varnier marcha constamment avec les obusiers de vingt-quatre sur la ligne même des tirailleurs de la division Berthezène.

Le lieutenant général Berthezène cita avec éloge MM. les colonels Feuchères, Horric et Mounier; M. le colonel d'état-major marquis Brossard; MM. Trémeaux, chef de bataillon au 37e de ligne, et Delafarre, capitaine dans le même régiment; Augis, chirurgien-major; Bué et Drogue, officiers du 20e de ligne; Serviz, sous-lieutenant au 14e de ligne. Hans, soldat du 2e léger; Rousselier, voltigeur au 37e de ligne, refusèrent, quoique blessés, de quitter le champ de bataille.

M. le général Loverdo recommanda à la bienveillance du ministre MM. Jacobi, colonel chef d'état-major de la 2e division; Aupick, chef de bataillon de l'état-major, officier de la plus brillante distinction; Perrot et Ribau, capitaines au même corps; les colonels d'infanterie Magnan, Léridant et Mangin; Boullé, lieutenant-colonel du 6e de ligne; Blanchard, capitaine de voltigeurs au 49e; Lévêque, lieutenant de voltigeurs au 15e de ligne; Darricau, sous-lieutenant au 48e; Duchâtellier, capitaine au 21e; Lavagnac, lieutenant au 29e. Pendant la marche de l'armée, les ingénieurs-géographes et quelques officiers d'état-major levaient, sous la direction du capitaine Filhon, le plan de la presqu'île de Torre-Chica et des ouvrages qui la ferment.

Après les affaires du 19, le général en chef publia l'ordre du jour suivant :

« Soldats !

« Les troupes de l'armée d'expédition, dans les journées du 14 et du 19, ont répondu à l'attente du roi, et déjà elles ont vengé l'insulte faite au pavillon français; la milice turque avait cru qu'il était aussi facile de nous vaincre que de nous outrager : une entière défaite l'a désabusée, et c'est désormais dans l'enceinte d'Alger que nous aurons à la combattre. Déjà beaucoup d'Arabes retournent dans leurs foyers, d'où la terreur les avait seule arrachés; bientôt ils viendront pour nous vendre leurs troupeaux et porter l'abondance dans nos camps. Le général en chef rappelle à l'armée qu'ils doivent y trouver un accueil amical, et que tous les marchés conclus avec eux doivent être exécutés consciencieusement.

« Les troupes de toutes les armes ont rivalisé de dévouement.

« L'administration, par la sagesse de ses dispositions, par les soins qu'elle donne aux blessés, a aussi droit à des éloges. Le général en chef fera valoir auprès du gouvernement les services de tous; il réclamera les bontés du roi pour ceux qui s'en seront rendus les plus dignes.

« Toutes les fois que l'armée a combattu, le feu des bâtiments du roi a appuyé ses manœuvres, et a puissamment contribué au succès que nous avons obtenu.

« Au camp de Staouéli, le 20 juin 1830.

« *Signé*, Comte DE BOURMONT. »

La bataille de Staouéli est, sans contredit, l'une des plus brillantes et des plus décisives qu'aient livrées les armées françaises depuis les grandes batailles de Napoléon. Elle nous ouvrait le pays, assurait, pour ainsi dire, le succès de l'expédition, inspirait aux soldats une confiance sans bornes, et nous donnait un immense ascendant sur l'esprit des Arabes. Tous ces avantages étaient d'autant plus incontestables, que cette affaire avait porté l'épouvante dans l'armée ennemie; les populations, dès cet instant, acquirent la certitude que toute résistance serait inutile.

Le zèle de l'administration militaire rivalisa avec la valeur de nos soldats. Des hangars couverts en toile imperméable servirent d'hôpitaux mobiles. On avait créé à Sidi-Ferruch un hôpital qui se composait de quatre salles de soixante pieds chacune, dont la construction avait été achevée comme par enchantement par les soins de l'administration, et qui mirent à couvert les malades et les blessés. L'air y circulait facilement, et les militaires exprimaient unanimement leur satisfaction sur la propreté qui régnait dans ces établissements improvisés et sur les soins qu'ils y recevaient de MM. les officiers de santé, qui montrèrent un dévouement et un zèle infatigables à donner leurs soins à nos malheureux blessés, qui arrivaient à toute heure du jour et de la nuit dans le camp; jour et nuit sur pied, ils sacrifiaient volontiers l'heure du repos pour donner leurs secours à nos malades et à nos blessés, lorsque leur devoir le réclamait, par un zèle bien louable et une activité sans exemple.

Maîtres de la position de Staouéli, les Français s'empressèrent de la fortifier. Le général Labitte avait résolu de concentrer sur ce point tout le matériel de siége nécessaire à l'attaque du fort de l'Empereur; en conséquence, une route spacieuse fut ouverte sous la direction du général Valazé, pour relier le nouveau camp à la presqu'île de Sidi-Ferruch; on lui donna une largeur de dix mètres sur un développement de plus de huit mille. Les pentes rapides furent évitées avec soin. Ce chemin rejoint une ancienne voie romaine qui conduit de Staouéli à Alger. Plusieurs blockhaus et des redoutes, destinés à protéger la marche des convois, furent construits sur les points les plus favorables. Staouéli et Sidi-Khalef, points marqués sur les cartes, et qui se trouvent entre Torre-Chica et Alger, ne sont pas des lieux habités, mais des endroits où les Arabes viennent souvent établir leurs tentes, à cause des fontaines et des sources qui s'y trouvent.

Entre le camp et Staouéli, les broussailles cessent; on trouve, mais en petit nombre, des figuiers, des mûriers et des oliviers : le sol est presque partout couvert de palmiers, il est inculte; mais la nature justifie tout ce que dit l'histoire ancienne de sa fertilité; au delà, du côté d'Alger, le pays est riant et bien cultivé; l'armée y trouva beaucoup de fruits et de légumes.

La position avancée qu'occupait l'armée, déjà éloignée des magasins, nécessita la formation des convois qui, avec l'espèce d'ennemi qui nous était opposé, exigea de nombreuses escortes.

Le général en chef, désirant avoir toutes les forces de terre à sa disposition, s'entendit avec l'amiral Duperré, afin que le camp de Torre-Chica fût occupé par les marins; M. Duperré fit donc occuper la presqu'île par des hommes de ses équipages, sous le commandement du capitaine de vaisseau Hugon, au nombre de quatorze cents, et outre la garnison du camp retranché de Sidi-Ferruch, le camp se composait encore d'un bataillon d'infanterie, détaché de la division d'Escars, et commandé par le colonel Léridant.

Après le combat du 19, l'ennemi ne montra plus que quelques détachements épars, la plupart des Arabes s'étaient éloignés; les Turcs, comme nous avons vu, se renfermèrent dans les murs d'Alger, et une vive agitation se manifesta parmi eux.

L'armée française ne se trouva pas en mesure de poursuivre ses avantages et de marcher sur la ville; les chevaux de l'artillerie de siége et ceux de l'administration n'étant pas encore débarqués, le général en chef pensa que l'investissement de la place ne devait se faire que lorsque l'on aurait acquis la certitude que les travaux de siége ne seraient pas interrompus par le manque de munitions, et que les subsistances seraient assurées pour trente jours.

Le camp de Sidi-Ferruch prit un aspect tout africain, les Arabes devenaient amis, plusieurs de leurs parlementaires vinrent plusieurs fois conférer avec le général en chef. On avait profité de ces rapports fugitifs avec quelques indigènes pour répandre une masse de proclamations rédigées en France. Les Arabes étaient émerveillés de nos mœurs européennes, et de voir que nous avions les mêmes soins pour leurs blessés que pour les nôtres ; en quittant notre camp, ils s'en retournaient vers les leurs, emportant des proclamations en langue arabe ; chaque matin on en plaçait un grand nombre au bout de piques, et les Bédouins venaient les prendre.

Ces bulletins annonçaient que l'expédition d'Afrique n'avait d'autre but que de venger l'outrage fait à notre pavillon.

L'un d'eux était conçu en ces termes :

« Nous Français, vos amis, partons pour Alger. Nous allons en chasser les Turcs vos tyrans, qui vous persécutent, qui vous volent vos biens et les produits de vos terres, qui ne cessent de menacer vos vies. Nous ne conquerrons pas la ville pour en demeurer maîtres. Soyez unis à nous, soyez dignes de notre protection, et vous régnerez, comme autrefois, dans votre pays, maîtres indépendants de votre sol. »

M. de Bourmont en adressa un autre aux habitants d'Alger :

« Quant à vous, leur disait-il, habitants des tribus et des villes, sachez que je ne viens pas pour troubler votre sol et pour vous faire la guerre. Notre présence sur votre territoire n'est pas pour faire la guerre à vous, mais seulement à la personne de votre pacha, qui, par ses procédés, est cause qu'il est persécuté ; par ses actes, bientôt tous vos biens auraient été pillés, vos personnes exterminées, et votre pays entièrement ruiné. Abandonnez votre pacha pour suivre nos sages conseils, qui ne tendent qu'à vous rendre heureux. »

Nous ne pouvons faire un crime aux Arabes de s'être unis à leurs coreligionnaires pour nous résister. L'insuccès ou la stérilité des anciennes expéditions espagnoles, danoises, anglaises et françaises, leur permettait d'espérer que celle-ci ne prétendrait pas à l'occupation du pays. Aussi les auxiliaires de la milice turque ne furent-ils composés que des tribus les plus immédiatement placées sous le joug de la terreur et de la dépendance.

Le 22 juin, l'artillerie de siége, et tout ce qu'on avait embarqué sur la première et la seconde section du convoi, étaient rassemblés dans la presqu'île, ainsi que les trois escadrons de cavalerie.

Les deux dernières divisions du convoi, parties de Palma le 18, où se trouvaient les chevaux de parc, étaient en vue de la flotte le 23 ; mais depuis huit jours les vents d'ouest régnaient contre saison, et les courants violents les poussaient vers l'est, les tenaient encore à huit lieues du mouillage, et les empêchaient d'approcher.

La division du contre-amiral de Rosamel, de concert avec la division du blocus du port d'Alger, formait à quelques lieues au large une ligne de croiseurs qui, protégeant les transports, les empêchaient de s'affaler sur la côte, et facilitait leur arrivage.

L'amiral Duperré fit évacuer le même jour sur l'hôpital de Mahon, par quatre corvettes de charge, les malades blessés de l'armée, au nombre de trois cent cinquante-huit. Tous ces retards de l'arrivée du convoi des bâtiments portant le reste du matériel de l'armée et des chevaux qui nous étaient si nécessaires nous furent très-préjudiciables, et rendirent de nouveau le courage aux Arabes.

Pendant quelques jours, ce ne fut que tirailleries et escarmouches continuelles, qui fatiguaient au dernier point nos soldats.

BATAILLE DE SIDI-KHALEF.

Cependant le 24 juin, dès le matin, les Algériens tentèrent une attaque sérieuse; les Turcs et les Arabes se présentèrent en embrassant un front assez considérable en assez bon ordre. On voyait huit mille Turcs environ.

Toutes les dispositions étaient prises pour que la première attaque leur fit perdre deux lieues de terrain : elles furent exécutées avec une grande précision. Ibrahim-Agha, qui, malgré sa défaite, avait conservé le commandement en chef des forces algériennes, se remit à la tête des troupes régulières, rallia les Bédouins qui s'étaient dispersés après la bataille de Staouéli, et se disposa à prendre l'offensive en venant attaquer ce camp. Dès que les premiers feux d'avant-postes furent engagés, le général en chef, voulant faire cesser ce genre de combat, dans lequel nos pertes étaient presque toujours égales, sinon supérieures à celles de l'ennemi, ordonna au général Berthezène de se porter avec ses trois brigades et une batterie de campagne sur la route d'Alger. L'attaque de la droite fut confiée au général Damrémont, le général Loverdo resta dans le camp avec les deuxième et troisième brigades de sa division. Nos troupes marchèrent contre l'ennemi avec le même ordre, la même assurance et la même rapidité de mouvement que dans la journée du 19.

Les Algériens ne tinrent nulle part. Poussés vigoureusement et menés battant près de deux lieues, ils arrivèrent au vallon Backsché-Derré. En quittant ce vallon, ils firent sauter, avant d'en descendre, un magasin à poudre, dans la crainte sans doute qu'il ne tombât en notre pouvoir. La détonation fut violente, des nuages d'une fumée épaisse qui s'élevaient à plus de cent mètres et que réfléchissaient les rayons du soleil d'Afrique présentaient à l'armée un magnifique spectacle; cette explosion ne produisit aucun accident.

Deux escadrons de chasseurs avaient suivi le mouvement de l'infanterie; mais la fuite précipitée de l'ennemi et la nature du terrain ne leur permirent pas de le charger.

Les troupes algériennes prirent enfin position sur des élévations qui font partie du système montueux du Boudzaréah.

Ce combat reçut le nom de Sidi-Khalef; ce n'est point un hameau: à une demi-lieue environ de l'embouchure du ruisseau de Staouéli, on trouve deux ou trois maisons presque ruinées, des huttes construites en pierre ou en terre glaise, ombragées d'arbres. C'est le marabout de Sidi-Khalef, qui depuis a donné son nom à cette bataille.

La route que construisait le génie fut prolongée de Staouéli à la nouvelle position que nous appelâmes Fontaine-Chapelle, à cause de la fontaine et du marabout de Sidi-Abderrhaman-Bou-Néga.

Dans cette bataille que nous venons de décrire, les Turcs n'avaient pas de canons; peut-être avaient-ils reconnu qu'en amener, c'était les livrer aux Français [1].

Le nombre des hommes mis hors de combat fut peu considérable; un seul officier fut blessé dangereusement, ce fut le second des quatre fils qui suivirent le général en Afrique, M. Amédée de Bourmont, lieutenant de grenadiers au 38e de ligne. La nouvelle de la blessure de M. Amédée de Bourmont affecta vivement ses frères d'armes; on eut d'abord l'espoir de le sauver; mais cet espoir fut vain, et ce brave jeune homme, si intéressant dans la situation où il se trouvait, succomba peu de jours après à l'hôpital de Sidi-Ferruch.

C'est une belle mort; son frère s'était déjà distingué dans l'affaire du 19; il y a quelque chose de bien touchant et de bien honorable dans le sentiment qui jeta ainsi ces jeunes officiers au plus fort du danger. Toute l'armée applaudit à la manière noble et touchante dont M. de Bourmont, dans le rapport officiel, rendit compte de cet événement et de la mort de son fils, qui malheureusement succomba à sa blessure.

Voici les paroles mêmes de M. de Bourmont rendant compte au gouvernement de la blessure de son fils:

« Le nombre des hommes mis hors de combat a été peu considérable; un seul officier a été blessé dangereusement, c'est le second des

---

[1] Nous n'eûmes nous-mêmes que quatre pièces de campagne en ligne dans cette bataille.

quatre fils qui m'ont suivi en Afrique. J'espère qu'il vivra pour continuer de servir avec dévouement le roi et la patrie! »

Touchantes paroles, noble et cher espoir qui ne devait pas se réaliser, puisque ce brave jeune homme succombait à sa blessure le lendemain de la prise d'Alger, ne devant pas même jouir du triomphe de l'armée.

Plus tard, le général en chef écrivit au président du Conseil :

« La plupart des pères de ceux qui ont versé leur sang pour la patrie seront plus heureux que moi : le second de mes fils vient de succomber. L'armée perd un brave soldat, je pleure un excellent fils ! » L'histoire doit garder l'expression modeste et touchante d'une si grande douleur.

Après la bataille de Sidi-Khalef, le dey chercha à réveiller le fanatisme de son peuple. Il fit venir le Cheik-el-Islam (chef de la religion), lui remit un sabre, et le chargea d'appeler tous les croyants à la défense de la religion ; mais ce vénérable muphti, très-embarrassé de l'arme qu'on lui avait mise entre les mains, se contenta, pour la forme, d'inviter quelques notables à se rendre chez lui pour aviser aux moyens de défense ; aussi ce général improvisé, fort embarrassé de son nouveau rôle, excita peu d'enthousiasme, et ne réunit guère de partisans.

La position dans laquelle s'arrêtèrent les troupes qui avaient combattu à Sidi-Khalef était fort désavantageuse ; elle était dominée par celle qu'avait prise l'ennemi.

Les mêmes raisons qui nous avaient arrêtés après nos succès du 19 existant toujours, il fallut cependant se résoudre à l'occuper encore quelques jours ; car, en nous avançant plus loin, nous nous serions trouvés sans grosse artillerie sous le canon d'Alger, ou du moins sous celui des ouvrages que les Turcs pouvaient avoir élevés en avant de cette ville. Heureusement que, le jour même du combat de Sidi-Khalef, on aperçut de Sidi-Ferruch le convoi qu'on attendait depuis longtemps ; le lendemain, 25 juin, tout le convoi de Palma fort d'environ trois cents voiles, entra ce même jour dans la baie occidentale de Sidi-Ferruch [1].

Il apportait les vivres, les chevaux et tout le matériel qui était nécessaire pour entreprendre le siége d'Alger.

---

[1] Ce même jour, j'arrivai à Sidi-Ferruch, avec une partie du convoi, sur le bâtiment le *Salvatori*, où j'étais embarqué. Il est nécessaire de relater ce qui se passait dans la rade de Palma, avec le convoi restant, pendant que l'escadre de bataille et de débarquement se dirigeait et cinglait vers l'Afrique, pour opérer son débarquement sur la plage de Sidi-Ferruch : ne voulant pas interrompre ma narration sur la marche de l'armée de terre et de l'armée de mer, nous renverrons à la note (9).

Le débarquement de tout le matériel de siége s'opéra sans retard.

Le camp fut placé, comme je l'ai déjà dit, sous la garde du colonel Léridant, avec un bataillon du 48°, auquel l'amiral Duperré adjoignit quatorze cents marins.

Toutes nos forces étaient donc disponibles pour l'investissement d'Alger, dont nos avant-postes n'étaient plus éloignés que de cinq quarts de lieue.

Le 26, dans la soirée, le vent enfin passa à l'est, et le lendemain matin tous les bâtiments du convoi qui étaient en arrière arrivèrent à Sidi-Ferruch : la plus grande partie des chevaux restants furent mis à terre dans la journée, ainsi que le matériel du génie. Cette arrivée, qui termina toutes les expéditions faites par la marine, fut fort heureuse; car, le soir même, sur les sept heures, le vent, quoique frais, de la partie de l'est, sautant à l'ouest par une révolution extraordinaire et instantanée, souffla pendant trois heures avec force, et la mer, comme de coutume, devint très-grosse. Le lendemain, le temps fut beau, mais le vent continua de l'ouest et ouest-nord-ouest, et la mer fut très-houleuse ; l'amiral craignait des avaries pour les bâtiments du convoi, qui étaient à peine amarrés : il n'y en eut pas, ou du moins elles furent très-légères.

Ce mauvais temps ralentit un peu le débarquement ; mais ce retard ne porta que sur des approvisionnements et vivres, qui furent cependant débarqués avant qu'on en sentît le besoin.

On trouve le paragraphe suivant dans le rapport de l'amiral Duperré, daté du 26 juin :

« J'ai livré à l'armée soixante mille kilogrammes de biscuit que le général en chef m'a demandés ; mais nous éprouverons bientôt le besoin de vivres. L'armée expéditionnaire a séjourné un mois à bord des bâtiments ; la consommation par le grand nombre de passagers a été plus du double. J'ai demandé au préfet de Toulon de faire préparer deux mois de vivres, qui seront expédiés par les divers bâtiments que je détache sur Toulon. »

Cette phrase fut le motif d'une assez grande inquiétude dans le public et occasionna encore de nouvelles conjectures sur la situation de notre armée ; la plus vive sollicitude suivait nos jeunes soldats dans l'expédition hasardeuse, et les moindres sujets de crainte se faisaient vivement sentir. Cette sollicitude se manifesta d'une manière bien éclatante : une souscription en faveur des veuves et des enfants des soldats qui perdaient la vie dans l'expédition d'Afrique fut ouverte, et des offrandes nombreuses arrivèrent de tous côtés.

Le 27 un nouveau coup de vent assaillit la flotte et lui fit éprouver des pertes et des avaries assez considérables.

Plusieurs vaisseaux chassèrent, cassèrent leurs câbles, chaînes et cigales d'ancres.

« La sûreté de l'armée navale, dit l'amiral Duperré, aurait pu être compromise; les coups de vent se renouvellent fréquemment, bien que nous soyons dans la belle saison. La mer devient aussitôt monstrueuse. Je reconnais aujourd'hui que la baie n'est pas tenable ; cependant sans la présence d'une partie de la flotte, point de débarquement, et par conséquent point de vivres pour l'armée de terre : la position est des plus difficiles. Je demande à Toulon des remplacements en ancres et amarres. »

Le 28 le temps s'était remis au beau et la mer était parfaitement calme : ce n'était plus le spectacle de la veille, qui présentait le rivage dans un terrible chaos, et le désastre complet de quelques petits bâtiments naufragés : on voyait sur le rivage, épars çà et là, tantôt le gouvernail d'un bâtiment, tantôt la carcasse d'une chaloupe brisée et enfoncée dans le sable. Plusieurs marins au bord de la mer avaient établi des tentes pour s'occuper à réparer les avaries causées à leurs bâtiments par le mauvais temps.

Le 28 au soir, l'armée ce jour-là se disposait à débusquer l'ennemi de toutes les positions qui avoisinent le fort de l'Empereur. Le général Valazé en avait reconnu les entours, et l'on devait le lendemain commencer à ouvrir la tranchée.

Le chemin, pour l'artillerie de siége, était rendu praticable depuis Sidi-Ferruch jusqu'aux abords du fort de l'Empereur.

Après le mauvais succès du combat de Sidi-Khalef, le dey d'Alger avait retiré le commandement à son gendre Ibrahim, pour le confier à Mustapha-ben-Mezrag, bey de Titery : celui-ci était plus résolu, mais pas beaucoup plus habile. L'ennemi, réduit à l'extrémité, s'appuyait encore au mont Boudjaréah, au sud-ouest d'Alger.

Ce terrain, dont les pentes nord sont très-escarpées, est séparé de la ville par d'immenses ravins ; ces difficultés du sol sont augmentées par une multitude de haies qui servent de limites et d'enceinte à des propriétés particulières. La défense en est redoutable ; les plus mauvaises troupes européennes les eussent défendues avec vigueur ; mais les Algériens ne surent pas profiter de tous ces avantages.

Le 28 au soir, le quartier général fut transféré à Fontaine-Chapelle, et on résolut d'escalader, dès le lendemain à la pointe du jour, les hauteurs occupées par l'ennemi, de les enlever et d'investir aussitôt après Alger et le fort de l'Empereur.

Le 29, au lever de l'aurore, l'armée marcha à l'ennemi en avant d'Alger; l'attaque de la droite fut confiée aux deuxième et troisième brigades de la division Berthezène, celle du centre aux première et troisième brigades de la division Loverdo ; le duc d'Escars reçut l'ordre d'attaquer la gauche avec les deux premières brigades de sa division et de suivre à peu près la ligne de partage des ravins qui versent à l'est et à l'ouest d'Alger.

C'est de ce côté que l'ennemi avait réuni le plus de forces. Les brigades Berthier et Hurel mirent dans l'attaque autant de vigueur qu'elles avaient montré de constance et de sang-froid dans la position défensive qu'elles avaient occupée les jours précédents. Enfoncé par elles, l'ennemi n'attendit pas le choc sur les autres points, et de toutes part il prit la fuite, et vint se réfugier sous le canon de la place.

La division Berthezène changea de direction et alla occuper la crête des collines qui s'élèvent entre la mer et le point d'attaque de la division d'Escars. Ces collines dominent tout le pays environnant, et c'est un des points les plus stratégiques.

Le général Loverdo marcha vers le château de l'Empereur, et profita de la forme du terrain pour établir deux bataillons à moins de quatre cents mètres de cette forteresse, et sur un des versants du plateau qui les commande.

Le duc d'Escars se rapprocha aussi du château de l'Empereur pour que les deux brigades fussent à portée de concourir, dès la nuit suivante, à l'ouverture de la tranchée. Quoique la hauteur du point le plus élevé des collines qui entourent Alger n'excède pas deux cents mètres, les accidents de terrain sont très-prononcés; la profondeur des ravins, l'extrême rapidité de leurs berges, les arbres et les haies dont le sol est entièrement couvert, rendirent les marches des deuxième et troisième divisions longues et fatigantes.

Les trois divisions françaises n'eurent guère à lutter que contre les obstacles naturels du sol ; le plateau du Boudjaréah fut occupé.

Nous ne perdîmes que fort peu de monde dans la journée du 29. Cinq pièces de canon tombèrent en notre pouvoir, ainsi que quelques prisonniers.

La plupart des consuls européens étaient à peu de distance du champ de bataille : pour plus de sûreté, ils s'étaient réunis avec leurs familles dans la maison du consulat des États-Unis, situé à mi-côte du

Boudjaréah. Le général en chef donna des ordres pour qu'ils y fussent en sûreté et respectés, et leur donna une garde particulière pour les protéger.

Le général en chef, qui avait suivi les divisions Berthezène et d'Escars avec son état-major, s'empressa de se porter sur le sommet du Boudjaréah. Arrivé sur ce point culminant, il vit se déployer au-dessus de lui, comme un superbe panorama, le fort de l'Empereur, la ville d'Alger, la Kasbah, tous les forts et les batteries de la côte, le cap Matifoux et la grande plaine de la Métidja. C'est qu'il est difficile de se faire de la position d'Alger une idée qui ne soit encore surpassée par la réalité. Tout le terrain qu'on aperçoit est couvert de jardins, de vergers et d'une prodigieuse quantité de maisons de campagne, habitations délicieuses, et, au milieu de ce ravissant tableau, une masse compacte de bâtiments d'un blanc mat et quelquefois légèrement doré, que dépassent, çà et là, les flèches des minarets, et qui se détache en un immense triangle, dont la base s'appuie sur la mer et dont le sommet est couronné d'une lourde citadelle, qui n'est rien moins que la Kasbah ; et puis, un peu en avant, le souvenir vivant du désastre de Charles-Quint, le fort de l'Empereur.

Le jour même de notre arrivée devant Alger, le général en chef et le général Valazé reconnurent les approches du fort de l'Empereur, qu'il fallait enlever avant de songer à attaquer le corps de la place.

Ce château tire son nom du grand empereur, comme nous l'avons dit dans la première partie de cet ouvrage, parce qu'il a été bâti dans le seizième siècle sur le même emplacement où Charles-Quint avait établi son quartier général, lors de sa funeste expédition contre Alger, en 1541.

Le fort de l'Empereur, appelé par les Turcs Sultan-Kalassi, et par les Arabes Bordj-Muley-Hassan, du nom de son fondateur, forme un carré un peu allongé du sud au nord ; ses murs étaient flanqués de saillies servant de bastions ; la face du côté du sud était armée d'une double enceinte en maçonnerie, une grosse tour au centre commandait ses approches. Voilà quel était le fort l'Empereur.

Après que nous fûmes maîtres des hauteurs, les Turcs tiraillèrent une partie de la journée, mais finirent par rentrer sous le canon de la place ; les Arabes descendirent dans la plaine du bord de la mer. L'investissement d'Alger était loin d'être complet : nous occupions les hauteurs, mais les bords de la mer restaient libres, et les Turcs communiquaient facilement avec la plaine de la Métidja. On avait eu l'idée d'abord d'appuyer à la mer les deux extrémités de la ligne d'investissement, afin de couper toute communication avec la ville et la campagne. En occupant le mont Boudjaréah, et bientôt après les batteries de la pointe Pescade, qui tombèrent au pouvoir de nos troupes par l'abandon qu'en firent leurs artilleurs, on remplit ce but à la gauche. Mais il fallait, pour obtenir le même avantage à la droite, s'emparer du fort Bab-Azoun et occuper la plaine, depuis la mer jusqu'au pied des hauteurs.

Après un mûr examen des localités, on renonça à prolonger à droite jusqu'à la mer la ligne d'investissement.

On se concentra en force sur les hauteurs; on occupa tous les points par où l'ennemi pouvait aborder; et, après avoir déterminé le nombre d'hommes strictement nécessaire pour les travaux de siège et leur défense en cas de sortie, on laissa une masse disponible pour repousser toutes les attaques extérieures et pour assurer les communications avec Sidi-Ferruch, dépôt central et unique des vivres et des munitions de guerre. On ne pouvait attaquer utilement l'enceinte d'Alger sans soumettre auparavant le fort de l'Empereur, qui domine la Kasbah, la ville et tous les forts extérieurs. Ce château est le seul qui défende la place d'Alger du côté de la campagne. Il est dominé lui-même et vu dans son intérieur par le plateau supérieur du mont Boudjaréah, sur lequel les Algériens n'ont jamais songé à construire un ouvrage militaire.

Les Algériens n'avaient jamais redouté qu'une attaque du côté de la mer, car ils ne croyaient pas que des troupes européennes pussent gravir le Boudjaréah; ils n'avaient pris aucune mesure de défense sur ce point, et, pour les tranquilliser, il fallut la persuasion où ils étaient que le fort de l'Empereur ne pouvait être pris qu'au moyen de la construction d'une citadelle de force supérieure à la leur et capable de la ruiner. Cette prévision, comme toutes leurs espérances depuis l'arrivée des Français, fut trompée, car nous ne perdîmes pas de temps devant le fort Kalassi : pendant la nuit même qui suivit le combat du 29, le général Valazé, du génie, traça les premiers ouvrages à deux cent cinquante mètres du fort de l'Empereur. Les soldats, malgré les fatigues de la journée, y travaillèrent avec ardeur; et déjà, à la pointe du jour, on voyait des batteries commencées; elles devaient être armées du 3 au 4 juillet, à la pointe du jour : vingt-six bouches à feu de gros calibre devaient tirer à la fois; trois heures après, le feu du fort devait être éteint. La chute du fort Bab-Azoun devait suivre de près celle du château de l'Empereur; dès lors toutes les batteries élevées sur la plage, à l'est de la ville, ne pouvaient tarder à tomber en notre pouvoir ; tout portait à croire qu'après nous en être rendus maîtres, nous pourrions rapprocher du camp de siége le point du débarquement.

Le camp de nos avant-postes était au milieu de jardins, dont les ombrages étonnaient ceux qui sont accoutumés à considérer l'Afrique comme un pays dépouillé de végétation. Chaque jardin avait des puits dont l'eau fraîche et pure suffisait aux besoins de l'armée ; de petits ruisseaux enfermés dans des conduits devaient servir aussi à abreuver les hommes et les chevaux. La température est élevée pendant huit heures de la journée, alors la chaleur est excessive ; le soir, l'air est frais et même humide.

Nous voyons que les travaux de tranchée furent poussés avec activité dans la nuit du 29 au 30 juin et pendant les nuits suivantes. On chemina d'abord sur le versant d'une colline, dont le sommet devait être couronné par les batteries de brèche et d'enfilade. Ce ne fut que le lendemain, lorsqu'on commençait à gagner la crête de la colline, que la garnison du fort de l'Empereur aperçut nos travailleurs. Elle dirigea aussitôt contre eux un feu très-vif de mitraille qui nous blessa un grand nombre d'hommes. Les janissaires firent une sortie le 1er juillet, mais ils furent repoussés avec une grande perte. Ces attaques sans portée ne ralentirent pas un instant les travaux de siége.

Le jour, des tirailleurs Turcs et Arabes se glissaient, à la faveur des buissons, dans les ravins qui se trouvaient à la gauche des attaques, pour surprendre nos travailleurs ; mais ils furent mis hors de leurs atteintes par des épaulements de terre. On se mit aussi en garde contre les nouvelles sorties que pouvait faire la garnison du fort, mais elle ne profita pas de l'avantage que lui offrait sa position.

Les batteries destinées à battre le fort de l'Empereur furent élevées avec une étonnante rapidité ; elles étaient armées de vingt-six bouches à feu, parmi lesquelles se trouvaient dix pièces de vingt-quatre, six pièces de seize, quatre mortiers de dix pouces et six obusiers de huit pouces.

Pendant que l'armée de terre opérait ainsi sur le fort de l'Empereur, l'amiral Duperré, pour adhérer au désir du général en chef, ordonnait à son armée navale, dès le 29, une fausse attaque sur les batteries de mer de l'ennemi, afin d'attirer son attention sur plusieurs points à la fois et de l'engager à rappeler les canonniers à leurs pièces, et même une partie de la garnison, vers les batteries de la marine. Un calme profond, toute la journée du 30, s'opposa à l'exécution de cet ordre. Le 1er juillet, une brise maniable de l'ouest permit le mouvement : une longue colonne de vaisseaux de guerre, ayant en tête le *Trident*, monté par le contre-amiral de Rosamel avec sa division, défila sous voiles, le 1ᵉʳ juillet, sous toutes les batteries de la place, dirigea contre elles un feu très-animé, depuis la pointe Pescade jusqu'au Môle, à grande portée de canon, en ripostant au feu de l'ennemi. On reconnut que les forts étaient démunis de leurs canonniers, car le feu ne commença que sur les vaisseaux du centre, après l'arrivée des artilleurs, qui avaient été rappelés d'autres points. Leur feu devint alors continuel sur chacun des bâtiments, sans les atteindre, quoique plusieurs projectiles les dépassassent. Entre une assez grande quantité de bombes lancées, et dont une majeure partie éclata en l'air, une tomba au large du vaisseau du contre-amiral de Rosamel, à petite distance de lui et du brick le *Dragon*.

La division, parvenue à la portée des formidables remparts du Môle, échangea ses boulets avec ceux de l'ennemi et continua sa route pour la baie, où elle trouva un calme parfait qui l'entraîna sous le cap Matifoux, où elle fut retenue pendant toute la journée du 2, ce qui l'empêcha de renouveler le même mouvement.

Les effets matériels de cette attaque furent peu de chose : peu de boulets atteignirent les batteries ennemies, à cause de la distance et du mouvement des vaisseaux; mais le but qu'on en attendait fut rempli : beaucoup de canonniers et de soldats de la milice descendirent en ville et se portèrent vers les batteries de la marine.

Les ouvriers de la tranchée, moins harcelés pendant cette diversion, purent donner une plus grande activité à la marche des travaux. Le 3, l'amiral Duperré voulut renouveler l'attaque vers les batteries de mer, et se disposa, pour cet effet, à se porter devant la ville d'Alger avec une partie de la flotte.

Nous avons dit que le contre-amiral, après avoir fait sa première attaque contre Alger, fut retenu toute la journée du 2 par le calme vers le cap Matifoux; l'amiral le rallia le soir dans cette position ; il était sorti la veille de la baie de Sidi-Ferruch avec le calme, mais remorqué par un bateau à vapeur ; il avait en même temps fait appareiller sept vaisseaux armés en flûte, dont il forma une division, sous le commandement de M. le capitaine de vaisseau Ponée. Elle croisa à l'ouverture de la baie, en communication avec elle et la partie de l'armée réunie devant Alger sous le pavillon amiral. Le commandement de la direction des mouvements de la baie de Sidi-Ferruch et des chargements qui s'y opéraient encore fut confié au capitaine de vaisseau Cuvillier.

Le 3, pendant toute la matinée, la flotte fit de vains efforts pour se rallier dans un ordre de bataille : le calme ne le permit pas. A deux heures après midi, dix vaisseaux et frégates, soit de l'escadre de bataille, soit de l'escadre de débarquement, y étaient parvenus en se formant sur le vaisseau-amiral, qui avait la tête.

A deux heures quinze minutes, l'armée se laissa arriver en ligne, pour défiler sur toutes les batteries de mer, en commençant par la pointe Pescade. Un peu avant d'arriver par leur travers, l'amiral reconnut qu'elles étaient évacuées par l'ennemi, et en même temps il aperçut un détachement de nos troupes qui descendait d'un camp voisin, qui en prit possession et y fit flotter un mouchoir blanc, lequel fut aussitôt remplacé par un pavillon envoyé dans un canot de la *Bellone*, qui par sa position se trouvait en avant de l'armée.

Ce mouvement d'évacuation fut provoqué par l'attaque faite le 1ᵉʳ par M. le contre-amiral de Rosamel et la reconnaissance de l'amiral. Les batteries étaient au nombre de trois : une, de cinq canons, était désarmée ; la seconde, armée de dix-huit canons, et la troisième, de dix canons, avaient conservé leurs pièces et leur armement ; une batterie rasante, voisine de celle-ci, était également évacuée. L'ennemi, dans ce moment, avait eu sans doute l'intention de réunir tous les canonniers sur les forts et batteries plus rapprochés de la ville, sur celles de la place et sur celles de la marine.

A l'approche de notre escadre des batteries ennemies, le grand pavillon vert oriflamme flottait sur les quatre principales mosquées de la ville. On a commencé sur la flotte le branle-bas du combat en hissant le pavillon français et aux cris de *Vive le roi!* après quoi on a battu de nouveau la générale pour se rendre aux postes de combat ; l'escadre a fait route droit sur la pointe Pescade, et elle a longé la côte dans l'est ayant ses amures à bâbord et tirant par tribord. A deux heures quarante minutes, le capitaine de vaisseau Gallois, commandant la *Bellone*, en avant de l'armée, ouvrit sur le fort des Anglais, à petite portée de ses canons de dix-huit, un feu vif et bien soutenu ; l'ennemi y riposta aussitôt. A deux heures cinquante minutes, la *Provence*, vaisseau-amiral, à grande portée, commença le feu, et successivement tous les bâtiments de l'armée, jusqu'aux bricks, défilèrent ainsi sous les batteries de l'ennemi et sous le feu tonnant de trois cents pièces d'artillerie, depuis celles des Anglais jusqu'à celles du Môle inclusivement ; les bombardes ripostèrent sous voiles aux bombes nombreuses lancées par l'ennemi. Le feu cessa à cinq heures avec le dernier bâtiment de l'armée navale.

L'ennemi, pendant cette attaque, nous avait lancé quelques bombes, qui heureusement tombèrent dans la mer après avoir passé par-dessus nos vaisseaux [1].

Quatre ou cinq boulets seulement ont touché le vaisseau amiral et y ont causé quelques petites avaries. La journée se serait passée le mieux du monde sans un malheur qui ne dépendait pas des ennemis. Une des pièces de la batterie de trente-six a éclaté par la faute, dit-on, du chargeur, qui en a été la première, mais non la seule victime. Ce chargeur n'avait pas poussé le boulet tout à fait au fond du canon, de sorte qu'il y avait un vide entre le projectile et la gargousse. Le même malheur était arrivé le 1er octobre 1828, à l'attaque du fort de Torre-Chica. Cet accident a coûté la vie à dix hommes; il y eut dix-huit blessés.

Enfin, devant le fort de l'Empereur, tout fut prêt le 4 juillet avant le jour. A quatre heures du matin, une fusée partie du quartier général donna le signal de l'attaque, et le feu commença; celui de l'ennemi y répondit avec beaucoup de vivacité.

Le général en chef s'était posté sur la terrasse du consulat d'Espagne, pour suivre l'attaque, juger et diriger ses résultats. Le dey d'Alger, avec tous ses ministres, était debout sur les créneaux de la Kasbah.

Les Turcs enfermés dans la ville, et les Arabes disséminés dans la plaine, attendaient avec anxiété l'issue de cet assaut, qui devait décider de tout un avenir.

L'armée française, impatiente de cueillir son plus beau laurier, couvrait les hauteurs qui regardent Alger.

Malgré l'effet terrible des batteries françaises, le feu du fort de l'Empeur se soutint assez longtemps. Les canonniers turcs qui périssaient étaient à l'instant remplacés par d'autres canonniers également intrépides et également dévoués. Les pièces n'étaient abandonnées par leurs servants que lorsqu'elles étaient tout à fait désemparées.

Les canonniers turcs, quoique l'élargissement des embrasures les mit presque à découvert, restèrent bravement à leur poste; mais ils ne purent lutter longtemps contre l'adresse et l'intrépidité de nos pointeurs, que le général Lahitte animait de son exemple et de ses

[1] Cette canonnade devait avoir pour but de produire une diversion favorable aux progrès des travaux de siége, et d'appeler vers la mer une partie des canonniers turcs. C'est en effet ce qui eut lieu, surtout par l'abandon que l'ennemi fit de ses batteries de la pointe Pescade; après cela, on a blâmé l'amiral de s'être tenu trop hors de portée des batteries ennemies.

L'état de la mer fut sans doute ce qui empêcha M. Duperré de raser de plus près les fortifications qu'il avait l'intention de combattre, et le força de tenir notre brave marine si fort éloignée de la position qu'avait prise lord Exmouth en 1816.

conseils. A neuf heures du matin, le fort de l'Empereur cessa de répondre au feu non interrompu des batteries françaises.

Tous les canons étaient renversés, les affûts brisés, les canonniers tués ou dispersés, les casemates enfoncées; des monceaux de cadavres couvraient les terre-pleins et le fossé du réduit.

Un moment de silence plana sur les ruines qui pantelaient de toutes parts, et nos généraux, indécis, se consultaient sur les moyens de pénétrer, sans trop exposer de monde, dans cette citadelle béante, dont les flancs pouvaient recéler des périls ignorés, quand une explosion foudroyante fit trembler le sol.

Le château s'entr'ouvrit comme un volcan; une immense trombe de poudre et de fumée, mêlée de membres humains, de cendres, d'éclats de pierre et de bois, enveloppa l'atmosphère, qui resta longtemps obscurcie par des flocons de laine provenant des ballots dont les Turcs avaient matelassé les brèches. Des canons de gros calibre furent lancés à d'énormes distances, et des lambeaux sanglants se trouvèrent jusque sur les terrasses et dans les rues d'Alger, sans que pour cela il en arrivât aucun accident pour nos troupes.

Lorsque cet affreux désastre cessa, le fort de l'Empereur apparut comme un vaste tombeau, et les Algériens pressentirent que la fatalité se déclarait enfin contre eux.

La partie supérieure de la tour du fort avait disparu; les murailles des deux faces de l'enceinte étaient presque entièrement renversées; les autres étaient entr'ouvertes de toutes parts.

Loin d'être effrayés par ce spectacle imposant, les soldats français employés à la garde de la tranchée se précipitèrent vers les débris fumants du fort de l'Empereur pour en prendre possession. L'intrépide général Hurel, qui commandait ce jour-là la tranchée, suivit et régularisa ce mouvement.

A peine fûmes-nous maîtres du fort de l'Empereur, que le général Lahitte s'y rendit de sa personne et fit taire, avec quelques pièces, les canons inutiles du fort Bab-Azoun, qui défendait encore Alger vers le sud, au bord de la mer, dans l'intérieur duquel les pièces plongeaient entièrement.

Le général Lahitte choisit, à gauche de la voie romaine, un emplacement pour y construire deux batteries, l'une de canons et l'autre de mortiers, destinées l'une et l'autre à l'attaque de la Kasbah. Elles devaient être placées sur une crête qui domine la ville, et qui n'en est éloignée que de cent cinquante mètres. C'était là qu'était autrefois le fort de l'Étoile ou des Tagarins, auquel un esclave mit le feu par haine contre son maître, qui en était gouverneur. Le génie se mit aussitôt à l'ouvrage pour établir et abriter les communications entre ce point et le fort de l'Empereur. Pendant ce temps-là, les Arabes de l'intérieur, sans s'embarrasser de ce qui se passait au siège, voulurent attaquer nos lignes et se présentèrent devant le camp de la brigade Berthier. Quelques compagnies de voltigeurs et deux pièces de canon suffirent pour les balayer.

C'est avec un sentiment universel d'enthousiasme qu'on a vu venir enfin le 4 juillet tant désiré, le 4 juillet destiné à voir succomber la ville d'Alger à nos attaques combinées; et enfin l'explosion terrible du Sultan-Kalassi, le fameux château de l'Empereur.

Il est nécessaire de raconter comment les choses s'étaient passées; nous savons que l'ordre de battre en brèche le fort de l'Empereur avait été donné dès quatre heures du matin, et continuait à s'exécuter, lorsqu'à dix heures, comme nous l'avons raconté, une explosion épouvantable fit disparaître une partie du château de l'Empereur, des jets de flamme, des nuages de poussière et de fumée, s'élevèrent à une hauteur prodigieuse; des pierres furent lancées dans toutes les directions, mais sans qu'il en résultât de graves accidents.

Nous avons vu aussi que le général Hurel, qui commandait la tranchée, ne perdit pas un moment pour franchir l'espace qui séparait nos troupes du fort, et pour les y établir au milieu des décombres.

Il paraît certain qu'à neuf heures les défenseurs découragés étaient rentrés en ville, épouvantés à la vue des ravages causés par notre artillerie, en maudissant mille fois Hussein, qui voulait, disaient-ils, les sacrifier sans utilité pour la défense d'un fort délabré.

Le dey avait ordonné à ses troupes de tenir dans le fort de l'Empereur jusqu'à la dernière extrémité; mais, à la suite du feu terrible de notre artillerie, qui avait démoli toutes les embrasures et tous les parapets, la garnison fit déclarer au dey qu'elle ne pouvait plus tenir.

Le dey ordonna alors malgré lui d'évacuer le château de l'Empereur, en mettant le feu au magasin à poudre, ce qui produisit l'explosion épouvantable que nous venons de rapporter; nos troupes prirent aussitôt possession des ruines, et sur cette position qui commande la ville on commençait déjà à établir des batteries pour la battre en brèche.

Les défenseurs du fort de l'Empereur avaient juré au dey qu'ils s'enseveliraient sous ses murs plutôt que de le laisser tomber entre les mains des Français : ils ne tinrent que la moitié de leur serment, ils rentrèrent à Alger, mais seulement après avoir chargé un nègre de mettre le feu aux poudres [1].

Nous voyons donc que le fort de l'Empereur a été battu par notre artillerie dès quatre heures du matin le 4 juillet; les Turcs ne l'ont évacué que le 4 à neuf heures du matin. On se garda bien d'y pénétrer d'abord, parce qu'on présumait qu'il pouvait être miné; en effet, l'explosion eut lieu une heure après la sortie des Turcs.

L'ardeur et l'intrépidité que montrèrent les troupes de toutes armes pendant le siége du fort de l'Empereur sont au-dessus de tout éloge. Les officiers et soldats d'artillerie et du génie soutinrent la vieille renommée de leur corps. La vigueur et les talents des généraux qui les commandaient contribuèrent puissamment à la rapidité de nos succès.

Nous voudrions pouvoir rapporter ici les plus beaux faits d'armes, faire connaître les militaires qui se sont le plus distingués, et payer un tribut de regret et d'admiration aux mânes de ceux qui trouvèrent une mort glorieuse sur ce rivage barbare; mais le silence inconcevable qui a été gardé depuis le jour du dernier combat nous ôte la possibilité de nommer ici tous les braves qui ont si bien mérité la reconnaissance de leur patrie et les souvenirs de leurs concitoyens.

M. d'Albanas, lieutenant-colonel du 30e régiment de ligne, qui avait eu le bras gauche fortement contus par un boulet à l'affaire du 27, refusa de s'éloigner de son régiment et reçut une nouvelle blessure.

Une des pertes qui furent le plus sensibles pour l'armée fut celle du chef de bataillon du génie Chambaud. Cet officier de la plus grande distinction, qui venait d'être chargé d'une mission importante en Russie, sollicita vivement pour faire partie de l'expédition d'Afrique. Un biscayen l'atteignit quelques heures après l'ouverture de la tranchée. Au mérite le plus brillant il joignait la plus aimable modestie; bon et affable, il savait vivre avec les hommes et s'en faire aimer; il fut bien vivement regretté par tous ceux qui servirent avec lui.

Pendant que les soldats victorieux plantaient le drapeau français sur les ruines du fort de l'Empereur, le brave amiral Duperré, retardé par des vents peu favorables, se préparait à renouveler une attaque sur les batteries de mer, quand il reçut à son bord l'amiral de la flotte algérienne, qui le supplia au nom du dey de cesser les hostilités, et

---

[1] Deux mille hommes périrent à leur poste, dans cette enceinte où chaque coup portait la mort. Le désordre et la révolte se mirent parmi le reste des combattants, et les débris de cette brave garnison, réduits à l'impuissance, voulaient aller mourir sous les portes de la ville qu'ils ne pouvaient plus protéger : ils furent écrasés par l'artillerie de la Kasbah, que le dey fit braquer sur eux. (*De l'Afrique française*, par P. Christian, liv. Ier, p. 37.)

réclama la paix. Il lui répondit que les dispositions de l'armée sous ses ordres seraient subordonnées à celles de l'armée de terre, dont il devait d'abord s'assurer auprès du général en chef; il suspendit cependant sa nouvelle attaque.

Le dey faisait dire par son envoyé que, « de même que le magnanime empereur de Russie s'était arrêté aux portes de Constantinople, de même les généraux français s'arrêteraient aux portes d'Alger. »

L'amiral Duperré le renvoya, en l'engageant à s'adresser au général en chef; il lui remit toutefois la note suivante:

« L'amiral soussigné, commandant en chef l'armée navale de Sa Majesté très-chrétienne, en réponse aux communications qui lui ont été faites au nom du dey d'Alger, et qui n'ont que trop longtemps suspendu le cours des hostilités, déclare que tant que le pavillon de la régence flottera sur les forts et la ville d'Alger, il ne peut plus recevoir aucune communication, et la considère toujours comme en état de guerre. »

« Vaisseau la *Provence*, devant Alger, le 4 juillet 1830.

« L'amiral commandant en chef l'armée navale,

« DUPERRÉ. »

En se retirant, le parlementaire se dirigeait vers un brick anglais qui était mouillé en rade, l'amiral lui envoya aussitôt un canot avec un de ses officiers, pour le sommer de rentrer en ligne directe dans le port, ce qu'il exécuta sur-le-champ.

Il est temps maintenant de dire ce qui se passait après l'explosion du fort de l'Empereur. Cependant le trouble régnait dans la ville, et les chefs de la milice, soulevés contre le dey, demandaient la paix à grands cris.

Hussein, exalté par son malheur, voulait s'ensevelir sous les ruines de la Kasbah; deux fois il s'élança le pistolet à la main, pour mettre le feu aux magasins de poudre que contenait cette citadelle; et ses officiers eurent grand'peine à fléchir sa résolution désespérée.

Accueillant alors la pensée qu'il pouvait encore sauver sa puissance au prix d'une humiliation passagère, il se détermina à envoyer enfin un parlementaire vers le général en chef.

M. de Bourmont était à peine établi avec son état-major dans le fort de l'Empereur, qu'on vit s'avancer un parlementaire, envoyé par le dey; il se présenta aux avant-postes. C'était Sidi-Mustapha, premier secrétaire de Hussein-Pacha. Le général en chef reçut le parlementaire sur les débris du fort de l'Empereur. Ce dernier venait de la part de son maître proposer à M. de Bourmont des excuses pour le gouvernement français, dire que le dey consentait à abandonner toutes ses anciennes créances sur la France, à se soumettre à toutes les réparations qu'on avait exigées de lui avant la rupture, et à payer les frais de la guerre.

Ces conditions étaient présentées avec hésitation et en tremblant par ce négociateur, dont les traits exprimaient le sentiment de la plus grande terreur.

« Dites au dey, répondit le comte de Bourmont, que le sort de la ville d'Alger et de la Kasbah est dans mes mains, car je suis maître du fort l'Empereur et de toutes les positions voisines. En quelques heures, les cent pièces de canon de l'armée française et celles que j'ai enlevées aux Algériens auront fait de la Kasbah et de la ville un monceau de ruines; et alors Hussein-Pacha et les Algériens auront le sort des populations et des troupes qui se trouvent dans les villes prises d'assaut. Si Hussein veut avoir la vie sauve, pour lui, les Turcs et les habitants de la ville, qu'ils se rendent tous à merci, et remettent sur-le-champ aux troupes françaises la Kasbah, tous les forts de la ville et les forts extérieurs. »

En entendant cette fatale réponse, une tristesse profonde se répandit sur la mâle et belle figure de l'envoyé du dey. Il parut consterné, et déclara que sa bouche n'oserait jamais transmettre à Hussein-Pacha de si dures conditions. Il fallut pour le décider que M. de Bourmont les fît rédiger, et apposât son cachet sur cette pièce officielle. Après quoi Mustapha partit avec cette réponse qui annonçait à Hussein-Pacha que son règne était fini: il était alors onze heures et demie.

A une heure arrivèrent deux nouveaux parlementaires envoyés par le dey : c'étaient deux maures notables de la ville, les sieurs Hassan-ben-Othman-Khodza et Ahmed Bouderbah. Ce dernier, ayant habité longtemps Marseille, parlait parfaitement la langue française.

Porteurs des mêmes propositions, ils reçurent une réponse semblable. Ils furent bientôt suivis de Sidi-Mustapha, qui les rejoignit et revint accompagné du consul d'Angleterre [1].

Mais, moins timide et plus insinuant que Sidi-Mustapha, le Maure Bouderbah représenta au comte de Bourmont que les mots « se rendre

---

[1] Le consul général de la Grande-Bretagne vint offrir sa médiation. Le comte de Bourmont la déclina, en disant qu'il arrangerait cette affaire en famille avec le dey.

à merci » seraient mal compris par les Turcs, qu'ils les considéreraient comme un sacrifice volontaire qu'ils devaient faire de leurs personnes, de leurs familles et de leurs propriétés ; que d'après cette opinion ils aimeraient mieux périr que de se soumettre, et que la ruine d'Alger et la perte des grandes richesses qui se trouvaient dans son sein deviendraient inévitables.

Le comte de Bourmont consentit à adoucir la rigueur des premières conditions. Après quelques pourparlers, il signa et fit signer par les trois parlementaires, Sidi-Mustapha, Hassan-ben-Othman-Khodza et le maure Bouderbah, une convention préliminaire dont nous donnerons bientôt les bases ci-après.

Comme les derniers parlementaires avaient demandé une suspension d'armes au général en chef, cette suspension d'armes fut accordée jusqu'au lendemain sept heures, pour attendre la réponse du prince.

Comme il était donc indispensable de rassurer les esprits, de développer les articles de la capitulation et de les faire expliquer au divan par un interprète de l'armée, M. de Bourmont fit accompagner les parlementaires de M. Bracewithz, l'un des principaux interprètes de l'armée.

La mission de M. Bracewithz n'était pas sans danger. Le récit que nous en a laissé ce fonctionnaire prouve assez que ses appréhensions n'étaient pas sans fondement. Les longs rapports que M. Bracewithz avait entretenus avec les Orientaux, car il avait été premier interprète de Bonaparte dans la campagne d'Égypte, lui avaient appris tout ce qu'un parlementaire peut redouter de la colère des Turcs lorsqu'il est porteur de dépêches contraires à leurs idées ou à leurs intérêts. Nous consignons ici cette relation parce qu'elle renferme de curieux détails qui intéresseront le lecteur et lui donneront une idée juste du caractère des Turcs.

En arrivant à la Porte-Neuve, qu'on n'ouvrit au parlementaire qu'après beaucoup de difficultés, Bracewithz se trouva au milieu d'une troupe de janissaires en fureur ; ceux qui le précédaient avaient peine à faire écarter les Maures, les Arabes et les Juifs qui se pressaient en foule sur la rampe étroite qui mène à la Kasbah. Ce n'étaient, de tous côtés, que cris d'effroi, menaces, imprécations, et ce ne fut pas sans peine que l'agent français put arriver aux remparts du palais. Sidi-Mustapha en fit ouvrir les portes, qui se refermèrent aussitôt sur la populace ameutée.

« La cour du divan où je fus introduit, raconta lui-même Brace-

withz, était remplie de janissaires ; Hussein était assis à sa place accoutumée ; il avait, debout autour de lui, ses ministres et quelques consuls étrangers. L'irritation était violente; Hussein me parut calme, mais triste. Il imposa silence de la main, et tout aussitôt me fit signe d'approcher, avec une expression d'anxiété et d'impatience. J'avais à la main les conditions du général en chef, qui avaient été copiées par l'intendant Denniée sur la minute du général Desprez, écrite sous la dictée de M. de Bourmont. Après avoir salué le dey et lui avoir adressé quelques mots respectueux sur la mission dont j'étais chargé, je lus en arabe les articles suivants, avec un ton de voix que je m'efforçai de rendre le plus rassuré possible : « L'armée française prendra pos-
« session de la ville d'Alger, de la Kasbah et de tous les forts qui en
« dépendent, ainsi que de toutes les propriétés publiques, demain,
« 5 juillet 1830, à dix heures du matin (heure française). » Les premiers termes de cet article excitèrent une rumeur sourde, qui augmenta quand je prononçai les mots : dix heures du matin. Je continuai : « La religion et les coutumes des Algériens seront respectées ;
« aucun militaire de l'armée ne pourra entrer dans les mosquées. »
Cet article excita une satisfaction générale ; le dey regarda toutes les personnes qui l'entouraient comme pour jouir de leur approbation, et me fit signe de continuer : « Le dey et les Turcs devront quitter Alger dans le plus bref délai. » A ces mots, un cri de rage retentit de toutes parts ; le dey pâlit, se leva, et jeta autour de lui des regards inquiets. On n'entendait que des menaces de mort proférées avec fureur par tous les janissaires. Je me retournai au bruit des yatagans et des poignards qu'on tirait des fourreaux, et je vis leurs lames briller au-dessus de ma tête. Je m'efforçai de conserver une contenance ferme, et je regardai fixement le dey. Il comprit l'expression de mon regard, et, prévoyant les malheurs qui allaient arriver, il descendit de son divan, s'approcha d'un air furieux vers cette multitude effrénée, ordonna le silence d'une voix tonnante, et me fit signe de continuer. Ce ne fut pas sans peine que je fis entendre la suite de l'article, qui ramena un peu de calme : « On leur garantit la conservation
« de leurs richesses personnelles ; ils seront libres de choisir le lieu
« de leur retraite. »

« Des groupes se formèrent à l'instant dans la cour du divan ; des discussions ardentes avaient lieu entre les officiers turcs : les plus jeunes demandaient encore à défendre la ville. Ce ne fut pas sans difficulté que l'ordre fut rétabli, et que l'agha Ibrahim, les membres les plus influents du divan et le dey lui-même leur persuadèrent que la défense était impossible, et qu'elle ne pourrait amener que la destruction totale d'Alger et le massacre de la population. Le dey donna l'ordre que les galeries de la Kasbah fussent évacuées, et je restai seul avec lui et ses ministres. Sidi-Mustapha lui montra alors la minute de la capitulation que le général en chef nous avait remise, et dont presque tous les articles lui étaient personnels et réglaient ses affaires particulières. Elle devait être échangée le lendemain matin avant dix heures. Cette convention fut longuement discutée par le dey et par ses ministres; ils montrèrent dans la discussion des articles et dans le choix des mots toute la défiance et la finesse qui caractérisent les Turcs dans leurs transactions. On peut apercevoir, en la lisant, les précautions qu'ils prirent pour s'assurer toutes les garanties désirables; les mots et les choses y sont répétés à dessein et avec affectation, et toutes ces répétitions, qui ne changent rien au sens, étaient demandées, exigées ou sollicitées avec les plus vives instances de la part des membres du divan.

« Sidi-Mustapha copia en langue arabe cette convention et la remit au dey, avec le double en français que j'avais apporté. Comme je n'avais pas mission de traiter, mais de traduire et d'expliquer, je demandai à retourner vers le général en chef, pour lui rendre compte de l'adhésion du dey et de la promesse que l'échange des ratifications serait fait le lendemain de grand matin. Hussein me parut très-satisfait de la conclusion de cette affaire; pendant que ses ministres s'entretenaient entre eux sur les moyens à prendre pour l'exécution de la capitulation, le dey se fit apporter par un esclave noir un grand bol en cristal rempli de limonade à la glace. Après en avoir bu, il me le présenta, et j'en bus après lui. Je pris congé; il m'adressa quelques paroles affectueuses, et me fit conduire jusqu'aux portes de la Kasbah par le bachi-chiaouch et par Sidi-Mustapha. Ce dernier m'accompagna avec quelques janissaires jusqu'en dehors de la Porte-Neuve, à peu de distance de nos avant-postes.

« Je revins au quartier général avec une fièvre nerveuse, suite des émotions violentes que j'avais éprouvées pendant plus de deux heures, et je ne pus être du nombre des personnes qui se rendirent le lendemain, vers sept heures du matin, à la Kasbah, pour prendre les derniers arrangements relatifs à la reddition des portes d'Alger, des forts et de la citadelle. Cette mission fut confiée à M. de Trélan, aide de camp du général en chef, à qui l'on adjoignit deux interprètes et M. le colonel Bartillat, commandant du quartier général [1]. »

[1] Merle, secrétaire particulier du général en chef. (*Expédition d'Afrique*, p. 260.) Bra-

Ainsi, en vingt jours, l'armée française avait défait l'ennemi dans deux batailles décisives, et l'avait repoussé dans une multitude d'engagements partiels; elle avait investi une place de très-grande étendue, exécuté tous les travaux de siége, pris une citadelle importante, et, pour récompense de tant de travaux si vaillamment accomplis, elle allait entrer victorieuse dans Alger, cette ville réputée imprenable!

La capitulation définitive était rédigée en ces termes :

CONVENTION ENTRE LE GÉNÉRAL EN CHEF DE L'ARMÉE FRANÇAISE ET SON ALTESSE LE DEY D'ALGER.

Article 1er. Le fort de la Kasbah, tous les autres forts qui dépendent d'Alger et les portes de la ville seront remis aux troupes françaises ce matin, à dix heures (heure française).

Art. 2. Le général de l'armée française s'engage envers Son Altesse le dey d'Alger à lui laisser la libre possession de toutes ses richesses personnelles.

Art. 3. Le dey sera libre de se retirer, avec sa famille et ses richesses, dans le lieu qu'il fixera; et tant qu'il restera à Alger il sera, lui et toute sa famille, sous la protection du général en chef de l'armée française : une garde garantira la sûreté de sa personne et celle de sa famille.

Art. 4. Le général en chef assure à tous les membres de la milice les mêmes avantages et la même protection.

Art. 5. L'exercice de la religion mahométane restera libre; la liberté de toutes les classes d'habitants, leur religion, leurs propriétés, leur commerce et leur industrie ne recevront aucune atteinte; leurs femmes seront respectées; le général en chef en prend l'engagement sur l'honneur.

Art. 6. L'échange de cette convention sera fait avant dix heures, ce matin, et les troupes françaises entreront aussitôt après dans la Kasbah, et successivement dans tous les autres forts de la ville et de la marine.

Comte DE BOURMONT.

Au camp devant Alger, le 4 juillet 1830.

Cette convention fut ratifiée en entier par Hussein-Pacha le 5 juillet au matin.

cewithz, après la prise d'Alger, ne fut point récompensé de sa périlleuse mission, et mourut quinze jours après à l'hôpital, de chagrin et de misère.

Le dey, ayant demandé un nouveau délai, obtint seulement un sursis de deux heures : l'heure précise de midi fut fixée par la remise définitive.

CHAPITRE VIII

DOMINATION FRANÇAISE

L'armée française entre dans Alger. — La Kasbah. — Inventaire du trésor de la Kasbah. — Naufrage des deux bricks le *Silène* et l'*Aventure*. Détail de cette catastrophe. — Départ de Hussein-Dey pour Naples et des janissaires pour Vourla. — Notice sur le bâtiment autrichien le *Metternick*. — Parcours de la ville d'Alger et de ses fortifications telles qu'elles étaient lorsque nous en fîmes la conquête. — Mon départ pour Mahon. — Description de cette ville. — Des îles Baléares. — Hôpitaux de Mahon. — Mort de l'évêque de Mahon. — Expédition de Blidah et retraite. — Des expéditions de Bone et d'Oran; elles sont rappelées. — Le bey de Titery reprend les armes contre nous. — Événements des journées de Juillet. — Le drapeau tricolore est arboré sur les batteries et les murs d'Alger. — Départ du comte de Bourmont. — Il est remplacé par le général Clausel.

A l'heure indiquée, toutes les troupes françaises qui devaient entrer dans Alger se trouvèrent en bataille sous les murs de la ville et de la Kasbah.

A midi, les trois divisions de l'armée française se mirent en marche pour prendre possession des différents postes qui leur avaient été assignés. La Porte-Neuve, qui était la plus rapprochée des attaques, fut choisie pour l'entrée triomphale; le général Achard, avec sa brigade, devait occuper la porte Bab-el-Oued et les forts qui l'avoisinent; le général Berthier de Savigny, le fort Bab-Azoun et les différents postes de la marine; car l'escadre, depuis la canonnade du 3, était tenue au large par des vents contraires.

Nos troupes parvenues aux abords de la ville, le chemin présentait quelques difficultés par son peu de largeur : de la Porte-Neuve à la Kasbah, ce n'est plus qu'une étroite ruelle bordée de mauvaises bicoques bâties sans alignement, et où trois hommes pouvaient à peine passer de front. Les essieux de l'artillerie renversaient à chaque instant des pans de muraille, et ces démolitions imprévues obstruaient la marche de la colonne. Pendant que l'on était occupé à déblayer la voie, le colonel Bertillat, chargé de faire le logement du quartier général, surmontant tous ces obstacles, s'avança avec un faible détachement vers la Kasbah. Aussitôt qu'on le vit approcher de l'enceinte, le dey, qui s'y trouvait encore, en sortit précipitamment; ses domestiques maures et les esclaves nègres imitèrent son exemple, emportant tout ce qui leur tombait sous la main, et laissant échapper dans leur fuite la plupart des objets qu'ils enlevaient; si bien qu'en un clin d'œil l'entrée de la Kasbah et ses abords semblaient avoir été livrés au pillage. Les Juifs profitèrent seuls de cette panique; ils recueillirent ces épaves avec une avidité extrême. Nos soldats s'emparèrent bien de quelques objets, mais moins à cause de leur valeur intrinsèque que de leur bizarrerie.

Alger, lorsque les Français y entrèrent le 5 juillet 1830, ne présentait pas l'aspect triste et désolé d'une ville où la victoire vient d'introduire l'ennemi. Les boutiques étaient fermées, mais les marchands, assis tranquillement devant leurs portes, semblaient attendre le moment de les ouvrir. On rencontrait çà et là quelques groupes de Turcs et de Maures dont les regards distraits annonçaient plus d'indifférence que de crainte.

Quelques Musulmanes voilées se laissaient entrevoir à travers les étroites lucarnes de leurs habitations. Les Juives, plus hardies, garnissaient les terrasses de leurs demeures, sans paraître surprises du spectacle nouveau qui s'offrait à leurs yeux.

Nos soldats, moins impassibles, jetaient partout des regards avides et curieux, et tout faisait naître leur étonnement dans une ville où leur présence semblait n'étonner personne.

La résignation aux décrets de la Providence, si profondément gravée dans l'esprit des Musulmans, le sentiment de la puissance de la France, qui devait faire croire en sa générosité, étaient autant de causes qui appelaient la confiance : aussi ne tarda-t-elle pas à s'établir.

Les portes Bab-Azoun et Bab-el-Oued, les forts qui leur correspondent et les batteries de la côte furent occupés en même temps que la Porte-Neuve et la Kasbah.

Nulle part on ne rencontra de janissaires; sur aucun point la garnison turque n'avait laissé de postes. Les miliciens célibataires s'étaient retirés dans les casernes; ceux qui étaient mariés avaient cherché asile dans les habitations de leurs familles. Malgré cet abandon, jamais ville en Europe ne fut occupée avec plus d'ordre. Le quartier général s'établit, ainsi que nous l'avons dit, à la Kasbah; un bataillon seulement de la division Loverdo et quelques compagnies d'artillerie en formèrent la garnison. Deux autres bataillons de cette division s'installèrent près de la porte Bab-Azoun; le reste campa près de la Porte-Neuve et autour du château de l'Empereur. Une partie de la brigade Achard forma la garnison du fort Bab-el-Oued ou fort Neuf et celui des Anglais; l'autre campa dans les terrains environnants. Le fort Bab-Azoun fut occupé par un bataillon de la division d'Escars; le deuxième régiment de marche avait pris position une demi-lieue en avant, sur les bords de la mer.

Les autres corps de cette division étaient répartis sur les hauteurs qui dominent la plage orientale. Les sapeurs du génie et la plus grande partie des canonniers furent logés dans les bâtiments de la marine. Enfin, à midi, le pavillon algérien disparut de la Kasbah et de quelques forts voisins; à deux heures et demie, le pavillon français flottait sur le palais du dey, et fut arboré successivement sur tous les forts et batteries.

Quelques bâtiments de l'armée navale, qui se trouvaient en rade dans ce moment, le saluèrent de vingt et un coups de canon.

La Kasbah, que le général en chef venait de choisir pour sa résidence, n'était point un palais, ni même dans nos habitudes européennes une habitation tolérable : c'était une enceinte informe, fermée par de hautes murailles crénelées à la mauresque, et où s'échappaient, par de profondes embrasures, de longs canons dont l'embouchure était peinte en rouge. Deux ruelles étroites et tortueuses conduisaient à l'entrée principale de cette espèce de citadelle.

« On y pénétrait par une porte lourde et massive, sous un porche obscur et sans autre ornement qu'une fontaine de marbre, d'où s'échappait, dans une coupe gracieusement sculptée, une eau fraîche et limpide. Une ruelle étroite, flanquée par les écuries du dey, conduisait à la cour du divan. Cette cour était vaste, pavée en marbre et entourée d'une galerie couverte, soutenue par des colonnades mauresques en marbre blanc.

« On y remarquait un magnifique citronnier et une fontaine d'où s'élevait un mince jet d'eau. Sur un des côtés de la galerie, plus orné que les autres, resplendissaient des glaces de toutes les formes et de tous les pays; une banquette régnait dans toute sa longueur, et à l'une de ses extrémités elle était recouverte d'un tapis de drap écarlate, bordée d'une frange de même couleur : c'est là que se plaçait le dey pour tenir son divan, rendre la justice, ou donner audience aux consuls et aux marchands étrangers : c'est là qu'eut lieu la scène du chasse-mouches. Cette galerie n'avait d'autres meubles que des tapis de Smyrne, une pendule gothique à garniture de Boule enrichie de bronze doré, un petit meuble de laque, dans les tiroirs duquel se trouvaient un Koran, un calendrier turc[1] et quelques boîtes de parfums. Il y avait aussi un baromètre anglais, monté sur une table d'acajou et dont les légendes étaient gravées sur des plaques de platine. On trouvait plusieurs instruments du même genre et de formes différentes dans les appartements du dey, et un surtout très-riche de Dollou, cadeau du prince régent en 1819. Sous cette même galerie, à l'autre extrémité de la banquette, s'ouvrait la porte du trésor, armée d'énormes serrures et d'un fort guichet de fer; elle donnait entrée à deux ou trois corridors, sur lesquels s'ouvraient des caveaux sans fenêtres, coupés dans leur longueur par une cloison : c'est là qu'étaient jetées, en tas, des monnaies d'or et d'argent de tous pays, depuis le boudjou d'Alger jusqu'au quadruple du Mexique.

« Autour de la cour du divan, qui en formait la pièce principale, des salles et des magasins, des écuries et de petits jardins ou cours plantées d'arbres et dans lesquelles se promenaient des autruches[2], un kiosque, une mosquée, une salle d'armes, une ménagerie renfermant quelques tigres et quelques lions, un vaste magasin à poudre dont le dôme avait été mis à l'abri de la bombe par une double couverture de balles de laine, enfin un parc à boulets, formaient les dépendances du palais enclavé dans de hautes murailles de quarante pieds, terminées par une plate-forme à embrasures, sur laquelle étaient braqués près de deux cents canons de tout calibre soigneusement peints en vert et en rouge[3] à leur embouchure, et dont une moitié servait à défendre la ville du côté de la campagne, et l'autre moitié à la réduire en poudre en cas de révolte.

« Les appartements du dey et son harem étaient situés au second étage, dans le côté de l'est. La galerie qui y conduisait par un petit escalier en bois peint vert et rouge, comme toutes les boiseries de la Kasbah, servit de salle à manger au général en chef. Cet escalier menait à une autre galerie, fermée par des stores de toile de Perse et par

---

[1] Ce calendrier était une longue bande de parchemin de quatre pieds de longueur, et de trois pouces et demi de largeur, sur laquelle on voyait tracés, en caractères arabes, les mois de l'hégire entourés de versets du Koran, le tout orné d'arabesques d'or et de couleurs d'un fini précieux.

[2] La Kasbah renfermait un grand nombre d'autruches : ces pauvres oiseaux furent inhumainement plumés vivants. L'amateur le plus curieux de leurs dépouilles était le général ***, qui en fit une très-belle collection; il disait à ceux qui s'amusaient en le voyant écorcher ces malheureuses bêtes, qui criaient à fendre le cœur : « Ceci fera plaisir à ma petite Anaïs. » Ce mot est resté proverbe à l'armée. A coup sûr, mademoiselle Anaïs a dû avoir de quoi fournir de marabout à toutes les dames de sa société. (De l'Afrique française, par M. P. Christian, liv. I, p. 43.)

[3] Le vert et le rouge étaient les couleurs du devlik d'Alger.

de larges fenêtres à la turque, donnant sur la cour du divan. Trois grandes pièces, qui ne communiquaient pas entre elles, formaient le logement du dey. Au bout de cette galerie était un petit kiosque, entouré d'un divan rouge, dans lequel Hussein venait prendre le café et fumer sa pipe après les audiences publiques. Ce kiosque servit de salon aux aides-de-camp de l'état-major général. Au-dessous était une porte très-basse, servant d'entrée au harem, composé de deux cours, autour desquelles régnaient des chambres et des boudoirs, et toutes les dépendances nécessaires au service des femmes. Ces appartements n'avaient aucune fenêtre sur les parties publiques du palais; de petites croisées garnies de barreaux serrés, ouvrant sur les jardins, donnaient de l'air et du jour, et des ouvertures longues et étroites comme des meurtrières laissaient seules apercevoir quelques échappées de mer et de campagne. Le mobilier du harem était plus somptueux qu'élégant : on n'y trouvait ni le goût français, ni la propreté anglaise; mais des tapis de grand prix jetés à profusion sur le carreau, des étoffes d'or et d'argent, un luxe étonnant de coussins de toute grandeur et de toute formes, en drap et en velours, rehaussés de riches broderies arabes, de glaces et de cristaux sans nombre; des meubles d'acajou lourds, massifs et surchargés d'ornements de bronze doré; des lits entourés de moustiquaires en mousseline de l'Inde brochés à fleurs d'or; des divans partout, et tout cela dans une atmosphère de roses, de jasmin, de musc, de benjoin et d'aloès. On trouva dans le harem un grand nombre de tables de toilette, de coffres et de nécessaires en bois précieux de l'Asie, incrustés de nacre, d'ambre, d'ivoire et d'ébène; des porcelaines de la Chine et du Japon du plus grand prix, et une multitude incroyable de petits meubles bizarres et inconnus en Europe, inventés pour satisfaire les caprices enfantés par l'ennui et le désœuvrement du harem, et par les habitudes fantasques et voluptueuses des femmes de l'Orient.

« Les appartements du dey étaient beaucoup plus simples, avec leurs murailles nues et blanchies à la chaux : des tapis et des divans formaient leur unique mobilier; des pipes, des armes, des pendules anglaises et quelques lunettes marines furent tout ce qu'on y trouva ; mais les armes étaient d'un prix inestimable. Quelques dignitaires de l'état-major général se partagèrent les fusils garnis de perles et de corail, les sabres à fourreaux d'or ou d'argent. C'étaient les épaves de la victoire, et celui qui voudrait en condamner la répartition improvisée ne doit pas oublier que certains généraux de l'Empire savaient mieux exploiter les belles villas de la Lombardie et de la Toscane, les antiques cathédrales de Tolède, de Grenade, de Burgos et de Valence, les châteaux de la Souabe, de la Bavière, de la Saxe et de la Bohême. »

Nous voyons que le quartier général, aussitôt notre prise de possession, fut installé dans la Kasbah (citadelle où, comme on sait, le dey faisait sa résidence). La promptitude de notre occupation nous livra toutes les parties de l'habitation deylikale dans la plus parfaite intégrité. L'intendance de l'armée allait aussitôt s'occuper, par ordre du général en chef, de dresser l'inventaire de l'argent et des objets de prix renfermés dans le palais du dey.

La capitulation parut d'abord à plusieurs officiers un peu avantageuse pour le dey et son monde ; mais on savait que si nous eussions poussé le dey et les Turcs au désespoir, ils étaient résolus à ne nous laisser qu'une ville en ruines, car le dey, par son exaltation religieuse, était disposé à se porter aux dernières extrémités, si on lui avait imposé des conditions trop dures : il pouvait fort bien faire sauter la Kasbah, comme il avait fait sauter le château de l'Empereur, et essayer enfin d'opérer une sortie en masse pour se retirer dans l'intérieur des terres, espérant faire une trouée dans nos lignes par une irruption inattendue.

Le maréchal de Bourmont, quelque graves qu'eussent été, en 1815, ses torts envers l'armée dans laquelle il avait accepté un commandement, et qu'il abandonna en présence de l'ennemi trois jours avant la funeste bataille de Waterloo, se montra, pendant la campagne d'Afrique, digne de la haute mission qui lui avait été confiée. On l'a accusé de trop de lenteur et de trop de prudence ; mais, en lui faisant ce reproche, on oublie que toutes les expéditions précédentes contre Alger, celles même de Charles-Quint et d'O'Reilly, n'ont manqué que par l'effet de la précipitation et l'ardeur des troupes de débarquement. L'expérience du passé a servi de règle au général de Bourmont. Il a pris Alger, et, à son départ d'Afrique, en remettant le commandement au général Clausel, il n'a emporté pour tout trésor qu'un coffret de cèdre renfermant le cœur d'un de ses fils, blessé à mort au combat de Sidi-Khalef.

L'opinion publique, trompée par les rapports des Maures et des Juifs, estimait à une bien plus haute valeur le trésor de la régence. On ignorait que, depuis de longues années, ce gouvernement éprouvait un déficit annuel de plus de deux millions de francs. Les hommes aveuglés ou malveillants accusèrent de malversation et de péculat les chefs de l'armée expéditionnaire. Une commission d'enquête fut envoyée sur les lieux, et l'accusation fut réduite à néant.

On n'a détourné aucune somme d'argent, c'est un fait avéré ; mais nous tenons d'officiers dignes de foi, attachés à l'armée d'Afrique, qu'il y a eu pillage de certains objets curieux, tels que selles, harnachements, costumes, armes et armures. Ce pillage au moment même du triomphe peut être excusé : dans tous les temps, les armes des vaincus ont fait partie des trophées appartenant au vainqueur : ce sont les reliques de la victoire et de la conquête. Des objets d'une autre nature ont été soustraits, et il est certain que ces objets n'ont point été compris dans le nombre des dépouilles que l'armée d'expédition s'est adjugées.

Alger renfermait, outre la milice turque, en qui résidait le pouvoir, deux populations soumises, les Maures et les Juifs, qui pouvaient se croire le droit de réclamer des restitutions à leurs oppresseurs. Un fait grave et qui mériterait d'être examiné, c'est que, d'après M. Pichon, intendant civil, tout le matériel de l'atelier des monnaies, placé dans la Kasbah, a disparu au moment de la conquête. Évidemment nos soldats n'en avaient que faire. Mais le matériel enlevé peut servir à des industriels habiles, comme il s'en trouve en Afrique, pour fabriquer et répandre une monnaie dont l'altération sera d'autant plus difficile à reconnaître, que les habitants de la régence, par suite de l'habitude et de la prévention nationale, préféreront longtemps, dans toutes les transactions, les monnaies arabes aux monnaies françaises.

Après avoir fait la part de l'exagération, occupons-nous de la reconnaissance exacte du trésor algérien.

La commission instituée par le général en chef fit d'abord le tri des pièces et des lingots qui se trouvaient dans les différentes salles ; puis elle procéda à leur pesage.

Cette délicate opération dura plusieurs jours, et eut lieu par les soins des officiers d'état-major et de la trésorerie, sous la surveillance de la commission des finances. Ses résultats donnèrent :

7,212 kilogr. d'or,	à 3,434 fr. le kilogr., fr.	24,768,000
108,704 — d'argent, à	220 fr. —	23,915,000
115,916 kilogr.; représentant ensemble.	. . . . fr.	48,683,000

Huit sous-officiers d'artillerie furent chargés d'emballer ces matières. A mesure que les caisses étaient clouées, ficelées, elles recevaient un numéro d'ordre, et on les plaçait méthodiquement dans l'un des caveaux, d'où elles ne sortaient que pour être transportées à bord des vaisseaux de l'État par des militaires de corvée, commandés par des officiers, et sous la conduite du payeur général et des agents de la trésorerie.

Quarante-trois millions seulement furent envoyés en France. Le *Marengo* et le *Duquesne* reçurent les matières d'or; celles d'argent furent réparties entre le *Scipion*, le *Nestor* et la *Vénus*. Les cinq millions restant, qui se composaient d'espèces monnayées ayant cours dans la régence, furent employés au service des dépenses publiques.

Lorsque cette reconnaissance minutieuse fut achevée, les membres de la commission, toujours sous l'influence des bruits exagérés qui circulaient, pensant encore que la Kasbah devait renfermer quelques casemates, quelques lieux souterrains et secrets où d'autres valeurs se trouvaient cachées, mandèrent le khasnadji et ses employés. Questionnés séparément, et menacés même de punitions sévères s'ils ne révélaient pas ce qu'ils savaient à l'égard du trésor, on ne put obtenir aucun renseignement, car ils n'en avaient aucun à donner; tous offrirent de jurer sur le Koran que les valeurs reconnues par la commission était tout ce qui composait le trésor; tous consentirent à livrer leur tête si on parvenait à découvrir dans toute la Kasbah une seule pièce murée qui contînt de l'or ou de l'argent, soit monnayés, soit en lingots. Ils firent de nouveau observer que, depuis quinze ou vingt ans, les dépenses de l'odjack excédaient de plusieurs millions les recettes; que les constructions nouvelles faites au port, depuis l'expédition de lord Exmouth, avaient coûté des sommes considérables; que le blocus entretenu par les navires français avait rendu nul, depuis trois ans, le produit des douanes; qu'en un mot, les revenus subissaient depuis longtemps un dépérissement progressif, et que l'État inclinait vers sa ruine lorsque l'armée française entra triomphante dans Alger. Ces raisons étaient on ne peut mieux fondées.

La piraterie avait rempli le trésor de la Kasbah; ce trésor s'était vidé pour subvenir aux besoins des pirates dès que leurs déprédations furent rendues impossibles. Au reste, voici comment les Maures, ennemis naturels des Turcs, et qui les observaient de près, s'exprimaient sur les changements que les finances de l'odjack avaient éprouvés pendant ces dernières années:

« Dans les puits de la Kasbah, disaient-ils, l'or coulait jadis pardessus la margelle; ensuite il a fallu pencher le corps et bien enfoncer les mains pour y puiser; enfin, dernièrement on n'y pouvait atteindre qu'avec le secours d'une échelle. »

Ainsi, par un heureux hasard, la conquête d'Alger, loin de grever la France, couvrit ses propres dépenses et fit entrer plusieurs millions dans les caisses publiques ; car, outre les richesses métalliques trouvées dans la Kasbah, elle contenait des quantités considérables de laine, de peaux, de cuirs, de cire, de plomb et de cuivre ; et les magasins de la marine étaient abondamment pourvus de blé, de sel, de toile, de cordes, de ferrures et de chanvre.

En résumé, voici l'état des recettes et des dépenses de l'expédition, jusqu'à l'époque du retour des forces navales à Toulon :

Le khasnadji consigna à la commission française des finances, en juillet 1830 . . . . fr. 48,684,527
Valeur des laines et denrées diverses. 3,000,000
Idem des pièces d'artillerie en bronze. 4,000,000

Total. . . . . fr. 55,684,527

Les dépenses de tout genre pour l'expédition, celles de la marine et de la guerre réunies, se sont élevées à 48,500,000

Excédant des recettes. . . . . fr. 7,184,527

La guerre d'Alger, outre la conquête d'un riche et important territoire, a donc donné à la France un bénéfice de 7,184,527 fr.

Le 6 juillet, vers midi, le vaisseau la *Provence* vint mouiller sous les murs d'Alger ; les autres bâtiments de l'armée navale, partagés en deux divisions, sous le commandement du contre-amiral de Rosamel et du capitaine de vaisseau Perrier, croisèrent à l'ouest des baies d'Alger et de Sidi-Ferruch. Le premier soin de l'amiral fut de se rendre au bagne pour en faire sortir les esclaves chrétiens et de réclamer les malheureux prisonniers des deux bricks le *Silène* et l'*Aventure*, qui avaient naufragé sur la côte quelque temps avant notre expédition. Ils lui furent rendus et expédiés pour la France, après avoir beaucoup souffert, bien plus cependant de l'exaspération de la population que de celle du dey ; néanmoins, aucun de ceux échappés au massacre des Arabes n'a succombé à ses souffrances. On avait l'espoir de trouver à Alger les infortunés Chabrol et Delorme, enseignes de vaisseau ; mais ces deux jeunes officiers de la plus belle espérance avaient été sacrifiés, et leurs têtes sanglantes furent sans doute les dernières que portèrent les affreuses murailles du pirate. M. le capitaine Bruat, renfermé dans le bagne pendant la campagne, avait conservé quelques intelligences avec les consuls étrangers, et forma le hardi projet de faire parvenir des renseignements au général en chef sur les moyens d'attaquer la place, pour prévenir les dangers qu'auraient à courir ses compagnons d'infortune : « Je signerai, leur dit-il ; s'il tombe une tête, ce sera la mienne, et je crois devoir l'exposer dans l'intérêt de mon pays. »

Les renseignements écrits et signés par le capitaine Bruat parvinrent à temps au général en chef et lui furent utiles. Honneur au courage héroïque du jeune marin !

« Nous fûmes, dit-il, retardés dans la rade de Toulon : les vents contraires s'opposèrent au départ de la flotte, et ce retard donna lieu à une foule de conjectures, qui furent non-seulement accueillies dans le public, mais se répandirent aussi sur les bâtiments de la rade et ajoutèrent quelque mécontentement à l'ennui général qu'éprouvaient les soldats. »

Ce retard fut cependant fort heureux, car, pendant près d'un mois, le plus mauvais temps régna sur les côtes d'Afrique, et l'escadre, loin de pouvoir opérer le débarquement si elle était partie plus tôt, aurait couru les plus grands dangers.

Les 14, 15 et 16 mai, les vents eurent une telle violence, que M. Massieu de Clerval, capitaine de vaisseau, commandant la division chargée du blocus, fut forcé de gagner le large avec les bâtiments qui se trouvaient près de lui. Les bricks le *Silène* et l'*Aventure*, poussés à la côte, firent naufrage, et leurs équipages tombèrent au pouvoir des Arabes. Mais laissons parler ici M. d'Assigny, lieutenant de vaisseau, l'une des victimes de ce funeste événement.

RAPPORT DE M. D'ASSIGNY, ADRESSÉ A S. É. LE MINISTRE DE LA MARINE.

« Du bagne d'Alger, en date du 23 mai 1830.

« Depuis mon retour de Tunis, j'étais naviguant de concert avec la frégate la *Bellone*. Dans la nuit du 14 au 15 mai, à deux heures du matin, le vent soufflant avec assez de force de la partie nord-ouest, les amures à tribord, le bâtiment fatiguant beaucoup de la grosse mer, je fis prendre le second ris dans les huniers. Pendant cette opération, la *Bellone*, que nous relevions dans le sud-sud-ouest, à une assez grande distance, disparut tout à coup.

« Le jour s'étant fait, je pensai que la frégate avait viré de bord, et la brise ayant varié et passé au nord-nord-est à cinq heures, nous courûmes le bord du nord-ouest. Je continuai ainsi jusque sur les dix heures, que l'on aperçut sous le vent un bâtiment, mais ne formant qu'une masse peu distincte, car la brume épaisse et le temps couvert ne permettaient de distinguer qu'avec peine les objets éloignés, même d'une petite distance. Cependant, ayant approché de plus près ce bâtiment, nous le reconnûmes pour un brick anglais de commerce. Un instant après, un autre bâtiment se distingua devant nous: un peu avant, le reconnaissant pour un bâtiment de guerre, je fis mettre mon numéro, et ce brick, qui était le *Silène*, me signala qu'il venait de Mahon, d'où il était parti le 11 mai; qu'il était porteur de dépêches pour M. Massieu; enfin, que la veille, dans la soirée, ayant contourné la rade d'Alger, il avait aperçu une frégate anglaise au mouillage. Après avoir signalé que je croyais M. Massieu dans le sud-est, il était midi passé; nous continuâmes de courir au nord-ouest. Jusqu'à environ une heure je pris le bord du sud-est, ne conservant toujours que les huniers avec deux ris. Le *Silène* nous suivait au vent à peu de distance. A cinq heures trente minutes, ayant fait vingt-trois milles au sud-est, la brise ayant un peu tombé, nous nous rapprochâmes l'un de l'autre, et, lui ayant demandé son point, il me dit qu'il avait eu à midi, d'après un bon relèvement de la veille au soir. 37° 9' de longitude et 8° 15' de latitude est. J'avais eu également à midi, par un relèvement de la veille, 37° 13' de longitude et 16° de latitude ouest. Nous nous communiquâmes ces longitudes au porte-voix, et nous nous crûmes d'accord par les terminaisons est et ouest, qui se confondirent, en sorte que, rassuré par les probabilités que notre position était bonne, je hélai au *Silène* que mon intention était de gouverner à l'est. J'avais l'intention de joindre la longitude d'Alger, ensuite de tenir le plus près tribord, la *Bellone* se tenant habituellement sous ce méridien.

« Nous courions depuis deux heures sous nos huniers. Le *Silène* nous suivait malheureusement à peu de distance dans nos eaux; il était huit heures et un quart; nous avions fait sept milles depuis le dernier changement de route, quand nous ressentîmes une légère secousse. Je montai de suite sur le pont; un grain de brume épais couvrait l'horizon; je fis mettre aussitôt la barre à tribord, l'orientant au plus près : mais il était trop tard, nous venions de franchir l'accon d'un banc de sable, et, la lame qui nous soulageait nous ayant abandonnés en déferlant, nous portâmes en entier sur le sable, présentant le travers à des vagues énormes qui, venant en roulant tomber sur nous, portèrent de plus en plus le bâtiment vers le rivage. La mâture menaçant de tomber et de blesser du monde, je fis couper les ris de tribord, et les deux mâts tombèrent tout à la fois.

« Le temps était si obscur, que nous étions presque sur le rivage, les mâts, en tombant, formant un pont avec la grève, que nous n'apercevions pas encore terre, si ce n'est par la blancheur de l'écume qui venait s'y déposer. Je défendis cependant aux hommes de se rendre à terre, espérant toujours que le bâtiment se tiendrait dans une position horizontale, sa quille et ses flancs s'appuyant de plus en plus sur le sable; mais cette espérance nous fut encore ôtée : il s'inclina peu à peu sur tribord, présentant son pont à toute la fureur de la mer; ne pouvant plus tenir dans cette position, je fis établir un va-et-vient, et transporter à terre tout mon monde.

« Je descendis moi-même, et nous nous rendîmes de suite au secours du *Silène*, qui avait éprouvé presque en même temps un sort aussi déplorable que le nôtre; et notre malheur avait été si instantané, que nous n'avions pas eu le temps de signaler à ce bâtiment notre dangereuse position, ce qui, par le fait, n'eût pu lui servir.

« Le *Silène*, qui nous suivait d'assez près, ayant perdu dans le grain l'*Aventure* de vue, continuait la même route, lorsque l'on prévint le capitaine qu'on apercevait les brisants de très-près. M. Bruat, étant monté sur le pont, fit orienter et envoyer le vent devant; cette manœuvre ayant été très-lente, le petit hunier restant masqué longtemps, le bâtiment cala beaucoup. Au moment où l'on amurait la grande voile pour arrêter une abatée trop forte et donner plus d'air, le bâtiment donna le premier coup de talon, et la lame suivante l'échoua entièrement. Le capitaine fit couper de suite son grand mât, conservant encore son mât de misaine pour se rapprocher de terre, et ordonna également à son équipage de rester à bord; le brick, ayant penché vers la terre, ne fut évacué qu'à la pointe du jour. Avant l'évacuation, un seul homme fut enlevé par la mer. Le plus grand ordre régna pendant cette opération difficile; les malades furent mis à terre les premiers, l'équipage ensuite.

« Enfin M. Bruat vint se réunir à moi, afin d'aviser ensemble à ce qu'il y avait à faire de plus convenable dans cette funeste position. Ayant réuni les officiers des deux bricks, nous leur présentâmes les deux moyens de salut qui s'offraient naturellement à nous : le premier, de nous armer et de nous tenir près des bricks, jusqu'à ce que le temps pût permettre aux bâtiments de guerre de venir nous sauver; le second, de ne faire aucune résistance, et d'être conduits par les Bédouins à Alger. Nous décidâmes pour le dernier avis, nos poudres étant mouillées, et le ciel et la mer étant loin de nous faire espérer de pouvoir apercevoir nos bâtiments de tout le jour. Ayant donc rassemblé tous nos hommes et pris quelques vivres que la mer avait jetés sur le rivage, nous prîmes le chemin d'Alger en suivant la grève; il était environ quatre heures du matin. A peine avions-nous parcouru un quart de lieue qu'une troupe de Bédouins armés vint fondre sur nous.

« Parmi les hommes qui formaient l'équipage du *Silène*, se trouvait un Maltais pris devant Oran par ce brick dans un bateau de pêche. Cet homme, sachant l'arabe et ayant longtemps navigué avec des marins de la régence, se dévoua, pour ainsi dire, au salut de tous, nous recommandant de ne point contredire ce qu'il allait avancer; il protesta à ces barbares furieux que nous étions Anglais. Par trois fois on lui mit le poignard sur la gorge pour tâcher de l'effrayer, et juger par son émotion si ce qu'il disait était vrai; sa fermeté en imposa aux Arabes, et, bien qu'ils ne fussent pas entièrement convaincus, elle jeta un doute dans leur esprit, qui contribua en partie à sauver les équipages.

« Sous le prétexte de nous conduire à Alger par un chemin plus court, ils nous firent prendre la route des montagnes. Après un quart d'heure de marche, arrivés à un village composé d'un petit nombre de cases, ils commencèrent à nous piller, d'abord légèrement, ensuite avec la plus barbare cruauté, nous laissant sans chemise, exposés au vent et aux froides ondées du nord. Après avoir fait environ quatre lieues dans les montagnes, nous laissant faire à diverses reprises des haltes pendant lesquelles ils nous arrachaient le reste de nos vêtements, nous arrivâmes à un village assez considérable (à peu près sur le méridien du cap Dellys), où ils nous firent arrêter et distribuèrent à quelques-uns de nous du pain en petite quantité. Plusieurs fois, pendant cette pénible route, nous passâmes dans les mains de troupes différentes de ces Arabes, et chaque changement occasionnait parmi ces brigands les cris les plus affreux, les démonstrations les plus hostiles. Cependant, malgré les poignards et les yatagans levés, le sang ne ruissela pas : un seul des nôtres fut légèrement blessé à la tête.

« Après une demi-heure de repos, les Arabes, s'apercevant que le village n'était pas assez considérable pour nous loger tous, prirent, après une grande discussion, le parti de nous disséminer.

« M. Bruat, avec environ moitié des hommes, fut logé dans ce village; je repris avec le reste la route que nous avions déjà parcourue. On nous distribua, chemin faisant, dans des hameaux épars, mais assez rapprochés pour que nous pussions au besoin nous donner avis les uns aux autres de ce qui pourrait survenir. Les officiers, les esclaves, les maîtres, furent distribués à peu près suivant ces groupes, et je leur recommandai d'agir avec la plus grande prudence dans leurs rapports avec ces féroces habitants. Ici l'histoire de nos malheurs se complique: chaque village, chaque maison présente des scènes différentes; mais, comme je craindrais de vous fatiguer par tant d'images douloureuses, je vais me borner à vous rendre compte de ce qui se passa sous mes yeux.

« Arrivés dans la maison du Bédouin qui nous avait pris sous sa protection, les femmes d'abord se refusèrent à nous recevoir; nous fûmes rebutés encore dans une autre case; mais elles finirent par s'attendrir sur notre sort, et la première maison dont nous avions été repoussés devint notre asile.

« On nous alluma du feu, on nous donna à manger, et deux jours se passèrent sans trouble.

« Le premier sujet d'inquiétude nous fut donné par quelques marins qui s'échappèrent des maisons voisines, et coururent la campagne dans l'espoir de se sauver; ils furent arrêtés peu après, mais les Bédouins nous observèrent davantage, nous soupçonnant tous d'avoir les mêmes intentions.

« Le 18, vers le soir, les frégates de la division et quelques bricks, s'étant approchés des navires échoués, envoyèrent des embarcations pour les reconnaître.

« Ces dispositions de débarquement jetèrent la terreur de toutes parts; tous les Arabes s'armèrent et descendirent les montagnes en hurlant; les femmes mirent leurs enfants sur leur dos, prêtes à fuir; nous autres malheureux prisonniers, on nous enferma dans les caves les plus fortes, nous menaçant de mort au moindre mouvement que nous ferions pour tâcher de nous sauver.

« Nous étions au moment d'être égorgés; un coup de canon que nous entendîmes nous parut pour tous le moment du massacre; car, de quelque côté que tournât la fortune, les Bédouins, vainqueurs ou vaincus, devaient se venger sur nous de leurs pertes, ou, exaltés par leurs succès, nous ajouter aux malheureuses victimes de leur fureur.

« Heureusement la chance tourna plus favorablement que nous ne devions l'espérer; la frégate rappela ses embarcations, et tout rentra pour nous dans l'ordre accoutumé; mais il n'en fut pas ainsi dans les montagnes.

« M. Bruat, que j'avais laissé avec vingt-trois hommes, compris le Maltais et six officiers, fut logé d'abord dans la même maison avec ses compagnons; mais, comme elle n'était pas assez grande pour tout le monde, on les en fit sortir et on les plaça dans une espèce de mosquée ouverte à tous venants et qui les exposa à des recherches pénibles et de mauvais traitements.

« Les deux premiers jours, les Arabes qui les avaient capturés leur disaient chaque matin que la rivière de Bouberak gonflée par les pluies ne leur permettait pas de les conduire à Alger.

« Le troisième jour, quoique leurs intentions parussent plus hostiles encore, la vie des hommes était en sûreté, lorsqu'un fils de Turc, ayant passé la rivière, vint dire dans ces villages que les officiers du dey étaient de l'autre côté pour nous protéger, mais que, pour eux, ils étaient bien sots de nous prendre encore pour des Anglais. Le Maltais jugeait que sa présence hâterait les secours que nous attendions, étant plus à même que personne d'expliquer notre situation affreuse; à sa demande, M. Bruat le fit partir, en lui recommandant toute diligence.

« Il y avait à peine une heure qu'il était en route, que nos marins furent mieux traités; plusieurs Arabes leur rendirent leurs effets, dont ils les avaient dépouillés le premier jour de notre captivité; en même temps un des guides fit sortir le capitaine, et lui fit entendre qu'il allait le conduire à la rivière. Celui-ci refusa de se séparer de ses camarades, qu'il informa aussitôt de la proposition qui venait de lui être faite; mais d'un avis unanime, ils lui représentèrent que sa présence parmi eux ne serait pas à beaucoup près aussi utile qu'auprès des officiers du pacha. Il se décida donc à partir; mais, sur l'observation du commis aux revues, il obtint de changer de gardes pour leur laisser celui qui paraissait mieux prendre leur intérêt.

« M. Bruat, en passant la rivière à la nage, perdit ses effets, qui furent entraînés par la violence du courant. Arrivé sur l'autre rive, un Turc se dépouilla des siens pour l'habiller. De là, ayant été mené à la tente de l'effendi, ne trouvant personne sachant le français ou l'anglais, il fut interrogé en espagnol, et reçut les plus grandes assurances pour la sécurité de tous; on expédia de suite deux officiers dans les montagnes, on lui permit même d'écrire une lettre à son second pour lui donner les mêmes assurances. L'effendi, tout en lui témoignant beaucoup d'humanité, lui fit plusieurs questions sur le débarquement; il lui demanda s'il était vrai que les troupes partissent contre leur gré. M. Bruat lui répondit que la conduite de nos soldats, lorsqu'ils seraient débarqués, leur prouverait la fausseté de cette assertion. Quant au point ou l'époque où devait avoir lieu le débarquement, il lui fit observer que les circonstances seules devaient en décider. On insista particulièrement pour savoir ce qu'étaient devenues ses dépêches; sur la réponse qu'il fit qu'il les avait déchirées quelques minutes après l'échouage, on lui fit dire par un officier turc qui venait d'arriver et qui parlait français, que, s'il pouvait les livrer, il obtiendrait sur-le-champ sa liberté: sa réponse fut que, quand même ses jours y seraient attachés, il ne balancerait pas à les lui refuser.

« Tout paraissait tranquille dans les montagnes, le sort de nos camarades semblait être assuré. Mais, à environ huit heures du soir, de grands cris se firent entendre de l'autre côté de la rivière : on disait que la division s'était approchée des débris des bricks, que les Bédouins avaient été blessés par le feu de l'artillerie, qu'enfin plusieurs Français échappés dans les montagnes y avaient blessé une femme. Ces causes réunies furent probablement la cause du massacre. L'effendi pâlit en apprenant ces nouvelles, et se plaignit à M. Bruat de ce que la présence de ces navires avait exaspéré les Arabes, sans pouvoir nous être d'aucun secours.

« Cependant le capitaine lui fit observer que ces bâtiments avaient fait leur devoir, dans la supposition que nous fussions encore cachés dans les montagnes; et pour les autres parties du rapport qu'on venait de lui adresser, il était probable qu'elles étaient fausses.

« Le lendemain du départ des montagnes de M. Bruat, les Arabes conduisirent en deux bandes à la rivière onze personnes, dont deux officiers; ils furent expédiés tout de suite pour Alger.

« Enfin, le 20, à quatre heures du matin, les Arabes chez lesquels j'étais logé, avec une partie des miens, nous rassemblèrent pour nous conduire à la rivière Bouberak, et nous remettre entre les mains des officiers du dey, lesquels nous rencontrâmes un peu en deçà de la rivière. Un d'eux, qui parlait français, nous dit que nous étions bien heureux d'avoir échappé au massacre, que déjà vingt têtes étaient portées à Alger, et qu'on parlait d'un plus grand nombre encore. Ces nouvelles nous navrèrent le cœur, et furent pendant toute cette triste marche le sujet de nos douloureux entretiens.

« Nous passâmes la nuit au cap Matifoux; le lendemain, environ à quatre heures du soir, nous entrâmes à Alger escortés de soldats turcs et suivis d'une populace nombreuse. On nous conduisit devant le palais du dey, où le spectacle affreux de nos malheurs vint frapper nos yeux dans toute son horrible vérité : les têtes de nos camarades étaient exposées aux yeux d'une populace effrénée, plusieurs de nous ne purent supporter ce spectacle de douleur et tombèrent évanouis. Après dix minutes de pause, on nous conduisit au bagne, où nous trouvâmes douze des nôtres, qui, réunis à soixante-quatorze que j'accompagnais, sont jusqu'à présent les seuls débris que j'ai pu réunir de cet affreux naufrage.

« Le consul d'Angleterre et celui de Sardaigne ayant demandé audience au dey pour obtenir d'avoir les états-majors chez eux, nous les priâmes de n'en rien faire, notre intention étant de rester toujours avec nos hommes et de partager en tout leur mauvaise fortune.

« M. le consul de Sardaigne se chargea d'avancer les fonds nécessaires à la nourriture des deux équipages; nous réglâmes les dépenses avec tout l'ordre et l'économie possibles.

« Le dey lui-même nous envoya le jour de notre arrivée les objets que réclamaient nos premiers besoins.

« Quelque affreuses que soient les suites de notre naufrage, nous devons encore bénir la Providence d'avoir permis à nos soins d'en recueillir autant de débris; car, jusqu'à présent, les équipages dont les navires périrent sur les côtes, entraînés par leurs courants variables, ont presque tous été entièrement massacrés; un navire même de la régence n'y éprouva pas un sort moins funeste.

« Pour nous, nous avons fait ce que nous devions faire; et, quels que soient les douloureux souvenirs dont nos âmes resteront toujours pénétrées, nous avons encore la consolation de n'avoir à accuser de notre perte que les chances malheureuses de la navigation.

« J'ai l'honneur de demander à Votre Excellence le grade d'enseigne pour MM. Augier, Bonnard et Cossade, élèves de première classe; l'entretien du grade d'enseigne pour M. Barnel, auxiliaire.

« Nous devons aux soins de ces messieurs le bon ordre qui n'a cessé d'exister parmi nos marins; enfin je termine en vous demandant un avancement, soit en grade, soit en paye, pour tous les hommes des deux équipages.

« Le Maltais[1] dont le dévouement nous sauva tous a, par sa belle conduite, assez fixé l'attention de Votre Excellence pour qu'il me soit inutile de le rappeler à votre souvenir.

« J'ai l'honneur d'être...

« A. D'ASSIGNY. »

« P. S. Monseigneur, je venais de terminer mon rapport, lorsque l'on est venu me prévenir que deux hommes étaient parvenus à s'échapper de la fureur des Arabes.

---

[1] Le dévouement du Maltais fut récompensé par la croix de la Légion d'honneur et par le don d'un bateau. — M. Bruat, peu après, fut appelé au commandement des îles Marquises.

« Dans les premiers moments de l'effervescence, l'un d'eux, saisissant une fourche, l'aurait enfoncée dans le cou de celui qui venait l'assassiner; l'autre aurait pris une hache; et, après s'être longtemps défendus, ne pouvant résister au nombre toujours croissant, ils s'enfuirent, après avoir blessé plusieurs Arabes, ils errèrent plusieurs jours dans les montagnes, se nourrissant de racines; enfin ils vinrent se constituer prisonniers entre les mains des officiers du dey, qui les firent conduire à Alger.

« Je pense que la décoration de la Légion d'honneur ne serait point déplacée sur le cœur de ces braves gens qui, en outre des souffrances qu'ils ont éprouvées, par leurs services antérieurs et leur bonne conduite, ont toujours mérité les éloges de leurs chefs.

« L'un, du brick l'*Aventure*, se nomme Duchamp (Pierre), quartier-maître à la 44ᵉ compagnie. »

On trouva à Alger douze bâtiments de guerre, onze cent quatre-vingt-quatre pièces de canon, sept cent quatre-vingt-cinq en bronze et trois cent quatre-vingt-dix-neuf en fer, les arsenaux de la guerre et de la marine bien approvisionnés d'armes et de munitions.

De nombreuses dyssenteries se déclarèrent dans l'armée française et prirent d'abord un caractère alarmant, qui avaient été occasionnées par les longues fatigues de nos soldats dans les marches et contremarches, à l'ardeur d'un soleil brûlant, remplacé la nuit par des fraîcheurs et même par une atmosphère humide et un changement de température si variée dans cette partie de la régence; mais cependant du repos, des soins, des modifications dans les logements, avec une addition de vin et de riz à la nourriture ordinaire, arrêtèrent bientôt les progrès de cette maladie; une partie des hommes qui en furent vivement attaqués fut renvoyée en France, car le changement de climat était de toute urgence pour trouver espoir de parfaite guérison.

Après la prise de possession d'Alger, la présence de Hussein-Pacha devenait embarrassante; elle n'était pas sans danger pour sa personne, parce que beaucoup de janissaires irrités avaient annoncé l'intention d'attenter à sa vie. La protection de l'armée française était devenue sa seule sauve-garde : une compagnie de grenadiers le garantissait contre le fer homicide de ses anciens sujets. On s'empressa de le faire partir. On lui avait laissé le choix du lieu de sa retraite.

Il avait repoussé bien loin, et pour de très-bonnes raisons, l'idée de chercher un asile dans les États ottomans.

Quelques Anglais lui avaient insinué de se rendre dans l'île de Malte, sous la protection de la Grande-Bretagne. On lui répondit que la France ne se chargerait pas de l'y transporter. Il proposa enfin lui-même la ville de Naples, qu'il avait connue et visitée en venant de Constantinople à Alger, et dont le séjour lui avait paru très-agréable.

Hussein-Pacha n'eut avec le comte de Bourmont que deux entrevues. Il avait attendu vainement chez lui, pendant deux jours, la visite du général en chef. Il dut céder à la nécessité et faire lui-même le premier pas. Du reste, le général en chef l'accueillit parfaitement et le traita avec tous les égards dus à son rang, et souscrivit à toutes les réclamations qu'il lui fit. Hussein-Pacha fut pénétré de reconnaissance pour la conduite attentive et généreuse des Français à son égard et la bienveillance qu'ils lui témoignaient. M. le comte de Bourmont, gagna entièrement la confiance du dey et le rendit plus communicatif. Il donna au général en chef quelques indications sur les revenus de la régence, sur les sommes que lui devaient les beys : « Car, ajouta-t-il, quoique mes tributaires, ils ont reçu de moi plus d'argent qu'ils ne m'en ont versé. »

Il ajouta à ces détails quelques renseignements sur le caractère des diverses races qui habitent la régence et sur la foi que l'on pouvait avoir en leurs promesses.

« Débarrassez-vous le plus tôt possible, lui dit-il, des janissaires turcs. Accoutumés à commander en maîtres, ils ne pourront jamais consentir à vivre dans l'ordre et la soumission.

« Les Maures sont timides : vous les gouvernerez sans peine ; mais n'accordez jamais une entière confiance à leurs discours.

« Les Juifs qui sont établis dans cette régence sont encore plus lâches et plus corrompus que ceux qui habitent Constantinople. Employez-les, parce qu'ils sont très-intelligents dans les matières fiscales et de commerce ; mais ne les perdez jamais de vue, tenez toujours le glaive suspendu sur leurs têtes. Quant aux Arabes nomades, ils ne sont pas à craindre. Les bons traitements les attachent et les rendent dociles et dévoués ; des persécutions les aliéneraient promptement : ils se retireraient avec leurs troupeaux sur les plus hautes montagnes, ou bien passeraient dans les États de Tunis. Pour ce qui est des Kabaïles, ils n'ont jamais aimé les étrangers ; ils se détestent entre eux. Évitez une guerre générale contre cette population aussi guerrière que nombreuse : vous n'en tireriez aucun avantage. Adoptez, à leur égard, le plan constamment suivi par les deys d'Alger, c'est-à-dire divisez-les et profitez de leurs querelles.

« Quant aux gouverneurs de mes trois provinces, changez-les : ce serait de votre part une bien grande imprudence de les conserver. Comme Turcs et comme mahométans, ils ne pourront que vous haïr. Je vous recommande surtout de vous tenir en garde contre Mustapha-bou Mezrag, bey de Titery : c'est un fourbe; il viendra s'offrir, il vous promettra d'être fidèle; mais il vous trahira à la première occasion. J'avais résolu depuis quelque temps de lui faire trancher la tête : votre arrivée l'a sauvé de ma colère.

« Le bey de Constantine est moins perfide et moins dangereux : habile financier, il rançonnait très-bien les peuples de sa province et payait ses tributs avec exactitude; mais il est sans courage et sans caractère : des hommes de cette trempe ne peuvent pas convenir dans des circonstances difficiles; je viens d'en faire la triste expérience.

« Le bey d'Oran est un honnête homme, sa conduite vertueuse, sa parole sacrée; mais, mahométan rigide, il ne consentira pas à vous servir. Il est aimé dans sa province : votre intérêt exige que vous l'éloigniez du pays. »

Tels furent les conseils de Hussein-Pacha : ils font honneur à son jugement. Malgré leur extrême justesse, ces conseils malheureusement furent méconnus.

Le 10 juillet, jour fixé pour l'embarquement de Hussein, la frégate la *Jeanne-d'Arc* avait été, dès le matin, mise à sa disposition; mais, par des motifs religieux, il ne désira partir qu'après le coucher du soleil. Cent dix personnes formaient toute sa suite, au nombre desquelles cinquante-cinq femmes, dont quatre seulement avaient le titre d'épouses. Son gendre, suivi de toute sa famille, l'accompagnait. Naples n'ayant point de lazaret, il fut décidé que les passagers iraient préalablement purger leur quarantaine à Mahon.

A huit heures du soir, Hussein sortit à pied de sa maison, précédant ses femmes portées dans des palanquins fermés; les esclaves suivaient sur deux rangs et gardaient le plus profond silence. Dans ce moment solennel, les habitants d'Alger ne témoignèrent aucune sympathie pour leur ancien maître, aucun ne vint le saluer sur son passage : à peine quelques Maures se montrèrent-ils sur le seuil de leur porte, moins par attachement que par curiosité. Pendant tout le trajet de sa maison au port, la figure du pacha resta calme et sévère, sa contenance noble et digne : il semblait supérieur à son infortune; mais lorsque, monté à bord de la frégate qui devait le transporter à Naples, il se vit seul avec sa famille, sans gardes, sans officiers, n'ayant autour de lui qu'un petit nombre d'esclaves, tandis que toutes les batteries restaient muettes, cette solitude, ce silence inusités lui firent amèrement sentir l'immensité de sa chute; il se prit à verser d'abondantes larmes, et tourna plusieurs fois de douloureux regards sur cette Kasbah du haut de laquelle, pendant douze ans, il avait commandé en maître absolu [1].

Le lendemain du départ de Hussein eut lieu celui des janissaires. Cette milice, si turbulente et si redoutée, donna, dans cette circonstance, l'exemple de la soumission et de l'obéissance la plus parfaite. Au moment de la prise d'Alger, son effectif était de cinq mille quatre-vingt-douze, dont huit cent quatre-vingt-onze canonniers; la moitié environ étaient célibataires, les autres mariés ou vivant en concubinage avec des femmes maures. Les premiers étaient logés dans des casernes, les seconds dans des maisons particulières.

Le général en chef avait jugé prudent de les désarmer : ils n'opposèrent aucune résistance et s'empressèrent, à la première injonction, d'apporter leurs fusils et leurs yatagans dans le lieu désigné pour les recevoir. Cette opération terminée, il leur fit notifier que les pères de famille pourraient rester dans la régence, mais que les célibataires seraient transportés par mer là où ils le désireraient, décision qui ne parut produire sur eux aucune impression pénible : la plupart étaient nés dans l'Asie Mineure[2], ils demandèrent qu'on les y conduisît, sans stipuler la moindre indemnité, sans élever aucune réclamation. Deux mille cinq cents furent embarqués, et lorsque, au moment du départ, on leur distribua deux mois de solde, afin de ne pas les laisser dans un dénûment absolu, ils exprimèrent la plus vive reconnaissance pour un procédé si généreux. Ce terrible odjack algérien, qui, pendant trois siècles, avait épouvanté la Méditerranée de ses déprédations, se trouvait donc complétement dissous : quelques jours avaient suffi pour cette glorieuse tâche.

Après la prise d'Alger, le camp de Sidi-Ferruch subsista encore quelque temps; cependant, dès le 7 juillet, des ordres furent donnés pour le désarmement et l'abandon de Sidi-Ferruch, dont l'occupation ne parut plus nécessaire. Le deuxième bataillon du 48ᵉ de ligne fut envoyé à ce camp pour s'y réunir au premier bataillon du même régiment et y rester jusqu'à ce que la marine eût enlevé tout le matériel. Le 10, la garnison des redoutes construites sur la route de Sidi-Ferruch fut réduite à une compagnie par redoute. Le 23, la brigade

---

[1] Après avoir résidé quelque temps à Naples, Hussein alla habiter Livourne; de là il vint à Paris, puis se rendit à Alexandrie, où il mourut en 1838.

[2] On les transporta à Vourla, à peu de distance de Smyrne.

Poret de Morvan abandonna Staouéli, et vint s'établir dans les environs d'Alger. Elle laissa cependant une compagnie dans la redoute qui servait de réduit à ce camp.

Le 29, Sidi-Ferruch étant désarmé, le 48ᵉ rentra à Alger, et toutes les redoutes furent abandonnées.

Par suite de ce mouvement, toute l'armée se trouva réunie autour d'Alger.

Le 16 juillet, je quittais le camp de Sidi-Ferruch pour me rendre à Alger par terre. Nous fûmes désignés, seize officiers de santé, tant pharmaciens que chirurgiens, pour aller renforcer les hôpitaux de Mahon, dont le chiffre augmentait chaque jour par les évacuations successives que nous avions opérées sur cette île du camp de Sidi-Ferruch et des autres camps. Avant la campagne, notre gouvernement avait passé un traité avec le roi d'Espagne pour établir des hôpitaux et envoyer dans cette île le surcroit de nos malades et de nos blessés, pensant bien que nous ne pourrions pas garder dans nos camps un encombrement de malades qui seraient à portée d'être mieux soignés dans les hôpitaux de Mahon, parce qu'on ignorait qu'Alger tomberait en notre pouvoir aussi promptement après vingt jours de luttes et de combats continuels. Cette île n'est qu'à la distance de soixante lieues d'Alger : aussi, à cet effet, déjà des officiers de santé et des officiers d'administration faisant partie du cadre de l'armée d'Afrique avaient été envoyés à l'avance pour former les hôpitaux de Mahon prêts à y recevoir nos malades, et tout le matériel et le personnel étaient partis, bien avant notre expédition, de Marseille, le 11 mai, sur le bâtiment autrichien le *Metternich*, nolisé aux frais de notre gouvernement.

Je dois dire deux mots en passant sur ce navire autrichien.

Lorsque ce bâtiment fut en vue de l'île Mahon, il éprouva une forte tempête, et fut obligé de rester pendant huit jours à la cape ; il lui fut de toute impossibilité de pouvoir entrer dans le port de Mahon : la violence du vent et la force des courants l'entraînèrent au large. D'ailleurs, la passe du port de Mahon est si étroite, qu'il ne serait pas prudent de hasarder d'y entrer par un gros temps ; on risquerait d'aller s'y briser contre les rochers.

Le temps était si mauvais, et les vagues si fortes, que le *Metternich* fut presque sur le point de périr. Les plus terribles angoisses assaillirent les malheureux passagers sur ce bâtiment ; du reste, ils n'étaient tourmentés que par le mal de mer, mais ils manquaient de toutes les choses nécessaires pour adoucir un peu leur déplorable position. Encombrés les uns sur les autres, et le capitaine de ce bâtiment ayant négligé avant son départ de Marseille de faire d'amples provisions, étant donc dépourvus de bien des choses, nos malheureux passagers eurent par conséquent beaucoup à souffrir pendant tout le temps que dura la tempête. Sans doute la conduite du capitaine de ce bâtiment dans cette affaire eut pour mobile l'espoir de gagner beaucoup en faisant peu de provisions fraîches. Du reste, il n'était pas le seul qui eût fait ce genre de spéculation; car, parmi les personnes qui passèrent à bord des bâtiments marchands lors de l'expédition, plusieurs officiers furent très-mal nourris. A bord de certains navires marchands, on ne leur fit manger que des salaisons et du biscuit, ne s'étant pas même ou qu'à peine muni de provisions fraîches. Cependant notre gouvernement payait à ces capitaines, pour la table des officiers, à raison de trois francs par jour par personne, en sus des vivres de bord. Enfin le *Metternich*, après avoir été longtemps ballotté par les flots et les vents, en fut quitte pour quelques légères avaries, parce que la tempête enfin se calma. Lorsque les passagers du *Metternich* virent reparaître le beau temps, leur joie fut à son comble, car il leur tardait de quitter ce bâtiment; ils n'avaient pas eu à se louer du capitaine pendant la traversée; d'ailleurs, ils avaient été à la veille de voir leur bâtiment sombrer. Aussi, avec quelle vive allégresse ne touchèrent-ils pas au rivage tant désiré! Les dangers qu'ils avaient courus furent bientôt oubliés.

Au camp de Sidi-Ferruch, nous avions reçu l'ordre de partir à huit heures du soir pour nous rendre à Alger; là, nous devions attendre le départ d'un bâtiment de l'État qui ferait voile pour Mahon, afin de nous rendre à notre nouvelle destination. Il nous fut accordé un caisson d'ambulance pour le transport de nos effets. Nous marchâmes une partie de la nuit en traversant les camps de Staouéli et de Sidi-Khalef; ce dernier camp est dans une très-belle position en ce qu'il domine tout le pays environnant. Lorsque nous atteignîmes nos avant-postes, le premier factionnaire ne voulait pas nous laisser traverser ce camp sans avoir reçu la permission du colonel qui commandait le camp, parce qu'en voyageant à pareille heure on nous tenait pour suspects; aussi fûmes-nous obligés d'attendre près d'une demi-heure à l'entrée du camp de Sidi-Khalef, jusqu'à ce qu'un officier d'un poste avancé fût venu nous reconnaître, et, après lui avoir exhibé l'ordre dont nous étions porteurs, on nous laissa enfin passer librement. A chaque poste que nous rencontrions, nous éprouvions de nouvelles difficultés pour passer; on nous criait à chaque instant des *Qui vive?* Cependant nous finîmes par surmonter toutes ces difficultés. Ajoutez à cela que la nuit était très-obscure, que souvent nous nous écartions du chemin tracé, et que nous venions à nous trouver dans des ravins d'où nous avions mille peines à nous tirer avec notre caisson d'ambulance. Enfin, lorsque nous arrivâmes vers un petit pont qui avait été fait par l'armée française, l'obscurité de la nuit nous empêchait de bien le distinguer, de manière que les soldats d'administration qui conduisaient notre caisson ne s'en aperçurent pas; ils firent donc franchir leurs chevaux par-dessus le parapet du pont, et en un instant notre caisson fut culbuté de l'autre côté du pont dans un fossé. Nous crûmes d'abord que nous ne pourrions plus le retirer de là, et alors comment faire dans cette occurrence? Notre position devenait fort embarrassante : si nous ne parvenions pas à relever le caisson, il nous faudrait abandonner tous nos effets. Cependant il advint que ce fossé ne contenait point d'eau, qu'il n'avait presque pas de profondeur, et que les conducteurs et les chevaux n'avaient pas eu de mal. Nous fîmes relever les chevaux, et alors il fallut nous décider à faire décharger entièrement notre caisson pour essayer de le relever, chose à laquelle nous réussîmes très-heureusement, mais non sans beaucoup de peine. Il nous fallut passer deux heures entières à cette opération, après quoi nous nous remîmes en route fort gaiement.

Le crépuscule commençait à paraître. A mesure que nous approchions d'Alger, le pays devenait plus riant; on y remarquait une belle végétation, on rencontrait beaucoup d'arbres fruitiers, d'énormes figuiers, des mûriers, des oliviers, des bananiers, des orangers, des citronniers, et, de distance en distance, des palmiers dont ce sol abonde étonnamment; leurs larges feuilles inclinées et leurs troncs majestueux leur impriment quelque chose de surnaturel, et semblent indiquer aux voyageurs que l'on est sur un sol africain. Nous rencontrions à chaque instant des sources d'une eau vive et claire qui nous furent d'un grand secours pour nous rafraîchir, car la marche de nuit nous avait beaucoup fatigués et altérés. Enfin, à deux heures du matin, nous arrivâmes sur le plateau qui se trouve au-dessus de la ville et vers la Kasbah, plateau où se trouvait tout notre parc d'artillerie. Nous aurions bien désiré entrer en ville dès ce moment, mais les portes d'Alger étaient fermées à cette heure-là. Quelques-uns de nos collègues, impatients de visiter la capitale des États barbaresques, descendirent jusqu'à la Porte-Neuve, espérant pouvoir entrer en ville; mais ce fut vainement : nous fûmes obligés de bivaquer sur le plateau de la Kasbah jusqu'au jour.

Ce ne fut donc que le lendemain à l'ouverture des portes que nous descendîmes en ville; nous nous dirigeâmes d'abord sur la Kasbah : le général en chef et tout l'état-major y étaient logés.

Les mœurs et les habitudes des Algériens ne permettaient pas à l'armée de pouvoir se loger dans les maisons particulières; aussi cette convenance fut respectueusement observée.

Avant cependant de quitter la Kasbah, nous voulûmes la visiter : la Kasbah, à ce que nous vîmes, est une forteresse imposante; c'est une enceinte immense entourée de fortifications et placée dans la partie supérieure de la ville, sur un terrain qui a environ un dixième de l'enceinte commune, comme nous l'avons déjà dit; il s'y trouve une grande mosquée, plusieurs palais, et des logements pour une nombreuse garnison. Cette forteresse était crénelée et garnie de nombreuses pièces de canon d'un très-gros calibre, sur tous les points et principalement sur la ville, qu'elle domine, qu'elle pourrait même foudroyer et brûler en quelques heures. C'est un château fort où résidait habituellement le dey d'Alger, où il se croyait seulement en sûreté, s'y renfermant et en sortant rarement, si ce n'est avec une nombreuse escorte, ne se fiant pas beaucoup à sa milice turque ni aux Algériens. D'ailleurs, les fréquentes révoltes qui s'y manifestèrent à diverses époques firent que les deys, pour leur sûreté personnelle, se renfermèrent dans la Kasbah, résolus à ne commander que par la force du haut de ce château fort.

Du reste, ce palais renferme de fort beaux logements, une cour très-vaste; le plus beau corps de bâtiment était celui où résidait le dey avec sa famille, ensuite venait celui de son harem.

Il faut bien que la Kasbah soit immense, puisque le général en chef y logeait avec son nombreux état-major, tous les chefs de corps, les administrations, les intendants et les payeurs de l'armée. Ces derniers étaient logés dans le corps de bâtiment qu'avaient habité les femmes du dey; c'est un fort joli local, si ce n'est que toutes les fenêtres des appartements sont garnies d'énormes barreaux en fer : c'était sans doute pour que personne ne pût y pénétrer, à l'exception des eunuques qui avaient la garde des femmes. Auprès de ce local, il y avait un petit parterre de fleurs, et d'énormes jasmins parfumaient et embaumaient l'air. A la porte d'entrée de la Kasbah, il y avait une belle fontaine et un jet d'eau : l'eau y était claire et limpide; on dit que c'était à cet endroit que le despote d'Alger faisait faire les exécutions.

Un porche, fermé du côté de la ville par une porte à deux battants au-dessus de laquelle étaient peints deux lions, emblème de la puissance du dey d'Alger, en fermait l'entrée; sous ce porche était encore appendu un petit navire qui était le signe de la force que le dey d'Alger s'attribuait sur la mer, car il s'intitulait le roi des mers (en effet, par le fait de la piraterie qu'il exerçait, il s'était rendu redoutable à toutes les puissances européennes).

Après avoir visité la Kasbah, nous descendîmes en ville par la rue du même nom. Les rues sont très-étroites et très à pic dans cette partie haute de la ville; elles sont en général d'une pente très-difficile. Depuis la Kasbah jusqu'à la partie basse de la ville on ne cesse de descendre, surtout par la rue de la Kasbah, longue, sinueuse et étroite, qui s'élève abruptement en forme de rampe; elle conduit de la mosquée d'Ali-Bedjnem jusqu'à la place de la Victoire, située au pied même de la citadelle. Dans leurs plus belles parties, ces rues n'ont guère que six à sept mètres de large; toutes les autres sont tellement étroites, que deux hommes ne sauraient y marcher de front. Dans le quartier de la marine et près du port, les voies de communication sont disposées avec quelque régularité et se coupent souvent à angles droits; mais ailleurs, et surtout dans la partie haute de la ville, elles forment un vrai labyrinthe : tortueuses, escarpées, on descend à chaque pas des degrés, on y rencontre une multitude d'impasses; souvent même elles se transforment en sombres tunnels, où les rayons du jour ne pénètrent que par les deux extrémités. A l'exception de celles de Bab-Azoun et de la Kasbah, aucune de ces rues n'était pavée; toutes offraient, à des distances très-rapprochées, d'immenses cloaques où croupissaient des chiens morts et des immondices de toute espèce.

Après avoir descendu rapidement la rue de la Kasbah à la partie basse de la ville, nous parvînmes sur une petite place; c'est le seul endroit où pouvaient se réunir nos troupes à notre entrée à Alger; il y avait une fontaine.

Deux artères principales traversent la ville : ce sont les rues Bab-Azoun et Bab-el-Oued, qui viennent se joindre sur cette petite place, et vont du nord au sud de la ville; elles ont une longueur de neuf cent quarante mètres. Entre ces deux rues, et sur la même place, s'ouvre celle qui conduit au port : c'est une des plus importantes.

En se dirigeant vers la Marine, au port, à l'angle que forment les deux môles, s'élève un petit édifice carré; au milieu est une cour, autour de laquelle règne une balustrade. Quatre fontaines y versent leurs eaux, et invitent les pieux sectateurs du prophète aux ablutions commandées par le Koran. Le long des murs s'étend un long banc de pierre, revêtu de nattes, sur lequel on arrive par quelques marches en pierre : c'était là que le ministre de la marine du dey et ses officiers tenaient tous les jours leurs assemblées, et décidaient, sauf ensuite à être approuvés par le dey, les opérations de piraterie, la construction ou l'achat des vaisseaux. C'est dans ce corps de logis qu'était logé l'amiral Duperré.

Alger, bâti en amphithéâtre sur le penchant d'une colline assez élevée, forme un triangle dont un des côtés est appuyé à la mer. La ville est entourée d'un mur à l'antique, avec tours et créneaux, d'une construction assez irrégulière, haut de vingt-cinq pieds, terme moyen, et large de sept à huit; ce mur est précédé d'un fossé. Au sommet du triangle est la citadelle, ou Kasbah, résidence du dernier dey ; ce château fort forme aussi un triangle, dont deux côtés sont les prolongements du mur d'enceinte ; le troisième sépare la Kasbah de la ville. Alger a quatre portes et une poterne, qui donnent passage soit vers la mer, soit dans la campagne; nous avons dit que la plus importante est la porte Bab-el-Zira, porte qui conduit à la Marine et au port.

Au bord de la mer, à neuf cents mètres de la porte Bab-Azoun, s'élève le fort du même nom. Le fort Neuf couvre la porte Bab-el-Oued. A deux ou trois cents mètres de celui-ci est le fort des Vingt-Quatre-Heures, et à quinze cents mètres plus loin, le fort des Anglais. Tous ces forts étaient hérissés de canons : les barbares croient une position inexpugnable lorsqu'ils ont entassé des bouches à feu sans choix et sans discernement.

Le côté le plus fort d'Alger est celui de la mer. Les principaux ouvrages qui défendent l'entrée et les approches du port sont construits sur le rocher dont nous avons parlé dans la première partie, et que Khaïr-Eddin réunit au continent par une jetée qui est un fort bel ouvrage. Les fortifications de la Marine se sont toujours perfectionnées depuis cette époque; elles sont en pierre, d'une très-grande solidité et assez compliquées dans leurs détails; en certains endroits, il y a jusqu'à quatre rangs de batteries les uns au-dessus des autres.

Le fort de l'Empereur, ou Sultan-Kalassi, est à huit cents mètres de la ville. Nous avons dit ce qu'il était quand nous en fîmes le siége; nous n'y reviendrons plus.

Le château de l'Empereur est dominé par des hauteurs placées à la distance d'environ trois cents toises, et à l'ouest, par d'autres hauteurs, à la distance d'environ deux cents toises.

Du fort de l'Empereur pour arriver à la rade de Sidi-Ferruch, on parcourt environ cinq lieues au milieu d'une campagne unie, agréable et fertile, se dessinant en gracieux contours, et offrant un excellent terrain pour des manœuvres d'artillerie.

Dans toutes les expéditions contre Alger dont les troupes de terre ont fait partie, le débarquement s'est opéré dans la rade, à l'est de la ville. Ç'a été certainement par erreur et par ignorance impardonnable de la côte et de la topographie du pays, puisque c'est dans cette partie que sont concentrés tous les moyens de défense. Il est clair qu'une armée pouvait opérer un débarquement dans la baie de Sidi-Ferruch sans rencontrer d'obstacle ; aussi la France, depuis longtemps, avait jeté les yeux sur ce point de débarquement, et s'y était arrêtée, d'après l'exploration faite par le capitaine Boutin par ordre de Napoléon. C'est pourquoi notre armée d'expédition contre Alger y a opéré son débarquement, qui a réussi au gré de nos souhaits, comme nous devions nous y attendre. De là, nécessairement, une seule marche devait la conduire sur les hauteurs qui commandent le fort de l'Empereur ; et alors, n'ayant rien qui pût l'empêcher de s'approcher de ses remparts, notre armée devait prendre en peu de temps le château de vive force, ou avec le secours de la mine, ou en le battant en brèche. Aussi, une fois que nous avons été maîtres du fort de l'Empereur, les Algériens ont tiré le canon d'alarme, car ils ont bien senti tout le danger de leur position ; c'est pourquoi ils se sont alors empressés de venir traiter avec notre général en chef pour obtenir la paix et empêcher un feu meurtrier qui pouvait réduire leur ville en cendres en quelques heures ; il n'était donc que bien temps qu'ils vinssent demander à capituler.

Revenons aux fortifications. On pourrait encore décrire un autre fort : c'est celui de l'Étoile, autrement des Tagarins. Il est à présent en ruines ; c'était un château assez important sur une éminence, au sud-ouest de la ville. Sa forme était celle d'un heptagone ; il avait été élevé en 1550, par Hassan-Agha, à la suite de l'expédition espagnole de 1541, parce que l'armée envahissante s'était portée sur cette hauteur et y avait élevé une batterie.

Entre ces éléments de défense, nous devons remarquer : 1° autour du château de l'Étoile, une poudrière et quelques ouvrages fermés ; 2° au sud et au sud-est du fort Bab-Azoun, en suivant la côte, quatre batteries avant le point où débarquèrent les Espagnols.

Le fort Bab-Azoun ou des Renégats, sur le bord de la mer et au sud d'Alger, dont nous avons déjà parlé, ne peut être que d'une très-faible importance.

J'ai parlé du fort Neuf, mais je n'ai pas cité son importance. Ce fort, situé vers le sud, en longeant la côte, a été construit depuis l'expédition de lord Exmouth et près du lieu où cet amiral s'était embossé pour prendre à revers toutes les batteries du port; de sorte que, non-seulement il couvre la route qui se rend à la porte Bab-el-Oued, mais encore il empêche toute autre flotte de renouveler à l'avenir la manœuvre de lord Exmouth.

Alger, capitale des possessions françaises dans le nord de l'Afrique, est situé sur une rade très-ouverte, qui s'étend entre le cap Caxine et le cap Matifoux. Le port est peu vaste et peu sûr. Cependant ce n'est pas une position maritime sans importance, car elle n'offre quelques dangers à la navigation que dans les mois de février et de mars; il est même certain que dans une guerre maritime elle serait d'une grande utilité à la France.

Nous savons déjà que le port d'Alger est un port artificiel; il est formé de deux môles, dont l'un, courant de l'ouest à l'est, ou, pour parler plus exactement, de l'ouest-quart-sud-ouest à l'est-quart-sud-est, va se rendre à ce rocher qui est placé au-devant de la ville, et qui a fait donner à l'antique *Icosium* le nom de Gezeire, tandis que l'autre s'avance directement du sud au nord; ainsi les deux môles forment ensemble un angle plan d'environ cent dix degrés, dont le rocher occupe le sommet du sud au nord. Les deux môles eux-mêmes étaient des rochers isolés que l'on a joints à la ville par une chaussée de trois cents pas de long, assez forte pour résister au choc des vagues, qui la battent journellement d'un côté et quelquefois de deux. Autrefois les esclaves du dey étaient employés toute l'année à transporter des blocs de pierre d'une carrière voisine de la porte de la Pêcherie; ils jetaient ces pierres sur le sable, au pied du môle, pour briser les flots et le préserver par là des effets de la mer.

Dans la partie septentrionale du rocher est le fort Ras-al-Bakr, ou fort du Phare, que l'on entretient avec beaucoup de soin pour la sûreté des vaisseaux. Nulle part, en effet, cette précaution n'est plus nécessaire que dans un port aussi peu commode que celui d'Alger. Ce fort est muni de trois bonnes batteries de canons au sud; et au prolongement de la ligne que trace le Môle, qui va de la ville au rocher, s'élève un autre fort plus considérable et qui défend l'entrée du port: c'est le Château-Rond, qui est à l'épreuve de la bombe, et qui entoure beaucoup d'autres fortifications de moindre importance.

Des batteries très-bien pointées du nord au sud achèvent de rendre ce lieu presque inexpugnable. Dès l'année 1700, elles se composaient de quatre-vingts pièces de canon de trente-six, de dix-huit et de douze.

La plus grande partie de cette artillerie vient des Tunisiens, sur qui on la prit en 1617. Les désastres des Français en ont aussi fourni leur part, et nous avons retrouvé là les bouches à feu que la perfidie enleva aux malheureux colons de Djidgeli en 1664. De plus, l'entrée du port a été rétrécie par une jetée; les voussures des rochers, les cavernes, les intervalles, tout a été comblé avec un soin auquel nos ingénieurs ont trouvé peu de chose à ajouter [1]; enfin, de triples batteries taillées dans le granit, et qui vont du fort à la porte du Môle, commandent encore le port. Sur le Môle repose une digue en pierre qui supporte une ligne de magasins qui servaient pour enfermer les munitions navales et les prises que les Algériens faisaient sur les chrétiens. Là aussi se trouve un petit chantier de construction.

Le long du Môle et du côté ouest s'étend un quai destiné à l'arrimage et au déchargement des vaisseaux que l'on y amarre.

La plus grande partie du côté oriental porte le nom de Marine; les Turcs et les Maures s'y rendaient en foule et comme à un spectacle lorsque quelque corsaire revenait avec une prise.

C'est là aussi que la populace algérienne s'était rassemblée pour contempler la défaite des Anglais, lorsque lord Exmouth jeta par centaines les bombes sur Alger et sur le port.

Ces fortifications, qui rendent le port en quelque sorte imprenable, ne le rendent pas plus commode; il est petit, ses dimensions n'excèdent pas en longueur cent trente brasses, et en largeur quatre-vingts, en profondeur quinze pieds. Les vaisseaux y sont comme collés les uns contre les autres. Enfin les vents du nord et du nord-est y agitent presque toute l'année les vagues, et causent souvent de grands dommages aux bâtiments qui s'y tiennent à l'ancre.

Au reste, presque toutes les côtes de l'Afrique barbaresque sont soumises au même inconvénient. Aussi, Charles-Quint ayant demandé à un officier espagnol quelles étaient les meilleures rades de la Barbarie :

« Ce sont, répondit l'habile marin, les rades en juin, juillet et août. »

---

[1] Sous la direction des ponts et chaussées, on vient, il y a quelque temps, d'achever un beau travail devant le Môle : d'énormes blocs de pierre ont été tirés de la carrière hors la porte Bab-el-Oued, et ont été jetés au-devant du Môle pour assurer la solidité de la chaussée et pour empêcher que les flots de la mer n'entament de nouveau ce quai, qui commençait à s'ébranler lorsque la mauvaise saison arrivait. On a scellé ces blocs de pierre, et on est parvenu enfin à rendre le devant du Môle d'une grande solidité. M. Noël, ingénieur, avait déjà commencé ce travail; mais nous devons son entier achèvement et perfectionnement à M. Poirel, son successeur, de la ville de Nancy.

D'après tout ce que je viens d'énoncer sur le port d'Alger et les fortifications qui l'entourent, l'on doit voir que toutes les approches d'Alger par mer sont défendues par des travaux si redoutables, et si bien garnies de canons de gros calibre, qu'il y aurait de la folie à vouloir l'attaquer avec une flotte dans le cas où l'ennemi opposerait la tactique et le courage le plus ordinaire.

L'attaque du mois d'août 1816, par les flottes combinées de la Hollande et de l'Angleterre comme nous l'avons déjà relaté, a fait connaître le minimum des forces navales nécessaires dans une pareille circonstance. Depuis cette époque, vis-à-vis la tête du Môle a été élevée une batterie de trente-six pièces de canon de gros calibre, qui prennent en flanc la position qu'occupa la flotte de lord Exmouth.

Ainsi il paraît sûr qu'une attaque de même nature serait aujourd'hui infructueuse; mais des vaisseaux peuvent se mettre à l'ancre hors de la portée des canons, et un bombardement peut toujours réussir.

Alger est donc bâti en grande partie sur le penchant d'une colline escarpée, comme nous l'avons déjà dit. La ville basse, qui est en plaine, est traversée par trois rues principales, aboutissant toutes les trois à la place du Gouvernement [1], qui en occupe le centre. Cette place, qui a vue sur la mer, est très-vaste et sera fort belle lorsque les édifices qui doivent l'entourer seront entièrement construits. La ville haute, comme je l'ai déjà dit, est un labyrinthe de petites rues étroites et tortueuses. Une seule est longue et un peu plus large que les autres, c'est celle qui du bas de la ville conduit à la Kasbah, d'où elle a pris son nom.

En général, l'aspect matériel de la ville est repoussant; les maisons, qui n'ont presque point d'ouvertures extérieures, sont tellement rapprochées, qu'elles se touchent presque par le haut, et que les étroits passages que l'on appelle des rues ne sont à vrai dire que des boyaux sombres que l'on pourrait prendre pour des égouts. Mais au bout de quelques jours les yeux se familiarisent avec cette construction, dont la chaleur du climat [2] démontre du reste bientôt les avantages. On n'est plus

---

[1] Ce sont les rues de la Marine, Bab-Azoun et Bab-el-Oued.

[2] Dans quel but a t-on construit des rues si étroites? Généralement on prétend que les Algériens ont voulu, par là, obvier à l'extrême chaleur. Effectivement, il y a un grand nombre de rues où le soleil ne pénètre jamais, et sans doute la fraîcheur qui résulte, dans un climat si brûlant, de cette disposition, ne peut être qu'agréable; d'autres veulent que cette étrange manière de bâtir ait été imaginée pour parer aux tremblements de terre, fréquents sur cette côte, et peut-être quelques deys y ont-ils songé en effet : c'est du moins ce qu'autorisent à croire les chevrons qui croisent la rue, et à l'aide desquels les façades des maisons sont étagées les unes sur les autres.

alors frappé que du prodigieux mouvement qui règne dans cette ville, dont les rues sont sans cesse encombrées d'une foule bigarrée et hétérogène qui, par la diversité du costume et des habitudes, présente le spectacle le plus varié et le plus attrayant.

La partie supérieure de la ville, celle qui se trouve entre la Kasbah et la rue Bab-Azoun, paraissait presque déserte; on n'y rencontrait que quelques vieilles femmes entièrement enveloppées de longs voiles de laine, ou de jeunes négresses qui allaient à la fontaine, n'ayant pour tout vêtement qu'une grande pièce de toile de Guinée à carreaux blancs et bleus, dont elles se drapaient de la tête aux pieds d'une manière gracieuse et piquante. Tel était Alger en 1830; nous indiquerons plus tard les nombreux changements qu'il a subis.

Après avoir donné une idée de la ville d'Alger et de ses fortifications, nous reviendrons à mon départ pour Mahon.

Je ne restai que vingt-quatre heures à Alger; le surlendemain 18 juillet, on nous enjoignit de nous embarquer pour Mahon.

Nous reçûmes l'ordre, à dix heures du matin, de nous rendre à bord de la *Provence* (vaisseau amiral), pour y attendre que l'amiral mît à notre disposition un bâtiment qu'il désignerait pour nous transporter à Mahon; en conséquence, les seize officiers de santé qui avaient été désignés pour cette destination, s'embarquèrent sur la *Provence* pour y attendre les ordres à cet effet. A midi il n'y avait encore rien de nouveau pour nous, et nous ignorions si nous partirions le même jour; cependant à midi et demi on vint nous prévenir que nous allions partir sur la corvette l'*Astrolabe;* je ne sais si ce fut par un malentendu, mais nous vîmes que l'*Astrobale* était déjà sous voile, et partait sans nous, car il avait déjà pris le large; alors l'amiral fit faire des signaux pour que ce bâtiment nous attendît; et à bord du vaisseau amiral on prépara de suite deux canots pour nous y conduire; nous fûmes embarqués avec tous nos effets dans le canot-major, dont je faisais partie; quatre des nôtres, qui ne pouvaient pas tenir dans le grand canot, furent embarqués dans le petit; au moment où nous partîmes de la *Provence* [1], la mer était devenue très-houleuse, et les vagues étaient monstrueuses, et l'*Astrolabe* était déjà à plus d'une lieue en mer, dans la direction du cap Matifoux; plus nous gagnions le large, plus le vent fléchissait, et nous étions obligés de lutter continuellement contre les vagues, qui étaient énormes, et nous craignions à chaque instant d'être engloutis

---

[1] Depuis la prise d'Alger, ce vaisseau a pris le nom de l'*Alger*.

dans les flots à chaque lame qui venait à nous; ce ne fut qu'avec de grandes difficultés et à force de rames que nous parvînmes enfin à aborder l'*Astrolabe;* mais il nous fallut encore prendre les plus grandes précautions pour que notre canot, en abordant ce bâtiment, ne chavirât pas et pour que nous ne tombassions pas à la mer; les lames étaient si fortes qu'elles nous amenaient quelquefois au niveau du pont du vaisseau; il fallait alors saisir ce moment avec promptitude et se cramponner aux cordes qu'on nous jetait pour arriver sur le bâtiment; on nous criait du bord de ne pas approcher de trop près le navire avec notre canot, pour éviter quelques dangers imminents; mais nos canotiers, assez imprudents, nous firent d'abord aborder sous les haubans; le devant de notre canot vint à frapper avec violence contre le bord, et la tranche de l'avant du bateau se brisa avec éclat; notre bateau en ce moment fit une telle pirouette, que nous nous crûmes coulés à fond; quand une autre vague, au côté opposé, vint fort heureusement nous remettre en équilibre; cependant dès lors nos canotiers firent plus d'attention pour éviter le danger; quant à moi, je saisis bientôt une de ces lames qui me mettaient au niveau du pont, et, ayant attrapé une des cordes qu'on nous tendait, je parvins bientôt sur le vaisseau sans accident. Tous mes autres collègues, qui étaient restés dans le canot après moi, eurent mille difficultés pour arriver au haut du bâtiment. Un chirurgien-major faillit se noyer, parce que le pied lui manqua sur le bateau au moment où il cherchait à monter; fort heureusement qu'un des canotiers le rattrapa par le pan de sa redingote dans le canot, sans quoi c'eût été fait de lui; un autre de nos collègues, qui était resté dans le canot après moi, eut le doigt foulé entre les cordages en abordant le navire. Cela fut pourtant le seul accident qui arriva, puisque nous parvînmes tous sains et saufs à bord de l'*Astrolabe.* Cependant nous ne fûmes pas sans inquiétude sur le sort de nos quatre camarades qui s'étaient embarqués dans le petit canot, car ils ne paraissaient pas, et nous craignions bien qu'ils n'eussent péri. Le commandant de l'*Astrolabe,* du moment qu'il avait connu les signaux du vaisseau amiral, s'était tenu en panne pour nous attendre; mais, du moment que nous étions montés à bord, il se disposait de continuer à faire route, lorsque nous lui apprîmes qu'il y avait un petit canot en retard, et que nous y avions encore quatre de nos camarades qui venaient rejoindre le bâtiment; alors le commandant fit changer les dispositions de départ, et nous restâmes encore près d'une heure en panne à les attendre : à la fin, nous aperçûmes leur canot qui regagnait avec bien de la peine notre navire, et à tout moment nous croyions les voir engloutis dans les flots, parce que leur canot disparaissait souvent à nos yeux entre deux vagues énormes : on eût dit qu'il allait couler à fond ; aussi ils eurent beaucoup à lutter contre la force de la mer et ils désespéraient déjà de pouvoir atteindre notre navire ; mais les canotiers, qui étaient intrépides, ramèrent avec force et habileté, parvinrent à la fin à nous accoster, et nos collègues montèrent à bord sans accident ; mais nous sûmes par ces derniers qu'ils avaient couru un plus grand danger que nous, puisqu'ils avaient été sur le point d'être entraînés par les courants sous le cap Matifoux, et que ce n'était qu'après des efforts inouïs qu'ils avaient enfin regagné l'*Astrolabe*; aussi ils rendirent grâce à la Providence de ce qu'il ne leur était rien arrivé de fâcheux.

L'*Astrolabe* continua de faire route pour Mahon, et, comme il ne nous arriva rien de particulier pendant la traversée, je me contenterai de dire que nous fîmes ce voyage assez heureusement dans l'espace de vingt-quatre heures, et nous arrivâmes à Mahon par le plus beau temps du monde, dans la belle rade de cette île, qui est le plus beau bassin de la Méditerranée ; nous mouillâmes entre le lazaret et le village de Villa-Carlos ; nous y trouvâmes encore la frégate la *Jeanne-d'Arc*, qui portait le dey d'Alger et faisait sa quarantaine dans ce port, afin de pouvoir entrer en libre pratique en arrivant à Naples, où nous savions qu'il devait se rendre.

Sur le pont et à travers les sabords de la *Jeanne-d'Arc* nous aperçûmes une grande quantité d'esclaves noirs des deux sexes : ce qui nous fit présumer que le dey d'Alger emmenait avec lui une nombreuse suite et des esclaves pour le servir lui et ses femmes.

Nous arrivâmes à Mahon le 20 juillet ; nous entrâmes au lazaret de Mahon pour y faire notre quarantaine de dix jours.

Le lazaret de Mahon est très-vaste, et c'est un des beaux établissements de cette ville ; les logements sont bien distribués, et il y a plusieurs cours et plusieurs corps de bâtiments destinés à chaque quarantaine, qui ne doivent pas communiquer, et on y respire un air pur et salubre.

Pendant notre quarantaine, nous avons eu la visite du dey d'Alger, qui est venu voir cet établissement.

C'est un vieillard respectable ; il paraissait content de son nouveau sort et d'avoir vu ainsi se terminer une crise dont la solution semblait devoir lui être fatale ; il paraissait peu affecté de sa chute du gouvernement de la régence. On s'accorde à dire que sous son règne il se distingua par l'ordre et la douceur (en effet, sous son règne, il y a eu moins de cruautés commises que sous les deys précédents), et l'on dit qu'il était doué de beaucoup d'esprit naturel.

Notre quarantaine a fini le 30 juillet; nous avons donc pris notre entrée le même jour dans la capitale de l'île Minorque. Mahon est une jolie petite ville bâtie assez régulièrement, assez peuplée; elle offre quelques agréments. Les étrangers sont bien accueillis par les habitants, qui y sont très-affables; les femmes, en général, quoique petites, sont fraîches et jolies et assez bien faites, et sont très-aimables envers les étrangers.

Quant à Mahon, la culture y est assez aride, et la terre ne produit qu'à force de soins et d'irrigation : ce n'est plus cette belle végétation qu'offrent la ville de Palma et ses environs.

Les villages sont très-rapprochés de la ville; les villageoises y sont également fraîches et robustes.

Je crois qu'il est ici à propos de donner la description des îles Baléares.

DES ÎLES BALÉARES.

Juste à moitié de la distance de Toulon ou de Marseille à Alger, on rencontre les îles Baléares.

Ces îles, vis-à-vis et à la hauteur des côtes de Valence, forment une subdivision du royaume d'Aragon, sous le nom de province de Palma, et se composent des îles Majorque, Minorque, Iviça, Formentera et Cabrera, autrefois connues des anciens sous le nom de Pityuses.

Les habitants des îles Baléares, que l'on dit être d'origine phénicienne, étaient renommés dans l'antiquité pour leur bravoure et leur adresse à manier la fronde : les Carthaginois, les Romains, les Goths et les Arabes possédèrent successivement ce petit archipel qui, vers le treizième siècle, passa au pouvoir des rois d'Aragon et plus tard au royaume d'Espagne, auquel il appartient encore.

Le climat des îles Baléares est chaud, mais tempéré; on y cultive beaucoup d'orangers dont les fruits sont très-beaux.

La population réunie de toutes ces îles est évaluée à cent quatre-vingt mille âmes.

Les villes principales sont : Palma, Mahon, Ivice, Cabrera et Formentera.

Palma, capitale des îles Baléares, est entourée de murs, et son port, défendu par deux châteaux forts, est l'un des meilleurs de la Méditerranée.

Cette ville n'est pas très-bien construite ni régulièrement, comme nous l'avons déjà dit; cependant ses maisons, ornées toutes de balcons, ont une physionomie agréable.

Les promenades, et surtout celle de la Rambla, sont très-belles. La place des Bornes, où l'on vend des fleurs, est digne aussi de l'attention des voyageurs.

Les édifices les plus remarquables de cette capitale sont :

Le palais du gouverneur;

Le palais de la Bourse;

L'Hôtel de Ville;

La cathédrale, vaisseau magnifique, chef-d'œuvre d'architecture gothique, dont nous avons déjà parlé;

Et le palais de l'Inquisition, qui se trouve hors des murs.

Palma possède un musée d'antiquités, deux bibliothèques publiques et plusieurs établissements industriels et de bienfaisance.

Elle est renommée pour ses oranges et par la beauté de ses femmes. En effet, beaucoup de celles-ci ne le cèdent en rien aux Andalouses par la régularité de leurs traits, le velouté de leurs yeux noirs comme leurs cheveux, et la grâce de leur personne.

Quand les navires passent à une distance assez rapprochée, on aperçoit sur les promenades de Palma qui longent la mer une population de moines de toutes couleurs.

Mahon, autrefois Portus-Magonus, chef-lieu et évêché de l'île de Minorque, est situé au fond d'un golfe qui offre un port immense, où la flotte la plus considérable peut mouiller à l'aise.

Cette ville, qui est assise sur le versant d'une colline, est très-bien construite : toutes les maisons y sont gracieuses et élégantes. En entrant dans le port qui est défendu par le fort Saint-Philippe, on voit, à gauche, sur le rivage, Villa-Carlos, qui est presque un faubourg de Mahon.

A droite de la rade est le grand lazaret; un peu plus loin, une petite île qui est la consigne; presque au fond de la baie, une autre île sur laquelle existe un immense couvent : c'est là que nous avions notre second hôpital; dans la même direction et au fond de la rade, on aperçoit une jolie casa, surmontée d'un dôme qui la fait ressembler à un temple.

A gauche de la baie et à environ un quart de lieue de Villa-Carlos, on voit Mahon, qui est tout à fait au bout de la rade et d'un étroit goulet.

Entre Mahon et Villa-Carlos, on remarque une grande quantité de moulins à vent, qui tous ont six ailes courtes dont les extrémités forment un cercle au moyen d'une corde attachée de l'une à l'autre.

Les constructions de Mahon se conservent si bien dans ce beau pays, qu'elles paraissent toujours neuves; les maisons sont peintes avec art en rouge et en vert.

L'édifice le plus remarquable de cette ville est la cathédrale, dont nous avons dit un mot, ainsi que de la richesse de son clergé.

On attribue la fondation de Mahon à Magon, célèbre amiral carthaginois.

Ivice ou Iviça, autrefois Ebusus, et que les Espagnols nomment Ibiza, est une petite ville peu importante aujourd'hui, située dans l'île de ce nom; presque tous les habitants sont artisans ou pêcheurs.

L'île d'Ivice est sillonnée de montagnes couvertes de bois, et où se trouve une population encore bien rapprochée de l'état de nature.

Cabrera et Formentera sont deux petites villes sises dans les îles qui portent leur nom et dont on ne parle que lorsqu'on les aperçoit; pourtant il est bon de dire qu'il y a à Cabrera un château fort qui sert de prison pour toutes les îles Baléares, dont nous avons eu occasion de parler, en disant que c'était dans cet endroit qu'on mettait nos prisonniers du temps de la guerre d'Espagne sous Napoléon.

Mahon est un pays vivant autant que les bâtiments des diverses nations affluent dans son port; cette ville ne subsiste que par la marine, et par les diverses escadres qui séjournent dans sa rade. En effet, jusqu'à ce jour, pour protéger le commerce dans la Méditerranée contre la piraterie des corsaires algériens, les Américains entretenaient une escadre; les Hollandais et les Anglais avaient constamment aussi des bâtiments en station dans le port de cette île, ainsi que la France.

Dans le moment où nous nous trouvions à Mahon, il y avait encore les bâtiments de la station hollandaise, américaine et anglaise, plus deux de nos frégates, quelques bricks de guerre, et au moins huit ou dix gabares et d'autres bâtiments de transport qui avaient servi à transporter nos malades d'Alger à Mahon.

Ces diverses escadres, constamment réunies dans le port de Mahon, faisaient vivre les habitants de cette ville depuis nombre d'années. Ils ont sans doute raison de bien accueillir les étrangers, puisque ce sont eux qui les font vivre; aussi maintenant ce pays va s'appauvrir par la chute du dey d'Alger, puisque les diverses escadres dans leur port vont devenir inutiles désormais, puisque, par l'occupation française à Alger, la piraterie ne sera plus à craindre sur ces parages, et que, dès lors, il est probable que les divers bâtiments en station dans ce port vont être rappelés par leur nation. Si Mahon alors n'a plus de ces escadres qui séjournaient dans son port, adieu le commerce pour ces insulaires! C'est un pays mort et ruiné, puisque les Mahonais n'auront plus de moyens d'existence ; aussi seront-ils forcés de quitter le pays pour aller chercher à s'industrier ailleurs (je veux parler seulement des artisans et de la classe ouvrière, et non des gens aisés) : aussi vont-ils se refouler sur Alger ; aussi plusieurs familles de Mahon parlent-elles déjà d'émigrer le pays et d'aller à Alger pour s'y établir, pour chercher à y faire fortune si cela leur est possible ; en effet, c'est l'excès de leur misère qui est cause que, depuis notre occupation à Alger, plusieurs de ces insulaires sont venus s'y établir ; des familles entières nous arrivent journellement à Alger venant de cette île, et quelques-uns d'entre eux ont eu à s'applaudir d'avoir suivi cette impulsion, puisque beaucoup y ont prospéré et ne regrettent pas d'avoir quitté leur pays, où ils n'auraient fait que végéter.

A notre arrivée à Mahon, nous avions deux hôpitaux d'établis, celui de Villa-Carlos, à un quart de lieue de la ville, et celui de l'île dont nous avons donné la description en parlant de ce port.

Le lazaret recevait nos malades, qui, en arrivant, y faisaient leur quarantaine avant d'être reversés sur nos deux hôpitaux ; donc les officiers de santé étaient répartis dans ces trois établissements. Je fus désigné pour l'hôpital de Villa-Carlos. A mon arrivée à Mahon, nous avions déjà dix-huit cents malades, tant fiévreux que blessés.

Mahon est un pays très-salubre, on y respire un air extrêmement pur ; aussi nos fiévreux s'y rétablissaient très-promptement, et, dès que nos malades étaient guéris, on les renvoyait en Afrique rejoindre leurs régiments respectifs. Nos hôpitaux de Mahon étaient parfaitement tenus, bien aérés, et tout y respirait un air de propreté. Enfin, tout coopérait au prompt rétablissement de nos malades par les soins assidus des officiers de santé de ces établissements, qui, malgré la grande quantité de nos malades, n'étaient point en rapport avec le petit nombre d'officiers de santé existants ; la fatigue qu'ils éprouvaient ne ralentissait point leur zèle à remplir leurs devoirs dans toute leur étendue avec exactitude et intelligence.

Pendant notre séjour à Mahon, l'évêque de cette île mourut ; à cette occasion, il y eut des cérémonies religieuses pendant plusieurs jours. Pendant huit jours il fut exposé à la cathédrale, à visage découvert, aux yeux des fidèles, et une chapelle ardente fut entretenue pendant tout ce temps auprès de ses restes inanimés. Les traits de ce vénérable évêque étaient à peine défigurés après sa mort; quoique sexagénaire, il offrait encore les traits d'une belle vieillesse, et sa physionomie, exprimant un air de bonté, était l'empreinte d'un brave et vénérable patriarche qui n'avait fait que du bien pendant sa vie. Aussi les Mahonais paraissaient déplorer sa perte, et donnaient quelques larmes et des regrets à sa mémoire. Lorsque les cérémonies religieuses furent terminées à l'église, il y en eut d'autres pour la translation de son corps dans les caveaux destinés aux évêques de l'île Minorque. Un grand concours de monde s'y trouva; toutes les autorités du pays s'y étaient réunies, et les Espagnols des villages voisins y étaient accourus; quelques fonctionnaires français s'y joignirent, ainsi que beaucoup de nos soldats, attirés par pure curiosité, ce qui avait grossi considérablement ce cortége: le corps fut descendu avec pompe dans le caveau destiné à sa sépulture.

Laissons un instant Mahon pour voir ce qui se passait à Alger, et revenons aux événements qui eurent lieu alors.

Peu de temps après l'entrée des Français dans Alger, le bon ordre et la tranquillité furent rétablis, les boutiques se rouvrirent et les marchés furent approvisionnés; des relations s'établirent dans les environs, et tout semblait promettre une possession tranquille de la conquête de cette belle contrée.

Depuis la capitulation, nos avant-postes n'avaient essuyé aucune agression, lorsque le général en chef apprit, le 18, qu'une bande armée avait enlevé dans la Métidja tous les bœufs que nous envoyait le bey de Titery. M. de Bourmont pensa qu'une excursion dans l'intérieur du pays exercerait une grande influence sur les habitants, et lui fournirait l'occasion d'apprécier la disposition des esprits. C'est pourquoi il se décida à aller visiter Blidah. Le bey de cette province, qui avait d'abord fait sa soumission et que l'on avait maintenu dans ses fonctions, cherchait cependant à attirer le général en chef dans un piège et excitait les Kabaïles contre nous. Il affirmait à ce dernier que sa présence seule était le moyen que les populations se soumissent à l'armée française. Le conseil municipal d'Alger, où se trouvaient plusieurs Maures qui avaient une connaissance parfaite du pays, désapprouva hautement l'expédition de Blidah; il affirma que toutes ces sollicitations cachaient quelques ruses du bey de Titery, qui était un fourbe, et qu'il serait prudent de l'ajourner. Le comte de Bourmont ne voulut rien entendre : « J'ai promis, disait-il, d'aller à Blidah; je passerais pour avoir peur si je ne tenais pas ma parole. »

Cependant, au lieu de faire ce voyage avec une simple escorte de trois cents hommes, comme il en avait eu d'abord l'intention, il crut ne devoir pas mépriser entièrement les observations du conseil municipal d'Alger, et partit le 22 juillet d'Alger avec mille hommes d'infanterie, dont trois cents de cavalerie, et avec une demi-batterie de campagne.

Le détachement était commandé par le maréchal de camp baron Hurel.

Reçu à Blidah avec des démonstrations de dévoûment et de respect par les habitants, le comte de Bourmont se crut dans un pays ami, et ne prit pas toutes les précautions qu'il aurait adoptées s'il avait soupçonné les intentions hostiles des Kabaïles et des montagnards des environs. Le plus grand calme régna à Blidah du 23 au 24.

L'ordre avait été donné aux troupes, le 23 au soir, de se tenir prêtes à partir le lendemain de bonne heure pour retourner à Alger. Mais, au petit point du jour, les sentinelles du quartier général aperçurent des masses nombreuses d'hommes armés qui descendaient précipitamment des montagnes. L'alarme fut donnée à l'instant; mais c'était trop tard : les ennemis étaient déjà venus nous barrer le passage à la sortie de Blidah.

Envoyé en reconnaissance aussitôt qu'on entendit les premiers coups de fusil, M. Trélan, chef de bataillon, aide de camp du général en chef, étant sorti pour reconnaître ce qui se passait, avait été blessé mortellement. Le danger était imminent; il ne restait d'autre parti à prendre que de se grouper et de marcher sur le ventre aux troupes ennemies, qui formaient le cordon, et de se replier sur Alger. Cette retraite ne s'accomplit pas sans périls; il y eut quatre-vingts hommes mis hors de combat. Au lieu d'avoir peur de vingt mille Kabaïles ou Arabes qui les enveloppaient, les Français, formés en colonne, se portèrent au pas de charge sur les ennemis qui couvraient la route, et les culbutèrent après une faible résistance.

Les chasseurs d'Afrique, qui n'avaient pas encore eu l'occasion de se distinguer, firent dans cette circonstance des charges extrêmement brillantes, et repoussèrent l'ennemi de toutes parts.

L'artillerie, par la rapidité et la justesse de son feu, jeta la terreur parmi les assaillants.

Quoique harcelée par le feu continuel des Arabes, la colonne française continua sa marche en bon ordre, sans s'arrêter, et rentra le 25 au matin à Alger[1].

La distance de Blidah à Alger est de huit heures de marche. Cette petite campagne, durant laquelle le caractère aussi astucieux que féroce des Arabes se montra à découvert, rendit les Français plus circonspects; ils observèrent avec une minutieuse attention les démarches des habitants d'Alger, et ne tardèrent pas à découvrir qu'une conspiration se tramait contre eux.

Parmi les Turcs célibataires qui avaient reçu l'ordre de s'embarquer, deux cents environ s'étaient soustraits aux recherches de la police militaire. Les Turcs mariés avaient été autorisés à ne pas quitter la ville, sous la condition de vivre dans la plus profonde retraite. Ces derniers, s'étant ménagés des intelligences avec les Kabaïles et les Arabes du dehors, n'attendaient que l'occasion favorable pour attaquer les Français. Nous voyant revenir si vite de l'expédition de Blidah, ils crurent à une défaite et voulurent la mettre à profit. On les surprit distribuant de la poudre et des armes aux Arabes. On surprit également aux portes d'Alger des Arabes et des Kabaïles emportant sous leurs manteaux des armes et de la poudre. Interrogés sur la manière dont ils se procuraient ces objets, ils répondirent que les Turcs les leur remettaient; mais ils refusèrent d'en désigner un seul. Les Turcs ayant violé leur serment de ne rien tenter contre nous, pour étouffer cette conjuration, l'administration française ordonna que les Turcs seraient transportés dans l'Asie Mineure.

Quant aux Arabes qui avaient été saisis emportant des armes et des munitions, ils furent jugés par une commission militaire, qui en fit fusiller deux.

Ces mesures vigoureuses ramenèrent la tranquillité, et tout rentra dans l'ordre.

Les habitants de Blidah et les Kabaïles de cette partie du petit Atlas se vantèrent d'avoir chassé et battu les Français, et de les avoir obligés à se renfermer dans Alger. Cette nouvelle se répandit avec rapidité dans toute la régence, et détruisit la réputation d'invincibilité dont les troupes françaises avaient joui depuis le commencement de la campagne. Les environs d'Alger se couvrirent de brigands audacieux qui

[1] La première journée de cette retraite, la colonne coucha à Bir-Tourta (puits des Mûriers). Ce fût là que M. de Bourmont reçut son bâton et son brevet de maréchal de France, qu'un officier d'état-major lui apporta, et qui étaient arrivés à Alger pendant son absence.

M. l'amiral Duperré venait de recevoir également sa nomination de pair de France.

pillaient les cultivateurs et arrêtaient les caravanes qui portaient des subsistances dans la ville. Tout soldat qui s'éloignait un peu de ses cantonnements était aussitôt dépouillé et haché par morceaux par ces hommes féroces. L'honneur français et l'intérêt des troupes exigeaient que l'on marchât en forces sur ces dévastateurs, et qu'on poussât une pointe jusqu'à Blidah, pour punir la perfidie de ses habitants ; mais on resta dans une inaction complète, et cela augmenta l'éloignement des peuples pour toute idée de soumission.

Le bey de Titery, qui avait compté s'emparer de la personne du comte de Bourmont, et qui avait espéré pouvoir en faire la condition de la restitution d'Alger et du départ des Français, se vit trompé dans son attente. Nous voyons donc que mille Français, quoique surpris et entourés, avaient repoussé et battu vingt mille Arabes.

La première communication faite à M. de Bourmont par le gouvernement français, après la prise d'Alger, semblait annoncer le projet de céder à la Porte la possession de la régence, en nous réservant seulement le littoral compris depuis Alger jusqu'aux frontières de Tunis. En conséquence, le maréchal avait décidé l'occupation de Bone ; cette mission fut confiée au général Damrémont, tandis que M. de Bourmont fils, capitaine d'état-major, se rendait à Oran pour recevoir la soumission du vieux bey Hassan.

L'expédition de Bone parut devant cette ville le 2 août, débarqua devant cette ville sans obstacle, et s'établit sans coup férir dans sa facile conquête. Le général voulut entamer aussitôt des négociations avec les tribus voisines et ne put réussir ; bientôt même des rassemblements considérables vinrent attaquer nos avant-postes. La nuit du 7 au 8 août fut témoin d'une lutte acharnée. Le 11, un assaut général menaçait la ville et la Kasbah, située à quatre cents mètres de l'enceinte, et gardée par un seul bataillon. A onze heures du matin, les Arabes se ruèrent avec un courage furieux sur nos ouvrages avancés, et plusieurs vinrent se faire tuer à la baïonnette dans les retranchements escaladés. De l'aveu des officiers présents à cette affaire, si les Arabes de la province de Bone s'étaient trouvés à Staouéli, notre victoire eût été chèrement achetée ; mais, découragés par leurs pertes et par l'admirable sang-froid de nos soldats, ils se dispersèrent peu à peu et regagnèrent leurs tribus, et le général Damrémont songeait à asseoir sa domination, lorsqu'une nouvelle imprévue le rappela subitement à Alger avec les troupes.

Les événements d'Oran n'étaient pas moins heureux. Trop faible avec ses Turcs pour tenir tête aux Arabes, qui étaient venus le bloquer dès qu'ils avaient appris la chute de Hussein-Pacha, le bey Hassan demandait au capitaine de Bourmont une garnison française pour prendre possession de la ville et des forts, et formait le projet de quitter le pouvoir et d'aller finir ses jours en Asie.

Nous verrons bientôt quelle fut la cause de ce rappel précipité.

Le capitaine Leblanc, commandant le brick le *Dragon*, prit sur lui de s'emparer, avec cent marins, du port de Mers-el-Kébir, qu'il occupa sans éprouver la moindre résistance de la part des Turcs, qui n'étaient qu'au nombre de soixante, et se retirèrent vers la ville. Cette manière un peu brusque de procéder ne changea rien aux dispositions du bey. Le capitaine de Bourmont retourna à Alger sur le brick le *Dragon*, pour les faire connaître à son père, et les marins restèrent dans le fort de Mers-el-Kébir, soutenus par la présence en rade de deux autres bâtiments. Le maréchal de Bourmont, sur le rapport de son fils, fit partir pour Oran le 21° de ligne, commandé par le colonel Gouffrey, à qui on donna cinquante sapeurs du génie et deux obusiers de montagne. L'expédition mit à la voile le 6 août; mais, à peine était-elle mouillée en rade, qu'elle fut rappelée comme celle de Bone. Quelques compagnies étaient déjà à terre; on les rembarqua sur-le-champ, et l'on abandonna le fort de Mers-el-Kébir, en faisant sauter le front du côté de la mer. On offrit au bey de le conduire en Asie, ainsi qu'il en avait manifesté le désir; mais il répondit qu'il espérait pouvoir s'arranger avec les Arabes, les amener à la paix et se maintenir à Oran; que, du reste, il se regardait toujours comme vassal du roi de France.

Pendant que ces événements se passaient, une tentative avait eu lieu pour faire reconnaître la domination française à Bougie. Un Maure nommé Mourad, de cette ville, s'était présenté le 3 août à M. de Bourmont, se disant envoyé pour traiter de la soumission de ses compatriotes; il demandait le titre de kaïd et un bâtiment de guerre pour assurer son installation. Mais, à peine de retour, les Bougiotes lui coupèrent la tête pour prix de sa perfidie, et le brick sur lequel il était venu dut se retirer, après avoir échangé quelques coups de canon.

Les troupes de Bone et d'Oran partagèrent la surprise générale en apprenant les motifs qui les avaient fait rappeler aussitôt.

Aussitôt que M. de Bourmont eut appris les événements de juillet, qui commençaient déjà à transpirer, il sentit la nécessité de réunir toutes ses forces pour être prêt à tout besoin. Il se hâta donc de rappeler à Alger la brigade Damrémont et le régiment du colonel Goutfrey, ce qui amena l'évacuation de Bone et l'abandon d'Oran, que nous avons déjà racontée. Cette mesure, justifiée par l'imminence d'une guerre européenne, avait peut-être encore un autre motif, mais il est inutile de le rechercher.

M. de Bourmont, qui, selon toute apparence, espérait que le service qu'il venait de rendre à toute la chrétienté lui vaudrait au moins la conservation de sa position, dut être vivement affecté quand il vit que le nouveau gouvernement rompait toute communication politique avec lui; il tomba dans un découragement dont les affaires se ressentirent. Le bey de Titery, prenant pour prétexte l'expulsion des Turcs, lui déclara la guerre et fit plusieurs bravades qu'aucun effet ne suivit; mais l'armée tout entière, resserrée autour d'Alger, était bloquée dans ses lignes par les Arabes de la Métidja; tout ce qui s'aventurait au delà était égorgé. Le colonel Frécheville, du premier régiment de marche, étant allé, accompagné d'un seul officier, reconnaître les bords de l'Harasch, à moins de trois cents mètres de nos avant-postes, ils furent tués de deux coups de feu, et le lendemain on trouva leurs cadavres horriblement mutilés.

Nous voyons donc que, depuis la prise d'Alger, les choses semblaient prendre une assez mauvaise tournure, surtout depuis l'expédition de Blidah, quand tout à coup l'armée apprit à la fois la publication des fameuses ordonnances, le soulèvement de Paris et la victoire du peuple. Ces nouvelles extraordinaires furent reçues avec enthousiasme par les troupes; une partie des officiers supérieurs, royalistes par calcul, montraient plus d'embarras et d'hésitation que de regrets; d'autres, ultra de bonne foi et par conviction, voulurent remuer l'armée, et ne songèrent à rien moins qu'à mettre Paris à la raison. Les uns firent rire et les autres firent pitié, et le drapeau tricolore, parti de Toulon le 6 août sur la corvette la *Cornélie*, fut arboré le 17 sur les bâtiments de guerre et de commerce, sur les forts et les batteries d'Alger.

Plusieurs généraux et colonels ne crurent pas devoir se soumettre à l'autorité du roi des Français et se retirèrent en Espagne.

Le général en chef, atterré par l'inquiétude et le chagrin, attendait dans la Kasbah des ordres de France, qui n'arrivaient point. Les démissionnaires de tout grade partaient de jour en jour, comme si des hommes de cœur pouvaient hésiter entre un roi et leur pays, et briser leur épée quand la France avait, plus que jamais, besoin de tous ses défenseurs.

Enfin, le 2 septembre, l'*Algésiras* parut à l'horizon. Ce vaisseau portait le général Clausel, désigné pour remplacer M. de Bourmont.

Le jour suivant, le vainqueur d'Alger, prévenu par des lettres de sa famille du danger qu'il courait s'il rentrait en France, résolut de se retirer à Mahon pour y attendre les événements.

L'amiral lui refusa durement un navire de l'État, et il se vit réduit à errer sur le port avec quelques personnes de sa suite, jusqu'à ce qu'il trouvât un brick autrichien pour l'emmener avec ses deux fils.

L'aîné était allé porter à Paris les drapeaux pris à l'ennemi; le dernier avait péri sur le champ de bataille, leur père quitta en fugitif les rivages témoins de son triomphe et de ses larmes.

CHAPITRE IX

DOMINATION FRANÇAISE

Arrivée du général Clausel à Alger. — Ordre du jour à l'armée. — Proclamation aux habitants. — De notre position critique à Mahon, avant d'avoir reçu l'ordre d'arborer le drapeau tricolore. — Suppression des hôpitaux de Mahon. — Mon retour à Alger. — Le général Clausel fait l'expédition de Médéah, bat les Arabes sur tous les points, défait le bey de Médéah qui se rend à lui, et nomme un nouveau bey pour le remplacer. — De la belle défense de Médéah par la garnison française laissée par le maréchal Clausel. — Secours envoyés à la garnison de Médéah. — Organisation des zouaves. — Création de la garde nationale à Alger, et des spahis. — Traités avec Tunis au sujet de la province de Constantine et de celle d'Oran. — Ce traité n'est point ratifié par notre gouvernement. — Deuxième occupation d'Oran. — Sommation à l'empereur de Maroc pour l'évacuation d'Oran. — Évacuation de Médéah. — Départ du général Clausel; il est remplacé par le général Berthezène.

L'arrivée en Afrique du général Clausel releva le moral de l'armée, qu'une longue inaction et l'incertitude de l'avenir avaient ébranlé. Cependant ses débuts ne furent pas heureux : par un ordre du jour daté du vaisseau l'*Algésiras* (3 septembre 1830), il se borna à annoncer aux troupes la chute de Charles X et l'établissement de la nouvelle dynastie, « qui réunissait la double légitimité du choix et de la nécessité; » mais de la campagne, mais de la prise glorieuse d'Alger, pas un mot. Cet oubli indisposa tout le monde. Instruit de ce mécontentement, le lendemain, à la suite d'une brillante revue, il répara son erreur par quelques mots d'éloge adressés à ces braves soldats qui de leur victoire n'avaient encore recueilli que des dédains.

Les généraux Desprez, d'Escars et Berthezène, rentrés en France, furent remplacés par les généraux Delort, Boyer, Cassan et Fromont, du colonel d'infanterie Marion, du chef de bataillon Brisson, du chef d'escadron Darnaud, ses vieux compagnons d'armes formant son état-major, ainsi que du capitaine du génie A. Guy, et de plusieurs officiers de différentes armes.

Le 2 septembre, le maréchal de Bourmont publia l'ordre du jour suivant :

ORDRE DU JOUR DU GÉNÉRAL DE BOURMONT AVANT DE QUITTER L'ARMÉE LE 2 SEPTEMBRE.

« Officiers, sous-officiers et soldats !

« M. le lieutenant général Clausel vient prendre le commandement en chef de l'armée; en s'éloignant des troupes dont la direction lui a été confiée dans une campagne qui n'est pas sans gloire, le maréchal éprouve des regrets qu'il a besoin de leur exprimer : la confiance dont elles lui ont donné tant de preuves l'a pénétré d'une vive reconnaissance. Il eût été heureux pour lui qu'avant son départ ceux dont il a signalé le dévouement en eussent reçu le prix ; mais cette dette ne tardera pas à être acquittée, le maréchal en trouve la garantie dans le choix de son successeur[1]. Les titres qu'ont acquis les militaires de l'armée d'Afrique auront désormais un défenseur de plus. »

Le 3, le général Clausel, à bord de l'*Algésiras*, s'adressa ainsi à l'armée qu'il venait commander :

« Soldats !

« Je viens me mettre à votre tête, et vous apprendre les événements qui ont eu lieu à Paris et en France dans les derniers jours de juillet.

« Charles X ne règne plus !... un attentat des plus coupables, essayé par son gouvernement contre le droit public des Français, l'a fait descendre du trône, après avoir vu périr dans les rues de Paris quelques régiments étrangers, repoussés depuis longtemps de notre territoire par l'opinion des Français, et quelques hommes séduits de la garde royale.

« Le pacte qui liait le roi avec la nation a été détruit par les ordonnances du 25 juillet.

---

[1] Beaucoup de militaires, proposés, à la prise d'Alger, pour des récompenses, n'en reçurent point, il n'y eut que le général en chef de l'armée française qui fut récompensé ; mais en voici la raison : des mémoires de proposition pour des grades et pour des décorations avaient été adressés au ministre de la guerre dès le lendemain de la prise d'Alger. On chicana sur ces demandes ; on les trouva trop nombreuses, et l'on renvoya le travail à Alger. Lorsque les nouvelles propositions arrivèrent à Paris, Charles X n'était plus sur le trône.

« Le trône est devenu vacant en fait et en droit, et il a été de suite offert par les Chambres au chef de la branche cadette de la maison de Bourbon.

« La manifestation du vœu de la France ne s'est pas fait attendre, et le duc d'Orléans, déjà lieutenant général du royaume, règne comme roi des Français sous le nom de Louis-Philippe Ier. Le roi des Français réunit à la légitimité du droit la légitimité du choix et de la nécessité; tous les partis politiques se sont empressés de faire à la patrie le sacrifice de leurs affections particulières. La Charte, lien d'union, qu'un sage et auguste législateur avait donné à la France, cesse d'être une déception, et devient une vérité sous un prince patriote.

« Sous lui, l'armée verra ses droits respectés, la faveur impuissante, la loi sur l'avancement exécutée, la considération et les moyens d'existence assurés aux militaires de tous les grades après de longs services.

« Soldats, je connais toutes mes obligations envers vous; je les remplirai avec zèle, empressement, et surtout avec l'attachement que je vous porte; mais je connais aussi vos devoirs envers la patrie, et je suis convaincu qu'elle vous avouera toujours pour ses fidèles enfants. »

Après son établissement dans la place, le nouveau général en chef fit publier la proclamation suivante :

« Habitants du royaume d'Alger,

« Le puissant roi des Français, Louis-Philippe Ier, m'a confié le commandement de l'armée qui occupe ce royaume, et le gouvernement des provinces dont il se compose.

« L'intention du roi des Français est d'assurer pour toujours le bonheur des peuples que nos armes ont soustraits à un joug dur et humiliant, en faisant régner la justice et les lois, en protégeant tous les bons, et en sévissant sévèrement contre les méchants, à quelque classe qu'ils appartiennent.

« Des malveillants ont répandu des bruits injurieux au caractère français en nous accusant d'une injuste préférence pour certaine classe d'habitants.

« Ne prêtez point l'oreille à ces insinuations perfides; je promets à tous sûreté et protection, mais j'attends de vous une entière confiance, et tout l'appui que vous pourrez me prêter pour faire régner l'ordre et la paix.

« Habitants du royaume d'Alger, votre religion, vos mœurs, vos usages, seront respectés : je ferai droit à toutes vos réclamations, je compte que je n'aurai qu'à me louer de votre conduite, et que vous ne me mettrez jamais dans le cas de vous prouver que ce ne serait pas en vain qu'on essayerait de susciter des troubles, soit dans l'intérieur de la capitale, soit au dehors.

« J'ai déjà ordonné la punition exemplaire de quelques hommes perfides qui ont fait circuler des bruits coupables pour alarmer, et qui nous accusaient d'avoir dessein de vous abandonner à la vengeance des oppresseurs dont nous vous avons délivrés. »

De tous les officiers généraux ralliés par conviction à la Révolution de juillet, le général Clausel était sans contredit l'un des plus capables de commander une armée.

Vieux soldat de la République et de l'Empire, il avait conquis tous ses grades sur les champs de bataille; sincèrement dévoué aux idées d'ordre et de progrès, il avait énergiquement combattu la Restauration dans ses écarts; homme de guerre expérimenté, il avait conduit plusieurs fois nos armées à la victoire, gouverné des provinces, et fait preuve, durant sa longue carrière militaire, de courage, d'habileté et de prudence [1].

Aussi sa nomination au poste de général en chef de l'armée d'Afrique fut-elle accueillie par l'armée avec la plus vive satisfaction. Des revues, des actes de justice, une bonne organisation municipale et de police, la formation d'un corps du pays, reparèrent promptement le mal fait par l'inertie de son prédécesseur, et préparèrent les avantages qui devaient naître pour la France de la conquête de cette belle contrée.

Après avoir parlé de l'installation du général Clausel au commandement d'Alger et de ses ordres du jour, revenons à Mahon, où je me trouvais encore, pour voir ce qui s'y passe. Ces ordres du jour du nouveau général en chef nous parvinrent fort tard, quoique ces événements de Paris nous eussent été révélés par les Espagnols avant même qu'on n'eût arboré le drapeau tricolore à Alger, et cependant nous n'avions aucune certitude de tous ces faits : cela demandait confirmation dans la position où nous nous trouvions, en pays étranger, éloignés du reste de notre armée. Nous devions donc concentrer notre joie. En apprenant que nous avions repris nos couleurs nationales et primitives, cet événement inattendu causa un enthousiasme universel parmi nous

---

[1] En Russie, en Saxe et en France. Après les Cent-Jours, il est exilé et reste cinq années éloigné de la France; en 1827, il est appelé à siéger à la Chambre des députés.

autres Français; mais, par prudence, nous ne voulûmes pas encore le manifester au dehors, surtout avant d'en avoir la certitude, et jusqu'à ce que nous eussions enfin reçu les ordres de notre gouvernement de prendre la cocarde tricolore, et que le gouvernement espagnol eût reconnu notre nouveau roi; nous n'aurions su alors mettre trop de prudence; car un Français, établi depuis longtemps dans le pays, à la nouvelle de la Révolution de juillet, pour avoir manifesté son contentement et avoir crié en pleine rue : Vive le drapeau tricolore! vive Louis-Philippe Ier! fut mis en prison par le consul français.

Déjà, depuis plus de quinze jours, le drapeau tricolore flottait sur les murs d'Alger, et nous autres Français, à Mahon, nous étions obligés de conserver une espèce de neutralité et de rester *in statu quo* jusqu'à ce que les ordres nous fussent envoyés officiellement par le général en chef. Cependant, au bout de plusieurs jours, un bateau à vapeur français se montra à l'entrée de la passe de Mahon avec le drapeau tricolore; mais il fut forcé de virer de bord et de rebrousser chemin, vu que le fort Saint-Philippe lui tira un coup de canon à boulet.

Le gouverneur espagnol n'avait pas encore voulu reconnaître nos couleurs jusqu'à ce qu'il eût reçu de son souverain des nouvelles positives et son adhésion à reconnaître notre nouvelle dynastie. Néanmoins, il s'en est fallu de fort peu que, pour un moment où les esprits étaient montés, il n'y eût une révolte entre les Espagnols et les Français; l'arrestation d'un Français par le consul de notre nation avait été très-impolitique, et cela fut considéré comme un acte arbitraire; de plus, le refus de laisser entrer dans le port de Mahon un bâtiment français porteur sans doute d'ordres pour nous, émanant de notre gouvernement, toutes ces circonstances réunies auraient pu coûter cher aux Mahonais, sans la prudence des autorités françaises; bien sûr, les Espagnols n'auraient pas eu beau jeu avec nous; car, parmi nos dix-huit cents malades, il y en avait au moins quinze cents qui auraient pu prendre les armes, et au moins deux cents employés de l'armée, tant officiers de santé que d'administration des hôpitaux, qui se seraient montrés à l'occasion; ajoutez à cela que notre marine était nombreuse en ce moment dans le port de Mahon : bien certainement les Espagnols auraient eu le dessous, ils n'auraient pas brillé avec nous, et il nous eût été bien facile alors de nous emparer de la ville de Mahon, si nous en avions eu l'intention.

La garnison de Mahon se composait d'un demi-bataillon espagnol, qui n'était pas même au complet ; ils avaient l'autre demi-bataillon qui tenait garnison à Palma.

Cependant cet état de choses ne pouvait durer longtemps, car nos Français commençaient à avoir la tête montée contre les Espagnols ; aussi nous fûmes obligés de consigner nos malades dans nos hôpitaux, et de ne plus délivrer de permissions pour venir se promener en ville, comme cela se pratiquait en faveur de ceux qui étaient convalescents, pour éviter quelques rixes de nos soldats avec la garnison espagnole et les habitants, et nous fîmes très-prudemment d'en agir ainsi. Cependant, pour la deuxième fois, notre bateau à vapeur se présenta à l'entrée de la rade de Mahon sans aucun pavillon, et alors on le laissa entrer ; il avait aussi des dépêches pour le gouverneur de Mahon. On lui faisait savoir que son gouvernement avait reconnu Louis-Philippe Ier pour le roi des Français. Une heure après l'arrivée du bateau à vapeur, tous nos bâtiments dans la rade de Mahon arborèrent le pavillon tricolore à notre grande satisfaction ; et c'est alors que toute notre joie éclata sans aucune contrainte. Nous sûmes, par le bateau à vapeur, tout ce qui s'était passé en France : il nous apportait les journaux, et ainsi nous fûmes bientôt à même de connaître les événements de Paris, où l'on s'était battu pendant trois jours.

Nos hôpitaux de Mahon, comme je l'ai déjà dit plus haut, étaient parfaitement organisés ; nous occupâmes environ sept mois les hôpitaux de cette ville ; moi je n'y suis resté que cinq mois, puisque je n'y suis venu qu'après la prise d'Alger, quand le renfort des officiers de santé y fut envoyé. Cependant, depuis la prise d'Alger, dans cette dernière ville, nous avions organisé deux hôpitaux qui étaient parfaitement bien tenus et dans des locaux favorables ; notre gouvernement ne jugea donc pas à propos de continuer à entretenir des hôpitaux à Mahon, puisque cette mesure n'avait été prise que pour ne pas conserver en Afrique un trop grand nombre de malades dans nos camps, parce qu'on ne croyait pas que la campagne aurait été menée aussi rapidement, et que la prise d'Alger se serait effectuée vingt jours après notre débarquement à Sidi-Ferruch ; mais nos hôpitaux d'Alger pouvaient désormais suffire pour y recevoir tous nos malades de l'armée d'Afrique ; il était donc inutile de continuer à entretenir un nombreux personnel à Mahon, qui devenait superflu : aussi nous reçûmes l'ordre de faire évacuer nos malades au fur et à mesure sur Alger. Ainsi, à dater de la fin de novembre 1830, nos deux hôpitaux de Mahon furent supprimés ; une partie du personnel reçut l'ordre de retourner en France, et l'autre, celui de retourner à Alger. Je fus du nombre de ceux qui retournèrent en Afrique, puisque je n'avais été détaché de l'armée que provisoirement.

Le 1er décembre, les deux bâtiments français la *Créole* et le *D'Assas* furent chargés de nous transporter en Afrique avec une partie du matériel de nos hôpitaux.

Nous partîmes donc de Mahon le 1er décembre, et nous arrivâmes, le 5 du courant, dans la rade d'Alger sans événements, après une assez belle navigation. Je débarquais donc pour la seconde fois sur le sol africain. Revenons à ce qui se passait à Alger.

M. de Sainte-Marie, directeur en chef des hôpitaux de l'armée, se trouvait, le 17 août, sur une terrasse au moment où la marine et les troupes de terre ont arboré le drapeau tricolore ; ce même chef d'administration se trouvait, en 1791, dans la rade de ce même Alger, à bord d'une frégate, expédiée de France pour faire reconnaître les couleurs nationales par la marine des consuls et les despotes de l'Afrique. Un général de l'armée entra le même jour chez M. de Bourmont et lui dit : « Général, vous voilà forcé de croire aux prophéties ! Voici un livre arabe écrit depuis bien des années, car il porte toutes les traces du temps. Eh bien, il dit, dans l'une de ses pages, que le roi de France descendra du trône dans le même mois que celui d'Alger ! » (Le fait fut vérifié et trouvé exact.)

Depuis mon départ d'Alger, il s'était passé assez d'événements. Le général de Bourmont, comme je l'ai dit plus haut, avait été démis de son commandement, et le général Clausel l'avait remplacé ; et, sous le commandement de ce dernier, nous devions espérer un meilleur ordre de choses et un plus heureux avenir pour la colonie.

Le maréchal Clausel apporta en Afrique l'enthousiasme des journées de juillet, qu'il exploita brillamment sous les nouvelles couleurs que la France venait de ressaisir ; il conduisit l'armée au sommet de l'Atlas, partout avec elle battit les Arabes, et, en lui faisant cueillir de nouveaux lauriers, ajouta lui-même à sa gloire. C'est une justice à lui rendre ; ses vues étaient élevées, il voulait soumettre le pays, l'occuper, s'y créer des amis, organiser les troupes indigènes, et donner promptement à la France les moyens de tirer parti de sa conquête : voilà quels étaient ses projets, et nous ne pouvions que l'approuver dans sa tactique et sa conduite ; il le méritait en voulant s'acquitter avec honneur de la mission que la France lui avait confiée.

Revenu de Mahon au mois de décembre 1830, à mon arrivée il n'était question à Alger que de la victoire du maréchal Clausel, remportée au col du Téniah, et des expéditions de Blidah et de Médéah, qui venaient d'avoir lieu, dont nous allons donner succinctement les détails :

Bou-Mezrag, ce même bey de Titery qui, après s'être soumis à la France, avait sous main soulevé les Kabaïles, pressé par M. de Bourmont de déclarer ses intentions, avait enfin, quelques jours avant le départ du maréchal, répondu par des paroles de menace et de défi; ce bey de Titery nous bravait derrière ses montagnes, en prêchant la guerre sainte et la délivrance d'Alger. Il avait sous ses ordres vingt et un outhans ou districts populeux, et pouvait mettre sur pied des forces considérables.

L'insurrection, fomentée par ses émissaires, avait gagné les tribus de la Métidja ; leur attitude hostile nécessitait un acte de vigueur, le général en chef résolut de s'emparer de Médéah. Un arrêté du 15 novembre prononça la déchéance de Mustapha-Bou-Mezrag, qui fut remplacé, sur la proposition du conseil municipal indigène, par Mustapha-Ben-Omar, parent de notre agha Hamdan, et, comme lui, Maure et négociant. Le 17 novembre, une colonne d'infanterie divisée en trois brigades, commandée par les maréchaux de camp Achard, Monk d'Uzer et Hurel, sous les ordres du lieutenant général Boyer, qui avait succédé au duc d'Escars, se mit en route pour franchir l'Atlas.

On joignit à ces forces quatre cents chevaux, huit pièces d'artillerie de campagne et une batterie de montagne. Le 18, cette division, forte de sept mille combattants, parvenue à une demi-lieue de Blidah, rencontra un parti d'Arabes armés, dont le chef demanda que les Français n'entrassent pas dans cette ville. Sur le refus du général Clausel, les Arabes se replièrent, en dirigeant sur nous un feu de tirailleurs qui causa peu de mal. La brigade Achard les tint à distance, et quelques obus les mirent en fuite. Nous n'eûmes à regretter, dans cette affaire d'avant-garde, qu'une quinzaine de morts et le double en blessés [1].

La brigade de Monck d'Uzer balaya la plaine et envoya quelques compagnies occuper les hauteurs voisines de la ville, où les Kabaïles semblaient nous attendre; ils ne firent aucune résistance. Les portes étaient fermées. Le général ordonne l'attaque : le lieutenant d'Hugues, au péril de sa vie, avec quelques voltigeurs, escalade le mur d'enceinte, met en fuite les Arabes, s'élance vers les portes et les ouvre aux Français, qui entrent en ville, pendant que les habitants en sortent par le côté opposé. On trouva Blidah presque déserte ; à notre

---

[1] Relation du chef d'état-major de la première brigade (*Dix-huit mois à Alger*) par le général **Berthezène**, page 149.

approche, les habitants riches s'étaient retirés dans les montagnes. L'armée campa hors des murs. Le général en chef avait l'intention de laisser dans la ville une petite garnison et d'employer la journée du 19 aux travaux nécessaires à son établissement; mais les Arabes, ayant reparu dans la plaine, vinrent attaquer de front la brigade Achard, tandis que les Kabaïles, répandus sur les mamelons du petit Atlas, dont le pied touche Blidah, l'inquiétaient sur son flanc gauche par une fusillade assez vive. La cavalerie dispersa les premiers, pendant que les 20ᵉ et 37ᵉ de ligne refoulaient les montagnards. L'ordre fut ensuite donné d'incendier les magnifiques jardins qui environnent la ville, qui sont d'immenses bois d'orangers. Ces jardins, abondamment pourvus de légumes et de fruits de toute espèce, formaient la principale richesse des habitants. Mais comme ces jardins touchent le mur d'enceinte de la ville, ils nuisaient trop à la défense pour qu'on les laissât subsister, l'ordre d'abattre les orangers fut donné immédiatement. Lorsque les habitants virent que la hache de nos sapeurs ne respectait rien, ces malheureux recoururent aux supplications, et envoyèrent au général une députation pour obtenir au moins un sursis. Mais les lois de la guerre sont inexorables, et les approches de Blidah furent impitoyablement déblayées.

Pendant cette opération, deux de nos bataillons envoyés contre les Beni-Salah, tribu kabaïle qui avait pris la plus grande part aux démonstrations hostiles de la veille, exerçaient dans les environs des représailles non moins terribles: toutes les plantations étaient arrachées, les cabanes et les tentes pillées et incendiées, les troupeaux dispersés ou égorgés. Nos soldats, qui avaient à se venger de ces nombreux coups de fusil qui leur étaient si traîtreusement tirés, se livraient sans pitié à ces exécutions. Une soixantaine de prisonniers furent amenés au quartier général; on les avait pris les armes à la main; on les avait vus détourner de son lit le torrent qui arrose Blidah et faire feu sur des soldats du train. Le chef d'état-major, après avoir examiné la charge qui pesait sur chacun d'eux, en fit fusiller un certain nombre pour l'exemple.

Après cet acte de rigoureuse justice, le maréchal laissa un détachement à Blidah et poursuivit sa marche. En effet, le 20, après avoir laissé à Blidah deux bataillons avec deux pièces de canon, sous les ordres du colonel Rulhières, afin d'assurer les communications avec Alger et de se procurer des vivres et des fourrages que les troupes devaient prendre à leur retour, le général se porta sur Médéah, en laissant à sa gauche les hauteurs qui dominent la Métidja. L'armée, après avoir franchi l'Oued-el-Kébir à son point de jonction avec la Chiffa, vint camper à l'Haouch, ou ferme de Mouzaïa, à l'entrée d'une gorge où la route de Médéah coupe le petit Atlas. La brigade Achard établit son bivac à trois quarts de lieue en avant.

On reçut au camp de Mouzaïa la visite d'un marabout, accompagné de cinq cheiks du pays, qui, protestant de leurs dispositions inoffensives, venaient demander qu'on épargnât les biens et les personnes des habitants. Ce marabout, nommé Sidi-Mohammed-Ben-Fekir, donna des renseignements sur la route de Médéah. On avait deux chemins à choisir : le plus court et le plus direct, suivant le flanc des montagnes, aboutissait au col nommé le Téniah de Mouzaïa ; ce sentier, d'un périlleux accès, entrecoupé de ravins, donnait à peine passage à deux hommes de front. Malgré ces difficultés, le général Clausel n'hésita point à s'y engager ; il pensait que, plus les obstacles à franchir étaient redoutables, et plus il obtiendrait d'ascendant sur l'esprit des Arabes par un succès que la vigueur de nos troupes rendait certain. L'artillerie de campagne et les fourgons furent laissés à la ferme, sous la garde d'un bataillon du 21e de ligne.

Le 21, au point du jour, l'armée commença son mouvement d'ascension. Les premiers sommets de cette partie de l'Atlas se terminent par un large plateau d'où le regard, plongeant sur la Métidja, s'étend jusqu'à l'horizon de la mer. On fit halte, et l'artillerie de montagne salua de vingt-cinq coups de canon la première apparition du drapeau français sur ces crêtes inconnues. Peu de temps après, l'avant-garde rencontra un pont fraîchement brisé, sûr indice du voisinage de l'ennemi, qui se montra bientôt, posté sur les hauteurs, et couvrant avec deux mauvais canons le passage du Téniah. Une vive fusillade accueillit la colonne ; il fallut prendre rapidement des mesures énergiques.

Le défilé courait en zigzag sur une pente roide et glissante, flanquée de mamelons coniques dominant les deux côtés, et d'un profond ravin sur la droite. Les 14e, 20e et 28e de ligne attaquèrent la gauche de cette position et chassèrent devant eux les Arabes, en suivant les crêtes, pour prendre à revers les rassemblements qui défendaient le col, tandis que le 37e et deux compagnies du 14e continuaient à marcher sur la route. Les difficultés du terrain se multipliaient, le jour baissait, et nos troupes souffraient du feu de l'artillerie et de la fusillade. Le capitaine Lafare eut ordre de franchir, avec une compagnie du 37e, le ravin de droite et de s'emparer d'un mamelon, en même temps que la tête de colonne aborderait le col au pas de charge. Le général Achard et le commandant Ducros, du 37e de ligne, firent l'attaque de front avec une grande vigueur, et, malgré des pertes considérables, le col fut enlevé ; mais l'ennemi, grâce aux accidents du terrain, put sauver ses canons. Dans cette affaire, plusieurs officiers d'état-major s'étaient jetés en avant pour indiquer la route, et l'aide de camp du général Achard, M. de Mac-Mahon, eut l'honneur d'arriver le premier au col. L'intrépide capitaine Lafare fut tué au moment même où il s'emparait de la hauteur, et sa compagnie eût peut-être été détruite, si la colonne victorieuse n'était venue la dégager. Nos pertes s'élevèrent à trente morts et soixante-douze blessés [1]. L'armée campa sur le col [2], mais la brigade Achard et la cavalerie se portèrent en avant ; la brigade Hurel et les bagages arrivèrent tard à la position, après avoir soutenu plusieurs combats de tirailleurs.

Dans l'enthousiasme produit par ce beau fait d'armes, le général en chef, fier de ce succès, adressa aux soldats la proclamation suivante :

« Soldats !

« Les feux de vos bivacs, qui des cimes de l'Atlas semblent se confondre avec la lumière des étoiles, annoncent à l'Afrique la victoire que vous achevez de remporter sur ses barbares défenseurs et le sort qui les attend. Vous avez combattu comme des géants, et la victoire vous est restée. Vous êtes, soldats, de la race des braves, les dignes émules des armées de la Révolution et de l'Empire. Recevez le témoignage de la satisfaction, de l'estime, de l'affection de votre général en chef. »

Cette fameuse proclamation, dont le style, un peu oriental, a paru depuis ridicule à bien des gens, parut alors fort convenable à des hommes que de grandes choses disposaient aux grandes idées, ou, si l'on veut, aux grandes expressions. La victoire du col du Téniah disposa le général Clausel au plus vif enthousiasme ; en témoignant à l'armée sa vive reconnaissance pour la valeur et l'intrépidité avec laquelle elle venait d'accomplir un fait héroïque, il ne pouvait assez choisir les expressions si bien méritées par des soldats qui venaient de se couvrir de gloire.

[1] Chiffre donné par le général Berthezène. Suivant le capitaine d'état-major Pellissier, cette journée nous coûta deux cent vingt hommes mis hors de combat.

[2] Le Téniah de Mouzaïa s'élève à neuf cent soixante-quatre mètres soixante-dix centimètres au-dessus du niveau de la mer ; il est dominé, à l'est, par un mamelon dont la hauteur est de onze cent-quatre-vingt deux mètres trente-deux centimètres, et, à l'ouest, par un autre de mille cinquante-quatre mètres soixante-quatorze centimètres au-dessus du même niveau. La distance qui sépare ces deux points est de neuf cents mètres. (Rapport de M. Filhon, chef du service topographique.)

Le 22, l'armée continua sa marche après avoir incendié les villages voisins; la brigade Monck d'Uzer fut chargée de garder la position du Téniah. Le revers méridional de l'Atlas offrait d'abord un chemin large, mais encombré de grosses pierres, puis un sentier qui ne donnait passage qu'à un homme de front, jusqu'à un grand bois d'oliviers; tout ce pays est très-boisé. Parvenu au pied des montagnes, la brigade Achard eut à refouler une troupe d'Arabes, et combattit sans cesse en avançant. Le 20e de ligne, s'étant porté sur la gauche pour éloigner des masses qui menaçaient notre flanc, perdit cinq hommes, dont l'ennemi coupa les têtes. Au delà des oliviers, le terrain s'élargit; le général en chef lança la cavalerie, qui fut arrêtée court par un ravin; mais les Arabes se replièrent en désordre du côté de Médéah. A une lieue plus loin, un indigène, très-mal vêtu, sortit des broussailles et vint au-devant de nous en élevant au-dessus de sa tête une lettre adressée au général en chef : c'était la soumission de la ville, décidée par les habitants notables aussitôt qu'ils avaient appris la défaite des troupes de Bou-Mezrag. Le même jour, ce bey fugitif, ayant vu les gens de Médéah tirer sur ses soldats, et craignant la vengeance de ses compatriotes irrités par les malheurs de la guerre, vit alors qu'il n'avait rien de mieux à faire que de se rendre aux Français comme prisonnier de guerre. Le général Clausel lui reprocha sa trahison, mais ne le traita pas avec dureté. Ben-Omar[1], qui avait suivi la colonne, fut installé à sa place, et le colonel Marion, du 20e de ligne, prit le commandement de la ville avec une garnison de trois bataillons, composés des 20e et 28e de ligne et des zouaves.

L'occupation de Médéah semblait mettre fin aux hostilités. Le général en chef reprit, le 26, la route d'Alger, emmenant avec lui Bou-Mezrag et les brigades Achard et Hurel. Il repassa le Téniah sans nouvelle agression, et vint camper à Mouzaïa, recevant partout des témoignages de l'attitude pacifique des Arabes et des Kabaïles. Mais, pendant qu'il triomphait sur les crêtes et au delà de l'Atlas, Blidah était le théâtre de tristes événements.

Avant de quitter, le 21, la ferme de Mouzaïa, craignant de manquer de munitions, il avait fait partir pour Alger un convoi de cent chevaux conduits par deux officiers et cinquante artilleurs. Ce faible dé-

[1] Notre agha Hamdan, parent de ce Ben-Omar, avait accompagné l'expédition jusqu'à la ferme de Mouzaïa, et se vantait de nous éclairer sur les dispositions des tribus de la plaine; mais, comme ce Maure était aussi lâche que méprisé des Arabes, il se tint, pendant toute la campagne, prudemment à l'abri sous la protection de nos retranchements.

tachement fut assailli dans la plaine, près de Bouffarick, par des masses de Kabaïles et d'Arabes sous les ordres de Ben-Zamoun. La résistance était impossible : les cinquante-deux Français furent massacrés, et l'armée, à son retour de Médéah, trouva leurs cadavres sur la route (10); mais ce coup de main fut le sujet de terribles représailles. Ben-Zamoun avait attaqué, le 26, le colonel Rulhières dans Blidah ; des Kabaïles étaient déjà maîtres des rues ; et la garnison française, acculée sous les voûtes de la porte d'Alger, se voyait décimer par des forces supérieures, lorsque le colonel parvint à faire sortir le chef de bataillon Coquebert avec deux compagnies de grenadiers du 54e, qui tournèrent la ville et rentrèrent par la porte de Médéah. Les Kabaïles, surpris par cette manœuvre, se crurent assaillis par l'armée qui revenait de l'Atlas : l'épouvante se mit parmi eux, et ils prirent la fuite en franchissant de tous côtés le mur d'enceinte. Cette vigoureuse défense ne nous coûta que vingt-cinq morts et quarante-trois blessés. Mais il est à regretter qu'après ce fait d'armes la garnison ait peut-être abusé de la victoire, pour venger ses pertes par des actes que désavouent les lois de la guerre : la responsabilité de cette faute remonte au chef qui s'en rendit coupable.

Le général Clausel rentra dans Blidah le 27, et, renonçant au projet d'occuper cette ville, qui offrait un mauvais poste militaire, il en partit le 28 avec toutes les troupes ; les débris de la population se traînèrent à la suite de la colonne pour échapper aux Kabaïles. Cette longue caravane de vieillards, de femmes et de petits enfants offrait aux regards un spectacle désolant. L'armée de l'Atlas prodigua des soins touchants à ces malheureux ; beaucoup d'officiers les firent monter sur leurs chevaux, et, le soir, au bivac de Sidi-Haid, les soldats se privèrent d'eau pour ces orphelins qu'avait faits la garnison de Blidah.

Le premier soin du général en chef à son retour à Alger, le 29 novembre, fut de procéder au ravitaillement de Médéah. Cette position était difficile à maintenir ; la sécurité des troupes y dépendait de la loyauté des habitants. Le 20e de ligne occupait la ville ; le 28e et les zouaves campaient aux environs pour observer la campagne. Dès le lendemain de la retraite de l'armée, trois mille Arabes étaient venus attaquer la ferme du bey, où commandait le chef de bataillon Delaunay, du 28e. Cette agression fut repoussée d'une manière brillante.

Il est donc à propos de donner ici les détails de la belle défense de Médéah par la garnison française laissée par le maréchal Clausel, après la défaite des Arabes au col de Téniah, dont le commandement des forces avait été donné au colonel Marion, et le brave chef de bataillon Cassaigne y avait été nommé gouverneur; toutefois sans oublier de parler de la belle conduite et du sang-froid du nouveau bey que nous y avions installé.

LES TROIS JOURNÉES DE MÉDÉAH, 27, 28 ET 29 NOVEMBRE 1830.

Le général Clausel avait écrit aux grands de la plaine et de la montagne : « J'irai avec mon armée à Médéah y placer un nouveau bey et ramener prisonnier celui qui a désobéi. » Au jour indiqué, il avait franchi le col de Téniah, ces Thermopyles du désert, et planté le drapeau tricolore sur les cimes les plus élevées de l'Atlas.

Cette expédition toute prophétique sert d'époque parmi les Arabes.

Ils parlent encore avec admiration du sultan d'Alger, de la couronne des soldats, de Clausel que le bras de Dieu conduisait, disent-ils, lorsqu'il vainquit le lion de l'Atlas, l'ancien bey de Titery, dont il dispersa la redoutable milice turque. Le général en chef tenait beaucoup à conserver Médéah, dont l'occupation avait été la conséquence de la victoire du col. La possession de cette ville était indispensable à l'exécution des vastes projets qu'il avait conçus pour l'avenir de la colonie, et nous avons vu qu'il n'avait repris le chemin d'Alger qu'après avoir installé le nouveau bey, Mustapha-ben-Omar, dont l'autorité se trouvait assurée par la présence d'une garnison respectable. Les événements extraordinaires qui suivirent le départ du général en chef, quoiqu'ils aient surpassé toute prévision raisonnable, ont prouvé qu'il avait sainement jugé des hommes et des choses, et que nos soldats et leurs chefs, le bey et les habitants, méritaient toute la confiance qu'ils avaient inspirée. Le commandement supérieur des forces françaises avait été donné, comme nous l'avons déjà dit, au baron Marion, colonel du 20° de ligne.

Le chef de bataillon Cassaigne était gouverneur de la ville, dont la garnison se composait du 1er bataillon du 20°, d'un autre du 28° et des zouaves, plus une compagnie de sapeurs du génie sous les ordres du commandant Gallice, et de trois batteries dirigées par MM. Robinet, de Laplace et de Juniac.

A environ six cents toises au sud de Médéah, la ferme de l'ancien bey de Titery formait un poste très-important, confié à M. le chef de bataillon Delaunay, qui y commandait le 1er bataillon du 28° et le

1er bataillon des zouaves. Toutes ces forces réunies pouvaient s'élever à douze cents hommes.

Cette garnison avait paru suffisante au général en chef après la dispersion des Arabes et de la milice turque au combat de l'Atlas, et après la prise de l'ancien bey qui en avait été la suite, quoiqu'il n'ignorât pas que, dans cette affaire, l'armée française n'avait pas eu à lutter contre tous ses ennemis. Une quantité de tribus éloignées étaient encore en route, et pensaient arriver à temps pour disputer le passage du col de Téniah. Lorsque ces barbares apprirent que ce passage était effectué, que Médéah était au pouvoir des Français, et que le général Clausel reprenait le chemin d'Alger avec la majeure partie de ses troupes, ils furent un instant consternés de voir leurs espérances de butin s'évanouir : car, dans leur folle présomption, ils amenaient des bœufs, des chameaux et des mulets pour charger les dépouilles de l'armée française ; ils traînaient après eux leurs femmes, leurs enfants, et même les vieillards, pour les rendre témoins de leur victoire.

C'était une émigration complète, à laquelle le Sahara lui-même avait fourni son contingent.

La seule chose qui les consolât de la perte du riche butin sur lequel ils avaient compté, c'était de penser combien il leur serait facile de dévorer, selon leur expression, la faible garnison de Médéah. Ils se croyaient d'autant plus certains de la victoire, qu'ils étaient dirigés par des Turcs fugitifs d'Alger ou échappés à la défaite du col du Téniah. Ces Turcs leur avaient donné quelques idées d'ordre militaire et de tactique, et l'on voyait ces bandes irrégulières se distinguer par des drapeaux et se soumettre à une sorte d'organisation.

On n'a pu jamais savoir au juste la quantité et le nom de toutes les tribus qui ont concouru aux diverses attaques[1].

Celles qui entourent Médéah seraient probablement restées tranquilles, si des tribus plus éloignées ne les avaient entraînées en les menaçant de dévaster leurs champs et d'enlever leurs troupeaux.

La journée du 26 se passa assez paisiblement. Le colonel Marion l'employa à reconnaître la ville, à installer les administrations et à organiser l'hôpital.

---

[1] D'après les renseignements que nous avons recueillis, voici les noms de ces tribus autour de Médéah : Regha, Ouvarra, Ouameri, Assen-ben-Hali, Ousera, Beni-Assen, Douer, Habid, Beni-bou-Yagoub, Oulet-Hamra et Dera.

Subdivision de la province de Titery qui contient beaucoup de petites tribus, tribus éloignées : Beni-Jelifa, Beni-Selima, Harib, Miliana, Soumata, Beni-Menal, Djendel, Bojalouan, Ouazer, Amora, Aïnel, Dome, Dirize, Noere, etc.

Les tribus se contentèrent de pousser quelques reconnaissances; cependant le bey recevait à chaque instant l'avis que Médéah serait attaqué le lendemain.

Le 27, dans la matinée, des avis d'une nature toute différente firent espérer un instant que plusieurs chefs viendraient faire leur soumission. Mais on ne tarda pas à être détrompé; car, vers trois heures de l'après-midi, une nuée d'Arabes descendit des montagnes de l'aqueduc. De ce côté l'attaque fut molle; leurs plus grands efforts se dirigèrent sur la position de la ferme, dont les avant-postes furent obligés de se replier.

Deux compagnies d'élite du 28ᵉ et les zouaves s'élancèrent à la baïonnette au secours de leurs camarades, et il fallut toute leur bravoure pour repousser l'ennemi, qui laissa plusieurs morts sur la place.

L'audace de ces Arabes était excessive; ils se précipitaient furieux sur nos soldats, et en blessèrent plusieurs avec le djerrid (long bâton ferré qui était la seule arme de quelques-uns d'entre eux). Pendant que le 28ᵉ et les zouaves soutenaient si vaillamment l'attaque de l'ennemi, les habitants de la ville demandèrent au commandant Cassaigne de leur donner quelques officiers français pour les mener contre les Bédouins. Plusieurs motifs graves décidèrent le colonel Marion à autoriser cette sortie; il importait beaucoup de mettre la fidélité des gens de Médéah à l'épreuve, et de leur prouver en même temps que les Français étaient dignes de les commander; mais il importait surtout de maintenir libres les communications entre la ville et la ferme du bey, attendu que la garnison de ce poste tirait chaque jour ses vivres de Médéah.

Le commandant Cassaigne prit une compagnie de voltigeurs du 20ᵉ, qu'il mêla avec environ trois cents habitants, tous partisans du nouveau bey, et les mena en tirailleurs sur les positions à gauche de la ferme.

Les gens de Médéah, qui connaissaient parfaitement tous les plis du terrain, fusillèrent des masses d'Arabes dans un ravin où ils s'étaient précipités. Les Français admiraient l'adresse et le sang-froid de leurs nouveaux alliés, qui ne tiraient jamais qu'à demi-portée et à coup sûr.

Une circonstance à laquelle personne n'avait songé faillit devenir fatale au commandant Cassaigne et à sa petite troupe; dans le moment où les habitants mêlés avec nos soldats poussaient l'ennemi devant eux, la garnison de la ferme, apercevant une grande quantité de burnous blancs, crut avoir affaire aux Arabes et tira sur les gens de Médéah et sur nos voltigeurs, qui se trouvèrent ainsi entre deux feux. Pour éviter que cette méprise se renouvelât, le gouverneur Cassaigne convint avec le bey que, lorsque les habitants sortiraient en tirailleurs, ils laisseraient leurs burnous chez eux, et qu'ils porteraient quelques fanions verts qui serviraient à les faire reconnaître.

Du haut de la Kasbah, d'où il suivait tous les mouvements de l'ennemi, le colonel Marion avait été témoin de la belle conduite des habitants, qui avait surpassé tout ce qu'il avait osé en attendre. Ce n'était pas seulement la haine qu'ils portaient aux Bédouins, voleurs de leurs biens et assassins de leurs personnes, qui leur avait mis les armes à la main; une certaine sympathie pour nos soldats les amenait aussi dans nos rangs.

Le trait suivant, choisi parmi plusieurs autres, en est une preuve convaincante. Un Kabaïle à cheval s'était glissé avant le combat entre la ferme et la ville, et, ayant aperçu un de nos soldats désarmé, il l'attaquait à coups de pistolet. Un habitant de Médéah, de la tribu d'Ousera, vole au secours du Français et parvient à le soustraire au terrible yatagan de son ennemi.

Repoussé par la garnison de la ferme et par la troupe du commandant Cassaigne, qui l'avait refoulé jusqu'aux montagnes, l'ennemi commençait à se décourager; l'artillerie, dirigée par MM. de Laplace et Juniac, lui avait fait beaucoup de mal : un seul coup tiré à mitraille avait tué cinq des assaillants. Cependant les hostilités ne cessèrent qu'à la nuit tombante.

Les montagnes d'alentour se couronnèrent alors des feux des bivacs arabes, ce qui paraissait annoncer que l'ennemi ne songeait pas à se retirer.

Le 27 novembre avait été un jour glorieux pour les braves de Médéah; mais l'énorme quantité de munitions qu'il avait fallu consommer pour repousser un si grand nombre d'assaillants était un sujet d'inquiétude pour le colonel Marion, qui craignait de se voir restreint dans ses moyens de défense si la lutte se prolongeait. Quelques-uns des barils de poudre se trouvèrent avariés; et, malgré toute la promptitude que l'on mettait dans la fabrication des cartouches, il était difficile de remplacer en une nuit celles qui avaient été brûlées dans les derniers combats. Et cependant il fallait satisfaire les soldats qui, après les périls et les fatigues de la journée, au lieu de repos ne demandaient que des cartouches. « Jamais, s'écriait le commandant Cassaigne, jamais après Austerlitz ou Wagram on n'a fait de semblables demandes! » Ce qui ralentissait encore l'organisation de la défense était la difficulté de s'entendre avec les gens du pays. Le seul interprète qu'il y eût à Médéah était un juif tunisien laissé par le général Achard; et c'était un homme si peu sûr, que le colonel Marion ne l'employait qu'à la dernière extrémité. Toutes ces circonstances rendaient la position des Français bien difficile; si l'on ajoute que, parmi les habitants de la ville, il y en avait un assez grand nombre qui étaient en rapport avec les Arabes du dehors, on concevra tout le péril de la situation; car il était bien important que l'ennemi ne fût pas informé de la pénurie des moyens de défense.

Peu s'en fallut que cette circonstance, que l'on cachait avec tant de soin, ne fût connue des attaquants.

Un certain Hadji-Hara, beau-frère de l'ancien bey, écrivit une lettre aux Bédouins, dans laquelle il les avertissait que les Français n'avaient presque plus de cartouches et qu'il fallait les attaquer sans relâche.

Cette lettre fut interceptée par un habitant, et portée au nouveau bey Mustapha-Ben-Omar, qui voulait faire décapiter Hadji-Hara; mais, comme cette exécution aurait pu soulever les passions de quelques individus influents dans un moment où il importait de n'irriter personne, on se contenta de tenir le coupable en prison.

Le 28, vers sept heures du matin, l'ennemi commença l'attaque avec plus de dix mille hommes. Un nombre bien autrement considérable couronnait les hauteurs d'alentour, et leurs burnous blancs donnaient aux cimes où ils se tenaient suspendus l'apparence de montagnes couvertes de neige. Les femmes et ceux qui ne prenaient point part au combat accompagnaient les assaillants de leurs vœux et de leurs encouragements, les exhortaient à ne faire aucun quartier à ces chiens d'infidèles, et surtout à ne point ménager les gens de Médéah qui faisaient cause commune avec les ennemis du prophète. La ligne des Bédouins s'étendait depuis les hauteurs de l'aqueduc, en enveloppant le poste de la ferme du bey, jusqu'au lieu qu'on appelle le ravin de la ville de Médéah, et qui est situé derrière la Kasbah.

Aux cris de Allah-Kébir (Dieu est grand), l'ennemi se précipita sur nos postes. De même que dans la journée précédente, ses efforts se dirigèrent principalement sur la ferme, où la fusillade ne cessa d'être meurtrière que vers l'heure de midi.

C'est alors que l'ennemi tenta plusieurs assauts avec une audace et une fureur surprenantes. Il fallut employer la baïonnette pour repousser ces barbares, qui venaient jusqu'au pied des murailles, auxquelles ils s'efforçaient de grimper. Beaucoup furent ainsi tués sur place. Un feu de deux rangs commandé à propos décida une retraite que la résistance héroïque de nos soldats dans ces luttes corps à corps avait déjà préparée.

Pendant ces divers assauts l'ennemi avait été forcé de découvrir ses masses, ce qui permit à l'artillerie de jouer sur elles. Quatre coups de canon bien dirigés jetèrent l'épouvante parmi les Bédouins, et changèrent leur retraite précipitée en une déroute complète. Les habitants de la ville prirent encore une part très-active aux combats de cette mémorable journée; aidés de quelques tirailleurs du 20°, ils ne cessèrent de faire le coup de fusil, et continrent l'ennemi à sa droite vers l'aqueduc, et à sa gauche du côté du ravin de Médéah; le bey, pour stimuler leur zèle, distribuait de ses propres deniers des récompenses à ceux qui s'étaient le plus distingués.

Chaque tête de Bédouin était payée environ dix-huit francs. Deux prisonniers seulement avaient été amenés dans la ville; l'un mourut de ses blessures une heure après son arrivée; l'autre eut la tête tranchée sur la place du marché.

Ces terribles représailles, exercées d'ailleurs par les habitants eux-mêmes, étaient nécessaires avec des ennemis sans pitié, et qui regardent comme faiblesse méprisable la clémence dont on pourrait user envers eux.

Les assaillants avaient abandonné le champ de bataille; mais ils se tenaient toujours en position hors de portée, et paraissaient disposés à renouveler l'attaque vers trois heures après midi; cependant ils ne tentèrent rien de sérieux, et le reste de la journée se passa fort paisiblement, sauf l'échange de quelques coups de fusil. Pendant la nuit, le sommet des montagnes resplendit encore des feux de leurs bivacs, et tout semblait que les échecs des deux jours précédents ne les avaient pas découragés.

Sous le rapport de la gloire, la position des Français était admirable: avoir résisté pendant si longtemps, avec une poignée d'hommes, à une quarantaine de tribus, pouvait être considéré comme un beau fait d'armes. Mais les munitions, déjà rares le jour précédent, allaient manquer tout à fait; car, malgré les ordres les plus sévères, nos soldats faisaient une grande consommation de cartouches, et il aurait fallu un officier par homme pour les contenir, sous ce rapport, en face de l'ennemi. Une des deux pièces de canon en fer laissées par le capitaine Lelièvre avait éclaté au troisième coup, et l'autre était hors de service. Beaucoup d'habitants se trouvaient sans fusils, parce que les cartouches françaises, d'un trop fort calibre, les avaient fait crever.

Dans cette position critique, le colonel Marion et le commandant Cassaigne envoyaient lettre sur lettre au général en chef. Mais l'attaque de Blidah, qui avait eu lieu presque en même temps que celle de Médéah et qui avait été aussi improbable, tout aussi imprévue, avait dérangé les combinaisons les plus sages.

Les soldats de Ben-Zamoun, éparpillés sur la route d'Alger, se vengeaient par des assassinats de l'échec que leur avait fait éprouver la garnison de Blidah; ils interceptaient toutes lettres et tuaient ceux qui en étaient porteurs. Cependant quelques marabouts, fournis par le nouveau bey, s'acquittèrent heureusement et fidèlement de leur mission, et l'on put connaître à Alger tout le péril de la situation du colonel Marion et des troupes sous ses ordres. Nous allons voir par quelle circonstance la brave garnison de Médéah fut délivrée avant l'arrivée des secours qu'on lui envoyait.

Le 29, l'ennemi se présenta une nouvelle fois, et presque sur toute la ligne, où il engagea la fusillade.

L'ordre avait été donné de se retrancher dans la ferme et de la créneler. Les Bédouins l'abordèrent avec confiance et furent reçus à bout portant. Le combat ne dura pas longtemps, car ces barbares, si audacieux lorsqu'ils aperçoivent leurs ennemis, deviennent timides et incertains lorsqu'ils ont à combattre des adversaires dont la vue leur est dérobée par des murailles ou des retranchements. Semblables aux lions de leurs déserts, ils ont besoin de voir la chair de leurs ennemis pour s'exciter au carnage.

L'attaque principale avait été dirigée vers le ravin de Médéah, à la gauche des assaillants, qui vinrent planter un drapeau à portée de fusil de la ville. Dans cette circonstance, les habitants et les tirailleurs du 20e, toujours conduits par le brave commandant Cassaigne, montrèrent le courage le plus héroïque et firent repentir les Bédouins de leur témérité. Deux coups de canon à demi chargés, car il devenait urgent de ménager la poudre, achevèrent la déroute des tribus.

Mais les Arabes, toujours vaincus, ne se rebutaient pas. Leur perte, considérable à la vérité, était peu de chose par rapport à leur nombre; et comme ils ne présentaient jamais tous leurs combattants à la fois, les morts et les blessés se remplaçaient promptement, tandis que les pertes des Français étaient irréparables. On peut dire que jamais armée victorieuse ne s'est trouvée dans une position plus cruelle que la garnison de Médéah. Avec des cartouches, on aurait pu défier toutes les tribus de l'Afrique; mais, après l'énorme consommation de trois journées de combats, il n'en restait presque plus.

On avait espéré d'abord que l'ennemi, fatigué de ses continuelles défaites, prendrait le parti de regagner ses douars et ses dachkras[1]. Cependant il persistait à rester. Les avis, malheureusement trop certains, qu'il recevait de la ville sur la situation de la garnison, encourageaient son audace et son opiniâtreté. La vérité arrivait jusqu'à lui, malgré les précautions du bey. Quand les habitants se plaignaient de ne recevoir que quatre ou cinq cartouches par homme : « Ne tirez qu'à coup sûr, leur répondait Mustapha-Ben-Omar ; lorsque vous aurez brûlé celles-ci, vous en aurez d'autres ; vous n'en manquerez pas. »

Et dans le moment où il s'exprimait ainsi, il distribuait les dernières ! Mais son assurance éloignait un peu les soupçons des malveillants et ranimait le courage de ceux qui étaient bien disposés. Nous allons voir maintenant comment l'adresse et la présence d'esprit du bey, si utiles à nos troupes pendant les combats qu'elles avaient eu à soutenir, les délivrèrent tout à fait de la présence des Bédouins. Dans la journée du 29, dont nous venons de donner des détails, il était survenu, vers deux heures de l'après-midi, un brouillard très-épais qui couvrait tous les mouvements et ne permettait point que l'on vit à plus de dix pas. Ce brouillard, remplacé par une grande pluie, avait fait cesser toute hostilité. Profitant de cet intervalle, Mustapha-Ben-Omar imagina de contrefaire l'écriture de l'abbé Zachar, interprète du général en chef, et de supposer une lettre écrite par ce dernier au bey et aux habitants de Médéah, lettre dans laquelle il leur annonçait qu'ayant appris le danger de leur position il volait à leur secours avec une armée considérable et des munitions.

Le bey, ayant fabriqué cette lettre, la scella avec un quadruple, et se rendit à la municipalité, où étaient les principaux habitants, parmi lesquels il n'ignorait pas que se trouvaient beaucoup de partisans des Bédouins et de ceux qui leur faisaient passer des avis secrets. Il donna lecture de la prétendue dépêche. Aussitôt le cri de *Vivent les Français!* retentit par toute la salle. C'était déjà un premier résultat bien important que d'avoir relevé le courage de nos partisans. Mais il en était un autre que le bey avait plus à cœur d'obtenir, et il ne tarda pas à acquérir la conviction qu'il avait également réussi sous ce rapport. Plusieurs des habitants qui entretenaient des intelligences avec les Bédouins disparurent presque aussitôt, et, ainsi que l'événement le prouva, s'empressèrent d'aller transmettre à leurs amis du dehors

---

[1] Les douars sont les campements des Bédouins, et les dachkras les villages des Kabaïles.

la nouvelle de l'arrivée du général en chef. Aussi le 30 au matin on n'apercevait plus les *beit-el-achar* (tentes en poil de chèvre ou de chameau) qui la veille couvraient le sommet des montagnes ; tout avait disparu, et ce ne fut que vers cinq heures de l'après-midi qu'on découvrit les Arabes. Ils avaient fait un grand mouvement sur leur droite et ils occupaient les hauteurs de la route du col de l'Atlas à Médéah, et à deux portées de canon de l'aqueduc. Leur intention était probablement d'y attendre le général en chef pour l'attaquer avec avantage. Ils étaient sans feu, ce qui semblait indiquer qu'ils voulaient profiter de l'obscurité de la nuit. Mais les mauvais temps qui survinrent et la disette de vivres qui commençait à se faire sentir ne leur permirent pas de rester plus longtemps dans cette position. Ils reprirent le chemin de leurs tribus, laissant quatre cent cinquante morts derrière eux, et n'emportant sur leurs bœufs, chameaux et mulets, au lieu des dépouilles de nos soldats, que leurs propres blessés, au nombre de douze cents.

Le 29 novembre l'armée était rentrée dans ses cantonnements. Le général en chef, en arrivant à Alger, fut profondément affecté d'apprendre le massacre des cinquante canonniers dirigés imprudemment de la ferme de Mouzaïa sur Alger pour y aller chercher des munitions, d'après ses ordres venus de Médéah. Ces malheureux avaient tous péri, ainsi que nous l'avons déjà relaté. On a su depuis qu'ils avaient été surpris par des partis de Ben-Zamoun, et qu'ils avaient été attaqués par les cavaliers du Medjia et de l'Hamaïd, canton de l'outhan de Beni-Khalil.

L'expédition de Médéah fut, sans contredit, sagement conçue et non moins habilement conduite ; elle imposa aux tribus insurgées, fit refluer derrière l'Atlas et au delà des frontières du Maroc les auxiliaires coalisés. Mais elle n'était encore que le commencement de tout ce qui restait à faire pour assurer notre domination. On crut généralement que cette sévère leçon et surtout la capture de Bou-Mezrag[1] suffiraient pour pacifier la province ; mais on ne connaissait pas encore toute l'opiniâtreté du caractère arabe.

Le maréchal Clausel, en laissant garnison à Médéah, avait eu d'abord la pensée d'occuper Blidah ; mais il y renonça bientôt, parce qu'il le regarda sans doute comme un point entouré d'une population trop hostile pour qu'on pût y aventurer une garnison. Celle de Médéah y

---

[1] Le bey de Titery fut envoyé en France. Après y avoir résidé quelque temps, il obtint de se rendre à Smyrne et à Alexandrie ; de là il fut à la Mecque, où il est mort.

avait été laissée, comme nous l'avons vu. Nous avons parlé de la belle défense qu'elle y fit; revenons maintenant au secours que le général Clausel envoya à cette garnison.

La garnison de Médéah avait été laissée presque sans vivres et sans munitions. Comme on comptait peu sur les ressources du pays, il fallut songer à lui envoyer des secours. En conséquence, le général Boyer repartit d'Alger le 7 décembre; c'étaient deux jours après mon retour de Mahon. Le général Boyer partit avec deux brigades et un fort convoi : il traversa l'Atlas et arriva à Médéah sans avoir tiré un coup de fusil. Cependant, si les Kabaïles avaient voulu, ils auraient pu nous faire beaucoup de mal; car, dans la dernière journée de marche, le plus grand désordre se mit dans une de nos brigades, qui erra à l'aventure pendant toute une nuit, entre l'Atlas et Médéah, par un temps affreux.

La garnison de cette ville apprit avec une joie extrême l'arrivée des secours que le général Boyer lui amenait. Cependant elle avait déjà reçu quelques ballots de cartouches qu'on lui avait fait parvenir par des Arabes du parti de notre nouveau bey, et à notre arrivée la garnison avait épuisé toutes ses munitions et ses ressources dans les divers combats qu'elle avait eu à soutenir contre les Arabes; cette garnison comme nous l'avons vu, était commandée par le colonel Marion; cet officier supérieur dut céder le commandement de Médéah au général Danlion, qui était venu avec le général Boyer pour le remplacer. La garnison en fut augmentée de deux bataillons, et le général Boyer, après être resté trois jours à Médéah, reprit avec ce qui lui restait de troupes la route d'Alger, où il arriva sans accident d'aucune espèce.

Cependant, d'après les ordres du gouvernement, l'armée d'Afrique devait être réduite à quatre régiments. Il était fortement question à cette époque d'une guerre européenne, et chacun désirait quitter l'Afrique pour aller s'exercer sur un plus brillant théâtre. Le général Clausel avait déjà organisé les zouaves pour obvier autant qu'il était en lui à la première diminution de l'armée; il ordonna cette fois la création d'une garde nationale composée d'européens et d'indigènes; mais cette mesure reçut à peine un commencement d'exécution.

Ce ne fut que sous le duc de Rovigo que fut organisée la garde nationale algérienne, réduite à des dimensions beaucoup plus étroites que celles qu'avait conçues le général Clausel. L'idée de faire concourir les indigènes à la défense commune était heureuse et n'aurait pas dû être abandonnée. Le général Clausel avait aussi ordonné la formation d'un corps de zouaves à cheval ou de spahis, dont le commandement fut confié à M. Marey, capitaine d'artillerie, qu'un goût très-prononcé pour le costume et pour les mœurs de l'Orient semblait appeler à cet emploi; mais cette troupe n'avait encore, à cette époque, qu'une existence purement nominale. La formation d'un autre corps de cavalerie indigène, sous la dénomination de Mameluks, fut résolue. Le jeune Joseph, dont nous aurons à parler plusieurs fois dans cet ouvrage, fut chargé de l'organiser; il parvint à y attirer beaucoup de jeunes Algériens appartenant à des familles honorables; mais, les promesses qu'on lui fit n'ayant pas toujours été remplies, ce corps n'eut guère plus de consistance que celui de M. Marey.

Cependant le général Clausel roulait depuis longtemps dans sa tête un projet dont l'exécution devait nous permettre de concentrer tous nos efforts et tous nos sacrifices sur la province d'Alger, tout en établissant notre suzeraineté sur les autres parties de la régence; il consistait à céder à des princes de la famille régnante de Tunis les deux beyliks de Constantine et d'Oran, moyennant une reconnaissance de vasselage et un tribut annuel garanti par le bey de Tunis. Des ambassadeurs de ce prince étaient à Alger depuis quelque temps pour traiter cette affaire.

Le 15 décembre, Ahmed, bey de Constantine, fut officiellement destitué de ses fonctions, et le lendemain parut un arrêté qui nommait à sa place Sidi-Mustapha, frère du bey de Tunis, d'après une convention passée le 18 du même mois: le nouveau bey s'engagea sous la caution de son frère à payer à la France un million de francs par an, comme contribution de sa province; mais il n'était pas dit par quels moyens il se mettrait en possession de son gouvernement. Il paraît que ce devait être par ses seules forces, car le général Clausel envoya seulement à Tunis quelques officiers français pour organiser à peu près à l'européenne les troupes qui devaient marcher sur Constantine.

Une convention semblable fut passée dans les premiers jours de février pour le beylik d'Oran, qui fut cédé à Sidi-Ahmed, autre prince de la maison de Tunis, également pour une somme annuelle d'un million de francs. Ce dernier pouvait au moins entrer sur-le-champ en jouissance de sa capitale, car la ville d'Oran était en notre pouvoir.

L'empereur de Maroc, Abd-el-Rhaman, ayant cherché à s'emparer de Tlemcen; le général en chef, dans la crainte que toute la province ne tombât entre les mains de ce voisin puissant, avait résolu d'y envoyer quelques troupes à l'époque de la campagne de Médéah. Le général Damrémont fut chargé de cette expédition. Il partit d'Alger avec le 20ᵉ de ligne le 11 décembre, et arriva le 13 du même mois en rade d'Oran.

Il fit occuper le 14 le fort de Mers-el-Kébir, et quelques jours après le fort Saint-Grégoire. Il resta ensuite pendant un mois dans la plus complète inaction. On lui avait envoyé d'Alger un bataillon du 17ᵉ de ligne; mais, ne pensant pas que ce renfort fût nécessaire, il le renvoya en France. Quelques officiers ont eu de la peine à s'expliquer pourquoi le général Damrémont ne fit pas occuper Oran aussitôt après son arrivée; ils n'ont pas réfléchi, sans-doute, que rien n'était encore décidé à cette époque sur le sort de cette ville; que le nouveau bey n'était pas encore nommé, et que probablement les instructions données par le général en chef prescrivaient d'agir avec prudence et circonspection, afin de ne pas être forcé de préluder par des actes de rigueur à l'installation du nouveau gouvernement qu'on destinait à la province. Ensuite on n'avait d'autre but, en paraissant dans ces parages avant que les négociations avec Tunis fussent arrivées à leur terme, que d'appuyer par la présence de nos troupes les sommations faites à l'empereur de Maroc pour l'évacuation de la province d'Oran. Voilà sans doute pourquoi le général Damrémont n'occupa que le 4 janvier la ville d'Oran; il prit toutes les mesures propres à empêcher l'effusion du sang; cependant entre le fort Saint-Grégoire et la ville, il rencontra quelques Arabes, avec qui il eut un engagement de peu d'importance.

Le vieux bey d'Oran, débarrassé enfin d'une position qui lui pesait depuis longtemps, s'embarqua, peu de jours après l'occupation de la ville par les Français, sur un navire qui le conduisit à Alger; il y resta jusqu'au départ du général Clausel; après quoi il vint en France, où il résida quelque temps, et ensuite obtint de se retirer dans le Levant.

Peu de jours après l'arrivée d'Hassan-Bey à Alger, on vit débarquer dans cette ville environ deux cents Tunisiens destinés à former la garde du nouveau bey d'Oran, qui ne fut officiellement nommé que le 4 février; ils étaient commandés par le khalifa ou lieutenant de ce prince. Cet officier, après avoir terminé à Alger les affaires de son maître, se rembarqua avec sa petite troupe et alla prendre possession d'Oran. Le général Damrémont, après avoir procédé à son installation, lui laissa le 21ᵉ de ligne, commandé par le colonel Lefol, et quitta la province, où sa mission était terminée.

Pendant que ce général était à Oran, le colonel d'état-major Auvray fut envoyé vers l'empereur de Maroc, pour sommer ce prince de respecter le territoire algérien, comme étant une dépendance de la France. M. Auvray ne dépassa pas Tanger, où il fut retenu par le gouverneur de la province. Cependant la cour de Maroc promit d'évacuer la province d'Oran, et de ne plus se mêler des affaires de la régence; mais nous verrons plus tard que cet engagement ne fut pas respecté.

Le lieutenant du nouveau bey d'Oran ne trouva pas cette ville dans un état aussi satisfaisant qu'il l'avait espéré.

La plupart des habitants l'avaient abandonnée, et les Arabes de la province étaient loin d'être soumis. Il paraît que le général Clausel avait dissimulé au Tunisien le véritable état des choses, car celui-ci se plaignit d'avoir été trompé. Il avait surtout compté sur des magasins bien pourvus, tandis que ceux qui lui furent livrés étaient vides. Les rapports qu'il envoya à Tunis n'étaient pas de nature à rendre le prince Ahmed très-désireux de faire connaissance avec sa province. Aussi n'y parut-il jamais.

Cependant un peu de calme s'y rétablit peu à peu.

Quelques habitants d'Oran rentrèrent en ville, et quelques tribus arabes firent leur soumission. Il est à présumer que, si l'on avait pris les mesures convenables, on serait parvenu à faire reconnaître partout l'autorité du nouveau bey; mais le gouvernement français ne paraissait pas disposé à ratifier les traités du général Clausel avec Tunis. Ce général ne s'occupa plus de cette affaire, qu'il désespéra de pouvoir mener à bien. Cependant ces traités forment la partie la moins attaquable de l'administration du général Clausel. Ils étaient même si avantageux sous le rapport financier, qu'il était douteux que les clauses pussent en être exactement observées dans les premières années; mais, quand même la France aurait été obligée de faire des remises à ces deux beys dans les premiers temps de leur administration, elle aurait encore gagné au marché tout ce qu'elle a perdu par ses établissements de Bone, d'Oran, de Bougie, d'Arzew et de Mostaganem.

Sous le rapport politique, les arrangements pris par le général Clausel n'étaient pas moins sages. Ils nous permettaient d'opérer directement sur le centre de la régence avec tous nos moyens d'action, d'y établir un foyer de puissance et de civilisation, qui devait nécessairement réagir sur les extrémités, qu'un état de vasselage allait disposer à celui de sujétion ou, si l'on veut, de fusion avec la race conquérante. Le gouvernement ne voulut pas reconnaître les traités que le maréchal Clausel avait passés avec le bey de Tunis. Aussi, par cela même, nous fûmes obligés de l'occuper pour notre propre compte.

Et les Tunisiens retournèrent dans leur pays avec le khalifa du prince Ahmed, du moment que le gouvernement refusa de ratifier les traités en question.

Pendant que ces événements, dont nous venons de rendre compte, se succédaient à Oran, le général Clausel se voyait forcé d'abandonner Médéah, par suite de la réduction de l'armée d'Afrique. La garnison de cette ville n'avait pu ou n'avait su s'y créer aucune ressource, et il devenait impossible de la ravitailler. Ben-Omar était un homme peu capable, et surtout peu entreprenant, qui ne sut rien organiser. Le général Clausel lui avait prescrit de ne rien changer à l'administration existante, et d'agir dans les premiers moments comme un véritable bey turc; mais il laissa tout dépérir, il ne songea pas même à rallier à lui les habids et les douars qui auraient pu lui être d'un grand secours, et que l'habitude de soutenir le pouvoir devait rendre accessibles à ses offres. Toute sa sollicitude administrative se réduisait à exercer dans l'intérieur de la ville quelques actes de basse juridiction et à percevoir des amendes.

Le général Danlion était hors d'état de le guider : c'était un homme très-capable de maintenir la discipline parmi ses troupes, et de prendre des mesures de conservation ; mais, en fait d'administration, ce n'était guère son affaire. On ne sut pas même établir un moulin dont cette garnison avait besoin, et le général se vit obligé de diminuer la ration des soldats dans une province riche en céréales et dans une ville dont les habitants étaient aussi bien disposés pour notre cause que l'étaient à cette époque les gens de Médéah.

Comme le général Danlion n'était pas sûr de pouvoir traverser l'Atlas avec sa brigade, le général Clausel envoya au-devant de lui, jusqu'au col de Téniah, la brigade Acbard, qui le ramena à Alger, où il rentra le 4 janvier. Ben-Omar, qui voyait avec peine notre garnison s'éloigner et qui sentait son impuissance, avait d'abord voulu quitter Médéah et suivre le général Danlion ; mais les habitants de cette ville, craignant de tomber dans l'anarchie, firent tant par leurs instances, qu'ils le retinrent parmi eux.

Un homme plus habile que Ben-Omar aurait su mettre à profit des dispositions aussi favorables pour asseoir son autorité sur des bases solides; loin de là, nous le verrons bientôt obligé de renoncer au poste élevé qui lui avait été donné par le général Clausel, où il avait de si belles chances de réussite.

Par suite de l'évacuation de Médéah, les affaires de la province d'Alger se trouvèrent ramenées à peu près au même point où le général Clausel les avait prises; nous avions des postes avancés à la Ferme-Modèle et à la Maison-Carrée, au lieu d'être resserrés entre la Vigie et Mustapha-Pacha; mais c'était toute l'amélioration obtenue. Au delà de ces avant-postes, notre autorité était tout aussi méconnue que dans le temps de M. de Bourmont.

Quelques hommes d'ordre et de paix se ralliaient seuls à nos kaïds par ces habitudes de soumission au pouvoir, si naturelles aux gens paisibles; mais, malheureusement, ces mêmes hommes ne sont pas énergiques: l'autorité n'avait en eux qu'un bien faible appui. Les masses se livraient avec délice à la joie insensée d'être délivrées de tout frein, même de celui des lois conservatrices de toute société [1]. Pendant que tout ceci se passait à Alger, le gouvernement de France s'occupait de trouver un successeur au général Clausel; les traités des beyliks de Constantine et d'Oran avaient provoqué son rappel: on lui reprochait des manières d'agir trop indépendantes qui excédaient les pouvoirs que lui avait confiés la France.

On fit choix du général Berthezène, qui avait commandé une division pendant la campagne. Ce nouveau général ne devait avoir que le titre modeste de commandant de la division d'occupation d'Afrique. Il arriva à Alger le 20 février, et le général Clausel en partit le lendemain, après avoir annoncé, par la voie de l'ordre du jour, que l'armée d'Afrique cessait d'exister sous cette dénomination, et qu'elle devait prendre celle de division d'occupation.

M. le général Clausel, quels que soient les torts qu'on lui ait reprochés, laissa beaucoup de regrets en Afrique parmi la population européenne, déjà nombreuse, dont il comprenait les besoins, et même au sein de l'armée, dont il s'était rallié les sympathies par sa valeur militaire, son dévouement à son bien-être et sa justice. Il désirait le bien du pays et croyait à son avenir.

Avant d'arriver au commandement du général Berthezène, il est à propos de donner ici des détails sur la ville d'Alger et les nombreux changements que nous y avons opérés depuis l'occupation par l'armée française, et sur la province de Titery que nous venons de parcourir dans le commencement de ce chapitre, pour démontrer, aux yeux de nos lecteurs, les ressources et tout l'intérêt qu'offre ce beau pays.

---

[1] Ce fut à peu près à la même époque que le général Clausel rétablit la charge d'Agha dans la personne de M. Mendiri, chef d'escadron de gendarmerie et grand prévôt de l'armée. On attacha à son service douze cavaliers indigènes, sous le nom de guides. Le grand prévôt Mendiri était un personnage tout à fait insignifiant, qui ne fut jamais agha que de nom.

CHAPITRE X

DOMINATION FRANÇAISE

Topographie. — Rivières. — Routes. — Description de la ville d'Alger et de ses environs. — Les nombreux changements que nous y avons opérés depuis notre occupation. — Des maisons d'Alger, ses rues, ses places et ses marchés. — Bazars. — Boutiques. — Caravansérais. — Quelques monuments remarquables. — Du jardin du dey. — Salpêtrière. — Hôpitaux. — Villages. — Promenades. — Cimetières. — De la province de Titery. — Blidah. — Médéah. — Koléah. — Notice sur le climat et les maladies de la régence, et particulièrement sur le climat d'Alger.

TOPOGRAPHIE.

La régence d'Alger, bornée au nord par la Méditerranée, à l'est par les états de Tunis, au sud par le désert de Sahara, à l'ouest par les déserts d'Angad et par le royaume de Maroc, s'étend du quatrième au sixième degré trente minutes de longitude ouest, méridien de Paris. Elle forme une bande d'environ deux cent vingt-cinq lieues de long, sur une largeur moyenne de quarante à cinquante lieues.

La largeur du pays labourable n'étant évaluée qu'à trente lieues, la partie arable de la régence présente une superficie de mille deux cent soixante-huit myriamètres, ou six mille trois cents lieues carrées.

Montagnes. — La chaîne de l'Atlas, qui traverse parallèlement à la mer, est le point de départ des rivières qui se jettent dans la Méditerranée, dans les lacs intérieurs, ou se perdent dans les sables du désert.

Rivières. — Les principales sont : le Chélif, le Mazafran, l'Haratch, le Hamise, le Budouah, l'Isser et la Bouberak.

Routes. — Les routes de l'état d'Alger n'étaient que des chemins praticables pour les chevaux et les bêtes de somme. Depuis l'occupation française on a fait plusieurs routes ; on a fait une route carrossable pour conduire à la plaine de la Métidja, en passant par Douéra et Boufarik ; cette route a été faite hors de la porte Bab-Azoun, qui conduit au fort de l'Empereur en ligne directe ; elle est fort belle et est due aux soins du duc de Rovigo[1]. Depuis, une autre route a été faite

---

[1] Le duc de Rovigo avait commencé la grande route dont je viens de parler, et on doit au général Voirol, son successeur par intérim, de l'avoir prolongée de quatre à cinq lieues en avant de Blidah. Cette route, commencée sous les auspices du duc de Rovigo, ainsi que l'indique aux voyageurs une pierre de marbre blanc incrustée dans le rocher sur la route du fort de l'Empereur et portant cette inscription gravée en lettres d'or : Rovigo, 1832.

hors de la porte Bab-el-Oued; elle va également au fort de l'Empereur, communique et va rejoindre la chaussée Rovigo, en longeant les murs de la Kasbah. Et tous les jours, par les soins du génie militaire et de l'administration des ponts et chaussées, il se fait de nouvelles routes qui faciliteront et augmenteront nos moyens de communication dans le pays. La légion étrangère a aussi beaucoup coopéré à ces travaux de routes.

En 1836, nous avons prolongé la route de Blidah et percé une route sur le mont Atlas, et il ne nous restait plus qu'à faire la route de descente du col du Téniah pour arriver à Médéah; elle fut continuée pendant l'expédition du maréchal Clausel au col de Téniah, au mois d'avril 1836. (Voir pour cela le *Moniteur algérien*, même mois, année 1836.)

VILLE D'ALGER ET SES ENVIRONS.

Alger, capitale de l'ancienne régence, est à peu près au centre du littoral; c'est l'ancienne *Julia Cæsarea*, puis *Icosium*, selon les uns, et *Ruscurium*, selon les autres; c'était le centre de la richesse et des dépouilles de toutes les nations, le centre du pouvoir et de l'influence de ce gouvernement absurde.

Les Arabes l'appellent El-Djezair El-Gezair, mot arabe qui signifie ville de l'île; à cause de l'endroit où est situé le phare, et qui autrefois, comme je l'ai déjà dit, était une île qui a été jointe par une chaussée ou un môle qui l'unit à la ville. Ils la surnomment aussi la Bien-Gardée, la Cité-Guerrière, la Vierge, la Ville-des-Jardins.

Par la manière dont elle est bâtie, Alger ne peut être comparée à aucune ville d'Europe. Toutes les maisons se touchent et ne forment presque qu'une seule masse; elles sont surmontées d'une terrasse au lieu de toiture, et blanchies à la chaux deux fois par an.

Vue de la haute mer, Alger paraît, dans sa forme et sa couleur, comme une véritable carrière au milieu d'un champ de verdure. Les montagnes qui l'environnent, une campagne cultivée toute couverte de maisons blanches, parmi lesquelles sont quelquefois de superbes édifices, présentent, à mesure qu'on s'en approche, un des plus beaux points de vue qu'offrent les rives de la Méditerranée.

La capitale de la régence s'élève en amphithéâtre triangulaire au pied et sur le versant d'une colline dont la hauteur atteint cent trente mètres au-dessus du niveau de la mer. La base du triangle s'élargit sur les grèves de la rade; le sommet, adossé à la colline, porte la Kas-

L'ALGÉRIE FRANÇAISE

VUE D'ALGER.

bab, qui servait à la fois de citadelle et de palais aux souverains turcs. Alger, vu de la mer, offrait, avant notre occupation, l'aspect d'une immense carrière de plâtre.

La ville basse, bâtie sur un sol plus bas, est aujourd'hui déblayée en grande partie des masures arabes qui l'encombraient ; les trois grandes artères qui la traversent, sous les noms de rues de la Marine, Bab-Azoun et Bab-el-Oued, sont presque entièrement refaites à l'européenne ; leur point de jonction forme une place magnifique d'où la vue sur la Méditerranée rivalise avec celle du golfe de Naples. La ville haute, malgré les ridicules constructions à quatre ou cinq étages que des Européens y ont intercalées, conserve encore en grande partie sa physionomie mauresque : c'est un labyrinthe de rues tortueuses et de passages voûtés, à l'exception de la rue de la Kasbah, qui, du milieu de celle de Bab-el-Oued, monte à la citadelle.

Des terrasses de la Kasbah d'Alger l'œil embrasse un splendide panorama. La ville descend par étages jusqu'à la Marine et se termine au Môle et aux batteries qui défendent les approches de la côte.

Les maisons, à Alger, n'ont aucune apparence extérieure ; mais intérieurement quelques-unes sont richement décorées.

De tous les arts, celui que les Maures entendent le mieux, c'est l'architecture.

A Alger, comme dans le Levant, on trouve dans certaines maisons de grandes portes, des appartements spacieux, des pavés en marbre blanc, et le soubassement des appartements en faïence peinte vernissée ou tuiles de Hollande. Des cours à portiques, ornées quelquefois de jets d'eau ou de bassins. Toutes les fenêtres donnent sur une cour intérieure ; de petites ouvertures en long, qui ont la forme de créneaux ou espèces de lucarnes, sont le seul jour pratiqué du côté de la rue.

A l'entrée de chaque maison, on trouve d'abord un porche, avec des bancs des deux côtés ; c'est là que le chef de famille reçoit ses visiteurs et expédie ses affaires. Vient ensuite une cour ouverte qui, suivant la fortune du propriétaire, est pavée de marbre ou de pierres polies ; la galerie du premier étage est soutenue sur des colonnes en pierre ou en marbre blanc. Au-dessus de la cour, en été, une toile étendue la garantit de l'ardeur du soleil. Autour règne une galerie qui donne entrée dans les appartements.

Les pièces, en général, sont très-vastes, mais plutôt en longueur qu'en largeur ; rarement elles communiquent entre elles. Une de ces chambres sert souvent de domicile à une famille entière.

A l'extrémité de chaque appartement, on remarque une estrade entourée d'une balustrade et élevée de quatre à cinq pieds, sur laquelle les Maures placent leurs lits. Chez les gens riches, les ●●●●bres, depuis le plancher jusqu'à la moitié de leur hauteur, sont ●●pissées de velours ou de damas ; le r●●●●● mur est chargé d'ornements en stuc ou de plâ●●● ●●plafond● ●●●● et peint avec beaucoup d'art ; les plancher● ●●●●●●briques ●●●●verts de tapis ; les escaliers sont sous l●●●●●●●●●●●●ntrée de la cour, mais jamais dans l'intérieur des maisons. Les toits des habitations forment des terrasses, souvent garnies d'arbustes et de fleurs, et quelquefois d'un joli treillage de vignes arrondi en berceau. Les terrasses sont ordinai●●ment les promenades des dames algériennes, qui ne sortent que très-rarement, si ce n'est pour aller aux bains ou se visiter entre elles.

Nous avons dit qu'Alger a cinq portes : Bab-el-Oued (porte de la Rivière)[1], Bab-Azoun[2], Bab-el-Djeddid (porte Neuve)[3], Bab-el-Bahr (porte de la Mer ou des Pêcheurs) et Bab-el-Zira (porte du Môle). Son origine est contestée : les savants modernes soutiennent que c'est l'ancienne Icosium[4] ; Léon l'Africain l'appelle Mesganah[5] ; Marmol, Mosganah, du nom des Beni-Mosgane, qui l'auraient bâtie[6] ; les Turcs la nommaient El-Djezair, parce que le môle oriental du port était séparé du continent par un îlot, comme nous l'avons déjà relaté.

Le grand désir que nous avons eu de faire d'Alger une ville européenne nous a portés à élargir et à redresser les principales rues, très-souvent outre mesure, ce qui a nécessité de nombreuses démolitions.

L'administration, qui avait mis de côté toutes les formalités pour détruire, se les est rappelées lorsqu'il s'est agi des reconstructions, et a opposé les lenteurs de ses décisions à l'activité des particuliers, qui tendait à remplacer par des bâtiments à l'européenne les édifices mau-

---

[1] Bab-el-Oued, en arabe, veut dire porte du ruisseau, porte de la rivière.

[2] On dit qu'Alger fut assiégée au moyen âge par un chef maure nommé Azoun, et que la porte Bab-Azoun a gardé son nom (d'Arvieux, *Mémoires*, t. V). La porte Bab-Azoun est célèbre par les exécutions nombreuses qui s'y faisaient sur les remparts et près de cette porte.

[3] Porte Neuve, Porta Nova en jargon franc, Bab-el-Djeddid en turc, par laquelle on se rend d'Alger au fort de l'Empereur.

[4] Icosium, ne quis imposito a se nomine gloriaretur, de condentium numero urbi nomen datum. (J. Solin, *Polyhistor*, cap. xxv.)

[5] Gezeir Afris idem atque nobis insula sonat. Conditores habuit Afros qui ex familia Mesgane originem traxerant ; quare, et apud antiquos, Mesganah fuit appellata. (J. Leon Afric., *De tota Afr. descript.*)

[6] Les Maures nomment Alger Gezeire des Beni-Mosgane ; elle a été bâtie par des Berbères de ce nom. (Marmol Caravajal, *Descripcion general de Africa*, lib. V, cap. xli. Granada, 1573, in-folio. — (*De l'Afrique française*, par P. Christian, liv. II, p. 75.)

resques que détruisait le marteau administratif; il en est résulté que pendant quatre ans on a détruit sans reconstruire. Mais enfin, deux ans après, une partie des obstacles étaient levés, et un Alger nouveau commençait à sortir de l'ancien.

Il est seulement à regretter que l'on abandonne entièrement l'architecture arabe, qui est si gracieuse et si bien appropriée au climat, et qu'il serait si facile, par quelques légères modifications, de plier à nos habitudes.

Lors de notre conquête à Alger, il n'existait qu'une petite place avec une fontaine dans le bas de la ville, d'une très-petite dimension; nous avons senti la nécessité de l'agrandir considérablement, afin d'avoir un lieu de réunion pour nos troupes : à cet effet, nous avons été forcés de démolir une grande quantité de maisons, et une belle mosquée qui était soutenue par de jolies colonnes en marbre blanc (voir le second volume de cet ouvrage). C'est aujourd'hui la place du Gouvernement qui a la vue sur la mer : elle est très-vaste et fort belle depuis que les constructions, qui étaient déjà commencées, se sont trouvées entièrement achevées; c'est sur cette place que se tient journellement le marché alimenté par les Européens et les indigènes.

Alger prend déjà l'aspect d'une ville française, et n'est presque plus reconnaissable depuis quatorze ans que nous l'occupons, surtout dans la partie basse de la ville. De belles rues, entourées de constructions européennes, avec une galerie supportée par des arcades, à l'instar de la rue de Rivoli à Paris, tel est le genre de construction qu'on a adopté.

La rue de la Marine enfin se trouve terminée; de jolies maisons à l'européenne, dans l'espace de deux ou trois mois, se sont élevées comme par enchantement. Les constructions de la rue Bab-Azoun et Bab-el-Oued se sont continuées également avec une grande activité; à peine avait-on démoli de vieilles maisons, qu'on en voyait surgir de nouvelles.

Les bâtisses sur la place du Gouvernement s'élèvent, celles qui doivent couper, au bout de la place, pour former une nouvelle rue (c'est la rue Mahon), devant des maisons construites depuis longtemps.

Nous avons déjà fait connaître Alger sous le point de vue militaire, nous avons parlé de ses remparts et de ses forts tels qu'ils étaient à l'époque où les Français en firent la conquête; nous ne reviendrons pas sur ce sujet.

Cette ville est habitée dans ce moment par six mille Européens, y compris ceux de la banlieue, et s'accroît considérablement par un grand nombre d'émigrants qui y arrivent journellement; on compte quatorze mille musulmans et cinq mille juifs.

Après avoir parlé de la ville d'Alger et des embellissements faits par les Français depuis notre occupation, il est à propos de parler des marchés; il y avait à Alger, primitivement, cinq marchés bien connus: le grand marché aux légumes, sur la place du Gouvernement; les marchés aux grains et à l'huile, dans la rue Bab-Azoun; le marché aux oranges, qui se tenait autrefois au marché dit des Caravanes; le marché Juba, qu'un énorme figuier ombrageait entièrement, et où se faisaient les ventes aux enchères des meubles, bijoux et effets des indigènes, à certains jours de la semaine. Ces deux derniers endroits ont été convertis en un beau bazar, dans lequel on a conservé et construit les boutiques avec leur petite dimension et leur hauteur pour les Maures, à l'usage de leur petit négoce, où ils peuvent se croiser les jambes comme sur un établi, étant assis dans l'intérieur. Il y a aussi un joli passage dans la rue Bab-Azoun, que l'on nomme Narboni, et qui a été construit depuis notre occupation.

Hors de la porte Bab-Azoun, à droite, se tient le marché au charbon[1]. En outre, il existe dans l'intérieur de la ville plusieurs bazars. On trouve une grande quantité de bains à vapeur ou étuves publiques, des fours banaux, des moulins arabes grossièrement faits, et qui se meuvent au moyen de manéges par des mulets, mais qui suffisent aux besoins de la population.

Six moulins à vent, des casernes en pisé, des hôpitaux en planches, un abattoir public, un magasin à fourrage, une fontaine à la place du Soudan, deux établissements de bains à la parisienne, y ont été formés, ainsi que des moulins à eau, dont le premier a été construit sous l'administration de M. Genty de Bussy, ex-intendant civil.

D'après les états fournis par le génie militaire, deux cent soixante-treize bâtiments, mosquées, caravansérais ou maisons, sont occupés militairement à Alger.

Le nombre des maisons de la ville est d'environ quatre mille. Alger possède des égouts bien établis et de nombreux aqueducs, qu'il suffit d'entretenir pour avoir en abondance une eau saine et pure.

Les fontaines y sont assez nombreuses.

---

[1] Rien n'a été changé dans certains carrefours, et on laisse les Arabes s'y livrer en parfaite liberté à leur commerce habituel. Dans l'un de ces carrefours, ils vendent de la viande de boucherie; une partie de la rue de la porte Neuve leur sert de marché au beurre; ailleurs les négresses vendent du pain ou quelques autres comestibles en usage chez les indigènes depuis notre occupation.

Un joli édifice à colonnes, de forme grecque, a été construit à l'entrée du port pour l'observation de la quarantaine et les déclarations sanitaires; mais c'est là que se bornent pour l'intérieur les travaux de ce genre; le reste consiste en la conservation que l'on a faite de divers édifices en casernes ou en hôpitaux : on a fait aussi des ouvrages hydrauliques et des améliorations importantes aux fortifications.

Hors de la porte Bab-Azoun, à un quart de lieue de la ville, on a construit une caserne de cavalerie, et on n'a pas interrompu les ouvrages hydrauliques à l'entrée du port, qui est constamment battu par les lames, auxquelles les temps d'orage donnent beaucoup de violence (11).

Enfin, on a disposé une quantité considérable de maisons ou d'édifices divers, pour servir à toutes les branches de l'administration et des services militaires et civils, tels que les divers établissements de la manutention des vivres (la Djeninah), des magasins pour les approvisionnements des denrées sèches et liquides, ceux du casernement, les bureaux et magasins de la douane, les lieux des séances des tribunaux et leurs greffes, les logements de tous les fonctionnaires civils et militaires, dans des maisons appartenant à l'État, lesquelles sont très-nombreuses et en général de la plus extrême beauté, ou dans d'autres séquestrées à des particuliers, enfin les ateliers remarquables du génie militaire et de l'artillerie.

Nous avons à Alger deux places magnifiques : c'est la place du Gouvernement, dont nous avons déjà parlé; ensuite, l'esplanade Bab-el-Oued.

Au sortir de la porte Bab-el-Oued, on a nivelé un vaste espace de terrain sur le bord de la mer, c'est l'esplanade Bab-el-Oued; elle sert à la manœuvre des troupes, et il serait à désirer qu'elle fût plantée d'arbres; on en avait déjà planté, mais ils n'ont point pris. Il serait très-utile d'en faire venir d'autres, car la ville et ses environs sont totalement privés de promenades ombragées, et cet emplacement en ferait une fort agréable.

On compte encore dans Alger deux petites places, celle du Soudan et celle de Chartres; cette dernière surtout devait encore acquérir plus d'importance, puisqu'on se proposait de l'agrandir pour y former un nouveau marché: ce projet a été mis à exécution depuis quelque temps; on a abattu beaucoup de maisons pour la rendre carrée et large, et elle forme maintenant un fort beau marché européen.

La ville d'Alger n'offre à la curiosité publique aucun monument que l'on puisse remarquer à l'extérieur : les maisons, telles que je les ai décrites, n'offrent aucune apparence à l'extérieur ; elles sont hideuses au dehors, quoique intérieurement on y trouve si bien les commodités appropriées au pays et au climat.

Les Maures étaient trop absorbés par la superstition pour songer à des établissements d'utilité publique ou à la culture des arts, ils ne faisaient que des mosquées; on en compte plus de soixante. Elles n'ont rien de remarquable à l'extérieur et elles sont en général très-grossièrement construites; on les distingue par une coupole et par le minaret dont elles sont surmontées; cependant il y en a dont l'intérieur est d'une magnificence remarquable : l'une d'elles a été démolie parce qu'elle se trouvait sur l'emplacement où l'autorité française a fait la grande place publique dont j'ai déjà parlé; deux seules sont encore fort belles : celle au coin de la place du Gouvernement et à l'entrée de la rue de la Marine, qui est très-vaste et que la mer baigne, et celle qui aujourd'hui nous sert d'église et qui a été consacrée au culte catholique : c'est un monument d'une grande beauté à l'intérieur. En général ces édifices sont construits dans le goût des églises chrétiennes : une grande nef au milieu, avec deux collatérales, l'une à droite, l'autre à gauche.

La mosquée convertie en église catholique, d'une construction moderne, quoique conservant le style mauresque, est fort belle; les dômes, qui remplacent les voûtes longues de nos églises, sont soutenus par des colonnes en marbre blanc.

La coupe en marbre, supportée par un fût aussi en marbre d'une fontaine qui s'y trouvait, comme dans la plupart des mosquées, a été convertie en fonts baptismaux. Autour de cette coupe, sur laquelle on fait maintenant des chrétiens, on voit sculpté le signe du mahométisme; ainsi, pour le service de notre religion, le maître-autel étant établi à une extrémité de la mosquée, la croix est précisément en face du croissant.

Le palais que l'on nomme en langue franque Casa del Rey, et en traduction espagnole Maison du Roi, et qui s'appelle maintenant le palais du Gouvernement, au centre de la ville, à peu de distance de la place de ce nom, et que le dernier dey n'habitait pas, est un bâtiment vaste et d'une architecture assez élégante. On entre dans ce palais de plain-pied et par une grande porte; il y a deux cours spacieuses, le long desquelles règnent des péristyles, présentant de toutes parts aux yeux les marbres de Gênes, importés à grands frais dans les lieux où les Romains allaient chercher le marbre.

Il est peu de palais aussi beaux et aussi riches en marbre et en dorures que celui-là ; mais les abords en sont si obscurs, qu'à peine si l'on voit clair à midi dans les rues qui y conduisent, et que dans ces lieux on serait loin de se douter qu'il existe un palais.

C'est là que réside le gouverneur des possessions françaises.

Ce palais aussi communique de plain-pied par une galerie à notre église catholique ; ainsi, par le mauvais temps, le gouverneur général peut se rendre à l'office divin sans se mouiller.

On assure qu'autrefois Alger avait des faubourgs considérables; qu'ils furent détruits par les habitants peu de temps après l'invasion des Espagnols sous Charles-Quint, de crainte que, dans une autre tentative, les assiégeants ne s'en emparassent avec le secours des Maures.

Aujourd'hui, cependant, on donne encore le nom de faubourgs à deux groupes assez considérables de maisons : l'un, au sud de la porte Bab-Azoun, s'appelle faubourg Bab-Azoun; l'autre, au nord de la porte Bab-el-Oued, se nomme faubourg Bab-el-Oued. Ce dernier est absolument contigu au fort Neuf[1].

Des hauteurs qui couronnent Alger, la principale est celle de Boudjaréah, à l'ouest quart sud-ouest, et forme le noyau principal de cette espèce de saillie ou petite péninsule qui fait irruption dans la mer, tout juste autant que la mer fait irruption dans les terres pour creuser la rade d'Alger.

Cette péninsule, qui s'arrête d'une part à Sidi-Ferruch, de l'autre à la batterie du fond de la rade d'Alger, ou, si l'on veut, à l'embouchure de la petite rivière de l'Haratch, aurait de huit à neuf lieues carrées de superficie, si l'on y joignait les deux extrémités par une ligne droite ; mais la suite de collines et de vallées qui les unit forme un arc de cercle large, duquel il résulte que le bassin d'Alger a une superficie de douze lieues carrées.

Le cap Caxine, à trois milles environ nord-ouest d'Alger, occupe l'extrémité ouest de la rade. C'est un grand promontoire dont les flancs escarpés s'élèvent d'environ deux cents toises au-dessus de la mer, et qui, en s'éloignant du rivage, va se former en cercle autour de la ville, et se termine doucement en une plaine à l'embouchure de l'Haratch. Cette rivière, après avoir parcouru la vaste plaine de la Métidja, va se perdre dans la mer, à trois milles environ sud-est d'Alger; le promontoire s'éloigne encore plus brusquement à l'ouest et finit de ce côté à la belle rade de Sidi-Ferruch, qui dans le beau temps

---

[1] Du reste, ces deux faubourgs feront bientôt partie de la ville, puisque l'on se propose de reculer les portes Bab-Azoun et Bab-el-Oued pour agrandir cette cité, dont la population européenne augmente chaque jour progressivement.

offre aux vaisseaux un ancrage aussi bon que celui d'Alger, un abordage sûr et facile, et sur la côte une source de bonne eau; un marabout qui couronne une petite tour est défendu par une petite batterie de deux canons et fait connaître cette position. C'est à l'est du marabout que l'on trouve le lieu pour jeter l'ancre, celui de l'abordage est la source d'eau.

Du cap Caxine à la ville, vous trouvez une belle route qui suit la direction du rivage, en s'appuyant à la montagne. Cette partie de la côte n'offre que des rochers escarpés, et point d'ancrage sûr; à droite, les montagnes présentent une pente rapide, et près de la ville une gorge profonde pénètre dans la campagne, où se montrent des sites romantiques, une foule de maisons de campagne; dans cette direction, les points abordables sont défendus par des batteries de canons.

On va aussi d'Alger à l'embouchure de l'Haratch par une belle route, qui parcourt le rivage de la mer, le long d'une plage agréable, couverte de sable et faisant partie de la baie.

Cette route est une vallée belle et fertile, s'étendant un demi-mille ou un peu moins en largeur, puis s'élèvent des chaînes de montagnes qui se coupent en rochers escarpés. Toute cette plaine est bien habitée et produit des légumes en abondance pour la consommation d'Alger. Des forts, des retranchements et des batteries défendent la côte, qui offre partout un lieu propre pour opérer un débarquement quand le temps est favorable.

De la rivière de l'Haratch au cap Matifoux la distance est d'environ neuf milles, ce qui comprend toute la partie de la baie d'Alger. Dans toute son étendue la côte est belle et couverte de sable; tous ces endroits, comme nous l'avons déjà dit, sont propices pour un débarquement, mais plusieurs batteries formidables en défendent l'approche. A partir de la plage, la terre s'élève à pic environ trente ou quarante pieds, et se termine en un plateau uni, depuis la plaine de Mustapha, qui n'est qu'une continuation de la vallée de la Métidja. En suivant le rivage de la mer, on arrive à la Maison-Carrée, maison que nous avons fortifiée et crénelée, et qui a été dans le temps occupée par nos Arabes auxiliaires; plus loin, toujours en suivant la côte sablonneuse, et à peu près à moitié chemin pour arriver au cap Matifoux, il y a un petit fortin que l'on appelle le fort de l'Eau.

De la porte nord de la ville ou Bab-el-Oued, en suivant un chemin pavé et montueux, formant une ligne parallèle avec la partie nord du rempart, pour aller joindre l'angle sud-est de la Kasbah, la distance est d'environ dix minutes si l'on va d'un pas ordinaire. De la pointe

LE JARDIN DU DEY.

du château de l'Empereur, la distance est à peu près d'un mille, par un chemin mal tenu, pénible et pavé dans quelques endroits ; je veux parler d'une ancienne voie romaine qui se trouve au sortir de la porte Bab-el-Oued, à main gauche avant d'arriver au jardin des Condamnés, qui était le chemin le plus court pour arriver à la Kasbah ; mais, depuis que nous nous sommes rendus maîtres du pays, grâce à nos généraux qui y ont commandé successivement, nous avons de fort belles routes sur tous les points, qui sont le fruit du travail de nos troupes qui ont tenu garnison à Alger depuis notre conquête. Ainsi ce pays, où, il y a quatorze ans, le chameau était souvent obligé de se frayer un chemin à travers champs et au milieu des broussailles, est aujourd'hui traversé en tous sens par de larges routes, où les voitures des colons se croisent incessamment avec les chariots du train des équipages, et même les cabriolets des négociants, ainsi qu'avec les diligences qui vont d'Alger à Douera (distance de la ville, cinq lieues).

Tous les jours, hors la porte Bab-Azoun, l'on trouve des voitures et des carrioles qui vous mènent à la plaine de Mustapha, moyennant la faible rétribution de cinquante centimes.

J'ai déjà dit que le fort de l'Empereur domine et commande la ville, et la citadelle intermédiaire entre le fort et la ville la protége efficacement. Ainsi je ne reviendrai plus sur ce sujet.

Tout le pays est couvert de maisons de campagne, de hameaux et de jardins. Parmi les premières, il faut remarquer celle du dey, sur le bord de la mer, à peu près à égale distance du fort des Anglais et du fort Neuf.

DU JARDIN DU DEY.

Hussein-Pacha, dernier dey d'Alger, allait quelquefois à sa maison de plaisance, sous l'escorte de ses janissaires. Cette maison de campagne est située en dehors de la porte Bab-el-Oued, à un quart d'heure de la ville, à peu de distance de la mer; on la nomme Jardin du Dey. Ce séjour, chez nous, ne pourrait être comparé à une résidence royale; cependant il y a plusieurs jardins très-vastes entourés de murs très-élevés, toujours de la même dépendance, et qui communiquent les uns avec les autres. On y voit plusieurs pavillons, des logements assez vastes, qui servaient à recevoir le dey et toute sa suite pendant la belle saison ; il y a trois cours et plusieurs ailes de bâtiment : le jardin est immense et dans un site fort agréable et romantique. Un treillage de vigne forme un berceau à l'entrée de la première cour et est répété sur les côtés latéraux de la cour commune. Un énorme treillage de vigne borne également son enceinte le long d'un mur très-élevé, et les arbres fruitiers, dans ce jardin, fourmillent, mêlés aux rangs d'orangers et de citronniers; ce genre de végétation offre un charme inexprimable et un intérêt particulier aux étrangers qui vont visiter ce jardin.

La construction des bâtiments, qui n'ont qu'un rez-de-chaussée, et quelques-uns un étage, offre quelque chose de bizarre et de particulier; mais cependant tout y est noble et imposant, et le beau marbre de Gênes n'y a point été épargné; on l'y rencontre à chaque pas, surtout à l'extrémité de ce bâtiment, à la dernière cour; l'on monte par des escaliers dans une petite cour pavée en marbre blanc, où il y a un jet d'eau; de jolis appartements se trouvent de plain-pied à cette cour. C'est là qu'était réservé le logement du dey, qui se trouvait parfaitement isolé des autres corps de logis, pour y demeurer paisiblement avec ses femmes et sa famille. Ses ministres, ses officiers et les grands de la régence, ainsi que ses janissaires, habitaient les autres corps de bâtiment.

J'ai voulu donner ici la description de la maison de plaisance deylikale; mais maintenant, depuis notre occupation, nous avons donné à ce local une nouvelle destination, d'une utilité généralement approuvée et reconnue; nous en avons formé un hôpital militaire, qui ensuite fut érigé en hôpital d'instruction, et depuis le commencement de 1835, sous le comte d'Erlon, l'on y avait réuni tous les malades, pour n'en former qu'un seul hôpital, en supprimant en ville les deux hôpitaux de Caratine et de Bab-Azoun[1].

L'hôpital du Dey est un local très-bien situé, bien aéré et parfaitement sain, qui peut contenir de douze à quinze cents malades, y compris les baraques en planches qui ont été construites par le génie militaire, dans une des cours, à côté des pavillons les plus élevés. Ces baraques contiennent chacune plus de cent lits, et, dans le cas où le chiffre des malades viendrait à augmenter au-dessus de quinze cents, nous avons, à proximité de cet établissement, le local de la Salpêtrière, qui est destiné à servir de succursale, et qui peut encore contenir de onze à douze cents malades. Nous pourrons donc réunir dans ces deux hôpitaux deux mille sept cents malades, chiffre et total à peu près

---

[1] Je dois faire observer que la décision de supprimer les hôpitaux en ville avait été prise sous l'administration du comte d'Erlon, au commencement de 1835, mais n'a eu son entière exécution que sous le maréchal Clausel, après que le choléra fut passé à Alger.

présumable dans la saison qui nous en donne le plus ; par là nous avons donc l'avantage d'avoir tous nos malades à un quart d'heure de la ville, dans un seul établissement. (Je dis dans un seul établissement, parce qu'en effet le Jardin du Dey a une porte de communication par les jardins avec la Salpêtrière, et que dans le fait il peut être considéré comme un seul établissement.)

Cependant, à mon avis, on a eu tort de ne pas conserver au moins un hôpital en ville, puisque, par là, il existe un inconvénient assez grave, c'est lorsqu'il nous arrive des camps un homme bien malade, dont l'état permet à peine de le transporter encore à cet établissement, et que ce moribond peut courir le risque de mourir pendant son transfert de la ville à l'hôpital du Jardin du Dey ; du reste, je pense également que les deux hôpitaux de Caratine et de Bab-Azoun n'étaient pas de trop, et qu'on aurait fait sagement de les conserver [1], puisque l'expérience nous a prouvé que l'hôpital du Jardin du Dey est encore insuffisant pour nos malades, puisque le chiffre de ces malades a passé toute prévision pendant les années 1836 et 1837, et que nous avons été obligés d'ouvrir, hors la ville, l'hôpital Mustapha pendant ces deux dernières années.

Le comte d'Erlon, en voulant ne garder aucun hôpital en ville, avait sans doute pris cette mesure dans un but de salubrité pour la cité, et il pensait que l'hôpital du Dey, joint à la succursale de la Salpêtrière, pourrait suffire en tout temps au besoin de nos troupes ; il n'avait pas sans doute réfléchi aux inconvénients qui y étaient attachés; peut-être aussi avait-il songé que c'était faire une économie au gouvernement. Quel qu'ait été, du reste, le motif de ce général pour en agir ainsi, dans tous les cas, je dois dire que c'était une économie mal calculée, même dans l'intérêt de nos soldats, puisqu'il fallait toujours revenir à rouvrir un nouvel hôpital ; aussi autant valait-il conserver nos deux hôpitaux en ville, comme auparavant, qui nous avaient suffi jusqu'alors, indépendamment de ceux du Jardin du Dey et de la Salpêtrière ; excepté cependant en 1835, lors de l'invasion du choléra à Alger ; ces derniers hôpitaux, n'ayant pas pu suffire, on avait été obligé de rouvrir encore l'hôpital de Mustapha supérieur ; mais je ferai observer que, pour cette fois, c'était un cas extraordinaire, imprévu et tout exceptionnel.

---

[1] Depuis la suppression des hôpitaux Bab-Azoun et Caratine, je dois dire que le bâtiment Bab-Azoun a été transformé en un collége, et il y a été également fondé une bibliothèque, et dans celui de Caratine, qui a été reconstruit en partie et approprié, on a formé un hôpital civil.

DE LA SALPÊTRIÈRE.

La Salpêtrière est située à peu de distance du Jardin du Dey, près de la mer, entre le fort des Vingt-Quatre-Heures et celui des Anglais. C'est un bâtiment carré, n'offrant pas autant de logements que le Jardin du Dey; il n'est pas par conséquent aussi vaste; mais il y a une mosquée qui contient la plus grande partie des malades, et il y a, en outre, de fort grandes et belles salles.

La Salpêtrière est ainsi nommée, dit-on, parce que, du temps du dey d'Alger, l'on y faisait le salpêtre destiné à la fabrication de la poudre à canon.

Le Jardin du Dey et la Salpêtrière sont abondamment pourvus de canaux et de sources, au moyen desquels on procure l'irrigation à tous ces jardins; de belles fontaines ne manquent pas non plus dans ces deux établissements.

La maison de campagne de l'agha des janissaires est au sud du fort Bab-Azoun. C'est un joli jardin planté d'orangers et de citronniers : là, on a établi une caserne de cavalerie pour les chasseurs d'Afrique.

En longeant la grande route, on arrive à la belle plaine de Mustapha, couverte de maisons de campagne et de verdure; la belle pelouse du champ de manœuvre, les grands bâtiments blancs, parallèles, qu'on aperçoit au-dessus, sont des casernes d'infanterie construites depuis la conquête. Un peu plus loin, on voit Hussein-Dey, ancienne maison de plaisance d'une fille du dey; puis, à l'embouchure de l'Haratch, petite rivière qui vient de la plaine de la Métidja se jeter à la mer, la Maison-Carrée, ancienne ferme où étaient le haras du dey, et propriété qui appartient aujourd'hui au maréchal Clauzel.

Au delà de la Maison-Carrée, on voit encore un petit édifice : c'est le fort de l'Eau, dont nous avons déjà parlé, où nous avons un poste; et la pointe de terre qui se trouve à l'extrémité de la rade d'Alger, c'est le cap Matifoux, près duquel sont quelques ruines de l'ancienne Ruscurium.

Du temps du dey, c'est à la campagne que résidaient tous les consuls étrangers. Ainsi l'on trouve, en marchant à l'ouest du fort des Anglais, la maison du consul d'Angleterre, puis celle du consul des États-Unis; en s'avançant au sud-est du fort de l'Empereur, la maison du consul de France, et un peu plus loin celle du consul de Danemark.

Toutes ces maisons, on le conçoit, ne sont pas également belles, et même, à mesure qu'on s'éloigne d'Alger, on arrive à ne plus rencontrer que des masures; mais celles qui s'élèvent dans le voisinage de la capitale sont généralement aussi élégantes, aussi commodes qu'à Alger même, et il n'est pas rare qu'elles le soient davantage. Du reste, toutes les maisons de campagne qui sont situées principalement sur la nouvelle route Rovigo, de la porte Bab-Azoun au fort de l'Empereur, sont les plus belles et celles qui offrent les sites les plus agréables et les plus pittoresques, jusqu'à Mustapha supérieur, en ce qu'elles dominent sur la plaine de Mustapha-Pacha et ont vue sur la mer pour la plus grande partie. Comme elles sont à une grande élévation au-dessus du niveau de la mer, on y respire un air pur, qui est constamment rafraîchi par la brise de la mer. On trouve, dans presque tous les jardins, outre les légumes et les fruits usuels, des orangers, des citronniers, des figuiers, des bananiers et des vignes; leur aspect est délicieux, et ces jardins sont très-nombreux aux environs d'Alger.

DES VILLAGES.

Les villages les plus remarquables que nous occupons et que nous pouvons considérer ainsi, où, pour la plupart, nous avons établi des camps, et où il s'ensuit que de nouvelles bâtisses ont été continuellement en construction, sont : 1° la commune de Mustapha, où les maisons sont très-disséminées, ensuite les villages d'Hussein-Dey, de Kouba, de Mahelma, Tixeraim, Birkadem.

2° Sur la route du fort de l'Empereur, Dely-Ibrahim, qui a été fondé sous l'administration de M. Genty de Bussy, ex-intendant civil de la régence. Ce village est peuplé d'Allemands; la plupart des maisons d'abord n'étaient bâties qu'en bois, quelques-unes maintenant ont été construites en pierres; il s'agrandit toujours progressivement par de nouvelles bâtisses; on y a aussi construit une église d'un assez bon goût.

Après cela, sur la même route, plus en avant, nous avons le Douera et Boufarik. Ces deux villages deviendront un point de centralisation d'une assez grande importance, d'après le nouveau traité conclu avec Abd-el-Kader, qui nous avait fait la remise de Blidah et Koléah; ces deux villes, se trouvant sur la route et à proximité des villages de Douera et de Boufarik, vont faire de ces derniers un lieu de passage continuel, qui procurera leur agrandissement et étendra nos relations de commerce avec Alger.

On peut encore compter au nombre des villages d'Alger Sidi-Khalef et Sidi-Ferruch, puisque ces deux endroits offrent de bonnes sources d'eau, une terre excellente pour les céréales, quelques pâturages sur les montagnes voisines, et une excellente localité pour y fonder les deux plus beaux villages.

Nous parlerons, dans la troisième partie, des nouveaux villages que nous y avons fondés depuis, ainsi que des établissements agricoles que nous y avons formés.

DES PROMENADES.

Les promenades habituelles à Alger sont : 1° Par la porte Bab-Azoun, la route qui conduit à la plaine de Mustapha, champ de manœuvre, où l'on se rend, les dimanches et les jours de grandes fêtes, pour assister à la revue des troupes de ligne, ou à l'exercice à feu de la cavalerie indigène à notre solde. Les Françaises et les Espagnoles, vêtues élégamment, s'y rendent en foule, et les voitures s'y croisent à l'envi. Toute cette route est bordée de cabarets, de cafés, de restaurants et de guinguettes à l'instar de nos environs de Paris;

2° Par la porte Bab-el-Oued, la route du Jardin du Dey, qui conduit à la guinguette des Deux-Palmiers, où l'on danse les dimanches et fêtes jusqu'à la fermeture des portes.

Toute cette route est encore environnée de beaucoup d'autres petites guinguettes ou restaurants ; à mon avis, c'est l'endroit le plus agréable. Du reste, tous les environs d'Alger respirent un air français; les guinguettes et les cafés y fourmillent, comme si nous étions tout à fait dans la mère patrie.

Un peu plus près de la mer, entre le fort des Vingt-Quatre-Heures et celui des Anglais, est la route de la Salpêtrière (qui sert également de promenade) : c'est là ordinairement que se fait la course des chevaux pour les indigènes à certains jours de fête. Dans cette même direction, on a établi une fonderie et un atelier de serrurerie et un cirque olympique en planches.

Les environs du fort de l'Empereur sont aussi généralement adoptés comme promenade. On y rencontre journellement des voitures et des cabriolets et la diligence de Douera, qui y passe deux fois par jour : elle part d'Alger à six heures du matin, repart de Douera à deux heures après midi, et arrive ordinairement à Alger à quatre heures et demie.

Sur les routes autour d'Alger, il n'est pas rare de rencontrer de nos Françaises, vêtues en amazones, qui se rendent à la campagne ou vont faire des cavalcades. Ensuite vient, près de la ville, l'esplanade Bab-el-Oued, qui sera une fort belle promenade lorsqu'elle sera plantée d'arbres ; en général, toutes ces routes sont dépourvues d'ombrage ; mais on s'occupe d'y planter des mûriers et des platanes qui, seulement, achèveront de les rendre beaucoup plus agréables, et pourront, par conséquent, garantir les promeneurs de l'ardeur du soleil brûlant d'Afrique.

Le soir, en été, la promenade de prédilection d'Alger est la place du Gouvernement, quand le canon de la station a annoncé l'heure de la retraite. Des chaises sont disposées sur deux rangs ; un cercle brillant de femmes françaises, espagnoles et anglaises, et d'officiers, vient se former pour entendre le concert des musiciens de la garnison ; tandis que les Maures et les juifs se promènent de long en large, pêle-mêle avec les négociants européens, et que les juives et les Mauresques couvrent les terrasses des maisons qui entourent la place, pour participer aussi à la musique française. — Enfin, là, tout respire l'aisance et le mouvement d'une capitale.

DES CIMETIÈRES.

Les cimetières sont très-nombreux autour d'Alger ; ainsi, en sortant par la porte Bab-Azoun, on rencontre une quantité prodigieuse de tombes sur les deux côtés de la route ; mais c'est principalement en sortant par la porte Bab-el-Oued que, sur les deux côtés du chemin, une grande étendue de terrain est occupée par des cimetières couverts de tombes que les Maures, à la longue, ont laissé dépérir car ces monuments tombaient en ruines lorsque nous fîmes la conquête d'Alger : en général toutes ces tombes sont fort simples. Ceux des hommes du commun ne sont que de pierres plates posées sur la terre en forme de cercueil : celles des pieds et de la tête seules forment quelque élévation.

Les Maures, et en général tous les musulmans, ont un grand respect pour les tombeaux. Il n'y avait pas à Alger de lieu spécialement affecté aux sépultures ; les premières avaient été faites sur les terrains les plus voisins des portes de la ville, et chaque tombe portait sur la terre un signe extérieur en pierres destinées à cet usage ; jamais ils ne détruisaient un tombeau. Toutes les terres aux environs de la ville étaient donc successivement envahies par les sépultures, qui occupaient un espace considérable, et il aurait été difficile d'en prévoir les bornes, si la population avait été plus nombreuse et si les Français n'avaient mis un terme à cette extension indéfinie. Chaque tombe est garnie de deux dalles de la longueur ordinaire d'un corps d'homme, placées de champ parallèlement à environ dix-huit pouces de distance l'une de l'autre; un côté est enfoncé dans la terre et l'autre est en saillie à six ou huit pouces au-dessus du sol, avec quelques ornements grossiers de sculpture en relief. En général, dans les cimetières des Maures et des juifs, chaque tombe est recouverte d'une pièce de marbre blanc ornée d'inscriptions en arabe ou en hébreu, selon que l'individu appartient à l'une ou à l'autre religion.

A chaque bout de la tombe est une pierre plate, enfoncée par le bas, l'une à la tête, l'autre aux pieds; la saillie de cette pierre est taillée en triangle très-aigu, la pointe a quinze ou dix-huit pouces d'élévation au-dessus du sol; le milieu de la tombe, ainsi encadré, est recouvert de terre ou d'une pierre, ou d'une pièce de marbre blanc, selon la fortune du défunt. Mais ces cimetières n'étaient pas fermés de murs, et, par conséquent, étaient exposés à servir de pâturages aux animaux domestiques.

Nous avons dit que les Maures aiment à élever à grands frais des monuments funéraires à la mémoire de leurs parents, mais que bientôt ils les abandonnaient au caprice des événements, et que, par leur insouciance naturelle, ils ne s'en occupaient plus ou les laissaient tomber en ruines. Cependant les familles riches s'emparaient d'un espace de quelques toises qu'elles entouraient de murs à hauteur d'homme, surmontés de créneaux, de pointes pyramidales ou d'autres ornements du goût oriental et dans lequel tous les membres de la famille étaient enterrés[1].

On voit encore un de ces tombeaux en sortant par la porte Bal-el-Oued, à main gauche, avant d'arriver au jardin des Condamnés. Lorsque l'on déblaya ce terrain pour former ce beau jardin des Condamnés, la famille mauresque à qui appartenait ces tombeaux demanda à l'autorité française qu'on respectât cet espace destiné à la sépulture des membres de leur famille, concession qui lui a été faite très-volontairement et dans le seul but de ne point contrarier leur vénération pour ces tombes, d'autant plus que ce terrain était très-peu spacieux et ne pouvait pas gêner en l'épargnant. Aussi, tous les vendredis, il n'est pas rare d'y voir venir des Mauresques prier sur la tombe de leurs parents en cet endroit, toutefois en bénissant le nom français d'avoir épargné, au milieu de tant de démolitions, l'objet de leur juste vénération.

---

[1] *Physiologie morale et physique d'Alger*, par D. J. Montagne, page 48.

Les tombeaux des deys et des pachas étaient plus riches; ils avaient de dix à onze pieds de haut, s'élevaient en dôme, étaient blanchis avec beaucoup de soin, et sur le sépulcre même était une pierre taillée en forme de turban. L'œil se fixait surtout avec curiosité sur un ensemble circulaire formé par six tombeaux de ce genre : là étaient les cendres de six compétiteurs successivement élevés au deylik et massacrés le même jour ; ces tombeaux existaient lors de notre entrée à Alger, mais ils ont été détruits depuis la conquête, comme je l'ai déjà relaté au commencement de cet ouvrage, pour former l'esplanade Bab-el-Oued.

Les Français ont fait quelques ouvrages autour de la ville, soit pour la défense militaire, soit dans des vues d'assainissement et de commodité; ils ont ouvert des chemins, déblayé, hors de la porte Bab-el-Oued, un espace considérable qui a été converti en esplanade où manœuvre la troupe, et qui probablement sera plus tard converti en une des plus jolies promenades d'Alger (ainsi que je viens de l'indiquer à l'article intitulé *Promenades*). Ces travaux ont nécessité la destruction de quelques sépultures qui, comme les plus rapprochées de la ville, étaient les plus anciennes et dataient de deux ou trois siècles, peut-être plus. Ce fait, si simple en lui-même, a donné lieu à des plaintes qu'on peut appeler ridicules de la part d'un certain parti dont l'avenir fera justice ; on a pleuré sur ces pauvres Maures dont on profanait les cendres, on a invoqué la religion, le respect pour les morts, on a crié au sacrilége; cet attendrissement de commande a trompé beaucoup de gens en France, qui ont cru que les Français arrivés à Alger s'étaient transformés en Vandales ; quelques-uns de nos plus honorables députés, dupes de cette comédie, en ont fait retentir la tribune nationale. Je ne puis garder le silence sur ce point : ces plaintes sont sans fondement; les sépultures méritent sans doute le respect, mais dans tous les pays bien ordonnés elles ont un espace déterminé, et on ne leur laisse jamais envahir la campagne; partout, lorsqu'elles sont trop anciennes, on reconnaît la nécessité de les détruire, et je voudrais savoir ce que deviendront dans cinquante ans les beaux cimetières de Paris, malgré les concessions à perpétuité, avec une population d'un million d'habitants. Rien de perpétuel en ce monde, et, en Afrique, pas plus que sur aucune autre partie de notre globe, on ne peut prétendre à la perpétuité des tombeaux. Je puis, de plus, affirmer que tous ceux qui ont été détruits se sont trouvés placés sur les lieux où il était nécessaire de faire les travaux utiles dont j'ai parlé, que pas un seul ne l'a été dans des vues de mépris ou de profanation, et qu'on pourrait mesurer encore, à un assez grand rayon autour de la ville, des surfaces couvertes de tombeaux, dont la réunion composerait plusieurs lieues carrées, et dont une bonne administration sera forcée, tôt ou tard, de changer la destination.

Pendant le gouvernement du général Berthezène, deux cimetières pour les chrétiens ont été établis et entourés de murs; l'autorité d'alors, qui aimait et respectait beaucoup les Maures, et qui protégeait indistinctement leurs sympathies et leurs antipathies, et même leurs préjugés, ne voulut pas que l'on plaçât la croix sur la porte de ces cimetières; cependant le signe de la croyance de Mahomet pullulait de toutes parts, et jamais, pour ménager la foi du Christ, on ne songea à faire enlever un seul croissant[1].

Les consuls étrangers à Alger avaient des cimetières qui étaient entourés de murs; on en voit encore un, à main droite, sur la route de la Salpêtrière, renfermant quelques jolies tombes.

Depuis notre occupation à Alger, trois cimetières ont été improvisés à la hâte, comme après un jour de bataille, et ont été successivement abandonnés. Les croix qui couvraient les tombes ont disparu; quelques pierres tumulaires subsistent encore; elles témoignent, aux yeux de tous, et de la sainteté du lieu qu'elles couvrent et peut-être de l'incurie de ceux qui les livrèrent avec indifférence à la profanation du passant. Chaque jour, des troupeaux de chèvres y vont paître, et des animaux plus immondes encore peuvent y venir chercher leur pâture.

Cependant, nous sommes heureux de le proclamer à la louange de l'administration, son zèle à cet égard, sa sollicitude, se réveillent. Et, grâce à ses soins, grâce aux vives et pressantes démarches du vénérable évêque de l'Algérie, le cimetière actuel, si heureusement situé au pied de la colline du Boudjaréah, loin du bruit de la ville et à quelques pas de la mer, va recevoir les agrandissements, les clôtures, les bénédictions religieuses, tout enfin; ce qui doit concourir à en faire un lieu saint sacré pour tous, un cimetière vraiment français, vraiment chrétien.

Partout ailleurs l'intérêt qui s'attache à la demeure des morts est grand, sans doute; toutefois, circonscrit dans d'étroites bornes, il ne passe pas l'étendue d'un village, d'une cité; mais, aux bords où nous sommes, sur la terre d'Afrique, un cimetière intéresse la France, le monde, la catholicité entière. Combien, en effet, arrachés à leur famille, à leurs patries diverses par des malheurs, combien, attirés,

---

[1] *Physiologie morale et physique d'Alger*, page 50.

séduits par des espérances de fortune, des illusions de gloire, sont accourus de tous les points du monde sur ces rives, devenues, depuis quatorze ans, si hospitalières, et n'y ont trouvé que des revers et un tombeau !

Au bord de l'esplanade Bab-el-Oued et tout près de la mer, on a construit six moulins à vent ; les pierres et les matériaux des tombes démolies ont servi à leur construction.

A peu de distance de la porte Bab-Azoun, on a élevé, dans un assez bon goût, un édifice destiné à servir d'abattoir pour la boucherie : il est divisé en trois parties : les Européens, les juifs et les Maures. Ainsi ceux que leur religion soumet à certaines pratiques dans la manière d'abattre le bétail peuvent se livrer à leur observance. Cet établissement est une nouvelle preuve du respect que l'on a eu pour les croyances religieuses, que tant de gens en France croient avoir été offensées.

DE LA PROVINCE DE TITERY, — DE BLIDAH — ET DE MÉDÉAH.

Blidah, au sud-ouest et à dix lieues d'Alger, sur la limite méridionale de la plaine de la Métidja, est une petite ville située au pied du versant septentrional de l'Atlas, dont les premiers gradins ne sont éloignés que de quelques centaines de mètres de ses remparts.

Elle est à environ cent quatre-vingts mètres au-dessus du niveau de la mer, et assise sur un terrain plat et peu accidenté. Des masses abruptes de montagnes l'enferment dans un vaste demi-cercle, d'où s'échappent les eaux de l'Oued-el-Kébir, qui, habilement distribuées, arrosent et fertilisent une grande partie de son territoire et alimentent les fontaines de la ville. Blidah était, pour ainsi dire, cachée au milieu d'une forêt d'orangers avant que nous l'occupions, mais qui ensuite a été déblayée et éclaircie pour la propre défense de la ville.

En 1825, un tremblement de terre dispersa ou fit périr sous les ruines plus de la moitié de la population, et elle s'élevait alors de quinze à dix-huit mille âmes. En 1830, on en comptait à peine cinq ou six mille.

Médéah est une ancienne forteresse bâtie par les Romains sur la partie supérieure d'un mamelon que bordent les affluents du Chélif. Médéah s'élève sur un plateau incliné du nord-est au sud-ouest. Elle est entourée d'un mauvais mur, qui, du reste, est une défense suffisante contre des Arabes. Auprès des deux entrées principales sont deux petits châteaux armés de quelques pièces de canon de fabrique espagnole. La ville est plus régulièrement bâtie qu'Alger, et les rues en sont, en général, plus larges et moins tortueuses ; les maisons ont des toitures en tuiles, comme celles du midi de la France.

Cette ville, depuis habitée par les diverses races qui ont tour à tour dominé en Afrique, s'est étendue jusqu'au pied du mamelon où elle se trouve ; c'est ainsi qu'ont pris naissance la haute et la basse ville. Dans sa partie basse, elle renferme une fontaine très-abondante où l'on reconnait des traces de travaux antiques.

La ville haute manquait d'eau ; pour y remédier, les Romains relièrent à leur citadelle, par un chemin incliné, une magnifique source sortant avec une force extrême de dessous le rocher qui la supporte. Un aqueduc, construit en pierre et en brique, y amène encore de l'eau; en sorte que dans tous les quartiers on trouve des fontaines abondamment approvisionnées.

L'aspect de Médéah est triste, comme celui de toutes les villes d'Afrique ; les maisons y sont construites en pierre, mais leur disposition intérieure et extérieure est absolument semblable à celle des maisons d'Alger. Dans la rue principale, qui la traverse en zigzag du nord au midi, sont réunies les boutiques des détaillants; sur la place, on remarque un café mauresque d'assez joli aspect, et un fonduck, espèce de caravansérai pour les marchands. La population paraît très-laborieuse, mais ne dépasse pas sept à huit mille âmes; elle nous a toujours montré une grande bienveillance[1].

Médéah est située dans la même direction et à une journée de Blidah, dont elle a l'étendue et l'importance ; c'est la capitale de la province de Titery.

Blidah et Médéah, comme nous l'avons dit, ont des murs d'enceinte. Ces deux villes, au milieu des terres les plus fertiles de la Numidie et dans la position la plus heureuse, sont les plus belles et les plus riches de la régence comme pays agricole. Blidah, particulièrement, située admirablement sur un plateau magnifique au pied du petit Atlas, sur les bords du Sidi-el-Kébir, entourée de jardins, d'immenses bosquets

---

[1] Médéah est située à onze cents mètres au-dessus du niveau de la mer; les chaleurs de l'été y sont aussi excessives que le froid en hiver. Quoique les orangers et les oliviers cessent de croître dans cette région, les environs de la ville n'en offrent pas moins des sites délicieux et des cultures très-variées : le mûrier, le poirier, le peuplier, le cerisier et la plupart des arbres d'Europe y viennent très-bien; les vignes y sont aussi en grande abondance, elles produisent d'excellent raisin et forment une partie importante de la culture. (*De l'Algérie ancienne et moderne*, par Léon Galibert, chap. xiv, page 391.)

d'orangers, de citronniers, de vignes, de vertes prairies et de plaines cultivées, semble l'Éden de toute la contrée. L'insalubrité qu'on lui reproche n'est point fondée; les traditions du pays rapportent, au contraire, que les habitants d'Alger y venaient chercher un refuge contre les épidémies qui les ont plusieurs fois désolés.

La ville de Blidah est aussi renommée par la beauté et la bonté de ces énormes oranges, qu'on nous apporte journellement au marché d'Alger.

KOLÉAH.

Koléah (dite la ville sainte), se trouve à l'ouest et à environ dix lieues d'Alger, au delà de la rivière du Mazafran, sur la lisière nord de la Métidja et à peu de distance de la mer; la ville est de peu d'importance, mais c'est un excellent pays de culture.

NOTICE SUR LE CLIMAT ET LES MALADIES DE LA RÉGENCE, ET PARTICULIÈREMENT SUR LE CLIMAT D'ALGER.

Depuis quatorze ans bientôt que nos médecins du corps d'occupation ont observé les maladies qui règnent à Alger parmi les habitants de la ville et les troupes stationnées dans ses environs, on a acquis des données assez positives pour fixer l'opinion qu'on doit avoir sur la salubrité du pays.

L'Afrique, telle qu'elle se présente à l'imagination des Européens, le refuge des déserts sablonneux, des chaleurs étouffantes du kamsin (siroco), des pluies excessives qui causent les débordements périodiques des fleuves, n'existe pas dans la régence d'Alger.

Le climat est ici tempéré, les chaleurs de l'été ne brûlent pas les feuilles des arbres, la rigueur des hivers ne les dessèche jamais.

Le sol de cette partie de la côte africaine est de bonne terre végétale, quoique généralement léger; la végétation s'y montre riche, active, et annonce la libéralité avec laquelle les travaux de l'agriculteur intelligent et laborieux seraient récompensés.

L'atmosphère est presque constamment rafraîchie par les vents du nord, qui traversent la Méditerranée, par ceux du sud-ouest, qui parcourent les plateaux de la double chaîne de l'Atlas; les saisons s'y succèdent régulièrement. Les chaleurs n'excèdent, en été et dans les premiers jours d'automne, que d'un à deux degrés la température de l'Europe méridionale; les pluies sont abondantes depuis la fin de l'automne jusqu'au commencement de l'été, et entretiennent ces sources nombreuses qui, circulant isolément, ne forment point de grands fleuves et facilitent, au contraire, des irrigations propres à augmenter la fertilité du sol.

Tous les pays situés à proximité des marais sont sujets à des fièvres pernicieuses. L'appareil cérébro-spinal, l'appareil biliaire et digestif sont particulièrement atteints dans ces maladies.

Celles qui ont été observées à Alger sont identiques avec les fièvres pernicieuses des marais, telles qu'en Hollande et en Zélande ; les mêmes localités produisent des fièvres pernicieuses de même nature ; on conçoit facilement que les plaines de la Métidja, qui avoisinent Alger, celles qui sont à proximité de Bone, étant arrosées par des rivières dont le cours a besoin d'être convenablement dirigé à son embouchure, doivent devenir facilement marécageuses et établir des foyers d'infection dès que la chaleur occasionne une évaporation active des eaux stagnantes. Nul doute que le dégagement des miasmes qui suit la décomposition des substances végétales et animales, parmi lesquelles le gaz protocarboné, éminemment nuisible à l'économie animale de l'homme, tient la première place, ne vicie la masse de l'atmosphère dans un espace très-étendu.

En général, un des grands fléaux qui existent dans les pays non civilisés, ce sont les marais ; ils nuisent essentiellement aux progrès de la population. C'est dans cet état que Jules César trouva notre belle France, et c'est aux bienfaits de l'industrie, qui, en dirigeant le cours des rivières, a fait disparaître les marais, qu'est due en partie sa salubrité actuelle.

Des marais vastes et assez nombreux existent dans la Métidja, le long de l'Haratch, en face de la ligne est et sud des avant-postes occupés par nos troupes [1]. Jusqu'à ces derniers temps, l'évaporation qui

---

[1] C'est pour cette raison que nous recevions journellement, dans nos hôpitaux d'Alger, à l'époque de l'été, beaucoup de malades venant des avant-postes, soit de la Maison-Carrée ou de la Ferme-Modèle ; mais, à cause de l'insalubrité de ces localités, nous avons été forcés, dans l'intérêt de nos soldats, de renoncer à ces cantonnements, et nous avons fini par abandonner la Maison-Carrée, la Ferme-Modèle, et quelques blockhaus, sur cette ligne ; des Arabes qui étaient à notre solde occupèrent ces points ; ces derniers pourtant sont dans les mêmes conditions, et ne sont pas sujets à être moissonnés par les fièvres pernicieuses, comme l'étaient nos troupes, aussi l'acclimatement entre pour beaucoup dans cette chose ; du moins, si ces derniers tombent malades, ils guérissent plus promptement, et sont moins sujets aux rechutes. En 1833, nous avons remis la garde de nos blockhaus à nos voisins ; c'était un beau et économique résultat.

Au mois de juin 1834, on la leur a rendue, et l'effectif de nos hôpitaux s'est ressenti de l'opportunité d'une mesure aussi habilement cherchée qu'habilement obtenue.

s'y fait journellement frappait directement nos soldats; leur plus grand nombre est cantonné ou campé de manière à respirer ces miasmes. Les troupes se trouvent ou dans des maisons de campagne la plupart en mauvais état, ou sous des tentes.

Aux effets des miasmes se joignent ceux produits par les variations atmosphériques. La chaleur du jour pénètre facilement dans leurs demeures et la rosée froide des nuits les mouille.

Il est probable que le non-acclimatement doit être regardé comme la cause qui les prédispose à contracter l'épidémie, et à en ressentir profondément les effets meurtriers; rien ne le prouve mieux que ce qui a été observé dans le corps des zouaves.

Les neuf dixièmes des Français qui en font partie sont tombés malades, tandis que les trois quarts des Arabes vivant dans les mêmes conditions morbides sont restés sous les armes. Une autre remarque a été faite dans les hôpitaux, relativement à la marche et aux terminaisons de l'affection régnante chez les mêmes malades du même corps.

Les zouaves arabes guérissent plus promptement, sont moins sujets aux rechutes, et offrent, sous le rapport de la mortalité, des proportions infiniment moins fortes. Pour assainir le pays, il faudrait resserrer les rivières dans leur lit, construire des canaux pour recevoir l'excédant des eaux : tels sont les travaux les plus importants et qui assureront la jouissance des richesses que promet la culture de la belle plaine de la Métidja.

Toutes ces considérations d'insalubrité sont bornées à ces localités Le reste de ce vaste territoire est sain, et promet à l'agriculteur industrieux des sources inépuisables de richesses et de bien-être.

Je me bornerai à faire encore quelques réflexions sur les maladies qui sont endémiques à la partie de la régence.

La fièvre rémittente bilieuse, qui se voit dans la saison des chaleurs, est un peu plus intense qu'en France; il en est de même de la fièvre des marais, ainsi que les obstructions des viscères, qui en sont les suites.

La peste paraît ne s'être jamais montrée à Alger, comme sur les autres points de la régence, qu'au retour par mer des pèlerins de la Mecque, ou, en d'autres termes, que par importation.

Lors de sa dernière apparition, elle dura quatre ans, de 1817 à 1822. Elle ne cessa qu'après avoir affligé toute la régence, et s'être étendue sur les deux revers de l'Atlas et jusqu'à l'entrée du désert.

D'après ce que nous voyons, Alger n'est sujet ni à la peste ni à la fièvre jaune, qui ont dévasté nos colonies d'Amérique et tué tant de Français; il n'y a aucune maladie endémique proprement dite; si dans une partie de la campagne on respire un air malfaisant, cette cause fâcheuse et locale de maladie disparaîtra bientôt, car on s'occupe des travaux de dessèchement qui assainiront bientôt les quartiers que l'on considère comme dangereux.

Ces travaux seront faciles, la pente du terrain permet l'écoulement des eaux stagnantes, de manière à détruire totalement les miasmes malfaisants qu'elles exhalent, et il faut espérer que les versions fausses ou exagérées, répandues en France par quelques personnes qui ont jugé superficiellement le pays, seront bientôt appréciées à leur juste valeur.

L'éléphantiasis n'est pas rare dans la régence, non plus que le mal des Barbades, qui n'en est qu'une variété; l'un et l'autre sont assez répandus dans le désert, où ils acquièrent un plus grand développement (maladie, espèce de lèpre avec gonflement des jambes).

L'albinisme se rencontre à Alger. Un de nos médecins en a vu trois cas, dont deux offerts par des femmes juives, et le troisième, par un marchand maure, rue Bab-Azoun. Un quatrième cas a été aperçu tout récemment parmi les Bédouins de la Métidja. (Pour voir la description de cette anomalie, je renverrai à mes notes à la fin de ce premier volume) (12).

L'ophthalmie est assez commune dans la ville, notamment à l'époque des chaleurs. De là le grand nombre d'aveugles, par suite de la désorganisation de l'œil. Les cécités qui proviennent de la lésion directe de la rétine sont aussi assez nombreuses.

L'ophthalmie de la régence est absolument la même que celle qui a été observée en Égypte lors de l'expédition. Une de ses causes les plus actives, ainsi que l'a fort bien fait remarquer M. le baron Larrey, est le passage du chaud au froid, l'exposition sans précaution à la fraîcheur des nuits.

* Cette terrible maladie, qui se développe souvent dans les climats sujets à de soudaines variations de la température, tels que dans nos colonies d'Amérique et dans les régions et les contrées où règnent tout ensemble une chaleur brûlante et une grande humidité; ce mal, c'est l'éléphantiasis, ainsi nommée parce que les membres deviennent monstrueux, parce que la peau devient calleuse comme les membres et la peau de l'éléphant.

Malheur à qui en est attaqué! chacun se détourne avec horreur, chacun évite le contact du malheureux, car ce mal épouvantable est regardé comme contagieux.

C'est surtout parmi les classes infimes des noirs, esclaves ou libres, qu'il se manifeste trop souvent; il s'y transmet de génération en génération; mais la race blanche en est rarement attaquée.

Aussi on rencontre journellement des aveugles dans les rues d'Alger, beaucoup de Biskeris, qui sont les colporteurs pendant le jour et les gardiens des boutiques pendant la nuit, qui, couchant dans les rues le long des boutiques, finissent par devenir aveugles pour la plupart, parce qu'ils sont exposés aux intempéries des saisons, à l'action de l'air et à la fraîcheur des nuits.

Quant aux Bédouins, qui vivent sous les tentes et sont nomades, en général beaucoup parmi eux deviennent aveugles.

Le pian ou yaws (nom qu'on donne en Amérique à la maladie vénérienne), maladie des régions tropicales, se présente quelquefois. On a vu un exemple fort remarquable à l'hôpital de la Salpêtrière il y a quelques années. Le sujet était un nègre qui servait dans les zouaves. On possède le portrait qu'on en a fait durant son séjour à l'hôpital.

Un grand nombre d'Européens, en arrivant à Alger, ont été atteints de quelques maladies, et notamment de la dyssenterie et des fièvres intermittentes : ces dernières surtout ont eu assez souvent un caractère dangereux qui a occasionné la mort; mais ce n'est pas là une raison suffisante pour accuser le pays d'insalubrité. Personne n'ignore que tout changement de climat est capable d'opérer sur ceux qui s'y soumettent une sorte de révolution momentanée; et cela est si vrai, qu'on éprouve cette révolution avec plus ou moins d'intensité, souvent d'une partie de la France à l'autre, à plus forte raison lorsque l'on vient du nord de la France sous le climat brûlant d'Afrique; et il est permis d'en ressentir les influences par un changement subit, qui agit plus ou moins sur nos organes et y détermine les causes morbides : c'est pour cela qu'on dit souvent que le climat nous a éprouvé, et que l'on doit indubitablement payer tôt ou tard le tribut d'un changement quelconque de température.

Je dirai donc qu'à Alger il y a, comme dans toutes les contrées voisines de la mer, des lieux marécageux et des quartiers insalubres qui communiquent des fièvres pernicieuses.

Les indigènes ne contractent pas aussi facilement ces maladies, parce qu'ils sont peu ou point susceptibles de ressentir les influences délétères de l'air vicié, tandis que les Européens en ressentent bientôt les effets pernicieux; mais les nouveaux venus en sont généralement atteints et en éprouvent souvent plus ou moins des effets contraires.

On doit se tenir éloigné, autant que l'on peut, de ces voisinages malsains. Chacun sait qu'à Alger c'est dans les environs de la Ferme-

Modèle et de la Maison-Carrée, comme je viens de le dire, que nos soldats ont contracté cette fâcheuse maladie; partout ailleurs on respire un air très-sain, et les eaux y sont de bonne qualité.

Les maladies qui ont atteint un si grand nombre de nos soldats, ont été expliquées par les gens de l'art de manière à prouver qu'il faut moins en accuser le pays que les malades eux-mêmes, l'usage immodéré qu'ils ont fait d'eau-de-vie, de vin et autres boissons spiritueuses, et même d'eau fraîche.

Nos troupes sont campées pour la plupart dans la campagne, et nos soldats, étant à même de se procurer de mauvais fruits, qu'ils ont été cueillir eux-mêmes sur les arbres, même avant maturité, et dont ils se sont gorgés, ont contribué évidemment à altérer leur santé, dans un pays où il faut observer un régime tout contraire. Lorsque les mêmes régiments séjourneront plusieurs années de suite dans la colonie, le soldat y acquerra de l'expérience et en profitera, parce que le plus souvent il l'aura acquise à ses propres dépens.

Les hommes et les chevaux qui se désaltèrent aux sources de l'intérieur sont sujets à présenter au fond de la gorge et dans les narines une sangsue qui s'y attache et donne lieu à des accidents dont il importe de connaître la nature. Cette sangsue existe également en Égypte, en Andalousie et dans les îles Baléares; elle a produit dans ces trois localités des accidents qui ont été signalés par les médecins. (*De l'établissement des Français dans la régence d'Alger*, par M. Genty de Bussy.)

Nous avons aussi à signaler dans la régence d'Alger un dégât qui est quelquefois occasionné par des nuées de sauterelles, que les Algériens redoutent autant que les habitants du Midi craignent les orages et les gelées; car ces insectes, alors qu'ils fondent par troupes dans la campagne, y détruisent la verdure, et les dégâts qu'ils causent sont incalculables : c'est une vraie calamité pour le pays.

La dernière apparition de sauterelles en Algérie eut lieu en 1815.

Ces insectes se montrèrent dans la campagne le 14 mai, après avoir fait les plus grands ravages dans la province d'Oran.

Dès le 21, leurs dégâts étaient déjà considérables.

Avant de disparaître, ils déposèrent des œufs qui, le mois suivant, donnèrent lieu à une telle multiplication, que le 20 la régence fut obligée d'ordonner une chasse générale.

Les Maures et les Juifs ensemble furent chargés de l'exécution de cet ordre. Les insectes à cette époque n'étaient pas encore ailés.

Ils détruisirent, peu après, toute la verdure des champs. C'était dans les premiers jours de juillet; les Juifs en firent une nouvelle chasse le 9, qui fut répétée le 11. Le 16, les insectes étaient parvenus jusqu'aux portes de la ville, après avoir dévasté toute la campagne.

DEUXIÈME PARTIE

CHAPITRE PREMIER

GUERRE EN ALGÉRIE

Arrivée du général Berthezène. — Marche générale de son administration. — M. Bondurand, intendant en chef du corps d'occupation. — Analyse des divers actes administratifs.

Le général Berthezène, que le ministre donnait pour successeur au général Clausel, avait, comme nous l'avons vu, commandé une division dans l'armée d'Afrique pendant la campagne de 1830. Du reste, rien ne le recommandait au choix du gouvernement, si ce n'est la conviction de trouver en lui plus de soumission que dans son prédécesseur ; pourtant le général Berthezène était tout ce qu'il y a de plus recommandable et homme de talent qui avait fait ses preuves.

Le corps d'occupation, dont le général venait prendre le commandement, était formé du reste de l'armée d'Afrique, dont plusieurs régiments avaient été successivement renvoyés en France, et des corps de nouvelle création. Il comprenait les 15e, 20e, 28e et 30e de ligne, les zouaves, les chasseurs algériens et deux escadrons du 12e de chasseurs, plus un certain nombre de batteries et de compagnies du génie ; il y avait aussi, en outre, une masse informe de volontaires parisiens qui s'accroissait chaque jour : elle se composait d'hommes dont plusieurs avaient pris une part active à la Révolution de juillet et dont le nouveau gouvernement s'était hâté de se débarrasser en les envoyant en Afrique aussitôt qu'il n'en avait plus besoin.

Dans l'incertitude où l'on était du maintien de la paix en Europe et sur une indication un peu hasardée du général Clausel[1], on avait

---

[1] Dans une de ses dépêches, datée de décembre 1830, le général Clausel avait annoncé au ministre de la guerre que sur les dix-huit régiments qui formaient l'armée d'expédition il pouvait en rappeler douze.

eu tort de réduire ainsi l'armée d'Afrique au moment où elle était si nécessaire, comme les résultats ne l'ont que trop prouvé. Pouvait-on ainsi se dégarnir de troupes et réduire l'effectif quand notre pouvoir était loin d'être affermi en Algérie, si bien qu'au 1ᵉʳ février 1831 l'armée était réduite à un effectif de neuf mille trois cents hommes?

C'est avec ces faibles moyens que le général Berthezène allait être obligé de faire face aux difficultés déjà grandes du pays, ainsi qu'à une foule d'éventualités au nombre desquelles se présenta tout d'abord la nécessité de soutenir le bey de Médéah. Tant que l'administration de Mustapha-ben-Omar s'était appuyée sur nos baïonnettes, elle avait peu rencontré d'obstacles; mais le départ de la garnison française releva le courage des Kabaïles : ils crurent pouvoir l'attaquer impunément. De son côté, le fils de Bou-Mezrag jugea le moment opportun pour se mettre en campagne. Favorisé par de nombreux amis, par son immense richesse et par le souvenir de son père, il se trouva bientôt à la tête d'une troupe considérable de Turcs et de Koulouglis, que l'arrivée de nouveaux partisans augmentait chaque jour. Avec ses forces, qu'accroissait l'appui des Kabaïles, il vint assiéger, dans sa nouvelle capitale (Médéah), celui que nous paraissions abandonner. C'est alors que se révélait la faute qu'avait faite le général Clausel d'avoir aussi imprudemment fait rentrer des troupes en France, et nécessairement il laissait à son successeur tous les embarras de la position critique où le général Berthezène allait se trouver.

Le corps expéditionnaire de l'Algérie était alors divisé en trois brigades commandées par les maréchaux de camp Buchet, Fouchère et Brossard.

Le général Danlion commandait la place d'Alger; le général Berthezène avait pour chef d'état-major le colonel Leroy-Duverger.

M. Bondurand avait été nommé intendant en chef du corps d'occupation de l'Algérie, en remplacement de M. Volland, qui était entré en France.

Dès son début, le général Berthezène se montra homme d'intérieur et de calculs personnels; il ne parut voir dans cette haute position qu'une occasion de faire des économies sur son traitement fort considérable. Il était du reste incapable de l'augmenter par de coupables moyens.

M. Bondurand, le nouvel intendant et, par son importance administrative, le second fonctionnaire du corps d'occupation et de la régence, était un personnage recommandable à bien des égards, puisque, peu fortuné, dans une position à avoir besoin de faire des économies, il vivait cependant d'une manière convenable; il recevait chaque quinzaine et donnait des soirées où tout se faisait avec grandeur et profusion, n'épargnant rien pour ces jolies réunions improvisées dans sa maison; jouissant du reflet d'une excessive probité et d'une capacité remarquable, il a toujours eu auprès de lui un nombreux personnel. Cinq sous-intendants ou adjoints, à Alger seulement, ont été constamment sous les ordres de M. Bondurand, et parmi eux se sont trouvés des hommes d'un vrai mérite de spécialité.

M. Bondurand, à sa mort, a laissé beaucoup de regrets dans la colonie : il était généralement estimé, juste et probe, faisant du bien à tous ceux qui l'entouraient.

Quelles que fussent la faiblesse numérique de l'armée et ses répugnances personnelles, malgré les circonstances critiques, le général Berthezène se voyait forcé d'aller retirer notre bey de Médéah, puisque sa position devenait de jour en jour plus menacée : entouré d'ennemis, ses partisans peu nombreux ne pouvaient lui prêter qu'un bien faible appui; en conséquence, le gouverneur ne pouvait assister impassible à la ruine d'un fidèle allié; mais, au lieu de frapper spontanément un coup décisif, il en référa au ministre de la guerre et demanda des renforts. Pendant ces délais, l'insurrection devint de plus en plus menaçante. L'occupation française se bornait alors à un rayon de quelques lieues autour d'Alger. A demi-portée de fusil de nos lignes, l'ennemi, toujours assaillant, venait tomber sur nous à l'improviste et égorger quelques-uns de nos hommes isolés. Cet ennemi terrible et implacable veillait sans cesse, bien résolu à nous vendre cher toute usurpation nouvelle du territoire, et son unique cri était : « Mort aux Français! »

Peu de temps après l'arrivée du général Berthezène, c'est-à-dire dans le commencement de mars, il fit une excursion dans la plaine de la Métidja avec quatre bataillons et cent cinquante chevaux : il ne rencontra d'ennemis nulle part; seulement, un soldat fut assassiné en arrière de la colonne, dans les environs de Blidah.

Sur la demande des habitants de cette ville, ce général s'abstint d'y pénétrer. Il en fut de même de celle de Koléah, devant laquelle il se présenta également. C'était une chose bien triste et bien inexplicable que de voir le gouverneur d'une province conquise se laisser ainsi repousser de deux villes qu'il avait l'intention de visiter en partant, et où il était de son devoir d'établir son autorité! Il est difficile de dire après cela ce que le général Berthezène était allé faire dans la plaine.

Les officiers du bureau topographique profitèrent cependant de cette occasion pour reconnaître le cours de la Chiffa et le Mazafran. Ils pénétrèrent même à Koléah, sous la protection des marabouts de la famille M'Bareck, et en levèrent le plan. Le bureau topographique fit, dans le courant de 1831, des travaux assez importants. On lui doit la carte des environs d'Alger, qui est très-exacte et d'une exécution soignée, et le plan d'Alger, ainsi que plusieurs autres itinéraires.

Il était alors composé de plusieurs officiers habiles et zélés ; mais, ayant été réduit à un seul capitaine, il a cessé d'avoir la même activité.

Dans le courant d'avril, quelques assassinats ou tentatives d'assassinats eurent lieu dans l'intérieur de nos lignes.

Des cavaliers de l'agha, envoyés à Beni-Moussa, je ne sais pour quelle affaire, furent attaqués par les gens de Beni-Msrah et de Beni-Salah [1], qui en tuèrent un. Enfin, ce fut à cette époque que fut assassiné le kaïd de Krachna, Ben-el-Amry.

Le général en chef comprit la nécessité de réprimer ces troubles : il partit d'Alger le 7 mai, avec quatre mille hommes, et se porta dans l'est, vers l'embouchure du Hamis, dans le dessein de remonter cette rivière jusqu'à sa sortie des montagnes, et de côtoyer ensuite le pied de l'Atlas jusqu'au territoire des Beni-Msrah et des Beni-Salah, où fermentait la révolte ; mais l'intempérie de la saison ne lui permit pas de suivre entièrement ce plan.

A l'approche de l'armée, la tribu d'El-Ouffia [2] accusée du meurtre du kaïd, s'enfuit ; le général autorisa la famille d'El-Amry à garder les troupeaux des émigrants jusqu'à ce que le coupable fût livré : c'est ce qui eut lieu quelques jours après ; mais, quand il fallut prouver le meurtre, on ne trouva pas de témoins.

Le soir de cette première marche, un orage effroyable, et qui dura sept heures avec une violence telle, que des chevaux d'artillerie en furent entraînés, rendit le parcours de la plaine impossible. L'armée, forcée de rétrograder à travers un lac de boue, gagna la tribu des Beni Salah, qui avait massacré un cavalier de notre agha. Ceux-ci de-

[1] Tribus kabaïles de l'Outhan de Beni-Khalil, sur le versant septentrional de l'Atlas.

[2] Cette tribu inoffensive, qui ne fut jamais hostile, ne s'occupait que de l'éducation des bestiaux ; elle fournissait Alger de beurre et de lait, et les profits qu'elle retirait de son commerce avec nous excitèrent souvent la cupidité de ses voisins. Plusieurs fois elle fut obligée de chercher protection sous nos postes ; elle a été exterminée, en 1832, sous des prétextes qui me paraissent vains. (*Dix-huit mois à Alger*, par M. le général Berthezène, p. 211.)

mandèrent un jour pour livrer le meurtrier, et profitèrent de ce répit qu'on leur accorda pour se retirer de l'autre côté de la montagne avec tout ce qu'ils purent emporter. Après une nuit d'attente, le général en chef, voyant qu'ils s'étaient joués de lui, fit saccager leurs plantations et continua sa route jusqu'à Thiza, l'un des sommets les plus élevés du petit Atlas. Parvenu sur ce point sans rencontrer de résistance, il se vit arrêter par un brouillard si épais, qu'il fallut se décider à la retraite. Il descendit auprès de Blidah; les habitants de cette ville, où nous n'entrâmes pas, envoyèrent des vivres à l'armée, et l'on rentra dans Alger le 13 mai. Cette course, qui n'eut pas de résultats éclatants, nous procura du moins la connaissance des richesses agricoles dans la plaine. Sans contester l'utilité et quelquefois la nécessité de ces expéditions, il est permis de dire, avec le général Berthezène, qu'elles doivent être peu fréquentes, car, outre l'inconvénient de fatiguer les troupes et d'augmenter considérablement le nombre des malades, elles inquiètent les Arabes et les tiennent dans un état continuel d'agitation et de méfiance.

On s'était flatté que la légère punition infligée aux Beni-Salah servirait d'avertissement aux tribus de Titery, dont cette tribu est voisine; cette illusion ne tarda guère à se dissiper. Le fils du bey déchu avait obtenu, au commencement de février, la permission de retourner à Médéah. Le caractère de ce jeune homme, l'influence que lui donnaient sa fortune, ses alliances et le souvenir de la puissance de son père, en firent naturellement un chef de parti dans un pays où l'on comptait beaucoup de Turcs et de Koulouglis; le général Clausel, par une générosité mal entendue, n'avait pas déporté ce fils de l'ancien bey de Médéah. Il intrigua d'abord sourdement contre le bey Ben-Omar, et prit bientôt une attitude hostile si menaçante, que notre allié fut réduit à s'enfermer chez lui sous la garde de quelques habitants et à réclamer la présence de nos troupes.

Lorsque notre bey s'aperçut des menées du fils de Bou-Mezrag, il était déjà assez fort pour braver son autorité. Il sortit de la ville sans que Ben-Omar pût ou osât l'arrêter, alla se mettre à la tête des tribus mécontentes et vint bientôt s'établir avec quelques troupes à la maison de campagne du bey (dont nous avons déjà parlé), d'où il bloquait Médéah; ses partisans s'agitèrent à l'intérieur et le bey n'osa plus sortir de sa maison, où la crainte le retenait; il avait écrit au général Berthezène, vers les premiers jours de juin 1831, que sa position n'était plus tenable et que, s'il ne recevait de prompts secours, il était un homme perdu.

Le général Berthezène ne pouvait rester ainsi impassible à l'insurrection qui s'organisait; d'ailleurs, il regardait comme un devoir de porter secours à un homme qui tenait son pouvoir de la France, ce qui fit cesser ses hésitations. Il résolut donc d'aller châtier les tribus coupables et d'aller protéger notre bey pour essayer de consolider son autorité dans Médéah. Ce Maure n'était pas à la hauteur des fonctions qu'il était appelé à exercer dans des circonstances qui demandaient de l'adresse et du savoir-faire, mais qui cependant lui offraient des chances nombreuses de succès.

Enfin les renforts si impatiemment attendus arrivèrent : c'étaient les bataillons de dépôt, plus de deux mille Parisiens que l'armée d'Afrique accueillit avec une satisfaction mêlée d'étonnement.

Ces volontaires se composaient d'hommes de tout âge, de toute condition : beaucoup avaient activement contribué au succès des journées de Juillet, et cédant à l'enthousiasme de la victoire, ils quittaient leur famille ou leur profession pour embrasser la carrière des armes; on y remarquait surtout quelques jeunes étudiants, des ouvriers, des imprimeurs; d'autres appartenaient à cette classe d'hommes que la paresse ou une éducation manquée ont jetés sans état dans le monde, classe toujours turbulente et dangereuse, élément perpétuel de discordes; d'autres enfin, il faut le dire, sortaient de la lie du peuple, et parmi ces derniers quelques-uns avaient même été flétris par la loi. Après les journées de Juillet, ils s'étaient organisés d'eux-mêmes en compagnies dites de la Charte. La plupart n'étaient liés au service par aucun engagement légal, et s'étaient laissés conduire à Alger, trompés par les promesses de ceux qui avaient intérêt à les éloigner de Paris. En général, les officiers, à de rares exceptions près, étaient ce qu'il y avait de pire dans cette foule. Presque tous avaient usurpé ce titre, ou du moins pris des grades plus élevés que ceux qu'ils avaient réellement : mais on fit bientôt les épurations convenables.

Ces volontaires étaient exaltés par l'enthousiasme de leur victoire récente; pour se débarrasser de leur turbulence belliqueuse, le gouvernement les envoya combattre en Algérie. S'ils ne se distinguèrent ni par une bonne discipline ni par une exacte soumission aux exigences du service, souvent leur courage obtint des mentions honorables dans les bulletins de l'armée[1]. Nous allons les voir se signaler dès leur début.

---

[1] On s'est plu à dire beaucoup de mal de ces hommes, qui cependant, dans toute circonstance, se sont conduits avec bravoure, et dont plusieurs ont rendu de vrais services au pays comme ouvriers d'art.

Les volontaires parisiens furent d'abord incorporés aux zouaves, puis retirés de ce

Cet accroissement de forces permit à la seconde expédition dirigée contre Médéah de partir d'Alger le 25 juin : elle se composait de deux brigades, commandées par les généraux Buchet et Feuchères ; elles étaient formées des 15°, 20°, 28° et 30° régiments de ligne, d'un bataillon de zouaves mi-parti parisiens, de deux escadrons de chasseurs d'Afrique, avec quelques pièces de campagne ; en tout quatre mille cinq cents hommes.

Le général Berthezène dirigeait en personne les opérations.

On s'attendait à rencontrer de puissants obstacles ; car, agités par les intrigues du jeune Bou-Mezrag, quelques Turcs et une grande partie des Arabes de la plaine s'étaient soulevés, et par conséquent s'étaient ralliés à ce dernier.

Le corps d'armée coucha, ce jour-là, en avant d'Oued-el-Kerma ; le 26, en avant de Boufarik, et le 27 à la ferme de Mouzaïa, où on laissa un bataillon du 30° de ligne. Le 28 on franchit le col du Téniah, où l'on établit un bataillon du 20°, et l'on vint coucher à Zeboudy-Azarba (bois d'oliviers dont nous avons parlé), situé à la descente du versant méridional de l'Atlas.

Cependant, jusqu'à Médéah, la marche ne fut pas sérieusement inquiétée : à peine nos troupes eurent-elles l'occasion d'échanger quelques coups de fusil avec les Arabes. Le 29, comme nous étions en vue de Médéah, deux cent cinquante cavaliers, qui faisaient mine de vouloir barrer le chemin, furent dispersés par une charge à fond que fit notre cavalerie, et le passage resta tout à fait libre. Sitôt entré dans Médéah, le général en chef fit sommer les tribus hostiles de lui envoyer des députés, sous peine de voir ravager leurs habitations ; quelques-unes obéirent, mais il fallut aller en attaquer une dizaine qui s'étaient concentrées sur le vaste plateau d'Ouhara, où l'on trouve encore les restes de deux tours romaines. Dans cette espèce de camp retranché elles se défendirent vivement, et l'on ne parvint à les en déloger qu'après quatre heures de combat.

Cette expédition, conduite par l'agha Mendiri, fournit à cet officier de gendarmerie l'occasion de faire main-basse sur des arbres et des champs de blé qu'il ravagea tout un jour. Cette stupide dévastation n'était point propre à calmer les Arabes, et, lorsque la colonne reprit la route de Médéah, des tribus la poursuivirent chaudement et rendi-

---

corps, et réunis en deux bataillons d'infanterie et deux compagnies de travailleurs.
On travaillait alors à les organiser plus régulièrement, ces bataillons, dits ultérieurement auxiliaires, et ils formèrent plus tard le 67° de ligne.

rent notre démonstration inutile. L'effroi régnait dans la ville, les vivres et les munitions de l'armée touchaient à leur fin.

Au lieu de profiter de la présence de notre armée et d'organiser de nouveau à Médéah le parti français en ralliant à notre cause le plus grand nombre des tribus environnantes, le général Berthezène ne songea qu'à se replier sur Alger ; le 2 juillet, le général en chef dut ordonner le départ des troupes.

Le bey Ben-Omar et ceux des habitants qui s'étaient dévoués à son infortune déclarèrent qu'ils ne pouvaient rester seuls, et l'on fut obligé de les emmener.

A cinq heures du soir, heure choisie pour rendre plus court un combat inutile, l'armée se mit en marche, harcelée à l'arrière-garde par les rassemblements arabes qui nous avaient ramenés du plateau d'Ouhara. Parvenue à huit heures au bois des Oliviers, elle en repartit à onze. Divers avis informaient le général en chef que les Turcs et diverses tribus, réunis au Mouzaïa et aux Soumatas, devaient, pendant la nuit, occuper le long défilé qui mène au Téniah et nous livrer, à l'abri des arbres, des ravins et des rochers, un combat meurtrier, sans danger pour eux. La célérité de notre retraite pouvait seule prévenir ou faire avorter ce dessein.

A notre approche du défilé, quelques coups de fusil nous tuèrent trois hommes ; en même temps, des cris répétés sur toutes les montagnes indiquaient notre mouvement. L'ordre bien suivi de ne pas riposter rendit presque sans effet la fusillade de l'ennemi.

La colonne arrivée au col avec cinq ou six blessés fit halte jusqu'au point du jour et commença à descendre le versant nord de l'Atlas sans avoir plus de mille cinq cents ennemis à tenir en respect. Pourtant l'armée se vit un instant compromise : comme on n'avait pas pris la précaution d'occuper suffisamment les hauteurs pour protéger ce mouvement, les Kabaïles, embusqués sur les crêtes, suivirent le flanc droit de la colonne en dirigeant sur elle un feu vertical et bien nourri. Le bataillon du 20ᵉ de ligne, qui formait l'arrière-garde, se trouvant trop dispersé en tirailleurs et manquant de direction par la faute de son chef, qui, légèrement blessé, négligea en se retirant de remettre son commandement à un autre officier, fut saisi tout à coup d'une panique et se replia en désordre sur le gros de la colonne déjà entamée par les Kabaïles.

Cette secousse démoralisa les soldats ; les régiments, les compagnies se confondirent, et ce pêle-mêle de fuyards courut en désordre jusqu'à la ferme de Mouzaïa.

Dans ce moment critique, le chef de bataillon Duvivier sauva l'armée en se jetant, avec les zouaves et les volontaires parisiens, en dehors du flanc droit de la colonne, et soutint avec cette faible troupe les efforts des Kabaïles combattant corps à corps nos soldats avec une valeur héroïque. C'en était peut-être fait des deux brigades si dans cette circonstance le brave chef de bataillon Duvivier n'eût, par un élan spontané, fait, à la tête de ses zouaves, une charge aussi rapide que bien dirigée, et ne fût parvenu à refouler l'ennemi et à rétablir le combat. Il dégagea aussi sur le chemin une pièce d'artillerie renversée qui n'avait plus pour défenseur que le brave commandant Camin, qui n'avait pas voulu l'abandonner.

Dans ce moment critique, les Parisiens incorporés dans les zouaves méritèrent les plus grands éloges, car ils se conduisirent en braves, opérèrent des prodiges de valeur et firent l'admiration de l'armée.

Le chef de bataillon Duvivier, n'étant pas soutenu, se retira par groupes toujours combattant, toujours faisant face à l'ennemi lorsqu'il était poussé de trop près. L'armée continua sa retraite et parvint à la ferme de Mouzaïa, où elle se rallia.

Les Kabaïles et les Arabes s'arrêtèrent au pied de la montagne, en face des troupes françaises qui se reformaient, honteuses du moment de faiblesse qu'elles avaient eue; toutefois les soldats voulaient reprendre une glorieuse offensive. Une fois parvenue dans la plaine, la colonne cessa d'être inquiétée et put regagner facilement Alger. Arrivés à neuf heures sur la lisière de la plaine, ils se reposèrent jusqu'à six heures du soir et se remirent en marche, formés en colonne double, et traversèrent dans cet ordre, sans être inquiétés sur leur front ni sur leurs flancs, la vaste étendue qui conduit au gué de la Chiffa, sur la route d'Oran; mais, selon leur coutume, les Arabes chargèrent plusieurs fois l'arrière-garde. Le colonel du génie Lemercier et le capitaine Saint-Hippolyte, aide de camp du général en chef, eurent leurs chevaux blessés.

Le général Feuchères repoussa les assaillants et les tint à distance. Le lendemain, quelques tirailleurs ennemis se montrèrent aux environs du ruisseau de Boufarik, mais hors de la portée du canon. La division rentra à Alger le 5 juillet, anniversaire de la prise d'Alger, où les troupes rentrèrent dans leurs cantonnements respectifs. Telle fut cette malheureuse expédition de Médéah, plus funeste par l'effet moral qu'elle produisit sur l'esprit des indigènes que par les pertes réelles que nous y éprouvâmes, car nous n'eûmes que deux cent cinquante et un hommes mis hors de combat, cinquante-cinq morts et cent quatre-vingt-seize blessés. Cette expédition donna lieu à des critiques outrées. La vérité est que des fautes furent commises, et que les Arabes purent dès lors se persuader que nous n'étions pas invincibles; mais il nous semble au moins étrange que des militaires se soient rangés, en cette occasion, parmi les détracteurs du général en chef.

On exagéra même les pertes de l'armée avec une telle perfidie, qu'il fallut menacer, par un ordre du jour, de traduire devant un conseil de guerre les auteurs de ces calomnies, qui ne tendaient à rien moins qu'à détruire la discipline et la confiance des troupes [1].

Sans nous associer aucunement à des insinuations que repousse le noble caractère du général Berthezène, nous croyons que le malheureux incident de la retraite de Médéah put encourager les tentatives menaçantes que les ennemis renouvelèrent bientôt; car les Arabes, fiers des avantages incontestables qu'un malheureux concours de circonstances leur avait fait obtenir sur nous, se berçaient de la flatteuse espérance de nous chasser d'Alger.

Vers le 10 juillet, le fils de l'ex-bey Bou-Mezrag vint camper à Boufarik, tandis que Ben-Zamoun, avec les Kabaïles de l'est, prenait position sur la rive droite de l'Haratch. Bou-Mezrag d'un côté, Ben-Zamoun de l'autre, excitaient les indigènes à prendre les armes. Sidi-Sàadi, d'une famille de marabouts d'Alger très-vénérée, qu'un voyage récent à la Mecque recommandait à l'estime de ses coreligionnaires et qui ne visait à rien moins qu'à succéder à Hussein-Pacha, contribuait puissamment par ses prédications à ameuter les tribus de l'est chez lesquelles il s'était retiré. Bientôt deux camps d'insurgés se formèrent, l'un à Boufarik, sous les ordres de Bou-Mezrag, et l'autre sur la rive droite de l'Haratch, auprès du marabout de Sidi-Arzine, sous ceux de Ben-Zamoun et de Sidi-Sàadi. Ce dernier n'était qu'à peu de distance de la Ferme-Modèle. Des partis nombreux et des maraudeurs parcoururent le fahs (banlieue d'Alger), attaquèrent les cultivateurs européens, en tuèrent quelques-uns et forcèrent les autres à se réfugier dans la ville.

La consternation fut alors générale dans la population civile européenne. La terreur, grossissant le nombre des ennemis, peignait tout

[1] Cet ordre du jour redoubla l'activité de la malveillance et lui prêta les honorables apparences de la franchise persécutée. Un simple sous-lieutenant, mandé chez le général Berthezène pour des propos d'une singulière inconvenance, soutint ce qu'il avait avancé, et mit le général au défi de le faire traduire devant un conseil de guerre. (Voir les *Annales algériennes*, par le capitaine Pellissier, attaché à l'état-major, t. I". p. 217.) Cet officier appartenait sans doute à ces volontaires parisiens qui ne se formèrent qu'avec le temps au respect de la discipline.

sous les plus noires couleurs. Les colons abandonnèrent les campagnes qu'ils commençaient à cultiver, et tous venaient se réfugier en ville, où la consternation semblait générale, tant il paraissait difficile de résister à une insurrection générale avec une armée découragée ; enfin, la colonie naissante semblait être arrivée à son dernier jour. Mais que peuvent, dans une guerre défensive, les efforts désordonnés de la barbarie contre la vigoureuse organisation militaire des nations civilisées ?

Le général en chef essaya de combattre le fanatisme avec ses propres armes. Le titre d'agha des Arabes, que M. Mendiri était si peu propre à faire respecter, fut donné à un marabout de Koléah, jouissant d'une haute réputation de sainteté et non moins recommandable par ses alliances. L'élection d'El-Hadji Mahidin-Ben, M'Bareck, proposé par les Maures d'Alger, fut assez heureuse pour apaiser les dispositions belliqueuses de plusieurs tribus ; c'était, au reste, un homme honnête et qui, moyennant soixante-dix mille francs de traitement, consentit à nous garantir la possession de quelques lieues carrées. Nous n'en eussions pas été réduits là si le gouvernement avait su ce qu'il voulait faire de sa conquête.

Cependant l'ennemi ne se retirait pas. Le 17, Ben-Zamoun lança trois mille hommes contre la Ferme-Modèle[1], que défendait le 30ᵉ de ligne. La brigade Feuchères marcha au secours de ce poste, et à son approche les Kabaïles se retirèrent.

Le 18, au point du jour, le général en chef marcha lui-même vers le Hamma ; Ben-Zamoun, menacé sur son front et sa droite par les six bataillons venus d'Alger, et sur sa gauche par la garnison de la ferme, qui fit une sortie sous les ordres du colonel d'Arlanges, ne put tenir longtemps contre une attaque vigoureuse et perdit plus de quatre cents hommes ; nous n'eûmes que huit morts et trente blessés. Pendant

---

[1] Le général Clausel avait autorisé la création d'une ferme expérimentale pour servir de régulateur à tous les établissements agricoles qui viendraient se former en Afrique. Il choisit, pour cet objet, le Haouch-Hassan-Pacha, qui fut loué aux spéculateurs sous le nom de Ferme-Modèle. Bâtie au pied et sur le revers méridional de Kouba, cette ferme n'offrait point les variétés de site nécessaires au but qu'on se proposait ; mais, en revanche, elle jouissait d'une réputation d'insalubrité bien connue des Arabes. Comme poste militaire, elle ne valait pas mieux, car elle ne commande aucune des routes qui débouchent dans la Métidja ; on ne peut l'utiliser que comme magasin de vivres pour les expéditions qui opéreraient dans la plaine. Le choix de cette localité eut encore le grave inconvénient de fausser les idées des premiers colons, en les dirigeant vers la Métidja, lorsque tout leur faisait un devoir de cultiver les environs d'Alger et d'aller progressivement du centre à la circonférence. (*Afrique française*, par P. Christian, liv. III, p. 136.)

qu'on le poursuivait, l'avant-garde des bandes de Titery, conduite par le fils de Bou-Mezrag, se portait en embuscade sur la route de la ferme à Alger.

L'artillerie, à son tour, fut attaquée près de Birkadem, vers dix heures du soir ; mais le sang-froid du colonel Admirault, qui eut un cheval blessé sous lui, prévint tout désordre et rendit ce coup de main inutile. Le 19, la ferme fut attaquée de nouveau ; le 20, un convoi, escorté par un demi-bataillon du 67ᵉ de ligne, fut mis en déroute et ne dut son salut qu'à un détachement du 30ᵉ qui accourut le dégager; le 21, le général Feuchères eut à soutenir un rude combat sur les bords de l'Oued-el-Kerma; et l'arrivée du général en chef, avec quatre bataillons, décida la défaite de l'ennemi, qui s'enfuit dans toutes les directions. L'infanterie campa près de Bir-Touta (le puits des mûriers) et la cavalerie se porta jusqu'à Sidi-Haïd, près de Boufarik, où se trouvaient encore quelques masses ennemies ; ne se sentant pas assez forte pour les attaquer, elle se replia sur le corps d'armée en incendiant et saccageant quelques habitations arabes. Le général Berthezène rentra le même jour à Alger, comme il l'avait fait le 18; mais cette fois avec plus de raison, car le succès de cette journée avait été décisif. Les bandes qui composaient le rassemblement de Boufarik se dispersèrent comme celles de Ben-Zamoun et de Sidi-Sàadi, et il ne resta plus d'ennemis à combattre.

Les Arabes ne mirent ni ordre ni ensemble dans leurs attaques; ils avaient hâte d'en finir, parce qu'ils sentaient bien qu'ils ne pouvaient rester réunis plus longtemps. S'ils avaient pu prolonger leurs efforts, ils nous auraient mis dans une position critique, tant par la faiblesse numérique de notre armée, que par les maladies qui régnaient à cette époque depuis plus d'un mois et qui prenaient chaque jour plus d'intensité.

Pendant ces luttes partielles, les Arabes perdirent six à huit cents hommes ; nous comptâmes vingt-huit morts et cent vingt-quatre blessés. Mais un ennemi bien plus dangereux et bien plus difficile à vaincre étaient les maladies nombreuses qui décimaient l'armée. Les hôpitaux étaient encombrés et les cadres de plusieurs régiments presque vides; de sorte qu'un mois ou trois semaines de fatigue et de combats même heureux auraient réduit l'armée presque à rien : au reste, cette insurrection, quoiqu'elle n'eut pas atteint le but que s'en proposaient les auteurs, fit beaucoup de mal à la colonie.

Elle arrêta le travail et la marche des capitaux d'Alger, découragea les hommes timides, qui sont toujours en grand nombre, fournit des arguments aux ennemis de la colonisation et contribua puissamment à paralyser les efforts et tout ce qui restait d'activité coloniale, parce que la crainte diminuait chez nos colons l'ardeur des entreprises agricoles, effet inévitable tant que la sécurité n'existerait pas dans le pays.

Nous avons vu que les maladies nombreuses, vers l'époque de cette insurrection, qui décimaient notre armée, garnissaient et encombraient nos hôpitaux; aussi fûmes-nous obligés d'ouvrir deux mosquées, la caserne Bab-Azoun, et les agrandissements de l'hôpital de la Salpêtrière ne suffisant pas pour recevoir tous ceux qui en étaient atteints. Ce fléau ne diminua qu'au mois d'octobre.

Quoique les Arabes eussent été repoussés à l'attaque de nos lignes, cet échec ne détruisit pas la bonne opinion qu'ils avaient conçue d'eux-mêmes depuis la retraite de Médéah : ils n'y virent qu'un avertissement de se borner à se considérer comme nos égaux en force et en puissance, tandis que, pendant quelques jours, ils s'étaient regardés comme nos supérieurs.

Depuis la fin de juillet 1831 jusqu'à la fin de décembre, les hostilités cessèrent entièrement[1]. Les Arabes reprirent le chemin de nos marchés avec une affluence extraordinaire.

Les Maures, émigrés au commencement de la conquête, rentraient dans leurs foyers; les tribus de Staouéli revenaient y dresser leurs tentes; les routes étaient sûres, les indigènes eux-mêmes ramenaient nos soldats égarés, et les Européens pouvaient vaquer aux travaux agricoles avec une entière confiance.

Un accord tacite semblait régner entre les Français et les Arabes, et nul doute que cet état de choses ne fût devenu prospère, si des intrigues ministérielles n'avaient sacrifié le général Berthezène à un nouveau système administratif, dont le chef débuta par les actes les plus funestes à notre gloire.

Mais, avant d'examiner cette nouvelle période de la conquête, il faudra reporter nos regards sur la situation des villes de Bone et d'Oran.

Il faut rendre justice au général Berthezène pendant son commandement; on doit à ce général plusieurs travaux utiles pour la répa-

---

[1] Notre nouvel agha sut maintenir la paix, par l'intégrité de son administration et le respect que de temps immémorial les Arabes portaient à la famille des M'Barek de Koléah, dont il était le chef actuel. Quant au fils de Mustapha-Bou-Mezrag, il s'était retiré à Médéah, où bientôt ses excès scandaleux le firent tomber dans un tel discrédit, que les habitants le chassèrent, et qu'il ne lui resta d'autre ressource que de chercher un asile auprès d'Hadji-Ahmed, bey de Constantine.

ration du port d'Alger, le déblayement et l'assainissement de la ville, la création d'abattoirs, de moulins, de casernes, d'un lazaret et du camp baraqué de Mustapha-Pacha. Plusieurs routes furent projetées et tracées; les hôpitaux s'agrandirent; la Kasbah et les forts voisins de la place purent recevoir des garnisons plus nombreuses et mieux installées.

Tout cela fut l'œuvre de quelques mois, et justice ne peut être refusée à l'auteur de ces améliorations que par les spéculateurs auxquels il dédaigna de servir de compère [1]. L'administration supérieure fut bien conduite par le général Berthezène, parce qu'il fut bien secondé par les fonctionnaires [2].

Tournons nos regards vers les autres parties du théâtre de la guerre. Pendant le commandement du général Clausel, nous savons qu'il s'était proposé d'instituer deux beys, l'un à Constantine et l'autre à Oran : c'étaient deux princes de la famille de Tunis qui devaient occuper ces deux postes importants; ils devaient être tributaires de la France et nous payer un tribut annuel.

Dans la province d'Oran, notre position fut longtemps indécise sous l'administration du général Berthezène. Le gouvernement resta plusieurs mois sans se prononcer sur l'adoption ou le rejet des arrangements pris par le général Clausel au sujet de ce beylik, et pendant tout ce temps les choses restèrent dans le même état : ce qui nous empêcha d'établir les services administratifs.

Le khalifa du prince Ahmed était toujours censé gouverner le pays sous la protection du colonel Lefol et de son régiment; mais son autorité ne s'étendait guère au delà de la ville réduite à une très-faible population. Il avait pris à son service les Turcs qui étaient à celui de l'ancien bey : ce qui éleva à quatre ou cinq cents hommes le nombre

---

[1] Donnons une seule preuve, entre toutes, de la haute dignité que M. Berthezène apporta dans l'exercice de son pouvoir. Il refusa de donner à son beau-frère un emploi lucratif occupé par un homme contre lequel s'élevaient beaucoup de plaintes, mais qui ne lui parurent pas suffisamment prouvées.

[2] Il fut activement secondé par M. l'intendant en chef Bondurand, déjà connu par la sagesse avec laquelle il administra la province d'Aragon sous le maréchal Suchet. On doit aussi à M. Bondurand la création d'un hôpital d'instruction à Alger. Cet établissement, d'une haute importance alors, avait pour professeurs les officiers de santé en chef de l'armée, parmi lesquels il faut citer MM. Stéphanopoli, Baudens, Desbrière et les frères Monard, qui se sont acquis l'estime de leurs collaborateurs.

MM. les lieutenants colonels Lemercier et Admirault, du génie et de l'artillerie, dont le zèle pour le bien public égale la capacité, et un ingénieur de la marine, M. Noël, dirigèrent les travaux du port d'Alger avec autant de savoir que de rapidité, ainsi que les nouvelles fortifications qu'il fallut élever autour d'Alger.

des soldats immédiatement placés sous ses ordres, y compris ceux qu'il avait amenés de Tunis.

J'ai oublié de dire précédemment que le khalifa des Tunisiens, avant leur retour dans leur pays, au mois de juin, alla attaquer avec ce petit corps une tribu qui l'avait bravé, lui tua beaucoup de monde et lui enleva un assez riche butin. Il avait besoin de cette ressource, car il était presque sans argent et ses troupes étaient dans le plus affreux dénûment. Le 21° de ligne n'était pas dans une position plus brillante. Comme il était désigné depuis long-temps pour rentrer en France, il ne recevait plus rien de son dépôt; de sorte que les soldats étaient presque nus; les officiers eux-mêmes n'avaient que des habits en lambeaux. Le découragement s'était emparé de cette troupe fatiguée de son isolement, et qui restait souvent un mois sans nouvelles d'Alger ni de France. (Car, à cette époque, la correspondance par les bateaux à vapeur n'était pas encore établie pour cette province : on se contentait d'envoyer d'Alger des navires à voile, pour servir la correspondance, tous les quinze ou vingt jours, quand il y en avait de disponibles, et, comme je l'ai dit précédemment, parce que le général Berthezène s'occupait peu de la province d'Oran.)

Le colonel Lefol, qui commandait le 21° de ligne, mourut d'une nostalgie dans le courant d'août 1831. C'est à cette époque que j'arrivai à Oran pour la première fois, chargé en chef du service de l'hôpital militaire d'Oran, qui se trouvait alors établi dans le fort de Mers-el-Kébir. J'y arrivai le même jour de la mort du colonel Lefol; car à peine étions-nous au mouillage de Mers-el-Kébir, que nous entendîmes une décharge de mousqueterie dans la direction d'Oran, et, au moyen d'une longue-vue du bâtiment, nous pûmes parfaitement distinguer le cortége funèbre de ce malheureux colonel.

La gabarre sur laquelle j'étais venu portait le premier bataillon du 20° de ligne, régiment qui venait remplacer le 21°. Il est malheureux qu'on n'ait pas envoyé quelques jours plus tôt ce régiment, puisque, au moins, le colonel Lefol n'étant pas encore mort, il aurait eu l'espoir de rentrer immédiatement en France : cet espoir l'eût ranimé, eût atténué son affection, et l'aurait peut-être sauvé!

Nous avions aussi à bord de la gabarre Ben-Omar, que le général en chef envoyait en qualité de bey pour cette province, ne sachant qu'en faire, puisqu'il n'avait pu se maintenir à Médéah comme bey de Titery; mais le général Boyer ne voulut pas l'employer, et le renvoya à Alger quelques jours après son arrivée.

Enfin, le gouvernement, s'étant déterminé à refuser sa ratification aux arrangements du général Clausel, se décida à occuper Oran pour son propre compte.

Le général Fodoas avait d'abord été désigné pour aller commander sur ce point; mais une nouvelle décision confia ce poste au général Boyer, qui avait commandé une division de l'armée d'Afrique sous le général Clausel. Il arriva à Oran dans le milieu de septembre ; le 21° de ligne rentra en France et le 20° le remplaça; mais l'envoi d'un lieutenant général à Oran prouvait que l'intention du gouvernement était d'augmenter les forces dans cette partie de la régence : ce qui eut en effet lieu un peu plus tard.

Le général Boyer était arrivé dans son commandement précédé d'une grande réputation de sévérité qui lui avait acquis en Espagne le surnom de *Cruel*, dont il était seul à s'honorer.

Le général Boyer, arrivé à Oran, fut mis à la tête de la colonne qui s'y maintenait avec les faibles ressources de treize cents hommes. L'insurrection des tribus de cette province se composait de forces nombreuses, mais désorganisées. Parmi tant de chefs armés, pas un n'avait assez de génie ou de puissance pour imposer aux autres son autorité ; ils se faisaient incessamment une petite guerre de voisinage.

Ainsi les Maures, ou Hadars (citadins), étaient maîtres de Tlemcen; mais les Turcs et les Koulouglis tenaient le méchouar (la citadelle), et les hostilités se perpétuaient avec des chances diverses.

Sur d'autres points, les Maures et les Koulouglis se partageaient le pouvoir; et parmi les tribus qui entourent Maskara, le marabout Mahi-Eddin faisait servir son influence religieuse à la fondation d'une puissance purement arabe et préparait ainsi les voies à son fils Abd-el-Kader, qui était appelé plus tard à jouer un si grand rôle.

Les débris des vieilles milices, sentant le besoin de se réunir, s'étaient successivement concentrés dans les trois villes de Mostaganem, Maskara et Tlemcen, pour résister aux Arabes de la plaine. Maskara, bloquée par la famine, leur ouvrit ses portes sur la foi de perfides promesses, vit égorger ses défenseurs, et devint entre les mains des Arabes un centre d'action contre nous. Mostaganem et Tlemcen étaient menacées du même sort ; pour les maintenir dans nos intérêts et les encourager dans leur résistance, on leur accorda une solde mensuelle.

Cette sage mesure porta ses fruits. Les attaques des tribus armées et les intrigues du dehors furent également repoussées ; on établit ensuite des rapports avec Arzew, port situé à dix lieues à l'est d'Oran. Grâce au concours du cadi de cette ville et à la protection d'un bâtiment français en station dans le port, les garnisons d'Oran et de Mers-el-Kébir purent se procurer des blés, des fourrages et des bestiaux, ressources d'autant plus précieuses que les communications avec l'intérieur étaient interceptées par les Garabas, qui ne cessaient de harceler ces garnisons et entraînaient souvent avec eux les belliqueuses tribus des Douers et des Zmelas.

Après avoir mis Oran en état de défense et réparé en partie les fortifications, le général Boyer entama des négociations avec les Douers et les Zmelas pour les attacher à la cause française. Ces négociations, plusieurs fois abandonnées et reprises, restèrent sans résultat, car la fatale politique adoptée par le général lui aliéna bientôt toutes les tribus. Mais, opposé en tout au système loyal et conciliateur que suivait à Alger le général Berthezène, M. le général Boyer favorisa de tout son pouvoir celui de la terreur et des exactions les plus criantes. Peu s'en fallut même que ce général, par une conduite qui paraît sans excuse, ne nous attirât une guerre avec le Maroc.

Voici le fait : Un négociant marocain, Mohammed Valenciano, se trouvait établi à Oran, où il jouissait d'une grande fortune. Des lettres qui lui étaient adressées par des Arabes, et qui le compromettaient, furent interceptées. Il fut enlevé de chez lui par les ordres du général, et cessa bientôt d'exister; on chassa de chez lui sa femme malade, et on confisqua son argent et ses marchandises [1].

Puisque nous sommes arrivés à la partie de la province d'Oran, je crois qu'il est à propos d'en donner quelques détails.

La province d'Oran a une partie de son territoire sur la rive droite du Chélif; cette partie est très-montagneuse et principalement habitée par des tribus Kabaïles. A l'époque où Shaus fit son intéressant et scientifique voyage, elle s'étendait à l'est jusqu'au Mazafran, mais depuis lors elle a dû céder à la province d'Alger tout le terrain compris entre cette rivière et la Teffert, qui se jette dans la mer entre Cherchel et Ténez. Les principales tribus kabaïles de cette contrée sont les Beni-Medoun, les Beni-Zeroual, les Beni-Mehenna, les Acha-

---

[1] Rien ne justifiait des mesures aussi acerbes. La population d'Oran n'était pas assez considérable ni assez hostile pour qu'il fût nécessaire de la maintenir par de semblables moyens; malheureusement la cruauté était systématique chez le général Boyer, qui s'était acquis en Espagne le surnom de *Cruel*. (*Annales algériennes*, t. I", p. 233.) La fortune de ce malheureux, confisquée, au mois de septembre 1831, au profit du Trésor, ne fut restituée, par ordre du gouvernement, à ses héritiers, qu'en 1834.

cha, les Beni-Zougzoug. La plus puissante tribu arabe de ce pays est celle de Djendel ; les villes sont : Ténez, Milianah et Mazouna.

Ténez est une petite et sale ville qui, avant Barberousse, a cependant été la capitale d'un petit royaume indépendant. Il existe une épigramme arabe qui dit qu'elle est bâtie sur du fumier et qu'on n'y trouve pas même de l'eau potable. Cette ville, située au bord de la mer, a un petit port où se faisait jadis un commerce de blé assez considérable. Elle est couverte à l'est par le cap du même nom, qui est très-élevé et très-avancé dans la mer.

Les Beni-Medoun habitent le littoral à l'ouest de Ténez.

On trouve entre Ténez et le cap Ivi deux autres petits ports de peu d'importance, Cachema et Oued-el-Ksal, et la petite rivière la Hamise, à l'embouchure de laquelle est un marché où les Européens étaient autorisés des Turcs de Shau à faire le commerce des grains, ainsi que dans ceux de Rummel-el-Bia et de Magrova, situés sur la même côte.

Milianah est située dans l'intérieur des terres, à vingt-quatre lieues sud-est de Ténez, dans une position très-élevée, où l'hiver se fait sentir avec assez de rigueur ; elle est bâtie au pied du mont Zakkar, un des pics les plus considérables de cette contrée ; elle est entourée d'un mauvais mur d'enceinte et a trois portes défendues par trois châteaux armés de quelques canons. Milianah a été occupée le 8 juin 1840 par l'armée française, qui la trouva livrée aux flammes et abandonnée par ses habitants. La prise de possession de Médéah rendait nécessaire celle de Milianah, qui par sa position est la clef de l'intérieur des terres, et qui ouvre l'accès des riches plaines et des fécondes vallées situées entre le Chélif et le Mazafran. Cette petite ville, à cent huit kilomètres environ d'Alger et quatre-vingt-dix de Blidah, est située dans une montagne de l'Atlas, sur le versant méridional du Zakkar, comme nous venons de le dire, à neuf cents mètres au-dessus du niveau de la mer. Suspendue en quelque sorte au penchant de la montagne, elle est bâtie sur le flanc d'un rocher dont elle borde les crêtes. Sous la domination romaine, Milianah, l'antique *Miniana*, par sa position centrale au milieu d'une riche contrée, devint un foyer de civilisation, une florissante cité, résidence d'une foule de familles de Rome.

On y trouve encore aujourd'hui des traces non équivoques de la domination romaine : un grand nombre de blocs en marbre grisâtre couverts d'inscriptions et quelques-uns de figures ou de symboles. Un de ces blocs offre sur ses faces une urne et un cercle; un second représente un homme à cheval, ayant une épée dans une main et un rameau dans l'autre ; deux autres portent chacun deux bustes romains d'inégale grandeur.

Les maisons de Milianah, toutes composées d'un rez-de-chaussée et d'un étage, sont construites en pisé fortement blanchi à la chaux et renforcé habituellement par des portions en briques ; elles sont couvertes en tuiles. Presque toutes renferment des galeries intérieures et quadrilatérales de forme régulière, soutenues assez souvent par des colonnades en pierre et à ogives surbaissées. La ville renferme vingt-cinq mosquées, dont huit sont assez vastes. Comme celles de toutes les villes arabes, ses rues sont étroites et tortueuses, mais des eaux abondantes alimentent, par une multitude de tuyaux souterrains, les fontaines publiques et celles des maisons, pourvues d'ailleurs de plantations d'orangers, de citronniers et de grenadiers.

La garnison a construit de grandes places et percé deux larges rues aboutissant, l'une à la porte Zakkar et l'autre à celle du Chélif. Elle a cherché à tirer parti des richesses naturelles du sol : c'est ainsi qu'elle a établi un four à chaux et une charbonnière, une suiferie, une poterie qui, en peu de temps, a fourni tous les ustensiles de cuisine et autres dont la ville manquait ; une tannerie, enfin une grande usine avec manége, distillateur, réfrigérant, pressoir à vis, etc., où l'on a fabriqué de la bière, du cidre et de l'eau-de-vie de grain. Toutes ces tentatives, qui ont eu le double avantage d'utiliser les loisirs des troupes et d'augmenter leur bien-être, prouvent de quelle importance peut devenir Milianah, envisagée seulement au point de vue industriel.

La population de cette ville était de trois à quatre mille âmes lorsque nous en fîmes la conquête. A quelques lieues au nord-est de Milianah sont les eaux thermales de Méridja (*Aquæ calidæ*), colonie des Romains ; elles ont beaucoup de réputation dans le pays et sont très-fréquentées. On voit à Méridja quelques ruines romaines ; on en trouve aussi, mais peu, à Milianah.

Mazouna est plutôt un village qu'une ville ; elle est bâtie à peu de distance des bords du Chélif, et à deux lieues de l'embouchure de cette rivière, sur le territoire de la tribu des Beni-Abas. Sa population est de douze cents à quinze cents habitants, dont le plus grand nombre est Koulouglis.

Le Chélif est, comme nous l'avons dit, la rivière la plus considérable de la régence. Shaler la croyait navigable jusqu'à une distance assez grande de son embouchure, mais il était dans l'erreur à cet égard ; à la hauteur de Mazouna, elle a déjà trop peu d'eau pour porter les barques : dans la saison des pluies, elle présente pendant quelques semaines un volume d'eau assez considérable; mais elle n'est alors qu'un torrent, qui ne saurait être d'aucune utilité à la navigation.

Les villes de la partie de la province d'Oran, situées à l'ouest du Chélif, sont : Oran, Tlemcen, Maskara, Nedrouma, Gazouna, Callah, Mostaganem, Mazagran et Arzew.

Oran, en arabe Ouahran, est bâtie au bord de la mer, dans une position très-pittoresque. Cette ville s'élève sur deux collines séparées par un ravin assez profond, dans lequel coule un ruisseau, l'Oued-el-Rabbi (rivière des Moulins), qui arrose de beaux jardins, et dont la source est légèrement thermale. Les deux principaux quartiers de la ville sont situés à droite et à gauche de ce ravin, qui débouche sur la plage, où se trouve un autre quartier moins considérable que les deux premiers, qui est appelé la Marine. L'enceinte de la ville a été fortifiée par les Espagnols avec beaucoup d'art et de soin; mais elle était en assez mauvais état lorsque nous en prîmes possession. Une montagne assez élevée domine Oran à l'ouest, le sommet en est défendu par le fort Santa-Cruz, et à mi-côte se trouve le fort Saint-Grégoire, et dans le bas, auprès de la mer, le fort de la Mouna. Vers la partie sud du quartier qui est à droite du ravin, s'élancent les forts Saint-André et Saint-Philippe qui éclairent ce même ravin, défendu en outre par quelques tours en pierre; la partie nord de ce quartier est défendue par la nouvelle Kasbah ou Château-Neuf, et par la pointe fortifiée de Sainte-Thérèse, qui commande la mer. Le quartier à gauche du ravin est dominé par la vieille Kasbah, qui a été presque entièrement détruite par le tremblement de terre de 1790.

Oran a été occupée par les Espagnols pendant près de trois siècles.

Des travaux prodigieux de communications souterraines et de galeries de mines, un magnifique magasin voûté, avec un premier étage sur le quai Sainte-Marie, une darse, et sept autres magasins taillés dans le roc, des casernes, trois églises, un colisée ou salle de spectacle : tel est l'ensemble des ouvrages élevés par les Espagnols dans un lieu qu'ils nommaient, à cause de ses agréments, la Corte-Chica (la petite Cour). Un tremblement de terre survenu dans la nuit du 9 octobre 1790 causa d'affreux ravages dans Oran. En mars 1792, les Espagnols l'évacuèrent, l'abandonnant au bey Mohammed, gouverneur de la province pour les Turcs.

Oran présente un aspect plus européen qu'oriental; les rues en sont larges, mais irrégulières : la principale est plantée d'arbres, et se nomme rue Philippe. Depuis l'occupation française, Oran a vu s'élever de nouvelles bâtisses, des rues plus régulières, des marchés et des

L'ALGÉRIE FRANÇAISE

VUE D'ORAN.

places, et n'est plus reconnaissable de ce qu'elle était lorsque nous en prîmes possession.

Oran avait jadis deux faubourgs considérables, Raslaïne et Kergentah; mais ils ont été sacrifiés aux besoins de sa défense. Quoique cette ville offre un développement très-étendu, elle n'avait guère que sept à huit mille âmes de population quand nous l'occupâmes.

La position d'Oran acquiert une nouvelle importance par le voisinage du port qui est à Mers-el-Kébir, éloigné de cinq milles par mer, ou d'une heure trois quarts de marche par terre, dans la direction du nord. Ce port naturel est entouré de hauteurs, et remarquable par sa profondeur; la tenue de son fond est bonne, une escadre composée des plus gros vaisseaux peut s'y réfugier facilement.

C'est donc dans le port et sous les batteries du fort de Mers-el-Kébir que viennent mouiller tous les navires destinés pour Oran; car le petit port d'Oran ne peut recevoir que des barques.

Tlemcen, à quarante-huit kilomètres de la mer, à quatre-vingts kilomètres environ sud-ouest d'Oran, occupe une admirable position qui domine tout le pays compris entre le cours inférieur de l'Isser, la Tafna et la frontière de Maroc, et qui lui a fait donner le nom de Bab-el-Gharb (porte du Couchant), elle faisait autrefois partie de la Mauritanie Césarienne. Les Romains s'y établirent et la nommèrent Trémis ou Tremicl Colonia.

Tlemcen a été longtemps capitale d'un État arabe, qui comprenait les villes de Nedroma, Djidjeli, Mers-el-Kébir, Oran, Arzew, Mazagran et Mostaganem. Au huitième siècle, Edris, khalife du Maghreb et fondateur de l'empire de Maroc, régnait à Tlemcen. Elle fut prise par Haroudji-Barberousse, lors de sa domination sur l'Afrique; les Espagnols l'en chassèrent en 1518. Elle resta sous leur domination jusqu'en 1543.

Les Turcs, à cette époque, s'en emparèrent, et la réunirent en 1560 à la régence d'Alger, dont elle n'a point été depuis séparée.

En 1670, Tlemcen ayant pris parti pour les Marocains contre le bey Hassan, et celui-ci ayant été vainqueur, la ville fut presque entièrement détruite. Elle est mal percée : les rues étroites sont souvent couvertes de treilles, et toujours rafraîchies par de nombreuses fontaines. Les maisons n'ont qu'un étage, et sont pour la plupart couvertes en terrasse; quelques-unes, comme à Alger, communiquent par des voûtes jetées d'un côté de la rue à l'autre.

La citadelle de Tlemcen, nommée Mechouar, située au sud de la ville, est de forme rectangulaire, d'environ quatre cent soixante mètres sur deux cent quatre-vingts. Il existe dans l'intérieur une centaine de maisons et une mosquée.

Voisine de l'empire de Maroc, dont la limite n'est qu'à douze heures de marche; voisine également du désert, qui n'en est guère plus éloigné, Tlemcen est l'entrepôt naturel, et en quelque sorte obligé des caravanes venant de Fez.

L'armée française marcha sur Tlemcen, et y fit son entrée le 13 janvier 1836. Mais le 12 juillet 1837 nos soldats l'évacuèrent en vertu du traité conclu à la Tafna, le 30 mai 1837, entre le général Bugeaud et Abd-el-Kader, qui en est resté maître pendant plus de quatre années; et qui en avait fait la capitale de la région occidentale ou du Gharb, à la tête de laquelle il avait placé un khalifa.

Tlemcen a été de nouveau occupée, le 30 janvier 1842, par les troupes françaises, et de nombreux établissements y ont été créés pour installer convenablement la division qui y tient garnison.

On voit à peu de distance de Tlemcen les ruines de l'ancienne ville de Manzoura.

Maskara est une ancienne ville arabe, située à quatre-vingt-quatre kilomètres sud de Mostaganem, et à quatre-vingt-douze kilomètres sud-est d'Oran.

On n'a que des données fort incertaines sur l'origine de Maskara. Selon les traditions locales, recueillies par les thalebs (savants), elle aurait été construite par les Berbers, sur les ruines d'une cité romaine. L'étymologie du mot Maskara, si elle vient de Omm'asker (lieu où se rassemblent les soldats), rappelle une réputation guerrière qui semble justifiée par tout ce que nous savons de son histoire.

Maskara se divise en quatre parties bien distinctes: Maskara proprement dite, Recoub-Ismaïl, Baba-Ali (le père Ali) et Aïn-Beidha (la Source blanche). Ces trois dernières parties peuvent être regardées comme des faubourgs de la ville, qui se trouve à leur centre. La ville est percée de trois rues principales; elle a deux places publiques, une mosquée et deux fondoucks (marchés). Les maisons, bâties comme celles des autres villes de l'Algérie, s'élèvent rarement au-dessus du rez-de-chaussée.

Maskara, du temps des Turcs, était la résidence des beys de la province, jusqu'au moment où les Espagnols évacuèrent Oran.

Abd-el-Kader l'avait placée sous l'autorité immédiate d'un caïd.

L'industrie, dans ces dernières années, était presque nulle à Maskara. On y fabriquait cependant encore quelques-uns de ces burnous noirs, renommés par leur élégance et leur solidité, des tapis, des burnous blancs et des haïks (tuniques de laine) de qualité inférieure.

L'armée française s'empara de Maskara le 5 décembre 1835, et s'en éloigna le 8; après avoir détruit l'artillerie et le matériel de guerre qu'Abd-el-Kader y avait déposé. Elle en a pris de nouveau possession le 30 mai 1844, et, depuis, une forte garnison y a été installée.

Nedrouma est une petite ville, bâtie sur le penchant d'une montagne, à quatre lieues au sud du cap Hone.

Gazouna, autre petite ville, est située au bord de la mer, à l'ouest du cap Hone; elle a un petit port; ce serait un bon point de débarquement sur Tlemcen.

Kallah, enfin, est une ville plus considérable que les deux précédentes; on y fabrique beaucoup de tapis.

Mostaganem est située à six lieues de la rive gauche du Chélif et à un quart de lieue de la mer, sur une colline assez élevée; elle occupe la rive gauche d'un ravin semblable à celui d'Oran, qui la sépare d'un de ses quartiers (où se trouve la citadelle), appelé Matamore (Matmoura), par lequel elle est dominée. Il y avait autrefois deux faubourgs à Mostaganem, Tisdids et Diar-el-Djedid, mais ils ont péri comme ceux d'Oran. La ville de Mostaganem a une enceinte fortifiée, mais elle était en mauvais état lorsque nous nous en emparâmes; elle est de plus défendue par quelques forts extérieurs, dont le principal est celui dit fort des Turcs ou de l'Est, qui domine Matamore. On voit, dans l'intérieur de la ville, un vieux château bâti par Yousouf-ben-Taschfin dans le douzième siècle de notre ère; nous lui avons donné le nom de fort des Cigognes.

Le territoire de Mostaganem est un des plus fertiles de la province. La vigne y est cultivée, et ses produits, non-seulement suffisent à la consommation locale, mais sont encore l'objet d'un commerce assez considérable.

Les chroniques musulmanes font donc remonter au douzième siècle la fondation de la ville arabe de Mostaganem. Gouvernée d'abord par le chef sarrasin Yousouf, elle serait ensuite tombée aux mains d'un autre chef, Ahemd-el-Abd, dont les descendants auraient conservé cette place jusqu'au seizième siècle, où les Turcs s'en emparèrent, sous le commandement de Khaïr-Eddin, surnommé Barberousse. Un corps français a pris possession de Mostaganem le 29 juillet 1833.

Il y avait autrefois à Mostaganem une population de douze mille âmes, et une grande quantité d'ateliers de broderies en or. Maintenant la population indigène ne dépasse pas quinze cents âmes.

Mazagran est située à une lieue seulement à l'ouest de Mostaganem. Cette ville a beaucoup souffert dans les dernières années, et elle est entièrement dépeuplée. La campagne, entre Mazagran et Mostaganem, était couverte de maisons de campagne, maintenant dévastées et désertes.

Mazagran ruinée, dont l'héroïque valeur d'une poignée de Français a immortalisé le nom, occupe le versant d'une colline assez roide et forme un grand triangle, au sommet duquel se trouve un réduit. Ainsi exposé, ce réduit domine la plaine, la mer et le bas de la ville. Lorsqu'une garnison française fut, en 1833, placée à Mostaganem, les habitants de Mazagran abandonnèrent leurs maisons.

C'est sur Mazagran, après la rupture du traité de la Tafna, qu'Abd-el-Kader, à deux reprises, a dirigé ses premiers coups et ouvert les hostilités dans la province d'Oran. La première attaque eut lieu le 13 décembre 1839, et la deuxième dura quatre jours et quatre nuits, du 2 au 6 février 1840. Cent vingt-trois soldats du premier bataillon d'infanterie légère d'Afrique ont tenu tête à plusieurs milliers d'Arabes et vaillamment repoussé quatre assauts. Nous donnerons les détails de ces faits au fur et à mesure que nous avancerons.

Arzew, située sur une colline à peu de distance de la mer, entre Oran et Mostaganem, est une ville complétement ruinée; on y voit quelques restes de constructions romaines. Le port, qui est à une lieue et demie à l'ouest, passe pour un des meilleurs mouillages de la régence, dans toutes les saisons, propre aux bâtiments ordinaires du commerce et en général à ceux qui sont au-dessous de la force des frégates.

Tandis que la province d'Oran était remise sous notre domination, à Bone, une blâmable imprévoyance faillit également compromettre un faible détachement de zouaves que nous y avions, et que commandaient plusieurs officiers français.

Bone, comme nous le savons déjà, avait été évacuée au mois d'août 1830 par le général Damrémont, par ordre de M. de Bourmont, et s'était gouvernée seule depuis cette époque. Les tribus voisines, irritées de sa soumission passagère, l'avaient plus d'une fois attaquée.

Une centaine de Turcs s'étaient retranchés dans la Kasbah, sous les ordres d'un Koulougli, nommé Ibrahim, ancien bey de Constantine, et réclamèrent, au mois de juillet 1831, le secours de M. Berthezène. Le bey de Constantine tenait la ville si étroitement bloquée, que les habitants, dépourvus de vivres, se voyaient à la veille d'être réduits à la famine. Le général en chef leur envoya le chef de bataillon Houder[1]. avec cent vingt-cinq zouaves, tous musulmans, excepté quelques officiers et sous-officiers. Cette petite expédition, partie le 7 septembre, arriva devant Bone le 13, sur la corvette la *Créole;* les habitants l'accueillirent avec joie, mais le chef des Turcs laissa percer un vif mécontentement à la vue des officiers français et du désir qu'annonçaient les Français d'occuper la ville. L'armée du bey de Constantine, jugeant que les zouaves n'étaient que l'avant-garde d'une division, se retira à plusieurs journées de marche. Le commandement des zouaves avait été donné au capitaine Bigot, et ce dernier était sous les ordres du commandant Houder.

Le commandant français sentait le besoin d'être en possession de la Kasbah; il y parvint, après quelques négociations, et se crut assuré des plus heureux résultats.

Mais ce même Ibrahim, dont nous venons de parler, ce personnage qui cachait sous une bonhomie apparente un grand fond de perfidie, parvint à capter la confiance de M. Houder, et ce dernier n'hésita point à se fier à lui; cette imprudence le perdit. Le commandant français, sous prétexte de vouloir soulager les Turcs, plaça quelques zouaves à la Kasbah, et en augmenta progressivement le nombre, de manière à pouvoir y envoyer un officier, ce qui ôta, par le fait, le commandement de cette citadelle à Ibrahim; mais ce dernier épiait toutes nos démarches, à l'aide desquelles il espérait ressaisir le pouvoir. Nos zouaves étaient casernés dans la Kasbah, mais les officiers descendaient en ville pour y prendre leurs repas. Ibrahim, qui observait tout, résolut de profiter de cette négligence pour brusquer le dénoûment qu'il préparait. Le 26 septembre, Ibrahim se présente à la Kasbah, distribue de l'argent aux zouaves et aux Turcs, fait fermer les portes et arborer le pavillon musulman, qu'il assure de trois coups de canon. Le commandant Houder et le capitaine Bigot accourent pour protester contre cette trahison; mais, accueillis à coups de fusil, ils sont forcés de se retirer. Leur devoir eût été de s'enfermer dans la caserne du port, et d'attendre, avec les soldats qui leur restaient, l'arrivée des renforts que M. Houder avait demandés, le 21 septembre, au général

---

[1] Le commandant Houder, officier d'ordonnance du général Guilleminot, alors ambassadeur à Constantinople, était venu en Afrique avec le général Clausel, pensant que les connaissances qu'il croyait avoir des Maures de l'Orient pourraient y être utilisées. C'était un homme très actif et très-zélé, mais d'un jugement peu sûr. Chargé de cette petite expédition, il reçut du général en chef le titre assez singulier de consul de France à Bone. (*Annales algériennes*, par le capitaine Pélissier, t. 1ᵉʳ, p. 233.)

en chef, et qui ne pouvaient tarder d'arriver. Cette mesure fut négligée. Le 29, les Kabaïles se présentèrent sous les murs de la ville, attaquèrent les portes; le capitaine Bigot fut tué de deux coups de pistolet; la Kasbah et la ville firent feu sur la *Créole* et l'*Adonis;* on se battait sur le port et dans les rues. Le petit nombre de zouaves restés fidèles gagna les embarcations de la *Créole*, et, dans le désordre inévitable de cette retraite précipitée, le malheureux Houder, déjà blessé deux fois, reçut une balle mortelle en mettant le pied dans un canot. Le lendemain, les bricks le *Cygne* et le *Voltigeur*, montés par le 2ᵉ bataillon de zouaves, arrivèrent sur rade; le brave commandant Duvivier voulait enlever la Kasbah, mais il ne put obtenir le concours de la marine, qui jugeait cette entreprise impraticable. Le même jour, les habitants de Bone, effrayés de l'apparition des renforts et des suites que pourraient avoir pour eux les événements, rendirent trente-deux zouaves et un officier qu'on avait faits prisonniers, et envoyèrent, pour se justifier, une députation de trois notables, qui entrèrent à Alger avec la nouvelle de notre désastre.

Le général Berthezène n'avait pas assez de troupes pour venger cet échec par une occupation sérieuse.

La critique s'en empara, comme elle avait exploité la retraite de Médéah; et, faute de savoir juger de loin les exigences matérielles d'une conquête pour laquelle on n'avait, en France, ni plan d'exécution ni volonté décisive, on fut entraîné sur une voie d'essais sans cesse renouvelés, qui, ne pouvant offrir à l'opinion publique que des satisfactions illusoires, devaient nous plonger dans un chaos de vicissitudes et d'erreurs dont la responsabilité ne pèse pas uniquement sur les généraux mis en scène.

Avec des moyens plus puissants que ceux dont il disposa, M. Berthezène, qui avait glorieusement participé au succès de 1830, était fort capable de soutenir l'honneur de nos armes. Sa haute probité et la modération de son caractère lui valurent des détracteurs; il se retira devant l'injustice. Mais les errements de son successeur ne devaient pas tarder à le faire regretter.

Peu de temps après notre insuccès à Bone et l'échec que nous venions d'éprouver par une imprévoyance sans excuse, on accusait le chef d'ineptie, et la malveillance l'accablait de nouveau, comme cela a toujours lieu quand un chef est malheureux. Sous l'influence de ces récriminations, dominé peut-être par le sentiment de son insuffisance, M. Berthezène demanda et obtint son rappel; il fut remplacé dans le commandement par M. le duc de Rovigo, que le gouvernement crut pouvoir utiliser, malgré les préventions de tous genres qui s'élevaient contre lui.

CHAPITRE II

GUERRE EN ALGÉRIE

Séparation de l'autorité civile et de l'autorité militaire à Alger. — Rappel du général Berthezène. — M. le duc de Rovigo est nommé commandant du corps d'occupation d'Afrique. — M. Pichon est nommé intendant civil. — Renouvellement des régiments de l'armée. — Formation des chasseurs d'Afrique et des bataillons d'infanterie légère. — Travaux des routes et établissement des camps. — Contribution des laines. — Actes de l'administration de M. Pichon. — Abandon du nouveau système et rappel de M. Pichon. — M. Genty de Bussy intendant civil. — Établissement des villages de Kouba et Dely-Ibrahim. — Actes de l'administration de M. Genty de Bussy sous le duc de Rovigo.

Peu satisfait des résultats jusque-là obtenus, le gouvernement résolut, aussitôt après le départ du général Berthezène, d'adopter un nouveau système d'administration.

La présidence du conseil était dévolue au ministre de l'intérieur, M. Casimir Périer. Celui-ci voulut, à cause de sa position, se réserver une large part dans la direction des affaires d'Alger, et fit décider par le cabinet qu'à l'avenir l'autorité civile, dans nos possessions d'Afrique, serait séparée de l'autorité militaire; qu'un intendant civil indépendant du général en chef, mais placé sous les ordres immédiats du président du conseil, aurait la direction de tous les services civils, financiers et judiciaires, et qu'il correspondrait directement avec les divers ministères. Cette division de pouvoirs, dans un pays où l'administration française était encore toute nouvelle, où les attributions des différentes autorités étaient mal définies, présentait de graves difficultés; elles se compliquèrent par le choix des hommes qui furent appelés à mettre en pratique le nouveau système.

Une ordonnance du 1er décembre 1831 constitua un conseil administratif, formé du général en chef, président; d'un intendant civil, du chef de la station navale, de l'intendant militaire et des directeurs du domaine et des finances.

Une ordonnance complémentaire du 5 décembre ajouta, aux fonctions du général en chef, des attributions de haute police.

Le choix du cabinet ne pouvait, dès lors, mieux tomber que sur

M. de Rovigo[1]. Ancien ministre de la police sous l'Empire, plus recommandable par son dévouement sans bornes à Napoléon que par sa capacité, homme d'exécution plutôt que de conseil, façonné aux habitudes arbitraires, il était toujours prêt à substituer sa volonté à la loi.

Le commandement en chef des troupes fut donc dévolu à M. le général Savary, duc de Rovigo.

L'armée fut renouvelée en grande partie, et se trouva composée des 4e et 67e de ligne, du 10e léger, d'une légion étrangère, des zouaves et des chasseurs d'Afrique, dont le 1er régiment s'organisa à Alger, et le 2e à Oran. Dans le cours de 1832, une ordonnance du roi créa deux bataillons d'infanterie légère d'Afrique, où furent versés les soldats qui n'avaient subi que des condamnations disciplinaires.

Le premier acte du nouveau général en chef, arrivé à Alger le 25 décembre, fut de prendre une détermination pleine de sagesse et de prévoyance : il ne laissa qu'une petite partie des troupes en ville, et dissémina le reste sur les points principaux du Sahel et du Fahs ; ces postes circonscrivaient un espace d'environ six lieues carrées. Ce terrain fut limité par une ligne de blockhaus et de camps retranchés, qui, partant de la pointe Pescade, passait par le Boudjaréah, Dely-Ibrahim, Cadous, Tixeraïn, Oued-el-Kerma, la Ferme-Modèle, et venait se terminer à l'embouchure de l'Haratch. Des routes stratégiques re-

---

[1] Né à Sedan en 1774, entré au service en 1783, officier au régiment de royal-Normandie à l'époque de la Révolution, Savary s'était distingué à l'armée du Rhin, sous les ordres de Moreau. Devenu lieutenant-colonel, il fit, comme aide de camp du général Desaix, la campagne d'Égypte, et se trouva, plus tard, à Marengo. Le premier consul l'attacha à son état-major, et le nomma bientôt général de brigade. Appelé, en 1805, au commandement d'une division, il prit part aux guerres de Prusse, de Pologne, d'Espagne, d'Autriche, etc.

Créé duc de Rovigo, il accepta, en 1810, le poste de ministre de la police, peu fait pour un soldat, et qu'il conserva néanmoins jusqu'à la chute de l'Empire.

Proscrit par la Restauration, le duc de Rovigo s'empressa d'offrir ses services à la Révolution de 1830 ; mais ses habitudes d'arbitraire, son inclination malheureuse à substituer son caprice dictatorial aux volontés de la loi, et surtout son dernier antécédent politique, n'étaient point de nature à lui concilier l'estime et la confiance de l'armée. Le gouvernement du roi ne pouvait l'employer en France, et lui accorda, en Algérie, les moyens de refaire sa réputation. Nous verrons bientôt combien ces bonnes dispositions et ces espérances furent trompées.

« Quoi qu'il en soit, dit le capitaine Pélissier, pour rendre justice au général Savary et hommage à la vérité, nous dirons qu'ayant parfaitement compris qu'il n'y avait de position possible pour lui qu'en Afrique, il y arriva avec le désir de s'associer franchement au pays et de travailler avec zèle à sa prospérité. Si les excès de ce zèle n'ont pas été toujours heureux, si même ils ont été quelquefois funestes, c'est qu'il est des qualités qu'on ne peut se donner et des habitudes qu'à l'âge où était parvenu le duc de Rovigo on ne peut plus perdre. »

lièrent ces divers postes entre eux ainsi qu'avec Alger, et devinrent l'origine de l'admirable réseau de belles routes qui sillonnent aujourd'hui le massif d'Alger.

Dans cet espace si bien gardé et si bien coupé, nous étions complètement les maîtres et en garde contre toute surprise de la part de l'ennemi, et la colonisation pouvait s'y épanouir en toute sécurité.

L'intendance civile venait d'être confiée à M. le baron Pichon, administrateur méticuleux, toujours enchaîné à la lettre de la loi, incapable de s'élever à la hauteur des circonstances difficiles au milieu desquelles il se trouvait placé.

Sous l'Empire et pendant la Restauration, le baron Pichon avait été chargé de quelques missions diplomatiques secondaires, et, en définitive, il n'acceptait sa nouvelle position qu'afin de compléter les quelques années de service qui lui manquaient pour obtenir sa retraite.

Tels étaient les deux chefs appelés à consolider notre situation en Afrique. Certes, il eût été difficile de faire un plus mauvais choix, de juxtaposer plus malencontreusement, pour concourir à un même but, deux hommes d'opinions et de tendances plus contraires.

Le duc de Rovigo, qui avait beaucoup de sollicitude pour les soldats, s'était aperçu, à son arrivée, qu'ils n'avaient pas même de lits pour reposer leurs membres souvent affaiblis par la fatigue et la maladie, il chercha un moyen de procurer un matelas à chaque homme.

Depuis dix-huit mois que nos troupes occupaient l'Afrique, ni le gouvernement ni les généraux n'avaient songé à établir un système de casernement régulier; nos soldats n'avaient pour toutes fournitures que des sacs de campement, remplis tant bien que mal de paille hachée : la plupart même étaient privés de cette ressource. Le duc de Rovigo songea à remédier à cet inconvénient, voulant établir un service de couchage plus propice et plus en rapport avec l'intérêt et l'entretien de la santé du soldat; mais, comme il n'y avait pas de crédit ouvert pour cette dépense et qu'on lui persuada que les habitants d'Alger étaient possesseurs de quantités considérables de laine, il frappa donc cette ville d'une contribution de cinq mille quatre cents quintaux de laine, payables en nature ou argent, sur le pied de quatre-vingts francs le quintal. C'était donc quatre cent trente-deux mille francs à prélever sur une population de vingt mille indigènes, ce qui ne faisait qu'une moyenne de vingt et un francs par tête; mais, comme de raison cette contribution ne devait pas être payée par tête, mais bien au prorata des fortunes, il fut même décidé que les riches payeraient seuls. La municipalité, qui fut chargée de la répartition, la fit d'une manière très-injuste et très-partiale, de sorte que les rentrées furent lentes et difficiles et qu'il fallut plusieurs fois employer la rigueur.

Les versements en nature se réduisirent presque à rien, ce qui donna la preuve qu'il n'y avait pas à Alger autant de laine qu'on l'avait cru d'abord.

Il fallut, pour s'en procurer au moyen du produit de la contribution, passer un marché avec le sieur Lacroutz, négociant à Alger, qu'on fit venir de Tunis.

Cependant les Maures avaient fait entendre leurs plaintes à Paris, où elles furent d'autant mieux accueillies, que la mesure prise par le duc de Rovigo accusait l'imprévoyance du ministère de la guerre, qui aurait dû avoir pourvu depuis longtemps au couchage des troupes de l'armée d'Afrique par les ressources de son budget. Le ministère, qui s'en aperçut seulement alors, passa un marché pour cet objet avec la compagnie Vallée et prit une décision par laquelle la mesure du duc de Rovigo fut annulée comme inutile. Le duc de Rovigo refusa d'obéir à cet ordre, s'étayant d'une délibération du conseil d'administration, qui fut d'avis que revenir sur la contribution serait une marque de faiblesse susceptible de produire un très-mauvais effet. Mais, le ministre ayant réitéré ses ordres, il fallut bien s'y soumettre; la contribution, qui avait été versée dans la caisse du domaine, fut remboursée aux contribuables.

Le sieur Lacroutz s'arrangea avec la compagnie Vallée, et lui remit les objets de couchage qu'il avait déjà fait confectionner.

Voilà comment se termina cette affaire, qui donna beaucoup d'embarras au duc de Rovigo, mais dans laquelle il n'eut en vue que d'améliorer la position du soldat. M. Pichon, qui n'arriva à Alger qu'un mois après le général en chef, trouva l'arrêté sur la contribution des laines tout formulé et signé par le duc de Rovigo.

On lui proposa de le signer aussi. Il refusa, en disant que, puisqu'il avait été rendu avant son arrivée, le général en chef devait en prendre seul la responsabilité, mais que, du reste, il concourrait à son exécution; c'est, en effet, ce qu'il fit. Cependant, comme il était opposé à la mesure, sa coopération ne pouvait être franche.

Les Maures s'en aperçurent, et ce fut pour eux un motif de plus de résister à l'arrêté. Lorsque l'ordre qui l'abrogeait arriva à Alger, M. Pichon fût le seul membre du conseil d'administration qui vota pour que cet ordre fut exécuté sans objection; il exigea même que son avis motivé fût inséré dans le procès-verbal de la séance où cette affaire fut traitée.

Tout cela indisposa le général en chef contre l'intendant civil, et fut la cause première de la mésintelligence qui exista continuellement entre ces deux fonctionnaires.

Il ne pouvait pas, du reste, en être autrement, et un système vicieux devait nécessairement porter ses fruits.

Le duc de Rovigo n'en continua pas moins son inflexible système, et comme, en définitive, il voyait bien que les officiers arabes et maures qui l'entouraient apportaient beaucoup de mauvaise volonté dans l'accomplissement de leurs devoirs, il redoubla de rigueur et mit le comble à son impopularité.

Dans les premiers jours d'avril 1832, une députation d'Arabes du grand désert se présenta aux portes d'Alger : elle venait de la part du cheik Ferhat-Ben-Saïd implorer notre assistance contre le bey de Constantine, et nous promettre le concours des nombreuses tribus rangées sous son autorité, dans le cas où nous serions déterminés à entreprendre l'expédition de Constantine. Ces ambassadeurs [1] n'obtinrent qu'une réponse évasive du duc de Rovigo; mais il reçut ces envoyés avec beaucoup d'égards, leur fit de grandes promesses et leur distribua quelques présents. Ils regagnaient le désert satisfaits de leur démarche et fiers de la protection française, lorsque, à peine parvenus au delà de la Maison-Carrée (2), sur le territoire de la tribu des El-Ouffia, ils furent attaqués par des bandits arabes et totalement dépouillés. On ne leur laissa que la vie. Les malheureux envoyés rebroussèrent chemin et vinrent faire part de leur funeste rencontre au général en chef. Celui-ci improvise aussitôt une expédition et, sans plus de renseignements, fait attaquer de nuit la tribu des Ouffia, brise, saccage les douars, extermine tous ceux qui essayent d'opposer quelque résistance.

M. le baron Pichon assure que cette tribu n'avait pris aucune part à l'attentat dont on voulait punir les auteurs. N'importe! l'exécution eut lieu, et le général Savary la célébra avec enthousiasme.

Les troupeaux de la tribu furent vendus ; traduit devant un conseil de guerre, le cheik fut jugé, condamné, exécuté sans nul délai, malgré les protestations de l'intendant et de plusieurs fonctionnaires

---

[1] C'étaient, au dire de plusieurs Maures dignes de foi, des aventuriers et des imposteurs. L'agha qui les avait reçus à Koléah, sur leur passage, les avait signalés comme tels, et M. de Rovigo ne put être leur dupe qu'avec un extrême bon vouloir. Cette intrigue, mystérieuse en tout point, a été montée, nous avons de fortes raisons pour le croire, par une coterie de chrétiens et de juifs d'Alger. (*Alger sous la domination française*, page 132.)

maures. Cet acte, aussi cruel qu'impolitique, souleva l'indignation des tribus voisines, et l'agha se déclara impuissant à les contenir.

Chaque jour, nos patrouilles, tombant dans quelque embuscade, payaient de leur vie la pétulance irascible du duc de Rovigo.

Sidi-Saadi, l'instigateur des troubles de 1831, se mit de nouveau à prêcher la guerre sainte, et l'insurrection s'étendit avec la rapidité de la foudre : Koléah, Milianah, Blidah en devinrent le centre.

Furieux contre notre agha Sidi-Mahiddin M'Barek, qui ne prenait aucune mesure pour conjurer l'orage, le général en chef le manda près de lui; mais le vieux marabout gagna les montagnes, et les insurgés s'avancèrent sans obstacle jusqu'à Boufarik.

Devant une détermination si hardie il n'y avait pas à hésiter.

Le 28 septembre, M. de Rovigo se décida à combattre : il établit son quartier général à Birkadem, et de là fit partir de nuit, le 2 octobre, deux colonnes, l'une conduite par le général Faudoas dans la direction de Souk-Ali, à l'est de Boufarik, et l'autre, sous les ordres du général Brossard, dans celle de Koléah.

Les Arabes étaient sur leurs gardes. La colonne Faudoas tomba au milieu d'eux et fut mise en déroute. Le brave commandant Duvivier, avec les zouaves, rétablit le combat; les officiers de cavalerie chargèrent avec résolution, et les chasseurs d'Afrique, malgré leur désordre, reprirent l'offensive. Au point du jour, l'avantage nous resta, et, après avoir refoulé les Arabes, le général reprit la route d'Alger. Quant au général Brossard, il avait gagné Koléah sans coup férir : sa mission était de s'emparer de l'agha; ne le trouvant pas, il enleva deux marabouts de sa famille[1], qui furent détenus dans les cachots d'Alger jusqu'au commandement du général Voirol.

Après le combat de Boufarik ou plutôt de Sidi-Haïd, les Arabes rentrèrent chez eux tout honteux du mauvais succès de leur folle entreprise.

Ben-Zamoun, peu satisfait de leur conduite dans cette circonstance, se retira dans son haouch, à Flissa, décidé à ne plus prendre part à la guerre.

L'agha, craignant d'être arrêté s'il retournait à Koléah, se réfugia à Beni-Menad, d'où il écrivit au duc de Rovigo pour expliquer de nouveau sa conduite; mais le duc exigea qu'il se soumît aux chances d'une instruction judiciaire : à quoi, innocent ou coupable, il n'osa s'exposer.

[1] Ses deux cousins, Sidi-Allal et Sidi-Mohammed, deux marabouts très-vénérés dans le pays.

L'issue de l'insurrection des Arabes devait rendre plus facile la tâche du duc de Rovigo. Cette fois, du moins, le sang avait coulé dans un combat. L'inutilité de la lutte étant démontrée aux Arabes, une ère nouvelle allait commencer pour l'administration du général en chef, qui, en faisant succéder la douceur à la force, aurait pu faire disparaître, je crois, tout le levain de discorde. Malheureusement le duc avait d'autres idées à cet égard. Il commença cette ère, qui aurait dû être une époque de réconciliation, par frapper les insurgés d'une contribution.

Les Arabes dispersés, notre agha Mahiddin en fuite, le duc de Rovigo ne se trouvait pas assez vengé : il frappa une contribution de douze cent mille francs sur les villes qui avaient favorisé l'insurrection ; contribution monstrueuse, sans rapport avec les ressources des habitants : aussi demeura-t-elle sans effet.

Il ne rentra, dit-on, de cet impôt que dix mille francs, payés par la famille M'Barek, de Koléah, et quatorze cents francs remis plus tard au général Voirol par le hakem (gouverneur) de Blidah.

Peu de temps après, un des intrigants indigènes qui exploitaient la crédulité du général en chef vint le trouver à Alger, et se plaignit des dangers qu'il avait courus à Blidah, dont il avait cherché à se faire nommer hakem.

M. de Rovigo, qui ne cherchait nullement à approfondir les motifs de cet indigène, s'y laissa prendre, ne demandant pas mieux que de sévir contre une des villes qui venaient de participer à la dernière insurrection ; ainsi, sans autre information, il s'empressa d'envoyer le général Faudoas contre cette petite ville, qui fut saccagée le 21 novembre. Les habitants avaient heureusement pris la fuite la veille de notre arrivée, et, le surlendemain, les troupes revinrent à Alger plus chargées de butin que de gloire.

Ces représailles ne suffirent pas. On avait désigné au duc deux kaïds comme des chefs d'insurrection très-influents : il leur promit un pardon absolu, les attira auprès de lui sous la foi d'un sauf-conduit, et les fit juger, exécuter. « Cette action criminelle, dit le commandant Pélissier, détruisit toute confiance chez les Arabes, et maintenant les noms de Meçaoud et d'El-Arbi (3) (les deux kaïds traîtreusement mis à mort) ne peuvent être prononcés sans réveiller des souvenirs de trahison et de mauvaise foi bien funestes à notre domination. »

Cette exécution de deux chefs qu'un sauf-conduit, respecté chez tous les peuples, couvrait du caractère sacré de parlementaire, mit le sceau à l'administration de M. le duc de Rovigo.

Le général Savary, dès son arrivée au commandement à Alger, s'é tait habitué à se laisser dominer par les plus grossières intrigues. Ce général accueillit l'idée que les Maures d'Alger répandaient parmi les Arabes l'espoir que la France allait abandonner sa conquête, en substituant un régime turc au gouvernement choisi parmi les indigènes. Sans approfondir les rapports de sa police, il exila plusieurs notables qui ne se doutaient guère des imputations dont on les chargait[1]. Mais, parmi eux, il y en eut un qui trouva grâce devant le duc de Rovigo; c'était Hamdan-Khodja, le plus fin et le plus dangereux de tous peut-être. Celui-ci travaillait pour le bey de Constantine, dont il a été ensuite l'agent à peu près avoué à Paris.

Dans les premiers mois du commandement du duc de Rovigo, un coup de main très-hardi nous avait rendus de nouveau maîtres de Bone; nous en parlerons bientôt. Le bey, à qui cette occupation faisait craindre une expédition sur Constantine et qui d'ailleurs n'ignorait pas les menées de Ferhat-Ben-Saïd pour se rallier à nous en cas où cette expédition aurait lieu, résolut d'entrer en négociations avec le général en chef, dans le seul but, à ce qu'il paraît, de sonder ses intentions. Toute cette affaire est, du reste, couverte d'un voile qu'on n'a pu entièrement pénétrer.

Dans le mois d'août 1832, Hamdan fit connaître au duc de Rovigo qu'il avait appris du marabout Ben-Aïssa, homme très-vénéré dans le pays, et qui habite au pied du mont Jurjura, que le bey de Constantine désirait traiter avec lui; il lui parla même de lettres qu'Ahmed lui aurait écrites et qui auraient été interceptées. Le duc saisit avec empressement cette occasion de rapprochement avec un homme qui l'inquiétait, et lui envoya ce même Hamdan pour entendre ses propositions. Mais on assure que cet astucieux Hamdan déjoua la haute police du duc et parvint à se faire envoyer auprès du bey de Constantine sous le prétexte de traiter avec lui, mais dans le but véritable

---

[1] Quelques Algériens non déportés par le duc, mais craignant d'éprouver plus tard quelques vexations, se rendirent à Paris avec les expulsés. On y vit à la fois Ben-Omar, notre bey fugitif de Médéah, Ben-Mustapha-Pacha, l'ancien agha Hamdan, Ahmed-Bouderbah et quelques autres. Tous ces gens-là furent très-bien accueillis par les ministres du gouvernement dont le représentant les persécutait à Alger. On crut voir dans ces natures dégradées, qui n'ont rien de commun avec les Arabes, des échantillons de ces vigoureuses individualités africaines dont on ne se fait nulle idée à Paris. Ils devinrent objet de mode; les deux premiers reçurent la croix de la Légion d'honneur. On appelait Ben-Omar M. le bey, et Hamdan M. l'agha; on les invitait dans le grand monde, et l'on croyait posséder, dans la personne de ces deux pacifiques marchands de poivre, les plus grands des fils d'Ismaël. Ce fut une mystification véritable. (*Annales algériennes*, par E. Pélissier, capitaine au corps royal d'état-major, t. II, p. 40.)

d'aller, sous notre protection, régler quelques affaires privées dans cette province.

En même temps le Tunisien Yousouf, dont j'ai parlé, et qui était alors à Bone chef d'escadron au 3ᵉ régiment de chasseurs d'Afrique, caressait le projet de se faire nommer un jour bey de Constantine. La possibilité d'un traité avec Hadji-Ahmed devant ruiner ses espérances, il entretenait avec un notable de Constantine, nommé Sidi-Yacoub, une correspondance secrète. « J'ai reçu votre lettre, lui écrivait-il, par laquelle vous m'informez du retour d'El-Hadji-Hahmed, bey de Constantine, à son quartier général, ainsi que de l'arrivée de Sidi-Hamdan-Ben-Kodja à Constantine pour traiter de la paix entre les Français et ce bey. Ne croyez rien de cela ni de tout ce que pourra vous dire le bey ; mais apprenez de moi la vérité : coûte que coûte, les Français iront à Constantine et prendront la ville. »

Le général en chef s'était trompé sur la valeur des négociations proposées par son envoyé, qui n'eurent point d'effet ; et Hamdan lui-même, qui avait appris et su pendant qu'il était encore à Constantine, que des lettres qui étaient parvenues à Constantine les premières avaient été écrites par Mustapha, négociant maure d'Alger, et les secondes par Joseph, chef d'escadron, ne douta pas que cette correspondance n'eût été la cause du changement survenu dans les dispositions du bey, qui depuis cette époque n'a plus eu de relations avec nous. Ce fait nous amène à parler de la troisième occupation de Bone. Après la mort du commandant Houder, Ibrahim avait accablé les habitants d'exactions de toute espèce. De son côté, le bey de Constantine avait envoyé contre eux un de ses lieutenants, Ben-Aïssa, qui les tint bloqués pendant six mois.

Réduits à l'extrémité, ils oublièrent leurs griefs pour réclamer, de concert avec Ibrahim, le secours de la France contre l'ennemi commun.

En attendant la saison favorable pour une expédition, M. le duc de Rovigo chargea le capitaine d'artillerie d'Armandy et Yousouf, alors capitaine aux chasseurs algériens, d'aller encourager de leur présence les assiégés.

Mais les exhortations du brave d'Armandy, qui s'était exposé à toutes les chances de subir le sort de Houder, ne purent relever le moral des gens de Bone.

Les portes de Bone furent ouvertes, dans la nuit du 5 au 6 mars 1832, par les partisans de Ben-Aïssa aux troupes de ce général, qui pillèrent la ville. M. d'Armandy eut le temps de se réfugier sur la felouque la *Fortune*.

Ibrahim, retranché dans la Kasbah, se défendit jusqu'au 26. Le même jour arriva de Tunis la goëlette la *Béarnaise*, commandée par l'intrépide capitaine Fréart, qui avait porté Yousouf à Tunis pour y acheter des chevaux de remonte. M. d'Armandy se rendit à bord de la goëlette, et demanda à M. Fréart trente marins, se faisant fort de gagner avec eux la citadelle et de s'y maintenir jusqu'à l'arrivée des troupes d'Alger; mais, comme le coup de main ne pouvait s'effectuer qu'avec le consentement d'Ibrahim, M. d'Armandy et Yousouf se rendirent auprès de lui dans la nuit : mal accueillis par ce chef, qui craignait, en se livrant à la discrétion de la France, qu'on ne fît plus tard une enquête sur la mort du commandement Houder, ils furent obligés de se retirer. Après leur départ, les Turcs se divisèrent; la majorité réclamait notre secours. Ibrahim et ses partisans, réduits à la fuite pour n'être point victimes de la révolte, se réfugièrent à Biserte, où ils eurent le bonheur d'arriver sans être découverts par Ben-Aïssa. Les Turcs envoyèrent un des leurs prévenir les deux capitaines de ce qui venait de se passer. Aussitôt ils accoururent avec les trente marins mis à leur disposition par le commandant de la *Béarnaise;* mais, comme la porte était gardée à vue par les soldats de Ben-Aïssa, ils s'y introduisirent par derrière le rempart au moyen d'une corde qu'on leur jeta. Le drapeau français fut immédiatement arboré sur la Kasbah, et, les Constantinois ayant voulu tenter un assaut, quelques coups de canon bien dirigés les obligèrent à se tenir à distance.

On profita de leur éloignement pour tirer de la *Béarnaise* les vivres dont on avait besoin dans la citadelle.

Ben-Aïssa, n'ayant pas l'espoir d'enlever la citadelle aux Français, prit le parti d'abandonner Bone; mais, voulant se venger sur la ville, il força tous les habitants à en sortir pour le suivre; après il la livra au pillage, et finit par y mettre le feu, ne voulant laisser que des ruines aux Français, à quoi il ne réussit que trop.

Le capitaine d'Armandy assistait du haut de la citadelle à cette scène de désolation, et se désespérait de ne pouvoir la faire cesser. A peine se fut-il éloigné traînant à sa suite les infortunés Bonois, qu'une nuée de Kabaïles et d'Arabes vint y mettre le feu.

Pendant ces événements, quelques zouaves musulmans qui regrettaient Ibrahim voulurent exciter la garnison de la citadelle à la révolte. Le capitaine d'Armandy, averti à temps, en fit arrêter trois qui furent conduits à bord de la *Béarnaise;* trois autres furent mis à mort pour l'exemple, et tout rentra dans l'ordre. Le capitaine Joseph crut devoir faire lui-même deux de ces exécutions, qui doivent être dépouillées des circonstances fabuleuses dont il a plu à certaines personnes de les entourer; au reste, cette conspiration fut peu sérieuse. les Turcs n'y prirent aucune part, et depuis ce moment jamais troupe n'a été plus fidèle et plus dévouée à son chef que ce corps de Turcs, dont Joseph eut dès lors le commandement. C'est ainsi que l'énergie et l'esprit d'à-propos de deux hommes assurèrent à la France la possession de Bone.

Le lendemain, les Turcs sortirent de la Kasbah pour chasser les maraudeurs qui achevaient de piller les ruines de Bone, et s'y établirent. Un bataillon du 4ᵉ de ligne, quelques canonniers et sapeurs du génie, arrivèrent bientôt d'Alger, sous les ordres du commandant Davois, qui donna un rare exemple d'abnégation de toute susceptibilité hiérarchique. Le général en chef lui avait fait connaître son désir de laisser à M. d'Armandy le commandement supérieur de Bone, ajoutant que, si cette disposition le contrariait, il était libre de rester à Alger. M. Davois, plein d'estime pour le capitaine d'Armandy, ne fit aucune objection, et ces deux officiers, dans une position tout exceptionnelle, s'entendirent, pour la défense de Bone, avec une générosité de procédés qui les honore également.

Aussitôt que la nouvelle de la prise de Bone parvint en France, trois mille hommes partirent de Toulon, sous les ordres du général Monk d'User, et vinrent assurer dans les premiers jours de mai 1833 la possession de cette conquête. Ce général adopta, dès le principe, un système pacifique, sans toutefois se montrer faible quand les circonstances exigeaient quelque répression. Sa domination ne fut troublée que le 28 septembre, par Ibrahim, qui parut devant la place avec quinze cents hommes.

Yousouf se conduisit bravement dans une sortie qui mit en déroute cette petite armée, il reçut peu de temps après le grade de chef d'escadron au 3ᵉ chasseurs d'Afrique, dont une ordonnance avait créé l'organisation à Bone quelques mois auparavant. Ibrahim, après sa défaite, se retira à Médéah, où le bey de Constantine le fit assassiner en 1833 [1].

---

[1] Ahmed-Bey ne cessa point de troubler la province. Son agha s'avança, au mois de novembre, jusqu'à Talaba, à sept lieues de Bone, et exerça contre les Arabes des cruautés inouïes. Un grand nombre d'hommes furent égorgés, des femmes et des jeunes filles furent mutilées de la manière la plus cruelle; on leur brûla les mamelles et les genoux. C'était une honte de ne pas sévir à outrance contre le bey de Constantine. La garnison de Bone était, à cette époque, décimée par les maladies; mais n'avions-nous pas des forces en France, et fallait-il tolérer de telles horreurs, commises

Nous avons laissé à Oran le général Boyer, essayant d'y naturaliser le système d'extermination qu'il prétendait être le seul capable d'assurer notre domination en Afrique. Il n'obtint que des résultats diamétralement opposés : les tribus voisines se soulevèrent et le tinrent hermétiquement bloqué. Ce fut alors que l'empereur de Maroc, renonçant à agir directement sur la régence d'Alger, voulut du moins exercer une influence occulte sur les affaires du beylik d'Oran, dans l'espoir de le réunir tôt ou tard à son empire.

A cet effet, il se mit en relation intime avec un jeune Arabe, qui commençait déjà à briller d'un certain éclat et qu'à raison de son âge il croyait pouvoir soumettre à son ascendant avec plus de facilité que les autres chefs; outre cela, il existait entre eux une espèce de lien de parenté, l'un et l'autre se disant ou se croyant chérifs, c'est-à-dire descendants du prophète [1]. Ce jeune homme, c'était Abd-el-Kader. Sa brillante carrière, la grande influence qu'il exerçait alors en Algérie, la longue lutte qu'il soutint contre nos armées, nous imposera bientôt le devoir de faire connaître ce personnage avec plus de détails. Si les événements d'Oran étaient toujours à la merci du général Boyer, la France s'occupait néanmoins de négociations avec l'empereur de Maroc; ces démarches confiées à M. Mornay, gendre du maréchal Soult, eurent pour résultats l'abandon de Tlemcen, de Médéah et de Milianah, par les agents marocains, qui avaient tenté d'y faire reconnaître la souveraineté du chérif Abd-el-Rhaman.

Nous avons signalé les conflits qui existaient entre les deux pouvoirs à Alger, entre deux hommes qui auraient pu si bien s'entendre s'ils avaient mis un peu de bon vouloir et l'amour-propre de côté; malgré les graves différends et la profonde antipathie qui existaient entre le duc de Rovigo et le baron Pichon, ces deux chefs prirent de concert plusieurs mesures utiles au bien-être de la colonie; on les vit tour à tour s'occuper de l'assainissement et de l'agrandissement des rues d'Alger, de la police sanitaire de la province, des services administratifs de Bone et d'Oran, de la réorganisation de nos pêcheries de co-

---

dans un pays où nous avions la prétention de régner? (Voir les *Annales algériennes*. tome II, page 59.)

[1] D'après une généalogie plus ou moins avérée, les aïeux d'Abd-el-Kader font remonter leur filiation aux anciens khalifes fathimites, et de ceux-ci à la lignée du prophète, par sa fille unique Fathima et son gendre Ali. En admettant pour certaine cette origine, Abd-el-Kader serait chérif aussi bien que le sultan de Maroc. Au surplus, malgré cette prétendue descendance d'une dynastie de princes que les khalifes d'Orient flétrissaient de l'épithète de kgouaregi ou schismatiques, Abd-el-Kader est regardé comme très-orthodoxe.

rail, enfin de la création du *Moniteur algérien*, destiné à publier en français et en arabe les actes de l'administration. De son autorité privée, le duc de Rovigo fit aussi consacrer une des plus belles mosquées d'Alger au culte catholique [1]; ce qui lui valut l'approbation presque unanime des musulmans. « Enfin, voilà les Français qui se mettent à Dieu, » disaient-ils, et ils avaient raison, car, depuis le départ des aumôniers attachés à l'expédition de 1830, l'armée n'avait accompli aucun acte du culte public. M. le baron Pichon désapprouva seul cette mesure de haute convenance; il trouva encore le moyen de critiquer une résolution pleine d'humanité que prit le gouverneur, et qui aurait dû lui faire pardonner bien des fautes.

Une maison de campagne du dey (le jardin du dey), aux environs d'Alger, avait été mise à la disposition des généraux en chef; le duc la convertit en un hôpital militaire. Enfin l'inexorable censeur fut rappelé (juin 1832), l'ordonnance qui avait créé l'intendant civil indépendant du général en chef rapportée, et M. Genty de Bussy appelé à remplir ces fonctions sous l'autorité immédiate du duc de Rovigo.

Doué de plus de souplesse, de plus d'habileté que son prédécesseur, le nouvel intendant, malgré sa position subordonnée, acquit un ascendant réel sur l'esprit du général en chef et sembla bientôt marcher son égal. Déployant une grande activité bureaucratique, il rendit des arrêtés sans nombre sur toutes les matières : domaines, douanes, hypothèques, garde nationale, grande et petite voirie, contributions directes et indirectes, tout fut admirablement réglementé et coordonné par cet infatigable administrateur. A ne consulter que la nomenclature de ces arrêtés, nul pays au monde n'eût été mieux administré qu'Alger; mais, hélas! tant de belles créations n'existaient que sur le papier; aucun effort ne fut tenté pour les mettre en pratique.

M. de Bussy mit aussi beaucoup de zèle à propager la cochenille.

---

[1] Voici la transcription et la traduction des quatre passages du Koran qui décorent l'église catholique d'Alger : (Ouvrage de M. Genty de Bussy.)

1° — « Dieu, qu'il soit béni et exalté, a dit : Que la mosquée soit fondée sur la piété. (Sourate IX, verset 109.)

2° — « Les mosquées appartiennent à Dieu; n'y invoquez pas d'autre divinité. (Sourate LXXII, verset 18.)

3° — « La prière est pour les fidèles une obligation déterminée à certaines heures. (Sourate IV, verset 104.)

4° — « Acquittez-vous des prières, ainsi que de la prière du milieu, et montrez-vous obéissant à Dieu. » (Sourate II, verset 239.)

On lit de plus le nom de l'écrivain : Écrit par Ibrahim Djakerbi, l'an 1210 (1795 de Jésus-Christ).

Il en fit venir d'Andalousie, et en établit un dépôt auprès d'Alger, sous la direction d'un agent spécial chargé de sa propagation (4).

Nous signalerons avec d'autant plus d'empressement les actes utiles de l'administration de M. de Bussy, que nous sommes souvent forcé de le présenter à nos lecteurs sous un jour peu favorable. C'est également à M. Genty de Bussy que sont dues les premières ébauches de colonisation, la création de deux villages agricoles : Kouba et Dely-Ibrahim, où les émigrants alsaciens et suisses, que nous avons vus abandonnés par ceux qui les avaient fait venir, trouvèrent un funeste refuge, car ils ne tardèrent pas à y être décimés par les fièvres.

Revenons maintenant à la puissance qu'Abd-el-Kader commençait à se créer en Algérie, où il devenait pour nous un adversaire redoutable ; nous donnerons sa biographie plus tard, à la fin du deuxième volume. Nous nous contenterons ici de citer les différentes circonstances qui l'ont fait arriver au pouvoir, et les prédictions qui ont servi à consolider son influence chez les Arabes.

Il existait aux environs de Maskara, dans la grande tribu des Hachems, un édifice religieux appelé la Guetna, appartenant à une antique famille de marabouts, qui faisait remonter son origine jusqu'aux khalifes fathimites, proches descendants du prophète. Mahi-Eddin, chef actuel de cette famille, était vénéré comme un saint, et consacrait son influence à calmer les dissensions intestines des Arabes pour les armer contre nous dans la guerre sainte de l'indépendance.

Les tribus voisines de Maskara lui offraient, en 1832, le commandement suprême ; mais, dédaignant pour lui-même l'honneur de marcher à leur tête, d'ailleurs prétextant son grand âge, il refusa. Mahi-Eddin signala à leur confiance et à sa place son jeune fils Abd-el-Kader, qui fut agréé. Le vieux Mahi-Eddin raconta, à cette occasion, qu'étant en pèlerinage à la Mecque, quelques années auparavant, avec son fils aîné et Abd-el-Kader, il rencontra, un jour qu'il se promenait avec le premier, un vieux faquir qui lui donna trois pommes en lui disant :

« Celle-ci est pour toi ; celle-là est pour ton fils que voilà ; quant à la troisième, elle est pour le sultan. »

« Et quel est ce sultan ? » demanda Mahi-Eddin.

« C'est celui, reprit le fakir, que tu as laissé à la maison lorsque tu est venu te promener ici. »

Cette petite anecdote, que les partisans d'Abd-el-Kader croient comme un article de foi, n'a pas peu contribué à consolider son pouvoir. Peu de temps après eut lieu la déclaration d'un vieux marabout qui vint révéler dans Maskara que l'ange Gabriel lui avait apparu et l'envoyait annoncer que, par la volonté de Dieu, Abd-el-Kader devait régner sur les Arabes; il est certain, comme dit le capitaine Pélissier, que l'ange Gabriel et Dieu lui-même ne pouvaient faire un meilleur choix.

Ces prédictions ne pouvaient manquer d'exciter l'enthousiasme et le fanatisme des Arabes, qui sont toujours portés à ajouter foi au merveilleux.

Aussi ce jeune chef fut proclamé émir par les habitants de cette ville, qui, depuis l'expulsion des Turcs, se gouvernaient en république.

Le 3 mai 1832, plusieurs milliers d'Arabes inaugurèrent cette élection par une expédition sur Oran. L'artillerie du Château-Neuf les ayant repoussés, ils quittèrent ce point d'attaque pour s'attacher au fort Saint-Philippe, et ne firent retraite qu'à la nuit, après avoir reconnu la complète impossibilité d'escalader l'escarpe.

Le 4, trois cents cavaliers se montrèrent en éclaireurs dans les directions d'Arsew, Maskara et Tlemcen, et au delà des lacs on voyait se mouvoir de grandes masses. A deux heures ces masses se ruèrent sur le fort Saint-Philippe, par les hauteurs du village Bas-el-Aïn, et quinze cents Arabes se jetèrent dans les fossés pour tenter l'escalade. Nos soldats répondirent par une vive fusillade à une grêle de pierres lancées contre eux par d'habiles frondeurs. La lutte dura jusqu'à la nuit; nous ne perdîmes que trois morts et onze blessés.

Le 5 mai, les Français allèrent brûler Bas-el-Aïn, qui protégeait les embuscades de l'ennemi; à deux heures, comme la veille, des cavaliers vinrent nous inquiéter.

Le 6, trente-deux tribus, formant à peu près douze mille hommes, avaient établi leurs tentes en face des remparts d'Oran; mais tout se bornait à des escarmouches se dirigeant contre le fort Saint-Philippe, que son mauvais état rendait plus attaquable.

Le 8, les Arabes profitèrent d'un brouillard très-épais pour tenter l'assaut: le feu dura jusqu'au soir sans résultat, puis, découragés par leur insuccès et le manque de vivres, ces contingents reprirent, le 9, au lever du soleil, le chemin de leurs montagnes.

Mahi-Eddin et Abd-el-Kader assistaient à ces petits combats, et plus d'une fois le jeune émir, pour encourager les Arabes qu'effrayait notre artillerie, lança son cheval au plus fort du danger pour leur faire voir qu'il bravait nos boulets et notre mitraille.

Les hostilités ne se renouvelèrent que le 23 octobre, dans une petite affaire, sous les murs de la place: le 2ᵉ chasseurs, commandé par le colonel de l'Étang, chargea l'ennemi avec une brillante ardeur; le général de Trobriant se battait au premier rang comme un soldat. Le 10 novembre, Abd-el-Kader reparut, et, après une lutte acharnée qui nous coûta quelques pertes, il abandonna le champ de bataille au général Boyer, qui sortait de ses remparts pour la première fois.

Peu de temps après, ce général fut rappelé, à la suite des mésintelligences qui régnaient depuis longtemps entre lui et M. le duc de Rovigo.

M. Boyer se dispensait volontiers de toute subordination, en se fondant sur son privilége de correspondre directement avec le ministre de la guerre. Quelle que puisse être son excuse à cet égard, nous devons signaler l'ordre du jour dans lequel furent signalées les exécutions clandestines qu'il se permettait à Oran[1].

Le général Desmichels lui succéda au mois d'avril 1833.

---

[1] Voyez les *Annales algériennes*, t. I, p. 233. — *Ibid*, t. II, p. 48. — *Dix-huit mois à Alger*, par le lieutenant général Berthezène, p. 276. — *Alger sous la domination française*, par le baron Pichon, intendant civil, p. 159 et 479. — « Le général en chef informe les officiers de tout grade de l'armée qu'il a appris, par des rapports dignes de foi, que des hommes avaient disparu dans les prisons et avaient été mis à mort sans jugement. Les troupes doivent refuser leur ministère à toute exécution qui ne serait pas précédée de la lecture de la sentence faite en leur présence au condamné; car ce ne serait plus qu'un assassinat dont elles se rendraient complices, etc. » (Ordre du jour du duc de Rovigo du 5 juin 1832. — *Moniteur algérien* du 22 juin 1832.)

Certes, avec le moindre semblant de déférence de la part du commandant d'Oran, il aurait été bien facile à ces deux hommes de s'entendre sur un pareil sujet, qui blessait moins l'humanité du duc de Rovigo que sa susceptibilité de chef.

Ce que l'on reproche à M. le général Boyer sur son extrême sévérité envers les Arabes nous étonne d'autant plus, que c'était du reste, dit M. le capitaine d'état-major Pélissier, « un homme d'esprit et de capacité, instruit et ami des arts, doux et affable dans son intérieur, et pourvu enfin d'une foule de qualités estimables qui contrastaient singulièrement avec sa terrible réputation, justifiée par ses actes.

« Cet officier général avait appris en Égypte à combattre les Arabes, mais non à les gouverner, et, dans toutes les guerres auxquelles il prit une part active et quelquefois glorieuse, nous ne le voyons jamais préposé à l'administration des pays conquis.

« Aide de camp de Kellermann en 1795, il fit, l'année d'après, la campagne d'Italie comme adjudant général, puis il assista aux expéditions du Nil et de Syrie. En 1802, il est envoyé à Saint-Domingue; au retour, il se trouva avec distinction aux batailles d'Iéna, de Pultusck, de Friedland et de Wagram. En 1810, il commanda en Espagne une division de dragons, à la tête desquels il acquit le surnom de cruel. Il trouva l'occasion de se distinguer de nouveau pendant la campagne de 1814 et les Cent-Jours.

« Il est regrettable que M. Boyer ait été abandonné en Afrique à l'empire de fâcheux préjugés, et que le ministre de la guerre n'ait pas ouvert les yeux sur cette phrase d'un de ses rapports, qu'il fallait « civiliser les Arabes par des moyens en « dehors de la civilisation. » (Voir l'*Algérie ancienne et moderne*, par Léon Galibert, p. 405.)

CHAPITRE III

Le général Avizard intérimaire. — Création du bureau arabe. — Le général Voirol arrive au commandement d'Alger. — Expédition de Bougie et son occupation. — Le général Monck d'Uzer, qui commandait Bone, marche contre la tribu des Merdès et la défait.

La retraite subite et forcée du duc de Rovigo [1] appela au commandement supérieur de l'armée d'Afrique le général Avizard, le plus ancien de ses maréchaux de camp. Son pouvoir fut de courte durée, car il ne dura que quelques jours (4 mars 20 avril), mais il le signala par une disposition trop importante pour que nous la passions sous silence. Nos relations avec les Arabes étaient restées soumises à l'intermédiaire des interprètes, hommes généralement peu instruits et très-prévenus contre la nationalité arabe, et l'on peut attribuer à l'exagération de leurs rapports une partie des résolutions arbitraires et violentes du duc de Rovigo. Le général Avizard institua, sous la dénomination de bureau arabe, une branche spéciale de l'administration, destinée à donner à nos relations avec les indigènes une régularité, une extension qu'elles n'avaient pas encore eues : sa mission consistait à concentrer toutes les affaires arabes, réunir et apprécier les documents originaux, mettre chaque jour sous les yeux du général en chef la situation du pays et la traduction des lettres les plus importantes. La direction de ce bureau fut confiée à M. de Lamoricière, capitaine aux zouaves. Cet officier, que sa bravoure et ses brillantes capacités devaient porter rapidement aux plus hauts grades, s'était appliqué à l'étude de la langue arabe, et fut le premier qui prouva la possibilité de se faire comprendre autrement qu'à coups de fusil.

Intermédiaire loyal, éclairé et plein de zèle pour l'avenir de notre conquête, il ne craignit point d'aller seul au milieu des tribus leur porter des paroles de paix, et les encourager à revenir sur nos marchés.

Dans les derniers jours d'avril, le lieutenant général Voirol [2] arriva à Alger comme commandant et inspecteur des troupes.

---

[1] Il quitta l'Algérie dans les premiers jours de mars 1833, se rendant en France pour tâcher d'arrêter les progrès d'une maladie cruelle qui le tourmentait; mais les secours de l'art furent impuissants, et il mourut peu de temps après son arrivée à Paris.

[2] Cet officier général, le plus jeune de nos lieutenants généraux, était précédé en Afrique par une brillante réputation militaire. C'est lui qui, n'étant encore que colo-

Il devait avoir le commandement en chef par intérim jusqu'au remplacement du duc de Rovigo; toutefois le gouvernement, bercé de l'espoir qu'un prompt rétablissement permettrait au duc de Rovigo d'aller reprendre son poste, ne l'envoyait qu'à titre d'intérimaire, puisque le duc était rentré en France pour y soigner sa santé.

Le premier soin du général Voirol fut d'abord de faire travailler aux routes dont le plan avait été arrêté sous le duc de Rovigo, et d'en faire ouvrir de nouvelles. Les travaux de cette nature, qui furent entrepris et à peu près terminés sous son administration, sont immenses et peuvent se classer ainsi qu'il suit :

1° Route de Blidah par Dely-Ibrahim et Douera. Le duc de Rovigo, qui l'avait ouverte, la poussa jusqu'au-dessus du fort de l'Empereur, dans un développement d'une lieue seulement, mais dans un terrain très-difficile.

Le général Voirol la prolongea jusqu'au village arabe d'Oulab Mendil, à l'entrée de la plaine de la Métidja, dans un développement de plus de six lieues.

2° Route de Blidah par Birkadem et Oued-el-Kerma. Elle fut poussée en entier par le général Voirol jusqu'au pont d'Oued-el-Kerma, et un peu au delà. Elle offre à nos colons un prompt et facile débouché sur la plaine. Le développement en est de plus de trois lieues. Elle devait, à Birkadem, pousser une ramification sur Ben-Chaoua; mais cette ramification, qui a été ouverte, n'a pas été continuée.

3° Route des Tagarins. Elle conduit de la porte Bab-el-Oued à la porte de la Kasbah, non loin de laquelle elle se réunit à celle du fort de l'Empereur. De sorte que maintenant les voitures peuvent faire le tour de la ville. Le développement n'en est guère que d'une demi-lieue.

4° Route de Kouba. Le développement de cette route, qui traverse la plaine de Mustapha-Pacha, est d'une lieue et demie environ; elle doit être prolongée jusqu'à la Métidja.

5° Route de la Maison-Carrée. Elle se sépare de la précédente au-dessous de Kouba : le développement est d'une lieue. Elle n'est point entièrement terminée.

---

nel, fit en 1815 cette brillante défense de Nogent, un des plus beaux épisodes de cette campagne si belle, quoique si malheureuse. Le général Boutourlin, aide de camp de l'empereur Alexandre, dit, dans l'histoire qu'il en a écrite, en parlant des trois jours de la défense de Nogent : « Il suffit de ces trois journées de la vie du colonel Voirol pour illustrer toute une carrière. » Éloge mérité et qui dans la bouche d'un ennemi a bien plus de prix encore.

6° Route en avant de la Maison-Carrée, dans la Métidja ;
7° Route de la Maison-Carrée au fort de l'Eau.

Des desséchements considérables furent commencés dans la Métidja et la plaine de Bone. Quelques symptômes d'insurrection furent étouffés avec vigueur, mais sans aucun de ces épisodes révoltants que nous avons déjà signalés. Un camp fut établi sur les bords du Hamis, pour protéger la récolte des foins dans les riches prairies qu'il arrose, et, grâce aux soins actifs de M. de Lamoricière, toujours prêt à se porter sur tous les points pour prévenir des troubles ou faire quelque bien, les Arabes reprirent confiance et revinrent à nous. L'exécution de Meçaoud et d'El-Arbi s'effaçait devant la loyauté bien connue du nouveau général.

Il créa alors, au mois de juin, un petit corps de cavaliers destiné à protéger les cultures, dans le district du Fahs d'Alger, contre les maraudeurs de la plaine. On nomma ce corps auxiliaire spahis (aujourd'hui gendarmes maures), destinés à prêter main-forte à notre gendarmerie trop peu nombreuse et à concourir à la défense commune du territoire.

Ils durent se monter et s'équiper à leurs frais. On leur donna des armes et on leur alloua une solde fixe de soixante centimes par jour, plus une indemnité de deux francs par chaque service.

C'était le tarif de l'ordonnance du 17 novembre 1831, qui autorise la formation de ces cavaliers, mais qui les met à la suite des régiments de chasseurs d'Afrique. Le 5 août, un nouvel arrêté vint étendre cette mesure aux trois outhans qui reconnaissaient notre autorité. Elle était là d'une application plus difficile ; car les divers cantons de ces outhans n'avaient pas, comme le Fahs, de cheiks reconnus. Le général Voirol institua, en outre, une milice à pied, pour garder, en été, les blockhaus et les postes que leur position malsaine rendait dangereux pour des troupes européennes. Cette sage mesure contribua puissamment à diminuer sensiblement cette année le nombre des malades. Ces levées, faites dans les outhans soumis, ne recevaient de solde que pendant la durée de leur service.

Après avoir assuré la sécurité dans ces divers cantons, le général Voirol chargea le chef du bureau arabe de négocier quelques rapports d'alliance avec les Hadjoutes de la plaine, gens turbulents et belliqueux, que l'on voulait s'attacher pour obtenir leur soumission. M. de Lamoricière eut, dans la plaine, une entrevue avec eux. Il vit aussi Chaouch-Kouider-ben-Rebah, l'homme le plus influent de cette tribu, mais il ne put obtenir que des assurances de paix, sans engagement de soumission.

A cette occasion, les Hadjoutes, comme toutes les autres tribus, réclamèrent avec instance la liberté de deux marabouts enlevés de Koléah par M. de Brossard, le 28 septembre 1832, et qui, depuis cette époque, avaient gémi dans les prisons d'Alger.

Résolu de leur accorder une partie de leur demande, satisfait de l'état du pays, le général Voirol consentit à délivrer un des cousins de l'agha Mahiddin; en conséquence, il relâcha Sidi-Allah, promettant que, si la paix n'était point troublée, il ne tarderait pas à délivrer aussi son cousin Mohammed.

Sidi-Allah fut ramené à Koléah par M. de Lamoricière, ce qui fut d'un bon effet auprès de ces tribus, qui reprirent confiance en nous.

Vers la même époque, le camp de Douéra fut installé pour surveiller à la fois Blidah et Koléah; mais ce ne fut que l'année d'après que ce camp devint permanent.

Les belles routes qui s'ouvraient de toutes parts allaient bientôt nous offrir de nombreux et de faciles débouchés sur la plaine. On voulait aussi s'assurer du défilé boisé et marécageux de Boufarik en abattant les taillis, en réparant les ponts et en saignant les marais. Ce défilé périlleux obligé pour agir sur Blidah et la partie méridionale de l'outhan de Beni-Khalil, il était nécessaire d'éclaircir ses abords; puis le général en chef s'occupa d'un plan d'occupation de Bougie.

Depuis la tragique aventure de Mourad, sous le maréchal de Bourmont, sur Bougie, cette ville avait été complétement oubliée. On ne pensait pas que, entourée de toutes parts d'un rideau de montagnes de difficile accès, elle pût être de quelque utilité pour les opérations militaires que nous aurions à diriger dans l'intérieur de la régence. Les événements firent sentir la nécessité d'en prendre possession. Un navire anglais fut insulté en rade de Bougie. Le gouvernement de la Grande-Bretagne s'en plaignit, disant que si la France ne savait pas faire respecter le pavillon de ses amis sur les côtes qu'elle considérait comme à elle, il se verrait forcé d'employer d'autres moyens pour que l'insulte qu'il avait reçue ne se renouvelât pas. Le ministère, voyant dans cette insinuation une menace d'occuper Bougie, craignit d'avoir près d'Alger un voisin incommode et résolut de le prévenir.

On fit d'abord reconnaître la place. M. de Lamoricière fut chargé de cette mission. Il s'y introduisit par le moyen d'un nommé Boucetta, habitant du pays; mais il fut très-mal reçu et ne put y rester que peu d'instants. Il courut même d'assez grands dangers. Boucetta fut obligé de quitter la ville avec lui, et à peine fut-il embarqué, que la population mit le feu à sa maison.

M. de Lamoricière vit néanmoins assez bien le pays; mais le désir si naturel à un jeune officier de voir s'effectuer une entreprise de guerre lui fit à son insu exagérer les facilités de celle-ci ; aussi les documents qu'il fournit ont été cause de plus d'un mécompte (5).

Le ministère de la guerre annonça au duc de Rovigo, le 26 décembre 1832, que l'occupation de Bougie était un point arrêté dans son esprit; mais ce ne fut que sous le général Voirol qu'on s'occupa des moyens d'exécution. Celui-ci voyait sainement les choses. L'expédition ne lui paraissant pas devoir offrir les avantages qu'on en attendait, il s'y montra peu disposé; mais, ne voulant pas lutter contre l'opinion du ministre, et même contre celle de son chef d'état-major et de quelques officiers subalternes, il ne chercha pas à combattre l'enthousiasme réel ou de commande de quelques têtes qui, n'étant pas toutes jeunes, auraient pu avoir plus de maturité. Néanmoins, lorsqu'on voulut lui persuader que six cents hommes partis d'Alger suffiraient pour occuper Bougie, il repoussa cette extravagance et détermina le ministre à envoyer, pour cette expédition, un renfort à l'armée d'Afrique.

Le ministre, lorsqu'il était dans la persuasion qu'un bataillon suffirait pour conquérir Bougie, avait nommé au commandement de ce point le chef de bataillon Duvivier, l'officier le plus capable peut-être qui ait paru à l'armée d'Afrique; mais, lorsqu'il vit qu'il fallait plus de troupes qu'il ne l'avait d'abord cru, il décida que l'expédition serait conduite par un maréchal de camp, et il fit choix du général Trézel. Celui-ci, après avoir pris Bougie, devait rentrer dans ses fonctions de chef de l'état-major général, et donner à M. Duvivier le commandement de sa conquête.

Le général Trézel reçut, dans le courant du mois d'août, l'ordre de se rendre à Toulon, pour y prendre le commandement de l'expédition qui, de ce port, devait se rendre à Bougie.

Elle se composa des deux premiers bataillons du 59ᵉ de ligne, bataillons qui, de huit cents hommes, furent réduits à six cents. Cette réduction n'eut d'autre cause que la volonté même du commandant de l'expédition, disposé à s'exagérer la facilité de l'entreprise. Il connaissait si peu le pays dans lequel il allait opérer, que, dans la visite de corps que lui firent les officiers du 59ᵉ, il fit entendre ces paroles, auxquelles les faits devaient donner par la suite un si formel démenti :

« Nos soldats sont appelés à remplir une mission plus agricole que guerrière. Ils auront plus souvent à manier la pioche et la bêche que le fusil : c'est en introduisant chez les Kabaïles les bienfaits de notre civilisation, et en leur enseignant à mieux se vêtir, à mieux se loger, que nous les gagnerons à notre cause. »

Le 20 septembre, les deux bataillons du 59ᵉ, commandés par le colonel Petit-d'Hauterive, deux batteries d'artillerie, une compagnie de sapeurs du génie, une demi-section du train des équipages et une section d'ouvriers d'administration, et enfin le général Trézel et son état-major, s'embarquèrent sur une escadre ainsi composée : la *Victoire*, frégate commandée par M. Perseval, capitaine de vaisseau ; la *Circée* et l'*Ariane*, corvettes armées ; l'*Oise*, corvette de charge ; la *Durance* et la *Caravane*, gabares ; le *Cygne*, brick.

L'escadre, contrariée par les vents, ne put sortir de la rade de Toulon que le 22 ; elle arriva sur celle de Bougie le 29.

L'artillerie de l'escadre fit taire en peu de temps les forts de la ville, le débarquement s'opéra entre la Kasbah et le fort Abd-el-Kader, et malgré une assez vive résistance, une partie des troupes enleva la place en quelques heures. Dans la nuit, les Kabaïles, qui occupaient les hauteurs, descendirent par le ravin de Sidi-Touati, qui partage en deux Bougie, et vinrent attaquer la porte de la Marine.

Le fort Abd-el-Kader, la Kasbah et le fort Moussa furent successivement occupés, le pavillon français flottait sur toutes les batteries du port, que nous n'étions pas encore maîtres du corps de la place.

Le 30, au point du jour, ils cernaient les rues et tiraillaient de tous côtés. Les Kabaïles pénétraient facilement en ville par le ravin et par la porte Fouca, que l'on avait négligé d'occuper par ignorance, a-t-on dit, de son existence. Des pièces que l'on conduisait au fort Moussa furent vivement attaquées. On fit alors occuper une maison qui défendait la rue par où les Kabaïles arrivaient de la porte Fouca ; mais ceux-ci passèrent par les rues latérales, et les combats de rue en rue n'en continuèrent pas moins.

Le 1ᵉʳ octobre, les soldats, irrités de cette opiniâtre résistance, se portèrent à des excès déplorables, et s'en vengèrent sur quelques habitants qui étaient restés dans leurs demeures : plusieurs d'entre eux furent égorgés. Quatorze femmes ou enfants furent massacrés dans la seule maison du kadi Boucetta ; ce dernier, qui avait des vengeances à exercer, présida, dit-on, à cette scène de carnage. Il en reçut bientôt la juste punition, car il fut tué par un de nos soldats qui le prit pour un Kabaïle.

Dans la nuit du 2 au 3, les hauteurs voisines furent balayées avec vigueur par quatre compagnies que le brave de Lamoricière y lança; le 3, le général Trézel fit essayer sans succès l'escalade du mont Gourayah; le 4, survint d'Alger un renfort du 4ᵉ de ligne, avec deux compagnies du 2ᵉ bataillon d'Afrique.

Après des combats partiels, qui durèrent jusqu'au 12, le Gourayah, qui servait de retraite à des masses de Kabaïles, fut abordé avant le jour par trois colonnes; celles de droite et du centre atteignirent les crêtes sans éprouver de sérieuses difficultés; la colonne de gauche, conduite par le chef de bataillon Genty, du 4ᵉ de ligne, trouva plus de résistance; mais un détachement de marins, que le commandant Perseval-Deschênes fit débarquer au fond de la rade, appuya son mouvement, et après avoir refoulé l'ennemi sur tous les points, on établit au moulin de Demous un poste suffisant qui s'entoura de retranchements habilement tracés par le colonel du génie Lemercier.

Les Kabaïles renouvelèrent jusque dans les premiers jours de novembre des hostilités sans résultats. Nos blockhaus se multipliaient, et bientôt les assaillants n'osèrent plus se montrer à la portée de nos canons.

M. Duvivier prit le 7 novembre le commandement de la place, et le général Trézel, qui avait été grièvement blessé dans une escarmouche, retourna à Alger, laissant à Bougie un bataillon du 59ᵉ, un du 4ᵉ et le 2ᵉ bataillon d'infanterie légère d'Afrique; cette petite garnison fut renforcée plus tard d'un escadron du 3ᵉ chasseurs envoyé de Bone.

Bougie est à cent quatre-vingt-dix kilomètres d'Alger et à cent vingt de Constantine. Bâtie immédiatement au bord de la mer, sur le flanc méridional du mont Gourayah, abrupt et escarpé, qui s'élève rapidement jusqu'à six cent soixante-dix mètres de haut, Bougie est dominée par les hauteurs qui s'élèvent en amphithéâtre et presque à pic derrière elle. Cette position sur le flanc de la montagne, ses maisons écartées et les massifs d'orangers, de grenadiers et de figuiers de Barbarie qui les entourent, rendent son site éminemment pittoresque.

Des ruines nombreuses et imposantes assignent une haute antiquité à cette ville. Selon toute probabilité, elle formait la limite orientale de la Mauritanie Césarienne, et son emplacement est celui de l'ancienne colonie romaine de Saldes. Tous les peuples qui depuis vingt siècles l'ont occupée y ont laissé des traces de leur domination. Les travaux que les Espagnols exécutèrent après la conquête, en 1510, sont encore debout; ce sont : le fort Moussa, élevé par Pierre de Navarre, et la Kasbah, par Ferdinand le Catholique et Charles-Quint. Une complète anarchie régnait soit dans le territoire, soit dans l'intérieur de Bougie, lorsque la ville fut prise par nos troupes, le 29 septembre 1833. Ses habitants se retirèrent, emportant tout ce qu'ils possédaient ; cependant plus tard quelques-uns rentrèrent, quand ils virent qu'ils étaient bien traités par les Français.

S'il faut en croire quelques géographes, Bougie serait l'ancienne *Baga* ou *Vaga* ; suivant le docteur Shaw, elle aurait succédé à la colonie romaine de *Salda* ; enfin d'autres prétendent que Bougie occupe l'emplacement de l'ancienne *Choba*.

A proprement parler, Bougie n'a pas de port ; sans abri pour les gros temps d'hiver, la plage sans fond qui touche la ville n'est praticable que dans la belle saison. On ne trouve de mouillage un peu sûr que dans l'anse Sidi-Yahia, et encore ne peut-elle contenir qu'un petit nombre de navires d'un faible tonnage.

Nous voyons donc qu'on s'était trompé en tous points sur l'expédition de Bougie, puisqu'on fut obligé de demander du renfort à Alger, puisque les forces qu'on y avait amenées s'étaient trouvées insuffisantes.

La ville de Bougie était en notre pouvoir, mais dégarnie d'habitants, ruinée par la guerre, et par le peu de soin que l'on mit à la conservation des maisons; plusieurs avaient été renversées par notre artillerie ; on en démolit un grand nombre d'autres pour fournir du bois de chauffage à la troupe.

Notre nouvelle conquête ne fit qu'ajouter à sa détresse.

En définitive, nous n'avions conquis que des ruines, et nous nous trouvions bloqués de tous côtés ou par des montagnes inaccessibles ou par des peuplades hostiles.

Nous avions augmenté le nombre de nos ennemis et accru les embarras et les dépenses de l'occupation. Tel fut, il faut le dire, le résultat de l'expédition de Bougie. Sous le point de vue militaire, elle n'eut rien de bien remarquable.

Le général Monck d'Uzer, qui commandait à Bone, continuait à recueillir les fruits de sa politique modérée dans cette dernière ville. La tribu des Merdès, des bords de la Mafrag, ayant pillé quelques Arabes qui nous apportaient des vivres, il marcha contre elle. Après un léger combat, les Merdès demandèrent merci, et l'honorable général, satisfait d'avoir montré sa force, eut la générosité de ne leur imposer que la restitution de ce qu'ils avaient enlevé.

Cette sage conduite nous assura la fidélité de cette grande tribu. Depuis cette époque les Merdès, dont une faible partie était déjà sous notre domination, se sont montrés chauds partisans de la France.

Dans cette expédition, le capitaine Morris, du 5ᵉ régiment de chasseurs d'Afrique, eut l'avantage, bien rare dans ce pays-ci, d'avoir un combat singulier ; ce fut contre un Arabe d'une taille gigantesque. Les deux adversaires, ayant été désarmés dans le choc, se prirent au corps, et, ayant abandonné leurs chevaux, roulèrent sur la poussière. La lutte dura plusieurs minutes, personne, d'aucun côté, n'osant tirer sur ce groupe acharné, de peur de tuer le combattant de son parti. Enfin, un maréchal des logis ayant passé un pistolet à Morris, qui commençait à avoir le dessous, il le déchargea sur son ennemi, qui mourut ainsi dans ses bras.

Cet épisode vraiment homérique est le plus remarquable des rares combats singuliers qui ont eu lieu en Afrique.

L'escadron auquel appartenait le brave Morris partit bientôt pour Bougie, où il trouva plus d'une occasion de se distinguer.

CHAPITRE IV

GUERRE EN ALGÉRIE

Expédition contre les Hadjoutes. — Le général Desmichels à Oran. — Expéditions de Mostaganem et d'Arzew. — Perfidie de Kadour à Arzew. — Expéditions de Tafaraoui et de Témézourar. — Premier traité avec Abd-el-Kader. — Démêlés du général Voirol et de l'intendant civil. — Conversion d'une Mauresque à la religion chrétienne, et suites de cette affaire. — Nomination du général Drouet, comte d'Erlon, aux fonctions de gouverneur général, et de M. Lepasquier à celles d'intendant civil. — Départ de M. Genty. — Départ triomphal du général Voirol.

Peu de jours avant l'expédition de Bougie, quelques ferments de révolte s'étaient développés dans la Métidja : un de nos alliés, Bou-Zéid-Ben-Chaouïa, kaïd des Beni-Khalil, périt assassiné au marché de Boufarik, le 9 septembre[1].

Les Hadjoutes furent accusés de ce meurtre. Le général Trobriand sortit d'Alger avec une colonne, passa le Mazafran à Mocta-Kéra et mit le feu à leurs villages.

---

[1] Le général Voirol demanda une pension pour la veuve de ce kaïd, qui nous était dévoué ; elle fut refusée. Et cependant Ben-Omar, ce bey timide qui n'avait pas su se maintenir à Médéah, en touchait une de six mille francs, et un réfugié obscur de Constantine, nommé Ben-Zécry, qui gardait le fort de l'Eau avec quelques cavaliers, nous coûtait dix-huit mille francs pour des services fort contestables, et percevait aussi un traitement personnel de six mille francs.

Le fils de Bou-Zéid fut nommé kaïd à la place de son père et nous servit avec le même dévouement.

Toute la province d'Alger fut paisible dans l'hiver de 1833 à 1834, à l'exception de quelques incursions des Hadjoutes dans la Métidja.

Au mois de janvier, le général en chef reçut une députation du prince de Tugurth; l'envoyé de cette ville du Sahara [1] se rendit à Alger par Tunis; il venait offrir le concours de son maître dans le cas où les Français marcheraient sur Constantine. Le général Voirol l'accueillit avec bienveillance et le renvoya comblé de présents, sans toutefois engager sa responsabilité dans les éventualités de l'avenir.

D'autres ennemis personnels d'Ahmed-Bey, tels que Ferhat-Ben-Saïd, l'un des puissants cheiks du Sahara; El-Hadji-Abd-el-Salem, cheik de Merdjanah, qui, par sa position, était maître du fameux défilé du Biban ou des Portes de Fer; Haznaoui, cheik des Hanenchas, grande tribu limitrophe de la régence de Tunis; Ab-el-Diaf-ben-Ahmed, cheik de la plaine de Hamza, au pied du Djerdjera, et enfin Ben-Hassem, cheik de Stora, sur la côte, adressèrent au général en chef les mêmes propositions [2].

Ces ouvertures prouvaient qu'avec un système de protection éclairée, ferme et persévérante, il eût été facile d'assurer notre domination sur une portion considérable de l'Algérie. Les Arabes offraient des otages, des vivres et même de l'argent. Paralysé par l'impuissance à laquelle le gouvernement le condamnait, M. Voirol ne put répondre aux bonnes dispositions des indigènes en notre faveur; ceux-ci ne tardèrent pas à douter de notre puissance, et les fautes de plusieurs chefs militaires achevèrent plus tard d'effacer le prestige dont notre nom s'entourait encore.

Au mois de mai 1834, les incorrigibles Hadjoutes ayant recommencé leurs déprédations, le général Bro fut envoyé contre eux avec deux mille hommes, auxquels se joignirent les Beni-Khalil et les Beni-Moussas; cette colonne les atteignit le 18, dans le bois de Korasa, entre l'Oued-Jer et le Bouroumi. Un parlementaire se présenta pour traiter de la paix et demander un kaïd par nous; mais le général Bro voulait des otages; on ne put s'entendre, et les hostilités commen-

---

[1] (Voyez, sur Tugurth, *Exploration du désert de Sahara*, livre deuxième, p. 94.) Le sultan de ce pays était ennemi du bey de Constantine. Vaincu en 1833, dans une guerre contre Hadji-Ahmed, qui lui opposa de l'artillerie, et irrité de sa défaite, il avait conçu le projet de se réunir à nous contre ce bey, et se flattait de l'espoir d'obtenir le gouvernement de Constantine sous notre suzeraineté, et en payant à la France un tribut annuel.

[2] Voir les *Annales algériennes*, t. II, liv. XII, p. 113.

cèrent. Nos auxiliaires firent dans ce combat un butin qui les dédommagea de leurs pertes.

Le lendemain, un autre député vint apporter la soumission des Hadjoutes, et l'expédition reprit le chemin d'Alger, après leur avoir laissé pour kaïd Kouider-Ben-Rebeha. Quelques jours après, nos nouveaux alliés célébrèrent par une grande fête, à Blidah, leur réconciliation avec les Beni-Khalil; et le général en chef, pour sceller ce bon accord, délivra Sidi-Mohammed, le second cousin de Mahiddin et le plus célèbre des marabouts de Koléah. L'ex-bey de Titery, Ben-Omar, fut en même temps installé près de Douéra, avec une mission de surveillance sur l'outhan des Beni-Khalil. La confiance était rétablie de part et d'autre, et bientôt les Aribs, peuplade du Sahara, d'où la guerre l'avait chassée, et qui s'était réfugiée dans la plaine de Hamza, puis dans la Métidja, se réunit sous notre protection dans les belles prairies de Ras-Southa et autour de la Maison-Carrée. Ce fut un des beaux résultats de la belle conduite du général Voirol, qui ne négligeait aucun moyen de faire aimer et respecter en même temps notre autorité.

A Oran, le général Desmichels avait succédé à M. Boyer, le 23 avril 1833. Il suivit le système d'indépendance adopté par son prédécesseur. Homme d'action plutôt que de conseil, il débuta par une razzia sur les Gharabas, au sud-ouest d'Oran.

Abd-el-Kader, informé de cette agression, vint camper à trois lieues de la ville; plusieurs sorties vigoureuses le décidèrent à se retirer. Encouragé par ce succès, M. Desmichels résolut d'occuper Arzew et Mostaganem.

Le général Desmichels mit à profit l'absence de l'émir pour se porter sur Mostaganem, qui se trouve à quatre myriamètres par mer et à sept myriamètres par terre du port d'Arzew. Depuis 1830, elle était occupée par quelques centaines de Turcs, garnison peu sûre, quoique soldée par nous, la ville pouvait donc tomber entre les mains d'Abd-el-Kader d'un moment à l'autre. La frégate la *Victoire*, accompagnée de six bâtiments de transport nolisés, fit voile de Mers-el-Kébir le 23 juillet, portant quatorze cents hommes d'infanterie et deux obusiers de montagne. Le mauvais état de la mer força cette flottille de relâcher à Arzew; elle y resta trois jours pleins, et reprit le 27 le chemin de Mostaganem. Mais, les vents s'étant déclarés contraires, le général Desmichels se détermina à débarquer au Port-aux-Poules, à l'embouchure de l'Habra. Le débarquement s'opéra sans difficulté. A cinq heures du soir, ce petit corps d'expédition se dirigea sur Mostaganem. Il arriva dans la nuit à la fontaine de Sdidia, où il attendit le jour, et dès qu'il fut venu il se mit en route. Quelques Arabes se présentèrent sur le flanc droit de la colonne; mais leurs attaques furent peu vives, et ne ralentirent pas la marche un seul instant. A la nouvelle de l'arrivée des Français, la petite bourgade de Mazagran, située à une lieue en avant de Mostaganem, avait été abandonnée par ses habitants, qui s'étaient enfuis épouvantés; on n'y trouva qu'une vieille femme aveugle que des soldats, indignes de l'être, jetèrent dans un puits après l'avoir outragée.

Cependant, à l'approche de nos forces, le kaïd Ibrahim n'était pas sans inquiétude; il savait qu'il avait été desservi auprès du général Desmichels, et comme son arrivée ne lui avait pas été officiellement annoncée, il devait craindre qu'on ne lui réservât un mauvais parti. Néanmoins, fidèle aux engagements qu'il avait pris envers la France, il ne songea pas un instant à résister, et après avoir envoyé un de ses officiers au général français pour l'assurer de sa soumission, il se rendit lui-même auprès de sa personne, et entra à sa suite à Mostaganem, où les Français arrivèrent le 28 juillet.

Le commandement du fort de l'Est, moins bien disposé que lui, paraissait vouloir se mettre en état de défense, mais il lui envoya l'ordre formel d'ouvrir ses portes. Ainsi tombèrent les soupçons qui avaient plané un instant sur le kaïd Ibrahim.

On sut qu'Abd-el-Kader lui avait fait des offres très-avantageuses, et qu'il les avait repoussées avec indignation. Au reste, la meilleure preuve qu'il ait pu donner de sa fidélité est la manière dont il se conduisit dans la circonstance qui nous occupe. Maître d'une ville fermée, armée de plusieurs pièces de canon de gros calibre, et n'ayant affaire qu'à quatorze cents hommes sans artillerie de siége, il ne tenait qu'à lui de mettre le général Desmichels dans une position extrêmement critique. Il n'avait qu'à fermer ses portes pour obliger les Français de se replier en toute hâte sur le Port-aux-Poules ou sur Arzew, où ils ne seraient pas arrivés sans avoir eu sur les bras tous les cavaliers de la plaine de Ceirat, qui commençaient déjà à se réunir.

A notre arrivée à Mostaganem, les habitants, prévenus qu'ils étaient libres d'y rester sous notre autorité ou de quitter leurs foyers en emportant leurs richesses, adoptèrent ce dernier parti. Le général Desmichels, après avoir pris possession des forts, établit ses troupes au bivac en dehors de la ville.

Mostaganem fut presque entièrement dépeuplée. Le peu d'indigènes qui y restèrent durent se concentrer dans la ville proprement dite.

Le quartier Matamore, qui est dans la position dominante, fut exclusivement réservé à la garnison.

Dès le lendemain de l'arrivée des Français à Mostaganem, les Arabes vinrent les y inquiéter. Leurs attaques furent assez languissantes le 29 et le 30; mais le 31 elles devinrent sérieuses sur la droite du camp. Il y eut ce jour-là un engagement assez vif dans lequel l'ennemi perdit une cinquantaine d'hommes.

Le 2 août, Abd-el-Kader arriva en personne avec des forces considérables. Le général Desmichels crut alors qu'il était prudent de lever le camp et d'enfermer les troupes dans Matamore et les forts, et de retourner à Oran, pour tenter une expédition dans l'intérieur de la province pendant l'absence de l'émir. La garde de Mostaganem fut confiée aux Turcs et à trois cents hommes de troupes qu'on y laissa.

Quant au général, il s'embarqua sur la frégate la *Victoire*, qui était mouillée auprès de Mostaganem, et retourna à Oran avec l'intention bien avouée de profiter de l'éloignement d'Abd-el-Kader pour opérer une diversion dans le centre de cette province.

Il laissa le commandement de Mostaganem au lieutenant-colonel Dubarail, qui avait été mis depuis peu à sa disposition; mais bientôt après il envoya sur ce point, en qualité de commandant supérieur, le colonel Fitz-James. Il emmena à Oran le kaïd Ibrahim et une partie de ses Turcs. Cet officier rentra dans la vie privée, d'où il ne sortit que sous l'administration du comte d'Erlon.

Ainsi s'effectua l'occupation de Mostaganem par les troupes française. Le général Desmichels l'opéra, non-seulement sans en avoir prévenu le général Voirol, à qui il daignait à peine faire connaître les faits accomplis; mais même sans y avoir été autorisé par le ministre de la guerre. Ce général savait beaucoup prendre sur lui.

C'est une faculté précieuse dans un commandement éloigné; mais quelques personnes lui reprochent de ne pas en avoir fait une application heureuse dans cette circonstance. L'occupation de Mostaganem a passé aux yeux de bien des gens pour inutile, et, il faut l'avouer, elle l'a été en effet jusqu'au moment où nous nous sommes décidés à étendre notre occupation.

D'après l'opinion de M. Pélissier, officier d'état-major, cette ville serait une assez bonne base d'opération pour agir sur la vallée du Chélif, seule direction par où on puisse tenter de tourner les chaînes de l'Atlas.

Sous le point de vue agricole, le territoire de Mostaganem et celui de Mazagran offriraient de grands avantages à la colonisation. C'est un pays délicieux, mais que nous avons rendu désert, et que nous dépouillons chaque jour de sa végétation. Partout où nous nous établissons, les hommes fuient et les arbres disparaissent. Nous avons dit que le général Desmichels voulait occuper le port et non la ville d'Arzew.

Arzew, l'ancienne Arsenia des Romains, est une ville qui déjà à cette époque comptait plus d'édifices en ruines que de maisons habitables. Cette ville est située à trois kilomètres environ de la mer.

A notre arrivée en Algérie, elle était habitée par une tribu kabaïle du Maroc qui était venue s'y établir sous la protection du gouvernement turc. Lorsque nous nous emparâmes d'Oran, cette colonie rechercha notre amitié et fournit même à la garnison tout ce qu'elle put lui procurer. Lorsque l'on forma à Oran le 2ᵉ régiment de chasseurs d'Afrique, elle fournit plusieurs chevaux que l'on venait prendre au port d'Arzew.

Indigné de voir des musulmans se constituer les pourvoyeurs des chrétiens, Abd-el-Kader fit enlever secrètement le chef de cette colonie, et le conduisit à Maskara, où il mourut étranglé.

Instruit de cet acte de violence et de l'irritation qu'il avait causée parmi les habitants, le général Desmichels se détermina à occuper, non Arzew, mais son port (la Marsa, que nous avons pris l'habitude de désigner sous le nom d'Arzew, comme la ville dont il dépend).

Ce port est une excellente relâche. Abd-el-Kader voulut nous disputer cette position et entra dans Arzew avec un petit nombre des siens; mais il ne dépassa pas les faubourgs, et se borna à en faire évacuer les habitants. Quelques-uns de ces malheureux vinrent s'établir sous notre protection à Oran et à Mostaganem; la plupart se mêlèrent aux tribus arabes de la plaine de Ceirat.

L'émir ne pouvait se maintenir dans une ville ouverte et sans ressources; après l'avoir occupée quelques jours, il se porta sur Tlemcen.

Revenons maintenant au général Desmichels. Pendant qu'Abd-el-Kader inquiétait la place de Mostaganem et échouait dans ses tentatives inutiles sur cette place, le commandant d'Oran y débarquait. Le lendemain de sa rentrée à Oran, le 5 août, le général Desmichels fit partir de cette ville, dans la soirée, douze à treize cents hommes d'infanterie et de cavalerie pour aller attaquer les Smélas, leur faire le plus de mal possible, et obliger les tribus dont les guerriers avaient suivi Abd-el-Kader à Mostaganem de les rappeler par la crainte d'un sort semblable.

Le commandement de ce petit corps fut confié au colonel de l'Étang, du 2ᵉ de chasseurs d'Afrique. Cet officier supérieur arriva le 6 au point du jour auprès de plusieurs douars des Smélas, non loin d'une montagne appelée Tafaraoui, qui est un des pics les plus élevés du pays. Il mit en position son infanterie et deux pièces de montagne qu'il avait avec lui, et se porta ensuite sur les douars avec la cavalerie divisée en trois corps et les Turcs à notre solde.

Les Arabes, surpris comme dans l'affaire du 7 mai, se laissèrent enlever une grande quantité de bétail et plusieurs femmes et enfants que les chasseurs poussèrent devant eux, après que les habitations eurent été pillées. A peine le mouvement de retraite eut-il commencé, que les Arabes, qui avaient abandonné leurs douars, se rallièrent et se mirent à tirer sur nos cavaliers; ceux-ci se replièrent sur l'infanterie, au petit pas, en ripostant à leurs adversaires.

Toute la colonne reprit ensuite la route d'Oran, harcelée par les Arabes, dont le nombre augmentait de minute en minute. Le soleil était depuis longtemps sur l'horizon, et la chaleur de la saison, augmentée par le terrible vent du sud qui se mit à souffler, devint insupportable.

L'infanterie, sans vivres, était accablée de fatigue et de soif, et l'ennemi, mettant le feu aux broussailles, traça autour d'elle un cercle ardent. On vit alors des hommes désespérés jeter leurs fusils et refuser de marcher malgré les prières de leurs chefs; ceux à qui le courage restait n'avaient plus de force pour combattre. Ils se couchaient et achetaient un instant de repos au prix de leur vie que le yatagan des Arabes ne tardait pas à leur ôter.

La cavalerie eut donc à soutenir, à peu près seule, les attaques des Arabes : elle le fit avec une bravoure et un dévouement dignes des plus grands éloges. Enfin la colonne, après bien des fatigues, arriva à la fontaine des Figuiers; mais un nouveau danger l'y attendait, car les fantassins, après s'être disputé une eau malsaine et croupissante, s'entassèrent sous les quelques arbres qui se trouvait en cet endroit, et il fut impossible de les faire marcher. Dans ce moment critique, le colonel de l'Étang, dont le courage grandissait avec le danger, déclara à ses officiers qu'il fallait se préparer à périr avec l'infanterie ou la sauver : tous applaudirent à cette noble détermination. Aussitôt les chasseurs entourent cet amas d'hommes à demi-morts, qui gisaient sous les figuiers, et se disposent à soutenir de pied ferme les charges de l'ennemi. Les Arabes, intimidés par leur contenance, n'osèrent heureusement en pousser aucune à fond. Beaucoup d'entre eux venaient de très-loin à une allure très-vive, de sorte que leurs chevaux pouvaient à peine se traîner. Ensuite ils se laissèrent imposer par les deux obusiers qui leur firent assez de mal.

Cependant M. Deforges, officier d'ordonnance du général Desmichels, qui avait suivi le colonel de l'Étang, s'était dévoué au salut commun pour aller instruire son général du triste état des choses. La fortune secondant son courage, il parvint à Oran sans accident. Aussitôt le général Desmichels partit avec des renforts considérables, des rafraîchissements et des moyens de transport.

Les Arabes se dispersèrent à son approche, et la colonne de M. de l'Étang, après avoir bu et mangé, put regagner Oran, où, malgré ce qu'elle avait souffert, elle eut encore le bonheur de ramener son butin et ses prisonniers.

Après le départ du général Desmichels, Abd-el-Kader poussa avec vigueur le siège de Mostaganem, du 3 au 9 août; la faible garnison française eut à lutter contre des efforts inouïs; mais les Arabes, ayant épuisé leurs provisions, se dispersèrent peu à peu, selon leur habitude, et l'émir dut regagner Maskara, en attendant une autre occasion de reparaître. Ses émissaires parcoururent les tribus pour leur interdire, sous les plus rigoureuses menaces, toute communication avec nous. Sur ces entrefaites, un cheik des Bordjas, nommé Kadour, que l'instinct du lucre avait attiré sur le marché de Mostaganem, craignant que cette désobéissance n'attirât sur lui le courroux de l'émir, résolut de le détourner en lui offrant quelques têtes de chrétiens. Il se présenta à Arzew avec des vivres, et, après son trafic, feignant de craindre les cavaliers d'Abd-el-Kader, qui, disait-il, surveillaient les environs, il demanda une escorte pour retourner dans son douar. Le commandant d'Arzew obtempéra à sa demande et lui donna quatre chasseurs d'Afrique commandés par un maréchal des logis; mais, à un quart de lieue des avant-postes, ces malheureux tombèrent dans une embuscade : un d'eux périt, et les autres furent emmenés prisonniers à Maskara. Le général Desmichels écrivit à Abd-el-Kader pour les réclamer, disant qu'ils avaient été pris contre le droit des gens.

L'émir répondit que ses cavaliers les avaient pris en bonne guerre, escortant des Arabes qui, contre sa défense, s'étaient rendus sur nos marchés, et qu'il n'était pas responsable des intrigues d'un misérable dont le commandant d'Arzew avait été dupe, et qu'il désavouait : qu'au surplus il rendrait les prisonniers pour mille fusils par tête. Cette proposition ne pouvant être acceptée, il ne fut pas donné suite, pour le moment, à cette affaire.

L'émir, dans sa lettre au général Desmichels, lui reprochait de n'avoir fait encore que des surprises, et lui jetait le défi de venir le combattre loin d'Oran. Un mois après la réception de cette lettre, le général Desmichels apprit qu'Abd-el-Kader, qui revenait d'une course du côté de Tlemcen, était campé dans la plaine de Meleta, sur le territoire des Smélas, en un lieu appelé Temezourar.

A cette nouvelle, il partit avec presque toutes ses troupes, à six heures du soir, le 2 décembre, et se dirigea sur ce point, où il arriva avant le jour ; mais, au lieu d'attaquer le camp d'Abd-el-Kader, il dévasta des douars inoffensifs, où beaucoup d'Arabes furent massacrés. Il se préparait à faire retraite, lorsqu'une nuée de cavaliers vint tout à coup l'envelopper.

Dans le premier moment de sa stupéfaction, il s'empressa de relâcher quelques femmes et quelques enfants que nos soldats traînaient avec eux ; mais cette triste concession n'était point de nature à apaiser la fureur de l'ennemi, qui crut voir en cela un aveu de notre faiblesse. Leurs attaques en devinrent plus acharnées, et, sans le secours de notre artillerie, nous eussions payé cher les exploits de cette matinée.

Il ne se passa plus rien de remarquable à Oran jusqu'au 6 janvier 1834. Ce jour-là, un parti assez considérable d'Arabes s'étant présenté en vue de la place, deux escadrons de chasseurs d'Afrique, commandés par le commandant de Thorigny, montèrent à cheval et allèrent le reconnaître. Cet officier supérieur, emporté par son courage, s'avança trop loin, et eut bientôt sur les bras une nuée d'ennemis contre lesquels il lutta quelque temps avec avantage ; mais le colonel Oudinot[1], qui arriva sur ces entrefaites, suivi de trois autres escadrons de son régiment, crut devoir ordonner la retraite. Elle se fit avec si peu d'ordre et tant de précipitation, que les escadrons de M. de Thorigny perdirent dix-sept hommes, dont un officier.

L'ennemi ne s'arrêta qu'à la vue d'un fort détachement d'infanterie qui marchait à sa rencontre. Il eut le temps d'emporter les têtes coupées aux hommes tués, conformément à un usage barbare que nous avons le tort d'imiter trop souvent.

Cette affaire malheureuse fut la dernière. Le général Desmichels, voyant les résultats équivoques des expéditions, même les plus heureuses, sous le point de vue militaire, désirait la paix. La disette commençait à se faire sentir à Oran, où rien n'arrivait plus par terre, et, comme les mesures habiles prises par Abd-el-Kader rendaient

---

[1] Il avait remplacé, depuis peu, le colonel de l'Étang, qu'un ordre ministériel avait rappelé en France.

impossible tout arrangement partiel[1], il résolut de faire des ouvertures à l'émir lui-même, afin d'arriver à une pacification générale.

Par l'intermédiaire de quelques juifs, il sollicita une entrevue que l'émir lui refusa, en envoyant toutefois à Oran Miloud-ben-Harach, son secrétaire, pour écouter les conditions auxquelles un traité serait possible. Le général Voirol ne fut instruit de ces négociations que par des officiers d'Abd-el-Kader qui vinrent lui apporter les dépêches de M. Desmichels.

L'émir, en envoyant Ben-Harach, lui avait donné pouvoir pour traiter avec le général Desmichels. L'envoyé demanda que les propositions du général français fussent explicitement formulées. Le général rédigea donc le projet du traité et le remit à Ben-Harach, avec qui il fit partir M. Busnac et le commandant Abdallah d'Asbonne, chrétien de Syrie, au service de la France depuis l'expédition d'Égypte.

Abd-el-Kader était alors sur l'Habra. Il reçut fort bien les envoyés du général français, lut avec attention les conditions qui lui étaient offertes, donna ses instructions à Ben-Harach et le fit repartir pour Oran avec des pleins pouvoirs pour conclure.

Voulant donner au général Desmichels un gage anticipé d'amitié, et peut-être l'éblouir par un acte apparent de générosité, il lui renvoya en même temps les prisonniers d'Arzew.

Ben-Harach, après plusieurs jours de discussion, tantôt avec le général seul, tantôt en présence du conseil, convint, le 26 février, des dispositions suivantes, qui furent approuvées des deux partis, et qui constituèrent le traité de paix.

TRAITÉ DE PAIX ENTRE LE GÉNÉRAL DESMICHELS, COMMANDANT LES TROUPES FRANÇAISES DANS LA PROVINCE D'ORAN, ET L'ÉMIR ABD-EL-KADER.

Conditions des Français.

Article 1ᵉʳ. A dater de ce jour, les hostilités entre les Arabes et les Français cesseront ;

Art. 2. La religion et les usages des musulmans seront respectés ;

Art. 3. Les prisonniers français seront rendus ;

Art. 4. Les marchés seront libres ;

Art. 5. Tout déserteur français sera rendu par les Arabes ;

[1] Le général Desmichels avait essayé de traiter avec Mustapha-ben-Ismaël, chef des Douers, et avec son neveu El-Mzary ; mais ces négociations ne purent avoir de suite.

Art. 6. Tout chrétien qui voudra voyager par terre devra être muni d'une permission revêtue du cachet du consul d'Ab-el-Kader et de celui du général. —(Sur ces conditions se trouve le cachet du prince des croyants.)

Conditions des Arabes pour la paix : 1° Les Arabes auront la liberté de vendre et acheter de la poudre, des armes, du soufre, enfin tout ce qui concerne la guerre; 2° le commerce de la Marsa (Arzew) sera sous le gouvernement du prince des croyants, comme par le passé, et pour toutes les affaires. Les cargaisons ne se feront pas autre part que dans le port.

Quant à Mostaganem et à Oran, ils ne recevront que les marchandises nécessaires aux besoins de leurs habitants, et personne ne pourra s'y opposer. Ceux qui désirent charger des marchandises devront se rendre à la Marsa.

3° Le général nous rendra tous les déserteurs et les fera enchaîner. Il ne recevra pas non plus les criminels.

Le général commandant à Alger n'aura pas de pouvoir sur les musulmans qui viendront auprès de lui avec le consentement de leur chef.

4° On ne pourra empêcher un musulman de retourner chez lui quand il le voudra. Ce sont là nos conditions, qui sont revêtues du cachet du général commandant à Oran.

Immédiatement après la conclusion de la paix, le général Desmichels envoya à Maskara, pour représenter les intérêts de la France, le commandant Abdallah d'Asbonne, qu'il fit accompagner de deux officiers d'état-major. L'émir, de son côté, établit des oukils, ou représentants, à Oran, Mostaganem et Arzew.

Par un incroyable oubli de son devoir, comme des plus simples convenances, le commandant supérieur d'Oran n'était parvenu qu'à humilier les intérêts de la France devant ceux d'un chef arabe, dont il sanctionnait les prétentions et la souveraineté par la convention signée le 26 février 1834.

Le monopole du commerce d'Arzew livré aux agents d'Abd-el-Kader; Alger ouvert aux espions de l'émir, que le général en chef ne pourrait arrêter qu'en fournissant un prétexte de rupture; le droit concédé aux Arabes de venir acheter chez nous des armes et des munitions, qui tôt ou tard seraient employées contre nous; l'interdiction aux Européens de voyager dans l'intérieur des terres sans un permis du chef arabe, tandis que les musulmans pénétraient chez nous sans obstacle et sans contrôle; et au-dessus de tout cela, la reconnaissance officielle d'Ab-el-Kader comme *prince des croyants*, c'est-à-dire comme souverain que la France devrait désormais traiter d'égal à égal, tels furent les fruits de la diplomatie dont se glorifia tristement le général Desmichels, qui n'avait su ni réfléchir ni prévoir les conséquences qui devaient surgir d'après ce traité monstrueux avant de le signer, et qui avait reconnu Abd-el-Kader comme un souverain de sa façon. Sur la foi de la première partie du traité, plusieurs négociants d'Alger s'empressèrent d'établir un comptoir à Arzew ; mais quelle ne fut pas leur surprise lorsqu'ils se virent soumis au monopole qu'Ab-el-Kader prétendait exercer dans cette place?

A l'exemple du pacha d'Égypte, dont il avait étudié la politique lors de son voyage à la Mecque, l'émir s'était constitué le seul négociant de ses États; il avait interdit aux Arabes de traiter directement avec les Européens et prescrit de livrer leurs denrées à son oukil moyennant des prix fixés par lui. L'oukil revendait ensuite aux marchands européens à un taux exorbitant.

Le commerce se trouvant entravé par le manque de libre concurrence, un représentant des maisons françaises à Arzew porta plainte au général Desmichels, qui ne répondit que par des paroles évasives. Plus tard, le sous-intendant civil d'Oran reproduisit les mêmes griefs au point de vue de l'intérêt public ; mais le mal était fait, et le général se retrancha encore derrière de faux-fuyants. Nous voyons que vers le même temps un rapport de M. Sol, sous-intendant civil d'Oran, parvenait à M. Genty de Bussy.

Le monopole exercé par les agents d'Abd-el-Kader à Arzew y était formellement dénoncé, et on l'attribuait à des concessions imprudentes faites secrètement à l'émir par le général Desmichels. Il y était dit également qu'au mépris de la législation existante dans la régence sur les céréales, législation qui en prohibait l'exportation, Abd-el-Kader avait été autorisé à charger pour l'Espagne deux navires de grains dans le port d'Arzew.

Le général Voirol ne pouvait évidemment tolérer de pareils actes. Il en écrivit, avec toute la réserve convenable, au général Desmichels, qui nia l'existence du monopole et qui se retrancha derrière son ignorance de l'arrêté [1] prohibitif de l'exportation des céréales pour ce qui concernait les deux navires. Il faut qu'il y ait eu dans cette affaire quelque chose d'inexplicable, car pendant toute la durée de son administration, M. le général Desmichels a nié l'existence du monopole, quoique ses dénégations vinssent continuellement se briser contre l'évidence des faits.

[1] Cet arrêté est du 15 juillet 1832.

Pendant que ce général subissait les conséquences du peu de réflexion qu'il avait apportée à la rédaction de son traité avec Abd-el-Kader, le jeune émir était sur le point de voir s'écrouler l'édifice encore fragile de sa puissance ; de toutes parts s'élevaient des compétiteurs qui, jaloux de sa rapide prospérité, cherchaient à le ruiner. Sidi-el-Aribi, chef de la tribu de ce nom, lui reprochait d'avoir traité avec les chrétiens ; Mustapha-ben-Ismael, chef des Douers, et qui avait été agha sous la domination des Turcs, ne pouvait consentir à se soumettre à un pâtre, fils de pâtre ; Kadour-ben-el-Morfy, chef des Bordjia, accoutumé à une vie licencieuse et vagabonde, voyait avec peine l'ordre et la paix se consolider. Cédant aux instigations de ces hommes irrités, les Beni-Amer, tribu la plus populeuse de la province, se refusèrent à payer l'achour, sous le prétexte que la cessation de l'état de guerre rendait inutile cet impôt. Alors l'émir ordonna aux Douers et aux Smélas de se tenir prêts à marcher contre eux ; mais, en homme qui ne veut recourir à la force que lorsque la raison est impuissante, il réunit quelques cheiks des Beni-Amer dans une des mosquées de Maskara et leur fit comprendre l'impérieuse obligation imposée à tous les croyants de contribuer aux charges de l'État.

Son éloquence ne fut pas perdue : les Beni-Amer promirent de payer l'achour ; mais déjà les Douers et les Smélas, habitués sous les Turcs à servir d'instrument au pouvoir par l'appât du pillage, avaient commencé les hostilités. Abd-el-Kader leur envoya l'ordre de s'arrêter; ils n'en tinrent aucun compte, et Mustapha-ben-Ismaël, leur chef, les détermina à se mettre en pleine révolte contre l'émir.

Voyant son autorité méconnue, Abd-el-Kader alla dresser ses tentes sur le propre territoire des rebelles ; mais, trop confiant peut-être dans ses forces, il ne s'entoura d'aucune précaution ; surpris par Mustapha-ben-Ismaël, il fut mis en pleine déroute ; peu s'en fallut même qu'il ne tombât en son pouvoir. A cette nouvelle, Sidi-el-Aribi lève l'étendard de la révolte ; les autres chefs mécontents imitent son exemple, et Abd-el-Kader se voit en un instant entouré d'ennemis.

Pour s'assurer notre appui, ils proposèrent au général Voirol, puis au général Desmichels, de se reconnaître sujets de la France, s'engageant même, moyennant quelques subsides, à renverser Abd-el-Kader. C'était le cas d'annihiler un malencontreux traité ; mais la loyauté française prévalut sur la vraie politique, et ces offres furent repoussées. Jaloux de conserver un état de choses qu'il avait créé, le général Desmichels fit plus encore : il alla établir son camp à Meserghin, afin d'imposer par sa présence à ceux qu'il aurait dû appuyer de toutes ses forces.

Ainsi soutenu, Abd-el-Kader n'eut qu'à se présenter pour vaincre, tandis que l'émir se portait avec toutes les tribus fidèles au bord du Sig. Après avoir détruit le village d'El-Bordj, Abd-el-Kader atteignit Mustapha le 12 juillet, et du premier choc dispersa les rebelles ; leur chef, blessé grièvement, implora le pardon du vainqueur, qui ne souilla sa cause par aucun acte de vengeance. Profitant rapidement de ses avantages, il rentra dans Tlemcen, dont il chassa le kaïd ; mais les Turcs du Méchouar lui opposèrent, cette fois encore, une résistance qu'il ne put briser, faute d'artillerie[1]. Quant à Mustapha, le principal chef de l'insurrection, ne pouvant se résoudre à vivre sous la domination de son heureux rival, il se retira auprès des Turcs du Méchouar.

Maître de toute la partie de la province d'Oran qui s'étend depuis le Chélif jusqu'à l'empire de Maroc, Abd-el-Kader ne connut plus de bornes à son ambition et conçut la pensée de soumettre à sa domination celle d'Alger et de Titery. Une telle audace ne peut s'expliquer que par les encouragements que nous lui donnions.

Dans une dépêche par laquelle il s'empressa d'annoncer sa victoire au général Voirol, il disait que, grâce à ses soins, toute la partie occidentale de l'Algérie étant calme et soumise, il engageait le général à ne faire de son côté aucune tentative de répression sur les tribus de l'est, car lui-même se proposait de s'y rendre sous peu de jours et se chargeait de mettre tout en ordre. C'était dire en d'autres termes : Je veux incessamment devenir maître chez vous.

Le général en chef comprit toute la portée de ces astucieuses propositions et dissuada le trop complaisant émir de mettre ses projets à exécution. « Votre limite à vous, lui dit-il, c'est le Chélif ; au delà vous n'avez aucune autorité, et je vous crois trop sage pour entreprendre un voyage qui changerait immédiatement la nature de nos rapports. »

Cet avis suffit pour faire renoncer Abd-el-Kader au rôle de pacificateur général ; mais il mit en œuvre auprès du général Desmichels toutes les ressources de son génie diplomatique : au moyen de faux

---

[1] Comme il tenait beaucoup à soumettre les gens qui bravaient si insolemment son autorité, il demanda au général Desmichels deux obusiers pour foudroyer le Méchouar. Le commandant d'Oran ne crut pas devoir prendre sur lui de faire un tel présent. Il soumit néanmoins sa demande au ministre de la guerre, qui l'autorisa à fournir les deux obusiers s'ils étaient demandés de nouveau ; mais, avant que cette réponse fût parvenue à Oran, Abd-el-Kader s'était éloigné de Tlemcen.

rapports, il s'efforça de brouiller le commandant d'Oran avec son supérieur et de se faire de ce côté un appui pour l'accomplissement de ses vues ultérieures. Le général écouta avec trop de facilité peut-être les affidés d'Abd-el-Kader; mais le sentiment du devoir et la haute moralité qui caractérisent nos chefs d'armée déjouèrent ces nouveaux artifices.

A Bone, l'administration pacifique du général Monck d'Uzer produisit, dans nos rapports avec les tribus voisines, des résultats satisfaisants : elles campaient autour de la place ; leurs cavaliers éclairaient la marche de nos détachements ; mais, dans la ville, les ruines et la solitude entouraient nos malheureux soldats. En butte aux injures de l'air ou entassés dans des baraques qui les garantissaient à peine de la pluie, ils ne pouvaient échapper aux émanations des marais fétides que forment la Seybouse et la Bouzimah vers leur embouchure ; une maladie épidémique (la fièvre jaune) vint se joindre à ces causes de destruction, et la garnison perdit un quart de son effectif. Malgré cet état d'affaiblissement, malgré le système de douceur qu'il avait adopté, le général fut dans la nécessité d'infliger un châtiment à plusieurs tribus qui, se laissant entraîner par Ahmed, bey de Constantine, se montraient hostiles. De ce nombre furent les Oulad-Attia, qui habitent les rives d'un lac situé à quatre lieues de Bone, dans la direction de Stora. Attaqués sur leur territoire, ils eurent à regretter un grand nombre des leurs et abandonnèrent en fuyant quelques troupeaux, qui servirent à indemniser de leurs pertes nos alliés et surtout l'administration, dont une partie du parc avait été enlevée par ces pillards. Quelques mois après, il fallut sévir avec la même vigueur contre les Merdès, tribu très-nombreuse qui habite sur la rive droite de la Mafrag ; ceux-ci avaient pillé des marchands qui se rendaient à Bone. Trois fois on les somma de faire réparation de cette offense, trois fois ils ne firent aucune réponse satisfaisante. Les voies pacifiques restant sans effet, nos cavaliers s'élancèrent sur les rives de la Mafrag ; enfoncés en un clin d'œil, les rebelles virent enlever leurs troupeaux. Alors ils se présentèrent en suppliants, et leur grâce, qu'ils demandaient à genoux, leur fut généreusement accordée. Depuis cette époque ils n'ont cessé d'être pour nous des alliés fidèles.

Après notre évacuation de Médéah, le bey de Constantine était parvenu à y faire reconnaître hakem un Maure nommé Mohammed-el-Khazy, qui lui était tout à fait dévoué; les habitants restés fidèles à notre cause, les tribus qui comptaient sur notre appui, voyant ainsi s'évanouir leur prépondérance, sollicitaient vivement le général Voirol de réinstaller le bey nommé par le général Clausel, ou du moins de leur en donner un sincèrement rallié à nos intérêts. Le commandant en chef, n'osant rien prendre sur lui, en écrivit à Paris, mais il ne reçut point de réponse sérieuse, et lorsqu'il quitta l'Afrique, aucune détermination n'avait été prise.

A Bougie, les attaques incessantes des Kabaïles furent repoussées par le jeune commandant à qui la garde de cette place avait été confiée. La garnison eut à supporter des privations et des fatigues sans nombre; mais dans toutes les circonstances elle fit preuve d'un courage admirable : les jours de combat étaient devenus pour elle des jours de fête et de distraction.

Deux blockhaus, construits l'un dans la partie supérieure de la ville, et l'autre dans le bas, à l'entrée de la plaine, finirent par contenir les Kabaïles et rendre plus facile la tâche de nos soldats.

Telle était notre situation politique et militaire en Afrique vers le milieu de l'année 1834, pendant que la paix régnait en apparence dans la province d'Oran et dans nos possessions algériennes.

Le général en chef s'occupait à Alger des soins de l'administration. L'intendant civil, M. Genty de Bussy, créa plusieurs établissements agricoles, et, entre autres, une pépinière d'essai qui a prospéré de plus en plus; malheureusement il se laissa trop souvent entraîner à la manie de faire des arrêtés qui dépouillaient les indigènes au profit des spéculateurs venus d'Europe [1]. Lorsque M. Voirol voulut résister à des mesures qui compromettaient gravement les relations d'équité dont la politique, autant que le droit des gens, nous faisait un devoir, l'intendant civil afficha des prétentions d'indépendance qui firent éclore de fâcheux démêlés entre les deux pouvoirs [2].

M. Pichon était rentré en France pour ne pas être davantage le témoin des injustices de M. de Rovigo. Le ministère, peu soucieux d'intervenir dans leurs conflits, quelque légitimes que fussent d'ailleurs les griefs de M. Pichon, s'était borné à remplacer ce dernier par

[1] Dans le courant de 1834, M. Genty de Bussy, voulant agrandir le jardin de naturalisation, expropria un pauvre Maure, et le lendemain ce malheureux fut chassé du petit jardin qui le faisait vivre. Il vint, tout en larmes, se jeter avec ses enfants aux pieds du général en chef, qui le renvoya à l'intendant civil : celui-ci répondit que les règles de la comptabilité ne permettaient pas de payer sur-le-champ à cet homme l'indemnité qui lui était due, mais qu'on s'en occuperait. Le misérable exproprié, qui était sans pain, ne vécut longtemps que des bienfaits du général Voirol, désespéré d'avoir signé de confiance un arrêté qui avait de pareilles suites. Était-il si nécessaire d'agrandir la pépinière d'essai aux dépens d'une famille qu'on réduisait à mourir de faim? (*De l'Afrique française*, par P. Christian, liv. III, p. 159.)

[2] Voir les *Annales algériennes*, t. II, Ire part., liv. IX, p. 20; ibid., liv. XIV, p. 193 et 194.

M. Genty de Bussy, qu'une ordonnance du 12 mai 1832 plaçait sous l'autorité du général en chef.

L'unique protection que pouvaient espérer les intérêts civils des Français et des indigènes se trouva donc sacrifiée d'un trait de plume; mais le cabinet de Paris secouait ainsi toute espèce de travail, et le système de laisser faire semblait toujours le meilleur à l'égard d'une conquête sur laquelle, malgré tant de sacrifices et d'illusions parlementaires, nos vues d'avenir sont encore aujourd'hui une véritable énigme. Le nouveau fonctionnaire n'était alors qu'un simple sous-intendant militaire de troisième classe, que ses protections, à défaut de services, avaient fait maître des requêtes; mais c'était un homme d'esprit et fort capable de saisir le bon côté d'une position si difficile à maintenir.

M. Genty de Bussy profita des leçons que lui laissait son prédécesseur, et, connaissant les manies impériales du duc de Rovigo, il sut, de prime abord, gagner sa confiance par tous les dehors d'une parfaite soumission. Il n'en fallait pas davantage pour conquérir un ascendant complet sur ce général en chef, trop peu versé dans l'art des paperasses pour ne pas se laisser dominer promptement par un secrétaire qui se bornerait, en apparence, à lui épargner la fatigue de rédiger des arrêtés. Peu à peu M. Genty parvint à marcher sur une voie d'égalité auprès de M. de Rovigo, qui toléra, sans les voir, ses nombreuses usurpations. On emplirait un gros volume avec l'indigeste compilation de jurisprudence administrative à laquelle il soumit tout ce qui pouvait donner pâture au fisc.

Lorsque M. de Rovigo quitta l'Afrique, le général Voirol, homme de probité et de conscience, mais frappé d'une sorte d'impuissance par le sentiment continuel de sa position intérimaire, n'eut pas l'heureuse pensée d'opposer une forte autorité à l'envahissement des abus. M. Genty de Bussy, déchargé du fardeau d'un chef impérieux qu'il fallait sans cesse dompter par tous les artifices d'une politique minutieuse, prit ses coudées franches à l'arrivée du nouveau général, et, faisant servir à son ambitieuse rivalité la phraséologie des bureaux, qu'il possède si bien, et une facilité d'élocution qui ressemblait à du savoir, il s'empara du conseil d'administration, conduisit les discussions, et les entraîna sous le poids d'une omnipotence que personne n'eut l'énergie de contester.

Si M. Genty n'avait usé des conquêtes de sa faconde que pour en appliquer le pouvoir aux intérêts dont le développement lui était confié, le général Voirol aurait peut-être toléré jusqu'au bout les prétentions de son subalterne; « mais, dit un officier supérieur que j'ai déjà cité, lorsqu'il vit que l'intendant civil ne travaillait que dans l'intérêt de son amour-propre, sans ménager le moins du monde celui de son supérieur, sa susceptibilité d'homme et de chef se révolta, et il en résulta, de la part du général, une réaction dont les effets furent peu agréables pour M. de Bussy. »

Dans les premiers jours de septembre 1834, un événement assez important par lui-même vint porter le comble à leur mésintelligence.

« Une Mauresque divorcée se présenta au général Voirol, et lui déclara que son intention était d'embrasser la religion chrétienne. Le général en chef, après s'être assuré que cette femme n'était pas en puissance de mari, l'envoya au commissaire du roi près de la municipalité, en lui prescrivant de veiller à ce qu'elle ne fût point maltraitée par les musulmans, qui pourraient voir sa conversion de mauvais œil. La néophyte, assurée de la protection de l'autorité, se mit alors à s'instruire des premiers principes de notre religion, en attendant son baptême. Le kadi d'Alger, Sidi Abd-el-Aziz, homme instruit, mais fanatique, ayant appris ce qui se passait, courut se plaindre au général en chef, prétendant que la Mauresque n'avait pas le droit de changer de religion, et qu'elle méritait même d'être punie pour en avoir formé le projet. M. Voirol l'écouta avec beaucoup de patience, et lui répondit qu'il lui était personnellement fort indifférent que cette femme fût chrétienne ou musulmane, mais qu'il ne souffrirait pas qu'il lui fût fait la moindre violence sous prétexte de religion; que chacun était libre de suivre le culte qui lui convient; que ce principe avait été respecté par l'autorité française, qui ne s'était opposée en rien à la conversion de plusieurs chrétiens à la religion musulmane, et que, par analogie, il ne pouvait empêcher une conversion à la religion chrétienne. Le kadi, n'ayant rien de raisonnable à opposer à cela, pria alors le général de lui permettre, au moins, de voir la Mauresque, afin de tâcher de la ramener, par ses conseils, au culte de ses pères. M. Voirol répliqua qu'il en était parfaitement libre, et le kadi parut satisfait de cette assurance. Mais, ayant échoué dans ses tentatives, ce magistrat s'avisa de faire enlever la Mauresque par ses chaouchs. Le général, instruit de cet acte de violence, envoya un de ses aides de camp auprès d'Abd-el-Aziz, pour lui rappeler ce dont ils étaient convenus. La Mauresque, à qui l'on s'apprêtait à infliger la bastonnade, se trouva délivrée fort à propos, et se réfugia dans une église, où elle fut immédiatement baptisée, sans que les indigènes cherchassent à s'y opposer. Mais, le kadi s'étant rendu chez le muphty des Arabes, Sidi-Mustapha-el-Kebabty, tous deux convinrent de fermer leurs tribunaux pour exciter un soulèvement dans la population. Le général en chef eut bientôt brisé cette résistance factieuse; car, après avoir fait sommer les deux magistrats de reprendre leurs fonctions, sur leur refus, il les destitua [1].

Voici maintenant le rôle que M. Genty de Bussy voulut jouer dans cette affaire. Le jour de la fermeture des tribunaux musulmans, le général en chef le fit appeler et lui dit : « Je vous ai mandé, monsieur l'intendant civil, pour vous entretenir de l'événement du jour. — Quel événement, mon général? demanda M. de Bussy. — Mais, monsieur, reprit le général, vous devez bien le savoir : il s'agit de la conversion de la Mauresque réfugiée près de l'autorité civile, et des suites de cet incident. — Comment! mon général, il y a une Mauresque qui a embrassé le christianisme! Je vous assure que je n'en savais rien. » Le général Voirol, indigné de cette affectation ironique d'ignorer une chose que tout Alger savait, le pria froidement de se retirer, en ajoutant que, puisqu'il en était ainsi, il lui ferait plus tard connaître ses ordres. Le lendemain, de très-bonne heure, après avoir reçu, la veille, l'arrêté qui destituait les magistrats indigènes, M. de Bussy se rendit chez le général pour lui faire des observations sur cette mesure. Au bout de peu de minutes, la conversation prit une direction telle, que M. Voirol, abandonnant sa position de chef, se mit à l'égard de M. de Bussy dans celle d'un homme jaloux sur le point d'honneur, et qui se sent outrager par quelqu'un qui n'a pas sur ces sortes d'affaires les mêmes idées que lui.

Cette scène pénible clôtura, d'une manière fâcheuse pour M. de Bussy, l'administration de ce fonctionnaire [2]. Les Maures, mécontents de la fermeté déployée en cette occasion par le général Voirol, se mirent à pétitionner contre lui; mais, comme il avait su se faire aimer de la majorité des indigènes, il y eut des contre-pétitions, et le terrain de la polémique, comme celui de l'émeute, manqua aux perturbateurs.

Des rapports calomnieux, mais qui ne venaient pas tous des Maures,

---

[1] Le kadi fut remplacé par Sidi-Ahmed-ben-Djadoun, kadi du Beit-el-Mal, qui fut installé par les soins du commissaire du roi, et le muphty par Sid-Aoued-ben-Abd-el-Kader, kadi de Blidah; mais le muphty Sidi-Mustapha-el-Kebabty vint offrir ses excuses au général en chef, et fut autorisé à reprendre son emploi. Quelques indigènes qui avaient insulté le nouveau kadi furent arrêtés, et cet exemple suffit pour rétablir la plus entière tranquillité.

[2] *Annales algériennes*, t. II, Ire partie, liv. XIV, p. 201.

furent adressés au ministre sur cette affaire : la fausseté en a été officiellement démontrée sous le comte d'Erlon. Une chose assez remarquable, c'est que M. de Genty, qui trouvait mauvais que le général Voirol n'eût pas empêché la conversion de la Mauresque, exprime, dans un ouvrage qu'il a écrit sur Alger, le désir que des missionnaires aillent prêcher la foi aux Arabes. En effet, M. Genty de Bussy, à sa rentrée en France, écrivit et dédia au maréchal duc de Dalmatie un livre à travers lequel on trouve d'excellents idées, qui, si elles lui appartiennent, font d'autant plus regretter sa triste administration.

M. Genty, n'ayant pas été compris dans la nouvelle organisation administrative de la régence, quitta Alger peu de jours après l'arrivée de son successeur, M. Lepasquier, qui arriva, le 28 septembre 1834, avec le comte d'Erlon. Il laissa peu de regrets en Afrique, où il était loin d'être aimé. M. le général Voirol, qui l'était extrêmement, ayant dignement refusé une position secondaire qu'on lui offrait auprès de son successeur, remit le commandement des troupes au général Rapatel, et partit d'Alger dans le mois de décembre. Son départ fut un triomphe véritable.

Tous les kaïds des tribus s'étaient réunis pour lui faire leurs adieux et lui offrir, au nom de leurs administrés, des armes du pays.

La population presque entière l'accompagna jusqu'au port, en exprimant hautement ses regrets de le voir s'éloigner ; enfin, une médaille d'or lui fut offerte par les colons, comme témoignage de la reconnaissance d'une colonie où son nom et son souvenir seront toujours chers et vénérés (6).

CHAPITRE V

GUERRE EN ALGÉRIE

Arrivée à Alger du comte d'Erlon comme gouverneur général. — Arrivée de la commission d'Afrique. — Dissolution du bureau arabe. — Le lieutenant-colonel Marey est nommé agha des Arabes. — Changement dans la politique arabe. — Guerre contre les Hadjoutes. — Troubles sur plusieurs points. — Événements de Bougie. — Prétendue paix avec les Kabaïles. — Le général Desmichels quitte Oran. — Abd-el-Kader envahit la province de Titery et une partie de celle d'Alger. — Une partie des Douers et des Smélas vient se mettre sous la protection du général Trézel, à Oran. — La guerre recommence. — Combat de Muley-Ismaël. — Défaite de la Macta. — Départ du comte d'Erlon.

Le gouverneur général, arrivé à Alger le 28 septembre, parut d'abord sentir la nécessité de substituer, autant que possible, la politique des négociations à l'emploi de la force. Le comte d'Erlon [1] était, sans contredit, l'une de nos gloires militaires les plus pures et les mieux éprouvées ; mais quinze années d'une vie tout à fait étrangère au métier des armes le rendaient peu apte aux importantes fonctions de gouverneur général de l'Algérie ; son grand âge (près de soixante-dix ans) aurait dû le faire écarter d'un poste qui demande une extrême activité d'esprit et de corps, une grande promptitude dans les combinaisons stratégiques. Nous n'hésiterons pas à le dire, les convenances ministérielles l'emportèrent ici sur les intérêts réels de la France et de la colonie.

D'après les principes de l'ordonnance constitutive de la haute administration d'Afrique, le comte d'Erlon n'était, pour ainsi dire, appelé qu'à présider au mouvement militaire et administratif de nos possessions.

Sur le refus du lieutenant général Voirol, qui crut ne pas devoir accepter un poste secondaire dans un pays où il avait été chef suprême, le commandement des troupes fut dévolu au général Rapatel, ainsi que nous l'avons déjà dit dans le chapitre précédent ; M. Lepasquier, préfet du Finistère, remplaça M. Genty de Bussy dans les fonctions

---

[1] Né en 1765, dans les environs de Reims, de parents peu aisés, le jeune Drouet s'enrôla au régiment de Beaujolais en 1782, fut congédié en 1787, et rentra dans l'armée, avec le grade de caporal, en 1792. Capitaine le 1ᵉʳ avril 1793, et attaché à la personne du général Lefèvre en qualité d'aide de camp, il eut plus tard l'honneur de devenir son chef d'état-major, et de signer, au nom du maréchal, la capitulation de Dantzig, dont lui-même avait préparé la prise en dirigeant les moyens d'attaque (1807). Chef de bataillon en 1795, adjudant général en 1798, général de brigade le 25 juin 1799, Drouet se fit remarquer au passage du Rhin, effectué en 1797, sous les ordres de Moreau. A Erbach, à Herdorf (1800 et 1801), il se distingua par une vigueur et une rapidité d'exécution qui méritent les plus grands éloges. Appelé au commandement de la première division militaire après la paix d'Amiens, les années suivantes (1802 à 1806) le retrouvent dans les rangs de l'armée active : grièvement blessé à Friedland, il est nommé grand officier de la Légion d'honneur et comte de l'Empire. Chef d'état-major en 1809, de l'armée bavaroise en octobre, le comte d'Erlon prend le commandement du septième corps, et marche sur le Tyrol, insurgé, qu'il pacifie autant par une sage fermeté que par la force des armes. La Péninsule ibérique le vit, depuis 1810 jusqu'à la fin de 1813, poursuivre sa glorieuse carrière. A la bataille de Toulouse (1814), l'armée anglaise tenta en vain de l'entamer, et il lui tua beaucoup de monde. Au commencement de mars 1815, le général Drouet se compromit fortement avec Lefebvre-Desnouettes ; aussi, après la seconde Restauration, fut-il porté sur la liste des trente-huit voués à l'exil. Le prince Eugène lui offrit un asile, puis l'aida à fonder un vaste établissement industriel. Enfin, en 1825, cédant aux instances réitérées de la ville de Reims, Charles X permit au général de revoir sa patrie. Tiré de sa retraite par la Révolution de 1830, le comte d'Erlon accepta la pairie en 1831, et, l'année suivante, le gouvernement de la douzième division militaire, poste dans lequel il concourut activement à l'arrestation de la duchesse de Berri.

d'intendant civil ; le contre-amiral de la Bretonnière reçut le commandement de la marine et du port ; M. Bondurand continua à diriger l'intendance militaire jusqu'à sa mort, qui arriva dans le mois de février 1835. Il eut pour successeur M. Melcion d'Arc. M. Vallet de Chevigny fut nommé secrétaire du gouvernement et dut contre-signer les arrêtés en cette qualité; et M. Blondel fut nommé à la direction des finances. La charge de procureur général, ou plutôt de directeur de la justice, était confiée à M. Laurence, membre de la Chambre des députés; il était chargé de s'occuper de la législation du pays, d'élaborer et de fournir tous les documents de cet immense travail, propres à éclairer le gouvernement sur l'état actuel de la législation à Alger, et sur les modifications et les améliorations qu'il serait convenable d'y apporter.

Sous la présidence du gouverneur, ces fonctionnaires furent appelés à former le conseil de régence, au sein duquel devaient se préparer et être discutés les ordonnances, les arrêtés, en un mot toutes les mesures propres à consolider notre établissement.

Par cette organisation, le ministre crut, sans doute, avoir assez fait pour la prospérité de notre colonie ; il n'avait oublié qu'une chose : c'était de mettre à la tête des différents chefs de service un homme capable de leur donner une habile et puissante impulsion.

Le gouverneur général et les nouveaux fonctionnaires arrivèrent à Alger à la fin de septembre 1834. Le comte d'Erlon (7) avait à sa suite un grand nombre d'aides de camp, officiers d'ordonnance et des gens à placer. Les autres avaient aussi leurs créatures.

Tous ces nouveaux fonctionnaires venus, tant patrons que clients, étaient convaincus que l'on n'avait encore rien fait de bon ni d'utile à Alger, et qu'ils étaient destinés à réparer les fautes et les erreurs du passé. Il faut, sans doute, qu'une administration ait confiance en elle-même, mais trop de présomption est dangereuse, et, lorsque les actes ne sont malheureusement pas d'accord avec les prétentions, on encourt un double blâme, mêlé à un peu de ridicule [1].

Après avoir pourvu à l'organisation judiciaire dans les possessions françaises du nord de l'Afrique, le gouvernement voulut s'éclairer et savoir s'il y avait avantage à conserver notre colonie d'Afrique.

On parlait tout bas d'engagements secrets pris avec les puissances étrangères; mais l'opinion publique s'indigna de cette idée, et la conservation d'Alger devint une affaire d'honneur national.

---

[1] *Annales algériennes*, par M. Pélissier, t. II, Ire partie, p. 216.

Se plaçant à un autre point de vue, des hommes positifs demandèrent quels avantages on pouvait tirer de notre conquête, en compensation des sacrifices qu'elle nous imposait, et plusieurs publicistes n'hésitèrent pas à déclarer qu'il y aurait plus de perte que de profit à la garder. Les partisans de la colonisation ne purent refuser de suivre leurs adversaires sur le terrain des intérêts matériels, et la question devint en quelque sorte arithmétique.

Le ministère, dont presque tous les membres ne considéraient guère l'Algérie que comme une source continuelle d'embarras, vit avec une secrète satisfaction la question se réduire à ces termes étroits, et annonça qu'une commission nommée par le roi irait puiser sur les lieux les éléments nécessaires à sa complète solution.

Par ce moyen, il déclinait toute responsabilité et ajournait pour quelque temps encore une décision définitive. Il faut le dire, cette commission, présidée par le lieutenant général Bonnet, pair de France, inspirait à tous les partis la plus grande confiance; elle était composée de MM. d'Haubersaert, pair de France; de la Pinsonnière, Laurence, Piscatory et Reynard, membres de la Chambre des députés; Duval-Dailly, capitaine de vaisseau ; le général Monfort, inspecteur général du génie. Les récriminations cessèrent, et l'on attendit avec une vive impatience le verdict de ce grand jury.

La commission visita toutes les villes occupées par nos troupes, à l'exception de Mostaganem, se fit remettre des mémoires par les chefs des différents services, interrogea plusieurs personnes, et, à l'aide de ces éléments, chacun de ses membres traita la partie qui était le plus en rapport avec ses connaissances spéciales. Après un peu plus d'un mois de séjour en Afrique, elle revint à Paris et soumit son travail à une seconde commission réunie sous la présidence de M. le duc Decazes. Là on procéda à de nouvelles enquêtes; les mémoires partiels furent revus; et en définitive, dans un rapport très-circonstancié, cette assemblée, qui ne comptait pas moins de dix-neuf membres, conclut pour la conservation de l'Algérie, à la majorité de dix-sept voix contre deux.

Elle décida en principe : que l'honneur et l'intérêt de notre patrie lui commandaient de conserver ses possessions sur la côte septentrionale de l'Afrique ; qu'en maintenant les droits de la France à la souveraineté de l'ancienne régence il convenait de borner momentanément l'occupation militaire aux villes d'Alger, Bone, Oran, Bougie, et au territoire déterminé en avant des deux premières de ces places, c'est-à-dire, pour Alger, qu'une ligne de postes serait placée au pied de l'Atlas, à Blidah, et s'étendrait d'un côté vers le cap Matifoux, de l'autre vers Koléah; pour Bone, que le territoire serait également protégé par une ligne de postes qui, partant de l'extrémité du lac Falzara et passant par Sidi-Damden, viendrait s'appuyer à la mer, vers l'embouchure de la Mafrag. Elle écarta, quant au présent, tout projet d'expédition contre Constantine, et exprima le désir que l'effectif de l'armée pût être réduit à vingt et un mille hommes. Il fut décidé, en outre, que le gouverneur général, dépositaire de l'autorité royale, réunirait tous les pouvoirs civils et militaires; que ces hautes fonctions ne devaient pas être la conséquence du commandement des troupes, mais le dominer : aussi proposait-elle de mettre sous les ordres du gouverneur un lieutenant général auquel obéirait l'armée, et des chefs spéciaux pour chaque nature de service.

En présence d'une déclaration si explicite, émanée d'hommes haut placés dans l'opinion publique, il n'y avait pas à reculer; en effet, le 22 juillet 1834 parut une ordonnance qui constituait, d'après les bases que nous venons d'énoncer, le gouvernement et l'administration des possessions françaises dans le nord de l'Afrique, dénomination nouvelle qui, à défaut de la brièveté, avait du moins le mérite de définir à quel titre l'ancienne régence était occupée par la France. Jusqu'alors nous n'avions eu en Algérie que des généraux ou des commandants en chef de l'armée française en Afrique; cette fois le ministère envoyait un gouverneur général : c'était le titre qu'on donnait au comte d'Erlon.

Le comte d'Erlon était animé des meilleures intentions, et certes, s'il n'eût fallu que ces bonnes intentions jointes à une grande probité, l'Algérie n'aurait jamais été mieux gouvernée qu'après son arrivée. Il commença par désapprouver hautement cette politique de concessions que les généraux Berthezène, Voirol et Desmichels avaient essayé de faire prévaloir; et, ayant appris que l'émir, sous l'égide du traité du 26 février, voulait établir, par le golfe de Harsgoun, des relations commerciales avec Gibraltar et l'Espagne, il rendit un arrêté qui défendait, sous les peines les plus sévères, toutes importations et exportations de marchandises françaises, étrangères ou africaines, par d'autres ports que ceux où flottait notre pavillon. Pour empêcher le renouvellement des avanies dont les Européens avaient été victimes au marché de Boufarik, il fit établir sur ce point un camp retranché qui a conservé le nom de son fondateur et qui est aujourd'hui l'un des plus beaux établissements militaires de l'Afrique. Grâce à cette précaution et à quelques autres mesures énergiques, les colons purent se répandre sans crainte dans la plaine, et la situation du pays devint pour quelque temps aussi satisfaisante que possible. Voyant tout tranquille autour de lui, le comte d'Erlon crut pouvoir dissoudre le bureau arabe et le remplacer par un seul officier qui prit le titre d'agha : les événements prouvèrent bientôt que cet essai n'était nullement heureux.

Depuis quelque temps, les Hadjoutes se plaignaient de leur kaïd, aussi indolent qu'efféminé. et nous en demandaient un autre (8) ; le nouvel agha et le gouverneur laissèrent leur réclamation sans réponse. Sur ces entrefaites, un vol de bestiaux fut commis dans le Sahel. Si le bureau arabe eût existé, il lui aurait été possible, au moyen des intelligences qu'il avait dans le pays, de punir ce crime par les voies judiciaires et de frapper juste. Au lieu de ce moyen légal, on recourut à la force ; une vigoureuse razzia fut ordonnée contre les Hadjoutes et les Mouzaïa, que l'on soupçonnait ; mais le seul résultat de cette expédition fut de nous aliéner deux tribus amies, ou qui du moins avaient cessé de se montrer hostiles. Les Hadjoutes bravèrent notre autorité, se ruèrent sur nos villages et tuèrent tous les Européens isolés qu'ils rencontraient. Plusieurs tribus mécontentes s'étant jointes à eux, la conflagration devint générale aux environs d'Alger. Justement effrayés, les colons perdirent courage et abandonnèrent leurs cultures. Une simple modification apportée dans l'un des rouages secondaires de notre administration avait suffi pour occasionner cet immense désordre !

Le comte d'Erlon comprit qu'il s'était trompé ; et, comme il arrive chez toutes les personnes faibles, il se prit à douter de ses réflexions. En arrivant, il avait voulu faire preuve d'énergie, l'insuccès le rendit pusillanime. Fort heureusement encore, les principaux faits politiques ou militaires qui marquèrent la durée de son commandement s'accomplirent hors de la province d'Alger.

Rien d'important ne se passa à Bone : la présence du général Monck d'Uzer offrait la meilleure garantie contre tout événement fâcheux. Les habitants de Constantine ayant voulu attaquer la tribu des Elma, qui avait fait sa soumission, il marcha au secours de nos alliés et ne laissa à l'ennemi d'autre chance de salut que la fuite. A Bougie, le colonel Duvivier, toujours investi du commandement, repoussa énergiquement toutes les attaques des Kabaïles, mais se trouva désemparé contre une misérable intrigue. Quelques détails ne seront pas déplacés ici.

A la suite des expéditions infructueuses tentées par les Kabaïles contre cette place. un homme influent et ambitieux, Oulid-Ourebah, cheik de la tribu des Ouled-abd-el-Djebar, qui habitent la vallée de l'Oued-Bou-Messaoud, s'imagina de traiter seul de la paix, au nom de toutes les tribus qu'il disait représenter.

Sans consulter l'ordre hiérarchique des pouvoirs, il s'adressa directement à M. Lowesy, alors commissaire civil à Bougie (9). Celui-ci écrivit à Alger qu'il tenait la paix dans ses mains, et demanda à être autorisé à la conclure. Tout ceci se passait à l'insu du colonel Duvivier. Lorsqu'il eut reçu l'autorisation demandée, le commissaire civil s'embarqua secrètement sur une sandale et se rendit à l'embouchure de la Summam, pour entrer en conférence avec Oulid-Ourebah; mais les Kabaïles, qui n'avaient donné aucune autorisation à ce cheik, vinrent à coups de fusil interrompre l'entretien. Le commissaire civil s'enfuit tout honteux de sa déconvenue. Un nouveau mécompte l'attendait au retour : le colonel Duvivier, voyant entrer sa barque avec mystère, la fit arrêter; et, sur sa déclaration qu'il venait de parlementer avec Oulid-Ourebah, il fit conduire M. Lowesy prisonnier à bord du stationnaire.

Sur l'exhibition de la lettre du gouverneur, on le remit en liberté, et il partit pour aller rendre compte à Alger de sa déconvenue. De son côté, le colonel Duvivier adressa des reproches au comte d'Erlon et à M. Lepasquier sur leur manière de procéder : il commandait une place de guerre, et on lui laissait ignorer des négociations entamées avec l'ennemi ! Toutes ces récriminations restèrent sans effet.

Le comte d'Erlon voulait la paix et envoya à Bone le colonel Lemercier pour en traiter. Cet officier supérieur fut chargé d'examiner l'état des choses et de traiter avec Oulid-Ourebah, si les dispositions de ce cheik étaient toujours pacifiques. En arrivant à Bougie, il s'aboucha avec lui à l'embouchure de la Summam. Oulid-Ourebah déclara qu'il voulait bien la paix, mais qu'il y mettait pour condition première l'éloignement de Bougie du colonel Duvivier, sans alléguer contre cet officier aucun grief positif. Cette prétention était si exorbitante, si contraire à la dignité qu'il convient que nous mettions dans nos relations avec les indigènes, que le colonel Lemercier ne voulut pas traiter sur cette ignoble base et rompit la conférence; mais le colonel Duvivier, instruit de ce qui s'était passé et aigri par les procédés du gouverneur, déclara qu'il ne voulait pas être un obstacle à la paix que l'on paraissait si fortement désirer. Il demanda à rentrer en France, en prévenant toutefois que cette paix ne serait guère qu'une fiction, ce que les événements n'ont que trop justifié. Un bateau à vapeur fut aussitôt expédié pour porter à Alger l'ultimatum d'Oulid-Ourebah et la demande de M. Duvivier, et Oulid-Ourebah eut gain de cause ! Cet officier supérieur fut donc provisoirement remplacé par le colonel Lemercier Certes, si M. Duvivier n'était point propre à amener une pacification que l'on devait désirer, il ne fallait point lui sacrifier le bien-être et la consolidation de notre établissement à Bougie ; mais il était contre toutes les convenances de l'offrir en holocauste aux exigences d'un ennemi, surtout pour arriver à des résultats aussi négatifs que ceux que l'on obtint.

Le terrain étant ainsi débarrassé de tous les obstacles à la paix dont M. Lowesy avait préparé les bases, M. Lemercier et Oulid-Ourebah signèrent un traité par lequel ce dernier cédait à la France la ville et les forts de Bougie, qui certes ne lui avaient jamais appartenu, et la plaine en avant de cette ville, qui se trouve sur le territoire des Mzaïa. La France, de son côté, s'engageait à soutenir Oulid-Ourebah dans ses guerres contre les tribus qui lui seraient hostiles[1]. Or cet Oulid-Ourebah, dont on faisait ainsi un prince, n'était qu'un cheik des Oulad-Abd-el-Djebar, assez riche pour avoir toujours quelques cavaliers à sa solde, mais point assez puissant pour mettre sa volonté et ses calculs à la place des haines ou des caprices des Kabaïles. Il est à présumer qu'il s'abusa lui-même sur le degré d'influence qu'il croyait exercer.

Pendant tout le temps que M. Lemercier commanda à Bougie, il le pressa d'attaquer, d'après les clauses du traité, les gens de Mzaïa, ses ennemis ; mais, ce colonel ayant déclaré qu'il ne le ferait qu'autant qu'Oulid-Ourebah se réunirait aux Français pour cette expédition, il fut forcé d'avouer que cette démarche soulèverait toute la contrée contre lui. C'était reconnaître qu'il ne pouvait nous être d'aucune utilité, ainsi que l'avait fort bien prévu M. Duvivier. De son côté, il ne tira d'autres fruits de son alliance avec nous que quelques présents assez riches que lui fit le comte d'Erlon.

Immédiatement après le départ de M. Duvivier, au moment où l'on croyait encore avoir traité avec la majorité des Kabaïles, ces derniers, qui ne reconnaissaient pas le pouvoir d'Oulid-Ourebah, se jetèrent sur Bougie avec plus de fureur que jamais et attaquèrent tous ceux qui voulaient y pénétrer. La garnison de Bougie fut attaquée par trois ou quatre mille hommes.

M. Lemercier chercha longtemps à se persuader que ces gens-là se

---

[1] Il est clair qu'un homme qui, comme M. Duvivier, connaissait l'organisation politique des Kabaïles, n'aurait pu signer un pareil traité, qui était un non-sens continuel.

trompaient, que c'était un malentendu. Il envoya vers eux quelques pelotons et un interprète, qui furent reçus à coups de fusil. Il fallut bien alors reconnaître la vérité. Le lendemain, trois de nos soldats eurent la tête coupée à une demi-portée de fusil de la ville, et, ce qui était plus significatif, rien ne venait au marché, qu'Oulid-Ourebah s'était chargé d'approvisionner.

Il fut démontré dès lors que la paix n'était qu'une illusion, ainsi que l'avait annoncé M. le colonel Duvivier.

Les événements justifièrent si complétement les prévisions de cet officier supérieur, qu'on aurait dit qu'il avait fait un pacte avec eux.

Après quelque temps de séjour à Bougie, le colonel du génie Lemercier, voyant que la position ne changeait pas, alla reprendre ses fonctions de directeur des fortifications à Alger. M. Girod, lieutenant-colonel d'état-major, aide de camp du gouverneur, le remplaça. Ce fut sous le commandement de ces deux officiers que l'on construisit l'enceinte qui du fort Abd-el-Kader va à celui de Moussa. Cette construction rendit plus facile et moins fatigante pour les soldats la garde de la place.

M. Girod, conformément aux instructions qu'il avait reçues, ne fit jamais aucune sortie et se contenta de repousser de derrière ses lignes les attaques impuissantes des Kabaïles. Il était encore à Bougie lorsque le comte d'Erlon quitta la colonie.

Du côté d'Oran, le pouvoir d'Abd-el-Kader grandissait outre mesure, et il le devait à la faiblesse du gouverneur. Tout d'abord le comte d'Erlon s'était montré on ne peut plus irrité du traité conclu entre le général Desmichels et l'émir ; mais, après un entretien qu'il eut avec le général, en présence de Miloud-ben-Harch, secrétaire intime d'Abd-el-Kader, son ressentiment se calma, et l'Arabe partit comblé de présents.

Un tel encouragement porta Abd-el-Kader à penser qu'il ne trouverait désormais aucune opposition, et, reprenant le cours de ses projets d'agrandissement, il annonça aux tribus de Titery, même à celles d'Alger, qu'il se rendrait incessamment au milieu d'elles pour connaître leurs besoins et s'occuper de leur organisation. Le comte d'Erlon, en ayant eu connaissance, en éprouva une vive indignation. Il écrivit, de son côté, à toutes les tribus et leur déclara que si Abd-el-Kader effectuait son projet il le traiterait en ennemi de la France, ainsi que tous ceux qui s'uniraient à lui. Il signifia en même temps à Abd-el-Kader de s'abstenir non-seulement de franchir le Chélif, mais même de s'avancer au delà de la Fedda.

L'émir était loin de s'attendre à une signification aussi impérieuse. Le dépit qu'il en ressentit l'aurait poussé peut-être à n'en tenir aucun compte, si dans ce moment le choléra-morbus, qui exerçait ses affreux ravages sur ses tribus, ne lui eût permis de réunir que de très-faibles contingents; car, étonné, mais non abattu, Abd-el-Kader voulait employer la voie des armes; ses conseillers l'en dissuadèrent et l'en détournèrent. Ce brusque changement dans les dispositions du gouverneur fit naître une foule de réflexions dans l'esprit naturellement sagace du jeune émir; il se mit donc à analyser la nature de ses relations avec le comte d'Erlon; il vit qu'elles manquaient de continuité et d'ensemble, et qu'aux influences permanentes qui agissaient contre lui il devait opposer des influences de même nature. En conséquence, il résolut d'avoir un chargé d'affaires à Alger. Son choix s'arrêta sur le juif Ben-Durand, l'homme le plus astucieux et le plus capable de la régence. Ce Ben-Durand avait été élevé en Europe et parlait français avec une grande facilité ; sous la domination turque, il remplissait les fonctions de premier drogman du dey.

Une fois accrédité près du gouverneur général, il exerça sur cet esprit honnête et facile un empire illimité. Admis à toute heure au palais du gouvernement, le chargé d'affaires suivait pied à pied celles où son intérêt était mêlé ; souvent même on le vit se promener dans la voiture du comte d'Erlon, assis à ses côtés. Enfin, à force de ruse et de souplesse, Ben-Durand devint le conseiller intime et presque le contrôleur de tous les actes du vieux général.

A la même époque, les négociants français renouvelaient leurs plaintes contre le monopole que l'émir exerçait à Arzew.

Questionné sur cet étrange procédé, Ben-Durand répondit que son maître était autorisé à agir ainsi, et pour preuve exhiba l'original du traité secret précédemment rapporté. Le comte d'Erlon resta comme anéanti ; il ne pouvait concevoir qu'un chef secondaire se fût permis de faire de semblables concessions, et surtout qu'il ne les eût pas portées à la connaissance du gouvernement. Il demanda sans différer le rappel du malencontreux négociateur et envoya à Oran le général Trézel, son chef d'état-major.

Le nouveau commandant avait pour mission spéciale d'entretenir les rapports pacifiques établis avec Abd-el-Kader et de chercher en même temps à s'interposer autant que possible entre ce chef et les tribus, afin de maintenir et faire prévaloir la suprématie française dans cette partie de la régence. La tâche était des plus délicates. Abd-el-Kader exerçait sur les Arabes de la province d'Oran et même sur ceux de la province de Titery une immense influence ; le besoin d'ordre et de gouvernement régulier, qui depuis si longtemps tourmentait ces populations, les poussait vers celui qui seul pouvait leur promettre une protection assurée ; qui seul avait la force, en domptant les passions locales, d'absorber dans une grande unité la foule de petits cheiks dont les querelles sans cesse renaissantes désolaient les provinces de l'ouest et du centre. A défaut de la France, dont ils invoquaient en vain l'intervention, c'était au représentant de la nationalité arabe que les indigènes allaient demander justice ou secours.

Le rappel du général Desmichels froissa vivement Abd-el-Kader, qui, avec lui, était sûr de ne pas avoir d'antagoniste, la fausse position où s'était mis ce général l'obligeant, dans son intérêt personnel, à prêter à l'émir un constant appui. Toutefois, au moment où le général Trézel prenait le commandement de la province d'Oran, sous l'impression des causes qui avaient motivé la disgrâce de son prédécesseur, Ben-Durand travaillait avec succès à ramener le gouverneur général aux errements d'une politique qu'il avait si justement condamnée. Les circonstances le servirent à souhait.

Le comte d'Erlon avait déclaré qu'il traiterait en ennemies les populations de la province d'Alger et de Titery qui favoriseraient les projets ambitieux d'Abd-el-Kader : les habitants de Médéah lui répondirent qu'ils n'avaient désiré l'arrivée parmi eux du fils de Mohhy-ed-Din que dans l'espérance qu'ils les tireraient de l'état d'anarchie où ils gémissaient depuis quatre ans; que, les Français n'ayant jamais voulu sérieusement venir à leur aide, il était étrange qu'aujourd'hui on trouvât mauvais qu'ils cherchassent ailleurs un secours si obstinément refusé. Le gouverneur sentit la justesse de ces observations et s'occupa d'organiser la province de Titery; mais, ne voulant pas se servir de Mustapha-ben-Omar, le bey nommé par le général Clausel, il investit de sa charge l'ancien kaïd de Mostaganem, dépossédé par le général Desmichels. Ces projets restèrent à l'état d'ébauches : pour la troisième fois, le cabinet repoussa toute proposition de cette espèce, et les velléités créatrices du général demeurèrent anéanties. Harcelé par un antagoniste jeune et puissant, entravé par les volontés ministérielles, circonvenu par Ben-Durand, ce respectable vieillard n'eut plus qu'à courber la tête et à subir les conséquences des envahissements successifs d'Abd-el-Kader. Par suite, le général Trézel, qui avait été envoyé à Oran dans le dessein d'y faire prévaloir un système opposé à celui du général Desmichels, se trouva en contradiction flagrante avec ses ordres primitifs. De si fréquentes oscillations portaient un coup bien funeste à notre autorité.

Instruit par son fidèle agent de cette nouvelle direction d'idées, Abd-el-Kader mit tout en œuvre pour en tirer profit, il ne négligeait rien de son côté pour se rendre agréable au comte d'Erlon.

Tous les Français qui voyageaient dans ses États étaient bien reçus, et la protection la plus complète et la plus efficace leur était assurée. Il employa surtout la séduction de son esprit et de ses manières à capter la bienveillance de quelques officiers d'état-major que le gouverneur lui envoya à plusieurs reprises et qu'il savait jouir de quelque crédit. Tous les officiers français qui venaient soit le visiter, soit remplir auprès de lui quelque mission, il les admettait dans son intimité, leur disait ses espérances et ses projets, faisait exécuter en leur honneur les jeux équestres de la fantasia, les soumettait enfin à toutes les fascinations que lui permettaient sa position et ses ressources personnelles.

Mais pendant que, par une si habile conduite, Abd-el-Kader fascinait les yeux et les esprits des Français résidant en Afrique, pendant que son nom, franchissant les mers, retentissait dans toutes les parties du globe, une nouvelle conspiration s'organisait contre lui.

A la tête des mécontents se trouvait Sidi-el-Aribi, cheik de la tribu de ce nom, qui venait de lever l'étendard de la révolte; après avoir fait sa soumission à Abd-el-Kader, il conspirait de nouveau contre lui.

Les preuves écrites de la main du coupable ayant été produites, un conseil des cadis et des ulémas le condamna à mort.

Soit par générosité naturelle, soit par crainte d'exciter le ressentiment d'une famille puissante, Abd-el-Kader ne laissa pas exécuter la sentence. Sidi-el-Aribi fut cependant mis en prison, où il mourut peu de temps après du choléra. Ses fils, refusant de voir dans cette mort une cause naturelle, coururent aux armes, et entraînèrent à la révolte presque toutes les tribus du Chélif.

Mustapha-ben-Ismaël, cet irréconciliable ennemi d'Abd-el-Kader, en apprenant cette nouvelle, releva la tête du fond du Méchouar de Tlemcen, où il s'était retiré, et fit au général Trézel des offres que les instructions de celui-ci ne lui permettaient pas d'accepter. Une haine personnelle et envenimée faisait seule agir Mustapha; un fanatisme aveugle dirigeait les tribus qui avaient répondu à l'appel de Sidi-el-Aribi.

Ainsi, pendant que Mustapha cherchait chez les Français un appui à sa révolte, les tribus de l'est couraient aux armes, en reprochant à Abd-el-Kader son alliance avec des chrétiens; contre l'émir se levaient son frère même, l'ancien kaïd de Flita, puis Mouça, chérif du désert, qui entraînait à sa suite les formidables tribus du Sahara. Abd-el-Kader envisagea de sang-froid l'orage qui se formait. Appréciant ses ennemis à leur juste valeur, il marcha résolûment contre eux avant qu'ils fussent tous réunis. Il arriva chez les fils de Sidi-el-Aribi avec tant de promptitude, qu'il les força à se soumettre avant qu'ils eussent pu tenter la chance des armes.

Lorsqu'ils se présentèrent à lui, il les traita avec douceur et distinction, leur dit que la mort de leur père lui avait fait oublier son crime, et nomma l'aîné d'entre eux kaïd de leur tribu. Cela fait, il se dirigea sur le pont du Chélif. Les Sebiahs seuls voulurent s'opposer à sa marche, ils furent battus et mis en déroute complétement, et il les força à venir implorer sa clémence. Enhardi par le succès, Abd-el-Kader franchit le Chélif et arriva à Milianah. Le peuple le reçut avec enthousiasme; plusieurs chefs s'empressèrent de se joindre à lui, et, avec leur aide, il parvint à dissiper les hordes venues du désert sous les ordres de Mouça. C'était un triomphe complet dont nous devions ressentir le contre-coup.

En apprenant qu'au mépris des traités l'émir avait traversé le Chélif, le comte d'Erlon forma d'abord la résolution de marcher contre lui; mais, avant de rien entreprendre, il voulut consulter le ministère sur la conduite à tenir. De son côté, le général Trézel demandait au gouverneur des ordres et des instructions. Aucun ordre ne vint de Paris; le gouverneur n'en expédia aucun d'Alger, car l'astucieux Ben-Durand était facilement parvenu à triompher de cette ardeur belliqueuse. « Abd-el-Kader, disait-il, n'avait rien fait qui ne fût dans l'intérêt de la France; les tribus qu'il avait attaquées et défaites nous étaient hostiles; et, grâce à cette heureuse victoire, l'Algérie allait être délivrée pour toujours de ces guerres intestines qui nuisaient si fort à notre établissement. » Ces considérations, accompagnées de paroles obséquieuses, de compliments orientaux, produisirent leur effet habituel, et le général accepta les faits accomplis. Seulement, afin de maîtriser pour la suite de pareils élans, le comte d'Erlon voulut avoir auprès de l'émir un officier d'état-major chargé de le tenir lui-même au courant de tous les projets, de toutes les entreprises de cet ambitieux. Abd-el-Kader accepta volontiers un plénipotentiaire fort peu embarrassant: l'officier choisi ne savait pas l'arabe, par conséquent il était facile de ne lui dire que ce qu'on voulait bien lui apprendre.

Pour prix de son apparente concession, l'émir reçut la sanction de tous ses actes, et, avec son adresse habituelle, tira même avantage de la présence de cet envoyé, en le représentant aux chefs arabes, tantôt comme un otage, tantôt comme un ambassadeur chargé de lui apporter la soumission du sultan de France.

Maître incontesté de la nouvelle position que trop de facilité lui avait laissé prendre, Abd-el-Kader en profita pour s'y affermir. De son autorité privée, il établit un bey à Milianah, donna un kaïd aux Hadjoutes, un cheik aux Beni-Khalil; il fit même lever un embargo mis par la douane française sur des fusils qu'il avait achetés à l'étranger, et obtint du comte d'Erlon divers approvisionnements de guerre. Naturellement porté à abuser de notre condescendance, il ne voyait plus en Algérie qu'un royaume qui lui était abandonné, et ne s'occupa dès lors que de règlements et de lois à donner à ses sujets; il veilla à la sûreté des routes, rétablit l'ordre dans les finances, prit possession de tous les domaines publics, créa des corps de troupes permanents, des fabriques d'armes, songea même à former une marine. Certes, avec son esprit éminemment organisateur, avec l'immense influence que lui donnait sa réputation de sainteté, Abd-el-Kader eût pu rendre de grands services à la civilisation de son pays si, se bornant à un rôle secondaire, il eût consenti à s'appuyer sur la France pour réaliser ses projets de restauration arabe. Mais son orgueil ne pouvait être satisfait de si peu. L'Algérie était devenue trop étroite pour ce dominateur improvisé; la France gênait ses mouvements. Dévoré d'une ambition extrême, il ne dissimulait déjà plus aucun de ses projets : ses relations avec les officiers français prirent un caractère hautain et protecteur. Dans les premiers jours de juin, le gouverneur s'étant rendu à Oran, Abd-el-Kader lui écrivit qu'il était charmé de le savoir dans *son royaume*; sa lettre renfermait, outre des conseils touchant nos relations de la province d'Alger, la demande d'armes et de munitions; enfin, il proposait de régulariser et de compléter le traité conclu avec le général Desmichels.

Fatalement entraîné par l'ascendant de l'émir et par le langage insidieux de Ben-Durand, le comte d'Erlon aurait peut-être accédé, si le général Trézel, qui en ce moment se trouvait près de lui, n'eût énergiquement combattu toute concession nouvelle.

S'il n'a pas toujours été heureux dans ses expéditions, on ne peut s'empêcher de reconnaître chez M. le général Trézel un caractère ferme, un esprit élevé, et surtout un profond sentiment de la dignité nationale. Lorsqu'il demanda des instructions pour s'opposer à la marche d'Abd-el-Kader sur le Chélif, il s'attendait bien à n'en pas recevoir; aussi prit-il le parti de s'en passer. Pendant que le comte d'Erlon laissait impunie la violation des traités, son ex-chef d'état-major travaillait à détacher de la cause de l'émir les tribus les plus puissantes : à son instigation, les Douers et les Smélas se déclarèrent sujets de la France, sous la condition d'une protection efficace en cas de surprise ou d'attaque; mais le gouverneur refusa de sanctionner cette mesure, parce qu'elle portait préjudice à son allié le prince des Croyants. L'émir, qui était parfaitement au courant de tout ce qui se passait de relatif à ses affaires, même dans les conseils intimes du gouverneur, dès qu'il eut connaissance de cette négociation, se promit bien d'empêcher qu'elle ne se renouât. Averti par ses émissaires, il envoya aussitôt à ces tribus l'ordre de s'éloigner d'Oran, et chargea l'agha El-Mzary d'employer la force pour les y contraindre. Les Douers et les Smélas, ainsi menacés, envoyèrent sur-le-champ des députés au général Trézel pour implorer la protection de la France. C'était le 14 juin; aussitôt et sans hésiter le général sortit d'Oran avec une partie des troupes dont il pouvait disposer, et vint s'établir à Miserghin, déclarant aux Arabes qu'il venait les soutenir contre les attaques d'El-Mzary.

Le lendemain, ayant appris que cet agha était dans les environs de Bridia, il envoya à sa rencontre un de ses aides de camp, escorté par un escadron de chasseurs, pour lui signifier de se retirer et de laisser en paix des hommes qu'il prenait sous sa protection. L'agha commençait déjà à exécuter, dans toute leur rigueur, les ordres qu'il avait reçus de l'émir. Il avait fait arrêter et couvrir de chaînes son propre neveu, Ismaël-ben-Kadi, qui avait osé lui résister; mais, à l'approche de l'officier français, il lâcha sa proie, et s'éloigna sans que celui-ci pût le joindre et par conséquent lui parler. Les Douers et les Smélas, qui étaient décidés à se séparer de l'émir, vinrent se réunir auprès du général Trézel, ayant à leur tête Abda-ben-Othman et Ismaël-ben-Kadi. Les autres, qui étaient en assez grand nombre, suivirent de près El-Mzary, et se portèrent au sud du lac Ibeka, voulant rester fidèles à celui qui, à l'époque de la première révolte, s'était montré clément et généreux.

Cette scission se fit en silence et sans actes d'hostilités.

Chacun allait prendre la place qu'il jugeait convenable sans demander compte à son voisin de celle qu'il choisissait.

Le 16 juin, le général Trézel alla s'établir à la position du Figuer, à deux lieues au sud d'Oran, pour couvrir toute la partie du pays où s'étaient réunis les Douers et les Smélas, qui s'étaient déclarés contre Abd-el-Kader. On signa un traité par lequel ces deux tribus reconnurent la souveraineté de la France. Voici ce traité :

CONDITIONS ARRÊTÉES LE 16 JUIN 1835, AU CAMP DU FIGUER, ENTRE LE GÉNÉRAL TRÉZEL ET LES DOUERS ET SMÉLAS.

Article 1er. Les tribus reconnaissent l'autorité du roi des Français et se réfugient sous son autorité.

Art. 2. Elles s'engagent à obéir aux chefs musulmans qui leur seront donnés par le gouverneur général.

Art. 3. Elles livreront à Oran, aux époques d'usage, le tribut qu'elles payaient aux anciens beys de la province.

Art. 4. Les Français seront bien reçus dans les tribus, comme les Arabes dans les lieux occupés par les troupes françaises.

Art. 5. Le commerce des chevaux, des bestiaux et de tous les produits sera libre pour chacune de toutes les tribus soumises; mais les marchandises destinées à l'exportation ne pourront être déposées et embarquées que dans les ports qui seront désignés par le gouverneur général.

Art. 6. Le commerce des armes et des munitions de guerre ne pourra se faire que par l'intermédiaire de l'autorité française.

Art. 7. Les tribus fourniront le contingent ordinaire toutes les fois qu'elles seront appelées par le commandant d'Oran à quelque expédition militaire dans les provinces d'Afrique.

Art. 8. Pendant la durée de ces expéditions, les cavaliers, armés de fusils et de yatagans, recevront une solde de deux francs par jour. Les hommes à pied, armés d'un fusil, recevront un franc. Les uns et les autres apporteront cinq cartouches au moins. Il leur sera délivré de nos arsenaux un supplément de dix cartouches. Les chevaux des tribus soumises qui seraient tués dans le combat seront remplacés par le gouvernement français. Lorsque les contingents recevront des vivres des magasins français, les cavaliers et les fantassins ne recevront plus que cinquante centimes par jour.

Art. 9. Les tribus ne pourront commettre d'hostilités sur les tribus voisines que dans le cas où celles-ci les auraient attaquées, et alors le commandant d'Oran devra en être prévenu sur le-champ, afin qu'il leur porte secours et protection.

Art. 10. Lorsque les troupes françaises passeront chez les Arabes, tout ce qui leur sera demandé pour la subsistance des hommes et des chevaux sera payé au prix ordinaire et de bonne foi.

Art. 11. Les différends entre les Arabes seront jugés par leurs kaïds ou leurs cadis; mais les affaires graves de tribu à tribu seront jugées par le cadi d'Oran.

Art. 12. Un chef choisi dans chaque tribu résidera à Oran avec sa famille.

Le 19, le général se porta à trois lieues plus loin et campa sur les bords du ruisseau de Tlétat. Il écrivit à Abd-el-Kader pour lui déclarer que les Français resteraient dans cette position jusqu'à ce qu'il eût désavoué l'arrestation d'Ismaël et renoncé à tout droit de souveraineté sur les Douers et les Smélas. Il écrivit en même temps à Alger pour annoncer au gouverneur la démarche qu'il avait cru devoir faire pour soutenir nos nouveaux alliés; il le priait, dans le cas où cette démarche ne serait pas approuvée, de lui envoyer ses ordres par son successeur, déclarant qu'il lui serait impossible de conserver le commandement à des conditions qu'il regardait comme incompatibles avec l'honneur de la France.

Abd-el-Kader répondit au général Trézel que sa religion ne lui permettait pas de laisser des musulmans sous la domination française, et qu'il ne cesserait de poursuivre les deux tribus rebelles, fussent-elles enfermées dans les murs d'Oran. Il terminait sa lettre par demander qu'on lui renvoyât l'agent consulaire qu'il avait à Oran, pour être échangé contre celui que nous avions à Maskara.

La guerre était ainsi déclarée; il ne fallait plus, de part et d'autre, songer qu'à combattre. Le général français, un peu indécis sur ce qu'il avait à faire, se mit d'abord à retrancher sa position de Tlétat, pour pouvoir, au besoin, y enfermer ses bagages et un bataillon.

Quant à l'émir, ayant fait un appel à tous ses Arabes, il se rendit sur les bords du Sig, où il leur avait donné rendez-vous.

Les hostilités commencèrent, le 22, par l'attaque d'un convoi qui se rendait d'Oran à Tlétat. Cette attaque fut, du reste, peu vive et sans résultat.

Le 25, deux cents cavaliers sabrèrent nos fourrageurs; le 26, le général Trézel, n'ayant plus que quatre jours de vivres, se décida à marcher contre Abd-el-Kader, qui avait eu le temps de réunir des forces considérables.

Le petit corps du général français n'était que de deux mille cinq cents hommes.

Il se composait d'un bataillon du 66ᵉ de ligne, du premier bataillon d'infanterie légère d'Afrique, d'un bataillon et demi de la légion étrangère, du 2e régiment de chasseurs d'Afrique, de deux pièces de campagne et de quatre obusiers de montagne. Le convoi contenait vingt voitures.

Ce faible corps d'armée se mit en marche dans l'ordre suivant, à quatre heures du matin :

L'avant-garde, aux ordres du colonel Oudinot, composée de deux escadrons de chasseurs d'Afrique, de trois compagnies polonaises et de deux obusiers de montagne.

Le convoi, flanqué à droite par le bataillon du 66e de ligne et un escadron, et à gauche par le bataillon italien de la légion étrangère et un escadron.

L'arrière-garde, commandée par le lieutenant-colonel Beaufort, composée du premier bataillon d'infanterie légère d'Afrique, d'un escadron et de deux obusiers de montagne.

Cet ordre de marche avait l'inconvénient de trop morceler notre cavalerie et de ne point présenter une tête de colonne forte. C'est une faute qu'il faut éviter en Afrique.

A sept heures du matin, cette colonne s'engagea dans la forêt de Muley-Ismaël, sur un sol entrecoupé de ravins. A huit heures, l'avant-garde rencontra les Arabes ; la nôtre, assaillie par un ennemi plus nombreux, plia presque aussitôt et éprouva des pertes considérables. Le bataillon du 66e, que les accidents du terrain avaient séparé du gros de la colonne, attaqué à son tour, plia également. A la gauche, la légion étrangère, mieux disposée, conserva sa position et résista à l'ennemi. Mais le colonel Oudinot, qui cherchait à rallier l'avant-garde, tomba mortellement frappé d'une balle ; la cavalerie tourna bride, et le désordre gagna la légion étrangère. Le convoi, se voyant ainsi découvert de tout côté, prit l'épouvante, et les voitures firent demi-tour, à l'exception du génie.

Le convoi allait tomber au pouvoir des assaillants, lorsque le général, par une soudaine inspiration, fait aussitôt passer de l'arrière-garde à la tête du convoi un compagnie du bataillon d'Afrique, qui se porta en avant au pas de charge et rétablit le combat : les troupes reprirent l'offensive avec vigueur et parvinrent à refouler les Arabes. Mais nous avions perdu cinquante-deux hommes, et il fallut sacrifier une partie des tentes et des approvisionnements pour mettre cent quatre-vingts blessés sur les voitures.

L'armée fit halte, à midi, dans la plaine du Sig. Mais, là, des désordres funestes eurent lieu : des soldats défoncèrent les tonneaux des cantiniers, un grand nombre s'énivrèrent, et l'on dut les entasser sur les fourgons, pêle-mêle avec les blessés. La colonne, parvenue le soir sur les bords du Sig, se forma en carré. Le camp de l'émir était à deux lieues du nôtre. C'est là qu'eut lieu, à la nuit, l'échange des agents consulaires d'Oran et de Maskara. Celui d'Abd-el-Kader fut chargé pour son maître d'une lettre qui lui signifiait d'abdiquer ses prétentions sur les Douers, les Smélas, les Gharabas, les Koulouglis de Tlemcen, et de renoncer à ses projets d'invasion sur la rive droite du Chélif.

La réponse de l'émir fut négative.

Le général Trézel, affaibli par ses pertes et redoutant le manque de vivres, passa le Sig le 28 au point du jour, et commença sa retraite sur Arzew.

Le bataillon d'Afrique marchait en avant-garde ; le convoi, flanqué par la légion étrangère et la cavalerie, suivait sur trois files; le 66ᵉ et deux escadrons formaient l'arrière-garde. Abd-el-Kader, voyant la colonne s'ébranler dans la plaine de Ceirat, fondit sur elle avec dix mille cavaliers et l'enveloppa : le choc fut bien soutenu, et, malgré une fusillade continuelle, nos troupes ne purent être entamées jusqu'à midi.

Malheureusement le général, craignant de trouver pour ses voitures des difficultés de terrain trop nombreuses sur la route directe d'Arzew, s'était décidé, contre l'avis des guides, à tourner les collines des Hamian et à déboucher sur le golfe par la gorge de l'Habra, au point où cette rivière, sortant des marais, prend le nom de la Macta. Mais Abd-el-Kader, s'apercevant de son dessein, envoya un gros de cavaliers avec des fantassins en croupe pour occuper ce défilé.

A peine la colonne y fut-elle engagée, ayant à sa gauche les hauteurs et les marais à sa droite, que les Arabes descendirent des hauteurs, fondirent sur le convoi, dont les voitures ne pouvaient marcher qu'une à une, et coupèrent l'arrière-garde. Celle-ci se jeta sur la droite pour regagner la tête de colonne. Une vigoureuse charge de cavalerie dégagea un moment le convoi, en refoulant les Arabes sur les pentes des collines de gauche ; mais bientôt les voitures, cherchant à éviter le feu roulant qui partait de cette gauche, s'embourbèrent dans les marais et y furent assaillies par une masse de cavalerie arabe. Les conducteurs du convoi coupèrent lâchement les traits et s'enfuirent avec les chevaux, laissant nos blessés au pouvoir de l'ennemi[1]. Les

---

[1] Une seule voiture, chargée de vingt blessés, fut sauvée par l'énergie du maréchal des logis Fournié, qui, le pistolet à la main, força les conducteurs à faire leur devoir et à serrer sur la colonne.

seuls équipages de l'artillerie, qui avaient suivi courageusement la route, furent sauvés de ce désastre. Tous les corps étaient confondus, la terreur était au comble.

« Heureusement que les Arabes, occupés à piller les voitures et à égorger les blessés, ralentirent leur attaque. Cela donna à quelques fuyards le temps de se rallier sur un mamelon, où l'on conduisit une pièce d'artillerie qui se mit à tirer à mitraille sur les Arabes.

« Les hommes qui se réunirent sur ce point se formèrent en carré et dirigèrent également sur l'ennemi un feu irrégulier, mais bien nourri, en chantant la *Marseillaise*, qui, dans leur bouche, ressemblait plutôt à un chant de mort qu'à un chant de triomphe. La masse des soldats, entièrement démoralisée, et ce qui restait de voitures, s'entassèrent en arrière du mamelon, dans un fond qui paraissait être sans issue; car, en cet endroit, la route d'Arzew, à peine tracée, tourne brusquement vers l'ouest. Plusieurs, voyant la Macta à leur droite et au delà quelque chose qui ressemblait à un chemin, se précipitèrent dans la rivière et se noyèrent. D'autres, et même quelques chefs, criaient qu'il fallait gagner Mostaganem. La voix du général se perd dans le bruit : il y a absence de commandement; et ce n'est qu'au bout de trois quarts d'heure que cette masse informe, après s'être longtemps agitée sur elle-même, trouve enfin la route d'Arzew. Mais les soldats restés sur le mamelon n'entendent ou plutôt n'écoutent pas les ordres qu'on leur donne, et ne comprennent point qu'ils doivent suivre la retraite. Ils font entendre des paroles décousues et bizarres, qui prouvent que la force qui les fait encore combattre est moins du courage qu'une exaltation fébrile.

« L'un fait ses adieux au soleil qui éclaire de ses rayons cette scène de désordre et de carnage; l'autre embrasse son camarade.

« Enfin, les compagnies du 66ᵉ, encore plus compactes que le reste, finissent par se mettre en mouvement; mais les autres les suivent avec tant de précipitation, que la pièce de canon est un instant abandonnée.

« Elle fut dégagée cependant, et les hommes qui étaient restés si longtemps sur le mamelon se réunirent à ceux qui étaient déjà sur la route d'Arzew; mais alors le corps d'armée ne présenta plus qu'une masse confuse de fuyards. L'arrière-garde n'était composée que d'une cinquantaine de soldats de toutes les armes, qui, sans ordre et presque sans chefs, se mirent à tirailler bravement, et d'un peloton de chasseurs commandé par le capitaine Bernard. Quelques pièces d'artillerie, dirigées par le capitaine Allaud et le lieutenant Pastoret, soutenaient ces tirailleurs en faisant feu par-dessus leurs têtes; mais, leur nombre ayant été bientôt réduit à vingt, les Arabes allaient entamer une seconde fois la masse des fuyards, lorsque le capitaine Bernard les chargea avec tant de bravoure et de bonheur, qu'il les força de lâcher leur proie.

« M. Maussion, chef d'escadron d'état-major et aide de camp du général Trézel, eut trois chevaux tués sous lui. Mais dès ce moment la retraite se fit avec plus de facilité; bientôt on parvint sur le rivage de la mer, et la vue d'Arzew releva un peu le moral du soldat.

« Les Arabes, fatigués d'un long combat et surchargés de butin, ralentirent successivement leurs attaques, qui cessèrent tout à fait à six heures du soir; à huit heures, le corps d'armée arriva à Arzew, après seize heures de marche et quatorze heures de combats[1]. »

Pendant que nous subissions ce terrible échec, qui nous coûta trois cent cinquante-deux morts, trois cent quatre-vingts blessés, dix-sept prisonniers et la perte de presque tout notre matériel, le chef de bataillon de Lamoricière arrivait à Oran avec le juif Durand. M. d'Erlon, informé des projets du général Trézel, envoyait étudier la situation des affaires et semblait toujours disposé à suivre la voie des négociations. M. de Lamoricière fit relâche à Arzew, où il apprit notre désastre. Sans perdre un moment, il se rend à Oran, réunit trois cents cavaliers des Douers et Smélas, et revint par terre avec ce renfort, accompagné des capitaines Cavaignac et Montauban, protéger le retour de la cavalerie par terre. L'artillerie et l'infanterie furent transportées par mer à Oran.

Le général Trézel, qui s'était montré plein de courage et de résolution, ne voulut détourner sur personne la responsabilité de son malheur.

L'armée respecta sa noble conduite; mais M. d'Erlon, qui eût peut-être profité d'un succès, se hâta de désavouer son lieutenant, et, ne lui laissant point l'honneur, dont il était si digne, d'en prendre une belle revanche, il lui ôta son commandement pour le donner au général d'Arlanges.

Le comte d'Erlon voulait, à quelque prix que ce fût, renouer ses relations pacifiques avec Abd-el-Kader, et aurait volontiers abandonné à sa vengeance les Douers et les Smélas, sans les énergiques représentations de la majorité des membres du conseil de régence. Contrairement aux intentions du gouverneur, il fut décidé que ces deux tribus étaient définitivement acquises à la France, et de nouveau elles vinrent se

---

[1] *Annales algériennes*, par le capitaine Pélissier, t. II, p. 272.

grouper autour d'Oran, sous le commandement immédiat de l'ancien kaïd de Mostaganem, que ces tribus avaient demandé. La grande considération personnelle dont jouissait Ibrahim parmi les Arabes en faisait pour l'émir un puissant adversaire.

Par ces heureuses dispositions, les désastres de la Macta se trouvaient en quelque sorte réparés, lorsqu'une malencontreuse décision du ministère vint remettre tout en question. La guerre civile se prolongeait en Espagne, et ses résultats commençaient à inquiéter la France.

Dans l'intérêt des principes que la Révolution de juillet avait consacrés, il aurait bien voulu intervenir directement pour assurer le triomphe de Marie-Christine; mais les puissances du Nord s'opposaient énergiquement à une telle démonstration. On recourut alors à un moyen terme : la France céda à l'Espagne, dans l'été de 1835, sa légion étrangère, composée de cinq mille hommes; elle assistait ainsi son alliée, tout en respectant le principe de la non-intervention.

En vain on représenta au comte d'Erlon que les circonstances étaient assez impérieuses pour qu'il prît sur lui de suspendre le départ de la partie de la légion qui était à Oran. Il ne voulut rien entendre, et aima mieux compromettre la sûreté de nos établissements que de retarder de quelque temps l'exécution des ordres du ministre.

Ainsi c'était après une défaite que nous diminuions nos forces.

Il est vrai que le comte d'Erlon nourrissait encore l'espoir de rétablir la paix avec Abd-el-Kader.

L'émir, de son côté, presque embarrassé de sa victoire, sentait bien que ses intérêts exigeaient qu'il la fît en quelque sorte oublier.

Il n'ignorait pas que la France est trop susceptible sur ce sujet pour laisser longtemps impuni un affront fait à ses armes, et il se montrait assez disposé à négocier; mais bientôt la scène changea. Le comte d'Erlon fut rappelé, et le choix de son successeur apprit à l'émir que la France était enfin décidée à ne reconnaître dans la régence d'autre souverain qu'elle-même.

Bientôt après notre désastre de la Macta, les Arabes et les Kabaïles se montrèrent en armes partout où il y eut des Européens à égorger; et, dans ces affreuses incursions, les Hadjoutes, comme toujours, se signalèrent par leur cruauté.

Des remontrances et des rapports adressés au cabinet réveillèrent enfin sa sollicitude pour nos possessions d'Afrique; il reconnut qu'il y avait péril à laisser plus longtemps le gouvernement entre les mains du comte d'Erlon, et se décida à le rappeler. Toutes les espérances se tournèrent vers le maréchal Clausel, qui ne manquait pas alors de popularité et dont l'énergie était connue.

Le comte d'Erlon quitta Alger le 8 août, emportant avec lui une réputation de probité irréprochable et laissant dans la colonie, malgré ses fautes et ses faiblesses, de sincères regrets.

CHAPITRE VI

NOTICES BIOGRAPHIQUES

Hussein-Pacha, dernier dey d'Alger, né à Andrinople, vers 1764, fils d'un officier d'artillerie au service de la Porte, y avait reçu quelque éducation dans l'école spéciale fondée par le célèbre baron de Tott. Son zèle et son intelligence l'avaient élevé rapidement au rang d'oda-bachi dans le corps des topschis ou canonniers; mais, son caractère irascible et opiniâtre l'ayant exposé un jour à un châtiment sévère, il s'était enrôlé dans la milice d'Alger. Plus instruit que ses camarades, il sut bientôt se faire remarquer et obtenir de l'avancement. Attaché à son prédécesseur, Ali-Khodgea, il contribua à l'élever à la dignité de dey, en 1817, et partagea son autorité comme premier ministre; après son règne de quatre mois, il devint son successeur d'une manière inouïe dans Alger : sans élection, sans résistance et sans effusion de sang. C'était lui qui avait conseillé à Aly-Khodgea de s'enfermer dans la Kasbah avec le trésor et de s'y entourer d'une garde indigène (les zouaves), étrangère au corps des janissaires; plus modéré dans l'emploi des moyens tyranniques dont les deys d'Alger faisaient usage pour satisfaire leur avidité dévorante, il avait régné sans trouble et sans réaction pendant douze ans, et peut-être fût-il mort sur le trône sans sa querelle avec la France.

Il disait à quelques Français qui allèrent le voir avant son départ « qu'il avait commis une grande faute en s'attirant la colère d'une puissance comme la France, mais que, naturellement irascible et obstiné, il se reconnaissait ces deux défauts. »

Du reste, Hussein-Dey était un vieillard honnête homme, doué de beaucoup d'esprit naturel et d'une capacité remarquable.

Son gouvernement se distingua par l'ordre, la douceur et la probité ; mais il avait de l'entêtement ; comme Charles X, une fatalité irrésistible l'a entraîné à sa ruine. Il ne paraît pas, s'il faut en croire son récit, que, dans sa discussion avec le consul, dont la France a dû embrasser la querelle, tous les torts aient été de son côté.

Voici comment il l'a racontée lui-même à M. Jal, qui, dans un écrit fort intéressant, nous en a transmis les détails :

« Deval s'était bien mis dans mon esprit ; il était adroit, insinuant ; je ne me défiais point de lui. Il était gai et me plaisait pour cela ; je crus à la sincérité de son affection pour moi. Il devint très-familier, parce que je le traitais en ami, et j'ai su depuis, par quelques-uns de mes officiers, qu'on disait généralement au sérail qu'une pareille intimité avec un homme de son espèce ne pouvait manquer d'avoir une mauvaise conclusion. Vers la fin du Ramadan, Deval, que je commençais à aimer moins parce qu'il me parlait souvent mal de son souverain, et que je pouvais craindre qu'il ne lui parlât mal aussi de moi, Deval vint me faire la visite officielle d'usage ; je me plaignis à lui de n'avoir pas de réponse à quatre lettres écrites par moi au roi de France. Il me répondit (le croiriez-vous?) : « Le roi a bien autre chose « à faire que d'écrire à un homme comme toi ! »

« Cette réponse grossière me surprit. L'amitié ne donne pas le droit d'être impoli. J'étais un vieillard qu'on devait respecter, et puis j'étais dey. Je fis observer à Deval qu'il s'oubliait étrangement ; il continua à me tenir des propos durs et messéants. Je voulus lui imposer silence ; il persista. — Sortez, malheureux !

« Deval ne bougea pas ; il me brava en restant, et ce fut au point que, hors de moi, je lui donnai, en signe de mépris, de mon chasse-mouche au visage. Voici l'exacte vérité. »

Hussein vivait retiré à Livourne ; il eût été plus généreux et plus prudent de la part du gouvernement français de lui accorder l'autorisation qu'il demandait de se fixer en France.

Avant de parvenir à la suprême dignité, nous avons vu que Hussein-Pacha avait passé par tous les grades ; il avait commencé par être simple janissaire. Il avait une éloquence vive, originale, abondante en figures.

Voulant peindre la haine qui sépare les habitants de Tunis et d'Alger, haine instinctive, profonde, enracinée, pareille à celle des Portugais pour les Espagnols, et que l'imprévoyance impolitique de l'administration française ne respecte pas assez, il s'exprimait ainsi à Paris, en 1831 :

« Faites bouillir dans une chaudière un Algérien et un Tunisien ; laissez reposer, et ils se sépareront. » Un moraliste du dix-septième siècle et un chimiste du dix-neuvième n'auraient pas dit mieux.

BACRI (Jacob-Cohen), dont le nom se rattache à cette liquidation qui devint l'une des causes de notre expédition, exerça longtemps, sous l'administration du dey, l'influence que donne partout une immense fortune ; mais, de graves discussions s'étant plus tard élevées entre lui et ses associés, son étoile pâlit tout à coup, et une prison fut pendant plusieurs années son triste séjour.

Si l'on en croit ses adversaires, cette catastrophe n'aurait été que la conséquence de folles prodigalités. Suivant Bacri, au contraire, de prétendus créanciers, d'accord avec ses neveux, l'auraient rendu victime des plus odieuses machinations. Quoi qu'il en soit, il était depuis quatre ans privé de sa liberté au moment où s'entama cette négociation financière qui fit tant de bruit ; et aujourd'hui, à l'âge de soixante-dix ans, il est à peu près sans fortune.

D'après Bacri, les dettes de l'Espagne envers lui s'élevaient à la somme de trente-cinq millions.

Un homme qui est arrivé à réunir de pareils capitaux n'a pas eu que les dés pour lui. La fortune peut lui avoir beaucoup souri, mais il est impossible qu'il n'ait point montré de l'audace, de hautes vues, quelquefois même une rare capacité. Ces qualités, Bacri les a possédées en partie. Entre autres exemples de la perspicacité qu'il a souvent mise à traiter les affaires, nous ne citerons que le suivant :

Pendant notre occupation d'Égypte, M. de Talleyrand lui fit demander, au nom du gouvernement, s'il voulait se charger à la fois d'une fourniture de blés pour l'armée française et de la faire transporter sous pavillon algérien pour la soustraire aux croisières anglaises. Bacri accepta sans hésiter ; il n'y mit qu'une condition : celle de pouvoir exporter sous le même pavillon une quantité égale des ports de la Normandie et de la Bretagne pour l'Angleterre. M. de Talleyrand ayant voulu connaître les raisons, il répondit qu'avec les bénéfices énormes qu'il retirerait de l'opération il aurait de quoi sauver sa tête du péril qu'il courrait infailliblement lorsque le dey viendrait à savoir qu'il avait concouru à alimenter une armée de chrétiens, au préjudice des musulmans.

La faculté qu'il avait demandée lui fut accordée.

Plus d'une tête bien organisée s'est affaiblie sous les verrous. Bacri est resté plusieurs années dans les cachots d'un tyran. Les prisons du despotisme gardent encore plus longtemps leurs victimes que celles de la civilisation. (*De l'établissement des Français dans la régence d'Alger*, par M. Genty de Bussy.)

CHAPITRE VII

DES RACES QUI PEUPLENT L'ALGÉRIE.

Depuis l'expulsion des Turcs, et sans compter les Européens qui arrivent de tous les pays méridionaux, quatre races distinctes, les Kabaïles, les Arabes, les Maures et les juifs, forment la population de la régence d'Alger.

Les Kabaïles, ou Berbères, sont les habitants primitifs du pays; ils descendent des anciens Gétules et des Lybiens; ils ne parlent pas arabe. Leur langage est l'idiome choviah, chillah ou berbère, qui est répandu depuis l'Atlas jusqu'à l'oasis de Sywah; ils ont le teint rouge ou noirâtre, la taille haute et svelte, le corps grêle et maigre; c'est un peuple guerrier et brave. Retirés dans les montagnes et divisés en un grand nombre de tribus, qui toutes ont leur chef particulier, ils se font gloire de ne jamais s'allier avec les autres nations.

Leurs maisons, construites en terre grasse séchée au soleil, ou avec des claies enduites de boue, s'appellent *gurbies*; elles sont couvertes de paille ou de gazon.

L'intérieur n'en est pas divisé en plusieurs pièces, mais seulement un coin est réservé pour le bétail. La réunion des *gurbies* d'une tribu forme un *dachkras*, ou village. Les Kabaïles ont un esprit industrieux; ils réussissent à fabriquer eux-mêmes des fusils, médiocres il est vrai, mais qui servent à leur défense.

LES KABAILES.

(Le fragment suivant est extrait d'un ouvrage sur Bougie, par M. Lapène, lieutenant-colonel d'artillerie.)

Une seule habitation, quelquefois une chambre unique, réunit toute la famille; en outre, la vache, l'âne, le mulet. Sa forme est oblongue, et sa construction en pierres sèches, réunies et cimentées par un enduit en bouse de vache. Le couvert est en paille, quelquefois en tuiles posées sur des chevrons ronds ou de simples branches. Elle a ordinairement deux combles, et la pièce faîtière est supportée par un ou plusieurs piliers grossiers en bois. Le foyer est au milieu de l'aire. On s'inquiète peu de la fumée, qui sort comme elle peut par les vides des tuiles du couvert. La famille couche par terre ou sur des nattes de palmier ou de jonc. Une distinction, c'est d'avoir des estrades disposées en étage où les nattes sont étendues. Dans d'autres portions de la Kabylie, les habitations sont de simples cabanes appelées *nouala* ou *nouail*.

Les meubles ou ustensiles se bornent, dans chaque famille, à deux pierres rondes destinées à moudre le grain, à plusieurs tamis en poil de chèvre ou en crin pour obtenir de la farine plus fine, à un petit foyer portatif d'un pied de diamètre; celui-ci est parfois assis sur quelques pierres formant un premier foyer, qui, en permettant au feu de circuler, obtient de faire lever le pain, de le rendre plus léger en obtenant une cuisson plus complète.

Chez les Kabaïles plus aisés, on voit, appuyées ou fixées aux murs ou aux piliers de la chambre, des espèces de jarres pour serrer les provisions; elles sont en terre glaise séchée au soleil, hautes de deux mètres, larges, diamètre moyen, de $0^m 50$. On y trouve aussi quelques jattes pleines de lait, des pots de beurre le plus souvent rance, des pots de miel; dans les coins, de l'orge, et en certains cantons quelques tas de pommes de terre d'une très-petite espèce.

La vie est des plus frugales et sans luxe d'aucune sorte, même chez les riches. Elle ne porte aucune trace apparente de civilisation avancée. Les aliments sont : le pain ou plutôt la galette cuite sur la plaque d'argile, espèce de foyer portatif décrit plus haut; du lait, du miel, du beurre, mangés avec le pain; des figues trempées, ainsi que le pain, dans l'huile rance en guise de sauce; quelques légumes ou graines, tels que les fèves, le riz, plus rarement de la viande. Celle-ci se cuit sur une petite broche ou longue aiguille, tournant à la main sur deux pierres au-dessus du foyer. Le plus grand régal est le mets national appelé couscoussou; pour le faire, on pose sur trois pierres servant de foyer un pot de terre contenant de la graisse de mouton ou de la mauvaise huile, des tomates, des oignons, du piment, du maïs vert, des herbes aromatiques, des viandes, ordinairement du mouton, du bouc, quelquefois de la volaille, coupées en assez gros morceaux.

Par-dessus est un plat de terre en forme d'écumoire renfermant en tas de la mie de pain roulée par petites boules comme des grains de blé, laquelle cuit ainsi à la vapeur du mélange placé dans le pot inférieur.

La cuisson obtenue, le tout est versé dans un grand plat de bois que l'on place au milieu des convives. Ceux-ci mangent par terre, les jambes croisées; ils se servent de leurs doigts pour puiser dans le plat, la main gauche servant comme d'assiette, la droite portant les aliments à leur bouche. Une cuiller, même de bois, est de luxe; parfois, cependant, un couteau grossièrement fait sert à découper la viande; on la saisit et chacun la déchire à belles dents.

L'eau est la seule boisson; la cruche qui la contient passe, à la fin du repas, à la ronde. Le vin, en public surtout, est exclu; mais on est assez tolérant, à l'écart, pour les boissons fermentées, pourvu qu'elles affectent tant soit peu la couleur blanche. La plupart des chefs kabaïles apprécient et savourent le rhum et l'eau-de-vie.

Le vêtement ordinaire du Kabaïle est une tunique de laine sur la chair (kandoura), fabriquée par les femmes. Cette espèce de chemise sans col et à manches larges ne descend qu'à mi-jambe.

Elle a un trou dans le haut pour passer la tête, et deux autres sur les côtés pour les bras. Par-dessus est le manteau appelé burnous. Celui-ci tombe jusqu'aux pieds; il est muni à la partie supérieure d'un capuchon se rabattant en arrière à volonté. Ce dernier vêtement est inséparable du Kabaïle. Il le porte hiver et été, de jour et de nuit; il faut être dans la dernière abjection, ou réduit à la plus profonde misère, pour n'en pas avoir. Le Kabaïle a pour le burnous un respect traditionnel : c'est un meuble qu'il tient de son père, qu'il lègue à son fils.

Aussi ce vêtement est-il le plus souvent froissé, déchiré, presque toujours dégoûtant de saleté, repoussant de mauvaise odeur.

La coiffure est une simple calotte rouge avec un tissu blanc pardessus. Il marche généralement pieds nus, quelquefois il s'enveloppe le pied d'une simple peau de bête fraîchement abattue, qu'il maintient avec une lanière ou plusieurs tours de corde faite de fil de burnous; c'est le suprême genre de la chaussure.

Le cheik, ou celui dont l'état d'aisance permet plus de luxe, ce qui est très-rare, porte, comme les Arabes du désert (Bédouins), une chemise de lin sur la chair (kamedja), ensuite la tunique, et par-dessus celle-ci le haïck, immense couverture de laine ou de fil d'un mètre au moins de large et de cinq à six mètres de long. Ce vêtement, qui enveloppe et drape avec une élégance remarquable, donne une grâce et une majesté singulières à celui qui le porte; mais, incommode dans la marche, il tombe de dessus l'épaule et il faut l'y arrêter; une agrafe sert dans ce but.

Le vêtement des femmes est encore le haïck, ne dépassant guère mi-jambe, retenu et faisant des plis à la ceinture au moyen d'une corde de laine. Elles portent sur la tête une espèce de capuchon pouvant se rabattre en arrière, ou tomber sur leurs yeux quand elles veulent se cacher aux regards. D'ailleurs, elles ne sont pas habituellement voilées comme les femmes maures de la ville, et restent sans gêne, à visage découvert, devant les hommes et les étrangers. Leurs cheveux tombent et flottent au gré des vents. Elles marchent pieds nus; les riches seulement ont une chaussure. Elles mettent une coquetterie grossière à se parer à leur façon; à leurs oreilles pendent de grands anneaux, le plus souvent en cuivre ou en fer. Elles en mettent aussi autour des jambes et des bras. Les plus riches et les plus coquettes suspendent à tout prix à leur cou une espèce de collier de verroterie ou de corail, que les colporteurs forains, ordinairement des juifs, leur vendent très-cher.

Elles se teignent avec le henné les ongles, le dedans des mains et le dessous des pieds. Plusieurs portent des dessins de différentes couleurs sur le front et aux bras; ce tatouage représente généralement une croix faite avec une grande régularité.

Le Kabaïle a la taille moyenne, mais plus haute que basse, le teint brun, quelquefois noirâtre. Comme nous l'avons déjà dit, ses cheveux sont foncés, lisses, rarement blonds. Les hommes sont maigres et fortement musclés : ils ont le corps grêle, élancé, très-bien fait. Leur tournure élégante rappelle celle des statues antiques. Les traits de leur visage, singulièrement expressifs, sont plus courts que ceux des Arabes. Ils n'ont pas la beauté du profil, et leur tête est en général ronde; mais ils sont remarquables par de belles dents et de beaux yeux. Leur prunelle est ordinairement d'un bleu clair et ressemble à l'éclat du bronze antique. Quoique ridés de bonne heure à cause du hâle du soleil qui dessèche leur peau, leurs habitudes guerrières, leur genre de vie actif, agité, les préservent des infirmités de la vieillesse, qui ne s'aperçoit chez eux que par la blancheur de la barbe et des cheveux. Celle-ci n'est point conservée longue comme celle des Maures. Elle est en général peu fournie. Ils se rasent la tête, moins une touffe de cheveux (kétaïa) laissée sur la partie supérieure. En effet, morts, c'est par là que l'ange les saisit pour les transporter au paradis que leur religion promet.

Mœurs et coutumes. — Le respect pour le père et la mère, à toutes les époques de la vie, est grand, et le pouvoir de ceux-ci sur leurs enfants entier. Le mari est le chef de la famille et maître absolu. A son défaut, c'est le fils aîné. Celui-ci figure alors dans les assemblées en l'absence du père.

Mais, le chef de famille présent, les fils n'ont plus le droit d'y paraître. Cette autorité du père ou du mari se manifeste à tous les instants en public comme dans l'intérieur de la famille. Il peut menacer, frapper, tuer même une femme enceinte, un fils désobéissant.

Un Kabaïle peut avoir, suivant la loi de Mahomet, quatre femmes, jamais au delà. Il en a rarement plus de deux, ne pouvant en nourrir davantage. Souvent la première demande son émancipation par-devant le koïd à l'arrivée de la rivale, ou simplement à la suite de quelque scène violente ou de mauvais traitements du mari. Elle retourne alors chez son père, et y fait le métier de femme publique, de l'aveu et sous les yeux de ses parents. Ceux-ci, non contents de favoriser la débauche de leur fille ou de leur sœur répudiée (adjaula) et de partager le prix de l'infamie, appellent les étrangers, les attirent et leur livrent leur maison par ces seuls mots : « Fille, préparez la couche de l'étranger. »

Quelques-uns, par luxe d'infamie, restent à la porte de la demeure, armés de leur fusil, pour écarter les importuns ou les indiscrets. Dans quelques tribus, à Ouled-Tlemzatz (Oulid-ou-Labah), par exemple, peuplée de cavaliers, ceux-ci font un honteux trafic de leurs femmes. Ils leur permettent non-seulement de recevoir leurs amants pendant leur absence, mais ils portent le soin, arrivant, jusqu'à pousser des cris et tirer des coups de fusil pour prévenir le couple infidèle, afin que l'amant s'échappe à temps et que les apparences soient sauvées.

Un étranger arrivant dans une tribu kabaïle est arrêté par un habitant officieux qui lui demande s'il est de passage pour la mosquée. Sur sa réponse affirmative, il est conduit, reçu, logé, hébergé aux frais du public, qui s'empresse de pourvoir à ses besoins, sans trop s'informer de lui et du but de son voyage; s'il est de passage pour une femme, l'officieux lui indique l'adjaula, qui le reçoit moyennant salaire.

Les jeunes filles sont surveillées et gardent, grâce à cette précaution, leur chasteté. Elles sont nubiles à douze ans. On en voit se marier à dix; les garçons à quinze.

Les femmes vont à visage découvert; les jeunes gens peuvent donc les voir, les aimer et chercher à s'en faire aimer. D'accord le plus souvent avec leurs amants, elles désignent elles-mêmes l'époux qui leur convient; et s'il est constant, ce qui arrive le plus souvent, puisque c'est après s'être concertés, les parents ne peuvent refuser à leur fille l'homme de son choix, hors le cas où il existe dans la famille un cousin ou parent plus ou moins éloigné; alors celui-ci devient époux de droit, et la fille est forcée de l'accepter.

C'est ainsi que les portions de tribu augmentent et que des familles, croissant en nombre, conservent l'autorité et le crédit.

L'accord passé entre la jeune fille et l'amant, celui-ci fait la demande au père, qui, de suite, s'informe de ce que l'époux peut donner en argent ou en bestiaux. Après avoir marchandé quelque temps, on tombe d'accord pour une somme d'argent, cinquante, cent, deux cents et jusqu'à deux mille francs de notre monnaie, ou l'équivalent en bestiaux, suivant la beauté, les qualités de la jeune personne, le degré d'amour, le crédit, la fortune du prétendu. Indépendamment de la dot (cédoq) comptée par le garçon pour obtenir la fille, celui-ci est tenu de faire au père et à la mère un cadeau en argent qui varie encore suivant que la fille est plus ou moins jolie. Ce cadeau s'appelle makèla. Le marché conclu, le père et le futur se rendent devant le marabout, lui expliquent la convention. Il l'approuve ou la conteste, suivant son gré, son caprice, et exige une composition. Il dresse ensuite une espèce d'acte de mariage qu'il a soin aussi de se faire payer. L'époux se rend alors à la maison de la future avec une nombreuse escorte de piétons et de cavaliers.

Il compte l'argent ou livre les bestiaux; les convives font aussi leurs cadeaux. On se livre alors aux réjouissances et aux plaisirs.

Ces fêtes, dont le père de l'épousée fait les frais, durent deux, trois et quatre jours, pendant lesquels le mari ne peut s'approcher de sa femme. Une singulière condition est même apportée au départ du cortége vers la maison de l'époux; une orange, un citron, une grenade, ordinairement un œuf placé comme but, à une certaine distance, doit être atteint et brisé d'un coup de fusil. Cette condition, difficile à remplir, et qui indique combien le tir et l'adresse sur cette arme sont en honneur, peut rendre le séjour des conviés très-dispendieux pour le père, et le retard fort incommode pour l'époux. Elle est quelquefois remplie de suite; rarement avant le deuxième ou le troisième jour. Enfin le cortége part, et le mari emmène sa femme; mais ce n'est encore qu'après trois jours de fête dans sa demeure, avec ses voisins et amis, que l'homme reste libre avec son épouse et qu'il en devient réellement possesseur.

Les femmes, non-seulement ne se cachent pas le visage dans les maisons, mais elles y reçoivent, avons-nous dit, les étrangers, et loin que leur pudeur s'en effarouche, elles en recherchent ou en accueillent très-bien l'occasion.

Chez les Arabes et les Maures, l'habitude de couvrir le visage des femmes et de les tenir dans l'esclavage où elles vivent à Alger et ailleurs vient des Turcs; mais elle ne subsiste guère que dans les villes où leur puissance était établie, et dans le rayon des campagnes voisines.

Chez les Kabaïles, au contraire, l'état des femmes se rapproche beaucoup de ce qu'il est en Europe.

Non-seulement elles ne se cachent jamais le visage, mais elles paraissent aussi à toutes les fêtes, y prennent part, chantent, dansent, se mêlent avec les hommes et assistent à leurs exercices, dont le principal est le tir à la cible. Elles marchent avec leurs maris, leurs frères au combat, et, au milieu de la mêlée, les encouragent par leur présence, les excitent par leurs cris.

Elles ont un goût prononcé pour une espèce de danse guerrière dite *sgara*, qu'elles exécutent en tenant à la main des yatagans ou des fusils. Cette danse a lieu au son d'un instrument à vent appelé zorna, espèce de hautbois à six trous. Dans beaucoup de localités, les femmes sont blanches et d'une grande beauté. La crainte d'avoir des enfants mulâtres fait que les hommes n'y épousent point de négresses.

La jalousie des Kabaïles, en apparence excessive comme chez les autres Arabes, n'y rend pas la conduite des femmes meilleure; et beaucoup sont infidèles. Les jeunes filles elles-mêmes sont loin d'être irréprochables, et souvent leurs parents et jusqu'à leurs frères vendent leurs faveurs à prix d'argent. L'avidité même, qui caractérise la race kabaïle, est pour la femme une grande cause de dépravation. Malgré cette tolérance intéressée, le mari, s'il soupçonne sa femme, peut s'en défaire, sans encourir pour cela d'autre châtiment que celui de payer une amende. S'il la prend en flagrant délit, il peut se venger sur elle et sur le séducteur, et dans ce cas, il est absous de toute condamnation; mais, s'il ne les tuait pas l'un et l'autre, il serait déclaré infâme et massacré par la famille.

Chez les Arabes du désert et des plaines, l'état des femmes est à peu près le même que chez les Kabaïles, à la seule différence, qu'elles jouissent d'un peu moins de liberté : elles vont bien aussi danser aux fêtes, mais jamais avec des étrangers; quelquefois, cependant, elles assistent aux jeux, qui consistent en exercices à cheval avec le fusil, et encouragent les hommes par leurs applaudissements.

On doit remarquer que, l'usage de couvrir le visage des femmes étant prescrit par le Koran, c'est bien plus par l'impossibilité d'y satisfaire que par le désir d'échapper à cette règle que les Arabes et les Kabaïles s'en affranchissent; plus riches, les marabouts trouvent cependant le moyen de rester fidèles au précepte.

Un certain respect dont sont entourées les femmes chez les Kabaïles, à l'opposé de leur état secondaire et presque abject chez les Arabes et les Africains en général, mérite toute notre attention.

Lella-Gouraya, sainte fille kabaïle, était à Bougie l'objet d'un culte ancien et respecté, et la chapelle qui décorait encore, à l'arrivée des Français, la cime brumeuse de la montagne de ce nom, était le lieu d'un pèlerinage renommé, dont le prestige et les merveilleux résultats retentissaient au loin.

Les Kabaïles attachent même à l'état de la femme je ne sais quoi de particulier, de mystérieux et de providentiel, qui rend son influence grande dans la famille, et son intervention quelquefois très-relevée dans les affaires de la tribu.

Rappelons-nous que la femme kabaïle vaque aux travaux les plus pénibles; qu'elle suit son mari à la guerre, partage ses périls, s'engage dans la mêlée, excite, encourage, exalte le guerrier et lui apporte des aliments, soigne ses blessures, contribue à l'arracher à la mort et souvent ne lui survit pas. (*Fin du fragment de M. Lapène.*)

Les Arabes, originaires d'Asie et descendants des anciens conquérants de la Mauritanie, conservent une physionomie mâle, ils ont les yeux vifs, le teint olivâtre, une taille moyenne, mais bien prise. Ceux qui s'abandonnent à la culture des terres occupent des demeures fixes. Les autres vivent sous des tentes et errent avec leurs troupeaux; ceux-ci sont les Arabes bédouins; ennemis de toute espèce de travail, ils passent la journée à fumer.

Une extrême sobriété, un mélange de ruse et de cordialité, un besoin impérieux de liberté et d'indépendance, une hospitalité (11) qui ne se dément jamais, tels sont les traits qui les distinguent, comme leurs frères d'Arabie; ce qu'ils aiment le mieux au monde, c'est leur cheval. Leurs femmes, chargées de tous les travaux domestiques, ont des traits peu agréables.

Leurs chefs se nomment cheiks, et reconnaissent pour supérieur un agha, qui réside à Alger, et qui aujourd'hui est nommé par le gouvernement français; comme les Kabaïles, ils sont partagés en de nombreuses tribus, dont la plupart, habitant l'Atlas et le désert, sont riches par le commerce qu'elles font avec Tunis et le Maroc.

Les Maures forment plus de la moitié de la population, ils descendent du mélange des anciens Mauritaniens avec les Phéniciens, les Romains et les Arabes. Ils ont la peau plus blanche, le visage plus plein, le nez moins saillant, et tous les traits de la physionomie moins prononcés que les Arabes.

Les Juifs, qui les redoutent à cause de leur industrie et de leur activité, les dépeignent comme avares, débauchés, avides, paresseux et vindicatifs.

Ils aiment le luxe des habillements; les exercices à cheval et le tir des armes à feu sont leurs passe-temps favoris; les femmes maures sont généralement belles et reçoivent une certaine éducation, elles portent le cachet de l'oppression individuelle beaucoup moins qu'on ne pourrait le penser.

Les coutumes locales leur assurent une protection active et efficace. M. Pichon rapporte qu'elles savent très-bien faire elles-mêmes leurs affaires et soutenir leurs réclamations. « On ne trouverait pas en France, dit-il, des solliciteuses plus fermes et plus décidées dans leur langage. »

Les Maures qui habitent les villes et les villages se livrent au commerce, exercent des métiers, sont propriétaires de maisons et de biens de campagne, et, sous le gouvernement de la régence, occupaient divers emplois administratifs.

Les Maures de la campagne, réunis en tribus errantes, pauvres, ne possèdent aucun immeuble, et ne se distinguent que par le nom du pays qu'ils occupent, ou par celui des chefs dont ils descendent.

Chaque tribu[1] habite un adouar, village ambulant composé de tentes comme un camp; chaque tente sert de logement à une famille, et tout l'adouar obéit à un seul cheik, qui prend soin des intérêts communs. Les Maures nomades habitent alternativement les contrées qui leur paraissent les plus productives; ils louent de ceux des villes des terrains qu'ils cultivent, et avec le produit de leurs récoltes payent le loyer et les impôts. Le cheik répond pour tous, et tous sont mutuellement garants les uns des autres.

[1] Une tribu prend son nom soit d'un individu qui passe pour en être le père, comme Beni-Messaoud, soit d'une montagne, comme Toudjah; en arabe, elle porte le nom de arch, et se divise en kraroubas[1], ou districts, composés chacun de plusieurs dackeras, ou villages.

[1] Krarouba, en arabe, c'est le fruit du caroubier, qui renferme plusieurs grains; ces grains représentent les fractions des tribus (dackeras) ou petits villages qui sont habités par les gens de la même famille.

Ces Maures ont le caractère guerrier, leur adresse à cheval est remarquable; ils se servent peu des armes à feu, leurs armes principales sont la lance, qu'ils appellent azagaie, et un large coutelas.

Le séjour des juifs dans le royaume d'Alger remonte, à ce qu'ils prétendent, à l'époque de la destruction de Jérusalem par Vespasien; mais le plus grand nombre vient des juifs chassés de l'Europe dans le treizième siècle, méprisés et maltraités par les Turcs, les Maures et les Arabes.

Ce malheureux peuple, jusqu'au moment de la conquête, ne pouvait porter que des vêtements noirs, couleur que les Turcs ont le plus en aversion; aujourd'hui il a repris son indépendance comme les juifs d'Europe; les juifs d'Alger sont industrieux, presque tout le commerce est dans leurs mains.

De toutes ces populations diverses, les Maures et les juifs sont les seuls qui aient accueilli favorablement la domination française. Les Arabes n'ont qu'une soumission équivoque, et les Kabaïles se sont ouvertement déclarés contre nous.

Voici comment M. Pichon, qu'un esprit observateur, une longue expérience des peuples étrangers, une étude consciencieuse des populations algériennes, placent, malgré sa disgrâce officielle, au premier rang des juges dont l'opinion doit faire loi, apprécie les nouveaux sujets que la France a acquis en Afrique. « Les Maures doivent être nos premiers et plus fidèles intermédiaires; ce sont eux qui possèdent commercialement et intellectuellement l'Afrique; ce sont eux qui ont désiré, plus que les autres races, le succès de nos armes.

« Les autres races, bien qu'opprimées par la milice gouvernante des Turcs, n'y ont point autant applaudi : c'est chez elles, comme plus pauvres, moins éclairées, que se retranche l'amour du sol natal, que se retire la dernière étincelle locale. Cependant, parmi les Arabes qui ont ici des cheiks illustres, des marabouts renommés par leur origine, leur piété, leur influence; parmi les Arabes, il y a aussi de bons instruments à choisir; ne serait-il pas glorieux de tenter et de réussir à mettre dans nos mains des nations qui ont parcouru en conquérants un grand tiers du globe habité? Je ne connais pas de figure humaine où les traits de l'indépendance brillent d'un plus grand éclat que dans celle de l'Arabe que la conquête de 1830 a donné à la France pour sujet.

« Bien différent est le Kabaïle, descendant des Numides et des autres peuples indigènes qui habitaient les royaumes rivaux de Bœcus et de Juba sous les empereurs romains. Le Kabaïle a du cauteleux dans les traits comme dans la conduite : c'est le petit propriétaire de la Barbarie. Il est aussi plus indomptable que l'Arabe, parce qu'il habite les lieux les plus inaccessibles et les plus difficiles.

« Il n'y a que peu ou point de parti à en tirer pour la confiance publique. Il est à peine musulman, et encore près de l'idolâtrie et du fétichisme. Dans la province de Bougie, il était maître à peu près ; le dey d'Alger lui-même n'y avait que peu ou point d'autorité : il ne s'y faisait obéir qu'en s'emparant des Kabaïles qui vivaient assez nombreux à Alger dans la domesticité, et s'en faisait des espèces d'otages pour l'obéissance de leurs concitoyens ; mais nulle part l'amour du pays n'est plus exalté que chez cette race. »

Nous avons donc dit que les Kabaïles, retranchés dans leurs montagnes, sont plus indomptables que les Arabes : leurs préventions contre les habitants de la plaine, leur langue particulière, qui se divise en autant de dialectes qu'il y a de peuplades, leur industrie supérieure, constatée par leurs fabriques d'armes, de poudre, de savon, etc., et la différence de leurs physionomies, tout, jusqu'à l'étrangeté de leurs costumes et de leurs mœurs, concourt à en faire une race à part.

L'occupation de Bougie seule a pu commencer à nous les faire connaître ; mais, pour l'étude des hommes, le champ de bataille est un triste théâtre, et ce ne sera que lorsque le bruit des armes aura cessé de se faire entendre que nous pourrons nous ménager quelques relations avec eux et les étudier davantage. (*De l'établissement des Français dans la régence d'Alger*, par M. Genty de Bussy.)

Comme les oiseaux de passage, les Bédouins ou Arabes nomades n'ont pas d'habitation fixe. Quand le beau temps et le grain leur manquent dans un endroit, ils l'abandonnent aussitôt et vont en chercher un plus fertile, emmenant avec eux leurs familles, leurs maisons et leurs troupeaux. Parmi eux, une famille considérable occupe souvent quatre à cinq tentes.

Ils ont également leur cheik [1].

Les Bédouins sèment du froment, de l'orge et d'autres grains ; ils attendent qu'ils soient mûrs pour les récolter et se dirigent ensuite vers une autre partie du pays qui leur paraît plus productive.

Les Bédouines, enveloppées dans leur haïk (espèce de couverture),

---

[1] Cheik signifie littéralement l'ancien. Dans les parties montagneuses de la Syrie, ce mot ne veut dire que propriétaire ; le premier cheik d'un pays se nomme émir ou prince.

ont des ornements en grains, en porcelaine, en verroterie et en corail, et des espèces de médailles triangulaires en argent, contenant des amulettes et des petits sachets en cuir, qui sont des préservatifs contre les enchanteurs et les maléfices des djouna ou démons.

Les Bédouines ont la peau très-foncée, on peut dire même presque noire ; elles ont toutes les yeux noirs, des dents extraordinairement blanches, et en général de beaux traits ; par exemple, elles se défigurent par le tatouage, car elles ont la barbare coutume de se scarifier la figure et particulièrement le menton ; elles frottent aussi la blessure avec de la poudre à tirer : ce qui laisse toujours une marque noire sur la partie où le dessin a été fait.

Beaucoup d'entre elles piquent très-avant, avec une aiguille, la figure qu'elles désirent s'imprimer sur la peau en plusieurs dessins : ce qui est à la fois une opération plus longue et plus douloureuse. Mais le prix qu'elles attachent à cette espèce d'ornement leur fait endurer avec résignation le mal qu'elles éprouvent.

Malgré tous les travaux que font ces femmes, elles n'ôtent jamais aucun de leurs ornements, et on peut dire qu'elles en sont chargées.

Elles n'oublient jamais de teindre en noir leurs paupières, de peindre leurs sourcils, et ont bien soin d'en arracher tout ce qu'elles jugent inutile ; elles leur donnent la forme, la longueur et la largeur qu'il leur plaît, sans s'embarrasser de leur forme naturelle. De sorte qu'une Bédouine, de même qu'une dame algérienne en Barbarie, se trouvant tout à fait métamorphosée lorsqu'elle est habillée et ornée, peut facilement rester inconnue à ceux qui l'auraient vue auparavant. Il est donc permis de dire qu'une Africaine, enveloppée de sa simple couverture, dans le désert du Sahara, n'est pas plus exempte de la folie de se parer que la plus belle dame d'une cour européenne.

DES ALGÉRIENNES.

Les femmes maures sont brunes, bien conformées ; elles ont la taille avantageuse et des traits agréables. Elles font un grand usage des bains et elles aiment passionnément les parfums. Elles ont l'habitude de se peindre en noir les sourcils, se mettent beaucoup de rouge et de mouches, et se teignent les ongles des pieds et des mains en rouge. Elles portent de grands anneaux d'or ou d'argent à leurs oreilles ; elles ornent leur tête d'une lame des mêmes métaux travaillée à jour en forme de diadème, qui est recouvert d'une bande de gaze, dont les bouts brodés en or descendent jusqu'aux jambes.

Cette coiffure, appelée sarmah[1], enveloppe la tête de manière à ne laisser voir que deux boucles de cheveux, des rubans, des cordons de soie. Des chaînes d'or servent encore à orner leur coiffure, qui, chez les dames riches, est encore rehaussée par des perles et des diamants.

Elles ont les bras garnis de plusieurs larges anneaux d'or, qui, chez les plus riches, sont entremêlés de plusieurs rangs de perles, et une chaîne d'or, dont les anneaux, de deux pouces de largeur, s'enchâssent les uns dans les autres. Une riche chemise à larges manches, brodée en or, et dont le prix s'élève quelquefois jusqu'à six cents francs, est la première pièce de leur habillement ; un corset de drap, serré, sans manches, et fermé par devant avec des petits boutons ou des agrafes, une espèce de jupe ouverte, de soie ou de coton, assujettie par un mouchoir noué devant, des pantoufles brodées sans talons et sans bas : voilà l'habillement que portent les Algériennes dans leur intérieur. Quand elles sortent, elles y ajoutent de riches mantelets qui descendent jusqu'à mi-jambe, et un pantalon brodé qui descend près des anneaux du bas des jambes.

La partie inférieure de leur visage est couverte depuis la racine du nez par un mouchoir : elles sont alors presque tout enveloppées dans une grande pièce de gaze blanche, et elles ne laissent apercevoir que leurs yeux.

Les Algériennes ont les passions vives, un grand attrait pour le plaisir, et elles aiment avec une vive affection. Elles sont nubiles de très-bonne heure, et on les marie à dix et à douze ans, sans consulter leurs inclinations. Dès qu'un mariage est arrêté, la future est conduite au bain ; à son retour, on la pare magnifiquement, on la fait asseoir sur un sofa élevé, on appelle les musiciens, les portes s'ouvrent à toutes les femmes qui viennent lui rendre visite, et un bal commence : on lui adresse alors les compliments les plus flatteurs ; mais le plus en usage est de leur souhaiter une nombreuse famille.

Ses parents ont eu soin de mettre dans sa poche un talisman pour la garantir des enchanteurs qui pourraient empêcher la consommation du mariage : c'est ordinairement un paquet composé de ciboules, de l'ail, du sel, etc. Le futur, qui se trouve dans un appartement séparé

---

[1] La coiffure des Mauresques, notamment des femmes mariées, est un ornement nommé sarmah, de forme conique, en métal léger, et très-délicatement travaillé à jour ; sa hauteur est prodigieuse : on en voit de vingt-sept à vingt-huit pouces. Cette étrange coiffure est recouverte en entier par un voile de gaze blanc qui descend sur les reins, et qui achève de rendre difforme la tournure d'une femme. On voit des sarmahs en cuivre argenté ou non, en argent et même en or.

à prendre du café et à fumer avec les personnes qui viennent le visiter, a eu aussi le soin de se munir d'un pareil préservatif.

Lorsque ces préliminaires, qui quelquefois durent plusieurs jours, sont terminés, la future est conduite à son époux accompagnée d'un nombreux cortége et au bruit d'une musique bruyante et des chants joyeux d'une troupe de femmes.

Les femmes à Alger ne jouissent d'aucune liberté, elles ne peuvent sortir sans être accompagnées, et, dès leur enfance, les jeunes filles partagent la servitude de leurs mères; il est vrai qu'aux yeux des Turcs la femme n'est qu'un être matériel, créé seulement pour le plaisir de l'homme et la propagation de son espèce. Aussi ce malheureux sexe, méprisé, n'est pas même admis dans la confiance de son tyran, qui ne la consulte jamais sur ses affaires, parce que, dit-il, la religion musulmane s'y oppose. Aucune femme ne peut entrer dans une mosquée. Le seul culte qui soit permis aux Algériennes est le culte des tombeaux. Le vendredi, elles vont pleurer, brûler des lampes, des parfums, planter des fleurs sur la sépulture de leurs proches (12).

Dès qu'un Turc ou Maure a expiré, sa femme et ses filles assemblent leurs parents et leurs amis, et pendant une semaine entière elles vont régulièrement se réunir sous une tente qui a été dressée sur la fosse, dans le cimetière, pour les recevoir; et là, assises en rond, elles s'entretiennent du défunt, racontent les actions de sa vie, font son oraison funèbre, dans laquelle elles n'oublient aucune de ses qualités, soit bonnes ou mauvaises, et lorsqu'elles ont assez donné de larmes à l'objet de leurs regrets, elles terminent leurs séances par un dîner chez l'une des pleureuses.

Dans ces moments d'affliction, on les croirait inconsolables : elles se déchirent le visage, s'arrachent les cheveux, poussent des cris lamentables; mais cette violente douleur ne dure qu'autant que l'usage le prescrit.

La jalousie des Algériens envers ce malheureux sexe est sans pitié : elle punit de mort toutes les femmes indistinctement et les filles qui ne se sont pas fait inscrire sur le rôle des courtisanes publiques. La loi les condamne à être précipitées dans la mer, une pierre au cou, lorsqu'elles sont convaincues d'un commerce criminel avec un Turc ou un Maure. Depuis notre occupation nous avons aboli cette coutume barbare.

Ainsi une Mauresque prise en flagrant délit était condamnée à mort, tandis que son complice ne recevait que des coups de bâton sur la plante des pieds. Cependant la crainte de la mort n'était pas un obstacle assez puissant pour mettre un frein au tempérament fougueux des Algériennes ; elles sont rarement cruelles, surtout à l'égard des Européens. Leurs terrasses offrent de grandes facilités pour l'introduction de leurs amants ; et les juifs, qui trafiquent de tout, prêtaient volontiers leurs maisons pour servir de rendez-vous.

Il n'y a point de médecins dans la régence d'Alger (nous voulons parler avant notre occupation) ; cependant l'usage des médicaments n'y était pas absolument inconnu, et chaque famille avait ses petits remèdes particuliers, qu'elle pratiquait avec succès dans les occasions ; mais les dévots condamnent cette coutume et disent que c'est tenter Dieu que de prendre des remèdes dans les maladies. Le dey Baba-Aly, attaqué d'une fièvre violente, aima mieux se laisser mourir que d'accepter les secours d'un chirurgien français, qui lui répondait de sa guérison.

« Qu'ai-je besoin de votre art? disait ce prince; Dieu n'a-t-il pas marqué le nombre de mes jours de toute éternité? » Au reste, il y a ici peu de malades. Les naturels du pays sont sains et robustes et parviennent communément à une grande vieillesse.

DES KOULOUGLIS, DES BISKERIS ET DES MOZABITES.

Les Koulouglis sont issus d'un Turc et d'une Mauresque ; les enfants portent le même nom ; ils ne pouvaient parvenir aux emplois, qui n'étaient réservés qu'aux Turcs. Le fils du dey n'avait pas plus de privilége que celui du dernier soldat. La supériorité qu'ils conservent sur les Maures vient de la protection que leur accordaient leurs pères et des richesses qu'ils leur laissaient en mourant. Riches, sans ambition, sous un gouvernement où il ne leur était pas permis d'en avoir, ils n'avaient d'autres soucis que de se procurer des plaisirs et des richesses, et leur vie entière se passait dans la nonchalance, l'avarice et la volupté.

La population de la ville d'Alger est augmentée d'un nombre considérable de Bédouins appartenant à diverses tribus de la montagne ; ils y exercent certaines professions qui, du temps des Turcs, étaient toutes monopolisées par ces tribus, en vertu de priviléges concédés ou vendus par les deys.

Les Biskeris avaient le monopole du métier de portefaix ; les Mozabites, celui des bains publics, des moulins et de la vente des bêtes de somme, et le monopole de la boucherie, la conduite des petites barques dans le port; il en était de même de quelques autres professions. Chacun de ces dénombrements de tribus avait dans la ville d'Alger une sorte d'administrateur dont le titre était *amyn*, qui exerçait un droit de police sur ses compatriotes et donnait au besoin des renseignements et des instructions sur ce qui concernait la profession de son ressort aux personnes qui en réclamaient; ainsi celui qui voulait acheter des chevaux ou des mulets, et qui ne trouvait pas sur le marché ce qu'il désirait, s'adressait à l'amyn des Mozabites, qui s'employait pour l'aider à remplir son but.

Les Biskeris, en général, sont remarquables par leur malpropreté : sans domicile, sans abri, ils couchent sur la terre à l'instar des animaux. Je fus étonné, en arrivant à Alger, de les trouver la nuit roulés dans la poussière, sur le quai du port et sur le pavé des rues; un grand nombre jouissaient de la faveur de passer la nuit sur le seuil d'une porte de boutique; il recevait du propriétaire une *pécette* par semaine (neuf sous), moyennant quoi il garantissait le marchand des vols nocturnes qui auraient pu être tentés contre lui. Cette garantie n'était pas illusoire, parce que si la propriété confiée à sa garde avait été spoliée, le chef de la tribu aurait fait punir le gardien comme coupable de vol.

Depuis l'arrivée des Français ces distinctions subsistent encore, mais les monopoles ne sont plus intacts; il est survenu des intrus dans toutes les professions : aux Biskeris, principalement, qui exercent l'état de portefaix, se sont joints des Maures, des Maltais, des Européens venus d'Espagne ou d'Italie, un certain nombre de juifs, qui exercent le même métier entre eux, sans mélange avec les musulmans; le nombre des portefaix se trouve ainsi considérablement augmenté. Mais le commerce a pris un tel accroissement depuis l'arrivée des Français, qu'il arrive à Alger cinquante fois plus de marchandises qu'autrefois, et dans des rues où tous les fardeaux, même les plus volumineux, n'ont pas d'autres moyens de transport que la force de plusieurs hommes réunis [1], il en faut nécessairement un grand nombre. Les portefaix, sous le gouvernement du dey, avaient de la peine à gagner une pécette (neuf sous) par jour; actuellement il y en a un grand nombre qui gagnent plus de six francs.

[1] Les gros fardeaux et même les tonneaux sont portés par les Biskeris au moyen de deux gros bâtons superposés sur leurs épaules; quatre hommes, ou plus si la charge l'exige, supportent les quatre bouts; ces bâtons sont passés dans des cordes qui tiennent à la marchandise ou aux ballots : c'est ce qu'on appelle porter à la barre.

DE L'INDUSTRIE MANUFACTURIÈRE EN ALGÉRIE.

L'industrie manufacturière approprie à nos usages les produits naturels et ceux qui lui sont fournis par l'agriculture. Elle fait de la farine avec le blé, des tissus avec la laine, le lin, la soie, et opère enfin toutes les transformations indispensables pour que nous puissions satisfaire tous nos besoins.

L'industrie est en souffrance dans la régence d'Alger. Cependant il est difficile de trouver des peuples plus adroits et plus intelligents que ceux qui l'habitent : mais un gouvernement destructif de toute prospérité a si longtemps pesé sur eux, ou bien l'anarchie, plus destructive encore, les a si souvent dévorés, que toutes les sources de richesse se sont, sinon taries, du moins arrêtées. C'est à la France qu'est réservée la gloire de rendre leur cours aux ondes fécondes de l'industrie et du commerce. Nous n'avons malheureusement rien fait encore pour atteindre ce but. Bien au contraire, le résultat de presque toutes nos opérations a été d'aggraver un état de choses si peu satisfaisant. Mais l'industrie et le zèle de quelques particuliers tend, en ceci comme en bien d'autres choses, à réparer le mal que l'administration a fait ou laissé faire.

Les habitants de la régence font des tissus de laine pour burnous et haïks, dont quelques-uns sont d'une grande finesse. Avant les malheurs qui ont accablé Blidah, on en fabriquait beaucoup dans cette charmante ville. Au reste, chaque tente arabe est un atelier où les femmes tissent les étoffes nécessaires au vêtement de la famille.

Les broderies d'or et d'argent d'Alger sont très-estimées dans tout le Levant et méritent de l'être. Cette branche d'industrie a beaucoup souffert depuis notre arrivée. Elle n'existe presque plus à Mostaganem, où elle avait pris une grande extension. Il en est de même de la fabrication du maroquin, qui est considérablement réduite, depuis 1830, sur tous les points où on s'y livrait autrefois.

Les tissus de soie, soie et or, soie et argent, les mousselines brodées d'or, d'argent et de soie, pour ceintures et écharpes, forment encore une branche importante de l'industrie indigène, bien appauvrie depuis quelque temps.

L'Europe pourrait les fabriquer à meilleur marché, mais ils n'auraient pas la perfection ni le fini qu'une fabrication lente et purement manuelle peut seule donner.

Les Maures sont très-aptes à ce genre de fabrication.

Les commandes seules leur manquent. Le capitaliste qui dirigerait ses fonds vers cette industrie, qui se perd faute de secours, ferait de bonnes affaires, tirerait bien des familles indigènes de la misère, et empêcherait bien des pauvres filles d'aller s'engloutir dans les mauvais lieux.

La fabrication des tapis de laine est une industrie précieuse qu'il convient d'encourager. On en faisait autrefois beaucoup à Oran, à Mostaganem et à Kalah.

Maintenant la petite ville de Kalah est à peu près le seul point où les tapis soient encore fabriqués. Les droits qui les frappent à l'entrée en France leur ferment les marchés d'Europe; mais ceux de Tunis et du Levant leur sont ouverts.

Ils trouvent en outre des débouchés faciles dans l'intérieur de la régence, où on en fait un grand usage. Ils sont beaux, bien tissés et bien teints. L'art de la teinture est en général dans un état satisfaisant dans la régence. La petite ville de Dellys passe pour le point où on l'entend le mieux.

Les éléments et les encouragements manquent seuls aux Maures et aux Arabes pour revenir à l'état de prospérité industrielle de leurs ancêtres. Ils ont du reste l'intelligence et la dextérité convenables pour se livrer avec succès aux arts mécaniques, et même un esprit d'invention et d'observation propre aux perfectionnements.

Il n'existe point d'usines dans le pays, à l'exception de quelques moulins à eau d'une construction grossière et fort simple.

On en voit un grand nombre dans les environs de Tlemcen.

Il en existait aussi quelques-uns dans les environs d'Alger sous la domination turque; ils ont été détruits depuis la conquête.

On a cherché à les remplacer par des moulins européens à eau et à vent, mais avec peu de succès. Les moulins à eau construits par M. Marin, sur le petit ruisseau qui se jette dans la mer en avant de la porte Bab-el-Oued, fonctionnent rarement. L'eau leur manque, les réservoirs que l'on a creusés pour la réunir s'obstruent très-promptement, ce qui tient à la nature bourbeuse du ruisseau. Les moulins à vent construits par l'administration ne valent rien et sont mal placés.

Ceux qu'un colon, M. Coupu, a élevés pour son compte sur la route de Dely-Ibrahim, sont en pleine activité, parce qu'ils ont été placés avec plus d'intelligence.

A Oran, l'administration militaire a construit un magnifique moulin dans le quartier de la Marine.

Il fonctionne bien et rend des services.

Il existe dans toutes les villes des moulins à manége, et dans chaque famille de petits moulins à bras.

Il est à présumer qu'à mesure que nos établissements s'étendront dans la Métidja cette belle plaine se couvrira d'usines. Les nombreux cours d'eau qui la traversent semblent y inviter. Le Mazafran, l'Haratch, l'Oued-Regaïa, l'Oued-el-Kerma, l'Oued-Boufarik, le ruisseau de Haouch-Baba-Aly, ferme appartenant au maréchal Clausel, sont éminemment propres à des établissements de cette nature. Il existe sur ce dernier ruisseau un ancien moulin que très-peu de travail remettrait en activité.

Il est dans une position délicieuse, et l'eau n'y manque jamais.

Enfin, la ville de Blidah a tant de cours intarissables, qu'elle peut devenir un jour une très-riche ville manufacturière.

Cette contrée est vraiment admirable. Toutes les sources de prospérité y sont réunies.

Nous avons dit que quelques mines de fer étaient exploitées par les Kabaïles des environs de Bougie. Tout tend à faire croire qu'il existe d'autres mines de divers métaux dans la régence.

En 1835, on présenta à Abd-el-Kader un morceau d'or natif trouvé dans les environs de Frendah, comme nous l'avons déjà relaté.

Une mine de plombagine a été découverte dernièrement près de Kheristel. Il en existe une de cuivre entre Blidah et Médéah, sur le territoire de la tribu de Mouzaïa. Enfin, M. Rozet, capitaine d'état-major et géologue très-distingué, dit avoir trouvé du minerai d'or à Staouéli. Au reste, les véritables mines de la régence sont dans la fertilité de son sol. C'est là qu'il faut chercher la richesse, ainsi que le dit fort sensément M. Genty de Bussy dans son ouvrage [1].

---

[1] *Annales algériennes*, t. II, IIe partie, p. 335.

NOTES

NOTES

PREMIÈRE PARTIE

1

Page 12. — Les sources thermales n'y sont pas moins multipliées.....

DES EAUX THERMALES ET MINÉRALES QUI SE TROUVENT DANS LA TRIBU DE BENI-KHALIL.

Parmi les productions géognostiques que le sol algérien, si peu étudié jusqu'ici, pourra offrir aux investigations des naturalistes, il en existe une peu éloignée d'Alger, et dont la haute importance sera appréciée dans l'intérêt de l'humanité encore plus que dans celui de la science.

Je veux parler de la source d'eaux thermales et minérales qui se trouve dans la tribu de Beni-Khalil, à l'extrémité est-sud-est de la Métidja, à cinq heures d'Alger.

Cette source, connue depuis longtemps par les indigènes, et dont le docteur Méardi a été lui-même à portée d'apprécier les effets salutaires pendant les huit années qu'il a passées à Alger en qualité de médecin attaché au consulat de Sardaigne, s'échappe d'un vallon arrosé par une branche de l'Haratch, et entouré de montagnes escarpées et arides à l'est, d'une pente douce et d'une fertilité remarquable au sud. Ce lieu est nommé par les Arabes Hamen-Méloïn (bain de couleur), en raison peut-être de la couleur légèrement opaline de l'eau de la source, et d'une incrustation blanchâtre qu'elle dépose aux environs. Sa saveur est très-salée, mais sans amertume; sa température est de 25 à 26 degrés Réaumur. Les personnes qui l'ont fréquentée disent qu'il règne dans cet endroit une odeur de soufre très-prononcée, et néanmoins l'analyse aussi exacte que possible qui a été faite de cette eau n'a révélé aucune parcelle de cette substance. Il serait possible cependant qu'à l'état gazeux elle s'évaporât en sortant de la terre.

Son analyse, à laquelle le docteur Méardi a procédé d'accord avec M. Marie, pharmacien major de l'hôpital militaire du Dey, a donné les résultats suivants :

Son poids spécifique est à l'eau distillée comme 1,000 est à 1,025.

Un litre d'eau a donné les produits suivants :

	gr.	m.
1° Hydrochlorate de soude (sel de cuisine).....	0,022	» »
2° Hydrochlorate de chaux...................	0,001	» »
3° Carbonate de chaux.....................	0,000	500
4° Sulfate de chaux.......................	0,001	» »
5° Silice.................................	0,000	500
6° Trace d'oxyde de fer, à peine perceptible.....	» »	» »
Total sur le litre...	0,025	» »

Partant de ce résultat, et, en supposant même qu'il ne soit pas de la dernière exactitude, je n'hésiterais pas moins à affirmer que l'usage de ces eaux peut à peu près égaler celui des eaux thermales de France, telles que celles connues de Plombières, de Bourbonne-les-Bains (analysées par Bosq et Bezu), dont on a fait en tout temps un pompeux éloge, et celles de Balaruc (analysées par M. Brongniart). Il me serait difficile d'énumérer ici les vertus thérapeutiques de cette source, dont les habitants du pays, même ceux des contrées les plus éloignées, viennent chercher les effets salutaires pour guérir les diverses maladies dont ils sont atteints. Je me bornerai à dire que sa réputation est méritée, puisque le docteur Méardi a été à même de constater ses propriétés énergiques dans le traitement d'un grand nombre d'individus musulmans ou juifs, et que ses résultats ont toujours été satisfaisants.

Elle offre à l'armée et à la population des moyens curatifs plus sûrs et plus prompts que ceux que la médecine met à notre disposition. Elle paraît surtout propre à combattre les affections cutanées rebelles, et particulièrement une espèce de dartre assez commune dans ce pays, qui paraît avoir quelque analogie avec le yaws des Éthiopiens; les douleurs rhumatismales ou arthritiques, les engorgements des articulations dans les affections chroniques de l'utérus, et dans les obstructions abdominales.

Il y a environ vingt ans qu'un ministre de feu Omar-Pacha, après en avoir fait usage pour une affection chronique du tissu cutané, construisit en ce lieu le bassin couvert qu'on y voit encore aujourd'hui.

Je me contenterai de reproduire ici les noms de quelques-unes des personnes qui doivent à ces eaux une guérison parfaite.

L'ALGÉRIE FRANÇAISE

JUIVE MARIÉE.

M. Moïse Bacri, atteint d'une céphalalgie chronique qui avait résisté aux bains de Lucques et de Cassano à Livourne, et à différents traitements, ne recouvra la santé qu'après avoir passé quinze jours à Hamen-Méloïn.

Le nommé Omar-Hamedi, Maure d'Alger, atteint d'une affection dartreuse, accompagnée de pustules hideuses sur différentes parties du corps, vit disparaître cette maladie par leur usage.

Madame Benaïm, israélite d'Alger, souffrait depuis quelque temps d'une métrique chronique; elle prit les bains de Méloïn, devint mère un an après, et n'a pas cessé depuis de jouir d'une parfaite santé, il serait inutile, je pense, de multiplier les citations; l'exposé que j'ai fait des propriétés de la source des eaux thermales et minérales de Hamen-Méloïn, et des cures qu'elles ont opérées, doit suffire pour fixer l'attention de l'autorité et la mettre à même d'appeler celle du gouvernement sur des eaux qui, je le répète, pourraient offrir à tous les moyens de guérison éprouvés. (*De l'établissement des Français dans la régence d'Alger*, par M. Genty de Bussy.)

2

Page 40. — Leur coiffure nationale.....

DU COSTUME DES FEMMES JUIVES.

Les femmes juives doivent aller à visage découvert dans les rues et sans voiles, afin qu'on les distingue des dames turques et mauresques, ce qui était aux yeux des superstitieux musulmans un signe de mépris; les juives avaient donc la même liberté que les Européennes, ces premières ont aussi leur costume distinct de celui des Mauresques (le noir y dominait sous les Turcs); mais depuis notre occupation elles ont repris leur indépendance et se sont émancipées, et pour leurs robes elles ont pris des étoffes très-voyantes en soie rouge ou bleu-de-ciel; avec cela elles sont couvertes d'ornements dorés et de boucles d'oreilles en diamants.

Leur costume consiste en une grande tunique ordinairement noire pour les jours non fériés, et sans manches, qui leur descend jusqu'aux talons; elles sont sans bas, et n'ont aux pieds que des pantoufles où les orteils trouvent à peine la place pour se caser; les manches de la chemise sont en mousseline et de la plus excessive ampleur; les extrémités, qui pourraient devenir gênantes en leur couvrant les bras, sont liées l'une à l'autre derrière les reins, sans que le mouvement des bras en avant en éprouve la moindre gêne; elles portent sur la tête le sarmah comme les Mauresques dès qu'elles sont mariées; car, tant qu'elles sont filles, leurs cheveux restent flottants derrière elles, tressés d'un ruban vert ou rouge formant une longue queue. Les jeunes filles juives comme les jeunes Mauresques portent une calotte de velours vert ou rouge garnie de sequins. Si les juives portent le sarmah comme les Mauresques, seulement avec la différence qu'elles ne le recouvrent d'un voile que lorsqu'elles sont en grande parure, les plus coquettes, lorsqu'elles sortent en toilette, se drapent avec une étoffe légère de laine blanche ressemblant à de la gaze, qu'elles relèvent avec une main pour s'en couvrir une partie de la figure; il leur semble apparemment que ce rapprochement avec l'habitude des Mauresques ajoute quelque chose à leur propre valeur.

Les juives ont en général le teint un peu jaune; probablement on doit l'attribuer à leur manière parcimonieuse de se nourrir.

Toutefois on en voit beaucoup qui font exception à la règle, qui sont parfaitement blanches et fort jolies; les femmes juives à Alger sont en général de belles femmes, et communément on les reconnaît à leurs très-beaux yeux [1].

3

Page 47. — Je ne dois pas passer sous silence les bains publics.....

DES BAINS MAURES.

Les bains maures, qui, comme nous l'avons dit, sont au nombre des plaisirs des indigènes, ne sont pas la chose la moins curieuse à connaître de leurs mœurs, malgré les détails qui en ont été donnés par plusieurs auteurs. Je crois donc à propos d'en parler ici pour les personnes qui ne les connaissent pas.

Les établissements de bains sont distribués à peu près de la même manière dans chaque ville. Voici la description d'un de ces établissements à Alger, et la manière dont se prennent les bains à vapeur.

En entrant est une grande pièce formant un carré long, et dont les murs sont blanchis à la chaux; d'un côté à gauche, on voit un immense fourneau surmonté d'une énorme chaudière pleine de café maure; deux Arabes se tenaient près d'une espèce de comptoir, distribuant à chacun des habitués des tasses de café.

Dans cette première pièce, vis-à-vis la porte d'entrée, est une galerie profonde, dont le plafond était soutenu par un rang de colonnes torses en marbre blanc.

[1] *Physiologie morale et physique d'Alger*, par D.-J. Montagne, p. 56.

Entre ces colonnes et les parois intérieures des murs d'enceinte, était un parpaing élevé de quatre pieds environ de terre.

Sur ce parpaing étaient étendues des nattes en jonc, sur lesquelles étaient de longs coussins en forme de matelas, rangés par terre l'un à côté de l'autre et cachés par des rideaux.

On voyait des personnes couchées et entortillées de bandelettes de linge très-blanc, et recouvertes souvent de leur burnous.

Près du fourneau, à gauche, dans cette première pièce, est une porte double conduisant dans la salle d'étuve.

Cette salle est octogone, et tire son jour du haut, qui est terminé en dôme comme les marabouts.

Dans la ligne circulaire de cette immense salle sont réservées d'autres petites circonférences en forme de niches, dans lesquelles sont de larges pierres de marbre chauffées par un feu souterrain, de manière qu'en entrant on se trouve suffoqué par une chaleur excessive de plusieurs degrés, qui provoque et vous met de suite en transpiration; contre le mur de ces petites niches dont nous venons de parler sont placés de petits bassins comme des bénitiers dans nos églises.

Au milieu de la salle d'étuve, il y a un bassin en marbre plein d'eau chaude; autour de la salle sont quatre renfoncements en forme de porche ou de niche, comme je viens de le dire, et autant de petits cabinets ayant une fontaine avec un petit réservoir aussi en marbre, dans lequel un robinet verse de l'eau presque bouillante.

Le carreau de la salle et des cabinets est également en marbre.

Au centre de la salle se promènent, enveloppés dans un linge comme un linceul, les baigneurs qui attendent leur tour pour être massés.

Sous les porches sont étendus nus sur le carreau ceux que l'on masse.

Les cabinets sont réservés aux personnes de distinction.

Les masseurs sont des hommes grands et vigoureux, aux formes herculéennes, à la peau basanée, à la tête rasée, et qui n'ont pour tout vêtement qu'une petite jaquette qui cache leur nudité depuis la ceinture jusqu'à mi-cuisse.

Lorsque ces Arabes commencent à vous masser, ils entonnent un chant triste et monotone résonnant sous ces vastes voûtes qui font écho, et donnant un caractère particulier, bizarre et original à l'action de ces masseurs, dont les étrangers sont surpris et étonnés, lorsque surtout on y vient pour la première fois.

Lorsqu'un baigneur se présente à l'établissement, un jeune Arabe le conduit auprès des coussins qui sont dans la première pièce; là il l'aide à se déshabiller, il l'affuble d'un vaste morceau de calicot, lui met aux pieds des semelles de bois garnies d'une bride, puis le fait entrer dans la salle d'étuve, où le baigneur doit se promener, suivant l'usage, pendant quelques instants pour établir la transpiration.

Ensuite, si celui qui se fait masser est susceptible de payer généreusement, on le fait entrer dans un des petits cabinets, on le dépouille de son espèce de linceul, et on l'étend, couché sur le dos, sur un carré de toile placé sur les dalles à terre.

Aussitôt deux masseurs se saisissent de lui; l'un lui prend un bras, l'autre une jambe, et, la main garnie d'un petit sac en tissu de crin, ou espèce de mitaine, ils le frottent et refrottent, de manière à enlever la crasse qui se trouve sur le corps en forme de rouleaux ou de lanières. Des membres ils passent au corps. Après avoir fait la poitrine, ils retournent le baigneur sur le ventre et lui brossent les reins avec vigueur, de manière à rougir un peu la peau par le frottement.

Les frottements terminés, l'un des masseurs, le plus fort, le fait asseoir, lui prend un bras, puis l'autre, le met à la crapaudine; lui tenant ainsi les mains et lui plaçant le pied sur le cou, il lui fait glisser son talon sur la colonne vertébrale, en lui faisant craquer les reins et la jointure des épaules.

Cela fait, le masseur s'assoit derrière le baigneur, prend celui-ci dans ses jambes, et, s'appuyant les pieds contre la muraille pour avoir plus de force, l'étreint par les épaules, et le tord à droite et à gauche comme une branche d'osier; il le relève, lui prend encore les membres l'un après l'autre, et, s'appuyant du pied sur le corps du patient, les tire jusqu'à ce que les articulations aient craqué.

Lorsque le baigneur est bien brossé, bien frotté, bien tiré, bien tordu et allongé, on le place à genoux auprès de la petite fontaine, dans son cabinet ou au réservoir commun.

On lâche le robinet; puis, avec une écuelle, on l'inonde d'eau presque brûlante jusqu'à le suffoquer. Ensuite, avec de petits outils faits exprès, on lui nettoye les doigts des mains et des pieds, les oreilles, etc., et on le lave de nouveau.

Le masseur prend du savon à la rose qu'il met dans le bassin de la fontaine; fait beaucoup de mousse, relève le baigneur, lui savonne la tête et le corps, et le rince bien pour la dernière fois.

Enfin, après cette cérémonie, qui dure bien deux heures, on l'enveloppe dans une grande toile de calicot, on lui ceint la tête avec une toile roulée comme un turban; on lui en jette une troisième sur les épaules, ce qui le fait vraiment ressembler à un fantôme ou à une momie d'Égypte; et, dans cet état, on le conduit dans la pièce d'entrée, où on le couche sur un matelas, en le couvrant bien et en lui recommandant de rester une ou deux heures : aussitôt une tasse de café très-noir lui est servie avec une pipe chargée et allumée, et on le laisse tranquille.

Après une opération semblable, on est épuisé, essoufflé on ne peut plus de fatigue; mais, lorsque ayant pris une heure et demie de repos on s'est débarrassé de ses bandelettes, on se lève frais et dispos et dans une situation d'esprit fort agréable; on se trouve réellement infiniment mieux qu'avant; on est joyeux, on est content de soi. C'est qu'en effet en sortant de ce bain on est aussi propre que si l'on venait de naître.

Dans les villes où il n'y a pas de bains particuliers pour les femmes, les hommes vont au bain dans la matinée, et les femmes dans la soirée. Celles-ci se massent réciproquement ou se font masser par leurs esclaves; et, dès qu'il y a une femme dans l'établissement, il est défendu à tout homme d'y pénétrer, et même, sous les Turcs, il y avait peine de mort à quiconque osait s'y introduire.

Le prix ordinaire des bains maures est de un franc vingt-cinq centimes, y compris le café; ainsi, quand on a payé trente ou quarante sous pour un bain à la mauresque, on a été généreux.

A Alger, il y a plusieurs établissements de bains maures, et deux seulement de bains à la parisienne, comme nous l'avons déjà dit, qui ont été fondés par des Français depuis quelques années.

A Oran, à Bone et dans les autres villes de l'Algérie, il y a également des établissements de bains maures. A Oran, il y a aussi deux établissements de bains français.

Nous recommandons de faire usage des bains maures; c'est une excellente chose, qui est favorable à la santé dans un climat aussi chaud, et qui peut aussi procurer du soulagement aux personnes atteintes de douleurs rhumatismales.

4

Page 49. — Les fêtes qui terminent le Ramadan.....

FÊTES DU RAMADAN ET DU BAÏRAM DES TURCS, ET EN GÉNÉRAL DE TOUS LES MUSULMANS.

Le grand Ramadan [1] des Maures s'annonçait par une salve d'artillerie qui se tirait de la Kasbah (château du dey) et des forts de la ville; mais depuis

---

[1] Ramadan est le nom de la lune ou du mois pendant lequel les Turcs font leur carême. Ce jeûne a été ainsi appelé parce que Mahomet disait que le Koran lui avait été envoyé du ciel pendant ce temps-là.

l'occupation française ce sont les batteries de la Pêcherie qui tirent ces salves d'artillerie; au commencement et à la fin de ce jeûne (car c'est leur carême), des drapeaux sont arborés sur toutes les mosquées.

Le jeûne finit à la première apparition de la lune qui suit celle où il a commencé; mais il n'excède pas trente jours si la lune n'est pas visible à cette époque.

Pendant toute sa durée, les vrais musulmans ne prennent aucune nourriture depuis le lever jusqu'au coucher du soleil; c'est le coup de canon qui part à cette heure qui vient mettre un terme à leur jeûne.

Le Ramadan est pour eux la plus grande fête de l'année, c'est à peu près le carême des chrétiens; il se compose donc de trente jours de jeûne et de trois à quatre jours de réjouissances. Le jeûne, qui consiste à ne prendre aucun aliment sec ou liquide, et même à se priver de tabac jusqu'au coucher du soleil, est rigoureusement observé; les réjouissances qui suivent cette fête consistent en réunions où les femmes ne sont pas admises; on y mange et l'on y fait de la musique.

Il y a un garde dont le seul devoir est de parcourir tous les quartiers de la ville au point du jour, heure à laquelle les Maures disent leur adan ou première prière.

Ce garde prévient à temps le peuple de faire un repas chaud avant le lever du soleil, pour pouvoir se passer de nourriture jusqu'à son coucher. L'adan (le matin) est l'heure des cinq chansons ou prières que les crieurs des mosquées chantent pendant vingt-quatre heures du haut des minarets, en se promenant extérieurement autour avec un étendard de la Mecque dans leurs mains.

La seconde prière a lieu à midi précis; la troisième, entre midi et l'heure du coucher du soleil : elle s'appelle lazaro; la quatrième se fait au coucher du soleil, et la cinquième une heure et demie après; on la nomme le dernier marabout. Ces appels répondent exactement à nos cloches[1] et horloges d'église; ils annoncent le moment de la prière, et par conséquent l'heure du jour. Les bons musulmans, très-rigides observateurs du Ramadan, ne rompent leur jeûne qu'au coucher du soleil, c'est-à-dire lorsque le coup de canon vient de partir, et se garderaient bien jusque-là de toucher à aucun aliment.

Les Maures, après leur long jeûne de trente jours, surtout pendant cette saison, observaient avec une telle impatience l'apparition de la lune qui doit y mettre un terme, qu'il est passé en proverbe dans leur langue, lors-

---

[1] Ces crieurs (ou mouedden) remplacent les cloches et horloges, attendu que la religion des Maures ne leur permet pas d'en employer.

Les crieurs, en appelant les croyants à la prière, forment de leurs mains une espèce de porte-voix, afin de donner plus de retentissement à leurs paroles, surtout quand ils arrivent au dernier verset.

qu'on souhaite ardemment une chose, de dire qu'on la désire comme la lune de Ramadan.

Le lendemain de cette fête, les batteries de la Pêcherie font tonner leurs pièces pour annoncer la fête du Baïram (leur Pâques), qui dure trois jours en ville, sept dans la campagne. Ils semblent, par tout le tapage et les divertissements qui ont lieu à cette époque, vouloir se dédommager de tout ce qu'ils ont souffert pendant le jeûne. Pour la fête du Baïram, les Maures font des courses en voiture; des balançoires sont dressées hors de la porte Bab-el-Oued; le peuple maure se balance pour une très-légère rétribution ; des chevaux de bois et de petites voitures sont également offerts pour l'amusement de l'adolescence, tel que cela a lieu dans quelques-unes de nos foires en France.

Le haut des mosquées est illuminé tous les soirs, pendant la durée de la fête, par plusieurs rangs de lanternes placées autour des minarets ; leurs cafés sont ouverts jusqu'à une ou deux heures du matin.

5

Page 86. — Des visites arbitraires et des déprédations furent commises...

ANCIENNES POSSESSIONS FRANÇAISES DE LA CALLE. — DE LA PÊCHE DU CORAIL.

Avant la guerre de 1830 contre Alger, comprenant une soixantaine de lieues des côtes de Barbarie, notre prise de possession[1] datait de 1520. Les établissements eurent à souffrir plusieurs vicissitudes jusqu'au moment où les Français furent chassés définitivement de la Calle, ville incendiée par les Arabes, d'après l'instigation des Turcs, le 18 juin 1827.

L'est de ces parages, où se trouvent nos anciennes possessions de la Calle, du cap Rosa, du bastion de France et du cap Roux, était affecté à la pêche du corail, ainsi que le golfe de Bone et les environs du cap Ferrat, près d'Oran. L'autre partie des côtes de la province de Constantine, objet des concessions commerciales, était exploitée par une compagnie française, qui y faisait un commerce exclusif sur les grains, les cuirs, la laine, le miel, la cire, la soie et l'huile.

L'avantage de ce monopole coûtait à la France une redevance annuelle de deux cent mille francs, payée au dey d'Alger. Le trésor rentrait dans ses avances en accordant des patentes de pêche aux bâtiments corailleurs,

[1] L'expression de concession, à force d'être répétée, remplaça celle de possession, consacrée dans plusieurs traités des dix-septième et dix-huitième siècles.

à raison de mille francs pour la saison d'été, et de cinq cents francs pour celle d'hiver.

Souvent le même bateau prenait une patente tunisienne, afin de pouvoir pêcher dans les eaux de Tabarcâh : elle coûte moitié moins que celle de France.

On compte jusqu'à deux cents bateaux corailleurs en mer; leur réunion dans un petit espace offre un coup d'œil agréable.

La compagnie commerciale n'était assujettie à aucune rétribution.

Le gouvernement français, ayant voulu exploiter ce commerce, ne put couvrir ses frais : il l'abandonna à une compagnie française, avec la condition, avantageuse pour elle, de fournir aux corailleurs les objets de consommation.

La dernière était connue sous la raison Paret et compagnie.

La ville maritime de Bone était le centre des pêcheries et des opérations commerciales. Un consul français y résidait, et la compagnie d'Afrique y avait formé ses plus grands établissements.

Ce n'était qu'éventuellement qu'elle faisait des achats dans les ports de Stora, de Collo et de Bougie.

Lorsque la France déclara la guerre au dey d'Alger, il n'existait plus de distinction entre les concessions commerciales et les anciennes possessions territoriales, limitées par la Seybouse et le cap Roux. Aussi avait-on laissé tomber en ruine nos fortifications du cap Rose, du bastion de France et du cap Roux. Ce ne fut qu'accidentellement que celles de la Calle furent réparées.

Comme, pendant mon premier séjour à Oran en 1831, j'ai résidé pendant un an au fort de Mers-el-Kébir, j'eus occasion de voir constamment les bateaux corailleurs, et j'eus la curiosité de les visiter et d'aller voir comment se faisait cette pêche ; je fus plusieurs fois en mer avec eux pour jouir de ce coup d'œil, et j'étais loin de m'imaginer comment s'opérait cette pêche; ainsi je crois très à propos d'en donner ici au lecteur la description.

La pêche du corail est faite par des balancelles, bateaux pontés du port de quinze à vingt-cinq tonneaux, ayant de huit à douze hommes d'équipage et deux mousses constamment occupés à faire ou à réparer les filets.

La voilure est fort basse, soutenue par un seul mât; elle se compose d'une voile latine et d'une brigantine.

Les filets de pêche sont formés par deux forts madriers placés en croix, longs d'un mètre cinquante centimètres. A leur réunion, est une grosse pierre carrée et un câble assez long pour laisser descendre le filet jusqu'à quatre-vingts brasses de profondeur (quatre cents pieds), et quelquefois plus. Aux quatre extrémités des madriers, sont fixés des paquets de réseaux en grosse ficelle.

Cet appareil, fort simple, est jeté à la mer et retenu au moyen du câble fixé à un petit cabestan. En entrant dans l'eau, les réseaux du filet s'étendent, et, parvenus au fond, ils s'étalent autour des madriers, qui, agités par les flots, cassent les branches des coraux. Quand on suppose qu'une quantité suffisante a été détachée des rochers sous-marins, on enlève les filets au moyen du câble : alors les réseaux se rapprochent par leur propre poids et accrochent les morceaux de corail cassés par les madriers.

Les filets étant parvenus sur le pont, on cherche dans les réseaux les coraux qui s'y trouvent. On ne conserve que les morceaux qui résistent à la cassure qu'on cherche à faire avec les doigts.

Cette pêche n'est exploitée que par des Sardes et des Napolitains.

Un bateau bien équipé pêche pour dix ou douze mille francs de corail, avec une dépense de six à sept mille francs. On le transporte à Livourne, où il est vendu de trente à cinquante francs la livre.

Les gros morceaux de corail, propres à tailler des médaillons, se vendent à la pièce jusqu'à mille francs et au delà. Ce n'est que dans ce port et à leur retour que les patrons s'acquittent du prix de leurs patentes auprès du consul français.

Depuis que nous occupons Alger, cette pêche a repris une activité plus grande que jamais; car, à l'époque où j'étais à Oran, c'était la saison d'été, il y avait au moins une trentaine de bateaux coralleurs qui, tous les matins, partaient du port de Mers-el-Kébir et se dirigeaient ver le cap Ferrat, où étaient leur point de mire et la réunion des autres bateaux, qui cependant se tenaient à distance des uns et des autres, lorsqu'ils commençaient leur pêche. Je les examinais tous les matins de Mers-el-Kébir, car on les voyait parfaitement de ce point, et toute cette réunion de petits bateaux formait une petite citadelle fort agréable à la vue, qui donnait une activité étonnante à ces parages.

6

Page 87. — Cette éclatante violation du droit des gens...

COMPOSITION DE L'ARMÉE DE TERRE.

L'infanterie formait trois divisions, et chaque division trois brigades[1].

1re DIVISION. — MM. le baron Berthezène, lieutenant général, commandant;

---

[1] Les chiffres généraux de la composition de l'armée sont tirés des notes de M. le lieutenant général Berthezène.

Brossard, colonel, chef d'état-major; Reveux, chef de bataillon, sous-chef; Sergent de Champigny, sous-intendant militaire.

1re BRIGADE. — M. Poret de Morvan, maréchal de camp.
1er *bataillon du* 2e *léger.* — M. de Frescheville, colonel.
1er   *idem   du* 4e *id.*, —   idem,   idem.
3e *régiment de ligne.* — M. Roussel, colonel.
2e BRIGADE. — M. Achard, maréchal de camp.
14e *régiment de ligne.* — M. d'Armaillé, colonel.
37e   *id.*   — M. de Feuchères, colonel.
3e BRIGADE. — M. Clouet, maréchal de camp.
20e *régiment de ligne.* — M. Horric de la Motte, colonel.
28e   *id.*   — M. Mounier, colonel.

Effectif de la première division. — Dix mille deux cents quatre-vingt-quatre hommes et quatre-vingt-cinq chevaux.

2e DIVISION. — MM. de Loverdo, lieutenant général, commandant; Jacobi, colonel, chef d'état-major; Aupick, chef de bataillon, sous-chef; Béhaghel, sous-intendant militaire.

1re BRIGADE. — M. de Damrémont, maréchal de camp.
6e *régiment de ligne.* — M. de Laville-Gilles, colonel.
49e   *id.*   — M. Magnan, colonel.
2e BRIGADE. — M. Monck d'Uzer, maréchal de camp.
15e *régiment de ligne.* — M. Mangin, colonel.
48e   *id.*   — M. de Léridant, colonel.
3e BRIGADE. — M. Colomb d'Arcine, maréchal de camp.
21e *régiment de ligne.* — M. Goutefrey, colonel.
29e   *id.*   — M. de Lachau, colonel.

Effectif de la 2e *division.* — Dix mille deux cent quatre-vingt-quatre hommes et quatre-vingt-quatre chevaux.

3e DIVISION. — MM. le duc d'Escars, lieutenant général, commandant; Petiet, colonel, chef d'état-major; Pretot, chef de bataillon, sous-chef; d'Arnaud, sous-intendant militaire.

1re BRIGADE. — M. Berthier de Sauvigny, maréchal de camp.
1er *bataillon du* 9e *léger.* — M. de Neuchèze, colonel.
1er   *id.   du* 1er *id.* —   *id.*   *id.*
35e *régiment de ligne.* — M. Rulhières, colonel.
2e BRIGADE. — M. Hurel, maréchal de camp.
17e *régiment de ligne.* — M. Duprat, colonel.
30e   *id.*   — M. Ocher de Beaupré, colonel.
3e BRIGADE. — M. de Montlivault, maréchal de camp.
25e *régiment de ligne.* — M. de Montboissier, colonel.
54e   *id.*   — M. de Roucy, colonel.

Effectif de la 3ᵉ division. — Dix mille deux cent quatre-vingt-quatre hommes et quatre-vingt-cinq chevaux.

La cavalerie n'était forte que de cinq cents chevaux des 13ᵉ et 17ᵉ chasseurs, sous les ordres du colonel Bontemps-Dubarry.

L'artillerie de siége et de campagne, commandée par le général de Lahitte, conduisait cent douze bouches à feu, avec un matériel porté par trois cent cinquante-six voitures. Son effectif était de deux mille trois cent vingt-sept hommes et treize cent neuf chevaux.

Deux compagnies de mineurs, six de sapeurs et une demi-compagnie du train (treize cent dix hommes et cent trente-trois chevaux) formaient les troupes du génie, dirigées par le général Valazé.

L'administration comptait dix-sept cent vingt-quatre hommes et treize cent quatre-vingt-cinq chevaux; la gendarmerie, cent vingt-sept hommes et trente-cinq chevaux.

L'effectif général des combattants s'élevait, officiers compris, à trente-cinq mille hommes.

L'infanterie était approvisionnée de cinq millions de cartouches; l'artillerie pouvait tirer cent soixante-trois mille coups. Des réserves considérables de poudre et d'armes complétaient ce matériel.

La flotte, rassemblée dans les ports de Marseille et de Toulon, était prête à la fin d'avril; elle comptait soixante-dix-sept vaisseaux de guerre à voiles ou à vapeur et trois cent quarante-sept navires de transport, sans y comprendre les bâtiments, au nombre de deux cent trente, destinés au débarquement de l'artillerie, du matériel et des troupes.

L'armée navale était ainsi composée :

Vaisseaux. — La *Provence*, portant pavillon amiral, et commandée par M. Villaret de Joyeuse; le *Trident*, commandé par M. Casy, capitaine de vaisseau, et monté par le contre-amiral Rosamel; l'*Algésiras*, commandant Ponée; la *Couronne*, commandant de Rossy; le *Duquesne*, commandant Basoche; le *Marengo*, commandant Duplessis-Parseau; le *Nestor*, commandant Latreyte; le *Scipion*, commandant Émeric; le *Superbe*, commandant Cuvillier; la *Ville-de-Marseille*, commandant Robert.

Frégates. — L'*Amphitrite*, commandant Le Serec; l'*Aréthuse*, commandant de Moges; l'*Artémise*, commandant Cosmao-Dumanoir; la *Belle-Gabrielle*, commandant Laurens de Choisy; la *Bellone*, commandant Gallois; la *Cybèle*, commandant Robillard; la *Circé*, commandant Rigodit; la *Didon*, commandant de Villeneuve-Bargemont; la *Duchesse-de-Berry*, commandant de Kerdrain; l'*Herminie*, commandant Leblanc; l'*Iphigénie*, commandant Christy de la Pallière; la *Jeanne-d'Arc*, commandant Lettré; la *Magicienne*, commandant Bégué; la *Médée*, commandant de Plantys;

la *Melpomène*, commandant Lamarche ; la *Marie-Thérèse*, commandant Billard ; la *Guerrière*, commandant Rabaudy ; la *Pallas*, commandant de Forsams ; la *Proserpine*, commandant de Reverseaux ; la *Surveillante*, commandant Trotel ; la *Sirène*, commandant Massieu de Clerval ; la *Thémis*, commandant Legoaran de Tromelin ; la *Thétis*, commandant Lemoine ; la *Vénus*, commandant Russel de Bedfort.

Corvettes. — L'*Adour*, commandant Lemaître ; la *Bayonnaise*, commandant Ferrin ; la *Bonite*, commandant Parnajon ; la *Cornélie*, commandant Savy de Montdiol ; la *Caravane*, commandant Denis ; la *Créole*, commandant de Péronne, et montée par M. Hugon, commandant supérieur de la flottille ; la *Dordogne*, commandant Mathieu ; l'*Écho*, commandant Groëb ; le *Lybio*, commandant Coste ; l'*Orithye*, commandant Luneau ; la *Perle*, commandant Villeneau ; le *Rhône*, commandant Febvrier-Despointes ; le *Tarn*, commandant Fleuriue de Lagarde ; la *Victorieuse*, commandant Guérin des Essarts.

Bricks. — L'*Actéon*, commandant Hamelin ; l'*Adonis*, commandant Huguet ; l'*Alacrity*, commandant Lainé ; l'*Alcibiade*, commandant Garnier ; l'*Alsacienne*, commandant Hanet-Cléry ; l'*Aventure*, commandant d'Assigny ; l'*Alerte*, commandant Andréa de Nerciat ; la *Badine*, commandant Guindet ; la *Cigogne*, commandant Barbier ; la *Comète*, commandant Ricard ; le *Cuirassier*, commandant de la Rouvraye ; la *Capricieuse*, commandant Briudjonc-Tréglodé ; le *Cygne*, commandant Ronger ; le *Dragon*, commandant Leblanc ; le *d'Assas*, commandant Pujol ; le *Ducouëdic*, commandant Gay de Taradel ; l'*Endymion*, commandant Nonay ; l'*Euryale*, commandant Perceval ; le *Faune*, commandant Coubitte ; le *Griffon*, commandant Dupetit-Thouars ; le *Hussard*, commandant Thoulon ; le *Lézard*, commandant Herpin de Fremont ; le *Lynx*, commandant Armand ; le *Rusé*, commandant Jouglas ; le *Silène*, commandant Bruat ; le *Voltigeur*, commandant Ropert ; le *Zèbre*, commandant Le Férec.

Goëlettes. — La *Daphné*, commandant Robert-Dubreuil ; l'*Iris*, commandant Guérin.

Bombardes. — L'*Achéron*, commandant Lévêque ; le *Cyclope*, commandant Texier ; la *Dore*, commandant Long ; le *Finistère*, commandant Rolland ; l'*Hécla*, commandant Ollivier ; le *Vésuve*, commandant Mallet ; le *Volcan*, commandant Brait ; le *Vulcain*, commandant Baudin.

Gabares. — L'*Africaine*, commandant Lautier ; l'*Astrolabe*, commandant Verniac de Saint-Maur ; le *Bayonnais*, commandant Lefebvre d'Abancourt ; le *Chameau*, commandant Coudein ; la *Désirée*, commandant Daunac ; la *Garonne*, commandant Aubry de la Noë ; la *Lamproie*, commandant Dussaut ; le *Marsouin*, commandant de Forget ; le *Robuste*, commandant Delasseaux ; la *Truite*, commandant Miégeville ; la *Vigogne*, commandant de Sercey.

Bateaux à vapeur. — Le *Coureur*, commandant Lugeol ; le *Nageur*, commandant Louvrier ; le *Pélican*, commandant Janvier ; le *Rapide*, commandant Gatier ; le *Souffleur*, commandant Grandjean de Fouchy ; le *Sphinx*, commandant Sarlat ; la *Ville-du-Havre*, commandant Turiault.

Les choix des généraux commandant les troupes furent aussi bons que possible [1].

Si quelques-uns n'inspiraient pas d'abord une parfaite confiance, si certains noms se recommandaient plus par leur fortune de courtisan que par les services du passé, tous, par leur belle conduite, se montrèrent dignes de l'armée.

M. de Bourmont devait à la faveur du Dauphin le commandement en chef de l'expédition ; et, si des préventions regrettables existaient dans l'opinion publique contre cet officier général, il sut prendre une glorieuse revanche. Son état-major fut composé de MM. le lieutenant général Desprez, chef d'état-major général ; Tholozé, maréchal de camp, sous-chef ; Denniée, intendant en chef ; Firino, payeur général et commissaire des postes.

Le vice-amiral Duperré fut placé à la tête de la flotte, partagée en trois escadres qui portaient les divisions et l'artillerie, et suivie d'un convoi en trois flottilles chargé du matériel et des transports.

Un conseil d'amirauté avait été investi du soin d'examiner les plans d'opérations. Le gouvernement ne possédait à cet égard d'autres documents que les rapports du colonel du génie Boutin, qui avait fait autrefois, par ordre de l'Empereur, une reconnaissance détaillée des côtes barbaresques. (*De l'Afrique française*, par P. Christian, liv. 1er, pag. 27.)

PERSONNEL DE SANTÉ DE L'ARMÉE DE TERRE QUI FAISAIT PARTIE DE L'EXPÉDITION D'ALGER.

Médecin en chef. — Roux.
Médecin principal. — Stéphanopoli.
Médecins ordinaires. — Peysson, Vinciguera, Vignes, Vignard, Jourdain, Monard (Pascal), Monard (Charles), Pallas.

[1] Le général Berthezène, dont les services datent du siége de Toulon, avait conquis tous ses grades à la pointe de l'épée. M. de Loverdo, à qui nous devons d'excellentes études sur l'Afrique septentrionale, s'était distingué dans les guerres de la République et de l'Empire.
M. le duc d'Escars n'avait, dit-on, jamais fait la guerre ; mais c'était un homme du plus honorable caractère, fort instruit, et dont la bravoure, la haute intelligence autant que ses qualités personnelles, justifièrent ce que la naissance et la faveur avaient fait pour lui.
Les généraux de Lahitte et Valazé, commandant l'artillerie et le génie, sont deux officiers du mérite le plus éprouvé.

Médecins adjoints. — Antonini, Delpech, Faure, Vaillant, Mas, Aulaguier, Férat, Suran, Payen, Goedorp, Rollet, Marseilhau.

Chirurgien en chef. — Maurichau-Beaupré.

Chirurgien principal. — Chevereau.

Chirurgiens-majors. — Pointis, Demeyer, Pierron, Fléchut, Girardin, Devaux, Huet, Brée, Delasalle, Durand, Guérin, Molinard, Chambolle, Renucci, Chaudron.

Chirurgiens aides-majors brevetés. — Bougeois, Hutin, Collin.

Chirurgiens aides-majors commissionnés. — Bagré, Damblard, Soucelyer, Lacroix, Ceccaldi, Baudens, Godard, Gercet, Guilbery, Godard, Villaret, Montera, Philippe, Saiget, Veret, Habaïbi, Aguès, Bagard, Hamoud, Riche, Leignel.

Chirurgiens sous-aides brevetés. — Cooche, Plouviez, Squalard, Rosaire.

Chirurgiens sous-aides commissionnés. — Marque, Prévost, Derriey, Grallan, Dulac, Hecquin, Brémond, Masson, Joseph, Jourdain, Beau, Clergeault, Morel, Bouchez, Rivaud, Chambellan, Viguer, Lacouchie, Secourgeon, Ranquet, Julienne, Teinturier, Maupin, Valet, Gingibre, Gaudon, Grégoire, Beving, Faseuille, Royer, Leloire, Lesàas, Guérin, Lange-de-Beaujour, Santilli, Renaud, Bresset, Lagèze, Rampont, Rosier, Decourthille, Chenu, Rosimont, Leclert, Ducroquet, Descamp, Rittelmayer, Mathiot, Fuet, Sabatier, Vilette, Bailleux, Dundas, Cousin, Finot, Darolles, Viguerie, Mestre, Ducastaing, Gravier, Laurans, Achard, Turny, Judey, Jacquin, Heich, Triolle, Leroi, Bessèdes, Dautcour, Caboche, Géri, Lambert, Viton, Charpentier, Serrand, Masské, Blasé, Cochard, Richard, Lalé, Meynier, Thyllaye, Lustreman, Tulpain, Dancel, Jean-Lagrave, Bonnafont, Duboy, Devineau, Munier, Lefrançois, Certain, Royer, Goult, Goffré, Blein, Meyer, Jacques, Belloc, Bousquet, Deslandes, Drouault, Delacroix, Ducreux, Crapez, Boullard, Pierreschi, Carelli, Grand, Desboulières.

Pharmacien en chef. — Charpentier.

Pharmacien principal. — Juving.

Pharmaciens-majors. — Herbin, Borde, Frosté, Sauret, Bougleux, Lesieur-Desbrière, Nicole, Dupairé.

Pharmaciens aides-majors. — Gourdon, Horeau, Thiriaux, Duroch, Plumet, Hélion, Erckelbout, Berteuil, Rollin, Rathelot, Vial, Bailly de Roncière, Guyotat, Henry, Meurdefroid, Marce, Galabert, Méquignon, Parisot, Bataille, André.

Pharmaciens sous-aides-majors brevetés. — Lelaissant, Faseuille, Rol, Fortier, Bubbe.

Pharmaciens sous-aides-majors commissionnés. — Gallois, Dissez, Duffort, Royer, Dupérier, Froté, Demonts, Lejeune, Vidal, Grise, Claude, Meley, Desplanque, Batigue, Gault, Cardaillac, Contois, Quéchery-Dugravier, Danneker, Martin-Lassus, Coursand, Laprévotte, Lacordaire, Gralan, Meurice,

Grimal, Vècle, Nichault, Normand, Marc, Audouard, Juving, Dieu, Ernest, Charton, Forcioli, Gillet, Frasette, Boisbarron, Gugelot, Léger, Martin, Cicora, Poggiale, Recco, Noël, Vico, Collignon, Varlet, Dusseuil.

7

Page 88. — Le commandement de la flotte fut confié à M. l'amiral Duperré...

BIOGRAPHIE DE L'AMIRAL DUPERRÉ.

L'amiral baron Duperré, ancien ministre de la marine, mort dans sa soixante-douzième année. Né à la Rochelle, le 20 février 1775, d'une famille de finances qui lui donna l'éducation du collége de Juilly, Victor-Guy Duperré commença à servir dans la marine marchande à l'âge de seize ans, en 1793, comme simple pilotin ; il passa bientôt dans la marine de l'État, qui le reçut en qualité d'enseigne de vaisseau non entretenu, en 1796. Prisonnier en Angleterre, après s'être distingué dans le mémorable combat de la *Virginie* (qui marque si glorieusement dans la vie d'un des officiers généraux de la marine, le vice-amiral Bergeret), qu'une division anglaise n'avait réduite qu'à la suite d'une lutte de plusieurs heures ; rendu à la France en 1800 ; lieutenant de vaisseau à son retour, et sans cesse à la mer ; capitaine de frégate en 1806, et commandant la *Sirène*, il donne, en 1808, un signe éclatant de sa valeur comme officier et comme marin.

Tous ceux qui ont pris part à la guerre maritime de l'Empire savent que, revenant des Antilles, près de toucher à Lorient, Duperré, sur la *Sirène*, chassé par une division anglaise, soutint seul contre un vaisseau et une frégate, qui l'attaquaient des deux bords, un combat de cinq quarts d'heure. Réduit à toute extrémité, il ne se rend pas : il se jette à la côte. Tel est le premier épisode de cette action qui suffirait à honorer une carrière d'officier.

Mais ici commence une nouvelle lutte non moins digne de mémoire : Entre les bâtiments ennemis qui l'observent, prêts à fondre sur lui s'il échappe au naufrage, et les périls qui lui viennent de la mer ; pressé par son pilote d'abandonner un bâtiment considéré comme perdu, Duperré seul conçoit le dessein de triompher de tous les obstacles : il déploie les ressources de son courage et de son savoir. Trois jours après, la *Sirène* est à flot, et, après un nouveau combat avec les croiseurs anglais, rentre à Lorient, où l'on n'attendait plus que la nouvelle de sa destruction.

C'est ainsi que le capitaine Duperré préludait aux actions d'éclat qu'il allait accomplir dans les mers de l'Inde.

Parti de France sur la *Bellone*, il se forme bientôt une division navale avec cinq bâtiments qu'il prend à l'ennemi.

Rentrant à l'Ile-de-France avec les prises, il y trouve une nouvelle lutte. Un bâtiment anglais l'attendait : il le réduit. Puis survient une division tout entière qu'il faut de nouveau combattre, et qui est à son tour vaincue. Voilà quel fut ce beau fait de guerre que la France reconnaissante a enregistré sous le nom de combat du *Grand-Port*.

L'action de Lorient avait fait Duperré capitaine de vaisseau ; le combat du *Grand-Port* le fit contre-amiral. C'était en 1810.

Depuis lors jusqu'en 1830, l'amiral Duperré ne cessa pas de rendre des services actifs.

Commandant d'escadre dans la Méditerranée en 1811, puis investi du commandement en chef des forces navales de la France dans l'Adriatique, où il déploie son activité féconde ; en 1815, préfet maritime à Toulon, qu'il sait préserver de toute atteinte étrangère ; commandant d'escadre aux Antilles ; appelé à terminer par un coup d'éclat à Cadix la campagne d'Espagne en 1823 ; vice-amiral à la suite de ce succès ; commandant de nouveau les forces françaises aux Antilles et sur les côtes d'Amérique, partout où les intérêts français réclamaient alors l'appui du pavillon ; préfet maritime à Brest, en 1827 ; il couronne, en 1830, sa carrière d'activité militaire en débarquant, à quelques lieues d'Alger, une armée française, en concourant si glorieusement avec la flotte à réduire ce dernier refuge de la piraterie barbaresque, à y faire prévaloir, avec le pavillon de la France, un gouvernement chrétien.

Cette victoire, si digne de celles qui l'avaient précédée, valut à M. Duperré les plus hautes récompenses que l'État décerne : le gouvernement du roi le fit amiral et pair de France.

Depuis lors, la confiance royale, s'adressant à ce dévouement éprouvé par cinquante années de loyaux services, l'a appelé trois fois à siéger dans les conseils de la couronne. Ministre de la marine et des colonies, l'amiral Duperré a montré, comme il l'avait fait sur nos vaisseaux, de quelle sollicitude il entourait la marine et les hommes de mer.

A sa mort, le gouvernement du roi, se faisant l'interprète de la gratitude nationale pour ses glorieux services, a voulu que sa dépouille mortelle reposât sons ces voûtes glorieuses où la France donne asile, après la mort, aux serviteurs éminents qui ont défendu son indépendance et honoré son drapeau.

(*Annales maritimes.*)

8

Page 92. — A l'annonce que nous devions très-prochainement faire le siége d'Alger...

LETTRE DU BEY DE TRIPOLI AU DEY D'ALGER, DU 24 DEL KAADI 1245 (17 MAI 1830), QUELQUE TEMPS AVANT NOTRE DÉBARQUEMENT.

A l'époque où nous vînmes faire le siége d'Alger, Hussein-Dey avait écrit au bey de Tripoli pour demander quelques secours à son collègue contre notre prochaine invasion ; mais celui-ci, dans sa réponse, n'employa que de vains subterfuges pour éluder la question, et se contenta de lui donner à connaître, pour argent comptant, la prédiction d'un saint marabout qu'il avait consulté à son égard, et qui lui avait prédit qu'il serait vainqueur contre ses ennemis, et que les Français s'en retourneraient comme ils étaient venus, c'est-à-dire qu'ils échoueraient dans leurs entreprises. C'était une simple défaite que donnait le bey de Tripoli, puisque de telles prédictions ne pouvaient guère se réaliser.

Voici cette lettre, qui a été trouvée dans le cabinet du dey d'Alger, dans la Kasbah (son palais) :

« Louange à Dieu ! puissent ses bénédictions s'étendre sur la plus parfaite des créatures, la lumière qui dissipe les ténèbres, le prophète après lequel il ne viendra plus de prophètes, notre seigneur Mahomet, sa famille et ses compagnons !

« Que Dieu conserve le souverain fort, victorieux sur terre et sur mer, dont la puissance est redoutée de toutes les nations, au point de les remplir de terreur, le chef des guerriers qui combattent pour la foi, celui qui retrace les vertus des califes, dont le génie est élevé et l'aspect gracieux : notre frère Sidi-Hussein, pacha d'Alger la bien gardée et le séjour des ennemis des infidèles !

« L'assistance de Dieu soit toujours avec lui !

« Que la victoire et la prospérité guident ses pas !

« Après vous avoir offert nos salutations les plus sincères et les plus parfaites

« (Que la miséricorde de Dieu et ses bénédictions vous visitent soir et matin),

« Nous avons l'honneur de vous exposer que nous sommes (et Dieu en soit loué !) dans une situation satisfaisante, et que nous demeurons fidèles aux sentiments d'amitié et d'affection qui, depuis longtemps, ont uni d'une manière si étroite en toutes circonstances les souverains des deux odjaks d'Alger et de Tripoli, sentiment dont nous ne nous écarterons jamais.

« Votre réponse nous est arrivée ; nous avons rompu le cachet, et nous avons lu les bonnes nouvelles que vous nous y donnez relativement à votre personne. Vous nous informez aussi qu'il était arrivé à votre connaissance que nous faisions des préparatifs sur terre et sur mer, et que nous nous disposions à marcher à la rencontre du maître des pachaliks de l'Orient.

« Votre Excellence s'en étonne et nous demande de lui expliquer cette circonstance, non pas d'une manière succincte, mais avec détails.

« Avant la lettre que nous écrivons aujourd'hui, vous savez que nous vous en avons écrit une autre, dans laquelle nous vous faisions connaître que les nouvelles qui ont donné lieu à nos préparatifs étaient venues de tous côtés; qu'elles se trouvaient dans les journaux reçus par les consuls (et elles se sont assez justifiées par l'événement); que les Français, ces ennemis de Dieu, étaient, disait-on, les instigateurs de Méhémet-Ali dans cette affaire; qu'ils l'avaient excité à s'emparer des pachaliks de l'Occident, lui avaient persuadé que les chemins étaient faciles, lui avaient promis de l'aider à accomplir les projets d'indépendance qu'il poursuit, et de devenir le roi de toute l'Afrique des Arabes; qu'ils s'étaient engagés à l'appuyer par l'envoi d'une expédition qui irait mettre son fils Ibrahim-Pacha en possession d'Alger

« Eh bien, lorsque nous avons eu connaissance de ces nouvelles, nous avons levé et équipé des troupes, et préparé tout ce qui est nécessaire pour faire la guerre. Nous avons en même temps envoyé aux habitants de toutes les parties de notre odjak l'ordre de se tenir prêts à entrer en campagne et d'être bien sur leurs gardes.

« Maintenant, si Dieu permet que Méhémet-Ali se présente, nous le recevrons à la tête de nos troupes, sans sortir toutefois des limites de nos possessions, et nous le ferons repentir de son entreprise. S'il plaît à Dieu, il retournera sur ses pas avec la honte de la défaite. Avec la grâce du Tout-Puissant, nous lui donnerons le salaire qu'il mérite par sa conduite : les trames perfides tournent toujours contre ceux qui les ourdissent.

« Ce n'est pas que nous ne fussions contents que Méhémet-Ali, se bornant à ses États, renonçât à ses projets de porter la guerre dans les nôtres, car nous n'avons rien de plus à cœur que d'épargner le sang des musulmans et de voir l'islamisme dans une paix complète. La guerre entre fidèles est un feu, et celui qui l'allume est au nombre des misérables.

« Si Votre Seigneurie désire avoir des nouvelles concernant notre personne, nous lui dirons que nous avons été fort ennuyés et fort affligés en apprenant que les Français (que Dieu fasse échouer leur entreprise !) rassemblaient leurs troupes et allaient se diriger contre votre odjak. Nous n'avons cessé d'en avoir l'esprit en peine et l'âme triste, jusqu'à ce qu'enfin, ayant eu un entretien avec un saint de ceux qui savent découvrir les choses les plus secrètes, et celui-là a fait en ce genre des miracles évidents qu'il serait inutile de manifester, je le consultai à votre sujet. Il me donna une réponse favorable, qui, je l'espère de la grâce de Dieu, sera plus vraie que ce que le ciseau grave sur la pierre.

« Sa réponse a été que les Français (que Dieu les extermine !) s'en retourneraient sans avoir obtenu aucun succès. Soyez donc libre d'inquiétude et de soucis, et ne craignez, avec l'assistance de Dieu, ni malheur, ni revers, ni souillure, ni violence. Comment d'ailleurs craindriez-vous? N'êtes-vous pas de ceux que Dieu a distingués des autres par les avantages qu'il leur a accordés?

« Vos légions sont nombreuses et n'ont point été rompues par le choc des ennemis ; vos guerriers portent des lances qui frappent des coups redoutables et qui sont renommés dans les contrées de l'Orient et de l'Occident.

« Votre cause est en même temps toute sacrée ; vous ne combattez ni pour faire des profits ni dans la vue d'aucun avantage temporel, mais uniquement pour faire régner la volonté de Dieu et sa parole.

« Quant à nous, nous ne sommes pas assez puissants pour vous envoyer des secours; nous ne pouvons vous aider que par de bonnes prières, que nous et nos sujets adressons à Dieu dans les mosquées. Nous nous recommandons aussi aux vôtres dans tous les instants. Dieu les exaucera par l'intercession du plus généreux des intercesseurs et du plus grand des prophètes.

« Nous demandons à Votre Seigneurie de nous instruire de tout ce qui arrivera; nous en attendons des nouvelles avec la plus vive impatience. Vous nous obligerez de nous faire connaître tout ce qui intéressera Votre Seigneurie.

« Vivez éternellement en bien, santé et satisfaction. Salut.

« Le 24 del kaadi de l'an 1245.

« JOUSEF, fils d'ALI, pacha de Tripoli. Dieu lui accorde sa grâce et son secours. Ainsi soit-il. »

En 1836, l'expédition de Tripoli, et surtout l'humeur belliqueuse, le caractère indiscipliné du grand amiral Tahir-Pacha, ont inquiété la France. On craignait, avec assez de raison, quelque intelligence secrète du capitan-pacha avec le bey de Tunis, et, par suite, avec Ahmed, bey de Constantine. C'est ce qui a provoqué, sous le ministère de M. Thiers, l'envoi d'une escadre, commandée par l'amiral Hugon, dans cette partie de la Méditerranée, à titre de démonstration éclatante contre les vues supposées de la Porte Ottomane.

9

Page 124. — Ce même jour, j'arrivai à Sidi-Ferruch...

CE QUI SE PASSAIT A PALMA DEPUIS LE DÉPART DE L'ESCADRE

Le 10 juin, comme je l'ai déjà relaté, la première division de guerre était partie de Palma, accompagnée de la réserve et du convoi faisant partie de cette division, et de l'escadre de débarquement.

Nous les avons montrés faisant voile vers les côtes d'Alger, et nous les avons laissés, le 13 juin, en vue de la ville d'Alger et se dirigeant sur la baie de Sidi-Ferruch. Quant à nous, notre convoi restant était composé des deuxième, troisième et quatrième divisions, et avait reçu l'ordre de rester encore à Palma.

La première division du convoi était donc partie le 11 juin ; quant à notre division, nous ne devions quitter la rade de Palma que lorsqu'un bateau à vapeur arriverait pour nous donner l'ordre de mettre à la voile. Notre convoi se composant des bagages, des chevaux et de tout le matériel de l'armée, nous ne devions venir qu'à la suite de l'armée, après que nous aurions effectué notre débarquement.

Nous restâmes à Palma dans la plus grande incertitude sur le sort de notre armée depuis le 10 jusqu'au 16 inclus, où nous n'eûmes aucune nouvelle. Le matin, 17 juin, à la pointe du jour, nous fûmes réveillés par le bruit d'une salve d'artillerie qui se fit entendre dans la rade par nos bâtiments de guerre qui se trouvaient avec nous. Je m'élançai rapidement sur le pont de notre bâtiment pour observer ce qui se passait, et j'étais à peine sur le pont, que je vis les batteries de la ville de Palma nous rendre les mêmes salves. Je ne savais à quoi attribuer tout ceci, lorsqu'un canot qui passa à côté de notre bâtiment nous apprit que la canonnade que nous venions d'entendre était en réjouissance de ce que notre armée avait débarqué heureusement et avec succès sur les côtes d'Alger ; qu'un bâtiment à vapeur arrivé pendant la nuit en avait apporté la nouvelle. Il était parti le 14 de Torre-Chica, après que le débarquement avait été effectué et qu'il avait reçu l'ordre de nous l'annoncer, et en même temps de donner l'ordre à tout notre convoi de mettre à la voile pour nous diriger sur Sidi-Ferruch.

L'allégresse fut générale dans la rade parmi tous nos bâtiments. Le conlentement brillait sur toutes les figures à la réception de cette nouvelle, et nos braves soldats à bord brûlaient déjà du désir de toucher sur la plage africaine pour partager les dangers et la gloire de ceux qui avaient eu le bonheur d'y toucher les premiers : leur enthousiasme était porté au dernier période, et leurs chants, pendant toute cette journée, célébrèrent le contentement qu'ils éprouvaient de nos premiers succès.

Toute l'escadre était partie de Palma le 10, et le débarquement avait eu lieu le 14; donc c'était quatre jours après leur départ de Palma. Notre armée navale n'avait donc point perdu de temps dans l'exécution de ses opérations.

D'après les rapports qui nous furent donnés sur notre armée, les Arabes et les Turcs avaient fait une vaine résistance, puisque nos troupes avaient enlevé leurs batteries à la baïonnette ; cette intrépidité surprit et démoralisa un peu nos ennemis, qui espéraient, à notre débarquement, pouvoir nous jeter à la mer; ils en avaient reçu l'ordre, dit-on, du dey d'Alger ; ce dernier pensait sans doute qu'il était aussi facile de nous vaincre que de nous outrager : mais son espoir fut déçu.

Nous nous sommes emparés de Torre-Chica, et dans ce moment, disait le porteur de la nouvelle, nos troupes s'occupaient à former leurs bivacs sur la plage de Sidi-Ferruch, qui se trouve au pied de la tour dite Torre-Chica.

Voici le rapport fait au commandant de notre convoi depuis le débarquement opéré :

« Depuis le 14, l'armée reste établie dans les positions avancées dont elle s'est emparée sur les hauteurs en avant de Torre-Chica; après cette glorieuse journée, jusqu'ici il n'y a eu que des engagements partiels avec des détachements de cavalerie arabe lancés en tirailleurs. Aujourd'hui, disait ce rapport, nous sommes en présence de l'infanterie turque; la presqu'île se convertit en place d'armes : un retranchement garni d'artillerie au plus étroit de l'isthme, et qui s'étend de la baie de l'est à celle de l'ouest, doit rendre vaine toute attaque de la part de l'ennemi; aussi ces nouvelles sur les premiers succès de notre armée nous firent grand plaisir, notre joie fut à son comble, les habitants de Mayorque partagèrent également notre satisfaction, et cette journée, qui était la dernière que nous passions dans leur ville, fut consacrée à des réunions de plaisir, à des toasts et à des félicitations en l'honneur de la France et à la continuation des succès de notre brave armée sur le sol africain.

« Le lendemain 18, tout notre convoi mit à la voile de la rade de Palma pour nous diriger sur les côtes d'Afrique. Le jour de notre départ de Palma, il faisait fort peu de vent; aussi restâmes-nous encore longtemps en vue de cette dernière ville, dont nous nous éloignions très-lentement, d'autant plus qu'il fallait que le convoi marchât en ordre, et tous les bâtiments réunis ensemble, d'après les instructions du commandant de notre convoi; aussi de temps en temps étions-nous obligés de nous mettre en panne, ou de louvoyer pour attendre les bâtiments qui se trouvaient en arrière; aussi pour cette raison nous faisions fort peu de chemin; le même soir, nous nous trouvions encore en vue de l'île Mayorque et nous avions devant nous l'île Cabrera; le lendemain 19, le vent était toujours calme, nous nous trouvions encore à la hauteur de l'île de Palma et devant l'île Cabrera, devant laquelle nous avons louvoyé constamment une partie de la journée pour tâcher de prendre le vent et de gagner plus au large; tous les bâtiments de notre convoi firent la même manœuvre: ce ne fut qu'enfin vers les quatre heures du soir que nous perdîmes terre de vue; le vent alors avait un peu fraîchi, c'était le vent d'ouest, il était contraire; dans la nuit du 19, il fit un ouragan très-violent, le vent soufflait avec violence, mais il était toujours contraire, nous étions obligés de courir des bordées pour gagner la direction de notre route, de laquelle nous dérivions beaucoup par la force des courants; la mer était très-houleuse, et nous eûmes à lutter contre les flots pendant toute cette nuit; tous les matelots étaient aux manœuvres, et notre capitaine n'avait point quitté de dessus le pont, ainsi que son second, parce que leur présence était nécessaire, car nous n'étions pas sans courir quelques dangers dans ce moment-là.

« Le lendemain 20, le vent était un peu diminué, mais toujours à l'ouest; lorsqu'il fit jour, nous nous aperçûmes qu'on ne voyait plus aucun bâtiment de notre convoi, nous étions absolument isolés sur la mer, le coup de vent qui avait eu lieu la nuit nous avait entièrement dispersés du convoi.

« Le 20, nous fûmes donc obligés de courir des bordées, puisque le vent continuait à nous être contraire. Le 21, nous eûmes même vent.

« Le 22 idem. Le 23, la mer était devenue plus calme, l'horizon commençait un peu à nous sourire, le soleil avait reparu, car il s'était constamment caché depuis le 19 que la tempête avait commencé; nous commençâmes ce jour-là à apercevoir plusieurs bâtiments devant nous, mais nous ne savions pas si ces bâtiments faisaient partie de notre division, ils étaient obligés de courir des bordées comme nous, puisque le vent était toujours contraire; au bout d'une heure nous atteignîmes un de ces bâtiments et, ce dernier nous ayant approché d'assez près, notre capitaine lui héla au porte-voix pour lui demander s'il était de notre convoi et de quelle division il faisait partie; il répondit qu'il était de la quatrième division de la série jaune, portant les bagages, et qu'il était parti de Palma le 20 juin. Nous considérâmes la bizarrerie du temps qui les avait favorisés, puisque ces derniers étaient partis deux jours après nous de Palma, et ils se trouvaient aussi avancés que nous; tandis que nous, nous avions été contrariés par les vents et essuyé une tempête affreuse; en quittant ce bâtiment, nous aperçûmes encore plusieurs autres plus loin qui faisaient partie des vaisseaux de la quatrième division, et nous retrouvâmes en même temps une partie des bâtiments de notre division qui nous avaient devancés.

« Le vent favorable commença à nous gagner, et toute la nuit il continua à nous favoriser.

« Le lendemain 24 juin, le vent soufflait avec vigueur et venait de sauter à l'ouest; le vent par conséquent, nous étant devenu contraire, nous retint une partie de la matinée sans beaucoup avancer; la mer continuait pourtant d'être très-houleuse; cependant, vers midi, nous découvrîmes terre, et l'on apercevait déjà les côtes d'Alger; et nous avions même doublé le cap Matifoux, lorsque tout à coup le vent nous devint favorable; nous passâmes vers quatre heures après midi devant le cap Matifoux, à cinq heures du soir nous nous trouvions environ à deux lieues de la côte; vers notre droite nous avions devant nous la ville d'Alger, environ à la distance de trois lieues, alors nous commençâmes à apercevoir autour de nous une immense quantité de bâtiments de transport qui faisaient voile comme nous sur Alger, et bientôt nous joignîmes des bâtiments de guerre qui étaient en croisière devant Alger, qui faisaient partie de la station et formaient par mer le blocus d'Alger.

« La mer était alors violemment agitée; la frégate la *Sirène*, ayant aperçu tout notre convoi, fit voile vers nous, et lorsqu'elle fut assez rapprochée de nous, elle nous héla au porte-voix de nous éloigner de terre; que nous n'en étions qu'à deux lieues, et qu'il fallait bien vite gagner le large; qu'il n'était pas prudent d'être aussi près de la côte dans un moment où la mer était très-agitée, et lorsque nous avions tout à craindre d'une bourrasque et des courants qui pouvaient nous affaler à la côte.

« La frégate, en nous quittant, se dirigea sur les autres bâtiments du convoi pour leur donner le même ordre qu'à nous, de s'éloigner de terre: nous aperçûmes bientôt qu'il y avait un navire du convoi qui était bien plus près de terre que nous, car il n'était guère qu'à une demi-lieue de la côte (soit que les courants l'y eussent entraîné naturellement, ou que sa manœuvre peu habile l'eût fait se rapprocher ainsi de terre).

« La frégate détacha un brick de guerre pour aller faire le signal à ce bâtiment de regagner bien vite le large et de s'éloigner de la côte: le brick avait déjà approché d'assez près ce vaisseau; mais, n'ayant pas sans doute compris son signal, il lui lâcha un coup de canon à boulet pour lui intimer au plus vite l'ordre de virer de bord et de prendre le large; ce coup de canon ayant été entendu par ce bâtiment de transport, il se mit aussitôt en devoir de s'éloigner de la côte.

« Comme il commençait déjà à faire nuit, notre capitaine, par prudence, jugea à propos de louvoyer toute la nuit pour attendre le jour, pour connaître le lendemain, par les signaux de l'amiral de l'escadre, la direction que nous devions prendre pour aller au mouillage de la baie de Sidi-Ferruch. Tous les bâtiments du convoi firent toute la nuit la même manœuvre que nous; le lendemain 25 juin, un brick de guerre en croisière, chargé de répéter les signaux de l'amiral, nous fit le signal ainsi qu'à tous les bâtiments du convoi d'aller directement au mouillage de Sidi-Ferruch, et ce brick de guerre alla en avant de nous pour nous indiquer notre route. Vers neuf heures du matin, nous passâmes devant la ville d'Alger, que nous découvrîmes parfaitement, car nous n'en étions qu'à trois lieues; nous la laissâmes alors à l'est, et nous tirâmes dans l'ouest en longeant la côte pour nous diriger sur Torre-Chica ou dans la baie de Sidi-Ferruch, où nous avions l'ordre d'aller mouiller; nous ne tardâmes pas à découvrir la petite tour de Torre-Chica, où nous aperçûmes avec une grande satisfaction le pavillon français flotter sur cette tour, qui se trouve à gauche, sur une petite élévation à l'entrée de la baie de Sidi-Ferruch; à mesure que nous approchions, nous commencions à découvrir distinctement les bivacs de notre armée, nous voyions la plus grande activité régner sur cette plage dans le camp, les uns étaient occupés à faire des retranchements, les autres à faire leur cuisine : nous vîmes aussi un grand nombre de nos soldats qui se baignaient le long du rivage, car alors la chaleur était excessive, il n'était pas étonnant qu'ils cherchassent à tempérer cette chaleur par les bains de mer.

« A onze heures précises du matin, nous entrâmes dans la baie de Sidi-Ferruch; nous étions partis de la rade de Palma le 18, et nous n'arrivâmes pourtant à ce mouillage que le 25, les vents nous ayant été constamment contraires; nous avions donc mis huit jours pour faire ce trajet toujours retardé par les vents d'ouest, nous vîmes dans cette baie un encombrement de bâtiments, car presque toute notre escadre s'y trouvait réunie: au fur et à mesure que les bâtiments de transport arrivaient, on s'occupait de les faire décharger et de les faire partir dans le plus bref délai pour la France, pour déblayer la rade; à cet effet, à mesure qu'il arrivait un bâtiment, des élèves et des officiers de marine venaient avec des canots et des chalands pour le décharger; aussi régnait-il la plus grande activité dans la rade, aussi vîmes-nous mettre à terre vivres, munitions et approvisionnements, et le rivage était encombré de tonneaux de vin, de biscuits, de riz, de planches destinées à faire des baraques pour les malades, outre qu'on débarquait en même temps chevaux, caissons, canons, etc.

« Au fur et à mesure qu'on débarquait tous ces objets, des marins et des soldats de corvée s'occupaient à les transporter dans les emplacements destinés à l'entrepôt de chaque magasin, soit vivres, soit objets de campement ou d'hôpitaux, etc.

« Notre bâtiment était à peine entré dans la baie, qu'il vint deux élèves de marine pour s'occuper de le faire décharger; ils nous firent débarquer de suite les chevaux que nous avions à bord, les soldats du train et du génie et les bagages, etc.

« Notre vaisseau fut donc déchargé en un clin d'œil, et notre capitaine avait l'ordre de partir pour Toulon deux heures après son déchargement. Cette précaution était vraiment nécessaire pour désencombrer la rade de Sidi-Ferruch, où les bâtiments ne sont pas du tout à l'abri et en sûreté contre les coups de vent qui, malgré la belle saison, se renouvellent si fréquemment dans ces parages, où les bâtiments risquent d'aller se jeter à la côte.

« Nous apprimes, par les aspirants qui vinrent à notre bord, qu'il était fort heureux que notre division et la quatrième, qui portaient les chevaux et le reste du convoi, fussent arrivées, car les opérations de l'armée se trouvaient retardées par le manque de chevaux; on avait bien des canons, mais pas assez de chevaux pour les traîner. Aussi, nous dirent ces élèves de marine, maintenant notre armée va s'avancer sur Alger tout à fait; quoique ces jeunes gens ajoutassent que nous avions déjà nos avant-postes qui n'en étaient plus qu'à une lieue. Aussi le général en chef, à l'arrivée de notre convoi, venait de partir pour les avant-postes et allait commencer immédiatement l'investissement de la place, et l'on devait hâter d'ouvrir les tranchées et d'établir les batteries destinées à battre en brèche le fort de l'Empereur.

« Enfin, lorsque notre bâtiment fut déchargé, je débarquai et vins au camp de Sidi-Ferruch; il fallait bien reconnaître le terrain pour m'y établir sous la tente. Je mis donc pied à terre le 25 juin, à deux heures après midi.

« Sidi-Ferruch, où bivaquait notre armée, est un terrain de sable pur. J'ai été étonné, à mon arrivée sur ces lieux, qu'on m'ait appris qu'à notre débarquement cet endroit où nous bivaquions était un champ de blé que les hommes et les chevaux avaient foulé sous les pieds, d'autant plus qu'il n'y avait pas la moindre apparence qu'il eût été un champ cultivé.

« Je ne trouvais rien de plus pittoresque que l'aspect de notre camp, où s'élevaient majestueusement çà et là quelques palmiers nains et quelques lentisques; ces arbustes nous rappelèrent que nous étions sur un rivage étranger. Des puits que nos soldats avaient creusés donnaient partout de l'eau en abondance; dans quelques endroits, d'énormes figuiers, par leur ombrage protecteur, formaient de jolies tentes ou berceaux en verdure, où se mettaient à l'abri de l'ardeur du soleil nos Français industrieux; un air d'intelligence et de gaieté y animait toutes les physionomies, et le plus fatigué de nos soldats retrouvait ses jambes pour courir examiner les prisonniers arabes que l'on nous amenait des avant-postes.

« En débarquant à Sidi-Ferruch, je m'attendais à y voir des batteries ou quelques fortifications ; j'avais toujours pensé que cette position devait être un poste militaire de quelque importance pour les Algériens ; mais on nous apprit que ce n'était que le minaret d'un petit marabout du nom de Torre-Chica, qui, selon la traduction espagnole, veut dire petite tour. La plage située au pied de cette tour se nomme Sidi-Ferruch, du nom du santon qui y a été enterré ; c'est là que se trouvait campée toute notre armée. La petite tour était seulement garnie de deux petites pièces de canon d'un très-petit calibre, dont l'une tournée vers la mer et l'autre vers la terre ; mais cependant on prétend qu'autrefois ce point était fortifié ; et en effet on y voit encore quelques restes d'anciennes batteries qui naguère furent détruites par la marine française.

« Nous vîmes aussi au bord du rivage où nous étions débarqués une batterie construite en maçonnerie, percée de dix embrasures, que les Turcs occupaient, mais qu'ils avaient bientôt abandonnée à notre arrivée, prévoyant bien qu'ils ne pourraient pas y tenir sous le feu de nos bâtiments. Ils s'étaient contentés de se retirer sur les hauteurs voisines, à un quart de lieue de là, espérant pouvoir mieux défendre la plage, ce qui n'avait pas empêché de les culbuter au premier choc et de nous rendre maîtres de toutes les positions qui avoisinent Sidi-Ferruch le jour du débarquement.

« En examinant de nouveau notre camp, j'ai remarqué qu'on avait rendu formidable le camp retranché de Sidi-Ferruch ; il était garni de pièces d'artillerie avec leurs bastions ; des fossés avaient été faits tout autour du camp ; des chevaux de frise et des palissades n'avaient point été épargnés ; ce travail a dû être d'autant plus difficile à exécuter que ce terrain n'est que sable pur ; pour le côté en regard du camp de Staouëli, on y avait fait une porte et un large fossé sur les deux faces, entouré de palissades. Les ordonnances et les parlementaires venant du dehors ne pouvaient entrer que par cette porte, qui était bien gardée par une forte avant-garde. Nous étions absolument dans une place forte.

« Au plus étroit de l'isthme, comme il y avait un petit bras de mer qui pouvait être guéable, pour éviter d'être surpris sur ce point par la cavalerie arabe, on avait placé à son extrémité supérieure un double rang de chevaux de frise et de hautes palissades ; de plus, on avait fait échouer dans cet endroit un bateau-bœuf, qui était armé de plusieurs pierriers, pour défendre cette issue contre la cavalerie ennemie.

« Dans l'ouest de la baie où la cavalerie pouvait encore déborder, on avait pris les mêmes moyens de défense, et un bateau-bœuf qu'on avait fait également échouer en défendait les approches et nous mettait à l'abri d'un coup de main que pouvait tenter la cavalerie ennemie contre notre camp.

« D'après ce que nous venons d'exposer, nous avons vu que je débarquai le 25 juin au camp de Sidi-Ferruch avec le reste du convoi dont je faisais partie, et que j'ai suivi dès lors toutes les opérations et tous les progrès de notre armée jusqu'à la prise d'Alger, ainsi que je l'ai relaté dans la première partie de cet ouvrage, chapitre VII, intitulé *Domination française*. Pour ne point interrompre la marche de l'armée de terre et de l'armée de mer, j'ai dû y joindre cette note et entrer dans l'explication de ce qui s'était passé à Palma depuis le départ de l'escadre de cette rade jusqu'au moment où nous avons enfin été réunis à l'armée dans la baie de Sidi-Ferruch. »

10

Page 198. — Avant de quitter, le 24, la ferme de la Mouzaïa.....

MASSACRE DU JEUNE FRÉDÉRIC DÉFONDEAU.

A propos du massacre des cinquante canonniers dirigés imprudemment sur Alger, pour y aller chercher des munitions par ordre du général en chef, j'ai à retracer la mort malheureuse d'un jeune homme qui était l'espoir de sa famille et qui donnait les plus chères espérances; il faisait partie de cette escorte et a été une des premières victimes de la fureur et de la barbarie des Arabes.

J'ai vu débarquer ce jeune homme au camp de Sidi-Ferruch quelque temps après le débarquement de notre armée; il se nommait Frédéric Défondeau; il était fils d'un chef d'escadron du train des équipages. Ce pauvre enfant était venu en Afrique, en amateur, pour voir le pays; comme il connaissait au camp tous les officiers de même arme que son père, il partait le jour aussi bien que la nuit et suivait le premier convoi du train des équipages qui marchait, en s'aventurant avec les escortes qui accompagnaient les convois, toujours dans l'intention d'aller reconnaître le pays; il avait ainsi poursuivi ses courses aventureuses, et était venu jusque sous les murs du fort de l'Empereur, où nous avions nos avant-postes où l'on construisait les batteries qui devaient battre en brèche cette forteresse. Le jeune Défondeau allait toujours affrontant tous les dangers; on avait beau lui dire qu'il avait tort de s'aventurer ainsi sans nécessité et de s'exposer à des dangers imminents, puisque rien ne l'y obligeait; néanmoins il suivait toujours son désir insatiable de parcourir et de voir le pays, curiosité qu'il a payée de sa vie.

C'est toujours dans ce même désir de connaître Blidah et Médéah que le jeune Défondeau avait suivi l'armée que le maréchal Clausel y avait conduite; mais, par un hasard malheureux, il voulut suivre cette faible escorte qui allait chercher des munitions, tenant à profiter de cette occasion pour retourner à Alger, étant satisfait des deux villes qu'il venait de voir et ne calculant pas les nouveaux dangers auxquels il s'exposait en se rendant à Alger sous une escorte aussi minime, lorsque les Arabes étaient éparpillés sur toute la route et profitaient des moindres occasions pour tomber sur nos convois et sur nos détachements isolés; c'est ce qui arriva à cette escorte des cinquante canonniers envoyés par le général en chef; ils furent surpris et tous massacrés, ainsi que les deux officiers qui les commandaient, et le jeune Défondeau n'y fut point épargné, quoiqu'il se défendît vaillamment et vendît bien chèrement sa vie; mais il lui fallut succomber sous les coups des Arabes féroces, qui n'eurent point pitié de son âge et de son courage héroïque.

Lorsque cette nouvelle se répandit dans Alger, toutes les personnes qui le connaissaient donnèrent des regrets à sa fin malheureuse, surtout ceux qui l'avaient connu au camp de Sidi-Ferruch, lors de son débarquement sur la plage africaine.

11

Page 221. — Hors de la porte Bab-Azoun.....

PORT D'ALGER; TRAVAUX HYDRAULIQUES EXÉCUTÉS. — INCENDIE DE LA DJENINAH.

Le port d'Alger est situé à l'ouest et à l'entrée d'une rade entièrement ouverte aux vents du large; il a été construit, en 1530, par Khaïr-Eddin, frère de Barberousse. A trois cents mètres en mer, existait un banc de rochers ou îlots, en arabe Ab-Djérisio, d'où Alger a pris son nom. Les Espagnols y avaient bâti un fort : Khaïr-Eddin les en chassa et réunit ces îlots à la ville par une jetée. C'est la jetée appelée Khaïr-Eddin. Plus tard, on forma une petite darse de trois hectares, au moyen d'un môle construit à l'extrémité sud de l'île, et lancé vers le sud à cent cinquante mètres dans la mer. Ce môle, duquel dépend la conservation de la darse, était, en 1830, époque de l'occupation d'Alger par l'armée française, dans un état de délabrement complet et de ruine imminente, malgré les travaux des Turcs.

C'était sur ce point qu'ils portaient toutes les ressources dont ils pouvaient disposer en esclaves et en argent ; cependant l'ouvrage de chaque campagne était sans cesse détruit pendant la saison du gros temps.

Il en fut de même des premiers travaux exécutés par les ingénieurs français, qui ne purent réussir à se rendre maîtres de la violences des flots, sur un point où ils ont des effets d'une puissance extraordinaire, qu'en recourant à des moyens de construction plus puissants que ceux qu'on avait employés jusqu'ici. Tandis que les blocs les plus forts, employés dans la digue de Cherbourg, ne pèsent pas plus de cinq à six mille kilogrammes. on entassa, dans la jetée d'Alger, des blocs de vingt-deux mille kilogrammes. Mais, comme l'extraction et le transport de blocs aussi considérables eussent été à peu près impossibles, M. Poirel, ingénieur chargé en chef de la direction des travaux, eut l'heureuse idée de les fabriquer artificiellement, au moyen du béton, matière connue de tous les constructeurs, et qui a la propriété de durcir dans l'eau.

Grâce à cette invention, le môle a pu être reconstruit tout entier à neuf en quelques années et avec une solidité désormais à l'épreuve des plus grosses mers.

Le système généralement employé de nos jours pour la construction des jetées à la mer est celui que l'on connaît sous le nom de jetées à pierres perdues. Il était pratiqué chez les Romains, ainsi qu'on le voit par le reste du port de Civita-Vecchia. La dimension des matériaux employés à la composition de ces anciennes jetées est généralement de trois mètres cubes au plus ; encore sont-ils remués par la mer, et éprouvent-ils toujours quelque dérangement par les mouvements les plus violents des vagues.

Il a été reconnu qu'à Alger un volume de dix mètres cubes était nécessaire pour que le bloc fût immuable, et ceux que M. Poirel a fabriqués artificiellement en béton dépassent même ce volume.

Ces blocs sont faits de deux manières différentes : les uns se construisent dans l'eau, sur la place même qu'ils doivent occuper ; les autres sont fabriqués à terre, pour être ensuite lancés à la mer.

Les premiers se font en immergeant du béton dans des caisses échouées sur l'emplacement des blocs. Ces caisses sont de grands sacs en toile goudronnée, dont les parois sont fortifiées par quatre panneaux en charpente, sur lesquels la toile est étendue et fixée.

La masse de béton qui la remplit peut donc se mouler parfaitement sur le terrain, et se lier avec lui par les aspérités mêmes qu'il présente. Ces caisses-sacs sont préparées sur le chantier et lancées dans le port, d'où elles sont remorquées par des pontons et amenées en flottant sur la place qu'elles doivent occuper.

On les y fixe au moyen de petites caisses en bois, amarrées tout autour de la caisse-sac et remplies de boulets ; une fois mise en place, on y établit une machine à couler, qui pose sur un échafaudage volant communiquant avec la terre par un pont de service.

La deuxième espèce de blocs, qui se fait à terre, est fabriquée dans des caisses sans fond, formées de quatre panneaux à assemblage mobile.

Cinq à six jours après le remplissage, on enlève ces panneaux, qui servent pour un autre bloc. Le béton, ainsi mis à nu, a acquis, au bout d'un mois ou deux au plus, suivant la saison, une consistance suffisante pour que le bloc puisse être lancé à la mer.

Les blocs sont préparés sur des chariots qui roulent sur des chemins de fer. On emploie deux modes d'immersion : le premier, en faisant poser le bloc sur deux planches suifées et en donnant au chariot une légère inclinaison, qui suffit pour que le bloc glisse par son propre poids; dans le second mode d'immersion, le bloc, placé sur une cale inclinée, est d'abord descendu dans l'eau jusqu'à ce qu'il plonge d'un mètre à l'avant : dans cette position, il est saisi par une machine composée de deux flotteurs, entre lesquels il est symétriquement placé. Ces flotteurs le saisissent au moyen de chaînes passées en dessous du bloc, et le transportent en le maintenant sur l'eau, à l'instar des chameaux dont les Hollandais se servent pour alléger les vaisseaux et les faire passer sur les bas-fonds.

Les travaux exécutés pour la consolidation de l'ancien môle, et les cent cinquante mètres de nouvelle jetée construits jusqu'en 1842, avaient eu pour résultat d'augmenter un peu l'étendue du port d'Alger et d'ajouter beaucoup à la sécurité des navires. La rade d'Alger forme à peu près un demi-cercle, ouvert du côté du nord. Son extrémité orientale se termine au cap Matifoux; la ville d'Alger est presque à son extrémité occidentale. Ainsi la rade est garantie des vents d'ouest par le massif d'Alger; des vents du midi par les hauteurs qui se rattachent à ce massif, et, plus loin, par le petit Atlas; et des vents d'est par le promontoire qui finit au cap Matifoux; mais elle reste ouverte à tous les rhumbs de vent qui viennent du nord et qui sont d'autant plus dangereux qu'ils poussent les bâtiments à la côte. A l'est de la porte Bab-Azoun, extrémité méridionale de la ville, et à trois cents mètres environ du rivage, est une roche couverte de deux mètres d'eau seulement, qu'on nomme la roche Algefna. A l'est de cet écueil, en est un autre, couvert de cinq mètres d'eau, dit Roche-Écueil ou Écueil-sans-Nom.

L'utilité de l'établissement d'un grand port à Alger, dans l'intérêt de la marine militaire comme de la marine marchande, et approprié au besoin de l'une et de l'autre, a été unanimement reconnue par les partisans de l'occupation restreinte, aussi bien que par ceux de l'occupation étendue. Un bon port est, pour les uns, le principal, sinon le seul profit qu'on peut retirer de notre possession africaine; pour les autres, une condition indispensable au développement de notre puissance.

Mais l'importance même de cet établissement maritime, l'étendue à lui donner, le temps et la dépense à consacrer à sa création, toutes ces graves questions à résoudre expliquent les lenteurs qui ont fait ajourner jusqu'en 1842 l'adoption d'un plan définitif.

De nombreux projets ont été soumis à l'appréciation du gouvernement, qui a fait connaître, le 14 avril 1843, que son choix s'était fixé en faveur d'un travail proposé par M. Bernard. Ce travail, qui a reçu la sanction du conseil d'amirauté, fait partir la jetée sud d'une pointe de rocher au nord et près du fort Bab-Azoun jusqu'à l'Écueil-sans-Nom; puis il prolonge le môle, en partant de l'extrémité des cent cinquante mètres exécutés et se dirigeant vers le sud-est, un quart est dans une longueur de cinq cents mètres. Quinze vaisseaux pourront s'amarrer à la jetée; la dépense est évaluée à seize millions. La Chambre des députés, dans sa séance du 26 mai 1844, a augmenté de six cent mille francs le crédit de neuf cent mille francs porté au budget de 1843, pour la construction du port d'Ager. L'allocation de un million cinq cent mille francs par année en ajournerait l'achèvement jusqu'en 1854.

L'intérêt de notre domination en Algérie exige, au contraire, que les travaux de cet établissement maritime, dont l'utilité est unanimement proclamée, soient poussés plus activement, et il est à désirer que les ateliers reçoivent un développement tel qu'une allocation de trois à quatre millions puisse être annuellement employée; car ce n'est que lorsque nos flottes seront assurées de trouver sur la rive algérienne, presque en face de Toulon, un refuge et un abri, que la prophétie de Napoléon se réalisera et que la Méditerranée deviendra bien réellement un lac français.

Jusqu'ici, il a été fait plus qu'on ne devait s'y attendre; mais on ne saurait mener à fin avec trop de promptitude la construction du port d'Alger. Il faut prévoir et même regarder comme inévitable, à une époque très-prochaine, la rupture avec l'Angleterre; alors toutes les mesures doivent être prises, non-seulement pour que l'Algérie n'ait rien à redouter par le fait des entreprises de la marine anglaise, mais encore pour que de plusieurs ports de l'Algérie, Arzew, Bone, Oran, puissent sortir des croisières qui fassent sans cesse craindre d'approcher, même des côtes, le littoral sur lequel nous avons arboré notre drapeau. La plus grande sécurité est indispensable pour nos établissements, et elle ne peut s'acheter qu'au prix de grands sacrifices dont nous serons par la suite amplement dédommagés. Les habitants et colons ne doivent plus vivre au milieu des transes qui se renouvellent aujourd'hui à la moindre alerte : dans un port, plus que partout ailleurs, il faut être chez soi; car, là, des navires sont entassés, là il y a des corderies, des arsenaux, des amas de matières combustibles, des mâts, des voiles, du goudron, de la poudre : tout cela réuni à profusion dans de vastes entrepôts.

Une étincelle égarée ou dirigée par la malveillance peut éclater en un irrémédiable sinistre. Ainsi s'explique tout naturellement l'indicible terreur dont furent saisis les habitants d'Alger dans la soirée du mercredi 26 juin 1840. Il était neuf heures ; deux coups de canon tirés de la rade jetèrent tout à coup l'alarme dans la population : Européens, Maures, Arabes, juifs, se précipitaient hors des maisons et demandaient avec anxiété ce que signifiait cet effrayant signal. Les conjectures les plus étranges circulaient déjà parmi la foule; on accusait Abd-el-Kader, on accusait les Anglais ; et plus d'un fanatique musulman, qui n'accusait personne, se réjouissait, persuadé que l'heure fatale avait sonné pour nous infidèles. Cependant la vérité ne tarda pas à être connue.

Un violent incendie venait d'éclater près de la place du Gouvernement. Le feu avait pris dans la baraque d'un juif, marchand de beignets, et s'était communiqué rapidement aux autres constructions en bois situées entre la rue Bab-Azoun et la Djeninah.

Quand les premiers secours arrivèrent, les flammes avaient fait de tels progrès, qu'on ne dût plus songer qu'à sauver les bâtiments voisins qu'elles menaçaient d'envahir, la Djeninah et l'évêché.

Mais tous les efforts furent inutiles ; malgré le dévouement de la population civile, des troupes de toutes armes, malgré le généreux empressement des marins de la frégate sarde *Beroldo*, mouillée dans la rade, on ne parvint à se rendre maître du feu que le lendemain matin, et l'incendie avait dévoré l'aile droite de la Djeninah et une partie des objets de campement qui y étaient emmagasinés.

La perte fut considérable. — Personne ne périt, mais le nombre des blessés s'éleva à une centaine. Des voleurs profitèrent du désordre pour piller. On arrêta en flagrant délit une cinquantaine de ces misérables.

Les malheureuses victimes de ce sinistre perdirent, pour la plupart, le peu d'objets précieux qu'elles avaient arrachés aux flammes.

Dès le lendemain de l'incendie, la chambre du commerce ouvrit en leur faveur une souscription qui, dans la journée, se monta à huit mille francs.

De mémoire d'homme, Alger n'avait eu un incendie pareil à celui du 26 juin.

Voici, d'après une chronique arabe, la liste de ceux qui ont été les plus violents :

1025 de l'hégire (1616 de J. C.), sous Mustapha, explosion des poudres, incendie du quartier des Kitchawas ;

1041 (1632), sous Schilkh-Hussein, incendie de la Kasbah ;

1044 (1635), sous Youssef, la Kasbah est incendiée de nouveau;

1091 (1670), sous Baba-Hassan, incendie de la grande poudrière ;

1155 (1742), sous Ibrahim, incendie du fort de l'Empereur.

La Djeninah, qui vient d'être en partie détruite par les flammes, fut fondée en 959 de l'hégire (1555 de J. C.), sous le pachalik de Saleh. Dapper en donne la description suivante, d'après Haëdo et Marmol, historiens espagnols :

« Le plus beau bâtiment d'Alger est le palais du bacha, qui est au milieu de la ville, entouré de deux belles galeries, l'une au-dessus de l'autre, soutenues par deux rangs de colonnes de marbre. — Il y a aussi deux cours, dont la plus grande a trente pieds en carré, où le divan s'assemblait tous les samedis, les dimanches, les lundis et les mardis. C'est là que le bacha traite les conseillers du divan au temps de la fête du Beyram. L'autre cour est devant le palais du vice-roi. »

La Djeninah se composait encore, pour le service intérieur, d'un côté, d'une suite de maisons démolies après la conquête, pour faire place aux baraques provisoires devenues la proie des flammes, et, de l'autre, de deux bâtiments, dont l'un servait pour la manutention, et l'autre pour le corps de garde de la milice.

Une inscription placée au-dessus de la porte du corps de garde relate que près de là, et adossé contre le mur, il existait jadis un mortier de marbre dans lequel on pilait les condamnés à mort. — De pauvres soldats turcs, coupables seulement de désertion, ont subi cet horrible supplice; c'est du moins ce qu'ajoute l'inscription.

Quoi qu'il en soit, la Djeninah a servi de palais aux deys d'Alger jusqu'en 1252 de l'hégire (1817 de J. C.). A cette époque, Ali-Khodgea, l'avant-dernier dey, transporta le siége du gouvernement à la Kasbah pour échapper au despotisme sanglant de la milice turque. Hussein, son successeur, qui le lui avait conseillé, imita son exemple. Depuis la conquête française, en 1830, la Djeninah servait de magasin pour les objets de campement.

L'incendie de la Djeninah fut un événement sans importance ; mais, au milieu des circonstances qui menaçaient notre occupation, il était bien permis d'y voir autre chose qu'un simple accident.

A cette époque, l'audace d'Abd-el-Kader justifiait toutes les suppositions; on le croyait toujours à l'improviste, tantôt aux portes d'Alger, tantôt à celles de Constantine ou de Bone, tantôt dans le voisinage d'Oran. On le voyait partout où il n'était pas, et la rapidité avec laquelle il franchissait les distances se conciliait assez avec ses apparitions presque simultanées sur les points les plus éloignés. Il était donc urgent de mettre un terme à des appréhensions qui devenaient les plus grands obstacles à la colonisation. Nos possessions devaient rester inviolables, inaccessibles, dans un rayon des plus étendus. D'une part, pour remplir cet objet, il était indispensable, comme nous l'avons dit, d'obtenir que la frontière du Maroc ne fût plus incertaine et sujette à contestation, et qu'à l'abri de cette frontière notre ennemi ne trouvât plus de puissants moyens de se réorganiser impunément; d'une autre part, les retraites du désert, espèces de repaires mystérieux d'où surgissaient à chaque instant ces terribles razzias, contre lesquelles il était si difficile de se mettre en garde, même par la plus infatigable vigilance, devaient être à jamais interdites au redoutable émir.

L'expédition de Biskarah devait être le début de cette série de désastres qu'on lui préparait, afin de le réduire à l'impuissance en lui ravissant l'empire du désert, et de lui faire une guerre opiniâtre et continuelle en ruinant ses principaux établissements, pour l'amener à une reddition prochaine.

12

Page 240. — L'albinisme se rencontre à Alger.....

DE L'ALBINISME.

Albinisme (tératologie), anomalie qui consiste dans la décoloration plus ou moins complète de la peau, des cheveux, et en général de toutes les parties qui composent la surface extérieure du corps.

Les individus qui en sont affectés sont généralement connus sous le nom d'albinos. On a pendant longtemps appelés Bédos ceux de l'île de Ceylan, Dondos ceux d'Afrique, Chacrelas, Kacrelas ou Kaquerlaques, ceux de Java. Enfin, ils sont connus encore sous le nom de Blafards ou nègres blancs.

La coloration de la peau, des poils, des cornes, etc., dans les différentes espèces qui composent le règne animal, est due à une substance particulière à laquelle les anatomistes donnent le nom de pigment (*pigmentum*), préparée par des organes particuliers et étendue à la surface du corps, suivant les diverses nuances qui les distinguent, dans une sorte de réseau que l'on nomme réseau muqueux. Or, si les organes les plus importants peuvent manquer tout à fait dans certains individus, ou ne se présenter qu'imparfaitement conformés et comme étiolés, tandis que dans d'autres cas nous les rencontrons monstrueux par excès de développement, on conçoit que ceux-ci, qui, dans l'organisation, ne jouent qu'un rôle secondaire, doivent ou au moins puissent manquer totalement, ou présenter des altérations plus ou moins profondes, ou enfin pécher par surabondance, et c'est en effet ce qui se remarque souvent. Les deux premiers états constituent l'albinisme. Quant à l'excès de coloration, on le désigne sous le nom de mélanisme.

L'ALGÉRIE FRANÇAISE

ALBINOS PARFAITS ET IMPARFAITS.

Pendant longtemps, l'albinisme, considéré sous un faux point de vue, fixa peu les regards.

Les albinos humains, les seuls qui eussent paru mériter quelque attention, étaient presque sans exemple dans les pays où l'on s'occupait de science, et les voyageurs n'avaient donné sur ceux des contrées éloignées que des notions fausses. Trompés peut-être par les naturels, ou remplaçant, comme on ne l'a fait que trop souvent, par les fantaisies de leur imagination les renseignements précieux qu'ils avaient négligé de prendre, ils avaient représenté cette curieuse variété d'hommes comme formant des peuplades séparées dont ils avaient soin de détailler le caractère, les mœurs et les habitudes. Aussi Buffon lui-même n'a-t-il pu échapper à l'erreur dans son Traité de l'homme, quoiqu'il en eût vu plusieurs, et qu'il en ait même donné les descriptions les plus parfaites que possède la science.

C'est dans ses derniers ouvrages seulement (supplément IV) qu'il a formellement avancé que ce n'étaient que des nègres affectés d'un vice particulier d'organisation; au reste, cette vérité, il l'avait aperçue de bonne heure, car dans ce même Traité de l'homme (Histoire naturelle, tome 3), où il rapporte les fables les plus erronées, il est facile de s'apercevoir qu'il a moins exprimé son opinion personnelle que celle de son époque.

Voltaire en parle et les décrit dans plusieurs de ses ouvrages. Il en avait vu quelques-uns, mais il les avait moins bien observés; aussi les regarde-t-il comme formant une espèce intermédiaire entre la nôtre et celle des singes.

« Cet animal, dit-il, s'appelle homme parce qu'il a le don de la parole, de la mémoire, un peu de ce qu'on appelle raison et une espèce de visage...... Il ne me semble pas plus descendre d'une race noire dégénérée que d'une race de perroquets. »

Etudiés avec autant de dédain, les albinos devaient offrir peu d'intérêt; et c'est seulement dans les années qui viennent de s'écouler que plusieurs savants français et allemands, et surtout M. Isidore Geoffroy Saint-Hilaire (voyez son Histoire des anomalies, tome 1), ont appelé sur eux l'attention spéciale de la science par le grand nombre de faits qu'ils ont cités et par les conséquences importantes qu'ils en ont déduites par l'étude de l'organisation en général. M. Isidore Geoffroy range les albinos en trois genres : albinos complets, lorsqu'il y a absence totale de coloration sur toute la surface du corps; albinos partiels, lorsque certaines parties du corps sont dans l'état normal, le reste étant complétement décoloré; albinos imparfaits, lorsque la matière colorante a seulement éprouvé une diminution plus ou moins sensible, soit par tout le corps, soit dans quelques parties seulement, mais sans manquer entièrement dans aucune.

Les animaux sont aussi bien sujets à l'albinisme ; nous en dirons quelques mots après avoir parlé d'une manière plus étendue de cette affection chez l'homme.

ALBINISME CHEZ L'HOMME.

Albinisme complet. — Il est peu d'êtres dont l'extérieur soit autant de nature à frapper les regards que celui des albinos complets. Un teint chez tous blanc et fade comme celui du papier ou de la mousseline, sans la moindre nuance d'incarnat ou de rouge, quelquefois moucheté de petites taches lenticulaires grises, nul vestige de la coloration particulière aux races dont ils sortent; des cheveux fins et soyeux chez tous, laineux et crépus chez les nègres, longs et lisses chez les autres, le plus souvent d'un blanc de neige, tirant quelquefois sur le jaune ou légèrement colorés de roux; des sourcils qui ont l'apparence du coton ou du duvet le plus fin qui revêt la gorge des cygnes; des lèvres et des joues dont le sang a disparu et qui ne peuvent s'animer, d'après les observations de Buffon, que par l'action d'une chaleur violente ou les émotions les plus vives; des yeux de couleur étrange, souvent louches, toujours clignotants; des bras d'une longueur énorme, un corps et des membres mal proportionnés, tels sont les caractères extérieurs de l'albinisme complet chez l'homme. Toutefois, quant à l'ensemble général de leur conformation, ces individus conservent les caractères des races auxquelles ils appartiennent.

Étudiés de plus près, les albinos n'offrent pas de modifications moins remarquables; leurs yeux suffiraient seuls pour les distinguer des êtres qui les entourent : l'iris, ordinairement coloré, se présente ou presque incolore ou jaunâtre, quelquefois d'un gris pâle, mais le plus souvent d'un rouge transparent plus ou moins vif; la pupille elle-même, que l'on croirait devoir toujours être noire, puisqu'elle n'est que l'ouverture d'une cavité profonde remplie d'un liquide sans couleur, est souvent d'un rouge ardent ou de la couleur du feu; enfin la membrane, ordinairement noire, qui revêt l'intérieur de l'œil et qui est connue sous le nom de choroïde, est, comme tout le reste, entièrement privée de matière colorante. Ces anomalies, en apparence de peu d'importance, influent cependant d'une manière prodigieuse sur le naturel et les habitudes des infortunés qui en sont atteints. L'iris, devenu transparent d'opaque qu'il doit être, ne s'oppose plus à l'entrée des rayons lumineux inutiles qui viennent frapper la surface de l'œil, et cette surabondance de lumière l'éblouit et le blesse; les images des objets extérieurs sont moins nettes, et le moindre éclat devient insupportable. C'est pour remédier à ce défaut d'occlusion par l'iris qu'ils tiennent constamment leurs yeux à demi fermés, d'où ce clignotement qui achève de rendre leur aspect anomal et bizarre, habitude chez eux tellement constante, que les savants les mieux instruits ont cru pendant longtemps qu'elle était due à l'absence du muscle élévateur de la paupière supérieure. Aussi les albinos, toujours faibles et timides, ne jouissent-ils pleinement de leurs facultés que le soir, par un crépuscule doux, semblables à ces oiseaux aux grands yeux que toute leur force et leur énergie ne pourraient défendre des attaques des ennemis les plus faibles s'ils n'allaient demander aux ténèbres de les protéger jusqu'à l'heure où le reste de la nature sommeillera dans l'obscurité. Les chouettes et les hiboux doivent cette infirmité à l'ouverture trop grande de l'iris, les albinos la doivent à sa transparence plus ou moins complète.

Toutefois la faiblesse et la timidité des albinos ne doivent pas être attribuées seulement à l'état normal de l'organe de la vision. S'il est rare qu'un vice d'organisation se présente isolé, on sent qu'il en doit surtout être ainsi d'une anomalie qui résulte, comme celle-ci, de causes essentiellement débilitantes. Aussi les albinos sont-ils en général d'une constitution frêle et délicate, à quelque race qu'ils appartiennent; mal proportionnés pour la plupart, tristes et offrant avec exagération tous les caractères du tempérament lymphatique, ils ont pour l'ordinaire l'intelligence peu développée, quoique l'on puisse citer parmi eux des individus à facultés assez complètes, à reparties vives, et même un auteur distingué, Sachs, qui a écrit sa propre histoire et celle de sa sœur, albinos comme lui.

Les caractères de l'albinisme sont en général plus marqués chez les hommes que chez les femmes : les premiers sont plus blafards, leurs yeux sont plus faibles et plus ternes; ils manquent de barbe, et les poils sont rares sur le corps et les membres; ils vivent moins longtemps, et même on assure qu'ils sont en général incapables de perpétuer leur espèce. Au contraire, on a de fréquents exemples de femmes albinos qui ont donné le jour à des enfants plus ou moins nombreux. On avait même avancé que ces femmes donnaient avec les nègres des enfants pies, c'est-à-dire parsemés de taches noires et blanches; mais le contraire est complétement démontré maintenant, et ces hommes pies doivent être regardés comme des albinos partiellement affectés. Les femmes albinos peuvent donner avec les nègres des enfants albinos complets comme elles, ou des enfants pies, ou des enfants noirs comme leur père. Ce dernier cas est même assez commun pour que des auteurs n'aient parlé des autres que comme d'exceptions. On cite deux sœurs, mariées en même temps, et dont l'une donna le jour à un nègre, tandis que sa sœur mettait au monde un albinos parfait.

Ces faits sont d'ailleurs complétement en harmonie avec une loi générale établie par M. Isidore Geoffroy sur des faits nombreux et concluants. Cette loi consiste en ce que, autant le produit de deux espèces essentiellement différentes, c'est-à-dire présentant des différences d'organisation profondes et importantes, doit être fixe, constant et déterminé, comme le sont les métis des races blanches et nègres, autant le produit de deux individus qui, comme le nègre et l'albinos-nègre, ne sont que des variétés peu éloignées d'une même espèce, doit être variable et peu déterminé.

Les albinos naissent ordinairement de femmes très-fécondes, et il arrive souvent qu'une mère donne naissance à plusieurs individus affectés de cette anomalie[1], presque sans exemple dans les pays très-froids, rares encore dans les contrées froides et tempérées ; ils se montrent assez nombreux dans les contrées équatoriales pour que des voyageurs de bonne foi aient pu les regarder comme formant des peuplades à part : à Ceylan, à Java, dans l'intérieur de l'Afrique, à Madagascar, dans les contrées qui avoisinent l'isthme de Panama ; on en trouve aussi dans les îles de la mer du Sud. A des latitudes égales, ils sont moins rares chez les peuplades dont la couleur est plus foncée ; et ce fait est d'autant plus remarquable, que, tant chez l'homme que chez les animaux, les espèces normalement blanches sont d'autant plus communes que l'on se rapproche davantage des pôles, tandis qu'au contraire les couleurs tranchées et brillantes ne sont nulle part plus communes et plus remarquables que dans les pays chauds.

Presque partout les albinos ont partagé le sort des êtres faibles et disgrâciés de la nature, c'est-à-dire que presque partout ils se sont vus en butte au mépris et aux plus mauvais traitements ; car partout l'esprit humain est le même, n'accordant que le mépris et l'injure au faible qui réclame pitié et protection.

A Rome et Sparte, les lois condamnaient à mort tous les individus mal conformés : qu'attendre, après cela, des sauvages et des cannibales ? Cependant, au Mexique, les albinos étaient destinés à l'amusement des

---

[1] M. Isidore Geoffroy Saint-Hilaire remarque que les albinos naissent ordinairement de femmes fécondes, et qu'il arrive souvent qu'une mère donne naissance à plusieurs individus albinos. Je puis en citer un exemple : dans mon séjour dans les Basses-Pyrénées, à Saint-Jean-Pied-de-Port, j'ai connu une famille dont la mère avait donné le jour à une jolie fille brune, qui était l'aînée, et ensuite elle mit au monde un garçon qui était albinos parfait, et sa dernière fille était également affectée de cette anomalie. Ces deux albinos étaient d'un blanc fade tirant sur le papier blanc ou la mousseline, sans la moindre coloration, nuance d'incarnat ou de rouge ; les sourcils étaient comme du coton, et du duvet le plus fin, les cheveux d'un blanc mat tirant sur le lin, et les yeux rouges, ne voyant presque pas de jour et clignotant les yeux, comme l'observe M. Isidore Geoffroy Saint-Hilaire. D'après les mêmes observations du même auteur, les albinos, en général, dit-il, ne jouissent, pour l'ordinaire, que d'une intelligence peu développée ; mais cependant, parmi eux, il existe des individus à facultés : les deux albinos que j'ai connus à Saint-Jean-Pied-de-Port étaient dans ce dernier cas, tous deux étaient doués d'une intelligence toute particulière et avaient des reparties très-vives, et plus particulièrement le jeune garçon ; ce qui nous fait voir bien clairement que cette anomalie peut exister partout, et n'est point endémique à une contrée plutôt qu'à une autre, comme l'a fort bien observé M. Isidore Geoffroy Saint-Hilaire.

princes, comme jadis nos fous et nos nains. On affirme même que dans un royaume de l'Afrique ils sont le sujet de la vénération du peuple, qui les regarde comme ayant un commerce rapproché avec la Divinité. Étrange bizarrerie, sans doute! mais que de semblables contrastes ne trouve-t-on pas dans l'histoire de l'esprit humain?

L'albinisme complet, tel que nous venons de le décrire, est congénial; on n'a point d'exemple qu'il se soit produit après la naissance, quoique l'on conçoive fort bien qu'il pût être le résultat d'une maladie du pigment ou du réseau muqueux. Dans l'état actuel de la science, on doit le considérer comme résultant d'un développement interrompu dans le fœtus, ou, en termes scientifiques, d'un arrêt de développement.

Le fœtus, en effet, réunit jusqu'à une certaine époque tous les caractères de l'albinisme; la non-existence de la matière colorante et des organes qui la sécrètent est une des conditions de sa première existence, condition transitoire dans l'état normal, et qui chez les albinos est demeurée durable et constante.

L'absence de coloration n'est pas, d'ailleurs, la seule partie de l'organisation primitive qu'ils aient conservée; car on trouve sur plusieurs des restes du duvet qui recouvre le fœtus durant une grande partie du temps qu'il passe dans le sein de sa mère.

Quant aux causes de cet arrêt de développement, nous les ignorons, comme la plupart des causes premières. Parmi les auteurs qui ont voulu tout expliquer, plusieurs ont dit que l'albinisme des nègres était dû à la température élevée des climats où ils naissent : ce qui n'explique rien. D'autres ont supposé un commerce monstrueux avec les grands singes : explication absurde, puisqu'il n'existe point de singes dans les deux tiers des pays où naissent les albinos.

Enfin, comme dans presque tous les cas de naissances anomales, on a accusé l'imagination des mères : cause dont l'action n'est pas parfaitement connue, qui paraît d'ailleurs en contradiction avec un grand nombre de faits.

Albinisme partiel et albinisme imparfait. — L'albinisme est partiel lorsqu'une partie seulement de la surface du corps est affectée d'une décoloration complète; il est imparfait lorsque la matière colorante, sans être anéantie, est simplement diminuée.

Les hommes pies, dont nous avons déjà parlé, sont des albinos partiels, et, après ce que nous avons dit de l'albinisme complet, il ne nous reste que quelques détails à donner. Tantôt des taches blafardes plus ou moins nombreuses, plus ou moins rapprochées, couvrent le fond qui est formé par les couleurs normales, tantôt le contraire a lieu. Il peut arriver que les taches soient symétriques, car un individu observé par Buffon présentait, dans toute la partie supérieure du corps, une symétrie frappante.

Quelquefois l'on ne remarque qu'une seule tache plus ou moins étendue. Quant aux yeux et aux cheveux, leur couleur est régulière ou anomale, suivant qu'ils se trouvent compris dans des taches albines ou dans des parties de la peau normalement colorées. Il ne serait même pas impossible que les deux yeux présentassent des caractères opposés. Quand l'albinisme est imparfait, comme il est seulement dû à la présence d'un pigment moins abondant ou moins coloré, on conçoit combien les nuances par lesquelles il se sépare de l'état normal doivent être insensibles. Ici rien de tranché, et il n'est aucun de nous qui, s'il pouvait classer par ordre de couleur toutes les têtes qui ont frappé ses yeux, ne formât sans peine une série tellement suivie, que l'on arriverait, sans secousse aucune, du noir ou du brun le plus foncé au blanc blafard le plus pur.

Ces deux genres d'albinisme diffèrent de l'albinisme complet en ce qu'ils sont très-souvent produits d'une manière tout à fait accidentelle; car c'est un fait bien démontré que la décoloration plus ou moins complète des cheveux ou de la peau peut être l'effet presque instantané d'une émotion violente, d'une frayeur subite et prolongée, d'une douleur vive. Un noble Italien, condamné à mort par François de Gonzague, duc de Milan, obtint sa grâce le lendemain de sa condamnation, parce que ses cheveux étaient devenus, en très-peu d'heures, blancs comme la neige, phénomène qui parut un prodige. On affirme que la reine Marie-Antoinette, jetée dans un cachot infect après la mort de Louis XVI, y vit blanchir, dans l'espace d'une nuit, sa chevelure, dont la beauté était citée au temps de sa puissance. Un jeune officier, qui était en garnison au Cap-Français, fut saisi, après une nuit de débauche, d'un spasme violent et douloureux; ses membres, perclus et roidis, se refusaient à toute espèce de mouvement ou de flexion : le matin, on découvrit que tous ses cheveux du côté droit, auparavant d'un beau brun, étaient devenus blancs comme la neige. L'affection nerveuse céda bientôt à l'application de remèdes énergiques; mais rien ne put rendre aux poils blanchis la couleur qu'ils avaient perdue.

Presque toutes les causes débilitantes produisent lentement les mêmes effets : la décoloration des cheveux chez les vieillards en est une preuve; mais on en a vu, ce qui est plus rare, reprendre leur couleur primitive à un âge fort avancé et vivre, pour la plupart, fort longtemps. On cite, entre autres, un vieillard du comté de Belfort (Angleterre) qui, parfaitement blanc à quatre-vingts ans, redevint, en peu de temps, du plus beau brun foncé, couleur qu'il conserva jusqu'à sa mort, arrivée à cent ans. Un autre, à Vienne, vit, dans sa cent cinquième année, sa tête se recouvrir de cheveux noirs. Une Anglaise de quatre-vingt-quinze ans éprouva le même phénomène; dix ans plus tard, sa chevelure blanchit de nouveau, et cet événement ne précéda sa mort que de fort peu de temps.

13

Page 87. — Le gouvernement français.....

MORT DU CONTRE-AMIRAL COLLET. — ÉCHOUAGE DES TROIS CHALOUPES DES FRÉGATES L'IPHIGÉNIE ET LA DUCHESSE DE BERRY AU CAP DELLYS.

Depuis le retour de M. Deval en France, quelques conférences avaient eu lieu entre le dey et des négociateurs français, dans le but de faire cesser un état de choses si préjudiciable aux deux parties.

Ces négociations n'amenèrent aucune solution. On était arrivé au milieu de l'année 1829. M. Collet avait été promu au grade de contre-amiral; mais sa santé, épuisée par vingt mois d'une croisière très-pénible, le força à rentrer. Il revint à Toulon, où il mourut un mois après son retour.

M. le capitaine de vaisseau de la Bretonnière l'avait remplacé dans le commandement de la station.

Et M. Massieu de Clerval avait succédé à ce dernier.

Jusqu'à cette époque, notre marine n'avait éprouvé aucun de ces sinistres, si fréquents sur la côte d'Afrique, et qui, plus tard, causèrent à la France des pertes bien sensibles.

Le 17 juin 1829, six chaloupes des frégates l'*Iphigénie* et la *Duchesse de Berry*, armées en guerre, furent envoyées vers le cap Dellys pour s'emparer d'un corsaire algérien mouillé près de la côte. Trois de ces chaloupes accostèrent le navire et le sabordèrent en partie; mais les trois autres furent poussées à terre par la lame. La force du vent ne permit pas de les remettre à flot.

Les hommes qui les montaient, au nombre de quatre-vingts, se voyant perdus, saisirent leurs armes, décidés à vendre chèrement leur vie aux innombrables Bédouins qui s'étaient rassemblés sur le rivage. Le combat fut meurtrier : nos marins firent des prodiges de valeur, et se battirent en désespérés sous la direction des élèves de première classe Cassius et Barginac, qui déployèrent dans cette action beaucoup de courage et une grande énergie. Mais que pouvait une poignée de braves contre douze à quinze cents indigènes animés par la soif du sang et du pillage? Ils furent accablés par le nombre. Cependant la plus grande partie parvint à se sauver à la nage et fut recueillie par les trois autres embarcations.

MM. Cassius et Barginac, ainsi que vingt-deux matelots, furent impitoyablement massacrés! Le matelot Martin, de la *Duchesse de Berry*, fut seul conduit à Alger. Grièvement blessé à la tête, il ne dut la vie qu'à la bravoure et à la générosité d'un Arabe qui, l'ayant fait prisonnier, le défendit contre la férocité de ses compatriotes et le présenta au dey. Hussein-Pacha, pour récompenser cette bonne action et les rendre plus fréquentes à l'avenir, nous le disons à sa louange, fit donner une gratification de deux cents piastres à cet Arabe, tandis qu'il n'en accorda que cent pour chaque tête qui lui fut apportée. Quant à l'inaction dans laquelle restèrent les deux frégates et les trois chaloupes qui n'avaient pas été jetées à la côte, nous n'osons pas la blâmer. Il n'y a là qu'une question de tactique navale qui ne peut être jugée par un historien.

Ce désastre jeta quelques germes de découragement parmi les équipages des bâtiments croiseurs. Plus tard, nous avons vu le naufrage des bricks le *Silène* et l'*Aventure*, dont nous avons donné tous les détails, sans qu'il soit besoin d'y revenir.

D'un autre côté, le gouvernement désirait d'en finir avec le dey par une transaction, car le blocus devenait tous les jours plus onéreux à la France.

Les côtes d'Afrique, étant très-dangereuses l'hiver pour nos bâtiments en croisière, étaient très-pénibles et fatiguaient beaucoup nos marins. Il était donc urgent de prendre une détermination prompte et énergique.

Nous avons vu que M. de la Bretonnière fut envoyé à Alger avant les hostilités, pour faire connaître au dey l'ultimatum de la France; il refusa de faire droit à nos réclamations et commit, en outre, un nouvel outrage envers le bâtiment parlementaire en faisant tirer dessus. Tous arrangements dès lors étant devenus impossibles, la France se mit en mesure de faire partir une expédition contre Alger, comme elle en avait déjà arrêté le projet. Elle ne put avoir lieu en 1829, la saison étant déjà trop avancée.

Nous avons vu que ce n'est que l'année suivante, en 1830, que la France vint débarquer ses troupes devant Alger. L'armée navale et l'armée de terre, en cette occasion, ont accompli glorieusement leur tâche en détruisant ce repaire de pirates. (*De l'Algérie ancienne et moderne*, par Léon Galibert, chap. xi, page 259.)

DEUXIÈME PARTIE

1

Page 247. — M. Bondurand.....

Nous avons vu dans ce volume que M. l'intendant militaire Bondurand, intendant en chef du corps d'occupation en Afrique, était mort dans le courant de l'année 1835. Pour faire voir les regrets qu'a laissés sa mort dans la colonie, nous croyons qu'il est à propos de faire connaître ici le discours prononcé sur sa tombe par le médecin en chef de l'armée d'Afrique.

DISCOURS PRONONCÉ A ALGER PAR M. STÉPHANOPOLI, MÉDECIN EN CHEF DU CORPS D'OCCUPATION DES POSSESSIONS FRANÇAISES AU NORD DE L'AFRIQUE, LE 7 MARS 1835, A L'OCCASION DE LA MORT DE M. BONDURAND, INTENDANT MILITAIRE, COMMANDEUR DE LA LÉGION D'HONNEUR.

« De toutes les victimes que la mort a frappées dans ces possessions françaises au nord de l'Afrique, voici, messieurs, la plus illustre, la plus déplorable. Ah ! qu'il a été grand, qu'il a été universel, ce cri de douleur qui s'est élevé il y a huit jours à Alger, à la nouvelle de la maladie qui menaçait les jours de notre digne intendant militaire, M. le baron Bondurand ! Comment a-t-il succombé si rapidement à ses souffrances, cet homme infatigable, qui remplissait ses fonctions dans leurs détails si nombreux, si variés, avec une ardeur aussi constante, avec une aussi rare capacité ?

« Quel accident funeste, quel désordre organique imprévu a détruit une constitution physique naguère encore si pleine de vigueur, a enlevé à l'administration de la guerre une de ses plus anciennes illustrations, à l'armée d'Afrique un administrateur si éclairé, à nos soldats malades leur père, à notre hôpital militaire d'instruction son fondateur et son appui ?

« Cette perte, messieurs, retentira péniblement dans toute la France. Il est mort, cet homme de bien qui savait allier à une belle âme, à une bonté inaltérable, cet ascendant de supériorité intellectuelle, cette lucidité d'esprit, cette profondeur de vues qui distinguent une haute capacité administrative; il est mort, cet homme intègre qui a fait briller en Afrique, pendant quatre ans, ces talents heureux qui s'étaient montrés avec tant d'éclat à cette célèbre armée d'Aragon dont l'administration fait époque dans les fastes de l'intendance militaire.

« L'intendant Bondurand meurt victime de son zèle dans le rigoureux accomplissement de ses devoirs.

« Il meurt fidèle à cette loi du devoir que les hommes consciencieux s'imposent, sans consulter ni la portée d'un âge qui décline, ni la durée trop prolongée d'une application profonde qui peut épuiser la vitalité la plus énergique. Son âme, fortement trempée, a exigé de son corps des travaux que des forces humaines ne peuvent pas longuement soutenir.

« Nous avons tous admiré cette activité qui ne s'est jamais démentie; plus d'un d'entre nous a pressenti qu'elle pourrait lui devenir funeste.

« Travaillant tous les jours sans relâche, veillant souvent la plus grande partie de la nuit, dirigeant avec persévérance toutes les branches si compliquées de son administration, recevant tout le monde avec l'accueil le plus bienveillant, fatigué par les contrariétés sans cesse renaissantes que l'inconstance des éléments soulève dans les approvisionnements fournis par les transports maritimes, et contre laquelle l'avidité même des spéculateurs échoue, il a usé les ressorts d'une organisation jusqu'ici saine et robuste.

« Il joignait à une douceur constante de caractère une force de raison qui éloignait l'empire de toute passion capable de troubler sa tranquillité d'âme, d'altérer cette amabilité qui lui attirait l'affection générale.

« Vivant avec une frugalité rare, inspirant par ses talents, par son intégrité, la plus haute confiance au gouvernement, aux différents chefs militaires qui se sont succédé dans le commandement supérieur de ces possessions, et notamment au guerrier célèbre qui préside aujourd'hui à leurs destinées, et qui est inconsolable de la perte d'un homme qui facilitait ses succès par son habileté et son expérience, il aurait pu prolonger le cours d'une si belle vie s'il eût suivi les avertissements souvent répétés de donner quelques moments de relâche à tant d'occupations. L'homme qui avait soutenu les fatigues des campagnes de la République et de l'Empire aurait encore résisté à l'influence du climat d'Afrique, si des travaux constamment sédentaires pouvaient s'allier à tout âge avec l'intégrité des organes et la régularité des fonctions, si la conservation de la santé n'exigeait pas impérieusement les alternatives de fatigue et de repos.

« Ce sont ces travaux sédentaires suivis sans interruption qui ont amené la désorganisation d'un des viscères les plus importants de la vie, désorganisation que les lumières de l'art ont reconnue, et qu'on a constaté ensuite être parvenue à ce haut degré d'intensité contre lequel tous les secours sont impuissants.

« J'ai été à même, messieurs, par les relations que la nature de mes fonctions m'impose, d'apprécier les difficultés, la multiplicité des travaux de M. le baron Boudurand dans cette partie seule qui concerne les hôpitaux militaires. Qu'il me soit permis de signaler dans ce moment les actes nombreux de sollicitude toute paternelle envers nos soldats malades. Que de peine, que d'affection n'éprouvait-il pas en voyant, à une époque déterminée de l'année, leur nombre monter progressivement! Avec quel intérêt touchant il provoquait l'emploi de tous les moyens qui pouvaient atténuer la gravité des maux, borner leurs funestes résultats! Avec quel sentiment de justice il savait apprécier le mérite des services de ceux qui s'occupent sans cesse à soulager tant d'infortunes! Avec quel empressement il sollicitait des récompenses dues! Avec quelle joie il en annonçait l'obtention! J'ose attester, messieurs, que jamais sa prévoyance n'a été en défaut; il a constamment donné suite à toutes nos représentations concernant le bien de nos malades, l'amélioration possible de notre service. La moindre infraction, tout retard dans l'administration des secours prescrits aurait soulevé tout ce qu'il y avait de noble dans son âme, et la punition méritée n'aurait pas tardé.

« Si des calamités au-dessus de toute prévision ont nui, dans quelques parties de nos possessions, aux résultats satisfaisants que promettaient son activité et sa vigilance, plaignons les victimes que les suites inévitables des occupations forcées entraînent; plaignons l'administrateur supérieur qui ne peut improviser les établissements qui manquent, et que le temps et les fonds accordés peuvent seuls fonder; plaignons le dépositaire d'un pouvoir indécis qui lutte entre l'exigence impérieuse des économies et l'urgence des besoins que l'influence du climat et des localités multiplient sans cesse; mais plaignons encore plus les hommes que des jugements précipités ou des passions aveugles rendent injustes.

« Malheureux Boudurand! Dans cette dernière soirée si brillante où tu as vu accourir à ton hôtel tant de personnes distinguées et de cœurs reconnaissants, tu ne prévoyais pas que c'était pour la dernière fois que tu recevais ces hommages d'affection et de joie.

« Lorsque, il y a quinze jours, je t'ai annoncé la perte d'un de nos collaborateurs, et que tu déplorais avec moi la mort de dix officiers de santé que l'armée d'Afrique a perdus dans l'espace d'un an[1], tu ne prévoyais pas que la dernière heure allait sonner bientôt pour toi! Hélas! ce discours que tu avais préparé pour célébrer la troisième distribution solennelle des

---

[1] Depuis le décès du chirurgien principal Chevreau, arrivé le 24 février 1834, sont morts : MM. Desmichels, chirurgien-major; Marc et Sommelfogel, pharmaciens sous-aides à Oran; Fournier, chirurgien-major; Guyon-Varnier, chirurgien sous-aide à Bone; Brian, médecin-adjoint; Bianchedt, chirurgien sous-aide à Alger; Ancillon, chirurgien sous-aide à Mostaganem.

prix de notre hôpital militaire d'instruction, que tu as fondé, ne sera pas prononcé. Tu voulais, à cette occasion, rendre un hommage public au dévouement de collègues dans le traitement des nombreux malades pendant les épidémies qui ont régné à Alger, Bone, Bougie et Oran. Tu avais éprouvé la plus vive satisfaction en apprenant que notre illustre directeur de l'administration de la guerre, le comte Daure, avait signalé leur conduite dans cette dernière ville, pendant la durée du choléra, comme un modèle qu'il proposait aux élèves du Val-de-Grâce dans les circonstances difficiles.

« Il a fallu dire adieu à ces discours, à tes travaux; un adieu éternel aux soldats, aux malades dont les besoins t'occupaient sans cesse; un adieu à Alger, où toutes les classes de la population ont admiré tes vertus et reçu des marques de ta bienveillance; un adieu à cette belle France, où tes nombreux amis et parents vont être bientôt consternés par la nouvelle de ta fin prématurée; un adieu éternel à une femme adorée qui possédait toutes tes affections, à un fils chéri dont la prochaine arrivée dans cette ville allait combler tes vœux, à un fils que tu voulais former par ton exemple, après avoir orné son esprit de toute l'instruction qu'une éducation soignée peut fournir; un adieu à nous tous, qui, sous tes ordres, avons toujours trouvé justice, protection et encouragement! Mourir loin de sa patrie! mourir lorsque l'âge promet encore de longues années de jouissances et de bonheur! Quel sort cruel! Pleurons! pleurons, messieurs, sur cette triste destinée; l'éloge de ses vertus, de ses travaux, des qualités éminentes de son cœur: voilà la seule consolation qui peut adoucir l'amertume de nos douleurs.

« Ah! c'est dans ce moment, et en présence de ce concours immense de citoyens de toutes les classes, que l'homme de bien reçoit dans nos éloges et dans nos larmes les premiers fruits de cette récompense qui l'attend dans une vie meilleure.

« Non, tant de vertus ne vont pas s'engloutir dans ce tombeau, elles seront sans cesse présentes à l'esprit de ceux qui suivent une si belle carrière, elles vivront dans nos souvenirs, elles nous attacheront de plus en plus à cette terre où des dépouilles si chères vont reposer éternellement!!! »

2

Page 275. — Dans les premiers jours d'avril 182.....

ANECDOTE DE LA FEMME SCHMIT.

La femme Schmit, partie de Coblenz, vint retrouver à Alger un sergent du génie auquel elle était très-attachée et qu'elle avait pour amant. Cette femme toute passionnée n'a franchi la mer et entrepris ce long voyage que dans le but de se réunir à celui qu'elle aimait; mais, aussi industrieuse qu'amoureuse, elle était parvenue à monter un magasin de parfumerie, rue Bab-Azoun.

Un jour, elle apprend que la Maison-Carrée est cernée par les Bédouins, qui nous ont attaqués, et que les nôtres sont aux prises avec les Arabes. Elle savait que son sergent y était; elle tremble pour lui; et cette femme étonnante et courageuse prend la résolution de se rendre à la Maison-Carrée.

Elle monte à cheval, elle a soin de se munir de provisions de bouche et de rafraîchissements; elle se fait accompagner de deux nègres forts et vigoureux; mais, lorsqu'elle arrive à nos premiers postes, vers le camp de Koubah, on ne veut pas la laisser passer et on lui intime l'ordre de rebrousser chemin (sans doute pour l'empêcher de s'exposer). Elle fait tourner bride à son cheval et fait semblant de se résigner à ne pas poursuivre sa route; mais, toujours suivie de ses deux nègres, elle fait un détour, bien résolue à ne point abandonner son projet de se rendre à la Maison-Carrée, à quel prix que ce soit. Elle fait semblant, en effet, de retourner à Alger; mais, par ses deux conducteurs, elle se fait indiquer les détours de la route pour éviter nos avant-postes, et elle parvient ainsi à les dépasser et à s'acheminer vers le but de son voyage. Mais, avant d'arriver à sa destination, elle est rencontrée par un parti de Bédouins; elle ne se trouble point et n'est pas déconcertée à leur approche, et les Bédouins eux-mêmes sont étonnés du courage de cette femme extraordinaire, de son air imposant et martial.

Elle offre des rafraîchissements et des oranges aux Bédouins.

Ceux-ci, en échange, lui donnent du pain d'orge et des figues sèches. Après une petite pause, elle continue sa route avec ses conducteurs et arrive enfin à la Maison-Carrée, toute haletante et harassée de fatigue, mais saine et sauve; nos troupes tiraillaient avec l'ennemi, qui se trouvait à peu de distance de la Maison-Carrée.

La femme Schmit arrive et pénètre sans danger dans l'enceinte de ce poste, auprès de celui pour lequel elle avait tout quitté, franchi la distance, et bravé toute l'imminence des dangers auxquels elle s'était exposée dans cette circonstance, avec le dévouement et l'héroïsme qui n'appartiennent qu'à une femme aimante qui n'écoute que l'inspiration de son cœur.

3

Page 277. — Ces représailles ne suffirent pas.....

MOHAMMED BEN-ALY.

(Scènes africaines.)

Un appareil extraordinaire avait été déployé à Alger; toute la ville était en émoi; les tambours battaient aux champs, et des flots de peuple se resserraient en grondant sur la place Bab-Azoun. A travers le flux et le reflux de cette multitude houleuse, l'escorte de deux cheiks qu'on allait décapiter s'avançait lentement; elle pouvait à peine se trouver un passage; sa marche était heurtée, interrompue et presque étouffée. Pourtant elle arriva, et ce fut alors, comme un signal magique, un terrible et vaste silence... puis la foule déborda par toutes les issues. Les deux condamnés qu'on avait voulu voir mourir, les kaïds El-Arbi-Ben-Mouça et Meçaoud-Ben-Abdeloued, n'étaient plus que deux cadavres.

Tandis que les spectateurs du drame qui venait de finir encombraient encore la place du Gouvernement, en groupes agités et bruyants, une jeune et jolie femme montait à pas effrayés l'escalier sinueux d'une maison de la rue Lalahoum.

Arrivée à la galerie du premier étage, elle se jeta dans une chambre dont la porte était entr'ouverte, et se laissa tomber haletante sur un canapé.

Au bruit qu'elle avait fait en entrant, une autre jeune femme accourut, et, voyant sa sœur pâle et essoufflée :

— Je ferais le pari, dit-elle, que tu viens de l'exécution. Comment, Marceline, as-tu eu le courage d'assister à un pareil spectacle? Allons, ne tremble pas ; tu es avec une amie à présent... Voici de l'eau sucrée ; prends.

— Merci, Angéla.

— C'est bien, tu es plus calme ; mais sais-tu que tu m'as épouvantée? J'ai craint un moment qu'il ne te fût arrivé malheur ; heureusement il n'en est rien. Voyons, ta main dans la mienne, et dis-moi tout cela.

Marceline, dont l'agitation et la pâleur se dissipaient par degrés, mais qui se débattait encore sous une impression pénible, raconta en phrases entrecoupées la mort des deux Arabes qui avaient si longtemps, en se proclamant nos amis, organisé les brigandages et les assassinats de la Métidja.

— Je revenais, dit-elle, du faubourg Bab-Azoun, et quand je me trouvai près de la place, il me devint impossible d'aller plus avant, tant de curieux étaient accourus impatiemment avides d'une scène de sang! Je dus rester, Angéla, mais je frémissais ; j'entendais autour de moi des injures horribles contre les malheureux qui allaient mourir ; je voyais des Bédouins ensevelis sous leurs capuchons, inquiets, tremblants, et froissant entre leurs lèvres je ne sais quoi... des imprécations ou des prières. Un, entre autres, se trouvait derrière moi ; j'écoutais son souffle, il me touchait, et il me soutint même contre les coudoiements d'un empressé qui voulait le premier rang. Tout à coup, un surcroît de cris annonça l'arrivée des condamnés.

La foule s'entr'ouvrit avec peine ; on jurait, on trépignait, on se poussait, on se frappait, et tous ces mouvements me portèrent, de cahots en cahots, jusqu'au pied de l'estrade du supplice...

L'estrade, ce sont quelques planches sur des chevalets, en guise de tréteaux de foire.

Le même Bédouin dont je t'ai parlé était encore derrière moi, me couvrant, me protégeant peut-être. Je n'osais pas le regarder ; je tremblais, et je crois que j'allais défaillir. Cependant le cortége s'avançait d'un pas grave et solennel ; je m'armai de résolution, j'appelai à moi toute mon énergie, et je voulus regarder et voir... Ma bonne sœur! il m'a fallu bien du courage, car c'est bien terrible, une scène de mort!

Les deux condamnés marchaient au milieu d'une haie de soldats ; devant eux luisait en l'air le yatagan du bourreau ; à quelques pas derrière lui un marabout grommelait, et les regards de la foule les enveloppaient à les tuer, si des regards pouvaient tuer.

Meçaoud, celui qu'on nommait le kaïd de Boufarik, avait la tête penchée, ses dents s'entre-choquaient, sa peau se roulait en rides; il semblait demander grâce.

El-Arbi, lui, levait le front; il déployait pas à pas sa stature orgueilleuse; il dominait tout le monde, et sur tout le monde il promenait son œil superbe; il était beau, El-Arbi! au pied de l'échelle qui était debout appuyée contre l'estrade.

Les deux Bédouins s'arrêtèrent; un officier français lut à haute voix leur jugement. Ils ne comprirent pas. Un interprète leur répéta cette sentence dans leur langage, et ils se mirent à répondre tous les deux à la fois. Leurs paroles couraient brèves, âpres, déchirées : assurément c'était une dernière menace...

Le marabout, à leurs côtés, regardait le ciel; il hurlait : Allah! Allah! C'était sa prière des agonisants; et, au loin, s'étendait une stupeur qui faisait mal. Un moment après, le prêtre se retira; son ministère était fini...

J'ai vu, Angéla, j'ai vu le bourreau hacher sur son échafaud Meçaoud, dont les bras liés se tordaient; je l'ai vu saisir sa victime, se jeter sur elle pour la forcer à s'agenouiller, et j'ai vu le scintillement du fer passer devant mes yeux... J'étais brisée; je poussai un cri : le même Bédouin qui me touchait tout à l'heure me retint fortement comme pour m'empêcher de tomber... J'éprouvai une commotion, mon sang bourdonna. J'eus peur, mais je me dégageai violemment; je me roidis, et je vis devant moi encore le supplice qui continuait... El-Arbi montait seul sur l'échelle, sans valet pour l'accompagner, sans rien pour le soutenir. Cet homme était horriblement beau : sur l'échafaud, il se dressa de toute sa taille. Encore une fois, il contempla dédaigneusement la foule; on eût dit qu'il défiait la mort; puis, en murmurant un dernier mot, un adieu à sa famille peut-être, il s'agenouilla, baissa la tête... Mais je ne vis plus rien... A l'instant une rumeur grossissante s'éleva de tous côtés; ce fut un brouhaha immense : la multitude s'ébranla pour rentrer en ville. Je fus heurtée, poussée, et je me trouvai face à face avec le Bédouin, qui ne m'avait pas quittée... Comme l'éclair, un vertige me passa au cerveau; je fermai les yeux : j'avais le cauchemar... Cet homme, c'était El-Arbi; je crus que c'était lui... Il fixait sur moi le regard d'El-Arbi, et ce regard m'entrait dans la tête... L'épouvante me donna des forces; je me glissai dans un entre-bâillement de la foule, et aussitôt que j'eus atteint un chemin ouvert, je courus, je courus jusqu'ici, Angéla, et tu m'as vue arriver à moitié mourante.

Pendant ce récit, les deux jeunes sœurs avaient senti courir le même frisson; par une pensée semblable, elles se serraient l'une contre l'autre, et Marceline avait cessé de parler, qu'elles tremblaient encore ensemble, n'osant pas même tourner la tête, de crainte de rencontrer encore une apparition. Quand ce reste de frayeur fut passé, se débarrassant toutes deux d'un souvenir importun et revenant peu à peu à leur gaieté rieuse, elles s'entretinrent insoucieusement d'autres choses, et, assises côte à côte sur leur sofa français, elles prirent, l'une une broderie, l'autre une brochure. Le jour s'écoula ainsi pour elles, moitié à des émotions bouleversantes, moitié à ces grands riens dont l'importante futilité remplissait sérieusement leur vie de colifichets et d'étourderie.

Pour expliquer le séjour en Afrique des deux jeunes filles, quelques mots d'histoire sont nécessaires.

Après l'expédition d'Alger, et quand la conquête fut assise, plusieurs négociants européens, malheureux ou maladroits, dont la fortune tiraillée en tous sens était restée percée de trous, avaient rêvé le pays neuf comme un refuge assuré, et y étaient venus exercer leur génie de spéculation avec un bonheur presque sans concurrence.

Cette idée avait bien le mérite de la sagacité et de l'à-propos; mais, un peu plus tard, des maisons mieux connues s'étaient créé outre-mer des succursales, et les industriels premiers en date, luttant alors contre une rivalité redoutable, s'étaient résignés à des bénéfices chaque jour moins faciles et moins hardis.

Quelques-uns pourtant de ces marchands, qu'on avait vus arriver riches d'espérance et minces de pacotille, avaient su exploiter habilement une priorité fructueuse, et M. Rebillot était de ceux-là; aussi la fortune de M. Rebillot, d'abord respectueuse et craintive, se prélassait-elle à présent hautaine et dédaigneuse, et le nouveau riche, de seul qu'il était venu, trottant gratter aux portes, parcourait-il aujourd'hui les rues d'Alger, le jarret tendu, la taille en arrière, et, comme disent les marins, toutes voiles déployées.

Enthousiasmé de ses succès, le beau négociant se mit à chercher à vivre; son magasin fut confié à des protégés subalternes, et il n'accorda plus que de temps en temps aux grandes entreprises l'association de sa capacité commerciale. Pour compléter la vie d'intérieur qu'il voulait se faire, il appela à lui ses deux filles restées en France, et il les installa dans sa maison de la rue Lalahoum, leur donnant à goûter tout le bonheur d'une fortune fraîche épanouie.

Ce fut un beau jour pour Angéla et Marceline que celui où elles échangèrent une existence rétrécie contre les jouissances de la richesse; leur vanité en fut émue, mais elles se remirent bientôt de cette ivresse, et pendant que leur père s'évertuait à prendre à son usage tous les grands airs possibles, elles, avec plus de décence et d'instinct, se contentèrent d'être de jolies filles, donnant la mode et attendant des maris.

Angéla avait vingt ans, Marceline en avait vingt-deux ; mais, à part cette différence d'âge, les jolies sœurs étaient d'une ressemblance telle, que, pour tracer le portrait de toutes deux, il eût suffi d'en faire poser une. Elles avaient la même chevelure blonde et soyeuse, le même teint délicat et un peu pâle, le même sourire capricieux et mutin ; c'étaient une taille de gracieuseté pareille, et une voix qui vibrait avec une égale harmonie. A tout cela elles ajoutaient une toilette toujours semblable, et il fallait les connaitre bien pour éviter les plaisantes méprises dont elles avaient souvent à rire.

Leurs caractères, par exemple, offraient quelques contrastes : l'aînée avait plus de vivacité, la cadette était plus rêveuse ; mais ces légères dissemblances n'altéraient jamais leur amitié de sœurs. L'habitude d'être ensemble était devenue pour elles un plaisir et un besoin, et c'était la première fois peut-être, depuis leur arrivée à Alger, que Marceline était sortie seule, le jour de l'exécution d'El-Arbi.

Le temps, depuis lors, avait été pluvieux ; toutes les esplanades étaient veuves de leurs promeneurs, et les terrasses des maisons ne se montraient plus, au crépuscule, bariolées de juives et de Mauresques respirant le frais, et de curieux Français guettant si elles étaient jolies.

Angéla et Marceline n'étaient pas sorties ; leurs journées avaient été celles du boudoir et du salon, journées de gazes et d'épigrammes ; et le Bédouin qui les avait occupées si fort ne s'était pas présenté à leurs yeux.

Un jour, M. Rebillot, rentrant chez lui l'air empesé et mystérieux, appela ses filles et leur dit : « Je vous annonce une surprise, mes enfants ; devinez.... mais vous ne devinerez pas ; je suis certain pourtant de vous être agréable. Eh bien, pour ne pas vous tenir trop longtemps en suspens, je vais vous conduire à la mosquée, qu'on a transformée en église catholique ; ce doit être curieux, car tout le monde y court. »

Par docilité ou par plaisir, les enfants de M. Rebillot s'empressèrent d'accepter ; et, s'attachant aux bras de leur père, elles longèrent la rue Bab-el-Oued et la rue Juba, à travers une haie de regards qui semblaient dire : « Elles sont bien jolies, » et escortées de quelques compliments flatteurs que M. Rebillot humait de toute la largeur de ses narines.

Arrivées à la mosquée, ou plutôt au temple chrétien, elles parcoururent curieusement les décors inachevés, le mélange choquant de l'islamisme et du catholicisme, des peintures représentant des sujets de la Bible à côté de panneaux où étaient taillés en relief des versets entiers du Koran.

Tout à coup Marceline pâlit et se serra violemment contre son père : elle venait de voir le Bédouin terrible qui semblait s'acharner à traverser sa vie.... Angéla, inquiète, suivit la direction du regard de sa sœur, et elle aperçut debout, à quelques pas d'elle, un homme à la figure hâve et attristée qui promenait ses yeux de l'autel au Christ et du Christ à l'affluence des curieux. Le malheureux, peut-être, était venu dire un dernier adieu à son Mahomet, qui n'était plus là pour appeler la vengeance du prophète sur un sacrilége audacieux.

Les filles de M. Rebillot se hâtèrent de sortir; mais, dans leur précipitation, l'une oublia son mouchoir de batiste, l'autre laissa tomber un gant mauve. Le Bédouin ramassa ces deux objets, et sortit à son tour, en les enfermant avec soin dans un nœud qu'il fit au pan de son burnous.

— O mon Dieu! que j'ai encore eu peur aujourd'hui! dit Marceline à sa sœur, quand, assises toutes deux sur leur canapé, elles s'épanchèrent dans une causerie intime. Pourtant c'était de l'enfantillage, car il n'y avait rien à craindre de cet homme; mais, vois-tu, Angéla, c'est que tout de suite j'ai songé à El-Arbi, au bourreau, et toute l'horrible tragédie de la place Bab-Azoun s'est déroulée devant moi.

— Tu es, en effet, bien peureuse, Marceline. Les Bédouins qui viennent en ville ne sont pas de ceux dont il faille redouter quelque chose; ils sont nos amis; et puis, celui de l'église ne rêvait assurément pas des assassinats. Mon Dieu! comme il avait l'air affligé!

— Vraiment, j'ai eu pitié de lui.

— Quand il nous a regardées, j'ai cru qu'il me reconnaissait.

— Enfant! Il ne pensait pas à nous, va; son cœur pleurait plutôt sur la perte de sa mosquée: on le voyait de reste à son visage chargé de tristesse. Mais tu t'es tant effrayée, que, pour te suivre plus vite, j'ai perdu mon mouchoir.

— Et moi mon gant.

— Néanmoins, reprit Angéla, après une pause de silence pendant laquelle elle avait semblé ramasser une nouvelle idée, cet Arabe est un bel homme, Marceline, et doit être riche, car il ne ressemble en rien à ces Bédouins qui pullulent aux coins des rues, se collant aux murailles pour dévorer avec une faim sauvage des figues ou des jujubes. Tu sais que, bien souvent, en passant sur la place, nous avons eu dégoût à rencontrer des haillons accroupis qui enveloppaient des hommes, haillons immobiles d'où sortaient des yeux verts et de longues pipes. Notre Arabe, au contraire, est vêtu avec propreté, son burnous est d'une jolie blancheur, et on croirait qu'il a du goût dans la pose de son turban de cordes. Lorsque la petite Sara viendra, je lui dirai de savoir ce qu'il en est et de nous l'apprendre.

L'entretien des deux Françaises en resta là, parce qu'elles eurent à recevoir, en l'absence de M. Rebillot, la visite d'un négociant, son confrère. Mais, pendant qu'elles faisaient avec un peu de contrariété les honneurs de leur salon, le Bédouin au sujet duquel elles avaient échangé une confidence était venu jusque sur le seuil de leur maison, désireux peut-être d'y pénétrer, et, après quelques minutes de halte et de réflexion, il s'en était allé au café maure du coin de la rue Doria. Là, accroupi sur la natte où d'autres indigènes aspiraient méthodiquement les épaisses bouffées de leurs pipes, il rêvait; et vraiment il était beau, cet homme. Son teint, qu'avaient bruni les flammes du soleil, respirait la fierté; il avait le front haut et le regard énergique; sa barbe noire descendait en rouleaux sur sa large poitrine, et tout en lui révélait la puissance de la force et de la pensée.

Après une rêverie qui fut longue, et pendant laquelle on eût pu suivre sur son visage les traces de toutes les émotions : la colère, dans des froncements de sourcil; l'amertume et le découragement, dans la tristesse d'un sourire; puis le courage et la résolution, dans un éclair qui traversait ses yeux, il se leva et sembla secouer un songe. Les Bédouins, qui avaient jusque-là respecté sa préoccupation, lui adressèrent alors des questions timides; sa réponse fut brève et sèche; on fit silence, et il partit. Aussitôt qu'on le sut éloigné, il y eut glapissement et confusion de voix dans le café : chacun disait à son voisin que Mohammed-Ben-Aly était un orgueilleux.

En ce moment les derviches, du haut de leurs minarets, se mirent à hurler la prière du soir. C'était l'heure où le soleil allait disparaître derrière la montagne, et le jour, s'attiédissant, appelait à l'air tous les habitants d'Alger, que la chaleur du jour avait tenus emprisonnés. Sur la place du Gouvernement, de nombreux promeneurs, foulant un sable fraîchement arrosé, passaient et repassaient devant deux ou trois lignes de chaises où des femmes de France éparpillaient gracieusement leurs minauderies. Il y a, en effet, de la volupté, quand vient le crépuscule, à humer ces bouffées de brise que la mer vous envoie suaves et ravissantes. Aussi de toutes parts voyait-on arriver tout ce qu'Alger renfermait de coquetterie et d'humeur flâneuse. La famille Rebillot se promenait aussi, et de fréquents mouvements d'admiration accueillaient les jeunes sœurs au passage.

Quelques amis d'affaires du négociant venaient à l'envi les assaillir de leurs galanteries. Un, entre autres, proposa une promenade en mer. Ce plaisir était trop engageant pour qu'on ne se hâtât pas de l'accepter, et on se mit en marche du côté du Môle.

Le port se balançait gravement sous sa forêt de pavillons, et çà et là, amarrées au rivage, de sveltes nacelles attendaient qu'on les laissât prendre sur l'eau leur course aventureuse.

Celle que choisit M. Rebillot était montée par un petit Bédouin dont la jeunesse ne lui parut pas une garantie de vigueur suffisante. L'industriel faisait cette réflexion tout bas, quand un Arabe de haute taille se jeta au gouvernail, largua la voile blanche, et, d'un coup de rames nerveux, lança l'embarcation. Ce mouvement avait été si vif, qu'Angèla et Marceline poussèrent un léger cri; mais la barque glissa avec tant d'agilité, qu'elles s'amusèrent elles-mêmes de cette poltronnerie; et lorsqu'elles reconnurent que leur conducteur était le Bédouin de l'église, les regardant tour à tour avec une discrète joie, ni l'une ni l'autre ne se sentit le moindre serrement de peur.

La nacelle, habilement dirigée, eut bientôt dépassé la grande rade, et elle se trouva en pleine mer, à hauteur du cap Matifoux ; les jeunes filles ne s'en aperçurent même pas ; leur conversation était vive, joyeuse, sautillante. M. Rebillot et son confrère s'entretenaient d'indigo et de cochenille, et l'Arabe Mohammed restait silencieusement en contemplation devant un bonheur nouveau pour lui.

Cependant l'heure avançait, et la barque filait toujours ; déjà les bruits de terre se perdaient dans le lointain, et l'on n'entendait plus que le murmure des vagues et le bruit monotone des rames qui tombaient en cadence. Marceline demanda doucement au pilote de virer de bord, et la nacelle aussitôt tourna sur elle-même comme par enchantement. Alger n'apparaissait que comme un point blanc dans l'espace ; mais, à mesure qu'on avançait, la côte s'apercevait plus distincte. Enfin on vit la cité d'Hussein s'agrandir de minute en minute et se dessiner nettement en amphithéâtre sur un fond bleu. A parcourir de la mer, ces maisons sont blanches et superposées ; l'œil, qui court d'une terrasse à l'autre, semble monter d'étage en étage jusqu'à la Kasbah, monument épais et hardi qui forme la crête de la ville. Alors on embrasse l'ensemble, et l'on admire, ainsi qu'un tableau fantastique, Alger, qui grimpe sur un coteau, touchant du pied la Méditerranée et portant haut la majesté de son faîte ; puis l'ombre descend peu à peu, et la ville, s'enveloppant de sa brume, disparaît pour laisser jaillir dans la nuit qui se déploie des milliers de feux dont le phare est comme la sentinelle avancée.

Rentrée dans le port, la barque coureuse se ralentit à regret, et elle glissa un peu tristement à travers les bâtiments à l'ancre. Quand elle fut sur le point d'aborder, le canot d'un Maltais vint maladroitement heurter sa proue et lui imprimer un mouvement de recul. D'un bond rapide, Mohammed s'élança sur le malencontreux batelier, et, le saisissant à la ceinture, il le jeta sur le rivage, au risque de le briser ; puis il amarra froidement sa nacelle et la maintint du bras dans un état d'immobilité.

M. Rebillot et son confrère tendirent la main aux jeunes filles pour protéger leur sortie de l'embarcation, et au moment où Marceline sauta sur la jetée, le bas de sa robe effleura le visage du Bédouin, qui y imprima un baiser convulsif.

Angéla entendit ce baiser et ne fit qu'en sourire ; cependant elle en parla à sa sœur, et lui dit avec une gravité comique : « Je suis certaine, ma sœur, que l'Arabe est amoureux de toi, et je te félicite bien sincèrement d'une si glorieuse conquête.

« Comment donc ! Apprivoiser un Bédouin, en faire un Lovelace ! mais cela mérite qu'on t'admire, car il ne tiendra plus qu'à toi d'être appelée madame Bédouine. » Les deux espiègles brodèrent à l'envi sur ce texte une infinité de plaisanteries, et, dans les accès de leur gaieté folle, elles arrangèrent un joli récit pour la première soirée que donnerait leur père.

Décidément Mohammed n'est plus effrayant.

Et il était vrai, en effet, que le Bédouin avait au cœur le ridicule ou la sublimité d'un amour violent. Tous les jours, il allait attendre, dans une embrasure du mur, le passage des jeunes Françaises; mais que pouvait-il vouloir, sinon regarder Marceline? Entre elle et lui, il y avait un monde, et, certes, il ne lui serait pas possible de l'acheter comme il ferait des femmes de sa tribu : il savait tout cela; mais il vivait de la voir, et son existence se nourrissait de sa passion.

Marceline, de son côté, jouait avec la pensée du Bédouin, quand cette pensée lui venait. La première fois qu'elle le rencontra après la promenade en mer, Mohammed fut près de défaillir aux secousses de ses artères, et, sans pitié comme sans décence, la jeune fille lui adressa l'éclat de rire le plus railleur qu'eût inventé jamais insensibilité de femme. Le malheureux s'enfonça les ongles dans la poitrine, et des gouttes de sang ruisselèrent jusque sur ses jambes tremblantes.

Six mois passèrent sur les souffrances de l'Arabe sans pouvoir les calmer; bien qu'il comprît tout ce qu'il y avait eu de méprisant et de dur dans l'éclat de rire de Marceline, toujours il était là, épiant son passage et frissonnant de la voir; mais Angéla et sa sœur ne songeaient même pas à lui : le malheur avait passé chez elles, et leur gaieté d'autrefois, si pleine et si vraie, ne reparaissait plus que comme un souvenir. Pauvres enfants, qui s'étaient attachées à l'espoir d'un bien-être éternel ! elles allaient se séparer de leur bonheur qu'elles commençaient à peine; comme la salle du bal qu'on dépare après une nuit de magie, leur vie se déparait de tous ses rêves, et leurs illusions s'effeuillaient une à une. De malheureuses spéculations et une banqueroute venaient de ruiner M. Rebillot : née d'un hasard, sa fortune mourait à un nouveau hasard, et avec elle se délabraient deux avenirs. Vainement le négociant chercha-t-il à ressaisir son crédit, vainement se résigna-t-il à solliciter l'aide de quelques personnes qu'il avait naguère fastueusement obligées; il eut le sort de tous les malheureux : on le plaignit d'abord, puis on ne le reçut pas, et il resta seul avec de misérables lambeaux d'opulence.

Dans son malheur, il lui devint urgent de prendre un parti à l'égard de ses filles. Sa maison de la rue Lalahoum allait être vendue, et il ne pouvait pas, à Alger surtout, les laisser chaque jour à la merci du lendemain; elles-mêmes lui demandèrent de les laisser retourner en France pour y recommencer leur vie d'autrefois, au gain chétif d'un pénible travail. Leur départ fut décidé, et elles eurent le courage de cacher à leur père les pleurs amers qu'elles avaient hâte de verser.

Quand elles arrivèrent à bord du brick qui devait les transporter à Toulon, chacun des matelots déjà était à son poste pour l'appareillage ; le vent fraîchissait ; l'ancre fut levée, et le navire commença majestueusement son sillon d'écume.

Angéla et Marceline se penchèrent sur le bastingage, et adressèrent un dernier adieu à Alger, où restait leur père, et à leurs rêves de bonheur qui s'y étaient envolés en fumée.

En face d'elles, debout sur un des rochers de la côte, un Bédouin, qu'elles étaient bien loin de se rappeler, regardait fuir avec angoisse le bâtiment qui les emmenait ; de grosses larmes roulaient sur sa longue barbe, et sa main serrait, en se contractant, le manche d'un poignard. A mesure qu'il voyait le brick s'enfoncer dans le lointain, sa douleur se taisait à l'approche du désespoir ; lorsqu'il n'aperçut plus rien à l'horizon, le malheureux jeta en l'air un cri poignant, et les flots, s'entr'ouvrant sous lui, roulèrent à leur surface de larges taches de sang...

La traversée fut heureuse pour les filles de M. Rebillot : les vents d'est, que redoutent les marins dans la Méditerranée, ne soufflèrent pas un instant, et le brick fila avec un léger roulis. Quand, au débarcadère, on sortit de la cale les malles des passagers, on remit aux deux sœurs une boîte portant leurs noms écrits par une autre main que la leur ; la forme de cette boîte était si grossière et le poids en même temps en était si lourd, qu'elles eurent la curiosité de la faire ouvrir sur-le-champ... Elle renfermait un mouchoir de batiste, un gant mauve et plusieurs milliers de pièces d'or.

CHARLES SELLA.
(*Revue du dix-neuvième siècle.*)

4

Page 283. — M. de Bussy mit aussi beaucoup de zèle à propager la cochenille.....

NOTICE SUR L'ÉDUCATION DE LA COCHENILLE A ALGER.

Nous avons promis de relater ce qui concerne l'éducation de la cochenille, et les essais faits, au Jardin du Dey, sous M. Genty de Bussy, ex-intendant civil.

Le nopal, espèce de cactus sans épines, sur lequel vient la cochenille, se trouve en abondance dans les environs d'Alger. M. Genty de Bussy, frappé de cette circonstance, et pensant que, là où cet arbuste croît sans culture, l'insecte pouvait être élevé avec succès, offrit au gouvernement d'essayer l'éducation de la cochenille et d'y élever l'insecte dans un but utile.

Nous donnons ici textuellement son rapport :

« J'ai choisi, avec l'autorisation du gouvernement, à deux expositions différentes, l'une à l'est et l'autre à l'ouest, deux terrains destinés à recevoir des plantations de cet arbuste.

« M. Loze, chirurgien entretenu de la marine royale, qui a publié, dans les *Annales maritimes*, des détails fort curieux sur la cochenille, et qui a fait de son éducation l'objet d'une étude particulière, a été spécialement chargé de diriger les établissements. Bien que commencés dans la saison la plus favorable, les essais de la cochenille, qu'il avait été chercher à Cadix, ont traversé l'hiver, et l'insecte en est sorti victorieux.

« Né en Afrique et sur des cactus du pays, il a parcouru toutes les périodes de son existence, qui est de quatre mois, sans avoir éprouvé la moindre altération, ni dans sa forme, ni dans sa grosseur, et il est aujourd'hui semblable en tout à celui qu'on élève en Espagne.

« Pour être plus sûr du résultat que nous cherchions, les plantations de cactus ont été divisées en deux parties : la première, abandonnée aux injures du temps, aux vents, à la pluie; la seconde ou la réserve, placée dans des caisses et sous des hangars fermés. De part et d'autre, les cochenilles ont également réussi. Plus précoces même que celles de la réserve, les autres ont acquis un volume plus considérable, circonstance qui prouve que l'air extérieur leur donne à la fois plus de vigueur, plus de principe colorant, une quantité supérieure enfin.

« Toutes les pontes se sont parfaitement décidées, et, à la fin de cette année (1834), tous les cactus ont été garnis.

« Indépendamment de celles que nous avons laissées sur les arbres pour les en peupler de nouveau, on a eu, en août et en novembre 1834, une récolte de quarante à cinquante kilogrammes de cochenilles mères vivantes. En portant le kilogramme à quatre-vingts francs seulement (et c'est le moins), il est facile de reconnaître que nous aurons là un produit qui, plus tard, couvrira largement nos dépenses. »

L'acclimatement de la cochenille en Afrique est un problème non à résoudre, mais résolu.

5

Page 291. — M. de Lamoricière vit néanmoins assez bien le pays.....

OBSERVATIONS SUR L'OCCUPATION DE BOUGIE.

D'après l'opinion de M. le capitaine Pélissier, officier d'état-major, l'occupation de Bougie ne pouvait, au reste, nous être d'aucune utilité. Entouré d'une zone de montagnes d'un très-difficile accès qui l'isolent complétement, ce point est sans importance pour les opérations militaires que nous pourrions tenter dans l'intérieur de la régence. Il suffit de jeter les yeux sur la carte du pays pour être convaincu que, dans aucun cas, il ne pourrait servir de base d'opérations, soit principale, soit secondaire, autrement que pour agir sur le pays des Kabaïles eux-mêmes; or je ne vois pas de quel profit nous serait la conquête de cette pauvre et libre contrée, qui, du reste, serait trop difficile. On a dit qu'en occupant les Kabaïles à Bougie, on les empêchera de tomber sur nos établissements d'Alger. Ce raisonnement est faux de tous points : les Kabaïles des environs de Bougie ne songent et n'ont jamais songé à aller chercher des ennemis si loin; ils se contentent d'être libres chez eux, et s'occupent fort peu des autres. Ensuite, n'est-ce pas une chose singulière de faire bloquer quatre mille hommes à Bougie pour ne pas l'être à Alger[1]?

Bloqué pour bloqué, autant l'être sur un point que sur un autre. Mais nous n'avons pas cela à craindre à Alger, et quand même les Kabaïles devraient venir nous inquiéter les hommes que Bougie absorbe seraient mieux employés à la défense directe et réelle du centre de nos établissements qu'à une diversion imaginaire. Avec ce renfort, nous aurions pu occuper des points qui nous auraient rendus maîtres absolus de la province d'Alger et peut-être de celle de Titery.

Nous ne devions chercher qu'à nous faire des alliés des Kabaïles, en établissant entre eux et nous de bonnes et loyales relations de commerce avantageuses à tous, et ne pas les inquiéter par un établissement militaire menaçant pour leur indépendance.

[1] Ces lignes ont été écrites par M. Pélissier au moment où nous ne pensions pas à étendre notre occupation; mais maintenant que nous avons souvent à faire la guerre à la Kabylie, il est donc bon que nous occupions cette place pour pouvoir maintenir les Kabaïles et les empêcher de se ruer sur les autres places que nous occupons maintenant, surtout dans la province de Constantine.

Maintenant que nous avons fait la sottise, l'abandon de Bougie, lorsqu'elle n'était alors que fort peu utile, n'eût peut-être pas été sans de graves inconvénients. Je ne parle pas de la crainte chimérique de voir cette ville occupée par les Anglais, qui, ayant déjà hors de leur territoire plus de points que le mauvais état de leurs finances ne leur permettra bientôt d'en conserver, sont loin, je crois, de convoiter cette ingrate position ; mais il est possible que l'évacuation de Bougie, que le gouvernement avait eu une fois l'intention de mettre à exécution, aurait alors produit sur les indigènes un effet très-fâcheux, car ils ne manqueraient pas de l'attribuer à la persévérance avec laquelle les Kabaïles nous ont tenus bloqués dès le principe de l'occupation de cette ville, et enfin de l'attribuer à la ténacité avec laquelle ils nous ont livré plusieurs combats opiniâtres.

6

Page 514. — La population presque entière l'accompagna jusqu'au port......

DÉPART TRIOMPHAL DU GÉNÉRAL VOIROL EN QUITTANT ALGER.

Pour voir les témoignages de reconnaissance et d'enthousiasme que les colons d'Alger témoignèrent au départ du général Voirol, et qui fut un véritable triomphe, il faut nous reporter au *Moniteur algérien* de cette époque (année 1834), dont voici les détails :

« M. le général Voirol, après avoir été chargé, pendant près de deux ans, du commandement en chef par intérim des possessions françaises dans le nord de l'Afrique, a quitté Alger le 13 du courant. Son départ a été l'occasion d'une véritable ovation, aussi honorable pour ceux qui la décernaient que pour celui qui en était l'objet.

« La population entière de la ville y a pris part, et l'on peut dire que la retraite d'un homme public fut bien rarement entourée d'hommages aussi unanimes et de témoignages aussi éclatants de la reconnaissance publique.

« Le général possédait (qu'il nous soit permis de le dire hautement maintenant qu'il n'est plus parmi nous) toutes les qualités qui distinguent l'homme sage et intègre. Esprit éclairé, juste et bienveillant, caractère conciliant et affable, il s'était acquis au plus haut degré l'estime de tous les habitants, sans distinction.

« Dès la veille de son départ, tout ce que la ville renferme d'hommes honorables se pressait dans son hôtel. Le lendemain, dès neuf heures du matin, une population immense affluait dans les rues qui l'environnent.

Les habitants européens lui offrirent l'hommage d'une médaille d'or, sur laquelle on lisait : *Au général Voirol, la colonie reconnaissante*. Et, pour la première fois depuis qu'Alger est sous la domination française, on vit les indigènes s'associer à nos regrets : les Maures les plus notables, au nombre de plus de deux cents, le mufti et le cadi à leur tête, lui offrirent un yatagan d'un travail aussi riche que précieux, et les chefs des tribus de la plaine, suivis d'une foule d'Arabes, lui présentèrent un magnifique fusil de leur fabrique; les Israélites, les Mozabites, s'étaient unis à cette foule empressée, qui s'élevait, d'après les calculs les plus modérés, à plus de deux mille personnes.

« M. Urtis, avocat, chargé de l'honorable mission de présenter la médaille d'or décernée par la population européenne et d'être l'interprète de ses sentiments, adressa au général les paroles suivantes :

« Général,

« Veuillez agréer ce gage de notre gratitude : *Au général Voirol, la co-
« lonie reconnaissante!*... Ce sentiment était déjà écrit dans nos cœurs
« avant d'être gravé sur une médaille.
« Général, vous emportez avec vous nos regrets. Ce témoignage d'atta-
« chement, nous pouvons hautement l'exprimer, car il ne s'y mêle aucune
« pensée qui vienne en altérer la pureté et dont personne puisse s'offenser.
« Le digne et honorable chef qui vous remplace[1] ne saurait voir qu'avec
« plaisir que nous possédons cette mémoire du cœur qui conserve le sou-
« venir des bienfaits; elle est d'un heureux augure pour les gouvernants
« comme pour les gouvernés. Général, ce concours de toutes les classes de
« la population atteste à quel point vous êtes chéri. La flatterie n'entre pour
« rien dans les hommages adressés à ceux qui s'en vont. Conservez pour
« le pays cette affection dont vous donnâtes tant de preuves. Permettez-
« nous cet espoir; il peut seul adoucir l'amertume de notre séparation. »

« C'est en vain que nous voudrions recueillir dans nos récents souvenirs des images fidèles pour dépeindre les sensations dont nous fûmes témoins dans ce pénible moment.

« Ce n'est que dans leur cœur que les spectateurs de cette scène touchante pourraient trouver des couleurs pour peindre le tableau de ces douloureux adieux.

« L'émotion du général était au comble; il resta près de dix minutes sans pouvoir proférer une parole. Enfin, il s'exprima en ces termes :

« J'accepte avec reconnaissance et, je puis le dire, avec bonheur cette
« médaille. Si mon commandement en Afrique a produit quelque bien,

---

[1] Après le départ du général Voirol, ce dernier fut remplacé par M. Drouet, comte d'Erlon, nommé gouverneur général, qui arriva à Alger le 28 septembre 1834.

« si j'ai été assez heureux pour mériter votre estime et votre confiance, je
« ne pouvais ambitionner une récompense qui fût à la fois plus flatteuse et
« plus honorable.

« Cet hommage sera le plus beau souvenir de ma vie; je le léguerai à
« mes enfants comme un héritage glorieux.

« Il m'attache à vous et aux intérêts de la colonie, comme la décoration
« obtenue sur le champ de bataille me lie à la patrie et à l'honneur. Le
« regret que j'éprouve en quittant Alger est adouci par la pensée que l'ad-
« ministration à laquelle les destinées de la colonie sont confiées est com-
« posée d'hommes intègres, éclairés et habiles, et que, sous leur impul-
« sion, elle ne peut manquer de prospérer. Déjà, d'après les ordres de
« M. le gouverneur général, les obstacles qui gênaient nos communica-
« tions entre Douéra et Boufarik sont aplanies; une route a été ouverte à
« travers des marais et nous conduit en ligne droite à Blidah.

« L'armée, dont vous avez si souvent été à même d'apprécier le dévoue-
« ment et l'ardeur, vient de donner dans cette circonstance une nouvelle
« preuve de son admirable discipline.

« Rien désormais ne s'opposera plus à l'occupation de Blidah, et ce pas
« important vers l'Atlas donnera à la colonisation un essor et des résultats
« qui lui manquaient et couronnera ainsi votre persévérance et vos efforts.
« Ces résultats ne seront jamais aussi complets que mon affection pour
« vous et l'intérêt que je porte à la colonie les désirent. »

« Chacun avait remarqué avec une vive satisfaction le sentiment délicat
et de parfaite convenance qui avait dicté les paroles de M. Urtis et la réponse de M. le général Voirol, lorsqu'ils avaient si heureusement associé
nos regrets à un avenir si rempli d'espérances.

« Le gouverneur général, juste appréciateur des hautes qualités qui distinguent le général, s'était lié à lui par cette conformité de vues et de généreuses pensées qui unissent toujours des hommes de mérite dignes de
s'apprécier. Jaloux de lui donner ce témoignage de ces sentiments, il se
transporta avec son état-major à la Marine pour y recevoir le général et
l'accompagner jusqu'au lieu de l'embarquement.

« Le cortége se mit en marche : M. le général Rapatel, commandant les
troupes; M. Lepasquier, intendant civil; M. Laurence, procureur général;
M. le contre-amiral de la Bretonnière, M. le baron Bondurand, M. Blondel,
et tous les autres fonctionnaires publics, s'étaient rendus près du général Voirol. C'était un spectacle digne de méditation que celui de cette
foule accompagnant son ancien chef de ses vœux et de ses regrets. La so-
lennité de cet hommage public est la plus noble réponse à ces esprits cha-
grins, malheure . Détracteurs de cette population éclairée, intelligente et
si pleine d'avenir, sur laquelle reposent les destinées de notre belle colonie.

« Au moment de l'embarquement, la rade se couvrit de barques, de canots remplis des nombreux amis du général, qui venaient l'accompagner jusqu'à son bord.

« Une foule immense couvrait le Môle, et, lorsque le navire, après avoir relevé ses ancres, passa devant les spectateurs, les chapeaux et les mouchoirs des dames, agités en l'air, portèrent au digne général les derniers adieux d'une population reconnaissante.

« On lira sans doute avec intérêt l'adresse présentée par Ben-Zecry, chef des Aribs, à la tête de la députation arabe. En voici la traduction littérale :

« Gloire à Dieu et notre prophète Mahomet !
« Que le Très-Haut vous accorde sa miséricorde et ses bénédictions.
« Qu'il vous accorde la santé et le bien-être. Vous allez partir, et tous les
« habitants de la régence vous pleurent.
« Ils regrettent le protecteur bienfaisant dont la conduite et les bons
« procédés décèlent la noble origine.
« Dans votre éloignement, veuillez ne pas nous oublier.
« Donnez-nous de vos nouvelles ; elles serviront à graver plus profon-
« dément dans nos cœurs le souvenir de vos bienfaits.
« Ce sera aussi un soulagement pour nous de savoir que notre père (car
« nous vous considérons comme tel) pense à nous. Votre absence nous en
« paraîtra moins amère et sera plus facile à supporter.
« Si, pour éviter cette triste séparation, il nous était possible de partir
« tous avec vous et d'aller offrir nos cœurs au roi que vous servez, nous le
« ferions. Soyez notre protecteur auprès de votre souverain, qui est aussi
« le nôtre, et assurez-le de notre fidélité et de notre dévouement.
« Votre fils Ben-Zecry se recommande à votre bon souvenir.
« Mustapha-ben-Chéara, El-Arbi et tous les grands d'Arib ;
« Ben-el-Semati, El-Seïd-ben-Abel et Rhaman, Ben-Moussa et Omera
« vous présentent leurs très-humbles respects.
« Le kaïd de Khacna, le khalifa El-Akal, El-Rebbi, Chaouich, Kaïd-el-
« Recham-el-Mafour, Ben-el-Hadi, Ali-ben-Nona, et en général tous les
« grands de Khacna, vous saluent.
« Méhémed-el-Seguir-ben-Namoun, ci-devant kaïd de Constantine, vous
« prie d'agréer ses très-humbles salutations ; veuillez penser à lui.
« Le gouverneur de Blidah joint aussi sa voix à la nôtre, et vous souhaite
« un bon et heureux voyage. »

7

Page 316. — Le gouverneur général et les nouveaux fonctionnaires.....

DESCRIPTION DU BAL DONNÉ PAR LES PREMIERS NOTABLES MAURES DE LA VILLE D'ALGER, A L'OCCASION DE L'ARRIVÉE DE M. DROUET, COMTE D'ERLON, GOUVERNEUR GÉNÉRAL DES POSSESSIONS DU NORD DE L'AFRIQUE.

L'arrivée du nouveau gouverneur fut une vraie ovation pour lui rendre hommage ; les principaux Maures notables du pays, conjointement avec les membres de la municipalité, lui donnèrent un bal qui a eu du retentissement parmi nous autres Européens, dont les apprêts et les dispositions offrirent quelque chose de grandiose qui fut digne de notre admiration et de notre étonnement! Les Maures, dans cette occasion, rivalisèrent de luxe et de galanterie française, en se mettant à la portée de nos mœurs et de nos usages, en n'omettant aucun des détails qui pouvaient nous mettre à même de croire qu'ils n'étaient nullement embarrassés d'ordonner et de préparer une fête à l'occasion de l'arrivée du comte d'Erlon, bal qui se donnait dans une des salles de la mairie.

Le jour que ce bal eut lieu, les rues furent sablées depuis l'hôtel du gouverneur jusqu'à la mairie ; et le soir, les rues furent illuminées par des lampions, depuis la sortie du palais du gouverneur jusqu'à la municipalité.

La salle du bal était parfaitement décorée de tentures riches, et, en outre, des pavillons de la marine de diverses couleurs avaient été mis à la disposition des ordonnateurs de la fête.

Chaque côté latéral de la salle était garni d'arbustes et de jolis pots de fleurs qui répandaient une odeur et un parfum agréables, et, en charmant les yeux, nous offraient les attraits et la similitude d'un parterre de Flore.

Cet Éden était transformé pour nous en site agreste tout d'illusion et d'un charme poétique difficile à dépeindre. On remarquait aussi dans quelques endroits de la salle des faisceaux et des trophées d'armes rangés avec art et symétrie par l'artillerie, et tous ces trophées étaient surmontés de drapeaux tricolores ; des lustres, des candélabres garnis de bougies éclatantes, achevaient de rendre toute l'illusion du prestige offert à nos yeux!

Le tout y respirait le luxe, l'élégance, le bon goût et une parfaite harmonie d'arrangement.

Le rez-de-chaussée était donc approprié pour le bal français dont nous venons de décrire tout ce qui l'ornait et l'embellissait. Il y avait encore des estrades garnies de rangées de fauteuils et de chaises destinés aux dames.

Au premier étage, dans une vaste salle, était installé un café maure, genre tout à fait oriental; c'était un salon garni de belles glaces, orné de paysages à la mode de Venise, qui captait l'attention et produisait ici un nouveau panorama animé, le tout resplendissant de lumières, offrant des objets nouveaux à notre curiosité avide, qui voulait tout voir et tout connaître.

Plusieurs armes riches, ornées de corail, de rubis, d'émeraudes, armes du pays, étaient appendues le long du mur, et formaient en quelques endroits des faisceaux d'armures; là aussi le long fusil du Kabaïle s'y voyait également orné de ciselures, de cercles en or ou en argent. Le sabre turc damassé et recourbé était aussi accroché à la muraille; plusieurs poignards riches, dont, pour la plupart, la poignée et le fourreau étaient en argent massif: ainsi toutes les armes du pays y étaient étalées avec luxe, ce qui ne laissait pas que de frapper nos regards avec une attention toute particulière. Ainsi se terminait cette série d'armures par le yatagan des féroces Arabes, arme meurtrière et si préjudiciable à nos malheureux prisonniers qui, dès le principe de la campagne, tombèrent entre leurs mains et restèrent sans vie sous ce fatal couteau!

La salle, tout autour était garnie de draperies de soie brochées, de damas cramoisi, de coussins de soie ou de velours rouges, enrichis de glands d'or, de paillettes, de ganses de la même matière.

Plusieurs divans étaient recouverts de belles tentures riches, sur lesquels des Maures notables du pays, richement costumés, étaient étendus les jambes croisées (à la coutume orientale), tenant la longue pipe ou narghiléh, se faisant servir le café chaud par des esclaves noirs.

En attendant l'ouverture du bal, les Français, les Maures et les chefs arabes invités à ce bal étaient tous pêle-mêle, confondus.

Nous conformant alors, à notre tour, à leurs mœurs et à leurs usages, nous nous faisions servir le café à la mauresque (à la mode du pays). La petite tasse est présentée dans une espèce de support en argent qui a la forme d'un coquetier (qui remplace nos soucoupes). Là, Arabes et Français, nous fraternisions et portions des toasts à la prospérité du pays, à la valeur des braves chefs arabes qui servaient sous nos drapeaux. Parmi ces chefs arabes brillaient quelques décorations de la Légion d'honneur; leurs costumes et leurs riches armures, tout cela offrait un contraste indéfinissable et attrayant!

Le mélange des turbans, des costumes maures et arabes, les riches uniformes, les broderies d'or de nos officiers d'état-major, celles de nos officiers de marine, tout cela offrait un coup d'œil ravissant! Il semblait que nous fussions tout à coup transportés au Caire ou dans le sérail du Grand Sultan, parmi les odalisques, au milieu du luxe et de la mollesse!

Avant l'ouverture du bal, pour recevoir nos Françaises, des commissaires maures, costumés élégamment, allaient à tour de rôle recevoir chaque dame à la porte d'entrée, et chacune d'elles, avant d'entrer, recevait un joli bouquet de la main de son introducteur; aussi, à cette intention, avait-on transporté des fleurs en profusion sous le péristyle d'entrée.

Ainsi les fringants commissaires indigènes avaient su ajouter à l'apparat et à l'ordonnance de la fête cette exquise finesse et cette extrême délicatesse des manières françaises, qu'ils n'avaient pas craint de nous emprunter, pour se mettre à l'unisson de nos mœurs et de nos usages en rivalisant avec nous en galants chevaliers.

Nous n'avions alors qu'à les laisser faire, et leur noble ardeur nous eut bientôt surpassés en amabilité et en galanterie; et, par comparaison, s'ils eussent été jetés tout à coup au milieu d'un de nos salons de Paris, ils y auraient figuré sans aucun embarras, sans être nullement déconcertés de ce qu'ils avaient à faire au milieu de ces cercles brillants de femmes vêtues diversement, aux mille couleurs bariolées de cachemires des Indes, femmes ornées de rubis et de diamants, étalant les grâces et la coquetterie naturelles qui les caractérisent.

Nous ne pouvions qu'admirer et reconnaître de tels soins, et nous dire à nous-mêmes à quel point les Maures algériens sont capables d'arriver à une heureuse civilisation, en s'assimilant à nos mœurs par leurs recherches, leurs goûts exquis, leur aptitude et leurs heureuses dispositions.

Lorsque la salle du bal fut garnie d'un essaim de dames françaises, qui étalaient leur luxe, leur gracieuse coquetterie et leur minauderie agaçante, le bal français s'ouvrit par une danse de dix Mauresques coiffées du sarmah recouvert de la mousseline claire, dérobant aux yeux des spectateurs leurs traits et leur visage (usage du pays, qui ne leur permet pas d'aller à visage découvert). Ces almas ou almées (ainsi qu'on les appelle, qui font profession de danser en public) commencèrent à se trémousser et à s'agiter pour exécuter leur danse nationale.

Les Algériens ont donc voulu, dans cette circonstance, nous donner l'agréable surprise d'un spectacle nouveau, en nous offrant un échantillon de la danse du pays.

La danse mauresque terminée, le bal français commença au son harmonieux d'un brillant orchestre militaire. Mille bougies étincelantes éclairaient cette scène ravissante!

Les belles danseuses, accompagnées de leurs élégants cavaliers, s'élançaient sveltes, légères, au milieu de la salle ; il semblait qu'elles effleurassent à peine de leurs pieds le parquet ; elles étalaient leur gracieuseté et déployaient tous leurs attraits et leur taille enchanteresse, et semblaient appeler à elles tout ce que la séduction a d'aimable et d'attrayant !

Lorsque la danse cessait un instant, et que les danseuses étaient au repos, elles couraient visiter avec empressement la salle mauresque du premier étage, pour contenter avidement leur curiosité. Là tout était nouveau pour elles, tout les charmait ; elles admiraient les riches tentures, les coussins brochés d'or, les armures, les glaces qui réfléchissaient leurs minois agaçants.

Quelques-unes de nos dames mêmes ne dédaignaient pas de déguster le café à la mauresque, servi dans leurs petits récipients en argent (pour ne pas se brûler les doigts).

Elles écoutaient aussi avec ravissement et contemplation la musique rauque et monotone de quelques artistes du pays qui voulaient nous faire entendre leurs sons décousus par une cadence continuelle et peu variée, sans charme ni expression, qui ne donne pas, à dire vrai, une haute opinion de leur méthode philharmonique [1]. Mais chaque pays, nous dira-t-on, a son goût pour la musique ; dans tous les cas, nous ne devons pas les en féliciter, ni leur faire compliment du tintamarre qu'ils s'efforçaient de faire, en nous écorchant les oreilles par ce qu'ils appellent musique ; mais nous leur devions savoir bon gré, puisque, en pareil cas, l'intention est toujours réputée pour le fait, puisque, en faisant ce concert, ils croyaient avoir fait vibrer nos âmes, charmé notre attention et par là doublé nos plaisirs

Nos belles Françaises, revenues de leur surprise et de leur enchantement, après avoir admiré le salon décoré à la mauresque, revenaient empressées, sautillant, et toutes sémillantes : le coup d'archet pour la contredanse leur avait fait déserter bien lestement la salle du premier étage pour redescendre à celle du bal ; les quadrilles se formaient déjà : c'est à qui d'entre elles s'élancerait avec plus de promptitude, à qui arriverait la

---

[1] Quant à la musique des Maures, elle est d'une monotonie incroyable : l'un d'eux tient un violon ou une sorte de quinte, dont il joue dans la même position où nous sommes en usage de placer le violoncelle, c'est-à-dire de haut en bas ; il est accompagné par le tambour de basque garni de petites plaques de cuivre, sur lequel ils frappent des coups avec une certaine mesure ; des sortes de cymbales de fer, moins larges que la main, se font également entendre, et quelques-uns des assistants chantent ou plutôt crient à gorge déployée des chansons en langue arabe, sans que, dans tout ce vacarme, on puisse distinguer un air, un motif de chant. Ce peuple n'a pas la moindre idée de la mélodie, qui fait le charme de la musique italienne et française ; mais la sienne ne manquerait pas d'une sorte d'harmonie sans la continuité fatigante du même bruit, des mêmes sons, des mêmes coups frappés toujours également et sans variation pendant des heures et des nuits entières. Quant au chant vocal, il écorche les oreilles.

première pour prendre et ressaisir le cavalier auquel elle était engagée à l'avance. De jolies robes de gaze et de mousseline ceignaient leurs tailles ravissantes, dont l'éclat et la blancheur égalaient celle de la neige; tout était animé dans ce bal, tout y était vivant; la vive clarté des lumières, les décors, tout offrait un coup d'œil ravissant et charmait l'admiration de chaque spectateur.

Aussitôt la contredanse finie, des rafraîchissements offerts avec profusion circulaient dans l'assemblée.

Vers minuit, des consommés furent servis avec abondance à tout le monde. Pour bien faire les choses, les indigènes n'apportèrent point aux dames des serviettes ordinaires ployées avec art, mais simplement plusieurs pièces de calicot qui furent déchirées sur place : à chaque dame, on offrit un carré d'une grandeur suffisante pour une serviette, et cette distribution se fit si rapidement, que nous fûmes agréablement surpris qu'en un clin d'œil toutes nos dames en furent pourvues.

Nous ne pûmes qu'admirer chez nos Algériens la manière grandiose dont ils faisaient les choses et les honneurs de ce bal, et cette distribution de serviettes nous parut tout à fait nouvelle et originale.

A deux heures de là, on servit un ambigu, ou collation, composée de viandes froides, où le jambon de Mayence figurait, la dinde truffée de Périgord, les rôtis, les volailles froides, plusieurs pâtés, sans oublier la terrine de foie d'oie de Strasbourg.

A tout cela étaient joints des fruits confits et naturels.

A un bout de la table, on voyait le cédrat confit succulent.

A l'autre, l'ananas au goût suave et l'angélique aromatique.

Parmi les fruits naturels étaient le melon et la pastèque.

Ces deux derniers fruits sont recherchés par les Africains, comme ils le sont par les Provençaux : c'est une production territoriale pour les deux peuples.

L'animation du bal tirait à sa fin, l'aube du jour commençait à paraître. La clarté, vif reflet des lumières, disparaît peu à peu, les bougies s'éteignent... le bal est terminé !

Nos Françaises, fatiguées et encore toutes haletantes, se retirent précipitamment pour passer au vestiaire, et, là, elles se pressent, se foulent et s'emparent subitement de leurs châles et de leurs manteaux.

L'illusion du bal a cessé; cette animation vivante et fébrile n'existe plus !

Les mille clartés qui resplendissaient un instant avant ont disparu ! Un crêpe funèbre recouvre et enveloppe cette salle si brillante naguère, et qui est livrée maintenant à la plus profonde obscurité et au silence !

O charme inexprimable ! hélas ! les rêves de bonheur que nous avions osé former durant cette nuit furent bien courts, au milieu d'un cercle aussi brillant de jeunes et sémillantes femmes toutes remplies d'attraits, dont la beauté nous avait séduit; tout cela, dis-je, s'était évanoui en un instant! Il ne nous reste plus maintenant que les souvenirs de la veille : tout le charme et l'illusion avaient disparu.

Cette fête, du reste, fut très-belle; elle était digne de ceux qui l'improvisèrent; les personnes qui y assistèrent en conservent encore le souvenir, et l'on parlera longtemps du bal donné par les Maures à l'arrivée du comte d'Erlon.

8

Page 319. — Depuis quelque temps les Hadjoutes se plaignaient de leur kaïd...

UN KAÏD DES HADJOUTES CHEZ LE GÉNÉRAL VOIROL.

A la paix qui fut faite avec les Hadjoutes, au mois de mai 1834, le kaïd de cette tribu vint à Alger, où il n'avait pas paru depuis longtemps, et fut reçu avec distinction par le général Voirol, qui l'engagea à dîner.

Il ne parut nullement étonné de ce monde nouveau où il se trouvait transporté pour la première fois, et vit de suite le rôle qu'il devait jouer. Lorsqu'on vint annoncer qu'on était servi, il offrit son bras à la maîtresse de la maison. Pendant le dîner, le général lui ayant demandé combien il avait de femmes, il répondit qu'il en avait trois, mais que, s'il avait été assez heureux pour en trouver une aussi accomplie que madame Voirol, il n'en aurait jamais eu d'autre. Ce compliment est certainement des plus gracieux et démontre une grande délicatesse de sentiments. (*Annales algériennes*, par M. Pélissier, t. Ier, IIe partie, p. 297.)

9

Page 320. — Sans consulter l'ordre hiérarchique.....

ANECDOTE : UN DÉSERTEUR ET UN TAMBOUR.

C'était à Bougie, par une de ces journées ardentes qui font si souvent, en Afrique, un contraste insalubre avec la fraîcheur glaciale des nuits ordinaires.

Néanmoins nos travailleurs, partagés en différents groupes, remplissaient joyeusement leur tâche. Les uns taillaient dans un rocher presque à pic le chemin du fort, et préparaient ainsi aux curieux qui voudront visiter plus tard la fameuse chapelle, succursale de la Mecque, un moyen de monter commodément en cabriolet jusque dans les nuages; les autres, excavant des ruines et déblayant le sol des plantes parasites qui rampaient dans les décombres, retrouvaient, sous la triple couche des siècles, les citernes romaines que le temps avait pieusement respectées. Au milieu de cette masse d'hommes active et dévouée, un homme, s'isolant des autres, nourrissait en secret une ignoble résolution. Seul, il ne comprenait pas ce qu'a de saint pour un soldat la religion du drapeau, et dans son cœur, s'il avait un cœur, rien ne battait évidemment qu'une insigne folie ou une honteuse dégradation.

Feignant d'avoir à porter un message à la redoute avancée de la plaine, il sortit de la ville par la porte de la Kasbah et traversa sans difficulté le camp de la cavalerie et le poste des zouaves.

Arrivé à la hauteur du dernier avant-poste, il s'arrêta un moment comme pour réfléchir; mais ses réflexions ne furent pas longues: il jeta un dernier regard, un regard de peur sans doute, sur ses camarades qui veillaient l'arme au bras, et il franchit la ligne; le malheureux courait à toutes jambes dans la direction d'un village bédouin. Dès que son projet fut deviné, la garde du grand blockhaus fit feu sur lui: vingt balles lui sifflèrent aux oreilles, mais pas une ne l'atteignit; il courut toujours, et bientôt on ne l'aperçut plus.

Quel avait donc été le motif de cette fuite? On l'ignorait. Quel but avait pu se proposer le transfuge? De bonne foi, il ne le savait pas lui-même. Cependant il déserta en plein jour et à la face de tout le camp. Cet homme, on peut dire son nom, car le nom des lâches doit être cloué au pilori de la publicité, cet homme était le caporal Chapet.

Grande fut la rumeur qui suivit la disparition du caporal: dans les tentes, dans les baraques, le soir, on ne s'entretint que de cela; l'indignation était unanime, et les malédictions que l'on jeta au déserteur furent effrayantes.

On avait bien vu déjà, en Afrique, quelques indigènes enrôlés sous nos drapeaux, ne pouvant pas assouplir à notre manière d'être leur nature inculte et rétive, quitter furtivement le camp pour aller recommencer dans la montagne leur vie d'indépendance et de sauvagerie; mais cette fois c'était un Français qui passait à l'ennemi, et il n'y avait pas, dans le langage de nos soldats, d'expression assez énergique pour rendre le sentiment excité par l'effronterie d'une telle défection.

Le lendemain, une douzaine d'Arabes, éparpillés sous les grands arbres et dans les touffes d'arbustes dont le sol est parsemé, s'en vinrent caracoler devant nos grandes gardes et tirer çà et là quelques coups de fusil sans portée.

Après ce genre d'exercice, qui leur est, d'ailleurs, assez familier, les Bédouins se rassemblèrent sur le monticule du vieux moulin : c'était l'heure de la prière ou du repas. Debout sur la crête, ils se détachaient distinctement ; on pouvait les compter de l'œil, et parmi eux on aperçut, à moitié caché par un burnous blanc, le pantalon rouge du déserteur. A l'aide d'une lunette, on reconnut le caporal lui-même, et on le vit mettre son arme en joue et tirer sur le blockhaus.

Des pièces furent aussitôt braquées sur le moulin : un boulet entre autres, dirigé par un vieux artilleur, enleva un groupe d'Arabes ; mais, malheureusement, il épargna le déserteur, et on put le voir debout encore décharger une dernière fois son long fusil, et reprendre ensuite, avec ses nouveaux compagnons, le chemin de la tribu.

Cependant on n'aperçut plus le caporal, et l'on commençait à croire que quelque Bédouin avait bien pu l'assassiner en cachette, quand un billet de lui, fixé pendant la nuit au bout d'un jalon, en face de la grande redoute, fut trouvé certain matin par la reconnaissance qui visitait les alentours.

Ce billet, adressé à un soldat, engageait fortement celui-ci à déserter : « Je suis heureux, disait Chapet ; on m'a donné un cheval, une baraque et une femme... »

Dans un des bataillons du corps expéditionnaire de Bougie se trouvait un tambour, jeune homme au caractère insouciant et aventureux, qui se dit, en apprenant le contenu du billet : « Je voudrais bien savoir s'il ne ment pas, ce Bédouin-là ! » Et, enthousiaste de l'idée d'aller juger lui-même le cheval et la femme du déserteur, il demanda la permission de passer aussi à l'ennemi, mais en amateur seulement. C'était jouer gros jeu, il le savait, on le lui dit, mais il ne s'arrêta pas du tout à cette considération ; il paria qu'il reviendrait, et il partit alerte, gai, dispos, le nez au vent, la gourde pleine et la pipe à la bouche...

Pendant toute une semaine, on n'entendit parler ni du tambour ni du caporal ; aucune des cent lunettes, du matin au soir dirigées sur la plaine, n'amena aux curieux le moindre renseignement.

Un jour les Arabes se présentèrent plus nombreux que de coutume ; des feux allumés la veille sur toutes les montagnes avaient appelé au combat les tribus éloignées, et des cavaliers, plus blancs que les autres, parcouraient au galop la ligne des tirailleurs blottis dans les buissons. Une fusillade assez vive commença du côté des Bédouins, un sifflement de balles passablement régulier s'organisa au-dessus de la tête de nos soldats ; mais quelques obus et quelques feux de peloton répondirent avec tant de justesse à l'attaque des indigènes, et un mouvement de troupes dérangea si à propos leurs desseins, qu'ils se rabattirent sur le marabout, calculant sans doute une occasion meilleure, et que leurs cavaliers se hâtèrent de passer devant les fantassins, qui sautaient en croupe et fuyaient avec eux. Il en resta cependant quelques-uns; mais les coups de feu devinrent rares, et, comme d'habitude, nos avant-postes se chargèrent de leur renvoyer leurs balles.

Tout à coup plusieurs détonations simultanées attirèrent l'attention du grand blockhaus du côté de la mer. Tous les Bédouins encore embusqués s'y dirigeaient en courant, et, en avant d'eux, un autre Bédouin arrivait à nous de toute la vitesse de ses jambes embarrassées dans les broussailles, et élevant en l'air, en signe d'amitié, un morceau déchiré de son burnous. A de nouveaux coups de feu, on le vit tomber; on le crut blessé, et on se disposait déjà à aller jusqu'à lui, quand il se montra debout à une distance plus rapprochée; le malheureux avait rampé pour éviter que le poste français ne tirât aussi sur lui... Et à présent il criait, il sautait, et ses camarades le reconnaissaient tous... C'était le tambour, revenant essoufflé et saignant de son expédition.

D'abord on lui serra la main, on le pressa de demandes; mais un ami mieux avisé courut chercher de l'eau et de l'eau-de-vie :

« Commence par de l'eau-de-vie, dit-il, parce qu'il faut toujours se bassiner le tempérament avant de se bassiner les blessures. »

Le double travail d'ablutions une fois terminé, ce fut le tour de la curiosité; les assistants firent cercle :

« Et les Bédouins? disaient-ils. Et Chapet?... Et la circoncision?... Et les Mauresques?... »

Toutes ces questions, faites à la fois, étourdissaient le tambour, qui ne savait à qui répondre et qui le pouvait à peine, encore haletant de fatigue et presque muet de joie...

Mais, quelques heures après, on savait à Bougie tous les épisodes de ses huit jours d'absence, et presque tous ces épisodes apprenaient sur la vie arabe des révélations piquantes.

« Quant au caporal, disait le tambour, il nous avait collé une blague; pas plus de cheval et de femme que dans mon œil : on lui donne plus de coups de bâton que de morceaux de pain de munition, à preuve que j'en ai eu aussi quelques-uns pour mon compte.

« Un de ces jours, ils vont vous l'expédier pour Constantine, et si en chemin on ne lui fait pas l'opération de la tête, il pourra se flatter, ma parole d'honneur, d'avoir pas mal de chance. »

Pour son courage, pour ses anecdotes, le tambour se vit unanimement félicité et choyé : aux tables d'officiers, où on le convia, à la cantine, où la place d'honneur lui était réservée, au travail le jour, sous la tente le soir, il raconta avec quelle brutalité les Bédouins l'avaient accueilli; comme ils l'avaient forcé de les suivre au combat, le menaçant de mort s'il faisait un faux pas, et combien surtout il lui avait fallu de ruse pour s'éloigner d'eux et échapper aux canons de fusil toujours braqués sur lui.

(*La Sentinelle*.)

10

Page 346. — *Une extrême sobriété, un mélange de ruse et de cordialité....*

EXEMPLE DE L'INVIOLABILITÉ DE L'HOSPITALITÉ CHEZ LES KABAÏLES.

(Historique.)

On ne regrettera point de trouver ici l'un des premiers et des plus intéressants épisodes que nous ait fournis la conquête de Bougie. Le drame qu'il embrasse est une preuve de plus que, chez les Kabaïles, la férocité et la générosité se touchent :

« Dans les premiers jours de novembre 1833, le brick *il Correro*, de Constantinople, se perdit sur les côtes de Bougie. Au nombre des victimes se trouvaient le Maure Kara-Ali et l'Arabe Boucetta, qui, tous deux, tombèrent aux mains des Kabaïles. Ce triste événement était à peine signalé, qu'on ne tarda pas à apprendre par un des naufragés, qui, à travers mille obstacles, avait réussi à atteindre les avant-postes français, que ces deux infortunés existaient encore. Quarante-huit heures après, un envoyé de la tribu qui les retenait captifs vint, porteur d'une lettre par laquelle les chefs imposaient pour condition de leur rançon l'évacuation de Bougie. Cette ridicule proposition resta sans réponse ; mais, dès le lendemain, une seconde lettre offrit de les remettre pour le prix de douze cent cinquante francs.

« Le général qui commandait accepta. Toutefois, voulant entourer de toutes les précautions l'issue d'une négociation que la mauvaise foi pouvait rompre, il chargea l'interprète Allegro de la somme, et deux embarcations armées partirent de Bougie pour se rendre avec lui aux lieux récemment témoins du massacre de deux négociants français.

« Là des difficultés s'étant élevées sur la conclusion du marché, on fut conduit à craindre que les Kabaïles ne cherchassent à la fois à s'emparer de l'argent et à conserver leurs prisonniers. Un vent violent était survenu, la houle avait grossi ; il eût été imprudent de demeurer plus longtemps, à l'approche de la nuit, sur une plage où, d'un instant à l'autre, les vagues pouvaient compromettre les barques. On se décida, en conséquence, à regagner Bougie : il était environ neuf heures du soir quand elles s'éloignèrent du rivage; rien n'avait été terminé avec les Kabaïles.

« Cependant, au grand étonnement de tous, le lendemain, à six heures du matin, Kara-Ali et Boucetta, presque nus et harassés de fatigue, entraient à Bougie. Voici ce qui s'était passé :

« Au moment du naufrage, les Kabaïles s'étaient partagé les débris du navire et disputé la possession de Kara-Ali et de Boucetta, dans l'espoir ou d'en tirer beaucoup d'argent, ou d'assouvir sur eux leur vengeance; mais, grâce à l'intercession des femmes qu'ils implorèrent, Ali-Oubram, leur hôte, les prit sous sa sauvegarde et assura que l'honneur d'un Kabaïle serait pour eux l'asile le plus sûr. Aussitôt dit, aussitôt fait : il les cache dans un bois voisin de son habitation, et sa mère, non contente de pourvoir la nuit à leur nourriture, leur fait en outre donner des armes.

« Le bruit de cette capture s'étant répandu dans les tribus environnantes, les principaux chefs de la montagne se réunirent.

« Ali-Oubram, impassible, vint au sein de cette assemblée, et déclara qu'il avait l'intention de renvoyer les prisonniers aux Français, dont il estimait le caractère. Il n'avait pas fini de prononcer ces mots, que vingt fusils sont dirigés contre lui, que trois coups même sont tirés; mais, par un bonheur inouï, l'amorce seule prit feu. On se sépara, après avoir décidé que le prix du rachat serait fixé à douze cent cinquante francs.

« Allegro parti, une nouvelle discussion s'étant engagée, une rixe s'ensuivit, on échangea quelques coups de fusil : le tout sans résultat.

« Mais, pendant ce temps-là, l'orage grondait ailleurs et menaçait Oubram, qui s'obstinait à garder des hommes dont, de toutes parts, on demandait les têtes.

« Instruit de ce qui se passe, il va les trouver et leur tient cet horrible langage : — « Ne voulant pas souffrir qu'un meurtre soit commis par des
« mains étrangères sur des hommes réfugiés chez moi, je vais vous tuer
« moi-même. »

« Mais, cette fois encore, la Providence veillait sur eux, et les femmes de leur hôte devaient leur sauver la vie.

« Oubram rentré chez lui, sa mère, tout effarée, l'interroge précipitamment sur leur sort : — « Ils sont encore à vous, lui répondit-il; ils ne sont
« pas partis. »

« — Lâche! dit alors sa mère en lui crachant à la figure, maudit soit ton
« père! maudit soit le jour où je t'ai enfanté! maudit soit le lait dont je
« t'ai nourri! Non, tu n'es pas un homme! non, tu n'es pas mon fils! Si
« ton bras peut encore porter un fusil, prends celui-ci, va les trouver à
« l'instant, reconduis-les par le chemin de terre; de grands dangers t'attendent, peut-être même succomberas-tu ; mais, au moins, l'hospitalité
« chez toi n'aura pas été violée. »

« Étourdi par la violence de cette apostrophe, Oubram ne réplique point, charge son arme, ceint son yatagan, se fait suivre de Kara-Ali et de Boucetta, traverse dix tribus hostiles, pénètre par un long circuit dans nos avant-postes, et arrive heureux et fier d'avoir accompli sa mission.

« La somme promise lui a été payée, et on s'est empressé d'y ajouter quelques cadeaux.

« Quand on lui témoigna la crainte que sa tribu, en apprenant cette action, ne pillât ses champs et ses propriétés, il répondit : — « Peu m'im-
« porte ! j'ai fait ce que j'ai dû ; on respectera ma mère, ma femme et mes
« enfants ; je suis content. »

« Ces tristes prévisions ne se sont que trop réalisées : les propriétés du brave et malheureux Oubram ont été incendiées, et il a dû quitter la tribu de Beni-Amram, à laquelle il appartenait, pour se réfugier avec sa famille dans celle de Beni-Mohammed. » (*De l'établissement des Français dans la régence d'Alger*, par M. Genty de Bussy.)

11

Page 279. — En même temps le Tunisien Yousouf.....

ORIGINE DE JOSEPH.

Joseph, dont l'origine est assez incertaine, et dont l'histoire est diversement racontée, paraît être un Italien de naissance. On pourrait faire un fort joli roman avec tout ce qui a été débité sur son compte. Ce qu'il y a de positif dans son fait, c'est qu'il était, en 1830, au service du bey de Tunis ; qu'une intrigue amoureuse, dont les suites pouvaient être fâcheuses pour lui, le força de fuir son pays d'adoption, et qu'il se jeta entre les bras des Français, occupés alors au siége d'Alger. Il nous a servi avec fidélité, mais il en a été amplement récompensé.

Voici ce que l'on rapporte sur lui :

Joseph (Yousouf), né à l'île d'Elbe, où, bien jeune encore, il se rappelle, en 1814, avoir vu Napoléon, n'a conservé aucun souvenir de sa famille, et toutes les recherches faites pour obtenir des renseignements exacts sur elle ont été vaines.

A peu près vers cette époque (il pouvait avoir sept ans environ), les personnes qui prenaient soin de lui le firent embarquer pour Florence, où elles avaient le dessein de le faire entrer dans un collége ; mais le navire qui le portait tomba dans les mains d'un corsaire, et, conduit à Tunis, Joseph échut en partage au bey.

Placé dans le sérail et improvisé musulman, il ne tarda pas, par la vivacité de son esprit et les dispositions précoces qu'il annonçait, à se faire remarquer de ses maîtres. Il mit peu de temps à apprendre le turc, l'arabe, l'espagnol, l'italien.

En grandissant, son adresse pour tous les exercices militaires lui gagna de plus l'amitié du bey; et, pendant la première course qu'il fit dans le désert pour la levée des impôts, Joseph déploya tant de bravoure, qu'on ne parlait plus de lui qu'avec une sorte d'admiration.

Mais, dans l'extrême liberté dont il jouissait au sérail, Joseph noua bientôt une intrigue amoureuse avec l'une des filles du bey, et celle-ci devint enceinte. Il avait tout à craindre de son imprudence; il prépara son évasion. Pendant quelques jours, il feignit d'être malade, obtint de sortir du sérail, et, trompant la vigilance de ses surveillants, il réussit à concerter, avec le consul général de France, les moyens d'échapper à l'orage qui grondait sur lui.

Le brick français l'*Adonis* (ces événements se passaient au mois de mai 1830) était alors en rade; un canot devait l'y conduire; mais cinq chaoux étaient apostés là pour s'opposer à son embarquement.

Des sentiers détournés qu'il a pris, Joseph les a vus; il a remarqué qu'ils ont laissé leurs fusils en faisceau sur une roche; il s'élance de ce côté : jeter les armes à la mer, se débarrasser de deux de ces hommes, mettre les autres en fuite, gagner l'embarcation, tout cela fut l'affaire d'un moment.

D'après le récit de Yousouf, il paraîtrait qu'il a voulu entourer de circonstances périlleuses la manière dont il avait été recueilli par le brick l'*Adonis*; nous devons seulement affirmer ce qu'il y a de véridique dans cet épisode, pour l'en dépouiller d'un peu d'exagération. Ce qu'il y a de certain, c'est que Joseph n'a eu nullement à combattre dans cette circonstance, puisque son évasion avait été concertée d'avance[1] entre le consul de France et le commandant du brick l'*Adonis*.

[1] Suivant une version datée de Tunis, surpris un jour dans un de ses rendez-vous amoureux par un des eunuques du bey, Yousouf prit sur-le-champ l'audacieux parti de le suivre dans les jardins, de l'attendre en embuscade et de le massacrer.

Son corps jeté dans une piscine profonde, il ne conserve que la tête, une main et la langue de ce témoin dangereux. Et le lendemain, pendant que sa maîtresse l'entretenait des vives terreurs auxquelles elle était en proie, pour toute réponse il la conduit dans la chambre voisine, et, dans une des armoires, lui montre la tête de l'esclave, dont il avait arraché la langue. Ce présent allégorique fut très-agréable à la princesse et redoubla son amour pour un homme qui savait si bien la mettre à l'abri de toute indiscrétion. Cependant la fortune se lassa de lui être favorable; mais, le secret n'étant point encore suffisant, il fut forcé de chercher son salut dans la fuite, et il prépara son évasion.

D'après le témoignage authentique de M. Jacques, mon beau-frère, enseigne de vaisseau, qui se trouvait alors embarqué à bord dudit brick devant Tunis, voici comment il raconte qu'il fut recueilli, puisqu'on lui donna la mission à lui-même d'aller le chercher à terre :

Yousouf est d'origine italienne, comme nous venons de le dire; il était, à Tunis, au service d'un homme haut placé; il était renégat; une intrigue amoureuse avec l'une des filles du bey [1] et une disparition de diamants [2] furent la cause que sa tête devait tomber par ordre du bey de Tunis. A cette époque, le brick de guerre français l'*Adonis* était commandé par M. Roppert, capitaine de frégate. Ce bâtiment se trouvant en rade devant Tunis, ordre fut donné à M. Jacques, enseigne de vaisseau, d'aller au cap Carthagène avec deux embarcations chargées de futailles vides, sous prétexte de faire de l'eau. Il avait ordre de tout sacrifier à l'enlèvement de Yousouf, qui se trouvait caché avec son domestique dans les ruines de Carthagène. M. de Lesseps, alors consul général de France, s'en occupa beaucoup et s'était concerté avec le commandant du brick français pour ne rien négliger pour favoriser l'évasion du jeune Joseph, et l'enlèvement eut lieu. Malgré les gardes-côtes armés qui voulaient s'opposer à la fuite de Yousouf, M. Jacques n'hésita pas un instant à se conformer aux ordres qu'il avait reçus, et dit à un élève, qui était de corvée dans une des embarcations, de laisser les futailles sur la plage et de se rendre à bord avec Joseph, ce qui eut de la peine à s'effectuer, car le nombre des gardes-côtes augmentait considérablement.

Les embarcations une fois parties avec Yousouf et son domestique, le consul de France et M. Jacques partirent à cheval pour la Goulette, afin d'empêcher de nouvelles poursuites. Le brick appareilla de Tunis, et, comme l'*Adonis* avait l'ordre de rallier l'escadre, il se rendit à Sidi-Ferruch, où l'on débarqua Yousouf. Avant la prise d'Alger, il fut attaché auprès du général en chef et fut admis à la police secrète. Et enfin, à la reddition de cette ville, on forma un escadron de cavalerie indigène; Yousouf en fut le capitaine provisoire et plus tard titulaire. Les hommes qu'il commandait ayant passé dans les chasseurs d'Afrique, il continua d'être capitaine dans le même corps; c'est de là que date sa carrière militaire.

A peine étions-nous arrivés, que, dénoncé comme coupable d'entretenir une correspondance avec les ennemis de la France, il se vit arrêter; mais son innocence ne tarda pas à être reconnue, et plusieurs missions pé-

[1] Le prince de Pukler-Muskau, grand admirateur de Yousouf, donne le nom de Kaddoura à la fille du bey de Tunis, et raconte sur les aventures de son séducteur des détails tellement incroyables (bien qu'il affirme les tenir de la bouche même de Yousouf), que nous croyons devoir renvoyer le lecteur aux impressions de voyage du noble touriste. *Chroniques de voyage*, tome I, passim.

[2] La valeur des diamants disparus a été estimée à la somme de quarante mille francs.

rilleuses, dont il s'acquitta avec zèle et intelligence près des chefs de plusieurs tribus éloignées, lui rouvrirent la carrière des armes.

Joseph fut employé à l'état-major du maréchal Clausel ; il fit partie de l'expédition de Médéah, et devant sa conduite brillante s'évanouirent les défiances dont il n'avait pas entièrement cessé d'être l'objet.

Nommé capitaine de chasseurs d'Afrique, il fut bientôt promu aux fonctions de lieutenant de l'agha.

Désigné par le duc de Rovigo pour faire partie de cette expédition aventureuse de Bone, dont les détails historiques sont connus, et où M. d'Armandy, alors capitaine d'artillerie, déploya une si haute valeur et des talents si rares, Joseph l'aida de son intrépidité, et c'est à leurs efforts qu'on dut, presque sans coup férir, de se rendre maître de la citadelle. Plus tard, par son sang-froid, il concourut encore à conserver à la France cette belle conquête.

De tous les faits qui s'accomplirent alors dans ce coin de la régence, je ne citerai que le suivant, à raison du beau rôle qu'il y joua.

Depuis huit jours, la poignée d'hommes à laquelle avait été confiée la défense de la ville était renfermée dans la Kasbah. Averti par un de ses gens que les Turcs avaient formé le complot de l'assassiner pendant la nuit, de massacrer les Français et de s'emparer de ce point, il va trouver le capitaine d'Armandy, qui commandait la garnison, lui signale l'imminence du danger qu'il court et lui déclare qu'il ne connaît qu'un seul moyen d'y parer. « Il faut que je sorte avec mes Turcs, ajouta-t-il. — Mais ils te tueront, répond l'officier français. — Que m'importe, reprend Joseph, j'aurai le temps d'enclouer les pièces qui sont à la Marine ; je succomberai, je le prévois ; mais tu seras sauvé, et le drapeau français ne cessera pas de flotter sur Bone. »

A peine avait-il achevé de prononcer ces nobles paroles, qu'il sortit suivi de ses Turcs. La porte de la Kasbah est aussitôt murée derrière lui. Parvenu au bas de la ville, Joseph s'arrête, et, s'adressant à sa troupe : « Je sais, dit-il, qu'il y a parmi vous des traîtres qui ont résolu de se défaire de moi et que c'est la nuit prochaine qu'ils ont choisie pour mettre à exécution leur infâme projet. Les coupables me sont connus ; qu'ils frappent d'avance, ceux qui ne craindront pas de porter la main sur leur chef. » Puis, se tournant vers l'un d'eux : « Toi, tu es du nombre ! » Il dit, et l'étend mort à ses pieds.

Cet acte de résolution si imprévu déconcerte les conjurés ; on tombe à ses genoux, et tous lui jurent une fidélité à laquelle ils n'ont pas manqué depuis.

L'histoire nous offre peu d'exemples d'un semblable héroïsme. C'est par cette confraternité de périls et de gloire qu'Armandy et Joseph ont scellé l'intimité qui existe aujourd'hui entre eux.

Tel est cet homme, déjà célèbre dans la régence, qui ne dit, qui ne fait rien comme un autre; brave, enthousiaste, téméraire, audacieux surtout, avec quelque chose de grandiose oriental qui ne voit souvent entre une chaumière et un trône que la longueur d'une épée. (*De l'établissement des Français dans la régence d'Alger*, tome II, pages 273-275.)

D'après le dire du capitaine Pélissier, ainsi qu'il l'ajoute lui-même, on a donné à Joseph plusieurs grades dans l'armée; c'est une faute, dit-il. On l'a fait capitaine et chef d'escadron : c'était lui mettre des lisières que sa structure ne comporte pas; le turban lui allait infiniment mieux; c'était l'étouffer sous un habit étranger; il fallait lui laisser le sien. Qu'en est-il arrivé? Lorsqu'il était chef d'escadron pour nous, il était resté bey pour les Turcs, à Bone, qui lui rendaient des honneurs inconnus, qui lui baisaient les mains. C'est que, malgré nous et malgré nos formes, il est resté lui, et c'est là le seul rôle qui puisse nous donner cet homme tout entier. On pouvait le grandir par la dénomination si l'on ne pouvait le grandir par le grade. On l'eût appelé bey, cheik, gouverneur; c'eût été un commandement à siéger au milieu des Arabes qu'il fallait demander pour lui; avec son courage éprouvé, sa connaissance de la langue du pays, il était dans les conditions du succès, et c'est le succès que nous devions chercher.

Aujourd'hui que Joseph est arrivé à l'apogée de l'avancement, nous ne pouvons plus y rien changer. Nous l'avons fait général, et nous avons par conséquent récompensé amplement ses services.

Depuis il a épousé une Française, une jeune personne appartenant à une des meilleures familles de la capitale, et il est maintenant dans les meilleures conditions pour devenir nôtre et par conséquent se faire naturaliser Français.

12

Page 247. — Peu de temps après l'arrivée du général Berthezène.....

DE LA PETITE FILLE DU CANTINIER MASSACRÉ AVEC SA FEMME PRÈS DE BOUFARIK.

« Ben-Grili est celui qui ramena à Alger la jeune fille du cantinier assassiné à Boufarik, en 1833. Lorsque la commission visita ce pays, l'armée trouva, dans le défilé de Boufarik, le cadavre d'un malheureux cantinier et celui de sa femme, qui avaient été massacrés par les Arabes sur les derrières de la colonne, pendant qu'elle se portait sur Blidah.

« Les journaux racontèrent que deux enfants, appartenant à ces malheureux, avaient été pendus par les Arabes aux arbres de Boufarik, et que toute l'armée les y avait vus. Il est certain que le bruit s'en était répandu dans la colonne, et plusieurs personnes étaient tellement préoccupées de cette idée, qu'elles crurent en effet les voir. Une d'elles m'a avoué qu'elle resta longtemps persuadée de les avoir eus sous les yeux pendant plusieurs minutes : c'était une erreur d'optique, difficile à expliquer, si l'on veut, mais c'était une erreur. Le cantinier massacré n'avait qu'une petite fille de dix ans, qui se sauva dans le bois pendant qu'on égorgeait ses parents et qui fut recueillie par des femmes arabes, et ramenée à Alger, peu de jours après, par ce même Arabe, Ben-Grili. Cette pauvre orpheline a été adoptée par M. Sapity, directeur de l'hôpital militaire de Caratine[1]. »

(*Annales algériennes*, par M. Pélissier, Ire partie, liv. XII, p. 107.)

13

Page 308. — Cet avis suffit pour faire renoncer Abd-el-Kader.....

LETTRE DE SIDI-ALI-BEN-KALATI AU GÉNÉRAL DESMICHELS.

Nous avons parlé des intrigues d'Abd-el-Kader pour brouiller le général Voirol avec le général Desmichels, lors du premier traité de paix. Voici à ce sujet une lettre de Sidi-Ali-Kalati au commandant d'Oran.

« Louange à Dieu qui n'a point d'égal !

« A sa grandeur le général commandant les troupes françaises à Oran.

« Votre lettre est arrivée à votre envoyé Abdallah, consul de Maskara. D'après les anciens usages admis entre souverains, il nous a donné connaissance de son contenu. Dieu seul vous récompensera du bien que vous nous dites. Nous avons vu par là votre sagesse et votre prudence. Vous êtes un homme de bons conseils et vous avez de saines et grandes idées. Votre conduite nous l'a prouvé. Vous êtes un homme d'honneur, et vous avez agi avec désintéressement.

« Quand nous avons vu dans notre pays qu'il y avait des gens malintentionnés parmi diverses tribus, et que ces tribus se battaient entre elles, interceptant les communications avec Alger, pillant et dévastant les biens

---

[1] Je tiens de cette orpheline elle-même qu'après avoir vu égorger ses parents et que les Arabes eurent abandonné leurs cadavres sur la route, elle eut encore le courage d'aller embrasser leurs membres mutilés et inanimés.

des personnes attachées aux Français; quand nous avons vu les combats avec le général d'Alger, combats qui ont été très-fréquents depuis l'occupation (mais Dieu n'a pas favorisé la cause de ce général, ses paroles et celles des Arabes ses partisans sont restées sans effets); quand nous avons vu tout cela, nous avons pris le parti de venir trouver Sidi-el-Hadji-Abd-el-Kader, et le prier de venir dans le pays et, par votre intermédiaire, faire la paix entre nous et le général d'Alger, comme il a été fait pour cette province. Nous avons écrit plusieurs fois à l'émir, avant notre arrivée, en le priant de venir dans notre pays.

« Il a envoyé des lettres à tous les Kabaïles qui habitent les montagnes, et aux habitants des villes de notre province, leur annonçant qu'il avait fait la paix avec tous les Français qui étaient en Afrique, en se conformant toutefois aux lois de la religion. « Faites attention, disait-il, de ne pas « intercepter les communications; ne pillez ni ne tuez aucun Français; « rappelez-vous bien ces paroles que je vous répète dans toutes mes « lettres. »

« D'après ses ordres, nous avons cessé de faire la guerre aux Français; nous n'avons plus pillé; les communications ont été libres.

« Nonobstant, le général d'Alger est sorti et a attaqué la tribu des Hadjoutes : alors tous les Kabaïles ont couru aux armes, ont marché contre lui et l'ont forcé de rentrer dans la ville d'Alger.

« Alors, nous, chefs, nous nous sommes réunis, et, après avoir délibéré entre nous, nous avons écrit à El-Hadji-Abd-el-Kader pour lui faire connaître la conduite de ce général. L'émir a écrit au général, sans cependant lui faire de reproches sur sa sortie contre les Hadjoutes, mais en lui annonçant que son intention était d'aller visiter les tribus de ce côté, et qu'il observerait le traité religieusement, ajoutant de ne pas écouter les gens malintentionnés qui cherchaient à mettre la mésintelligence entre eux. La lettre de l'émir contenait encore plusieurs autres paroles conciliantes. Le général d'Alger répondit; voici un résumé de sa lettre. (Suit un résumé à peu près fidèle de la lettre du général Voirol à Abd-el-Kader, mais auquel Sidi-Ali a ajouté cette phrase : « Le gouvernement de l'Afrique ne regarde que moi; le général Desmichels n'est rien et n'est pas écouté du grand roi qui est à Paris. ») Telle est à peu près la lettre du général d'Alger. Moi, Sidi-Ali, serviteur de Dieu, j'ai écrit au général et lui ai fait parvenir la lettre de l'émir, voulant être intermédiaire entre eux deux.

Voici sa réponse. (Suit la copie de la lettre du général Voirol à Sidi-Ali, dans laquelle celui-ci a intercalé beaucoup de phrases de dédain pour le général Desmichels.)

« Telle est la réponse à ma lettre, à moi Sidi-Ali. A présent, Sidi-Ali a adressé les choses suivantes au général; et vous, qui êtes sage et éloquent, comprenez ce que je vous écris et commentez mes paroles mot à mot.

« Je puis vous dire que le général d'Alger est jaloux de vous, parce que c'est vous qui avez conclu la paix, et ce qui le prouve, c'est qu'il veut écrire au roi des Français pour lui demander l'autorisation de traiter avec l'émir. Il veut faire comme vous, ou plutôt défaire ce que vous avez fait ; mais il est impossible qu'il réussisse, car votre conduite est connue de l'orient à l'occident. Si El-Hadji-Abd-el-Kader n'avait pas envoyé trois ou quatre lettres aux Arabes par mon intermédiaire, ceux-ci seraient encore en guerre avec les Français dans la contrée d'Alger, et chaque jour, chaque instant, verraient de nouveaux combats.

« Dans toutes ses lettres, Abd-el-Kader disait qu'il va se rendre dans notre pays, et toutes les tribus impatientes attendent avec joie son arrivée.

« Nous vous dirons, de plus, qu'Ahmed, bey de Constantine, envoie des lettres tous les mois dans les tribus des environs d'Alger pour les engager à combattre les Français. Lui-même se prépare, dit-il, à les inquiéter de toutes les manières. Il assure que Méhémet-Ali, vice-roi d'Égypte, lui prêtera une escadre ; mais personne, dans notre pays, ne croit à ces paroles. Cependant j'ai dû en instruire un homme comme vous ; vous méritez de connaître ce qui se passe, afin de n'être pas surpris par les malveillants. On vous connaît chez nous pour un homme sage et loyal.

« Personne n'a pu faire, depuis l'occupation, ce que vous avez fait. C'est cela qui prouve votre sagesse. Ce qui la prouve aussi, c'est d'avoir envoyé Abdallah et deux officiers à Maskara.

« Abdallah est un homme qui connaît bien le monde et traite chacun comme il le mérite. La mission dont vous avez chargé cet officier prouve votre prudence.

« Soyez persuadé que votre conduite avec Abd-el-Kader a donné de la jalousie au général Voirol et que vous avez beaucoup d'ennemis à cause de l'amitié qui règne entre l'émir et vous.

« Ceci est le dire de moi, Ali-ben-Kalati, marabout de Milianah. »

Voilà la lettre que le général Desmichels dit dans son ouvrage être si remarquable et qu'il regrette que des convenances militaires ne lui permettent pas de mettre sous les yeux du lecteur. Il n'y a dans tout cela de remarquable que l'impudence de Sidi-Ali et la crédulité du général Desmichels.

Il est véritablement affligeant pour la France de voir des demi-sauvages exploiter comme en se jouant nos petites passions.

Avant d'envoyer cette lettre au général Desmichels, Sidi-Ali avait fait dire, par un des officiers de la légation de Maskara, que le général Voirol, dans l'intention de diminuer le mérite de ce qui avait été fait à Oran, avait voulu, de son côté, avoir son Abd-el-Kader; qu'il avait jeté les yeux, pour jouer ce rôle, sur El-Hadji-Mahiddin-el-Sghir, nommé par lui agha des Arabes; mais que celui-ci, n'ayant pu se faire reconnaître en cette qualité, s'était enfui d'Alger avec l'argent que le général Voirol lui avait donné. Ce mensonge était si grossier, que Sidi-Ali n'osa pas le répéter dans sa lettre. Il fut néanmoins accueilli par le général Desmichels, et c'est, sans aucun doute, à l'argent donné à El-Hadji-Mahiddin, d'après Sidi-Ali, qu'il fait allusion lorsqu'il parle dans son ouvrage d'arrangements passagers achetés à prix d'argent. On sait maintenant à quel prix ont été achetés les arrangements de M. le général Desmichels. (*Annales algériennes*, par M. Pélissier, 1re partie, liv. XIII, pag. 174 à 177.)

14

Page 276. — Ben-Zamoun, peu satisfait de leur conduite.....

CONSEILS QUE DONNA BEN-ZAMOUN AU GÉNÉRAL DE BOURMONT APRÈS LA PRISE D'ALGER.

Peu de jours après la prise d'Alger, lors de l'élévation d'Hamdan à la charge d'agha, Ben-Zamoun, homme habile et influent de la tribu de Flissa, outhan de Sébaou, se mit en relation avec le général en chef. Sa correspondance prouve qu'il avait formé le projet, assez largement conçu, de se créer une position politique élevée, en se constituant intermédiaire entre nous et ses compatriotes.

Les offres qu'il nous fit étaient de nature à être mieux accueillies qu'elles ne le furent. Il venait de convoquer une grande assemblée où il devait proposer aux Arabes de reconnaître l'autorité de la France, moyennant certaines conditions qui devaient assurer leur bien-être et leur liberté. Lorsqu'il apprit que le maréchal de Bourmont se préparait à marcher sur Blidah, il lui écrivit sur-le-champ pour l'en dissuader et l'engager à s'abstenir de s'avancer dans le pays jusqu'à ce qu'un traité en bonne forme eût réglé la nature de nos relations avec les Arabes.

M. de Bourmont ne se rendit pas à ses remontrances, et il partit pour Blidah, le 23 juillet, avec mille à douze cents hommes d'infanterie, une centaine de chevaux et deux pièces de canon. Cette excursion n'avait d'autre motif qu'un sentiment de curiosité, car aucune pensée politique ne s'y rattachait.

Nous avons vu, dans le courant de cet ouvrage, quel fut le désappointement de M. de Bourmont quand il vit qu'en quittant Blidah les Arabes et les Kabaïles se préparaient à nous combattre, et ce qui est résulté de cette échauffourée, qui eût pu compromettre gravement l'honneur de nos armes sans l'intrépidité d'une poignée de soldats qui repoussèrent vaillamment les attaques des assaillants. (*Annales algériennes*, par M. Pélissier, vol. Ier, Ire partie, liv. IV, page 100.)

15

Page 345. — Chez les Arabes du désert et des plaines, l'état des femmes...

DES OCCUPATIONS DES FEMMES ARABES SOUS LA TENTE ET DU PRIX QUE LEURS MARIS ATTACHENT A LEUR CONSTITUTION PHYSIQUE.

Pour juger, en connaissance de cause, de l'état actuel de l'industrie arabe, il faut se rendre compte du milieu routinier où elle se manifeste.

Les Africains n'ont pas d'écoles d'arts et métiers, pas d'enseignements scientifiques; leur industrie, comme leur société, est à l'état patriarcal : le maître de chaque tente sème son blé, conduit ses moutons au pâturage, pendant que sa femme tisse sous la tente les vêtements nécessaires à la famille.

L'introduction de l'industrie européenne dans la vie arabe aurait pour première conséquence de rendre la dignité à la femme arabe, obligée aujourd'hui de servir sous la tente de meunier, de boulanger, de cuisinier, de tisserand, de tailleur.

Une fiancée délicate vaut, par contrat signé devant le kadi, trente ou quarante douros de moins qu'une fiancée robuste.

Quand l'industrie européenne aura créé des légions d'ouvriers indigènes et simplifié leurs travaux manuels, l'Arabe ne se damnera pas, de gaieté de cœur, au milieu de trois ou quatre femmes qui se battent presque toujours entre elles, mais qui sont actuellement nécessaires à son existence matérielle, puisqu'elles sont chargées des plus rudes travaux et qu'elles forment les seules classes industrieuses de l'Afrique.

L'Africain qui achète une femme mesure les douros à sa constitution, s'enquiert des forces corporelles de sa future épouse, de son organisation, comme les maquignons s'inquiètent, dans les foires, de savoir si les animaux exposés n'ont pas des vices rédhibitoires.

Les femmes arabes sont fort expertes dans les tissures du gandoura (longue blouse sans manches) et des burnous.

Sous toutes les tentes, il y a un métier formé grossièrement par des roseaux de Koléah entrelacés, devant lequel les épouses de l'Arabe sont accroupies du matin au soir [1]; ce sont elles qui fabriquent les tapis, les sacs de charge, les burnous.

Les femmes du Sahara ont une renommée toute spéciale pour la confection des burnous.

16

Page 277. — Cette exécution de deux chefs.....

DE MOHAMMED-EL-MOKHLY EN CE QUI CONCERNE L'EXÉCUTION DE MÉÇAOUD ET D'EL-ARBI-BEN-MOUÇA.

Mohammed-el-Mokhly était kaïd de Khachna lors de l'événement que nous avons raconté, lorsque El-Arbi-ben-Mouça, ancien kaïd de Beni-Khalil, et Méçaoud-ben-Abd-el-Oued, kaïd d'El-Sebt, avaient été signalés depuis longtemps au duc de Rovigo comme des ennemis acharnés des Français, toujours prêts à soulever les Arabes contre eux. Il voulut les faire venir à Alger, où ils avaient cessé de paraître depuis plusieurs mois; et dans une lettre du 6 octobre, écrite aux gens de Blidah, il prescrivit à ceux-ci de les adjoindre à une députation qui devait lui être envoyée.

Ces deux Arabes, pressentant le sort qui leur était réservé, hésitèrent longtemps et ne se déterminèrent à venir que sur un sauf-conduit qui fut adressé pour eux au kaïd de Khachna, leur ami.

Ce dernier les conduisit lui-même à Alger, où ils furent arrêtés, sur le rapport d'un interprète, ne portant que sur des faits antérieurs et sur la déclaration d'un autre interprète, qui déclara qu'ils avaient conseillé à la députation de Blidah de consentir à toutes les conditions imposées par le duc de Rovigo pour l'oubli des torts de cette ville, sauf à n'en tenir nul compte plus tard.

Lorsque les gendarmes s'emparèrent d'eux, le kaïd de Khachna, indigné, demanda à être aussi mis en cause et tendit les mains aux chaînes qu'on

---

[1] Les femmes arabes accroupies sur le seuil de leur gourbi forment la trame légère d'un burnous, en se servant de leurs doigts de pied avec une véritable agilité de singe.

leur préparait. Plusieurs tribus écrivirent en leur faveur, mais le duc de Rovigo fut inexorable. Il trouva des juges pour condamner ces misérables, qui furent exécutés dans le mois de février 1833. Les juges, ne trouvant pas peut-être dans la conduite politique de ces hommes matière à condamnation, les jugèrent principalement pour des délits privés. Il était clair cependant que le sauf-conduit était général[1]. (*Annales algériennes*, liv. X, page 39.)

---

[1] L'existence de ce sauf-conduit, ou lettre d'aman, a été niée par ceux qui avaient conseillé le duc de Rovigo dans cette malheureuse affaire. Mais M. Zaccar, interprète qui l'écrivit, sait bien à quoi s'en tenir à cet égard. Il proteste qu'il fut conçu dans les termes les plus explicites et de manière à ne laisser aucune excuse à la mauvaise foi (*Annales algériennes*, liv. X, page 59.)

FIN DES NOTES DU TOME PREMIER.

TABLE DES MATIÈRES

Préface... v

PREMIÈRE PARTIE

Chap. I. — Aspect général de l'Afrique. — Le mont Atlas et ses ramifications. — Constitution du sol algérien. — Fleuves. — Cours d'eau, lacs, sources, les saisons, la température, la végétation, les plantes, les forêts, les animaux. . 1

Chap. II. — Limites. — Étendue du royaume d'Alger. — Aspect général du pays. — Montagnes. — Productions naturelles. — Rivières et côtes. — Rades, ports et villes. — Population, division des provinces d'Alger. — Ce qu'était Alger avant que nous en fissions la conquête.............................. 17

Chap. III. — Gouvernement civil et militaire d'Alger et de ses provinces avant l'occupation par les Français en 1830................................ 24

Chap. IV. — Des différentes nations ou tribus qui peuplent le royaume d'Alger. — Leur origine. — Leurs mœurs. — Leur religion. — Leur langue. — Leur costume. — Leur nourriture... 32

Chap. V. — Expédition d'Alger par l'empereur Charles-Quint, en 1541. — Bombardement d'Alger sous Louis XIV, en 1682, 1683, 1184 à 1690. — Expédition des Espagnols contre Alger, en 1775, par O'Reilly. — Négociation, en 1802, entre Bonaparte, premier consul, et le dey d'Alger. — Expédition de lord Exmouth contre Alger, en 1816........................... 50

Chap. VI. — Du prophète Mahomet, fondateur de l'islamisme sous la domination arabe... 74

Chap. VII. — Causes de l'expédition de 1830. — Blocus d'Alger. — Départ de la flotte et de l'armée. — Relâche à Palma. — Sidi-Ferruch. — Débarquement — Batailles de Staouéli et de Sidi-Kalef. — Marche sur Alger. — Investissement de la place. — Siége du fort l'Empereur. —Capitulation d'Alger. 85

Chap. VIII. — L'armée française entre dans Alger. — La Kasbah. — Inventaire du trésor de la Kasbah — Naufrage des deux bricks le *Silène* et l'*Aventure*. Détail de cette catastrophe. — Départ de Hussein-Dey pour Naples et des janissaires pour Vourla. — Notice sur le bâtiment autrichien le *Metternich*. — Parcours de la ville d'Alger et de ses fortifications telles qu'elles étaient lorsque nous en fîmes la conquête. — Mon départ pour Mahon. — Description de cette ville. — Des îles Baléares. — Hôpitaux de Mahon. — Mort de l'évêque de Mahon. — Expédition de Blidah et retraite. — Des expéditions de Bone et d'Oran ; elles sont rappelées. — Le bey de Titery reprend les armes contre nous. — Événements des journées de Juillet. — Le drapeau tricolore est arboré sur les batteries et les murs d'Alger. — Départ du comte de Bourmont. — Il est remplacé par le général Clausel. 143

Chap. IX. — Arrivée du général Clausel à Alger. — Ordre du jour à l'armée. — Proclamation aux habitants. — De notre position critique à Mahon, avant d'avoir reçu l'ordre d'arborer le drapeau tricolore. — Suppression des hôpitaux de Mahon. — Mon retour à Alger. — Le général Clausel fait l'expédition de Médéah, bat les Arabes sur tous les points, défait le bey de Médéah, qui se rend à lui, et nomme un nouveau bey pour le remplacer. — De la belle défense de Médéah par la garnison française laissée par le maréchal Clausel. — Secours envoyés à la garnison de Médéah. — Organisation des zouaves. — Création de la garde nationale à Alger, et des spahis. — Traité avec Tunis au sujet de la province de Constantine et de celle d'Oran. — Ce traité n'est point ratifié par notre gouvernement. — Deuxième occupation d'Oran. — Sommation à l'empereur de Maroc pour l'évacuation d'Oran. — Évacuation de Médéah. — Départ du général Clausel ; il est remplacé par le général Berthezène.. 187

Chap. X. — Topographie. — Rivières. — Routes. — Description de la ville d'Alger et de ses environs. — Les nombreux changements que nous y avons opérés depuis notre occupation. — Des maisons d'Alger, ses rues, ses places et ses marchés. — Bazars. — Boutiques. — Caravansérais. — Quelques monuments remarquables. — Du jardin du dey. — Salpêtrière. — Hôpitaux. — Villages. — Promenades. — Cimetières. — De la province de Titery. — Blidah. — Médéah. — Koléah. — Notice sur le climat et les maladies de la régence, et particulièrement sur le climat d'Alger. 215

DEUXIÈME PARTIE

Chap. I. — Arrivée du général Berthezène. — Marche générale de son administration. — M. Bondurand, intendant en chef du corps d'occupation. — Analyse des divers actes administratifs. 245

Chap. II. — Séparation de l'autorité civile et de l'autorité militaire à Alger. — Rappel du général Berthezène. — M. le duc de Rovigo est nommé commandant du corps d'occupation d'Afrique. — M. Pichon est nommé intendant civil. — Renouvellement des régiments de l'armée. — Formation des chasseurs d'Afrique et des bataillons d'infanterie légère. — Travaux des routes et établissement des camps. — Contribution des laines. — Actes de l'administration de M. Pichon. — Abandon du nouveau système et rappel de M. Pichon. — M. Genty de Bussy intendant civil. — Établissement des villages de Kouba et Dely-Ibrahim. — Actes de l'administration de M. Genty de Bussy sous le duc de Rovigo.. 271

TABLE DES MATIÈRES.

Chap. III. — Le général Avizard intérimaire. — Création du bureau arabe. — Le général Voirol arrive au commandement d'Alger. — Expédition de Bougie et son occupation. — Le général Monk d'Uzer, qui commandait Bone, marche contre la tribu des Merdès et la défait. 287

Chap. IV. — Expédition contre les Hadjoutes. — Le général Desmichels à Oran. — Expédition de Mostaganem et d'Arzew. — Perfidie de Kadour à Arzew. — Expéditions de Tafaraoui et de Témézourar. — Premier traité avec Abd-el-Kader. — Démêlés du général Voirol et de l'intendant civil. — Conversion d'une Mauresque à la religion chrétienne, et suites de cette affaire. — Nomination du général Drouet, comte d'Erlon, aux fonctions de gouverneur général, et de M. Lepasquier à celle d'intendant civil. — Départ de M. Genty. — Départ triomphal du général Voirol. 295

Chap. V. — Arrivée à Alger du comte d'Erlon comme gouverneur général. — Arrivée de la commission d'Afrique. — Dissolution du bureau arabe. — Le lieutenant-colonel Marey est nommé agha des Arabes. — Changement dans la politique arabe. — Guerre contre les Hadjoutes. — Troubles sur plusieurs points. — Événements de Bougie. — Prétendue paix avec les Kabaïles. — Le général Desmichels quitte Oran. — Abd-el-Kader envahit la province de Titery et une partie de celle d'Alger. — Une partie des Douers et des Smélas vient se mettre sous la protection du général Trézel, à Oran. — La guerre recommence. — Combat de Muley-Ismaël. — Défaite de la Macta. — Départ du comte d'Erlon............... 314

Chap. VI. — Notices biographiques. 336

Chap. VII. — Des races qui peuplent l'Algérie. 339

NOTES

PREMIÈRE PARTIE

1. — Des eaux thermales et minérales qui se trouvent dans la tribu de Beni-Khalil. 361
2. — Du costume des femmes juives. 363
3. — Des bains maures. 364
4. — Fêtes du Ramadam et du Baïram des Turcs, et en général de tous les Musulmans. 367
5. — Anciennes possessions françaises de la Calle. — De la pêche du corail. . 369
6. — Composition de l'armée de terre. 371
Personnel de santé de l'armée de terre qui faisait partie de l'expédition d'Alger. 375
7. — Biographie de l'amiral Duperré. 377
8. — Lettre du bey de Tripoli au dey d'Alger, du 24 del kaadi 1245 (17 mai 1830), quelque temps avant notre débarquement. 379
9. — Ce qui se passait à Palma depuis le départ de l'escadre. 382
10. — Massacre du jeune Frédéric Défondeau. 389
11. — Port d'Alger; travaux hydrauliques exécutés. — Incendie de la Djeninah. 390
12. — De l'albinisme. 396
Albinisme chez l'homme. 398

13. — Mort du contre-amiral Collet. — Échouage des trois chaloupes des frégates l'*Iphigénie* et la *Duchesse-de-Berry* au cap Dellys. 403

DEUXIÈME PARTIE

1. — Discours prononcé à Alger par M. Stéphanopoli, médecin en chef du corps d'occupation des possessions françaises au nord de l'Afrique, le 7 mars 1835, à l'occasion de la mort de M. Bondurand, intendant militaire, commandeur de la Légion d'honneur. 405
2. — Anecdote de la femme Schmit. 408
3. — Mohammed-ben-Aly. 410
4. — Notice sur l'éducation de la cochenille à Alger. 419
5. — Observations sur l'occupation de Bougie. 421
6. — Départ triomphal du général Voirol en quittant Alger. 422
7. — Description du bal donné par les premiers notables maures de la ville d'Alger, à l'occasion de l'arrivée de M. Drouet, comte d'Erlon, gouverneur général des possessions du nord de l'Afrique. 426
8. — Un kaïd des Hadjoutes chez le général Voirol. 431
9. — Anecdote : Un déserteur et un tambour. 431
10. — Exemple de l'inviolabilité de l'hospitalité chez les Kabaïles. . . 435
11. — Origine de Joseph. 437
12. — De la petite fille du cantinier massacré avec sa femme près de Boufarik. 441
13. — Lettre de Sidi-Ali-ben-Kalati au général Desmichels. 442
14. — Conseils que donna Ben-Zamoun au général de Bourmont après la prise d'Alger. 445
15. — Des occupations des femmes arabes sous la tente, et du prix que leurs maris attachent à leur constitution physique. 446
16. — De Mohammed-el-Mokhly en ce qui concerne l'exécution de Méçaoud et d'El-Arbi-ben-Mouça. 447

FIN DE LA TABLE DU TOME PREMIER.

www.ingramcontent.com/pod-product-compliance
Lightning Source LLC
Chambersburg PA
CBHW070207240426
43671CB00007B/574